Komitee für Grundrechte und Demokratie

Jahrbuch 1995/96

Wer will,
daß die Welt bleibt,
wie sie ist,
will nicht,
daß sie bleibt.

IMPRESSUM

Herausgeber, Verleger:
Komitee für Grundrechte und Demokratie e.V.
Bismarckstr. 40, 50672 Köln
Telefon (02 21) 52 30 56, Telefax (02 21) 52 05 59
Komitee-Büro Sensbachtal, An der Gasse 1, 64759 Sensbachtal
Telefon (0 60 68) 26 08, Telefax (0 60 68) 36 98

Redaktion: Wolf-Dieter Narr, Roland Roth,
Birgit Sauer, Martin Singe, Elke Steven
Redaktion des Ereigniskalenders: Hanne + Sonja Vack

Korrektur: Wolf-Dieter Narr, Roland Roth,
Birgit Sauer, Martin Singe, Daniela Schüle,
Elke Steven, Hanne + Sonja Vack

Umbruch, Gestaltung:
Roland Roth, Martin Singe, Elke Steven

Preis 30,– DM;
bei Abnahme von mindestens 10 Exemplaren 20 % Rabatt;
Buchhandel generell 40 % Rabatt;
jeweils zuzüglich Versandkosten

Vertrieb und Bankverbindungen:
Komitee für Grundrechte und Demokratie e.V.
An der Gasse 1, 64759 Sensbachtal
Postbank Frankfurt Nr. 3 918 81-600, BLZ 500 100 60
Volksbank Odenwald Nr. 8 024 618, BLZ 508 635 13

Erste Auflage, September 1996, 2.300 Exemplare

Alle Rechte beim Herausgeber

Zahlreiche Beiträge sind mit Vorspanntexten versehen; diese wurden von
der Redaktion formuliert. Überschriften und Zwischentitel sind teilweise
von den Autorinnen und Autoren, teilweise von der Redaktion verfaßt.
Kurzangaben zu den AutorInnen siehe Seite 501 ff. Die Bildauswahl besorgten Roland Roth, Martin Singe und Elke Steven. Bildquellennachweis siehe
Seite 504 ff.

Presserechtlich verantwortlich: Roland Roth, Berlin

Satz, Druck und Gesamtverarbeitung: hbo-druck Einhausen
ISBN: 3-88906-067-6; ISSN: 0176-7003

INHALT

7

9

Editorial

Editorial

Alle Jahre wieder. Wir halten Tradition. Nicht um Routine gewordener Gewöhnungen willen, sondern „um die Flamme am Brennen zu halten". Die fundamental menschenrechtliche, die radikaldemokratische. Soweit wir dies mit unseren Händen und unserer Blaskraft vermögen.

Darum „singen" wir den Beginn auch des 14. Jahrbuchs wie einen Refrain.

Die Themen wechseln, der Anspruch bleibt. Seit 1983 gibt das 1980 gegründete Komitee für Grundrechte und Demokratie ein Jahrbuch heraus. Es will Gedächtnisstütze in einer Zeit sein, die auf Zerstreuung und Erinnerungsschwund programmiert ist. Seismograph und Merkblatt für menschenrechtliche Gefährdungen, konzeptionelles Bleigewicht für die tägliche Arbeit des Komitees. Das Jahrbuch 1995/96 ist wie seine Vorgänger in drei Hauptblöcke unterteilt. Es beginnt mit dem Monatskalender, Beiträgen zu den einzelnen Monaten, der zwei gerade verblichenen Jahreshälften, die das Jahrbuch umfaßt. Juli – Dezember 1995; Januar – Juni 1996. Der zweiten Teil ist einem Schwerpunktthema gewidmet. Diverse Artikel sollen das Problemrelief des Themas profilieren helfen. Das Jahrbuch schließt mit einem umfangreichen dokumentarischen Teil. Vor allem, aber nicht ausschließlich, bezeugt dieser Aktivitäten des Komitees. Ein ausführlicher Ereigniskalender demonstriert die nicht ausgeschöpfte Fülle menschenrechtlich relevanter Begebnisse.

In den Artikeln des Monatskalenders werden einzelne Ereignisse des jeweils behandelten Monats herausgegriffen und exemplarisch unter menschenrechtlich-demokratischer Perspektive behandelt; oder die ausgewählten Ereignisse werden zum Anlaß einer allgemeineren Debatte der hintergründigen Probleme benutzt. Dieser mit zwölf, je nach Schreibtemperament sehr unterschiedlichen, Kurzessays bestückte Monatskalender gibt uns Gelegenheit, weit über die Bundesrepublik hinauszuschauen. Letztere bildet den Schwerpunkt der leider unvermeidlich beschränkten menschenrechtlichen Kümmernis des Komitees. Seit 1991/92 ist unsere „Friedenspolitik mitten im Krieg", so der Titel des im Frühsommer dieses Jahres erschienenen Buches von Klaus Vack, hinzugekommen, unsere Friedensarbeit in Ex-Jugoslawien, die im Namen des Komitees weitgehend von Klaus und Hanne Vack konzipiert, koordiniert und ausgeführt wird. Längst wäre es an der Zeit, dem universellen Anspruch der Menschenrechte und ihrer ebenso universellen Gefährdung allüberall in dieser vorurteils-, ungleichheits- und herrschaftsmonoman strotzenden Welt durch ausgeweitete und mit anderen menschenrechtlich engagierten Grup-

13

pen anderwärts koordinierte Aktivitäten ein wenig mehr gerecht zu werden. Wenigstens und aktuell angesichts unseres bundesdeutschen Standortes am dringlichsten auf der europäischen Ebene. In der EU besteht nicht nur ein strukturelles Demokratiedefizit; es besteht ebenso ein menschenrechtliches. Da reichen die edle Charta der Europäischen Menschenrechte und diverse europäische, menschenrechtlich einschlägige Konventionen nicht aus. Sie lassen die institutionelle und verfahrensbezogene Lücke um so mehr hervorstechen. Einige, den Gartenzaun unseres Handelns, unserer Mittel und Möglichkeiten, nicht unserer Orientierung übersteigenden, Artikel des Monatskalenders machen wenigstens schlaglichtartig darauf aufmerksam, wie wenig wir es uns mit dem meist betulich gemeinten Spruch, der außerdem nur halb stimmt, genug sein lassen können: „Global denken und lokal handeln!" (Nur halb trifft dieser Spruch, wenn er nicht nur auf unsere bitteren Begrenztheiten aufmerksam machen will, deswegen zu, weil längst die lokalen Handlungsmargen und Handlungsorientierungen global erheblich vorgegeben werden). Wie viele Themen haben wir rund um den Globus nicht einmal angetippt. Frei nach Goethe müßte man formulieren: greift nur hinein ins volle Staats- und Wirtschaftsleben, überall werdet ihr direkt und indirekt, punktuell und systematisch Menschenrechtsverletzungen ausmachen müssen.

Als Schwerpunktthema haben wir dieses Mal „Globalisierung und Menschenrechte" gewählt. Ein solches Thema aufzugreifen bedeutet unvermeidlicherweise, sich zu übernehmen. Wir haben uns deshalb im wesentlichen auf einen, in den diversen Artikeln verschieden behandelten Aspekt konzentriert. Wir versuchen zusammen mit den von uns gewonnenen Autorinnen und Autoren, der heißhungrigen Frage Antwortsnahrung zu geben, in welcher Weise die aller menschlichen Gestaltung, genaugenommen aller Politik davongaloppierende Globalisierung so eingefangen werden könnte, daß daraus ein menschlich summa summarum „gehorsames" „Fortschrittspferd" würde. So schlecht bestellt, wie die globalen Zustände, die jeden Tag dynamisch wegrutschen, nun einmal sind, müssen sich redliche Autorinnen und Autoren, das heißt solche, die problemverkennendes oder -übertünchendes Geschwätz scheuen, zuallererst unvermeidlich primär an die kritische Arbeit machen. So genau wie möglich ist aktuell zu „orten" – wissend um das furienhafte Verschwinden eines solchen „Orts" –, was Globalisierung heißt und welche dynamisch treibenden Faktoren dieselbe in welche Richtung rasen lassen. Diese Ortungsarbeit, für die es in der Zwischenzeit endlich einige bedenkenswerte Ansätze gibt – in der Bundesrepublik etwa bei Gilbert Ziebura, Elmar Altvater/Birgit Mahnkopf, Joachim Hirsch, Kurt Hübner, Alexander Schubart u.a.m. – haben wir nicht weitergetrieben. Die Artikel des Schwerpunkts sind hauptsächlich auf institutionelle Fragen im weiten Sinne des Worts konzentriert und das heißt kritisch vor allem darauf, Fehllösungen ihrerseits

14

aufzulösen und perspektivisch anzugeben, in welcher Richtung menschenrechtlich-demokratischer Weise gegangen werden müßte. Hierbei haben wir das in früheren Jahrbüchern schon angerissene Thema, wie Menschenrechte und Demokratie in Zeiten der Globalisierung zu konzipieren und zu praktizieren wären, weitgehend ausgespart. Deutlich wird allerdings durchgehend, daß jeder Versuch globaler Lösungen in demokratisch-menschenrechtlicher Absicht lokal und regional zuerst ansetzen und von hier aus weiterbauen muß. Eine Kosmopolis als sich je und je konkretisierende Utopie einer Konföderation veränderter, auf friedlichen Konfliktaustrag geeichter Staaten setzt menschenrechtlich-demokratisch unabdingbar die Polis, im Plural, die Poleis, die Vielzahl regionaler politischer Gesellschaften voraus. Sonst würde sie zur herrschaftsverrückten Horrorvision.

Während wir den Dokumententeil im letzten Jahrbuch unterteilt haben und unsere Aktivitäten in Richtung Ex-Jugoslawien gesondert präsentierten, finden sich die ausgewählten Zeugnisse dieses Mal in der üblichen Zeitenfolge. Daß wir die komiteeliche Arbeit in Sachen Ex-Jugoslawien wieder in die Restdokumentation eingemeindeten, besagt nicht, daß wir unsere dorthin gerichteten, genauer dort stattfindenden Aktivitäten, kontinuierlich von Klaus und Hanne Vack verantwortet, nur noch auf kleinerer Flamme fortsetzten. Diese Integration besagt nur, wie sehr die auf Ex-Jugoslawien gerichtete Tätigkeit zur Normalität des Komitees geworden ist. Außerdem sind erhebliche Teile derselben u.a. im oben genannten Buch Klaus Vacks „Friedenspolitik mitten im Krieg" beschrieben. Jedoch, ein aktuelles Resümee über die unter menschenrechtlichen und demokratischen Gesichtspunkten so wichtigen Erholungsfreizeiten für Kriegs- und Flüchtlingskinder zieht Klaus Vack in einem dem Dokumententeil folgenden Artikel.

Wie schon in früheren Jahrbüchern haben wir auch diesmal aus aktuellen Anlässen – die Todesbeurkundung des Grundrechts auf Asyl durch das Bundesverfassungsgericht und der staatliche Mord an Ken Saro-Wiwa – ein Kapitel „Zeitgeschehen" zwischen Monatskalender und Schwerpunktthema eingefügt.

*

Obwohl das Komitee vornehmlich von schon mittelalterlichen Leuten Ende der 70er Jahre, nach dem Ende der 2. Sitzungsperiode des III. Internationalen Russell-Tribunals initiiert worden ist, mittelalterliche Leute, die nun alle dem lebensgeschichtlichen Altertum in seiner Früh- oder Mittelphase zugehören, hatten wir bis jetzt ausgesprochenes Glück. Viele unserer eigenen Bezugspersonen, die die Arbeit vor uns und mit uns machten, die uns anleiteten, anspornten und die uns als ungewöhnliche Charakterköpfe bis heute wie ein verläßlicher menschlich-politischer

Schatten begleiten, ein Schatten in ganzen Personen verkörperter Menschenrechte, viele dieser unserer väterlichen und mütterlichen Freundinnen und Freunde sind im Laufe der Jahre gestorben. Walter Dirks und Helmut Gollwitzer, Ingeborg Drewitz, Heinrich Albertz und Robert (Bob) Jungk, um nur die Personen aufzuzählen, die in der Gründungsphase den unseren Weg zeigenden Beirat bildeten. Die seinerzeit mittelalterlichen, jetzt altertümlichen Aktivistinnen und Aktivisten jedoch sind ein offen geschlossener Kreis geblieben. Manche haben sich anders orientiert. Manche sind erst im Laufe der Jahre hinzugekommen. Vor allem glücklicherweise Jüngere, ihrerseits weithin Neumittelalterliche. Und eine Gruppe wie das Komitee, eine kleine Institution, keine Bürokratie, lebt von denjenigen, die es fördern. Es lebt im Kern von denjenigen, die es in Vorstand und Arbeitsausschuß aktiv betreiben. Als Vergegenwärtigerinnen und Vergegenwärtiger der gefährdeten Sache der Menschenrechte. Den Menschenrechten gemäß zählt jede einzelne höchst eigenartige Person, so wie sie ist, so wie sie sich im Rahmen des Komitees verhält und in ihrem Eigensinn dazu beiträgt, dieses kleine Komitee zu prägen.

Anne Bahr, 1931 geboren, hat uns im Juli als erste aus unserer Vorstandsmitte verlassen. Noch in der Todesanzeige wird des Komitees und seiner Arbeit, von Anne vorgesehen, gedacht. Im Sinne eines nur um des Symptoms willen wichtigen Spendenaufrufs.

Anne Bahr, von Hause aus Lehrerin, im letzten Jahr akut an Krebs erkrankt, der ihre Lebenszeit verringerte, gehörte, obwohl sie erst später zum Vorstand im vereinshaften Sinne des Worts gestoßen ist, zur Gründergeneration des Komitees. Ende der zwanziger oder im Laufe der dreißiger Jahre geboren, waren und sind wir, die wir dieser Generation angehör(t)en, alle in unserem Kern, in jeder Phase unseres politischen und zugleich persönlichen, unseres persönlichen und zugleich politischen Fühlens, Denkens und Verhaltens als einer nicht arbeitsteilig rollenförmig „ausdifferenzierbaren" Einheit – darin ist, wenn das so zu sagen erlaubt ist, unsere Stärke, aber auch unsere Schwäche begründet – von den Jahren geprägt, da Paul Celans Wort aus der „Todesfuge" galt, und zwar von Anfang an: „Der Tod ist ein Meister aus Deutschland." Dieses kindlich-jugendliche Erlebnis, z.T. zunächst naiv erfahren, z.T. schon, wie bei Anne, protestantisch religiös mit Stachel versehen, hat uns, die wir in den Nachkriegsjahren erwachsen wurden, in der in Restauration, autoritärer Kälte und Wirtschaftswachstum kaum übertreffbaren Bundesrepublik der 50er Jahre, der Republik des erfolgreichen „Beschweigens" (H. Lübbe) dauernd angestachelt, dauernd in Unruhe gehalten. Nicht vorwurfsvoll rächerisch, primär gegenüber der Elterngeneration, die unterschiedlich schuldtief versackt war, sondern in Richtung politisch-persönlichen Handelns, orientiert am „Nie Wieder!"; orientiert daran, eine politische Gesellschaft mitzuschaffen, die nach 1945 nicht mehr „ruhig über die

Straße" schlechter Normalität geht, sondern die radikaldemokratisch ein qualitatives Stückweit gelernt hat. Wir wurden darob, so wie auch das Komitee, unvermeidlich zu Außenseitern. Der „Schlachtruf" „Zurück zur Normalität" guten bornierten Interessengewissens und guter machtstaatlicher Politik wurde uns zur negativen Orientierung. Dieser „Normalität" soll der Krieg als Mittel allzeit präsent sein. Die darauf bezogenen Handlungen kennzeichnen Geschichte und Gegenwart der Bundesrepublik. Darum die Schwierigkeiten, beidbeinig auf dem Boden dieser „freiheitlich demokratischen Grundordnung" zu stehen.

Nicht von ungefähr kam es, daß Anne Bahr in den letzten Jahren ruhelos für Asylsuchende und Flüchtlinge eingetreten ist. Nicht von ungefähr kam es, daß die Änderung des Grundrechts auf politisches Asylrecht (Art. 16 Abs. 2 GG alter Fassung) ihr ein menschenrechtlicher Graus gewesen ist. Nicht von ungefähr hat sie nicht tollkühn, sondern mit mutigem Glauben begabt, an Aktionen zivilen Ungehorsams mitgewirkt, dieselben aktiv mitbefördert, die dem Ziel galten, das schreiende, grundrechtswidrige neue „Grundrecht" auf Nichtasyl ihrerseits in die Öffentlichkeit zu schreien. Damit letztere nicht zur Ruhe komme und sich „rechtsstaatssatt" zufrieden gebe. Und nicht von ungefähr hat Anne Bahr schließlich in ihrer Verteidigungsrede vor dem öd-inkompetenten Amtsgericht zu Bonn am 15. September 1995, also gerade ein Jahr her, wenn dieses Jahrbuch veröffentlicht wird, u.a. folgendermaßen argumentiert:

„Biographische Motive: Seit ich 1949 Au-Pair-Mädchen in London war, eine Emigrantenfamilie hatte mich eingeladen, bin ich in Gruppierungen, die sich mit Verbrechen des Dritten Reiches, der Shoa, auseinandersetzen. Auch nach 50 Jahren, seit der Befreiung von Naziterror und Diktatur, ist die Geschichte für uns nicht abgefeiert, abgehakt. Erinnerung heißt für uns, wachsam, quasi seismographisch zu reagieren auf Antisemitismus, Fremdenhaß und den gnadenlosen, menschenverachtenden Umgang mit Asylsuchenden. Das Grundrecht auf Asyl wurde, dies nur zur Erinnerung, von den Verfassungsmüttern und -vätern geschaffen, weil gerade die Bundesrepublik Deutschland eine besondere Verpflichtung hat, Asylsuchende zu schützen." Darum fügt Anne Bahr, an den Richter gewandt, hinzu, bevor sie mit einigen Bemerkungen zum Zivilen Ungehorsam schließt:

„Herr Richter Paul, ich habe dargelegt, weshalb ich mich aus Gewissensgründen an der symbolischen, gewaltfreien Aktion zivilen Ungehorsams in Worms beteiligt und sie mitinitiiert habe. Ich werde mich auch in Zukunft an gewaltfreien Aktionen gegen die menschenrechtswidrige Praxis des Umgangs mit Asylsuchenden beteiligen. Ich habe ein gutes Gewissen."

Um Anne Bahrs Person noch besser und genauer zu charakterisieren, müßten wir sie als Pädagogin, müßten wir sie als gläubige echte Protestantin in der Kirche gegen die Kirche behutsam und bestimmt zugleich dürerhaft zeichnend malen, weil wir nur so ihrer Person näherkämen und sie anderen, die Anne Bahr nicht gekannt haben, näherbringen könnten. Wir wollen solches Charakter-Zeichnen an dieser Stelle nicht versuchen. Viele andere Striche müßten energisch-zart hinzugefügt werden. Anne war eine ungewöhnlich intensive und herzlich offene Person. Sie dachte immer zugleich an die/den anderen, denen sie gegenüber war, mit denen sie zu tun hatte oder mit denen sie sich zu tun machte. Bis hin, und das zählt bekanntlich im Umgang mit anderen Menschen, eigene beste Menschlichkeit bewährend, am meisten, bis hin zu klitzekleinen Kleinigkeiten, die sie beim anderen, bei anderen wahrnahm.

Was heißt schon das übliche Reden, Trauer anzeigend, sie wird uns fehlen. Das tut sie in der Tat. Wir können Anne nur versprechen, daß wir sie mitnehmen, so lange wir selbst aktiv zu sein vermögen. Auch und gerade weil ihre Motive unsere Motive waren und sind. Darum wollen wir auch von ihrem frohsinnigen, dem Lachen zugetanen Mut lernen, nicht zuletzt dem, bei einer einmal gewählten Sache, einem einmal gewählten menschenrechtlich-politischen Ziel undogmatisch offen und zugleich hartnäckig zu bleiben.

Berlin und Köln, am 1. September 1996,

Redaktion Komitee-Jahrbuch:
Wolf-Dieter Narr, Roland Roth, Birgit Sauer, Martin Singe, Elke Steven

Monatskalender
Juli 1995 – Juni 1996

Juli 1995: Der chinesische Staatspräsident Jiang Zemin ist
auf Deutschlandbesuch. In Bonn werden u.a.
Millionengeschäfte mit Mercedes-Benz vereinbart. Auf den
Straßen rührt sich Protest gegen den Staatsbesuch, der
endlich die Gelegenheit bietet, gegen die Fülle von
Menschenrechtsverletzungen in China zu demonstrieren –
von dem Niederwälzen der Opposition auf dem „Platz des
himmlischen Friedens" bis zum kulturellen Genozid in
Tibet. Pikiert reist der Gast vorzeitig ab. In seinem Gepäck
die übliche kurze und überschaubare Liste von inhaftierten
Personen, für deren Freilassung sich Bonner Minister bei
solchen Gelegenheiten symbolisch stark machen. In einer
gemeinsamen Erklärung zu den Menschenrechten ist zu
lesen, daß es „angesichts eines unterschiedlichen
wirtschaftlichen Entwicklungsstandes und verschiedener
kultureller Traditionen noch Unterschiede bei der
Ausgestaltung und beim Verständnis der Menschenrechte"
gebe. Wie wenig es bei den aktuellen
Menschenrechtsverletzungen um den Respekt vor
Traditionen geht, beleuchtet der nachfolgende Beitrag.

Astrid Lipinsky

Die chinesische Bevölkerungspolitik: Eine Verletzung der Menschenrechte

Wenn der Bundeskanzler oder ein Minister nach China reisen oder hohen Besuch aus dem „Reich der Mitte" erwarten, präsentieren sie eine Liste von Personen, deren Menschenrechte z.B. in der Haft verletzt werden und deren Freilassung die deutsche Regierung fordert. Ich will hier nicht relativieren oder beschönigen, richtig ist aber jedenfalls, daß Menschenrechtsverletzungen durch politische Verfolgung, Folter im Gefängnis, religiöse Verfolgung nur

– auch in China – eine Minderheit der Bevölkerung betreffen. Die Verfolgten lassen sich individualisieren und namentlich nennen.

Wenn aber gilt, was im Abschlußdokument der Pekinger Weltfrauenkonferenz, der „Aktionsplattform", noch einmal festgeschrieben wurde, nämlich daß Frauenrechte Menschenrechte sind, wenn Frauen Menschen sind wie Männer, wenn Frauen als Menschen einen Anspruch auf existentielle Grundrechte wie körperliche Unversehrtheit und physische Selbstbestimmung haben, dann ist die umfassendste Menschenrechtsverletzung in China nicht politische oder religiöse Verfolgung, sondern die Bevölkerungspolitik. Denn:

1. Sie betrifft alle Frauen in China. In China ist eine weibliche Existenz ohne Heirat undenkbar (99,8 % der Frauen heiraten). Eine Ehe ohne Kind gilt als nicht normal. Es gibt staatliche Prämien für die Beschränkung auf ein Kind und staatliche Hilfe bei ungewollter Kinderlosigkeit, aber nicht bei wissentlicher Entscheidung eines Paares gegen Kinder.

2. Der Begriff der „Bevölkerungspolitik" trifft die Realität nicht, denn Bevölkerungspolitik in China ist Frauenpolitik. Frauen müssen abtreiben und – durch Pessare – verhüten. Es sind größtenteils Frauen, die sterilisiert werden (Zahlen für Männer schwanken zwischen 12 % und 18 %). Frauen haben auf Kommando, nämlich dann, wenn sie in eine Quote fallen, schwanger zu werden. Vielfach machen die Männer die Frauen dafür verantwortlich, wenn das einzige erlaubte Kind kein Sohn ist.

3. Bevölkerungspolitik ist Frauenpolitik. So ist auch die „1-Kind-Politik" in Wahrheit „1-Sohn-Politik". Die Durchsetzung der 1-Kind-Politik gehört zu den Hauptaufgaben des Allchinesischen Frauenverbandes. Der Allchinesische Frauenverband ist die einzige organisierte Frauenvertretung in China. Auf dem Lande beschränken sich die Zuständigkeiten der Frauenverbandsvertreterin im wesentlichen auf die Geburtenkontrolle. Außer um die Reproduktionskraft der Frauen kümmert sich der Frauenverband noch um ihr berufliches Engagement, ihre Produktionskraft. Selbst ihre offizielle Interessenvertretung reduziert die Frauen also auf produktive Funktionen, entpersonalisiert und degradiert sie zum Objekt.

Es geht hier nicht um einzelne chinesische Männer, die die Gleichberechtigung noch nicht verstanden haben. Es geht auch nicht um bisher nur unzureichend aufgehobene Traditionen. Urheber der Frauenrechtsverletzungen durch die Bevölkerungspolitik in China ist der Staat, und Frauendiskriminierung wird per Gesetz legitimiert:

● Bestimmungen, die auf dem Lande ein 2. Kind erlauben, wenn das erste ein Mädchen ist, wollen das Aussetzen und den Infantizid an weiblichen Säuglingen verhindern und werten dafür das Mädchen ab. Eine Tochter zählt nicht richtig als „1. Kind", weshalb eben ein zweites erlaubt ist.

● Auf Werbeplakaten für die Geburtenplanung sind Eltern mit einer Tochter zu sehen. Zweck ist natürlich, die Geburt einer Tochter positiv zu sehen. Statt dessen werden Tochter und 1-Kind-Familie gleichgesetzt und Töchter mit denselben negativen Assoziationen verbunden wie die 1-Kind-Ehe.

● Ehepaare dürfen mehr als ein Kind haben, wenn die Brüder des Ehemannes kinderlos sind. Implizit steht hinter dieser Bestimmung die Überzeugung des Gesetzgebers, daß nur ein männlicher Erbe die Ahnenreihe fortsetzen kann.

Es gibt keine gleichwertige Erlaubnis, wenn die Brüder der Frau oder die Schwestern des Mannes kinderlos sind. Männer zählen eben mehr!

● Die Gesetze tabuisieren männliche Zeugungsunfähigkeit und lasten Kinderlosigkeit einseitig der Frau an.

Auf der Weltfrauenkonferenz in China hat die chinesische Regierung unterschrieben:

Art. 96: „Reproduktive Gesundheit bedeutet die Fähigkeit zur Fortpflanzung und die Freiheit zu entscheiden, ob, wann und wie oft. Dies schließt das Recht von Frauen und Männern auf Zugang zu Familienplanungsmethoden ihrer Wahl ein."

Die chinesische Realität ist das genaue Gegenteil:

● Der Zeitpunkt der Schwangerschaft wird durch die Zuteilung einer Quote bestimmt. Wird die Frau in Erwartung einer Quote schwanger und erhält dann keine, muß sie abtreiben. Jede Abtreibung, wie entsprechende Entschädigungsvorschriften deutlich machen, ist in China ein erhebliches Gesundheitsrisiko.

● Jedem Paar steht in China grundsätzlich ein Kind zu. 2 Kinder sind auf dem Lande erlaubt, wenn das erste ein Mädchen ist. Mehr Kinder sind mit Strafen belegt.

● Für die Familienplanung besteht in China keine Wahlfreiheit. Die Pille ist laut chinesischer Regierung zu teuer; außerdem läßt sie sich weniger leicht kontrollieren als das oft auch ohne Zustimmung der Frau nach einer Geburt eingesetzte Pessar. Auch die Benutzung von Kondomen könnte der Staat nur schlecht kontrollieren, weshalb sie kaum verwendet werden, obwohl die chinesische Regierung in der Plattform von Peking eine Empfehlung von Verhütungsmitteln, die die Verbreitung von Geschlechtskrankheiten und Aids verhindern, unterschrieben hat.

Art. 115: „Gewalt gegen Frauen schließt ein: Zwangssterilisationen, Zwangsabtreibungen, die erzwungene Anwendung von Verhütungsmitteln, vorgeburtliche Geschlechtsauswahl und erzwungene Schwangerschaften."

Der Artikel scheint wie für China gemacht. Die chinesische Regierung übt in allen beschriebenen Formen Gewalt gegen den weiblichen Teil der Bevölkerung aus, legitimiert durch ausführliche und in dieser Ausführlichkeit beeindruckende gesetzliche Bestimmungen. Gewalt wird den Frauen als objektive – ja demokratische, jedenfalls rechtsstaatliche – Notwendigkeit verkauft.

Da ist es kein Wunder, daß in China auf 118 Jungen nur 100 Mädchen kommen.
● Per Ultraschall als weiblich bestimmte Föten werden abgetrieben.
● Eltern eines Mädchens töten es oder lassen es sterben.
● Gut 99 % der Kinder in Waisenheimen sind Mädchen.
● Mindestens 1 Million Mädchen wurden nie registriert, sind also offiziell nicht existent.

Obwohl man sich in Deutschland zur Kritik an chinesischen „Menschenrechtsverletzungen" verpflichtet hat, bleibt die Kritik an der Bevölkerungspolitik bei Regierung und SPD-Opposition aus. Bei Bundestags-Abgeordneten kann man Menschenrechtskritik und Befürwortung der Bevölkerungspolitik

in einem Satz finden. Ausgegangen wird von einer globalen Perspektive: Zu viele Menschen, Angst vor einer „gelben Flut"? Mißachtet wird die individuelle Selbstbestimmung jeder Frau und die Möglichkeit, die Kinderzahl statt durch Zwang und Gewalt durch Überzeugungsarbeit und Erziehung zu verringern.

Die Pekinger Aktionsplattform gilt weltweit. Darin heißt es:

Art. 96b: „Reproduktive Rechte umfassen bestimmte, bereits in den internationalen Menschenrechtsdokumenten anerkannte Menschenrechte."

Vielleicht sollten wir uns bemühen, daß dieser Satz beim nächsten Chinabesuch auf des Bundeskanzlers Menschenrechtsspickzettel steht.

Anmerkung:

Der Text ist dem Rundbrief 4/95 von „Terre des femmes" entnommen und wurde für das Jahrbuch redaktionell überarbeitet.

26

August 1995: Drei türkische Kriegsdienstgegner werden Ende August 1995 von einem Militärgericht in Ankara zu Freiheitsstrafen zwischen zwei und sechs Monaten verurteilt. Grund der Verurteilung ist eine Pressekonferenz im Mai 1995, bei der sie das Recht auf Kriegsdienstverweigerung eingefordert hatten. Der Straftatbestand, der zur Verurteilung führte, lautet „Entfremdung der Bevölkerung vom Militärdienst". Osman Murat Ülke, Vorsitzender des Vereins der KriegsdienstgegnerInnen in Izmir, wird in diesem Prozeß zwar freigesprochen, erhält jedoch gleich anschließend seinen Einberufungsbefehl für den 31. August. Erneut weigert er sich, der Einberufung Folge zu leisten. Der Kampf der kriegsdienstverweigernden Antimilitaristen in der Türkei ist Bestandteil der vielfältigen Aktivitäten, um den Krieg der Türkei gegen die Kurden im eigenen Land zu beenden und zu einer politisch-zivilen Konfliktlösung zu gelangen. Deniz Yücel von der „Izmir War Resisters' Association" berichtet über die Hintergründe der antimilitaristischen Bewegung in der Türkei.

Deniz Yücel

Gewaltfrei an allen Fronten

Der Kampf der Antimilitaristen in der Türkei gegen eine allgegenwärtige Ideologie

Einer im Januar 1996 in der linkskemalistischen Tageszeitung „Cumhuriyet" veröffentlichten repräsentativen Umfrage zufolge genießen in der Bevölkerung das Militär, der Polizeiapparat und die Justiz (in dieser Reihenfolge) das meiste Ansehen, während den Gewerkschaften, der Presse und am allerwenigsten den Parteien das Vertrauen ausgesprochen wird (1). Selbst wenn man von diesen Ergebnissen einen zweifelsohne vorhandenen Anteil abzieht, der eher die Interessen der Auftraggeber denn die Wirklichkeit widerspiegelt, kann hieraus beispielhaft ersehen werden, wie tief das Militär und andere repressive Organe sich im Bewußtsein der Bevölkerung verankert haben und wie gering, in der Umkeh-

27

rung, die Basis (potentiell) demokratischer Institutionen ist.

Die ohnehin schwach ausgeprägten Elemente einer zivilen Gesellschaft verschwinden ins kaum Wahrnehmbare, wenn man seine Betrachtungen auf Fragen wie Militarismus, die Bereitschaft zur gewaltfreien Konfliktlösung, das grundsätzliche Verhältnis zu hierarchisch-autoritären Strukturen usw. konzentriert. Im Verhältnis zur Geschichte des Militarismus, der Bedeutung der Armee und der politisch motivierten Gewalt hat der Antimilitarismus in der Türkei nur eine recht kurze Tradition aufzuweisen. Sie beginnt 1990 mit der öffentlichen Verweigerung zweier Wehrpflichtiger und setzt sich über die Gründung des Vereins der Kriegsgegner Izmir (Izmir Savaş Karşitlari Derneği, ISKD) bis zum heutigen Tag fort. Antimilitaristische und gewaltfreie Politik sind noch immer eine recht marginale Erscheinung, und die wenigen vorhandenen Gruppen haben es schwer, sich in einer von der Kultur der Gewalt dominierten Gesellschaft Gehör zu verschaffen.

Der Drill von tausend Jahren

Die Türkische Republik ist aus dem Osmanischen Reich hervorgegangen und setzt in vielen Bereichen, allen offiziellen Abgrenzungen zum Trotz, dessen Erbe fort. Das Osmanische Reich stützte sich auf eine expansive Kriegs- und Plünderungswirtschaft und schuf in Folge dessen eine militarisierte, vom ständigen Kriegszustand geprägte Gesellschaft. In seiner letzten Phase wurde die Politik des Reiches von der nationalstaatlich orientierten und vor allem in Kreisen der Armee und der Administration verankerten „Partei für Einheit und Fortschritt" (auch bekannt als „Jungtürken") bestimmt. Die Teilnahme am Ersten Weltkrieg sowie das

Massaker von 1915 an der armenischen Bevölkerung gehen auf diese Organisation zurück. Mit der Kriegsniederlage der Osmanen gingen auch die „Jungtürken" zugrunde, allerdings bildeten sich aus ihren Beständen unter der Führung des Offiziers Mustafa Kemal die „Nationalen Streitkräfte", die den Unabhängigkeitskampf gegen die griechischen und französischen Besatzungstruppen aufnahmen und 1923 die Türkische Republik ausriefen.

Der „Befreiungskampf" wurde – entgegen der heute gültigen Geschichtsschreibung – von der kriegsmüden Bevölkerung kaum unterstützt; das Land war voller Deserteure. Annähernd genauso viele Menschen wie die Opfer der Kriegshandlungen, etwa 5.000 an der Zahl, wurden von den neugeschaffenen „Freiheitsgerichten" zum Tode verurteilt.

Wurde der Unabhängigkeitskrieg zunächst noch als gemeinsamer Kampf des türkischen und kurdischen Volkes geführt, entledigte sich die neue Staatsführung unter Mustafa Kemal bald der verbündeten kurdischen Clans. Gleichzeitig baute Kemal seine eigene Macht schrittweise aus; die nicht unter seiner Kontrolle stehenden Fraktionen der Bewegung wurden entmachtet und ihre Vertreter ermordet oder hingerichtet, ihnen folgte bald eine Vielzahl ehemaliger Weggefährten. Auf dem Höhepunkt der Macht ließ sich Mustafa Kemal im Zuge des neuen Namensrechts den größenwahnsinnigen Nachnamen „Atatürk" („Vater der Türken") geben und legte selbst den Grundstein für einen bis heute andauernden fanatischen Personenkult.

Unter der Alleinherrschaft der „Republikanischen Volkspartei" (CHP) beginnt in den folgenden Jahrzehnten eine

28

Säkularisierung und partielle Modernisierung des Landes. Zwar formuliert der Kemalismus keine über die im Vertrag von Lausanne festgelegten Staatsgrenzen hinausgehenden territorialen Ansprüche, die Ideologie des Staates aber wird von der Armee und einem militaristischen, unitären und autoritären Geist bestimmt. Gleichzeitig beginnt eine aggressive Nationalisierungspolitik, die darauf abzielt, die aus verschiedenen Religionen und Völkern bestehende anatolische Bevölkerung zu einer einheitlichen Volksgemeinschaft zu formen. Sowohl die Existenz ethnischer und kultureller Pluralitäten als auch Klassenunterschiede werden schlichtweg geleugnet und allein schon der Gedanke in diese Richtungen unter harte Strafen gestellt.

In den 50er Jahren und dem nun eingeführten Zweiparteiensystem setzt unter der Regierung der konservativen Demokratischen Partei, der Vorläuferin der heutigen Partei des Rechten Weges (DYP) von Tansu Çiller, eine politische wie ökonomische Westbindung des Landes ein; die Teilnahme am Koreakrieg und der Beitritt zur NATO fallen in diese Periode. Parallel werden zur Abwehr einer kommunistischen Bewegung islamistische und faschistische Kräfte massiv unterstützt. Beides, die beginnende Islamisierung des Landes wie auch die Öffnung der Märkte, sowie die Abkehr von der etatistischen Wirtschaft, bedeutet im Grunde den Abschied von der kemalistischen Ideologie, die seitdem ihre Stellung als umfassende Staatsdoktrin verloren hat und in ihrer reinen Form nur noch von der Sozialdemokratie und einigen Intellektuellen verteidigt wird, aber in ihren repressiven, zentralistischen und militaristischen Elementen sowie als Herrschaftlegitimation weiterlebt.

Über Kontinuitäten und Traditionen

Der Militärputsch von 1960 endet mit der Absetzung und späteren Hinrichtung des Ministerpräsidenten Adnan Manderes und zweier seiner Minister sowie der Einführung einer neuen Verfassung, die bei isolierter Betrachtung die demokratischste in der Geschichte des Landes ist. Gleichzeitig wird aber auch die unsägliche Tradition von militärischen Umstürzen eingeleitet, und innerhalb der linken Opposition verbreitet sich die Illusion, die Armee enthalte ein fortschrittliches oder freiheitliches Moment. Tatsächlich stellen die Putschisten ein breites Bündnis von nationalistischen und linkskemalistischen Kräften dar, wobei aus den inneren Machtkämpfen letztere siegreich hervorgehen.

In den folgenden zwei Jahrzehnten putscht das Militär zwei weitere Male, am 12. März 1971 und am 12. September 1980, beide Male unter der autoritären Armeeführung. Auch wenn jedesmal „die Zerstörung der Republik von Links- und Rechtsradikalen sowie den Islamisten" als Begründung angegeben wird, haben die Machtergreifungen stets die Vernichtung der insbesondere in den 70er Jahren zur Massenbasis gelangten Linken zum Ziel, während sich die nationalistischen und islamistischen Kader bald reorganisieren können und heute oft in den bürgerlichen Parteien, im Sicherheitsapparat und in der Bürokratie entscheidende Posten besetzen.

Ab 1982 beginnt unter der strengen Aufsicht der Armee eine scheinbare Rezivilisierung des Landes, und schließlich tritt Evren 1989 nach Ablauf seiner „Amtsperiode" ab, jedoch nicht ohne den Putsch nachträglich legalisiert und die Immunität der Putschisten verfassungsrechtlich verankert zu haben.

Der Nationalismus schlägt zurück

Militarisierung und Nationalismus haben als Folge des Krieges in Kurdistan in der Türkei der Gegenwart eine neue Qualität erreicht. Der Staat reagiert auf die durch die PKK thematisierte Kurdenfrage mit rein militärischen Mitteln. So werden neben den ordentlichen Truppen eine Reihe von neuen paramilitärischen Einheiten, wie die dem „Büro für Besondere Kriegsführung" der Gendarmerie (2) angegliederte JITEM (der halblegale Arm der seit den 70er Jahren existierenden Konterguerilla), die Sonderkommandos der Polizei, die von loyalen kurdischen Clans gestellten sogenannten „Dorfschützer"-Milizen und schließlich aus übergelaufenen PKK-Kämpfern gebildete Einheiten, geschaffen. Die Kriegsführung des Staates richtet sich nicht nur gegen die Guerilla, sondern gezielt und systematisch gegen die nicht durch das Dorfschützersystem direkt kontrollierten Bevölkerungsteile. Die in der Region lebenden Menschen werden vor die Alternative gestellt, sich entweder einer Seite der Front anzuschließen oder ihre Heimat zu verlassen. Etwa drei Millionen Flüchtlinge und über 2.500 zerstörte Dörfer sind das Resultat dieses Krieges. Im Gegenzug antwortet die PKK mit Abschreckungsaktionen gegen „kollaborierende" Dorfschützer und ihre Familien sowie gegen als „Vertreter der Okkupationsmacht" angesehene dienstverpflichtete Ärzte, Lehrer, Ingenieure usw. Darauf wiederum werden seit einem Jahr mancherorts Lehrer und Ärzte bewaffnet. Ein Beispiel unter vielen, wie im Verlauf des Konfliktes die Gewalt eskaliert und weitere Bereiche der Gesellschaft militarisiert werden.

Die radikale und kompromißlose Haltung des Staates gegen jede Form der kurdischen Opposition ist ein weiterer Faktor, der zur Eskalation des Krieges und zum Erstarken der PKK beiträgt. So werden die zwar von der PKK beeinflußten, aber nicht unbedingt unter deren absoluter Kontrolle stehenden legalen Organe der kurdischen Bewegung, vor allem die 1990 aus einer Abspaltung von der sozialdemokratischen SHP hervorgegangene „Arbeitspartei des Volkes" (HEP) und die nachfolgend gegründete „Demokratiepartei" (DEP) sowie die Tageszeitung „Özgür Gündem", einer massiven juristischen und terroristischen Repressionswelle ausgesetzt, die das Ziel verfolgt, die Bewegung in jeglicher Hinsicht zu vernichten. Den bisherigen Höhepunkt dieser Politik bildet der zivile Putsch vom 2. März 1994: Sieben Parlamentarier der DEP werden verhaftet, und ihnen wird das Mandat entzogen.

Dieses Vorgehen des Staates bei gleichzeitiger ignorierender, duldender oder unterstützender Haltung der übrigen Parteien und der Massenmedien entzieht einer politischen Auseinandersetzung um das Kurdenproblem jegliche Basis. Zugleich steigert es die Popularität des bewaffneten Kampfes und der PKK, die als einzige wirkungsvolle Kraft angesehen wird.

Natürlich ist die PKK keine emanzipatorische, sozialrevolutionäre Organisation. Im Gegenteil, strenge Hierarchien und Führerprinzip; Folter als interne Verhörmethode; absoluter Monopolanspruch als alleiniger Vertreter des kurdischen Volkes, der immer wieder auch mit Gewalt gegen andere kurdische Organisationen bekräftigt wird; Mythen wie Märtyrerverehrung, Soldatenkult und Gewaltverherrlichung; die Anwendung der Todesstrafe, z.B. im Falle der Verwendung von Verhütungsmitteln durch weibliche Mitglieder der bewaffneten Verbände; Nationalismus, Antisemitismus und Staatssehnsucht weisen erschreckende Parallelen zur Gegenseite auf. Aber trotz dieser – zweifelsohne berechtigten Kritik – sollten Ursache und Wirkung dieses Konfliktes nicht vertauscht werden.

Politik im Zeichen des Krieges

Die bislang etwa 20.000 Opfer des Krieges haben dazu geführt, daß die Stimmung im Land wesentlich aggressiver geworden ist, wobei sich der Unmut aber nicht gegen beide kriegführenden Parteien (was vernünftigerweise naheliegend wäre), sondern gegen die PKK, aber auch generell gegen die kurdische Bevölkerung richtet. Die steigende Anzahl getöteter „einfacher Soldaten" und Zivilisten sowie die nationalistische Kriegshetze der Massenmedien haben längst einen Großteil der türkischen Bevölkerung erreicht. Hinzu kommt vor allem in den Metropolen eine wachsende Anzahl von Kriegsflüchtlingen, denen mit der typischen Mischung aus rassistischen Ressentiments und einer diffusen Angst vor einer angeblichen Gefährdung der eigenen Existenz begegnet wird.

Der Krieg findet nicht nur in den direkten Kampfgebieten in Kurdistan statt: Derselbe, vor allem aus den Reihen der faschistischen MHP rekrutierte Polizeiapparat wird im gesamten Land eingesetzt; beispielsweise sind 57 zu Tode gefolterte und 65 auf der Straße (3) hingerichtete Menschen allein im Jahre 1995 auch ein Ergebnis dieses Krieges. Die Armeeführung ist ein Garant dafür, daß eine politische Lösung des Konfliktes nicht auf die Tagesordnung gesetzt wird. So wird der

Vorsitzende der ANAP und neue Ministerpräsident Mesut Yilmaz, der im Wahlkampf vom Dezember 1995 mit „unorthodoxen" Vorschlägen zum Kurdenkonflikt von sich reden machte, selbst bei unterstellten ehrlichen Absichten nicht die geringste Chance haben, gegen den Willen der eigenen Partei und des Koalitionspartners, vor allem aber gegen den Willen der Armeeführung eine abweichende Linie durchzusetzen. Denn die eigentliche Macht im Staat hat der aus der Führung der verschiedenen Armee-Einheiten sowie (eher der Form halber) dem Ministerpräsidenten und dem Verteidigungsminister bestehende Nationale Sicherheitsrat (MGK). Die Armeeführung gibt sich auch kaum mehr die Mühe, ihre Herrschaft durch eine pseudodemokratische Fassade zu kaschieren. So wurde 1994 ein Telefongespräch zwischen der damaligen Ministerpräsidentin Çiller und dem damaligen Generalstabschef Doğan Güreş bekannt, bei dem dieser die ein Jahr zuvor schon irregulärerweise verlängerte Dienstzeit um ein weiteres Jahr zu verlängern forderte und damit drohte, im entgegengesetzten Fall „einen Militärputsch nicht verhindern zu können" (4). In der Zwischenzeit ist Güreş, gemeinsam mit einer Reihe weiterer Führungsfiguren aus der Armee, der Polizei und der Konterguerilla, zum Volksvertreter der DYP aufgestiegen und kann ohne jegliche Scham darüber plaudern, daß anläßlich der Regierungsbeteiligungen der SHP 1991 in Armeekreisen darüber beraten wurde, ob ein direktes Eingreifen nötig sei. Das Ergebnis der Diskussionen, so Güreş weiter, sei gewesen, auf einen Putsch zu verzichten und statt dessen „von außen auf die Regierung Einfluß zu nehmen" (5). Die letzte Demonstration dieser Art der „Einflußnahme" gab

die Armee im März dieses Jahres ab, als die Koalitionsverhandlungen zwischen der ANAP und der islamistischen „Wohlfahrtspartei" schon fast abgeschlossen schienen und die Armee zu erkennen gab, daß eine solche Regierung nicht in ihrem Interesse läge. Statt dessen solle gefälligst eine Koalition der konservativen Parteien ANAP und DYP gebildet werden. Daraufhin wurde innerhalb weniger Tage dieses Modell, das zuvor in wochenlangen Verhandlungen gescheitert war, in die Tat umgesetzt.

Wer meint, all dies müsse zumindest von einem breiten Protest der Öffentlichkeit begleitet sein, unterstellt den Medien, den Institutionen und der Bevölkerung des Landes ein demokratisches Bewußtsein, das schlichtweg nicht vorhanden ist. Im Gegenteil, die Armee wird den mit dem Ruf der Korruption und der Unglaubwürdigkeit behafteten Parteien gegenüber als die Interessen des Vaterlandes verfolgende, über kurzfristige und eigennützige Ziele erhabene Institution angesehen, als Garant für Laizismus und nationale Einheit. Hinzu kommt eine gewisse Angst vor einem neuerlichen Putsch; diese Mischung aus Begeisterung für die Armee, Versatzstücken kemalistischer Ideologie und Opportunismus ist allen staatstragenden Parteien wie auch der Bevölkerung gemeinsam.

Ein wirksames Instrumentarium gegen jegliche Kritik am Militär ist § 155 des Türkischen Strafgesetzes, der lautet: „(...) Wer durch Rede oder Publikation das Volk vom Militär distanziert, wird mit einer Haftstrafe von zwei Monaten bis zu zwei Jahren bestraft." Menschen, die sich dieses Straftatbestandes schuldig machen, werden vor Militärgerichten angeklagt (6). Mit diesem Vorwurf sind in den letzten Jahren eine Reihe von AktivistInnen des ISKD und der antimilitaristischen Bewegung angeklagt worden; Aytek Özel und Arif Hikmet Iyidoğan saßen für zwei bzw. drei Monate in Untersuchungshaft im Militärgefängnis von Ankara.

... Laut zu sagen: nein!

In diesem gesellschaftlichen Kontext verweigern Tayfun Gönül und Vedat Zencir 1990 erstmals in der Geschichte des Landes im Rahmen einer in der linken Zeitschrift „Sokak" geführten Kampagne öffentlich den Militärdienst aus Gewissensgründen. In den folgenden Jahren führen die insbesondere im anarchistischen Spektrum geführten Diskussionen über Militarismus, Gewaltfreiheit und individuelle moralische Verantwortung im Dezember 1992 in Izmir zur Gründung des Vereins der KriegsgegnerInnen (SKD), der in vielerlei Hinsicht ein Novum in der Oppositionsgeschichte darstellt.

Der SKD ist zuallererst keine Neben- oder Vorfeldorganisation legaler oder illegaler Gruppierungen. Genauso neu sind der dezentrale Ansatz und die organisatorische Begrenzung auf die Stadt Izmir sowie die prinzipielle Gewaltfreiheit. Und schließlich verfügt der SKD nicht über ein allumfassendes und verbindliches makropolitisches Weltbild, sondern versteht sich als schwerpunktmäßig im Bereich Antimilitarismus und in benachbarten Feldern (wie z.B. Antinationalismus, Menschenrechte, Frauenbewegung usw.) arbeitender Verein. Ausgehend von diesen Prinzipien und auf der Grundlage von Eigenverantwortung und Selbstbestimmung, Kollektivität und Solidarität arbeiten Menschen verschiedener Weltanschauungen und politischer Richtungen zusammen.

Seit seiner Gründung wird der Verein vom Staat aufmerksam, aber vergleichsweise zurückhaltend verfolgt. Der Grund für diese für den türkischen Repressionsapparat ungewöhnliche Haltung liegt vor allem in den nach offiziellen Angaben 200.000, nach Schätzungen des ISKD 300.000 bis 400.000 Fahnenflüchtigen (7), die sich aufgrund des Krieges dem Militärdienst entziehen und trotz ihrer zumeist individuell motivierten Haltung ein unkalkulierbares Potential darstellen. So hat es der Staat bislang vorgezogen, der dieser Masse gegenüber verschwindend kleinen Anzahl von etwa dreißig öffentlich erklärten Verweigerern nicht durch Repressionsmaßnahmen eine größere Öffentlichkeit zu verschaffen. Diese Linie des Totschweigens wird von der überwiegenden Mehrheit der Medien mitgetragen, zum Teil aus ideologischen Gründen, zum Teil aber auch auf staatliche Anweisungen.

Im Mai 1994 erfolgte in Istanbul die bislang spektakulärste öffentliche Kriegsdienstverweigerung. Vor Presse- und Medienvertretern sowie in- und ausländischen Beobachtern erklärten vier junge Männer, darunter der Vorsitzende des Vereins der KriegsgegnerInnen Istanbul, Arif Hikmet Iyidoğan, daß sie kategorisch die Anwendung von Gewalt und Krieg als Mittel zur Lösung politischer Konflikte ablehnten. Im Anschluß an die Pressekonferenz wurden die vier Verweigerer sowie der Vorsitzende des ISKD, Osman Murat Ülke, verhaftet. Im Vorfeld hat der Oberste Generalstab eine geheime Versammlung mit den wichtigsten Journalisten und Medienkonzerninhabern abgehalten, in der er eine strikte Informationssperre in Sachen KDV und Unterstützung für die Armee angeordnet hatte. Doch dieses Geheimnis wurde vom Chefredakteur der englischsprachigen Turkish Daily News, Ilnur Çevik, in einem Interview mit der Wochenzeitschrift Nokta ausgeplaudert.

Die gezielte Informationssperre ist aber nur eine Seite des staatlichen Vorgehens. Die andere ist der Rückgriff auf formal-juristische Mittel, mit denen versucht wird, die antimilitaristische Bewegung zu zermürben. So sind gegen AktivistInnen mit Verstößen gegen das Vereinsrecht, gegen Versammlungsgesetze, gegen das Presserecht und vor allem mit dem Vorwurf der „Distanzierung des Volkes vom Militär" begründete Verfahren geführt worden, weitere stehen noch an. Aus formal-juristischen Gründen geht der Staat nicht nur gegen einzelne, sondern auch gegen die Organisationen selbst an. So wurde im November 1993 der SKD mit der Begründung aufgelöst, „Militarismus" sei ein politisch-gesellschaftliches System, auf das sich ein Verein – auch negativ – nicht beziehen könne. Im amtlichen Schreiben fehlte darüber hinaus nicht der Zusatz, daß in der Türkei ohnehin kein Militarismus herrsche und die Armee nicht militaristisch sei, weswegen ein Engagement gegen denselben nicht vonnöten sei. Im Februar 1994 wird als Nachfolgeorganisation des SKD der Verein der KriegsgegnerInnen Izmir (ISKD) gegründet, der bis heute weiter existiert. Der im September 1993 gegründete Verein in Istanbul wird im Mai 1994 verboten, ein im September 1994 erfolgter Antrag auf Zulassung eines neuen Vereins wird schlichtweg annulliert.

Angesichts dessen sind die Verweigerer in der paradoxen Situation, daß sie aus allerlei Gründen angeklagt werden, ihre nach der türkischen Gesetzgebung nicht minder strafbare Verweigerung aber (bislang) unverfolgt bleibt. Dieser

35

Zustand ist jedoch gänzlich vom staatlichen Kalkül abhängig und kann sich jederzeit ändern. Die Verweigerer sind fest dazu entschlossen, sich einer zwangsweisen Kasernierung zu stellen und dort mit den Mitteln des Zivilen Ungehorsams Widerstand zu leisten. In diesem Fall wird eine breite Solidaritätskampagne im In- und Ausland nicht nur zur politischen Notwendigkeit, sondern für die betreffenden Menschen zur existenziellen Frage, denn das türkische Militär bekräftigt durch seine Kriegsführung, aber auch durch immer wieder auftauchende Meldungen über von Vorgesetzten ermordete Soldaten erneut, daß ihm Menschenleben nichts bedeuten.

Begriffe wie Ziviler Ungehorsam, Gewaltfreiheit und Kriegsdienstverweigerung sind erst in den letzten Jahren durch die antimilitaristische Bewegung thematisiert worden. Dennoch sind diese Positionen dem Großteil der Bevölkerung, aber auch den übrigen oppositionellen Kreisen noch immer weitgehend unbekannt bzw. werden absichtlich oder unabsichtlich mißverstanden. Die staatliche Embargopolitik, die Ignoranz der Linken, das Fehlen einer längeren Tradition, an die mensch anknüpfen könnte, und die eigenen organisatorischen und finanziellen Grenzen haben in ihrer Summe dazu geführt, daß die Bewegung nach wie vor auf Izmir (ISKD) und Istanbul (Antimilitaristische Initiative; Zeitschrift „Frieden statt Krieg") beschränkt geblieben ist. Über diese politischen bzw. praktischen Schwierigkeiten hinaus liegt das Grundproblem antimilitaristischer und gewaltfreier Politik in der Türkei in der eingangs geschilderten, alle Bereiche der Gesellschaft umfassenden Dominanz der strukturellen allgegenwärtigen Gewalt. Die Mechanismen von Gewalt und Gegengewalt – und im Zusammenhang damit – Autoritätshörigkeit, die allgemeine Akzeptanz von Hierarchien, Patriarchat, Herrschaftskultur sowie Mißachtung der Autonomie des Individuums, Sexismus und Nationalismus sind weitgehend verinnerlicht und werden nur selten grundsätzlich hinterfragt. Diesen Teufelskreis zu durchbrechen und den „Kampf gegen Krieg und Militarismus als Teil des Kampfes für eine freie, gerechte und ausbeutungsfreie Welt zu führen, dabei die Werte einer neuen Welt bereits im Kampf für diese zu entwickeln und zu leben und gegen die herrschende rassistisch-militaristische Kultur zum Entstehen einer alternativen, friedlichen und libertären, neuen Kultur beizutragen" (8), hat sich der ISKD zum Ziel gesetzt.

Anmerkungen

1) Umfrage im Auftrag des Obersten Polizeipräsidiums, in „Cumhuriyet", 7.1.96, S. 5
2) Die Gendarmerie ist ein Teil der ordentlichen Armee und rekrutiert sich aus Wehrpflichtigen. Neben dem Krieg in Kurdistan wird sie auch bei Demonstrationen, Knastaufständen usw. eingesetzt.
3) Zahlen laut Menschenrechtsverein, veröffentlicht in Demokrasi, 28.01.1996
4) vgl. Özgür Ülke, 28.4.94, S. 1
5) vgl. Cumhuriyet, 17.1.96, S. 3
6) vgl. Ahmet Hür, „Das Militärstrafgesetz in bezug auf die Verweigerung des Kriegsdienstes & die Militärgerichtsbarkeit", deutschsprachige Fassung herausgegeben von der DFG-VK
7) Im Frühjahr 1994 verkündete die türkische Regierung ein Ultimatum an die eigenen Angaben zufolge 250.000 Fahnenflüchtigen und Deserteure, innerhalb einer bestimmten Frist ihren Dienst bei den Streitkräften anzutreten. 60.000 meldeten sich hierauf, die übrigen blieben weiterhin der Armee fern und in der Regel unbehelligt, ein fehlendes Meldewesen verhindert, sie aufzufinden. Neuere offizielle Zahlen gibt es nicht.
8) Aus der Selbstverständniserklärung des ISKD.
Kontakt: Verein der KriegsgegnerInnen Izmir, 1468 sok No. 14 Izmir/Türkiye, Tel. (+90) 232-464 24 92, Fax: (+90) 232-464 08 42
Antimilitaristische Initiative, c/o Figen Guengoer; Maslahat Cad. Guemuesevler Sitesi B Blok Daire 8 Emirgan / Istanbul, Türkiye Tel: (+90) 212- 229 06 09, ## CrossPoint v3.02 ##

September 1995: Am Ende eines Artikels zum Thema „Globalisierung – eine neue Dimension im Wettbewerb der Standorte" verkündet das globale, ursprünglich schwäbisch versessene Unternehmen Daimler-Benz (DB) mit dem Pathos des Kapitals: „Mit diesen und weiteren Maßnahmen zum Ausbau unserer weltweiten Präsenz haben wir das Tempo auf dem Weg zum global operierenden Unternehmen deutlich gesteigert. Diesen Weg werden wir konsequent weitergehen und damit das hohe Ansehen, das die Marke Mercedes-Benz (MB) in der Welt des Automobils genießt, auch in den kommenden Jahren noch erhöhen."
Sozialpolitische und ökologische Effekte des globalen Wettbewerbs bleiben ausgeblendet. Stattdessen superpotente Aussagen: „Die intensive Zusammenarbeit von Mitarbeitern aus unterschiedlichen Ländern und Kulturen – das ist die „multikulturelle Gesellschaft" am Ende des XX. Jahrhunderts (die Jahrbuchredaktion) – eröffnet zusätzliche Potentiale an Kreativität und Know-how; ein weiterer wichtiger Vorteil im internationalen Wettbewerb." Gerd Rathgeb (Betriebsrat bei DB), Helmuth Bauer, der früher auch bei MB war und mit Gerd der „Plakatgruppe" angehörte, und Wolf-Dieter Narr setzen sich kritisch mit der Firmen„philosophie" auseinander (das Gespräch ist gleichzeitig Teil des Schwerpunktthemas dieser Jahrbuchausgabe).

Gerd Rathgeb/Helmuth Bauer/Wolf-Dieter Narr

Globalisierung von Daimler-Benz

Ein Gespräch zwischen Gerd Rathgeb (R), Helmuth Bauer (B) und Wolf-Dieter Narr (N)

N: Den Herausgebern des „Jahrbuchs für Grundrechte und Demokratie" scheint es diesmal angemessen, anläßlich der selbstverschuldeten Schwierigkeiten des Daimler-Benz-Konzerns ein wenig auf diesen Konzern und seine menschenrechtlich-demokratischen

Probleme einzugehen – Probleme, die auch darin bestehen, daß ein solches Unternehmen trotz seiner allgemeinen Effekte privat geführt werden kann.

Daimler-Benz hatte schon lange Schwierigkeiten zu expandieren, und dieses Rumoren, das man immer wieder gehört hat, hat dann im September 1995 ein großes publizistisches Echo erhalten, als die größten Verluste in der Geschichte dieses größten deutschen Konzerns bekannt wurden, in Form von Entlassungen, Abstoßen möglichst ganzer Konzernteile und dergleichen mehr.

Die erste Frage lautet, war diese Krise voraussehbar? Und: Was bedeutet das für euch als Arbeitende bei Daimler-Benz oder Mercedes-Benz?

R: Zunächst war man bei Daimler-Benz davon ausgegangen, daß der Rüstungsbereich ein relativ sicherer Bereich ist. In die Luft- und Raumfahrt wurden die Milliarden hineingesteckt. Dann hat es sich aber gezeigt, aufgrund der politischen Entwicklung, daß das nicht mehr so geht. Und ein zweites hat sich im Gefolge gezeigt, daß an die Zukunftsfragen in diesem Konzern nie ernsthaft herangegangen wurde. Wo sind die Felder der Zukunft, die auch Sinn machen? Wie soll Mobilität, wie soll der Verkehrsbereich organisiert werden? Dort ist Daimler-Benz überall tätig. Oder andere Fragen: Wie löst man das Energieproblem? Da sind sie nie richtig herangegangen; im Gegenteil, man setzte weiter vor allem auf Auto und Rüstung. Zukunftsbereiche, in denen sie drin waren, wie im Solarbereich zum Beispiel, da haben sie die Produktion einfach nach den USA verlagert.

Im September 1995 war dann überraschend – wie schnell das alles ging –, daß personifiziert alles auf Reuter geschoben wurde. Alle anderen haben sich damit relativ leicht aus der Affäre gezogen, einschließlich der Deutschen Bank und auch der gewerkschaftlichen Aufsichtsräte, die ja dieser Politik gleichfalls nichts entgegengesetzt haben, nicht einmal verbal.

N: Wie sind diese Vorgänge euch vermittelt worden; also zunächst einmal, ist die „Reutersche Strategie" je im Betrieb in irgendeiner Weise diskutiert worden, oder ist jetzt die Veränderung von MB in Richtung dessen, was man bei den Japanern abgelesen hat als Lean Production, ist das innerbetrieblich diskutiert worden, oder sind die Veränderungen aufgepreßt worden, wie halt Herrschaftsentscheidungen aufgepreßt werden?

R: Diskutiert wurde das nicht. Es waren die Entscheidungen von der Deutschen Bank, Niefer und Reuter. Das einzige, worüber es Diskussionen gab, das war die Frage Anfang oder Mitte der 80er Jahre, es wird in den nächsten Jahren Probleme geben im Autobereich, und zwar ist absehbar die Marktsättigung in Europa, und daraus hat sich die Frage ergeben, worin bestehen die anderen Standbeine des Konzerns? Da haben wir, und zum Teil auch die Belegschaft, gesagt: Es kann nicht sein, daß ihr euch nur auf das Auto konzentriert, sondern es geht darum, Verkehrskonzeptionen und Mobilitätssysteme der Zukunft zu entwickeln, integrativ-öffentlicher Verkehr, Bahnverkehr und welche Rolle das Auto darin spielt.

Aber dann der Einstieg bei den Rüstungsbetrieben, der war relativ eindeutig von oben proklamiert: Wir wollen ein Hochtechnologie-Konzern werden und uns damit vom Auto ein Stück weit unabhängig machen, gleichzeitig durch diese Politik auch Innovationen für das Auto wirksam werden lassen.

Die erste Auseinandersetzung gab es durch den MBB-Kauf, der dann auch über Brüssel ging, was die Kartell-Kontrolle anging. Das hat zur Diskussion im Betrieb geführt, inwieweit das gefährlich ist, wenn sich der Konzern in diesem Bereich wieder so stärkt.

N: Habt ihr als Belegschaft irgendeine Chance, die Willens- und Entscheidungsbildung im Konzern nachhaltig zu beeinflussen?

R: Nein. Die hätten wir wahrscheinlich, wenn es einen Massenprotest gäbe. Die Unternehmensleitung hört schon hin, was da kommt. Schrempp ist sehr aufmerksam, auch den kritischen Aktionären gegenüber. Er geht eher in die Offensive, spricht mit den Leuten und begründet auch, warum er sich so und so verhält. Aber eine Chance im Sinne, etwas zu verhindern, die gibt es nicht.

N: Was bedeutet für die Belegschaft die neue Entscheidung, daß Mercedes offenbar nicht mehr expandiert? Was bedeutet jetzt diese „Gesundschrumpfung" des Konzerns auf seine zentralen, von früher her vorhandenen Produktionen für die Belegschaft insgesamt, nicht nur i.S. von Kürzung, das ist ohnehin klar, es werden viele Leute entlassen, was bedeutet es für die Leute, die bleiben können?

R: Es gibt drei Ebenen. Die eine ist die Globalisierungsebene, dieses weltweite Operieren des Kapitals und der Produktion. Die zweite Ebene ist, und das ist schon eine direkte Folge davon, daß mit dieser Politik eine Erpressungspolitik verbunden ist. Daß ein Standort gegen den anderen ausgespielt wird, erpreßt wird, nicht nur global, sondern auch hier im Land.

Es ist jetzt ganz aktuell gesagt worden, wenn der Nachfolger der E-Klasse in Sindelfingen gebaut werden soll, dann geht das nur, wenn regelmäßig samstags gearbeitet wird, wenn auf Lohn verzichtet und dies und jenes gemacht wird. Investition wird an Bedingungen gekoppelt. So daß die Situation entsteht, daß der Sindelfinger Werkleiter der Belegschaft gegenüber sagt: Ich kämpfe ja auch für den Standort Sindelfingen, der Untertürkheimer Werkleiter genauso; laßt uns jetzt zusammen als Werkleiter mit euch Betriebsräten in Sindelfingen gegen den Werkleiter und die Betriebsräte in Untertürkheim den Kampf aufnehmen.

Das spielt sich auf der zweiten Ebene ab. Darunter noch spielt sich ab, daß denjenigen, die jetzt drin sind, permanent vermittelt wird, daß sie sehr wichtig sind. Das heißt: es gab noch nie so viele Psychologen und Gruppendynamiker, die in der Fabrik tätig sind, wie zur Zeit. Die Firma läßt es sich Millionen kosten, sozusagen diesen Begriff von offener Unternehmensstruktur, von Mitsprachemöglichkeiten auf der unteren Ebene, Gruppenarbeit zu trainieren. Es werden Kurse in Teamentwicklung gemacht. Die Manager gehen z.B. als Team ins Allgäu und machen irgendwelche dynamischen Spiele, und das pflanzt sich runter bis zu irgendeiner Produktionsgruppe, die dann zwei Tage zusammen irgendwo in ein Hotel geht und gruppendynamische Prozesse probt.

Das Ziel ist, eine stärkere Identifizierung zu bewirken und das Bewußtsein, wir sind übrig geblieben und müssen jetzt alles tun, damit wir diesen verschärften Kampf bestehen. Und das geht nur, wenn die letzten Reserven, also auch Gruppenreserven rausgeholt werden. Sonst gibt es keine Spielräume mehr. Die Rationalisierung befindet sich auf hohem Niveau. Das Wachstum ist begrenzt. Zukünftige Wachstumsfelder gibt es in anderen Ländern der Welt. Jetzt geht es darum, zusammenzurücken, sich als Gruppe, als Team zu begreifen, als Mannschaft, um den Kampf gegen die anderen zu gewinnen.

N: Also das, was man etwas kritischer Management-by-stress bezeichnet, wobei man das gleichsam psychologisch abzufedern versucht, um die Identifikation zu erhöhen und die Produktivität zu steigern.

R: Um dies die Leute selber machen zu lassen. Es ist also nicht mehr der klassische Vorgesetzte, der das rausholt, das machen die Arbeiter selber. Sie drängen die Alten raus und die Schwächeren auch und versuchen, die Prämie zu bekommen. Prämiensysteme, die anders sind als in der Vergangenheit, wo der individuelle und der Gruppenerfolg prämiert wird. Das geht nur, wenn man bei allgemein sinkendem Lohnniveau über Prämie einiges ausgleichen kann. Dann geht's natürlich zur Sache.

N: Ereignet sich Globalisierung genau als solcher Druck auf die einzelnen Betriebe? Letztere konkurrieren untereinander, um die letzte Unze Steigerung der Arbeitsintensität rauszuholen.

R: Wir haben diese Geschichten in den letzten Jahren wiederholt gehabt. Es wird einfach gesagt, das Werk, zum Beispiel ein neues Motorenwerk, bauen wir in Untertürkheim oder im Elsaß, wir haben 10 weitere Standorte in Europa. Oder in Amerika. Und jetzt müßt ihr die Konditionen erfüllen, und wenn ihr die erfüllt, bauen wir es in Untertürkheim. Das heißt: Abbau von Standards, die man in den letzten 20, 30 Jahren erreicht hat. Und so wird praktisch eine Standortentscheidung erpreßt, und der Betriebsrat kann nur sagen: Wir sind stur, wir verteidigen unsere Errungenschaften. Dann sagt der Konzern: Gut, wir

gehen woanders hin. Dann kommen die Untertürkheimer Arbeiter und sagen: Ihr Betriebsräte seid bescheuert.

B: Was für Standards sind das?

R: Arbeitszeit; verstärkte Flexibilisierung; die Regelarbeitszeit wird zur Disposition gestellt, der nächste Schritt wird die Einbeziehung des Samstags sein und damit verbunden des Sonntags für ganze Bereiche; das heißt, Pausen, die erstreikt wurden in 20 Jahren, Akkordpausen, kommen weg; zumindest zum Großteil. Andere Pausen werden nicht mehr bezahlt. Bis hin zu der Entscheidung, daß in Rastatt die A-Klasse gebaut wird. Da wurde gesagt, der Lohn wird nur noch effektiv bezahlt bzw. ein Prozent weniger, verglichen mit der Tariferhöhung. Wenn vier Prozent erstreikt oder verhandelt sind, kriegt man nur drei Prozent mehr, für zwei Jahre.

B: Und der Großteil der verbliebenen Belegschaft macht das mit.

R: Es führt zum Gemurmel, auch zu der Aussage „Sauerei" oder so, aber was soll man denn machen? Diejenigen, die sagen, der Betriebsrat müßte stur bleiben, werden immer ruhiger, wenn man ihnen erklärt, was dann die mögliche Folge ist. Und dann sehen sie die Arbeitslosen um sich herum und sind doch wieder froh, daß sie beim Daimler einen Arbeitsplatz haben, und nehmen auch weiteren Abbau in Kauf.

B: Es scheint so, als ob die Interessenlage des Unternehmers und die der Arbeitnehmer sich immer mehr annähern und fast schon identisch sind. Da gibt es noch gravierendere Beispiele, mit der Besteuerung der Dienstwagen, Jahreswagenrabatte …

R: … wo dann der Betriebsrat das Geschäft des Managements macht und in einer Resolution die Regierung auffordert, die Dienstwagenbesteuerung abzuschaffen, weil das ein paar tausend Autos weniger bedeutet. Bei Porsche war das so, bei BMW und bei Mercedes.

B: Könnte es sein, daß sich hier etwas auf neue Weise formiert, was als „Betriebsgemeinschaft" und „Gefolgschaft" im 3. Reich als maßgebliches Element der Betriebsführung eingesetzt wurde: die scheinbare Interessen-Identität von Betriebsführung und Gefolgschaft – und wenn du als Betriebsrat dieses Betriebswohl störst, wirst du von beiden Seiten isoliert?

R: Ja, ich bin ja für die kurzfristigen Interessen „zuständig". Perspektivisch denken bedeutet kurzfristig ja immer eine Gefahr; von daher ist man im Dilemma, wobei die Frage lautet: eine freiwillige Gefolgschaft oder eine mehr oder weniger erzwungene. Im Moment ist es schon so, daß es eine erzwungene ist, weil man den Arbeitern im Grunde keine Wahl läßt. Es sei denn, letztere gingen ein großes Risiko ein.

N: Unter dem Stichwort, das auch von Japan herkommt, Gruppenarbeit, versucht man, die Leute gegeneinander konkurrieren zu lassen, auch Betrieb gegen Betrieb und Arbeiter gegen Arbeiter. Die Dissoziation, die Individualisierung dürfte unter diesem Leistungsdruck noch zunehmen.

R: Die Arbeit, die Technik hat sich ja so entwickelt, daß die Arbeitssysteme der Vergangenheit heute gar nicht mehr funktionieren. Denn die Produktion zeichnet sich heute durch komplexe automatisierte Anlagen aus. Die Arbeit ist primär überwachende und reparierende Arbeit. Die Systeme der Taktabhängigkeit, wo der Arbeiter an der Maschine steht und diese bedient, verschwinden.

In der riesigen Halle sind noch sechs Leute, die überwachen, daß die Maschinen laufen. In dem Maße geht ein Arbeitssystem von früher nicht mehr, das da heißt: Du arbeitest an der Maschine, und du an der und du an der. Deshalb ist Gruppenarbeit unter den gegebenen technologischen Bedingungen eine zwingende Maßnahme. Die Gruppe muß gucken, daß die Geschichte läuft.

N: Aber es ist keine soziale Gruppe in dem Sinn, daß man sich wechselseitig austauscht, sondern die „Gruppe" steigert und kontrolliert die Konkurrenz untereinander.

R: Das ist das Problem. Aus der Gruppe, die jetzt eine willkürliche Zusammenlegung von zehn Leuten für eine bestimmte Anlage ist, aus derselben soll eine Gruppe mit sozialer Kompetenz werden. Um das zu erreichen, werden diese Projekte initiiert, wo aus Gruppen Entwicklungsteams gebildet, Prozesse und Projekte, Seminare und Schulungen gemacht werden, und wo man sich für Millionen Team-Entwickler, Sozialarbeiter und Pädagogen in die Fabrik reinholt, die das organisieren.

N: Die soziale Kompetenz wäre dann, was Helmuth schon gesagt hat, funktional auf das Ziel des Unternehmens bezogen. Man hilft, Streß oder andere Probleme etwas abzubauen, damit die Arbeitsleistung insgesamt steigt.

R: Stimmt. Es geht darum, daß die Maschine wirklich hundert Prozent der Zeit eingesetzt und dabei jeder menschliche Störfaktor ausgeschaltet ist. Gleichzeitig soll bei den Leuten das Bewußtsein geschaffen werden: Wir sind ein gutes Team. Wir schaffen das.

N. Was heißt denn unter den heutigen Bedingungen noch Belegschaft? Wir haben immer mit dem bestimmten Arti-

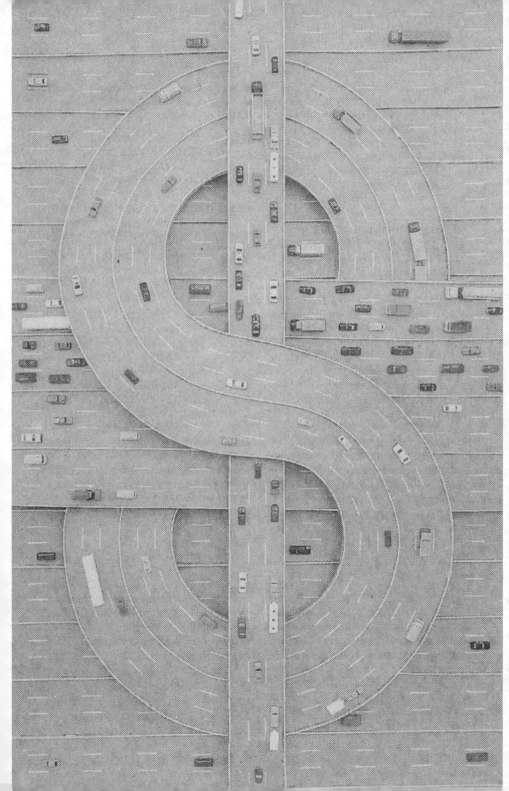

kel von *der* Belegschaft geredet. Aber was heißt denn Belegschaft heute noch, ist das irgendeine Größe, die jenseits von Wattierungen, daß man mal hier oder dort im einzelnen hilft, gar wenn es um den Betriebsrat geht, ist das eine Größe, die mehr bedeutet, als daß es eben eine Fülle von mehr oder minder gut gestreichelten Arbeitnehmern ist, die entsprechend im Arbeitstrab gehalten werden?

R: Das ist tatsächlich die Summe derer, die in dem Betrieb beschäftigt sind. So ein Betrieb wie Mercedes ist inzwischen in mehrere Center aufgeteilt. Inzwischen heißt das Produktleistungscenter und Dienstleistungscenter; d.h., es sind kleine Betriebe relativ autonom im Betrieb selber. Da ist das Motorenwerk; da ist die Gießerei; da ist das Getriebewerk; das Achswerk; die Schmiede. Das sind alles Einheiten, die relativ autonom von Centerleitern geführt werden, und die dann auch relativ direkt im Konkurrenzkampf stehen. Das Getriebewerk von Mercedes steht in direkter Konkurrenz mit dem Getriebewerk von ZF oder mit anderen Getriebeherstellern. Und dem Centerleiter wird gesagt, das ist dein Budget, und das ist dein Programm, und jetzt guck mal, daß du das erreichst, sonst machen wir das Getriebe woanders. Und dieses Center für Getriebe, das soll sich schon noch als Belegschaft begreifen, weil es darum geht, das Gefühl zu vermitteln: Leute, haltet zusammen; wir stehen im internationalen Konkurrenzkampf der Betriebe. Und genauso macht es natürlich der Achsenhersteller und der Motorenhersteller. Insoweit ist die Belegschaft im Werk Untertürkheim im Grunde aufgeteilt in sechs kleine Unterbetriebe mit ihrem eigenen Center, Leiter und Chef, die zusammen versuchen, dies umzusetzen. Und die sind auch relativ autonom. Sie

können eigene Programme machen und mehr oder weniger in bestimmte Projekte investieren. Das hat dann noch weitere Folgen, auf die kommen wir vielleicht später noch zurück.

B: Wäre das wirklich denkbar, daß sie ganze Getriebe, Motoren, Achsen an andere Firmen geben, wo sie doch gerade das „Made in Germany" durch „Made by Mercedes-Benz" ersetzt haben und so die eigene Qualitätssicherung betonen, die überall auf der Welt gewährleistet werden kann? Kurbelwellen-Rohlinge japanischer Herkunft wurden ja schon vor 15 Jahren in Untertürkheim verarbeitet, aber ganze Aggregate von der „Konkurrenz"?

R: Der Werkleiter in Untertürkheim kämpft mit Händen und Füßen, daß Untertürkheim das Kompetenzwerk für Motoren bleibt und ein Großteil auch dort produziert wird. Er sagt ganz offen, daß es zukünftig mehr Kooperation geben wird. Wir werden bestimmte Teile woanders produzieren. Wir versuchen, das Kompetenzzentrum hier zu behalten, die strategisch wichtigsten Teile auch hier zu machen, das Gehäuse oder die Kurbelwelle oder den Zylinderkopf. Alles andere ist jedoch prinzipiell austauschbar. Das kann man überall beziehen. Werks- und Unternehmensleiter sagen im Grunde: Du, Centerleiter, wenn du optimal arbeitest, dann kannst du auch Getriebe für andere Firmen bauen, oder es wird dir weggenommen, wenn du die Zielvorgaben nicht erreichst, dann machen es andere. Wir bauen Getriebe für Saigon und Korea, und wir kriegen Anfragen beispielsweise von BMW, bestimmte Getriebeteile zu bauen, und von anderen Firmen weltweit. Das ist das Ziel: das Ausweiten von Produktion und Absatz, aber das hat bestimmte Weltmarktpreise zur Folge, wenn du die nicht erreichst, dann ist es vorbei. Und es gab schon Spekulationen, die ganze Gießerei auszugliedern und eigene Gesellschaften und GmbHs zu gründen. Oder die Überlegung, daß sich die ganze Autoindustrie möglicherweise zusammentut und sagt: Die Autoindustrie in Deutschland braucht die und die Gießereiteile, und die teilen sie sich auf die einzelnen Gießereien auf, und im Extremfall macht VW alle Zylinderköpfe aus Alu, Mercedes macht alle anderen Teile aus Alu, und dann haben alle enorme Stückzahlen, die dann untereinander ausgetauscht werden: Eine Gießerei-AG der deutschen Automobilindustrie. Solche Geschichten wird's geben in einigen Jahren.

N: Welche Chancen bestehen für kritische Belegschaftsmitglieder oder Gewerkschafter, wie Du einer bist? Was könnt ihr überhaupt noch machen, außer daß ihr Euch knurrend, murrend im Grunde doch mit dem Betrieb identifiziert, weil ihr wißt, sonst fallen Arbeitsplätze weg. Ihr müßt im Grunde auch die Formen der streßvollen Konkurrenz mitmachen und sogar darauf achten, daß Belegschaftsmitglieder, die nicht mitrennen können, eher früh ausscheiden oder umgesetzt werden. Welche Möglichkeiten bestehen für euch noch, außer knurrend mitzumachen?

R: Also im Grunde besteht die eine Möglichkeit darin, die hat keine unmittelbaren Auswirkungen in der Praxis, diesen Weg anders zu beleuchten; das heißt, die vom Management definierten Begriffe und Zusammenhänge andersherum zu sehen und aufzugreifen und zu sagen, wohin das führt. Das ist eine Geschichte, die über den Kopf läuft. Das andere ist, daß man darstellt, daß die proklamierte offene Unternehmenskultur eine Erpressungskultur

darstellt. Das heißt, daß wir tatsächlich wenig Chancen haben, außer der, das Schlimmste zu verhindern. Das heißt, wir werden gucken, daß bestimmte Gruppen nicht auch noch durch das Sieb durchfallen, wenn das jetzt gerade Ältere sind oder Leute, die krank sind, oder Frauen. Da gibt es Beispiele dafür, daß man sagt: Das kann nicht sein, wir holen soviel raus an Produktionssteigerung, wir erwarten, daß soundsoviel Geld dann auch investiert wird, um solche sozialen oder noch stärker gefährdete Gruppen zu halten. Es kann nicht sein, daß die Entwicklung zu einer systematisch olympiareifen Mannschaft führt, sondern das soziale Geflecht, wie es jetzt besteht, wollen wir auch beibehalten. In der Richtung wird dann punktuell auch etwas gemacht. Das sehen sie vom Management auch so, daß sie das nicht so radikal durchziehen können. Daß sie jetzt noch eine relativ breite Schicht von unqualifizierten Facharbeitern haben, von ausländischen Kollegen und von Frauen, die praktisch in dieser modernen Produktionstechnologie wenig Schritt halten können, das ist gleichzeitig ein großes Problem für sie, da guckt man, daß man noch Nischenplätze findet, wo diese beschäftigt werden können. Aber das ist eine Zeitfrage. In einigen Jahren werden junge Facharbeiter nachkommen, ältere gibt's fast nicht mehr. Die sind praktisch alle in den letzten Jahren in Frührente gegangen. Man findet fast keinen mehr, der älter ist als 55. Da ist absehbar, wann sich das Problem regelt. Für uns bleibt nur, das Schlimmste zu verhindern und über die Folgen dieses Weges zu informieren. Aber dann hat sich's auch schon.

N: Hat das Management, soweit du dies beurteilen kannst, überhaupt eine andere Chance, als so zu verfahren, wie sie verfahren? Sie sind einerseits dem Anschein nach sehr mächtig bei MB. Aber andererseits sind sie ihrerseits Gefangene dieser globalisierten Konkurrenz. Die Frage ist, können sie, jenseits dessen, daß sie immer noch viel Geld verdienen, überhaupt anders? Muß nicht MB oder auch Toyota, müssen nicht diese globalen Konzerne, damit sie global konkurrenzfähig bleiben, genau so verfahren, wie sie verfahren, so daß die Topmanager zwar besser bezahlte Leute sind, aber letztlich auch Gefangene eines Systems, das eigentlich niemand mehr überblickt; wo alle rennen, und keiner weiß, was das Ziel des Rennens ist?

R: Also zunächst denke ich auch, wenn man es so global betrachtet, ist das die einzige Chance. Und das schreiben sie auch ganz deutlich und offen. Der Markt in den USA und Europa ist mehr oder weniger voll. Es gibt noch einen Ersatzbedarf, aber es gibt keine Steigerungsraten mehr. Die Wachstumsfelder liegen in Ostasien, Indien, China, in diesen Regionen. Gleichzeitig sagen immer mehr von diesen Ländern, wenn ihr hier Autos verkaufen wollt, dann produziert sie auch hier. Das deckt sich mit der Politik, die sagt, wir wollen dort produzieren, wo der Markt ist. Das sind auch andere Produkte, zwar Autos, aber andere Autos. Wir haben dort die Währungsschwankungen nicht zu befürchten; wir haben die Zollfragen gelöst. Deshalb bauen wir in Brasilien die A-Klasse, weil es dort keine Zölle gibt usw. Insoweit ist das vom System her völlig logisch. Wenn man es durchliest, sagt man am Schluß: So betrachtet, haben die keine andere Wahl, es sei denn, man machte eine völlig neue Politik, die heißt: es ginge uns nicht darum, die Stückzahl der Fahrzeuge zu steigern, sondern darum, einen völlig neuen Begriff von Wachstum, von qualitativem Wachstum zu definieren, Mobilitätsfragen zu lösen, verstärkt in den Bahnbereich einzusteigen oder offensiv dafür zu werben, daß man Verkehrspolitik machen muß, in der das Auto nicht mehr dominiert. Das müßte in Verbindung stehen mit dem gesellschaftlichen Konsens, wir wollen etwas anderes. Sie könnten ja genauso sagen, wir bauen massiv die regenerativen Energiebereiche aus und üben Druck aus, daß die Subventionspolitik im Atombereich runtergeht. Eine völlig andere Position, zumindest theoretisch. Ob eine solch andere Option erfolgreich wäre, ist eine ganz andere Frage. Das kann ich auch nicht beurteilen. Das ist oft so ein moralischer Anspruch, wo jeder sagt, du hast zwar Recht, aber guck dir doch die Welt an. Das geht doch gar nicht.

N: Ist nicht dieses Streben, wenn man systemimmanent argumentiert, den Standort zu erhalten, von vornherein hoffnungslos, weil in der Tat heute schon China und Indien u.a. mehr Absatz versprechen und man im Grunde von bundesdeutscher Seite aus mit asiatischen Ländern oder übermorgen mit afrikanischen Ländern nicht konkurrieren kann, auch nicht i.S. von Arbeitsplätzen?

R: Die Standortdebatte ist ja im Grunde nichts anderes als der verzweifelte Versuch, noch ein paar Arbeitsplätze zu retten, auch wenn das Sozialsystem dabei kaputt geht. Aber von der Produktivität und vom Produkt her gesehen mit der Parole „Wir bauen die besten Autos" ist das Blödsinn, das läßt sich völlig anders organisieren. Da kannst du in Stuttgart eine Zentrale machen, die weltweit steuert, wo die Teile produziert und wo sie montiert werden und wo der Stern dann draufkommt.

N: Nehmen deswegen Vorurteile und Überlegungen, die Grenzen nach außen zu schließen, nimmt dies im Betrieb ersichtlich zu, also daß es einmal so etwas gäbe, wie einen Rechtsruck oder kann man das nicht erkennen?

R: Rechtsruck ist vielleicht ein Begriff, der zu hart klingt. Aber ich denke schon, daß der Anspruch, WIR müssen eigentlich diese Arbeitsplätze behalten, vorhanden ist, und man den anderen gegenüber, ob das jetzt Aussiedler sind oder andere Menschen, die zu uns kommen, daß man denen gegenüber sehr vorsichtig und reserviert ist, und das Argument: „Wenn ihr schon jemand einstellt, dann stellt aber Deutsche ein und nicht noch andere" – auch wenn es nur noch ein paar wenige Neueinstellungen gibt, diese Argumentation nimmt schon zu.

Ich spüre so eine seltsame Stimmung, wo jeder glaubt, betonen zu müssen, er sei kein Ausländerfeind, wenn er dieses Argument bringt, aber dann sagt, „das mußt du doch auch zugeben, da müssen wir doch irgendwann Schluß machen". Bei den letzten Landtagswahlen im März 1996 in Baden-Württemberg hat sich gezeigt, daß mehr Arbeiter CDU und Republikaner gewählt haben als SPD. Die Kompetenz, ihre Arbeitsplätze zu bewahren, wird, auch unter dem Eindruck nationaler Gedanken, eher bei diesen Parteien angenommen als bei den anderen, auch herrscht die Stimmung, daß keinerlei Risiko eingegangen werden darf. Die „einfachen" und „klaren" Antworten führen dazu, daß die Arbeiter sich auch bei Wahlen entsprechend verhalten. Das bricht also nicht offen auf – aber die latente Argumentation ist deutlich zu spüren: „Ich bin kein Ausländerfeind – aber in dieser Situation müssen wir Deutschen schon sehen, daß wir nicht unter die Räder kommen ..."

N: Wenn man betrachtet, was Du gesagt hast und was, soweit ich das nachvollziehen kann und weiß, stimmt, dann hat man ja den Eindruck, so ein Unternehmen oder ein Betrieb ist eigentlich wie eine Lebendfalle. Da gibt es gar keinen anderen Ausweg. Man ist darauf getrimmt, sich so zu verhalten, sei es als Arbeiter, sei es als Manager. Die Frage lautet jetzt, gäbe es denn in diesem System, auch vom Blickpunkt eines erfahrenen Betriebsrats bei MB, irgendwelche Möglichkeiten, das in irgendeiner Weiser signifikant zu modifizieren? Daß man, sei es im Sinne der Beteiligung, sei es in dem Sinne, was Du vorhin gesagt hast, daß man versucht, die Produktpalette in einer ökologisch vernünftigeren, sozial vernünftigeren Weise zu verschieben, also gäbe es im Sinne der inneren Organisation und der investitiven Entscheidungen deines Erachtens Chancen, ohne sogleich eine nicht-kapitalistische Gesellschaft zu verlangen?

R: Ich kann es letztlich nicht beantworten, wieweit so etwas realistisch wäre. Aber ich bin überzeugt, wenn ein Betriebsrat, und eine Gewerkschaft, wirklich radikal und eindeutig Position beziehen würden, zum Beispiel was die Produkt-Politik angeht, und sagen würde, „nein, da sind wir tatsächlich jetzt dagegen, daß ihr weitermacht mit dieser Motorisierung, diese Zeit ist jetzt vorbei, schaut, daß ihr runterkommt und wirklich ein attraktives 2-3-Liter-Auto auf den Markt bringt, und zwar nicht erst im Jahre 2010, sondern möglichst morgen", und sogar unter kapitalistischen Gesichtspunkten argumentiert „Seid die ersten!" – dann stimmen einige wenige Gewerkschafter zu – die anderen sagen es zwar auch, aber nur in irgendwelchen anonymen Versammlungen, nicht in ihrer Funktion als

Betriebsrat. Da sagen sie, „Das ist eine Sache der Politik, da haben wir nichts mit zu tun …" Ich denke, es gäbe mehr Möglichkeiten, die Unternehmen unter Druck zu setzen und die Diskussion, die gesellschaftlich läuft, auch von seiten der Arbeitnehmer voranzutreiben. Auch wenn natürlich sofort wieder die Frage auftaucht, was das für die Arbeitsplätze bedeutet. Aber ich glaube, wer heute diesen Kurs von Mercedes als Betriebsrat stützt, der handelt unverantwortlich, weil er genau weiß, das wird in einigen Jahren anders aussehen – in 10, 20 Jahren werden diese Dinosaurier-Autos weg sein. Es muß eine andere Entwicklung kommen, die die ökologische Position und die soziale verbindet.

Das ist die eine Seite. Die andere ist, und das ist das Problem, daß es wahrscheinlich nicht national gehen wird, klar zu definieren, was die sozialen Mindest-Standards sind, die wir als Menschen verteidigen wollen. Gibt's denn keine Grenzen, wird bis zuletzt der Logik des Kapitals und den Zwängen geopfert – oder muß man nicht sagen: „Hier ist jetzt Schluß!"

Noch vor 10 Jahren haben wir gesagt: Autos bei Nacht produzieren, das können wir uns nicht vorstellen, nachts schafft man im Krankenhaus und bei den Verkehrsbetrieben als Busfahrer – aber Autos bauen bei Nacht, da ist eine Grenze erreicht. Inzwischen wird man ausgelacht, wenn man so eine Position hat. Das ist nur noch eine Zeitfrage, dann heißt es, „was habt ihr denn gegen Samstagsarbeit, und wenn man am Sonntag alle vier Wochen ein paar Stunden schaffen muß, was habt ihr denn dagegen? So sehe ich das kommen.

Die Produktfrage wird nur halbherzig angegangen, nicht selbstbewußt und offensiv diskutiert. In der Frage der sozialen Mindest-Standards ist es ähnlich. Und ich weiß da tatsächlich auch nicht weiter, weil klar ist, wenn das nicht in Europa, im größeren Rahmen geklärt wird, daß es dann schwierig ist.

Und drittens: Ich kann nicht vom Prinzip her sagen, ich bin dagegen, daß die jetzt in Indien ein Werk bauen, da gibt's genug Leute und Arbeitslose. Aber unabhängig von der Frage, ob es Sinn macht, in Indien Autos zu bauen, würde ich dann fragen: „Wie sind die Standards in dieser Fabrik in Indien oder in Amerika, Südafrika oder in Brasilien?", was wir auch schon gemacht haben, als wir da waren, und gesagt haben: „Das kann doch nicht sein, daß ihr weltweit Fabriken baut und die Leute dort noch gnadenloser ausnehmt als hier und ihnen gar keine demokratischen Rechte gebt." Es gab bis vor einigen Jahren keinen Betriebsrat in Brasilien, in Südafrika war's das gleiche, man hat die Leute von heute auf morgen rausgeschmissen. Bei uns gibt's wenigstens Vorankündigungen, gibt's Sozialpläne und und und.

Das sind Dinge, die man im bestehenden System durchaus machen könnte, und weitertreibender machen könnte – da läuft vieles nicht, wo man sich als Arbeitnehmer, als Betriebsrat und Gewerkschafter selber sehr viel mehr kritisieren müßte – von Frankfurt bis zum einzelnen Betriebsrat runter, die wirklich heute noch sagen, das Hemd ist mir näher als der Rock, und gar keine Sicht mehr da ist auf das, wo die Grenzen sind und wo man was sagen und eingreifen muß. Und da ist natürlich sofort wieder die Auseinandersetzung zu erwarten, daß es heißt, was bedeutet das denn für uns selber, für diese Belegschaft in Stuttgart. Und da wird es irgendwann tatsächlich nicht

mehr greifbar. Dann kommt oft der Punkt, wo man sagen muß, es sieht halt doch so aus, daß das seinen Gang läuft und wahrscheinlich ganz anders kommt.

B: Siehst du Beispiele oder Anzeichen, daß das, was jetzt seit vergangenem September oder seit Schrempp angefangen hat, sich auswirkt auf die Belegschaften in Brasilien oder in anderen Ländern im Sinne von Abbau von Menschenrechten oder sozialen Standards?

R: Im „Alternativen Geschäftsbericht" zur diesjährigen Hauptversammlung steht die Geschichte, wie sie in Campinas in Brasilien von heute auf morgen 1.600 Leute rausgeschmissen haben, weil sie sagten, die Aufbauten der Busse lassen wir jetzt von Unterlieferanten machen. Glücklicherweise, nachdem das in der Presse gestanden hatte, hat der Gesamt-Betriebsrat Einspruch eingelegt, so daß wenigstens im Nachhinein ein Sozialplan gemacht wurde. Die Leute wurden zwar trotzdem rausgeschmissen, aber sie haben noch ein paar Groschen dazugekriegt.

Solche Reaktionen der obersten Gewerkschaftsebene gab es früher auch: Der Steinkühler ist damals schnell nach Südafrika gefahren, als hier in der Presse hochgekocht wurde, daß bei Mercedes dort seit 3 Wochen gestreikt werde. Da hat er sich ins Flugzeug gesetzt und ist hingeflogen und hat Verhandlungen geführt über die Standards bei Mercedes-Südafrika.

Aber zum Beispiel wird jetzt ein Werk in Alabama gebaut für so einen allradgetriebenen Geländewagen, und da ist es klar, daß es keine Gewerkschaft geben wird und keinerlei Einschränkungen von Belegschaftsseite. Da waren für 2.000 Arbeitsplätze 40.000 Bewerber da. Da ist nichts zu machen. Gleichzeitig wird das dann wieder als Druckmittel genommen. Wenn sie ein Standbein in den USA haben, dann befürchten wir heute schon, daß sie irgendwann kommen und sagen, „dann können wir ja auch dort die Hälfte unserer PKWs bauen", die sie auch zum Großteil in einer bestimmten Klasse dort verkaufen. Dieser weltweite Zusammenhang, dort zu produzieren, wo gerade die Stückzahlen gefragt sind und wo die wenigsten sozialen Widerstände sind, den muß man, glaube ich, ganz klar sehen. Da befürchte ich schon, daß es außer Appellen von deutscher Arbeitnehmerseite aus wenig Möglichkeiten gibt einzugreifen.

N: Gerade wenn man jetzt die Weltmarktzusammenhänge sieht, die Zukunftslosigkeit, daß die Konkurrenz eigentlich bedeutet, immer kurzfristig zu denken, sowohl von der Belegschaftsseite wie von der Managementseite aus, weil die kurzfristige Profitabilität jeweils der Bezug ist. Wäre es dann nicht umso wichtiger, wenn man gleichzeitig bedenkt, daß das auch zu ganz massiven, nicht nur nationalen, sondern internationalen Ungleichheiten, Aggressivität und dergleichen mehr führen wird, daß man mehr denn je unsererseits, wir drei hier, die wir seit Jahrzehnten über Demokratie und Sozialismus so oder so nachdenken, daß man im Grunde mehr denn je konzeptionell arbeiten müßte, selbst wenn man keine Chance hat, jetzt aktuell eine Verbesserung zu erreichen. Daß man wenigstens noch eine andere Orientierung auch für Jüngere vorgibt, die ihnen zeigt, da gibt es eine menschenmögliche Chance, nicht eine illusionäre, sondern eine, die von Erfahrungen her begründet werden kann?

R: Drei Aspekte nenne ich immer, wenn ich mit den Leuten im Betrieb diskutiere, die man gegen alle Aussichtslosigkeit in die Waagschale werfen muß: Demokratie, die soziale Frage und die ökologische Frage. Daran messe ich die Politik des Konzerns.

Demokratie kann sich nicht darauf beschränken, daß man ganz unten in der Produktion, in der Gruppenarbeit, den Anschein erweckt, es gehe demokratisch zu. Demokratie muß tatsächlich bedeuten, daß über die zentralen Fragen mitbestimmt werden kann, daß man gefragt wird, daß die Argumente ernsthaft diskutiert werden und daß das nicht einfach so läuft, wie es vom Kapitalismus vorgeben ist. Und heute, wo viele Leute sagen, sie wissen nicht mehr, wo das hinführt, wird diese Frage trotz der scheinbaren Ausweglosigkeit nicht mehr einfach als „Blödsinn" abgetan, sondern in letzter Konsequenz erkannt, daß es so wirklich nicht immer weitergehen kann. Ein Ringen um die Politik, eine gesellschaftliche Auseinandersetzung darüber, was so ein Konzern macht, das müßte auf die Tagesordnung gesetzt werden.

Bei sozialen Fragen ist es tatsächlich so, daß die Diskrepanz, die sich gesellschaftlich zeigt, sich auch im Betrieb zeigt, daß die einen da oben stehen und die anderen unten. Diese enormen Unterschiede, im Status, im Lohn, im Gehalt, die es auch im Betrieb gibt, wobei die Gefährdetsten die Untersten sind, nicht die Obersten, daß das zum Thema gemacht wird bei Entscheidungen des Unternehmens, und zwar jetzt auch weltweit: Soziale Standards, wie sind die dort in Brasilien? Tragt ihr zur Verfestigung bei, oder setzt ihr Signale, daß es auch anders geht, also in anderen Ländern zu produzieren und andere Standards, als sie in diesen Ländern bisher üblich waren, zu setzen?

Und bei der ökologischen Frage gilt es immer wieder darauf hinzuweisen, es geht nicht ewig weiter mit dieser „Aufrüstung" – angesagt ist eine Motorisierungs-Abrüstung und sind Überlegungen, welches Mobilitäts-System und welchen Energie-Einsatz die Erde in Zukunft überhaupt noch verkraften können wird.

Diese Fragen müssen zum Thema gemacht werden. Es muß betont werden, daß die Konzerne dabei in einer gesellschaftlichen Verantwortung stehen und nicht weiter 120- oder 180-PS-Motoren bauen und das auch noch offensiv in der Werbung als „Fortschritt" verkaufen. Wir brauchen eine völlig neue Definition von Zukunftsperspektive und von sinnhaften Produkten.

Das sind die drei Ebenen, über die kann man diskutieren, da hören die Beschäftigten auch sehr genau zu, und da spürt man auch, wie es in den Köpfen rattert. Aber das jetzt in eine Diskussion zu bringen, die eine gesellschaftliche Relevanz hat und die auch etwas aufbricht – das ist natürlich wiederum unter dem Globalisierungs-Schwert, das über einem hängt, sehr schwer.

B: Ist das „Swatch-Auto", das Mercedes angekündigt hat, da nicht ein Schritt in die richtige Richtung? Und die Entwicklung von Autos, die mit Wasserstoff betrieben werden?

R: Ich denke schon. Das Auto wird's weiter geben. Es gilt zu definieren, wie das Mobilitätssystem der Zukunft aussehen soll, unter den verschiedensten Aspekten, auch siedlungspolitisch. Ein ökologisch vertretbares Konzept gilt es zu entwickeln und die Frage zu beantworten, welche Rolle das Auto dabei hat. Dagegen ist die heutige Strategie der Autoindustrie sowie der Gesellschaft insgesamt, daß das Auto weiterhin die dominierende Rolle einnimmt. Ich sage, die dominierende Rolle muß der öffentliche Verkehr einnehmen, und das Auto hat eine Restfunktion.

Und diese Restfunktion ist nicht zu gestalten mit S-Klasse-Autos, sondern mit Fahrzeugen, die 3 Liter verbrauchen und in Geschwindigkeit und Ressourceneinsatz maßgeblich zurückentwickelt werden müssen.

N: Wobei, selbst wenn diese ökologische Produktionsstrategie gelänge, was ja zu wünschen ist, die anderen zwei Fragen damit überhaupt noch nicht gelöst wären, weder die soziale noch die demokratische. Weil die Konkurrenz dann, auch mit dem entsprechenden Konkurrenzdruck, zunächst einmal weiterginge. Das soziale und das radikaldemokratische Problem bleiben als ganz massive auf der Tagesordnung.

R: Ich halte dabei die Konzerne schlichtweg für überfordert, diese im Grunde gesamtgesellschaftlich relevanten Entscheidungen zu treffen. Es müßte ein Forum geben, in dem neben den Politikern und den Managern auch noch ganz andere Leute vertreten wären, wo solche Fragen diskutiert werden. Einerseits spricht alle Welt davon, daß man bei Zukunfts-Entscheidungen alle möglichen Folgen mitberücksichtigen muß, nur in solchen wesentlichen Kapitalfragen entscheidet nach wie vor ein Management, das tatsächlich mit Scheuklappen behaftet ist.

B: Gibt es denn ein Beispiel, wo Dir von dem, was Du jetzt als Deine Gedanken und Überzeugungen formuliert hast, was zu tun sei, auch praktisch einmal gelungen ist, in diesem Konzern etwas zu bewegen?

R: Da Daimler-Benz auch im energiepolitischen Bereich tätig ist und zum Beispiel in einem Joint-Venture in den USA Solarzellen produziert, und weil sie immer den Anspruch haben, auch ein Konzern zu sein, für den die Umweltverträglichkeit eine entscheidende Rolle spielt, habe ich, als sie ihr neues Motorenwerk in Stuttgart geplant haben, gefordert, dort auch alternative Energiesysteme einzusetzen. Es hat dann praktisch einen Kampf von anderthalb Jahren gegeben, bis sie gesagt haben, gut, wir bestücken das Hallendach mit Kollektoren, Modulen und produzieren damit auch demonstrativ 500 kW. Erst wurde alles abgelehnt, „… zu teuer, Energie kann man viel billiger kriegen … " usw. Wir haben sie dann so weit getrieben in der Argumentation, daß am Schluß nur noch als einziger Grund, „Nein" zu sagen, das Geld übrigblieb, und das war lächerlich. Die Gesamtinvestition war 800 Millionen Mark – und diese mit 500 kW größte industriebetriebene Solaranlage Europas kostete 8 Millionen, also 1 %. Das war dann doch in der Öffentlichkeit nicht zu vertreten, warum sie es für 1 % mehr nicht machen. Das Absurde an der Geschichte ist allerdings: Mit dem Strom vom Solardach werden drunten in der Halle 6- und 8-Zylindermotoren produziert.

B: Und wer war „Wir"?

R: Wir, das waren ich und ein Kollege, der bei einer Solargruppe tätig ist. Die Gewerkschaft hat das überhaupt nicht realisiert. Nachher, als die Entscheidung kam, haben sie ein bißchen was gesagt.

Oktober 1995: Utopien, soweit sie perfekte Konstruktionen von Mensch und Gesellschaft darstellen, reibungslose soziale Maschinerien, sind mit gutem Grund aus der Mode gekommen. Um so wichtiger indes ist es, Vorstellungen und Konzepte zu befördern, die andere Menschen- und Gesellschaftsbilder konkret ausmalen – jenseits globaler und lokaler kapitalistischer Konkurrenz, die human kostenreich Ungleichheit schafft und Aggressionen produziert. Darum verdient die im Titel genannte Studie des Wuppertaler Instituts von Oktober 1995 unsere kritisch-sympathetische Aufmerksamkeit. Sie setzt zwar primär ökologisch an und nicht primär an anderen gesellschaftlichen, politischen und ökonomischen Produktionsmustern. Dennoch kommt sie, indem sie sich um eine ökologisch akzeptable Entwicklung kümmert, notwendig auf deren gesellschaftspolitische und ökonomische Voraussetzungen und Folgen. Die mitentscheidende Frage ist: Verhalten sich die Autorinnen und Autoren dieser konkreten Utopie hinreichend kritisch gegenüber der herrschenden Ökonomie und Politik und zeigen sie dementsprechend genügend kritisch informierte Phantasie für qualitativ anders notwendige politische und ökonomische Produktionsformen?

Dieter Masberg

„Zukunftsfähiges Deutschland" – Eine Vision?

BUND/Misereor (Hrsg): Zukunfts-fähiges Deutschland. Ein Beitrag zu einer global nachhaltigen Entwicklung. Studie des Wuppertal Instituts für Klima Umwelt Energie GmbH. Basel-Boston-Berlin (Birkhäuser), 1996. 453 S.

1.

Der bislang ambitionierteste Beitrag zu der Debatte um die Frage, welche Anforderungen eine im Weltmaßstab ökologisch und sozial „nachhaltige" Wirtschafts- und Gesellschaftsentwicklung an die Politik in der BRD stellt, liegt seit Anfang des Jahres mit der Studie „Zukunftsfähiges Deutschland" vor, die von einer Arbeitsgruppe des Wuppertal Instituts für Klima, Umwelt und Energie unter der Leitung von Reinhard Loske erstellt, vom BUND und von Misereor herausgegeben wurde. Schon in der Prägung des Begriffs „zukunftsfähige Entwicklung" liegt ein nicht geringzuschätzender Verdienst dieser Arbeitsgruppe, denn bisher fehlte ein nicht mißverständlicher deutscher Begriff für das englische „sustainable development" – die verbreitete Übersetzung als „nachhaltige Entwicklung" konnte, von der umgangssprachlichen Bedeutung her, den Eindruck nahelegen, es gehe gerade um eine kräftige Zunahme des materiellen Verbrauchs. In der gegenwärtigen Diskussion stehen die Umweltbewegung und die ihr nahestehenden Forschungsinstitute vor dem Problem, das Konzept des „sustainable development" davor zu bewahren, zu einer wohlfeilen, mit fast beliebigen Inhalten zu füllenden Leerformel entschärft zu werden, wie es den Protagonisten der herkömmlichen Wachstumspolitik vor gut 20 Jahren mit den Reformansätzen gelang, für die die Begriffe „Lebensqualität" bzw. „qualitatives Wachstum" standen.

Das Konzept der Zukunftsfähigkeit besteht dagegen auf der Einsicht, daß der gegenwärtige Lebensstil in den Industrieländern, würde er auf die gesamte Welt ausgedehnt, die verfügbaren Ressourcen und Rohstoffe und die Belastbarkeit der natürlichen Umwelt um ein Vielfaches überfordern würde. Schon allein wegen des Beispiels der Industrieländer für die Entwicklungskonzepte der Dritten Welt führe deshalb kein Weg an einer grundlegenden Veränderung dieses Lebensstils vorbei. Die Prämisse international gerecht verteil-

ter Entwicklungschancen unterstreicht diese Folgerung noch.

Die Studie des Wuppertal Instituts steht im Zusammenhang mit einer Reihe anderer Studien, die dieses Konzept zu konkretisieren und Wege für seine Umsetzung zu bezeichnen versuchen. Als erste dieser Studien erschien 1992, von Friends of the Earth der Niederlande in Auftrag gegeben, „Sustainable Netherlands". Für Aufsehen sorgte diese Studie vor allem mit der Berechnung von Pro-Kopf-Verbrauchszahlen, z.B. gab sie für den Bereich der Mobilität die pro Tag für den einzelnen je nach dem gewählten Verkehrsmittel maximal zulässigen Entfernungen an. Diese Pro-Kopf-Verbrauchszahlen demonstrierten, in welch starkem Ausmaß das gegenwärtige Verbrauchsniveau über diesen Richtwerten liegt, in welch hohem Maß die Studie also Einschränkungen im materiellen Verbrauch für erforderlich hält.

In der Bundesrepublik sind unter anderem verschiedene Enquête-Kommissionen des Bundestags und das Umweltbundesamt mit Vorarbeiten für Konzepte einer zukunftsfähigen Entwicklung zu nennen. Andere Veröffentlichungen aus dem Umkreis des Wuppertal Instituts (insb. „Faktor Vier" des Institutsleiters Ernst-Ulrich von Weizsäcker zusammen mit dem Ehepaar Lovins) stellten besonders auf die Chancen für eine „Effizienzrevolution" ab, d.h. auf die diesen Studien zufolge noch ungenutzten Spielräume, bei Beibehaltung des gegenwärtigen Niveaus des materiellen Verbrauchs Rohstoffe und Energie einzusparen und die Schadstoffemissionen zu senken. Die Studie „Zukunftsfähiges Deutschland" setzt zwar ebenfalls auf eine weitreichende „Effizienzrevolution", unterstreicht aber, daß diese nicht genügen würde,

um tatsächlich zu einer zukunftsfähigen Entwicklung zu kommen: Einschränkungen im materiellen Verbrauch in den Industrieländern müßten hinzukommen.

Eine skeptische und kritische Bilanz dieser Studie und ihrer Auswirkungen auf die gegenwärtige politische Diskussion zog Ulla Peters in der Zeitschrift Politische Ökologie („Neue kulturelle Kraft gesucht. Nachhaltigkeit – und wie weiter", Heft Nr. 45, Mai/Juni 1996, S. 28-31). Die Grundaussage ihrer Kritik lautet, die Wuppertaler Arbeitsgruppe habe in ihrem Bemühen, wegen der erhofften politischen Wirkung ihrer Studie einen möglichst optimistischen Grundtenor zu geben und deshalb die Chancen für einen ökologisch verträglichen, sozial und international gerechten Entwicklungsweg in den Mittelpunkt ihrer Argumentation zu stellen, auf eine gesellschaftstheoretische Fundierung verzichtet und damit zu blauäugig über die bestehenden Interessenkonflikte hinweggesehen.

Im folgenden soll diese Kritik an einigen Punkten beispielhaft illustriert werden. Zuvor werden für diejenigen, die die Aussagen der Wuppertaler Studie nicht kennen, deren Vorgehen und die wichtigsten Ergebnisse zusammengefaßt.

2.

In den beiden einführenden Kapiteln „Maßstäbe" und „Bilanzen" formuliert die Studie konkrete umweltpolitische Ziele, geleitet von dem Grundsatz: „Jeder Mensch hat das gleiche Recht, für die Verwirklichung seiner Lebenschancen global zugängliche Ressourcen in Anspruch zu nehmen, solange die Umwelt nicht übernutzt wird." (S. 33) Für eine mittlere Frist (bis 2010) und für die lange Frist (bis 2050) legen die Wup-

pertaler quantitative Reduktionsziele für die Bereiche Materialentnahme, Primärenergieverbrauch, ausgewählte Stoffemissionen, Wasserentnahme und Flächennutzung fest. Mit der langfristigen Zeitperspektive weicht das Wuppertal Institut bewußt von der Pilotstudie für die Niederlande ab, die sich auf die mittlere Frist beschränkt hatte. Die Wuppertaler können damit auch sehr zeitaufwendige Strukturveränderungen einbeziehen, wie eine Umstellung der Energieversorgung und eine neu orientierte Flächennutzung, insbesondere durch veränderte Konzepte der Stadtentwicklung und neue Verkehrsstrukturen. Damit können die Wuppertaler für die langfristige Perspektive weit anspruchsvollere Reduktionsziele formulieren.

Für die mittlere Frist sind z.B. die Reduktionsziele bei den Luftschadstoffen so bemessen, daß die bei Fortsetzung der gegenwärtigen Entwicklung immer unwahrscheinlicher werdende Einhaltung der Klimarahmen-Konvention von Rio gesichert ist; auch ein vollständiger Verzicht auf Kernenergie soll am Ende dieser Frist erreicht sein. Für die lange Zeitperspektive orientieren sich die Wuppertaler in vielen Bereichen an der Formel des „Faktor Zehn", d.h. eines Rückgangs um 80 bis 90 v.H. So bei der Emission von Kohlendioxid, dem Verbrauch fossiler Energieträger, dem Verbrauch von nicht erneuerbaren Rohstoffen und der Bodenerosion. Der Primärenergieverbrauch soll bis 2050 halbiert sein, ab 2010 sollen keine zusätzlichen Flächen mehr in Anspruch genommen werden und in der Landwirtschaft keine Düngung mit synthetischem Stickstoff und kein Einsatz von Bioziden mehr stattfinden sowie die Nutzung land- und forstwirtschaftlicher Produkte regionalisiert sein.

Angesichts der Größenordnung der Reduktionsziele reicht die von der gegenwärtigen Politik in den Vordergrund gerückte Strategie der „Entkopplung" zwischen Umweltnutzung und Wirtschaftswachstum selbst dann nicht aus, wenn ihre noch ungenutzten großen Möglichkeiten ausgeschöpft würden. Die Studie resümiert: „Strategien für eine zukunftsfähige Entwicklung Deutschlands kommen deshalb nicht umhin, die ökologische Tragfähigkeit eines stetig wachsenden Ausstoßes von Gütern und Dienstleistungen in Frage zu stellen" (S. 81) und damit den vorherrschenden Lebensstil ins Visier zu nehmen.

Der Einsicht folgend, daß „Reduktionsziele allein höchstens (informieren), aber niemanden (begeistern)" (S. 150), skizzieren die Wuppertaler im Kapitel 4 insgesamt acht „Leitbilder" für „unterschiedliche Gestaltungsfelder sozialer Erneuerung", die sich häufig direkt an bestimmte Akteure – Politiker, Unternehmer, Konsumenten, Erwerbstätige, Akteure auf der kommunalen Ebene, Akteure auf der internationalen Ebene – richten. Anknüpfend an in Teilen der Gesellschaft zumindest im Ansatz anzutreffende Tendenzen für alternative Wege der Entwicklung, wollen die Wuppertaler mit der Verdichtung solcher Tendenzen zu Leitbildern und mit der beispielhaften Konkretisierung der Leitbilder in einer Vielzahl von „Wende-Szenen" die „soziale Phantasie zur Veränderung" (S. 150) und das Eigeninteresse der Menschen daran stärken. Die Wuppertaler haben die einschlägigen Debatten und vorhandene Reformansätze umfassend gesichtet und präsentieren in diesem Kapitel einen breiten Katalog von zum Teil schon umgesetzten, zum Teil bislang nur diskutierten Konzepten und Einzel-

maßnahmen, die von der ökologischen Steuerreform und einer Reform der Agrarpolitik über das Konzept der Energiedienstleistungen bis hin zur Stadtentwicklung in Heidelberg, zum Car-Sharing und zur „Fahrradstadt Erlangen" reichen.

Im folgenden Kapitel „Übergänge" stellt die Studie die wichtigsten Handlungsmöglichkeiten für die nächsten zehn bis zwanzig Jahre zusammen. Sie tut dies für die Sektoren Energieversorgung, Industrie, Verkehr sowie Land- und Forstwirtschaft, unter besonderer Beachtung der Wechselbeziehungen zwischen diesen Sektoren. Auf dieser Basis demonstrieren die Wuppertaler dann in einer groben quantitativen Abschätzung, daß die eingangs formulierten Reduktionsziele erreichbar sind; diese Überprüfung beschränkt sich auf die beiden Bereiche Energieverbrauch und Emission von Kohlendioxid.

Das abschließende Kapitel mit dem wenig aussagekräftigen Titel „Zusammenhänge" wendet sich einigen Kernproblemen zu, die bei der Durchsetzung des skizzierten Wegs einer zukunftsfähigen Entwicklung zu lösen bzw. zu überwinden sind. Die Studie entstand in einem ständigen Diskussionsprozeß, in dem immer wieder Vorüberlegungen und Zwischenergebnisse der Fachöffentlichkeit vorgestellt und ihrer Kritik ausgesetzt wurden (vgl. z.B. die Beiträge in Heft Nr. 39, Nov./Dez. 1994 der Politischen Ökologie). Dieses Kapitel faßt die Ergebnisse dieser Debatten aus der Sicht der Wuppertaler zusammen. Folgende vier Problemfelder spricht die Studie an: die Konsequenzen für die Entwicklung der Beschäftigung und die damit verbundenen Auswirkungen auf die soziale Sicherung; die Vereinbarkeit mit dem bestehenden Wirtschaftssystem und die Konsequenzen für die internationale

Wettbewerbsfähigkeit der Volkswirtschaft; politisch-institutionelle Reformen als Voraussetzung einer zukunftsfähigen Entwicklung; und schließlich die Beziehungen zwischen den Industrieländern des Nordens und den Ländern des Südens, also den ursprünglichen Anstoß für die Konzeption des „sustainable development".

3.

Die folgenden Bemerkungen zu der Wuppertaler Studie beziehen sich im wesentlichen auf die beiden Kapitel „Leitbilder" und „Zusammenhänge", in denen die gesellschafts- und wirtschaftspolitischen Vorstellungen am deutlichsten zum Ausdruck kommen – eine Beurteilung der quantitativen Abschätzungen muß fachlich einschlägig qualifizierten Kritikern überlassen bleiben.

Bei der Formulierung und Ausmalung der Leitbilder gelingen den Wuppertalern nicht selten griffige Sprachbilder, die sich gut für eine Propagierung in den Medien eignen, wie z.B. „rechtes Maß für Raum und Zeit", „gut leben statt viel haben", „Wohlstand light", „Zeitwohlstand statt Güterreichtum" und „Eleganz der Einfachheit"; überhaupt liegt in der Prägung von Begriffen eine besondere Stärke der Wuppertaler. Die in der Studie vorgeschlagenen Ideen und Ansätze indes sind durchweg keine Neuschöpfungen, sie stammen allerdings aus z.T. sehr unterschiedlichen Diskussionszusammenhängen, die die Wuppertaler zu stimmigen Konzepten zusammenzufügen suchen. Die Studie entwirft damit ein Gesamtbild, das auch in seinen vielen einzelnen Facetten die Botschaft demonstrieren soll, daß ein grundsätzlicher Kurswechsel in der Entwicklung der Industriegesellschaften machbar ist, in der Hoffnung, damit die

potentiellen Träger dieser Wende zu aktivieren.

Der optimistische Grundton soll dem ökologischen Reformprojekt aus der Defensive heraushelfen, in die es geraten ist, seitdem das Thema des „Wirtschaftsstandortes Deutschland" die politische Agenda dominiert. Den Wirtschaftsverbänden und den ihnen nahestehenden Politikern und Wissenschaftlern ist es mit dieser von ihnen angezettelten Kampagne gelungen, einer Politik wieder fast unangefochten Vorrang zu verschaffen, die auf weiteres quantitatives Wirtschaftswachstum in einer politisch wenig regulierten Marktwirtschaft setzt – ein klarer Rückschlag gegenüber einer Situation, in der die Reformer noch mit einigem Recht darauf vertrauen konnten, eine breitere Mehrheit von der überlegenen Rationalität des Reformprojektes zu überzeugen.

Vor diesem Hintergrund führt das selbsterklärte Ziel der Wuppertaler, „einen Beitrag dazu (zu) leisten, der Zukunftsdiskussion ihre ökonomistische Schlagseite zu nehmen" (S. 16) zu einem schwierigen Spagat zwischen der Erkenntnis, daß Visionen einer alternativen Entwicklung erst dann wirklich eine Chance besitzen, wenn der Mythos gründlich demontiert ist, die Fortsetzung des vorherrschenden Entwicklungstrends werde den Wohlstand immer weiter vermehren (vgl. Projektleiter Loske in Pol. Ökologie 39, 1994, S. 21) auf der einen Seite und dem prononcierten Betonen der Chancen, die sich auch in der für Reformpolitik schwierigen gegenwärtigen Lage bieten, auf der anderen Seite. So sehr die Wuppertaler auch daran festhalten, daß ein Schrumpfen des materiellen Verbrauchs in den Industrieländern ein Kernbestandteil „zukunftsfähiger" Konzeptionen sein müsse – eine Effizienz-revolution allein könne nur einen Zeitgewinn für den notwendigen grundsätzlichen Strukturwandel bewirken, weil anhaltendes Wirtschaftswachstum die so erzielbaren „Gewinne" über kurz oder lang wieder aufzehrte –, halten ihnen Kritiker wie Peters (vgl. S. 30) dennoch vor, ihre Vision wende sich letztlich an die (Angestellten-)Eliten, die noch am ehesten tendenzielle Gewinner des Kurswechsels sein werden, am ehesten dazu in der Lage, sich in neuen Lebensformen einzurichten, in denen materielle Verzichte ohne größere Einschränkungen der eigenen Wünsche und Ansprüche möglich sind. Diesen Eindruck stützt auch der bewußte Verzicht darauf, in der Studie selbst Obergrenzen für den Pro-Kopf-Verbrauch deutlich sichtbar zu markieren. Vor allem aber werden weder die Interessen, die dem Weg in die „neuen schönen Welten" entgegenstehen und deren breit gefächerte Widerstands- und Obstruktionsmöglichkeiten, noch die Konsequenzen für die wachsenden Gruppen der sozial Benachteiligten belichtet.

Das Kapitel „Zusammenhänge" schließlich geht auf Probleme der politischen Durchsetzbarkeit ein. Es wäre unfair, hier von den Wuppertalern schlüssige Strategien für seit langem bearbeitete, aber ungelöste Fragen zu verlangen. Ihre Ausführungen bleiben doch, bei allem Bemühen, den Diskussionsstand einzuarbeiten, in einigen wichtigen Punkten merkwürdig blaß und unentschieden.

So unterstreicht die Studie zwar immer wieder, eine zukunftsfähige Entwicklung erfordere, daß die Dynamik zu ständigem Wirtschaftswachstum gebrochen wird, mag sich aber nicht so recht entscheiden, ob dies in einer Marktwirtschaft überhaupt möglich ist: „Ob die Systemlogik des marktwirtschaftlichen Systems tatsächlich mit Zukunftsfähigkeit vereinbar ist oder ob sie überwunden werden muß (und kann), wissen wir nicht – und können es nicht wissen. Aber wir wissen mit relativer Sicherheit, was notwendig ist, um Zukunftsfähigkeit zu erreichen." (S. 373). Die Wuppertaler vertrauen allerdings darauf, daß ein ökologischer Strukturwandel auf mittlere bis lange Sicht Wettbewerbsvorteile für die betreffende Volkswirtschaft bedeute (vgl. S. 407). Unter den von ihnen empfohlenen Konzepten nehmen solche eine herausgehobene Stellung ein, die die Funktionsweise des Marktes durch geschickte Rahmensetzung für eine ökologische Reformpolitik instrumentalisieren wollen; insbesondere die ökologische Steuerreform. Sie plädieren dabei für eine Variante, bei der die Steuereinnahmen zur Senkung der Sozialversicherungsbeiträge genutzt werden, um auf diese Weise mit einer Senkung der Lohnnebenkosten zugleich die Beschäftigungslage zu verbessern (widersprüchlich ist, daß an zwei anderen Stellen der Studie andere Verwendungszwecke für diese Einnahmen genannt werden).

Die Studie referiert auch das vor allem von Mohssen Massarrat vorgebrachte Argument, eine Ökosteuer, insbesondere in Gestalt einer Energiesteuer, laufe letztlich lediglich auf eine Verschiebung von Einkommen aus den Ländern des Südens in den Norden hinaus, ohne in den Industrieländern die Umweltzerstörung auf Dauer zu senken. (Die Steuer bewirkt eine Verteuerung von energieintensiven und damit in der Regel auch die Umwelt belastenden Gütern. Geht dadurch, wie beabsichtigt, die Nachfrage zurück, so bedeutet das

KLEINGARTENANLAGE . e.V.
Schachtanlage Scholven.

für die Lieferländer im Süden unmittelbar eine Einkommenseinbuße. Für diese liegt es nun nahe, ihre Erzeugerpreise zu senken, um diese Einbuße über eine Absatzsteigerung wieder wettzumachen – geschieht dies unkoordiniert, so treibt ein Unterbietungswettbewerb der Erzeuger die Preise noch tiefer. Aufgrund der gesunkenen Erzeugerpreise steigt der Verbrauch in den Industrieländern wieder an, u.U. noch über das Niveau der Ausgangssituation hinaus, nun allerdings bei für die Industrieländer günstigeren Preisen.) Die Wuppertaler akzeptieren diese Kritik im Grundsatz; als Gegenmittel empfehlen sie Ausgleichszahlungen der Industrieländer an die Lieferländer im Süden, um diese von der beschriebenen Reaktion abzuhalten. Und diese Kompensation der Lieferländer wäre dann die Voraussetzung dafür, daß überhaupt ein dauerhafter die Umwelt entlastender Effekt in den Industrieländern eintritt. Eine Finanzierung dieser nicht unbeträchtlichen Kompensationszahlungen über zusätzliche Steuern in den Industrieländern kollidiert jedoch mit der Aussage der Wuppertaler, eine ökologische Steuerreform werde die internationale Wettbewerbsfähigkeit der Industrieländer nicht spürbar beeinträchtigen. Im Falle eines Alleingangs der Bundesrepublik bei einer solchen Steuer dürfte der Einkommensrückgang bei den Lieferländern allerdings so gering ausfallen, daß sich das beschriebene Problem nicht in dieser Schärfe stellt.

Den propagierten „Ausgleich zwischen Norden und Süden" wollen die Wuppertaler vor allem über einen Schuldenerlaß für die Länder des Südens fördern. Außerdem fordern sie die EU-Länder auf, die Subventionen für Agrarexporte in den Süden abzuschaffen und sich für den Import von weiterverarbeiteten Produkten aus diesen Ländern zu öffnen.

Der Vorwurf, die Wuppertaler vertrauten in erster Linie auf den „aufgeklärten Eigennutz' postmaterialistischer Konsumenten" (Peters, S. 29), vernachlässigten jedoch die sozial Benachteiligten, läßt sich am besten an ihren Ausführungen zur „sozialen Fairneß" illustrieren.

Die Studie räumt ein, daß das Ausmaß der geforderten Reduktion beim Ressourcenverbrauch und bei der Umweltbelastung „langfristig … zu einer Verringerung des Volumens an Erwerbsarbeit (führt)" (S. 357) – eine Vollbeschäftigung in Erwerbsarbeit wäre in einem „zukunftsfähigen Deutschland" nicht möglich. Als Konsequenz empfehlen die Wuppertaler vor allem drei Konzepte.

Das erste besteht in einer weitreichenden Flexibilisierung der Arbeitszeit, verbunden mit einem Anrecht auf einen bezahlten Teilzeit-Arbeitsplatz für jede erwerbsfähige Person. Flexiblere Arbeitszeiten werden als Chance gesehen, „Zeitsouveränität" zu gewinnen. Schon die „Leitbilder" hatten die „Zeitpioniere" als beispielhaft beschrieben, weil sie mit ihrer weitgehend selbstbestimmten Zeiteinteilung einen Verzicht auf materielle Güter leicht verschmerzen könnten. Mit ihrer fast uneingeschränkt positiven Einschätzung flexiblerer Arbeitszeiten setzen sich die Wuppertaler über die langjährigen praktischen Erfahrungen hinweg. Diese zeigen im konkreten Fall häufig genug erhebliche Interessendivergenzen zwischen den Arbeitgebern und den Beschäftigten. Die Arbeitgeber führen flexiblere Arbeitszeiten vor allem dann ein, wenn sie dadurch die Betriebszeiten für ihre Maschinen verlängern können

„Ich jedenfalls verleih' nie wieder etwas!"

(Industrie) bzw. wenn sie den Personaleinsatz damit besser auf die zeitlich schwankende Nachfrage der Kunden abstimmen können (Dienstleistungsbereich). – Mit den Arbeitszeit-Wünschen der Beschäftigten paßt diese Art der Flexibilisierung häufig wenig zusammen. In der Praxis der flexibleren Arbeitszeiten bleibt „Zeitsouveränität" für die Beschäftigten somit eher die Ausnahme und ist vor allem für hochqualifizierte Experten zugänglich. Vielen bleibt dagegen nur die Wahl, sich den Wünschen der Arbeitgeber anzupassen oder auf den Job zu verzichten. Damit sei nicht bestritten, daß Arbeitszeitflexibilisierung die Beschäftigungssituation verbessern kann. Es wäre indes eine Illusion, mit ihr zugleich hochgeschraubte Erwartungen bezüglich der „Zeitsouveränität" zu verbinden. Aus diesen Zu-

sammenhängen ergeben sich auch ungünstige Rahmenbedingungen für die zweite Strategie der Wuppertaler, die Förderung von „Eigenarbeit".

Aus der zitierten Feststellung, bei einer zukunftsfähigen Entwicklung könne es keine Vollbeschäftigung in Erwerbsarbeit geben, folgt als logische Konsequenz ein Umbau der sozialen Sicherung, d.h. eine „zumindest teilweise Entkopplung von Erwerbsarbeit und sozialer Sicherung". (S. 361) Die Wuppertaler setzen hier auf die in der sozialpolitischen Diskussion derzeit viel umstrittene negative Einkommensteuer, also ein mit der Höhe des eigenen Erwerbseinkommens abnehmendes steuerfinanziertes Grundeinkommen. Sie preisen dieses Konzept geradezu als sozialpolitisches Allheilmittel und sprechen die aus der Diskussion bekannten Nachteile bzw. ungelösten Probleme dieses Konzeptes nicht einmal an. Für ein Kernproblem, nämlich die Frage der Finanzierung, wollen sie gar die von ihnen selbst schon für die Senkung der Sozialbeiträge vergebenen Einnahmen der Ökosteuer einsetzen.

Die Wuppertaler wollen die negative Einkommensteuer ausdrücklich zur Subventionierung von Beschäftigung in einem auszuweitenden Niedriglohn-Sektor nutzen; „Mißbrauch" seitens der Unternehmer wollen sie dabei verhindern, aber es bleibt völlig im Dunkeln, wie sie das bewerkstelligen wollen. Die Studie behauptet, eine negative Einkommensteuer würde den in diesem Sektor Beschäftigten „den Übergang in den ‚ersten Arbeitsmarkt' des weltmarktorientierten Sektors erleichtern" (S. 356). Dagegen befürchten viele Fachleute, damit werde im Gegenteil die Abschottung der Teilarbeitsmärkte voneinander noch verstärkt und insbesondere eine zusätzliche Ausweitung der Lohnunterschiede gefördert. Unter Berufung auf nicht näher gekennzeichnete „empirische Studien" plädieren die Wuppertaler schließlich kurzerhand für die Ersetzung der Gesetzlichen Rentenversicherung durch eine negative Einkommensteuer (vermutlich beziehen sie sich dabei auf Biedenkopfs Vorschlag einer steuerfinanzierten Grundrente für alle, ungefähr in der Höhe des Sozialhilfeniveaus). Eine differenzierte rentenpolitische Diskussion über dieses Thema findet sich in der Studie nicht.

Alles in allem erinnert die Art und Weise, in der sich die Wuppertaler mit der sozialen Flankierung ihres ökologischen Reformprojektes auseinandersetzen, an die unbekümmerte Perspektive derjenigen, die sich auch nach einem grundsätzlichen Kurswechsel keine

ernsthaften Sorgen um ihre soziale Absicherung machen müssen. Bei allen unbestrittenen Verdiensten ihrer Studie scheint mir an diesem Punkt ihre größte Schwachstelle zu liegen. Es ist noch viel Arbeit an den beschäftigungs- und sozialpolitischen Konzepten nötig, damit das „zukunftsfähige Deutschland" ein *ökosoziales* Reformprojekt wird.

November 1995: Yitzhak Rabin ist am
4. November 1995 ermordet worden. Die Tat eines
religiösen Fanatikers löste, folgt man dem israelischen
Soziologen Shmuel Noah Eisenstadt, „eine Kette von höchst
erstaunlichen Reaktionen aus", eine „Kombination von
Ehrbezeugung, Wallfahrt und spontanen ritusähnlichen
Veranstaltungen", in der mehr als Trauer und Angst zum
Ausdruck kam. Wie prekär die israelische Situation innen-
und außen- und das heißt immer zugleich „palästina"-
politisch ist, demonstrierte nicht nur der kräftig aufhaltsame
Friedensprozeß, als dessen Repräsentant Rabin als
Ministerpräsident gewirkt hat. Die spannungsreiche, von
historischen und gegenwärtigen Taten und Ängsten
überfrachtete Situation belegt gleicherweise die politischen
Entwicklungen nach Rabins Ermordung. In die schwierige,
in und um Israel kontroverse und konfliktreiche Lage, in der
historische und gegenwärtige Kurzsichtigkeiten neue Ängste
und vor allem humane Kosten produzieren, gibt der
nachfolgende Überblick einen seinerseits nicht
unkontroversen Einblick.

Norbert Mattes

Rabins Ermordung und die national-religiöse Bewegung in Israel

Nach Rabins Ermordung recherchierten israelische Journalisten über die Hintergründe der Tat. Gegenstand der Recherche waren auch die Organisationen und Aktivitäten der national-religiösen radikalen Siedler. Im Vordergrund stand vor allem die Frage: Wie bestreiten die 130.000 radikalen Siedler der Westbank und des Gazastreifens ihren Lebensunterhalt? Parallel dazu beschäftigte man sich mit dem Gedankengut ihrer religiösen Theoretiker. Das Ergebnis: Staatsgelder scheinen aus allen denkbaren Quellen zu fließen. Obwohl nur einige staatliche Institutionen wie das Kommunikations-, Tourismus- und Wirtschaftsministerium Daten zur Verfügung stellten (1), kam man zu dem Schluß, daß 48,8 % der Siedler in den besetzten Gebieten aus staatlichen Mitteln bezahlt werden. Allein das Religionsministerium bezahlt an die Yeshivastudenten (mit Talmud- und Kolelstudenten) 60 Millionen Shekel jährlich (2).

Die Zahlung an das Tempelinstitut der National-Religiösen, das inmitten des muslimischen Stadtviertels eingerichtet wurde, wurde z.B. erst von dem Erziehungsminister Amnon Rubinstein eingestellt, als er feststellte, daß der Institutsleiter Rabbi Yisrael Ariel den Mörder Baruch Goldstein gelobt hatte. Anstoß nahm er ebenfalls an den Veröffentlichungen des Instituts, in denen behauptet wurde, die Gleichheit der Menschen widerspräche der jüdischen Religion (3).

In der ideologischen Auseinandersetzung mit den national-religiösen Radikalen kamen jetzt in der Sparte, die sonst nur Rabbinern und Religionsgelehrten vorbehalten war, auch säkulare Wissenschaftler zu Wort. Im Mittelpunkt stand die Frage der zukünftigen Staatsform: säkularer Staat versus religiöser Staat, also ein Staat, der auf der Grundlage der Halacha, der jüdischen Religionsgesetze, basiert (4). Vergleiche wurden angestellt zwischen dem Staatskonzept jüdischer Theoretiker und dem Ayatollah Khomeinis (5). Angesprochen wurde auch die Frage der Inhumanität jüdischer Religionsgesetze (6).

Die Debatte um den Gegensatz zwischen jüdischem Religionsgesetz und demokratischem Staat begann schon zur Zeit der Staatsgründung Israels. Die Zionisten legitimierten zwar den Staat Israel auf religiöser Grundlage, waren aber säkular orientiert. Die orthodoxen Juden jedoch wollten Elemente des jüdischen Religionsgesetzes durchsetzen, was ihnen auch gelang. Heute, da Religion und Nationalismus eine gefährliche Symbiose bilden, fällt die Staatskonzeption dieser Gruppen entsprechend totalitär aus. Vertreter nichtreligiöser Richtungen verweisen auf die Gefahr eines Staatsstreiches, den diese Radikalen inszenieren könnten, sobald ihre Funktionäre die Schaltstellen der Macht besetzten. Nicht diejenigen, die offen für eine Veränderung – sprich, die Errichtung eines Gottesstaates – eintreten, seien gefährlich, sondern diejenigen von ihnen, die gezielt in das Militär und die Sicherheitskräfte eindringen. Die Anzahl der extremistischen Kräfte in den Eliteeinheiten und im Offizierscorps sei jetzt schon signifikant, würde aber zweifellos zunehmen, meint Israel Shahak (7). Der Brigadekommandeur in Reserve, Mikha Regev, berichtet, wie er von seinen religiösen Führern gelenkt wurde: „Als ich in die Armee eintrat, wollte ich zu der Fallschirmjägereinheit, aber in meiner Yeshiva wurde mir von den Rabbis empfohlen, zu den Golani-Kommandos zu gehen. Ich bekam damals das Gefühl, für diesen Job bestimmt zu sein. So ging ich in die Golanibrigade." (8)

So plötzlich wie die Diskussion über die national-religiösen Radikalen begonnen hatte, so rasch endete dieselbe. Wer geglaubt hatte, es käme zu einer breiteren Debatte, sah sich getäuscht. „Wer dagegen war, war schon immer dagegen, und wer für die Existenz der Siedlungen ist, befürwortet, daß man die Funktionäre der Siedler aus der öffentlichen Kasse zahlt", sagt Gideon Freudenthal. Letztendlich wäre die Debatte über die religiösen Ziele der Extremisten sogar ins Gegenteil umgeschlagen. Am Ende hätten sie als Unschuldige dagestanden, und es hätte geheißen, man würde auf sie eine Hexenjagd veranstalten (9).

Israel und die Zersplitterung Palästinas

Am 20. Januar 1996 konnten endlich die in der Declaration of Principles (Oslo I-Abkommen zwischen Israel und der PLO von 1993) versprochenen Wahlen in der Westbank, im Gazastreifen und in Ostjerusalem stattfinden. Die Wahlen mußten in der Westbank innerhalb der laut Oslo II- bzw. Taba-Abkommen neu geformten Gebietsstruktur der A- und B-Zone stattfinden (10). Die entsprechend dem israelischen Sicherheitsdenken geprägte Gebietsstruktur läßt keinen Raum für friedliches Nebeneinander. Städte und Dörfer werden voneinander abgeschnitten. Die israelischen Siedlungen bekamen und bekommen noch eine eigene Verkehrsstruktur. 26 Straßen sind noch im Bau. Das entspricht einer Fläche von 21 km². Die Jericho-Zone in der Westbank, das mit dem Gazastreifen erste autonome Gebiet, ist dagegen nur 16 km² groß. Zur Vollendung der Infrastruktur für die Siedler wird weiterer palästinensischer Boden konfisziert werden müssen. Das bedeutet weitere Vernichtung von Obst- und Olivenbäumen und Rebstöcken. Die Intention, die hinter der Einrichtung dieser Gebietsstruktur steht, wurde spätestens nach den Anschlägen von Hamas deutlich: Effektivere Abriegelung der besetzten Gebiete und Bestrafung der gesamten palästinensischen Bevölkerung. Diese treffen nicht nur die palästinensischen Arbeiter, die in Israel arbeiten (11), sondern sie verhindern den gesamten Warenfluß von Gaza und Westbank nach Israel, Ägypten und Jordanien und umgekehrt. Wichtige Lebensmittel und Medizin kommen nicht mehr an oder unterliegen hohen Preissteigerungen. Das heißt ein von der Besatzungsmacht auferlegter Hunger. Die Palästinenser müssen in ihren Dörfern und Städten bleiben. Für Bewegungen innerhalb der Dörfer oder von Dorf zu Stadt wurde ein spezielles Permit-System eingeführt, damit zumindestens einige ihren Beruf im Nachbardorf oder der nächsten Stadt ausüben können. Israelische und palästinensische Menschenrechtsorganisationen berichten von Todesfällen, weil der Krankenwagen nicht rechtzeitig durch die militärischen Sperren kam. Besonders hart traf es die Studenten und die Bevölkerung in Bir Zeit und der gleichnamigen Universität. 370 Verhaftungen, 280 davon betrafen Studenten. Bei den Aktionen des israelischen Militärs wurden Türen eingetreten und Einrichtungen verwüstet. Kommentar der Militärs: Alle seien in terroristische Aktivitäten verwickelt. Die meisten Studenten seien aus Gaza und somit Unterstützer von Hamas. In Wirklichkeit waren über die Hälfte der verhafteten Studenten in der Studentenorganisation von Arafats Fatah organisiert; nur 45 kamen aus Gaza. Dozenten suchten tagelang ihre verschwundenen Studenten. Viele wurden auch abwechselnd verprügelt, vom israelischen Militär und anschließend von Arafats Polizei. „Wenn du morgens aufwachst und 10% deiner Studenten im Zuchthaus findest", sagte der Universitätspräsident Hanna Nasir, „wie kannst du dann Vertrauen in den Friedensprozeß haben? (12)"

Ministerpräsident Peres rechtfertigte seine Maßnahmen mit Schutz vor Terrorismus. Präsident Weizmann wurde deutlicher: „Wenn wir die Nadel nicht finden können, müssen wir den Heuhaufen verbrennen (13)." Selbst Amos Oz machte zwei Fronten aus, die gegeneinander Krieg führen, die Front der mörderischen islamischen Fundamentalisten und die Front der humanistischen Welt (14).

Geht es um israelische „Vergeltungsschläge", also staatlich sanktionierten Terror, wie z.B. die Ermordung des Dschihadführers Fathi Shaqaqi in Malta oder des Sprengstoffexperten von Hamas, Yahya Ayyash, durch die israelischen Geheimdienste, wurden solche Aktionen als „Recht auf Selbstverteidigung" eingestuft. Wie Yigal Amir, meinte ein israelischer Journalist, hätte auch Ayyash Anspruch auf ein Gerichtsverfahren gehabt. Israelische Menschenrechtsorganisationen, die zur Einhaltung ethischer Normen aufrufen, bleiben einsame Rufer in einer Wüste. Die Befürworter militärischer Gewalt dominieren. „Kollektivstrafen, die illegal und unmoralisch sind, den Terror nicht verringern, sondern im Gegenteil dessen Akzeptanz steigern," sind keine Antwort auf die grausamen Anschläge von Hamas, heißt es in einer Anzeige von B'Tselem, dem Komitee zur Verteidigung des Individuums, der Organisation Israelischer und Palästinensischer Ärzte für Menschenrechte und der Kav La'oved (Workers hotline) (15).

Peres Wahlkampf I – Palästinensischer Nationalrat ändert die Nationalcharta

Spätestens seit den Wahlen in Palästina gibt es zwei legitimierte palästinensische Vertretungskörperschaften. Den Palästinensischen Nationalrat der PLO und den Palästinensischen Rat (al-madshlis at-tashri'i) der autonomen Gebiete. Letzterer wurde am 20. Januar gewählt und ist die Vertretung der Palästinenser im Gazastreifen, der Westbank und Ostjerusalem. Der Palästinensische Nationalrat der PLO ist die

Vertretung der Exilpalästinenser. 180 Sitze wurden immer symbolisch freigehalten für die Palästinenservertretung der Westbank und Gazas. Nach den Wahlen sind 88 dieser Sitze durch gewählte Vertreter des Palästinensischen Rates besetzt, die restlichen 92 Sitze sollen durch ein aus allen Fraktionen bestehendes Komitee besetzt werden. Gemäß den Erfahrungen mit Arafats Politik der Machtsicherung durch Klientelpolitik und Versuchen, die alten Einflußgruppen wieder an der Macht zu beteiligen, heißt das, daß Arafat die restlichen Sitze mit seiner Klientel besetzen will. Die Exilpalästinenser waren von den Wahlen in den Autonomiegebieten ausgeschlossen. Die PLO wird die Verhandlungen über den endgültigen Status Palästinas für die Zeit nach der Interimsphase (sie dauert bis 1999) weiterführen. So ist es zwischen Israel und der PLO bei den Oslo-Verhandlungen beschlossen worden. Dem Palästinensischen Rat bleibt die Ausarbeitung einer Übergangsverfassung für die Autonomiegebiete überlassen. Diese Regelung muß unvermeidlich zu Konflikten führen. Einer designierten nationalen Führung wird Vorrang gegenüber den gewählten Vertretern in Palästina gegeben. Da jedoch Arafat und einige aus seiner Gefolgschaft Funktionen sowohl in dem einen als auch in dem anderen Rat innehaben, wird Arafat versuchen, sich den Kritikern des Palästinensischen Rats zu entziehen und seine Legitimation als PLO-Vorsitzender auszuspielen.

Die von Israel geforderte Annullierung der Paragraphen der Nationalcharta, die das Existenzrecht Israels bestreiten, bzw. die Forderung, alles zu ändern, was im Widerspruch zu den Oslo-Verträgen steht, wurde am 25. April vom Palästinensischen Nationalrat mit über

500 Ja-Stimmen und 54 Nein-Stimmen beschlossen. Die Sitzung fand in einer gespannten Atmosphäre statt: Peres befand sich schon mitten im Wahlkampf und war darauf bedacht, daß die Änderung der Charta noch vor den Wahlen über die Bühne ging, um den Erfolg für sich verbuchen zu können; die Bombardierung von Qana, mit vielen Toten und Verletzten, hatte die arabische Bevölkerung Israels und der besetzten Gebiete aufgebracht; der Gazastreifen und die Westbank waren völlig abgeriegelt.

Daß der Text der Nationalcharta die Situation von 1968 widerspiegelt und eigentlich mit der gegenwärtigen Realität und den Zielen der Palästinenser nichts mehr zu tun hat, wissen die Palästinenser schon lange. Die palästinensische Unabhängigkeitserklärung wurde 1988 während der Intifada von der Nationalversammlung beschlossen. Sie legt die neue Zielsetzung im Kampf des palästinensischen Volkes fest und geht von Palästina als dem Nachbarstaat Israels aus. Warum aber stimmten trotzdem 54 Dissidenten gegen die Änderung dieser Paragraphen? Mehr als die Hälfte der Dissidenten stammen aus der Westbank und dem Gazastreifen und sind keine Hardliner. Unter ihnen unabhängige, an keine Partei gebundene Köpfe, wie Hanan Ashrawi und Haydar Abd ash-Shafi, also Persönlichkeiten, die im Gegensatz zu Arafat und seiner Klientel das Prädikat Demokraten verdient haben. Ihre Haltung spiegelt die verzweifelte Lage der Palästinenser zwischen israelischer Unterdrückung und Arafats Regime wider. Hanan Ashrawi war der Meinung, solange den Palästinensern nationale Rechte und das Recht auf Selbstbestimmung verweigert werden, solle man den Israelis keine Absolution erteilen. Ähnlich argumentierten in der Versammlung des palästinensischen Nationalrats Abd ash-Shafi und PLO-Exekutivmitglied Surani. Arafat ließ keine Debatte darüber zu (16). Sein Hauptargument war, daß Israel den Friedensprozeß blockieren und das Militär nicht aus Hebron abziehen würde, wenn die Charta nicht geändert würde. Somit wäre auch der Weg für internationale Hilfe blockiert. Zumindest für die mit Erlaubnis Israels aus dem Exil eingereisten über 100 Funktionäre und Mitglieder der PLO war klar, daß sie sich mit einem Nein den zukünftigen Posten in Arafats Administration verscherzen würden.

Ein Versuch des sich im Ausland befindenden PLO-Exekutivmitgliedes Faruq Qaddumi – er verweigerte die Teilnahme wegen der Abriegelung der Gebiete –, die Nationalcharta durch die Unabhängigkeitserklärung von 1988 zu ersetzen, schlug fehl. Israel reagierte sofort ablehnend, denn dies hätte eine Weichenstellung für die Verhandlungen über den „endgültigen Status" Palästinas bedeutet. Die Charta ist geändert worden, ohne daß die Palästinenser, weder diejenigen im Exil noch die in der Westbank und im Gazastreifen, ihre Aspirationen neu formuliert hätten.

Peres Wahlkampf II – Die Vorgeschichte zur Operation „Früchte des Zorns"

Die Bildungselite der maronitischen Christen im Libanon war bis zum Bürgerkrieg führend im Wirtschafts- und Finanzbereich tätig. Seit dem 19. Jahrhundert verstanden sie Frankreich als ihre Schutzmacht. Diese Annahme war dessen imperialen Interessen in dieser Region nur nützlich. Seit dieser Zeit bestanden enge Bindungen zu Europa. Die maronitischen Christen stellten auch schon früh in Ben Gurions Visionen ein wichtiges Kalkül für den Plan einer Spaltung des Libanon in zwei Staaten dar (17). Beim Libanonkrieg 1982 kooperierte Israel mit der maronitischen Phalangepartei. Mit der Parteiführung traf General Ariel Sharon die Abmachung, daß man den maronitischen Milizen freie Hand in Sabra und Shatila lassen sollte (18). Schon bei der ersten Invasion in den Südlibanon 1978 und der Besetzung des Südens wurden die Israelis von der schiitischen Bevölkerung freundlich empfangen. Israel verjagte die PLO, die den Süden kontrollierte und die bei der armen schiitischen Bevölkerung nicht gerade beliebt war. Nach dem Ende des Libanonkriegs hatte die israelische Armee durch ihre Besatzungspolitik auch die schiitische Bevölkerung gegen sich. Unter ihr bildete sich die Hezbullah als Widerstandsorganisation heraus. Als Syrien durch das Abkommen von Taif 1989 in einer rein arabischen Lösung legitimiert wurde, den Bürgerkrieg im Libanon zu beenden, wurden sämtliche Milizen außer der Hezbullah entwaffnet. Ihre Aktionen wurden auf den von Israel besetzten Teil Südlibanons begrenzt. Mit einem geschickten Schachzug hatte es der gewiefte Außenpolitiker Hafez al-Assad verstanden, die einzige militärische Front gegen Israel offenzuhalten. Die Hezbullah beruft sich mit ihrem Widerstandskampf im besetzten Südlibanon auf völkerrechtliche Legitimation. Außerdem konnte Assad das Abkommen von Taif in einem Punkt unterlaufen: Syrien hätte längst seine Truppen aus dem Libanon abziehen müssen. Dies geschieht nicht mit dem Hinweis, daß auch Syrien bleiben werde, solange Israel nicht aus dem besetzten Südlibanon abziehe.

1991 wurden 400 Palästinenser ins Niemandsland zwischen dem besetzten Südlibanon und Libanon abgeschoben, viele von ihnen waren Hamasmitglieder; Hezbullah versorgte sie mit Lebensmitteln, Fernsehen und Telefon, wahrscheinlich auch mit militärischer Ausbildung. 1993 folgte nach einer Hezbullah-Aktion, bei der sieben israelische Soldaten getötet wurden, die Operation „Fakten setzen": Hunderte von Luftangriffen auf südlibanesische Dörfer und palästinensische Flüchtlingslager. Ein gewaltiger Flüchtlingsstrom von einer Viertelmillion Menschen in den Norden war die Folge (19). Im Januar 1995 begann das israelische Militär nach Raketenangriffen der Hezbollah auf Nordisraeal, die gesamte libanesische Südküste zu blockieren. Monatelang konnte kein Fischer aufs Meer fahren (20).

Operation „Früchte des Zorns"

Offizielle Begründung für die Operation „Früchte des Zorns" waren die „terroristischen" Angriffe der Hezbullah gegen Nordisraels Wohngebiete und gegen israelische Soldaten im besetzten Südlibanon. Unter den verantwortlichen israelischen Militärs gibt es Kräfte, die das Warten auf eine politische Lösung satt haben und auf die militärische Option setzen. Dies wurde bereits in einer früheren Fernsehdiskussion deutlich, an der drei Generäle teilnahmen (21).

Für 1996 wurde das Militärbudget aufgestockt. Meir Stieglitz, Korrespondent von Yediot Aharonot, hatte schon am 18. Januar 1996 ironisch bemerkt, daß zwischen Ministerpräsident und Verteidigungsminister anscheinend eine enge Kommunikation bestehe. Israel Shahak stellte fest, daß das Budget so hoch wäre, als ob anstelle von Friedensbemühungen Vorbereitungen für einen Krieg getroffen würden (22).

Nicht nur arabische Zeitungen beschrieben die Operation als Peres' Wahlkampagne, auch die israelischen Medien stellten diesen Zusammenhang her.

Neben den wahlkampftaktischen Überlegungen Peres' drängt sich der Verdacht auf, daß diese Operation auch etwas mit dem ökonomischen Wiederaufbau des Libanon zu tun hatte.

Der libanesische stellvertretende Bankenpräsident Nasir Saaydi wunderte sich z.B., daß die Israelis ausgerechnet zwei Elektrizitätsstationen in Beirut bombardierten. Erst seit Januar gab es – seit 20 Jahren zum ersten Mal – wieder 24 Stunden Strom. Nasir Saaydi war klar, daß der Libanon ökonomisch getroffen werden sollte. Der ökonomische Aufschwung des Libanon würde sich unter anderem darin bemerkbar machen, daß das libanesische Auslandskapital wieder ins Land zurückkäme (23). Beirut hatte vor dem Bürgerkrieg die stärkste Bankenkonzentration im Nahen Osten. Sollten die libanesischen Investoren mit dieser Operation wieder verunsichert werden?

Einige israelische Journalisten wie z.B. Sever Plotzker, Verfechter der freien Marktwirtschaft, rechtfertigte in Yediot Aharonot den Angriff auf den ökonomischen Wiederaufstieg Libanons. Daß Israel von nur einer starken Wirtschaftsmacht in der Region ausgeht, nämlich der eigenen, läßt sich auch aus Peres' Buch „Der neue Mittlere Osten" schließen. Seine Vorstellungen über den neuen Mittleren Osten werden von Gideon Freudenthal auf den kleinsten Nenner gebracht: Die „Konzeption eines Israel, das im Mittelpunkt des Nahen Ostens steht und ökonomisch die Vorherrschaft übernimmt".

Ein weiterer Grund für die Operation könnte die Stagnation der syrisch-israelischen Gespräche gewesen sein. Syrien war gemeint, der Libanon wurde angegriffen. Ein Kriegsspiel vor der Haustür, um Syrien für die israelischen Bedingungen mürbe zu machen? Oder sollte gar ein syrisches Eingreifen provoziert werden? Wenn ja, dann ist dies mißlungen. Obwohl syrische Soldaten an einem Checkpoint angegriffen und getötet wurden, hat sich Syrien herausgehalten. Eine Karikatur in der israelischen Zeitung Maariv zeigt einen auf Hariri einprügelnden Peres. Dabei schaut er auf den daneben sitzenden grinsenden Hafez al-Assad und ruft: Du bist für die Lage verantwortlich. Ist das als Kritik an Peres zu verstehen, der nicht den richtigen getroffen hat, oder als eine Aufforderung?

Die Operation Israels hat nicht nur viele Menschenleben gekostet – insbesondere die 160 Toten in Qana und die vielen Verletzten –, viele Wohnhäuser und öffentliche Gebäude zerstört und mehrere 100.000 Menschen zur Flucht gezwungen, sondern sie hat auch die wenigen Ansätze wieder zunichte gemacht, die es seit Madrid zur Normalisierung der Beziehungen gab. Für Israel war es insgesamt eine Niederlage. Die arabischen Führungen in Jordanien und Ägypten hatten Mühe, die Opposition gegen Israel zu unterdrücken. Man forderte, die israelischen Botschafter zurückzuschicken und die eigenen abzuziehen. Peres bekam bei den Wahlen die Rechnung präsentiert. Tausende von leeren Wahlzetteln stammten von den palästinensischen Israelis. Es waren Proteststimmen gegen Peres' Kriegsabenteuer im Libanon.

In den USA wurde zwar das Waffenstillstandsabkommen zwischen Israel und der Hezbullah als großer Sieg der US-Außenpolitik gefeiert, aber letztendlich war es doch nichts anderes als

die mündliche Abmachung von 1993 (Operation „Fakten setzen") zwischen den beiden Kontrahenten, in schriftlicher Form festgehalten. Die Aktionen der Hezbollah müssen sich auf den besetzten Südlibanon beschränken und dürfen nicht aus Wohngebieten heraus getätigt werden, Nordisrael darf nicht beschossen werden. Israel darf in den besetzten Gebieten zurückschlagen. Ein großer Erfolg?

Über den Sieg der US-Außenpolitik vergaß man die diplomatischen Erfolge der anderen. Frankreich, statt die EU zu aktivieren, kochte seine eigene politische Suppe und brachte sich als neuer Unterstützer Libanons ins Spiel; Rußland hat einen Fuß im Beraterkomitee, das Libanon hilft, den Millionen-Dollar-Schaden zu beheben. Die israelischen Medien sind ehrlicher. Etwa die Tageszeitung Maariv: „Auf diplomatischer Ebene haben wir verloren: Die Einrichtung eines Überwachungskomitees verleiht den proarabischen Franzosen einen besseren Status. Ein Beratungskomitee mit Vertretern der EU und Rußlands bringt dazu noch neue Vermittler ins Spiel, die uns sehr viel weniger genehm sind als die Amerikaner. (…) Wenn es kein Friedensabkommen mit Syrien und dem Libanon geben sollte, wird sich die Lage in den nächsten Jahren wieder verschlechtern, und die israelische Armee muß sich einen Namen für die nächste Operation ausdenken." (24)

Die einzigen, die mit der Operation zufrieden waren, scheinen die israelischen Militärs gewesen zu sein. Alex Fishman, Militärkorrespondent von Yediot Aharonot, berichtet über die Rolle der Operation für die Ausbildung der Piloten. Es wurde darauf geachtet, daß möglichst viele junge unerfahrene Piloten an dieser „kostenlosen" Ausbildung

teilnahmen. Die Davar-Korrespondenten On Levi und Guy Leshem schreiben, daß ein Colonel den Artillerieeinsatz von einem Berg aus dirigiert habe. Derselbe sei sich vorgekommen wie „Zeus auf dem Olymp, Blitz und Donner schleudernd". Seine Soldaten äußerten sich zufrieden über ihre erworbenen Fähigkeiten (25).

Der Libanon hatte materiell den größten Schaden zu tragen. Trotzdem zeigte sich zum ersten Mal in diesem vom Bürgerkrieg gespaltenen und zerrütteten Land eine solidarische Haltung. Maronitische Christen öffneten ihre Kirchen auch den schiitischen Flüchtlingen aus dem Süden. Im christlichen Ostbeirut fanden zwei Solidaritätsveranstaltungen statt, an denen maronitische Persönlichkeiten teilnahmen. Der maronitische Patriarch Nasrallah Sfeir, der wie die Hardliner um General Awn und Chamoun ferngeblieben war, mußte sich später für seine Abwesenheit entschuldigen. Ein libanesischer Sprecher meinte: „Wir haben das Sektierertum des Bürgerkriegs durchgemacht und sind erwachsen geworden und haben uns als Volk radikal geändert. Wir können jetzt sehen, daß Israel nicht freundlich zu den maronitischen Christen ist, weil es die Christen sind, die den Handel dominieren und die wirkliche Herausforderung auf ökonomischem Gebiet für die Israelis darstellen." (26)

Syrien wußte wohl, gegen wen die Operation gerichtet war. Hafez al-Assad, der seit den Madrider Gesprächen versucht, sich keinem Diktat zu beugen, zeigt damit auch der arabischen Seite, daß nur solidarisches Handeln zu einem dauerhaften und gerechten Frieden führen kann. Sein beharrliches Verweisen auf die Einhaltung der UN-Resolutionen 242 und 425 wird allerdings von

Israel und den USA als Halsstarrigkeit dargestellt. Assads Ansehen war in der arabischen Welt gestiegen, als er den amerikanischen Außenminister 24 Stunden warten ließ und Terminschwierigkeiten geltend machte. So etwas hatte man von einem arabischen Führer lange nicht mehr zu sehen bekommen. Die Initiierung und Durchführung des kleinen Gipfeltreffens (Kairo, Damaskus, Riad) und dem der Arabischen Liga gingen im wesentlichen auf seine diplomatischen Bemühungen zurück. Der Grund des Gipfels war nicht nur der Wahlsieg Netanyahus, sondern auch die regionalpolitische Lage nach dem israelisch-türkischen Militärvertrag (27) und die sich herausbildende Achse USA-Israel-Jordanien. Syrien betrachtet dies als Einkreisung und versucht, eine Gegenstrategie zu entwickeln. Wie lange allerdings die USA noch die syrische Politik zu ertragen bereit sind, ist eine andere Sache. Schon gibt es Stimmen im Repräsentantenhaus, die fordern, daß man Syrien wegen seiner „unnachgiebigen Haltung" mit Sanktionen belegen soll (28). Mit dem Gipfeltreffen der Liga sollte auch der neuen israelischen Regierung signalisiert werden, daß der Friedensprozeß nicht unterbrochen werden darf.

Clintons Administration: Kein ehrlicher und neutraler Makler in Sachen Frieden

Die „Neue Züricher Zeitung" hat 1995, als die USA im Sicherheitsrat der UN ihr Veto einlegten, während die restlichen Mitglieder die Konfiszierung palästinensischen Bodens in Jerusalem verurteilten, geschrieben, daß die USA kein neutraler und ehrlicher Makler im Friedensprozeß seien. Während der Operation „Früchte des Zorns" blieb Washington ein weiterer Gesichtsverlust erspart, da die Mehrheit der Sicherheitsratsmitglieder wohl schon im voraus „überzeugt" werden konnte. Besonders in Libanon war man enttäuscht. Der Resolutionsantrag verurteilte die israelische Operation, verlangte den Rückzug der Israelis vom libanesischen Territorium, die Respektierung der territorialen Integrität des Libanon und die Kompensation der Schäden. Er erhielt die Stimmen von Ägypten, China, Guinea-Bissau und Indonesien. Die restlichen Länder enthielten sich. Das Tüpfelchen auf dem i der politischen Konzeptionslosigkeit der Clinton-Administration, so empfanden viele moderate Persönlichkeiten in der arabischen Welt, bildeten die Ereignisse der Jahresversammlung des AIPAC (American-Israel Public Affairs Committee), der Israellobby in den USA, unter Teilnahme von Bill Clinton und Shimon Peres. Präsident Clinton nahm dort in einer Rede Stellung zur Operation „Früchte des Zorns": „Lassen wir keine Mißverständnisse darüber aufkommen: Die libanesischen Kinder sind zwischen die Fronten geraten … ein tragischer Fehler im Feuerleitsystem, der Israel bei seiner legitimen Ausübung des Rechts auf Selbstverteidigung unterlief." Und der AIPAC-Vorsitzende Steve Grossman lobte den amerikanischen Außenminister unter donnerndem Applaus: „Warren Christophers einzigartiges Engagement für starke amerikanisch-israelische Beziehungen hat eine entscheidende Rolle gespielt, daß diese Administration die proisraelischste in der Geschichte des Landes geworden ist." (29)

Bei der alljährlichen Erneuerung der UN-Resolutionen (Dezember 1995), die die besetzten Gebiete, die Jerusalemfrage und die Flüchtlingsfrage betreffen, haben Israel und die USA dagegen gestimmt mit der Begründung, sie seien durch die Verträge zwischen der PLO und Israel anachronistisch geworden.

Selbst Zeitungen wie die in London herausgegebene ash-Sharq al-Awsat (Mittlerer Osten), zu 100 % in saudischer Hand und bekannt für ihren unkritischen Journalismus, warnten Israel wegen seiner aggressiven Haltung und die USA wegen ihrer Arroganz. Der Kommentator schreibt, daß die bedingungslose Unterstützung Israels durch die USA „dieses noch stärkt, noch aggressiver und ungerechter zu sein. Aber Washington und Tel Aviv ändern sich nicht. (…) So, warum sollen sich die anderen ändern. Syrien ist standhaft gegenüber der US-unterstützten israelischen Erpressung … Solange Israel auf seinen maßlosen Aktionen insistiert und die USA sich weigern, diese abzustellen, könnte sich bald eine neue Generation von arabischen Ablehnern entwickeln. Sie brauchen nicht erstaunt zu sein, wenn viele moderate Araber – Politiker, Intellektuelle und Geschäftsleute – das Lager der Moderation verlassen und zu einer harten Ablehnungsfront überlaufen. Natürlich gibt es für jeden Grenzen. Aber Israels Arroganz und die Unterstützung dieser Arroganz durch die gegenwärtige US-Administration haben alle Grenzen überschritten." (30)

Dies ist als eine Warnung seitens der Führung des amerikanischen Klientelstaates Saudi Arabien an Israel und die USA zu verstehen. Dahinter steckt auch die Angst, daß die eigene säkulare Opposition, nicht nur die islamische, weiterhin Auftrieb bekomme. Diese Auffassung ist es wert, so breit dokumentiert zu werden, denn sie ist in dieser Region weit verbreitet, gerade auch im moderaten Lager. Sie ist ernstzunehmen, weil dies die Kräfte sind, die an einem dauerhaften Frieden großes

Interesse haben, die aber auch auf die Grenzen einer „Normalisierung" der Beziehungen mit Israel hinwiesen. Werden diese überschritten, dann werden es auch die wenigen Aktivisten wie der Ägypter Ahmad Hamrush schwerer haben. Hamrush hat seit Nassers Zeiten mit der israelischen Linken Kontakte und befindet sich in permanenten Gesprächen mit kritischen Israelis wie Dori Latif (Israel-Palestine Dialog), Yossi Amitai, Adam Keller (The other Israel). Er versucht, seinen Leuten klarzumachen, daß man gerade mit den israelischen Friedenskräften enger zusammenarbeiten müsse (31).

Peres' Niederlage, Netanyahus Sieg – und weiter…?

Die vielen leer abgegebenen Stimmzettel der Palästinenser in Israel, die als Protest gegen Peres Libanonoperation verstanden wurden, waren ausschlaggebend für seine Niederlage. Daß es Protest geben würde, wußte man durch die Meinungsumfragen bei der arabischen Bevölkerung vom 22. April. Nur noch 46 % wollten Peres wählen. Eine Umfrage am 4. März hatte 92 % ergeben. Die Kampagnenleiter der Arbeitspartei hatten Peres vorgeschlagen, der wütenden arabischen Bevölkerung ein Angebot zu machen. Also signalisierte man die Bereitschaft, einen „arabischen" Kabinettsposten zu kreieren. Dies wäre in der israelischen Geschichte ein Novum gewesen. Azmi Bishara, Hochschullehrer und arabischer Knessetabgeordneter, lehnte dankend ab. Andere waren der Auffassung, daß Peres sofort die Siedler aus Hebron abziehen solle, wenn er die arabischen Stimmen haben wolle (32).

Viele Israelis dachten, daß Netanyahu fast die gesamten Stimmen der religiösen Siedler bekommen würde. Er be-

kam ungefähr 80%. Mit der zweiten Stimme wählten diese sicher ihre religiösen Parteien. Für Peres waren sie deshalb, weil zwischen ihm und den Siedlern eine Vereinbarung geschlossen wurde. Yossi Beilin handelte im Auftrag von Peres mit den erbittertsten Feinden der Oslo-Abkommen einen Pakt aus. Yoel Ben-Nun, einer der Gush-Emunim-Gründer, unterzeichnete den Pakt von seiten der religiös-nationalen Siedler. Festgehalten wurde darin, daß jedes endgültige Abkommen mit den Palästinensern die israelische Souveränität über wesentliche Teile von Judäa und Samaria (Westbank) garantieren müsse. Die Siedlungen, die nicht innerhalb der Grenzen des souveränen Israels liegen, sollen nicht angetastet werden. Bürger dieser Siedlungen blieben Bürger Israels. Ein autorisierter Delegierter des religiösen Judentums werde an jeder Verhandlung, die die Zukunft der Siedlungen betrifft, teilnehmen (33).

Der Ausgang der Wahlen hatte natürlich etwas mit dem Friedensprozeß zu tun, aber er spiegelte vor allem auch die innere Zerrissenheit der israelischen Gesellschaft wider. Sieben Sitze erreichte die zum ersten Mal zur Wahl stehende russische Immigrantenpartei, die nur die Interessen der Neueinwanderer vertritt; vier der Dritte Weg, er wurde erst nach 1992 gegründet und unterscheidet sich von der Arbeitspartei in nur einem Punkt: keine Rückgabe des Golan; starke Verluste bei der Arbeitspartei und der linken Meretz; Stimmenanstieg bei den religiösen und national-religiösen Parteien. Vor allem die orientalischen Juden haben zum ersten Mal mehrheitlich die religiöse Partei der orientalischen Juden, Shas, gewählt. Gideon Freudenthal sieht das als einen emanzipativen Schritt, wenn auch noch nach rechts – weil Shas eine religiöse Partei ist. Shas wurde nicht nur aus Gründen der Religiosität gewählt, sondern weil die orientalischen Juden sich nur von ihr repräsentiert sahen. Seit einiger Zeit findet bei ihnen eine Art Bewußtwerdung für ihre Kultur statt. Entsprechend betonen sie ihre Herkunft. Arabische Musik wird nicht mehr nur in den vier Wänden gehört, sondern offen und überall. Im Gegensatz zu den Neueinwanderern werden gerade die orientalischen Juden in dem Prozeß der Normalisierung der Beziehungen mit der arabischen Welt eine wichtige Kraft werden.

Der neue Ministerpräsident Netanyahu, der Itzhak Shamirs Verhandlungsführer bei den Madrider Gesprächen war, hält sich selbst für einen Terrorismusexperten, bestreitet aber „jeden Zusammenhang zwischen der israelischen Besetzung von arabischem Land und den Aktivitäten der Hamas … und … zwischen der militärischen Präsenz Israels im Südlibanon und den Aktivitäten der Hezbullah" (34). Nach seiner Wahl erklärte er: „Gott hat uns dieses Land gegeben, das sich vom Meer bis zum Jordan erstreckt." (35) Er macht auch keinen Hehl aus seinen Absichten, den Siedlungsbau voranzutreiben. Dies bedeutet weitere Konfiszierung palästinensischen Bodens. Eine solche Landnahme wiederum wird unweigerlich zur Konfrontation mit der arabischen Bevölkerung führen. Weitere Opfer an Menschenleben werden die Folgen sein.

Netanyahu wird offiziell nichts gegen die Oslo-Verträge sagen, wird aber versuchen, sie durch Zeitschinden auszuhebeln. Es wird genug Zeit bleiben, um weitere Fakten zu setzten, d.h. um neue Siedlungen zu bauen. Die Konfrontation mit dem Palästinensischen Rat und Arafat hat schon begonnen. Am 12. Juli nannte Netanyahu die Bedingungen für die Wiederaufnahme der Gespräche: Zuerst sollen die Palästinenser die Büros für Islamische Angelegenheiten, für Erziehung und für Statistik schließen sowie das Orienthaus (Vertretung der PLO) in Ostjerusalem.

Um eine Erfahrung ist man nach den Abkommmen der PLO mit Israel reicher (36): Wenn Frieden heißt, daß man die Bedingungen des Stärkeren und Siegers übernehmen muß, dann wird der Frieden nicht gerecht sein und nicht für Generationen haltbar.

Anmerkungen:

1) Das Industrie-, Handels-, Arbeits- und Wohlfahrtsministerium, Einwanderungs-, Innen- und Umweltministerium sowie das Büro des Ministerpräsidenten verweigerten die angeforderten Daten. Das Verteidigungsministerium antwortete erst gar nicht auf die schriftliche Anfrage.
2) Siehe Rami Rozen und Yosi Bar-Moha, Von was leben die jüdischen Siedler?, in: Haaretz, 15.12.1995.
Bürokratische Ausuferungen gibt es auch in den Verwaltungen der Siedler. So arbeiten in der Regionalverwaltung von Gush Etzion 200 Beschäftigte inkl. Lehrpersonal für 6.700 Siedler in 14 Lokalitäten und in der Verwaltung von Ober-Galiläa 250 Beschäftigte für 15.500 Siedler in 29 Lokalitäten.
3) Ebenda, Haaretz, 31.12.1995
4) Aviva Lory, Vorbereitung für einen religiösen Staat, Haaretz Supplement, 24.11.1995
5) Leserbrief von Arye Levin an Haaretz, 8.12.1995
6) Israel Shahak, Haaretz, 31.12.1995
7) Israel Shahak, Yigal Amir: Tip of an iceberg? MEI (Middle East International), London/Washington, 16.2.1996
8) Zitiert in: Ebenda. Aus der Golanibrigade kamen auch Unterstützer von Yigal Amir.
9) Gideon Freudenthal, Gespräch mit dem Verfasser am 26.6.1996. Demnächst in: inamo-Beiträge Nr. 7/1996
10) 1995 zwischen Israel und PLO abgeschlossen. Die besetzte Westbank ist jetzt in Zonen eingeteilt. Das Militär wurde stufenweise „umgruppiert". In der A-Zone, mit den 6 autonomen palästinensischen Städten, zusätzlich noch Hebron und Jericho mit Sonderstatus (Ostjerusalem ist ausgeklammert), hat der Palästinensische Rat die volle Verantwortlichkeit für die öffentliche Ordnung und die Sicherheit. Der Anteil der A-Zone ist 3% von der Gesamtfläche der Westbank mit einer Bevölkerung von 20%. Die B-Zone, mit den rund 450 arabischen Dörfern, nimmt 27% der Westbankfläche ein, mit einer Bevölkerung von 68%. Hier ist Isra-el zuständig für die Sicherheit. Der PR ist nur für die Aufrechterhaltung der öffentlichen Ordnung zuständig. In der C-Zone befinden sich die jüdischen Siedlungen, die vollständig dem palästinensischen Zugriff entzogen sind. Sie besitzt eine Größe von 70% der Westbankfläche.
11) In Zukunft werden immer weniger Palästinenser in Israel Arbeit finden. Es sind bereits nach Auskunft des zuständigen Ministeriums 100.000 Gastarbeiter legal im Land und ungefähr 100.000 illegal. Die meisten aus den Philippinen und Rumänien.
12) Zitiert in: Nigel Parry, Mass arrests in Bir Zeit, MEI, London/Washington, 12. April 1996, S. 4. Arafats Polizei hält immer noch Studenten in Haft – ohne Rechtsgrundlage. So wie es die jahrelange Praxis der Administrativhaft der israelischen Besatzungsmacht war. Jetzt gibt es einen Appell an Arafat, in seiner Eigenschaft als Innenminister, für die sofortige Freilassung der noch inhaftierten Studenten. Hanna Nasir hat sich den Groll Arafats zugezogen, weil er den Appell unterstützt hat. Bekannte Leute wie der Kinderpsychologe und Menschenrechtler Sarradsh aus Gaza, der inhaftiert wurde wegen Kritik an Arafat (Beleidigung des Präsidenten), wurden auf Druck der Öffentlichkeit „schon" nach mehreren Wochen wieder freigelassen.
13) Zitiert in: Graham Usher, Israel burns the Palestinian haystack, MEI, London/Washington, 15.3.1996, S. 3
14) Siehe Tikva Honig-Parnass, The endeavor to save Peres and Oslo, NFW (News from Within), Jg. 12, Nr. 4/1996, S.12
15) Tageszeitung Haaretz vom 6.3.1996. Der Aufruf ist abgedruckt in: inamo-Beiträge, 5/6 1996, S. 76
16) Siehe Graham Usher, The Charter and the future of Palestinian politics, MEI, 10.5.1996, S. 16/17
17) Schon in den 50er Jahren gab es Verbindungen zwischen Maroniten und Israelis. Siehe Kirsten E. Schulze, Coercive diplomacy: The 1950 Israeli attack on a Lebanese airliner, Middle Eastern Studies (MES), London, Jg. 31, Nr. 4, Oktober 1995, S. 919-931. Über Ben Gurions Vision der Errichtung eines Maronitenstaates im Südlibanon, siehe Noam Chomsky, The fateful triangle, London, 1983, S. 161 ff. Moshe Sharett, nach 1948 Außenminister Israels, danach kurze Zeit Ministerpräsident, behandelt dieses Thema in seinen Tagebüchern.
18) Siehe Israel Shahak, New revelations on the 1982 invasion in Lebanon, MEI, London/Washington, 7. Oktober 1994, S. 18 ff.
19) Siehe Maxim Gilan, The Abyss opens, in: Israel & Palestine Political Report Nr. 184, Juni/Juli 1993, S. 6 f.
20) Die permanenten Angriffe und Aktionen von Hezbullah (1994: 280 Angriffe) sind durchaus gefürchtet, auch wenn sie nicht mit Hightech-Waffen operieren. Sie tragen insbesondere auch bei der Söldnerarmee Israels, der Südlibanesischen Armee (SLA), die hauptsächlich aus Christen, aber auch Drusen besteht, zur Demoralisierung bei. Minister-

79

präsident Rabin mußte 1995 zweimal in dieses Gebiet, um sich mit seinen Militärs und der SLA-Führung zu beraten. Die SLA verlangt in einem Friedensvertrag mit Syrien und Libanon ihre Eingliederung in die reguläre libanesische Armee und die Ansiedelung mit ihren Familien im Nordlibanon, weil sie Racheanschläge fürchtet. Hezbullahs militärische Kader wurden von iranischen Offizieren ausgebildet, diese wiederum wären zu Schahs Zeiten als Soldaten von israelischen Offizieren ausgebildet worden. Deshalb würde Hezbullah fast wie eine „Mini-israelische Armee" operieren, so ein israelischer Offizier. [Zitiert in: Israel Shahak, Israels war in South Lebanon, MEI, 3. Februar 1995, S. 18].

21) Dokumentiert in der libanesischen Zeitung as-Safir vom 28. Dezember 1994
22) Zitiert in: Israel Shahak, Strategic aims behind „Operation Grapes of Wrath", MEI, London, 10. Mai 1996, S. 18. Peres hatte von seinem USA-Besuch vom 28.-30. April ein großes Geschenk mitgebracht: 200 Millionen $ für die Fortsetzung des israelischen Arrow-Raketen-Projekts; Direktzugang zu Satellitendaten zum Ausfindigmachen von ballistischen Geschossen; neue Phalanx-Schnellfeuergewehre und AMRAM Luft-Luft Raketen; Ausbildung von Israelis zu Astronauten; 50 Millionen $ Anzahlung (von 100 Millionen $) für die Terroristenbekämpfung usw. Amerikanische Nah-Ost-Journalisten vermuten, daß ein formaler Verteidigungsvertrag zwischen den USA und Israel geschlossen wurde. Siehe Donald Neff, Clinton's bag of goodies, MEI, London/Washington, 10. Mai 1996, S. 4.
23) 1994: 6,5 Millionen $, 1995: 6,7 Millionen $. Dies zeigt, daß die ins Ausland geflüchteten Finanzkräftigen Vertrauen gewonnen haben und sich an Hariris Aufbauprojekten beteiligen wollen. Siehe die arabische Tageszeitung al-Hayat vom 19.4.1996.
24) Zitiert in: Jörg Bremer, Israel hat durch den Krieg nichts gewonnen, in: FAZ, 29. April 1996, S.10
25) Alle Informationen aus: Israel Shahak, Strategic aims behind …, S. 18/19
26) Zitiert in: Godfrey Jansen, Lebanon united, MEI, London/Washington, 26. April 1996, S. 4
27) Wenn Alex Fishmans in Yehiot Aharonot vom „Wunsch der israelischen Luftwaffe, in Syriens Hinterhof zu fliegen" schreibt, wirkt das nicht sehr beruhigend.
28) Alain Gresh, Weltmacht mit beschränkter Haftung, Le Monde diplomatique/die tageszeitung, II. Jg. 7/1996, S. 4
29) Zitiert in: Donald Neff, Clinton's total commitment to Israel, MEI, London/Washington, 10. Mai 1996, S. 3 und 4
30) Bakr Uwayda, Das Ändern der Charta, ash-Sharq al-Awsat, 26. April 1996
31) Siehe Ahmad Hamrush, Gemeinsame Sprache zwischen Israelis und Arabern, in: Rose al-Yusif, Kairo, Dez. 1995. Demnächst in: inamo-Beiträge 7/96
32) Siehe Haim Baram, The battle for the Arab vote, MEI, London, 10. Mai 1996, S. 10/11
33) Siehe Peretz Kidron, The Beilin-Ben-Nun agreement, MEI, London/Washington, 24. Mai 1996, S. 4. Das Siedlerorgan Nekuda schätzt die Zuwendungen an die Siedler – vom Likud bis 1992 – auf 500 Millionen Shekel (250 Millionen $). Die Arbeitspartei hatte im jetzigen Budget 1,4 Milliarden Shekel festgelegt. Davon 450 Millionen Shekel für den Straßenbau, 600 Millionen für den Bau von 3.000 Wohneinheiten, 70 Millionen für Ausgleichszahlungen, die durch Verluste der Oslo-Verträge entstanden sind. Ebenda.
34) Avi Shlaim, Im Schatten der eisernen Mauer, FAZ, 20. Juni 1996
35) Zitiert in: Amnon Kapeliuk, Netanyahu vor dem Partnerwechsel, Le Monde diplomatique/die tageszeitung, II. Jg., 7/1996, S. 4
36) Im Frieden mit Ägypten 1979 ging es um den Sinai, also um Land gegen Frieden, aber unter Präsident Carter gab es auch starken Druck auf Begin. Der Frieden mit Jordanien wurde von der großen Mehrheit der Israelis gutgeheißen. Es war ein „kostenloser Frieden". Hier ging es nicht um die Rückgabe besetzter Gebiete.

Dezember 1995: Die Geschichte liest sich wie eine Räuberpistole. Allerdings eine erheblichen Ausmaßes und staatsinszeniert. Geheimdienstler diverser Couleur und Amtsstellung, V-Leute und andere des Bundeskriminalamts und des Bundesnachrichtendienstes erschaffen konkurrierend das, was sie angeblich verhindern helfen sollen: geld- und geltungssüchtige Schiebereien in Drogen, in Waffen oder in Plutonium. Und längst ist niemand mehr da, der diese angeblichen Kontrolleure, die von der Bundesrepublik vorgeblich Schaden abwenden sollen, kontrolliert. Anfang Dezember 1995 wird sogar bekannt, daß der BND die Untersuchungsausschuß-Sitzungen des Parlaments mit verdeckten Beamten verfolgt. Daß der BND, eine über ein halbes Zehntausend Mitarbeiter umfassende Behörde zum Schutze der Grundrechte, sogleich in die „strukturelle Arbeitslosigkeit" zu versetzen wäre, versteht sich. Nicht nur anläßlich des Plutoniumskandals. Je mehr im großen Umkreis der OK (= Organisierte Kriminalität) die Sicherheit der Bürgerinnen und Bürger durch Männer und Frauen gewährleistet werden soll, die im Dunkeln arbeiten, desto mehr wachsen amtliche Korruption und amtliche Selbstproduktion der Sicherheitsgefahren; desto weniger spielt auch die Sicherheit der BürgerInnen eine Rolle.

Manfred Such/Helmut Lorscheid

Der BND-Plutonium-Skandal

Die Vorgeschichte

Über das, was sich wirklich zwischen Februar 1993 und 1994 als Vorlauf des Münchener Plutonium-Skandals ereignet hat, stehen dem Bonner Plutonium-Untersuchungsausschuß nur lückenhafte Informationen zur Verfügung. Dies liegt nicht zuletzt daran, daß wichtige Zeugen, wie die Teilnehmer an Vorbesprechungen, bisher nicht ausgesagt haben oder nicht einmal eindeutig identifiziert sind. Aus dem dem Untersuchungsausschuß vorliegenden Material ergibt sich folgender Ablauf:

Im Frühjahr 1993 warb der BND in Madrid den in Malaga wohnenden und dort für das BKA und spanische Dienststellen tätigen V-Mann Uwe Erich Karsten Schnell als Quelle an. Er erhielt den Decknamen „Roberto". Für das BKA war Schnell seit Jahren als V-Mann im Rauschgifthandel tätig. Im August 1993 vermittelte Schnell der Madrider BND-Residentur einen ersten Kontakt zu dem Mitglied einer Spezialabteilung zur Rauschgiftbekämpfung in der Guardia Civil, Rafael Ferreras Fernandez, genannt „Rafa". Der Kontakt zwischen dem BND, Roberto und Rafa geht zurück auf persönliche Beziehungen zwischen der als Interpol-Verbindungsbeamtin des BKA in Madrid tätigen Gudrun Stenglein und ihrer Bekannten beim BND in Madrid, „Sibylla Janko".

Am 18. März 1994 behauptete Roberto gegenüber dem BKA, es befänden sich zwei Kilogramm Plutonium in Deutschland. Am 29. März 1994 teilte Roberto mit, daß Verkaufsgespräche in Frankfurt/Main geplant seien (1). Diese fanden jedoch nicht statt. Da (fälschlicherweise) angenommen worden war, das Material befände sich bereits in Deutschland, nahm die Staatsanwaltschaft Frankfurt am 13. April 1994 ihre Ermittlungen auf. Seitens des BKA wurde die V-Person Roberto instruiert, keine Aktivitäten für einen möglichen Import des Plutoniums nach Deutschland zu entfalten. Damit schied das BKA als „Auftraggeber" für Plutonium-Importe aus. Im Frühjahr 1994 fanden in Madrid verschiedene Gespräche zwischen den spanischen Geschäftsleuten Jose Fernandez Martin, Julian Tejero Robledo und dem später in München wegen des Plutonium-Deals verurteilten Javier Arratibel Bengoechea statt. Ziel war, Plutonium zu besorgen. Wer

dafür den Anlaß bot, also als möglicher Käufer auftrat, ist noch unklar.

Erwähnenswert ist dabei, daß Bengoechea in seiner Vernehmung durch das Bayerische LKA und auch später im Bayerischen Untersuchungsausschuß erklärte, Fernandez habe ihn und seine Familie für den Fall bedroht, daß er (Bengoechea) nicht mit ihm in Sachen Plutonium nach Madrid reisen würde. Im Mai 1994 warb die Madrider BND-Residentur Rafael Ferreras Fernandez als Nachrichtendienstliche Verbindung (NDV). Rafa brachte das Thema „Plutonium" erneut beim BND ein. Die schließlich erfolgte Verlagerung des Geschehens von Madrid nach München erklärt Bengoechea damit, daß der „Deutsche" – wer auch immer das ist – gesagt habe, ein nächstes Treffen könne nur in München erfolgen, weil ihm dort ein Labor zur Verfügung stehe.

Die Identität dieser Person (des „Deutschen") ist bisher unklar, Bengoechea identifiziert ihn jedoch als jene Person, die „Roberto" genannt wird.

Zum Münchener Vorgang

Am 10. August 1994, um 17.45 Uhr, landete der später in München zu einer Freiheitsstrafe von vier Jahren und 10 Monaten verurteilte Justiniano Benitez Torres, mit einer Lufthansa-Maschine aus Moskau kommend, in München. In seinem Koffer befand sich nach Feststellung des Bayerischen Landesamtes für Umweltschutz strahlendes Material. Angaben des Karlsruher Instituts für Transurane zufolge befanden sich in seinem Koffer insgesamt 560 Gramm schweres Uran-Plutoniumoxidgemisch mit einem Anteil von 363,4 Gramm Plutonium – davon 87,58 Gramm

0,18 % atomwaffenfähiges Plutonium 239 – sowie 201 Gramm schweres, mit 89,4 % Lithium-6 angereichertes Lithium.

Unklar ist bis heute, woher genau dieses Plutoniumoxidgemisch und das Lithium stammen. Daran änderte auch das Rechtshilfeersuchen der russischen Behörden bisher nichts. Darin fragt die Untersuchungsverwaltung des russischen Sicherheitsdienstes zwar nach deutschen Erkenntnissen hinsichtlich zweier Personen aus der Stadt Obninsk, es wird aber an keiner Stelle erklärt, daß das in München beschlagnahmte Plutonium nach Auffassung der russischen Behörden aus den Atomanlagen in Obninsk stamme. Zwecks Ursprungsbestimmung des in München aufgefundenen Plutoniums verlangt die Moskauer Behörde eine Materialprobe. – Eine Bitte, die russische Regierungsstellen seit 1994 immer wieder an die Bundesregierung gerichtet haben, ohne daß diese bisher erfüllt worden wäre (Stand April 1996).

Woher das Material tatsächlich stammt, konnte bisher nicht geklärt werden. Gleiches gilt auch für den angeblichen „Zufallsfund" in der Garage eines Herrn Jäkle in Tengen (ein Behälter mit stark verunreinigtem Plutonium) und den Uranfund in Landshut.

Aus den dem Bundestagsuntersuchungsausschuß „Plutonium" vorliegenden Akten und den Zeugenaussagen ergibt sich, daß der Münchener Plutonium-Transfer von Mitarbeitern des BND und einem Beamten des Bayerischen Landeskriminalamtes provoziert worden ist.

Bereits aus den Ergebnissen der polizeilichen Telefonüberwachung bei der Münchener Tätergruppe geht hervor, daß diese das Material erst aus Moskau besorgen mußte. Es wurden – wie von „Monitor" veröffentlicht – sogar verschiedene Varianten eines „Plutonium-Pendel-Verkehrs" zwischen Moskau bzw. Kiew und München erwogen. Dies, obwohl nicht nur für die Polizei, sondern auch „für den BND keinerlei Kernbrennstoffe beschafft werden dürfen" (2).

Die Aussagen so unterschiedlicher Zeugen wie Bengoechea (verurteilter Mittäter), Edtbauer (Polizeibeamter), Fügmann (Staatsanwalt) und nicht zuletzt „Rafa" (NDV (3) des BND) belegen eines: Es war allen Beteiligten sonnenklar, daß es kein irgendwo in Deutschland „vagabundierendes Nuklearmaterial" gab, dessen die Behörden zum Schutze der Bevölkerung habhaft werden mußten, sondern daß das Plutonium in Moskau oder sonstwo in Rußland besorgt und nach München geschafft werden sollte. Der Zeuge Javier Bengoechea schilderte in eindrucksvoller Weise, daß sowohl der Doppelagent des BKA und BND Uwe Erich Karsten Schnell („Roberto") als auch der bislang unbehelligt in Spanien lebende Jose Fernandez-Martin Plutonium verlangt hätten, bereits für eine Probe zahlen wollten und als Ort der Geschäftsabwicklung frühzeitig München nannten. Angeblich, so zitiert Bengoechea „Roberto", habe dieser erklärt, der Stoff müsse nach München, weil die Käuferseite dort über ein Prüflabor verfüge.

Kriminaloberrat Wolfgang Sommer (Bayerisches LKA) war als polizeilicher Einsatzleiter vollkommen auf die Informationen des BND angewiesen.

Im Bonner Untersuchungsausschuß erklärte Sommer: „Wir hatten ja keinen unmittelbaren Kontakt zu den Tätern. Von daher sind die wörtlichen Kontakte immer über die Vertreter des BND gekommen."(4)

Sommer hatte als „Einsatzleiter" kein Wort mit der zentralen V-Person Rafa gewechselt. Die falsche Auskunft des BND, es befänden sich bereits erhebliche Mengen Plutonium in Deutschland, wurde ungeprüft übernommen. Trotz dieser Annahme des Plutoniumlagers in Deutschland wurde kein Gedanke daran verschwendet, das zuständige BKA zu informieren (5).

Auch die von den Innenministern und -senatoren der Länder verabschiedeten Maßnahmekonzepte bei der Bekämpfung der Nuklearkriminalität (6) spielten in München offensichtlich keine Rolle. In diesem gemeinsamen Konzept wird der Einsatz Verdeckter Ermittler als „Ultima Ratio" bezeichnet, der „auch unter dem Aspekt der künstlichen Marktschaffung zu beurteilen und abzuwägen ist. (…) Proben/Scheinaufkäufe werden nur durchgeführt, wenn sie kriminaltaktisch oder zur Gefahrenabwehr notwendig werden. Dabei ist zu bedenken, daß hierdurch ein Markt vorgetäuscht werden könnte. (…) Käufe, die darauf abzielen, zu einschlägigen Täterkreisen ein Vertrauensverhältnis aufzubauen, sollten unterbleiben. (…)"

Betrachtet man den Ablauf in München, ist genau gegenteilig verfahren worden, ebenso wie übrigens auch im Fall „Landshut", wo sich der gleiche „Scheinaufkäufer" des Bayerischen LKA, Baumann alias Walter Boeden, recht intensiv um hochangereichertes Uran bemühte.

Der Zeuge Harald Edtbauer (Bayerisches LKA) bestätigte bei seiner Vernehmung am 1. Dezember 1995 den Inhalt eines Vermerks, den er am 26. Juli 1994 verfaßt hatte. Darin heißt es über eine Fallbesprechung am gleichen Tag in den Räumen der Staatsanwaltschaft München I: „Mit Oberstaatsanwalt Meier-Staude wurde nun folgende Vorgehensweise vereinbart: Für den Fall, daß die Probe dem Angebot entspricht, soll der NoeP (gemeint ist der nicht offen ermittelnde Polizist mit Decknamen Walter Boeden) seine Kaufabsicht deutlich machen, und das Material soll aus Moskau über den Tatverdächtigen beschafft werden. Der Zugriff soll dann in Deutschland erfolgen, wenn die Ware übergeben wird. (…) Für den Fall, daß die Ware absolut minderwertig ist, d.h. daß die Ware keine strafbare Qualität aufweist, soll der NoeP eine Verhandlungsposition einnehmen, daß er zwar an dieser Ware nicht interessiert ist, weil sie minderwertig ist, aber die Täter wenn möglich veranlaßt werden, nach einer Ware zu suchen, die dem bereits abgegebenen Angebot entspricht. Ein Zugriff erfolgt zur Zeit in jedem Fall nicht."

Wie planmäßig der BND vorging, zeigt auch die frühzeitige Einbeziehung des Regierungsdirektors Herbert Lang vom Bayerischen Staatsministerium für Landesentwicklung und Umweltfragen. Am 26. Juli 1994, also am gleichen Tag, an dem auch die Besprechung bei Staatsanwalt Meier-Staude über das weitere Vorgehen und das „Besorgen des Plutoniums aus Moskau" stattfand, gab es im LKA Bayern eine weitere Besprechung, an der u.a. Herr „Liesmann" von der Abteilung 11 A des BND teilnahm. Dabei verwies ein Sachgruppenleiter des BND auf „Differenzen aus der Vergangenheit", die zwischen den Umweltbehörden der Länder und des Bundes entstanden waren. Grund hierfür war die „Duldung" der Einfuhr radioaktiven Materials mit dem Ziel des exekutiven Zugriffs. Es gäbe hier eindeutige Absprachen zwischen den Innenministern und den Sicherheitsbehörden,

die verlangen, daß solche Einfuhren zu unterbleiben haben. Folglich stellte sich für den BND die Frage nach einem für den BND und seinen geplanten Plutonium-Import verläßlichen Ansprechpartner in der Bayerischen Umweltbehörde. Siehe da – die entsprechende Abteilung des BND wußte Rat. Im Vermerk heißt es: „Nach Rücksprache mit der UA 35 konnte als Ansprechpartner beim bayerischen Umweltministerium in dieser Angelegenheit ein Herr LANG genannt werden …" Ein Blick in weitere Akten zeigt, warum die für radioaktives Material zuständige Abteilung des BND ausgerechnet auf Dr. Lang kam. Zu diesem Beamten bestand seitens des BND seit langem eine besonders vertrauensvolle Verbindung. Mindestens seit 1993 gibt es zwischen Herrn Lang und dem BND einen regen „Austausch von Informationen zum nuklearen Schwarzmarkt" (7).

Wie so oft, wenn Fragen an Zeugen allzu konkret wurden, konnte sich der Zeuge Lang auf den Vermerk von Herrn Liesmann angeblich keinen Reim machen. Herbert Lang bei seiner Vernehmung in Bonn: „Also ich finde hier keinen Bezug zu dem Fall hier" (8).

Mit dieser Ausrede lag Zeuge Lang voll im Münchener Trend. Schließlich konnte sich auch der Leitende Oberstaatsanwalt Helmut Meier-Staude bei seiner Vernehmung an wichtige Details, wie beispielsweise den Gesprächsinhalt eines Telefonats mit Staatsminister Schmidbauer, nicht erinnern. Bei Herrn Lang stellt sich deshalb die Frage, ob er nicht eine „NDV"- Nachrichtendienstliche Verbindung des BND ist.

Der Auer-Vermerk

Im thematisch zuständigen Referat 431 des Auswärtigen Amtes arbeitet ein Dr. Auer, der bereits am 11. Oktober

1994 eine wesentliche Erkenntnis des Untersuchungsausschusses vorwegnahm und feststellte: „Das Thema Nuklearschmuggel ist nicht neu. (…) Die in letzter Zeit aufgetretenen Fälle von Nuklearschmuggel, insbesondere die Beschlagnahme von 350 g waffenfähigem Plutonium 239 in München am 10. 08. 1994, haben das Thema allerdings sowohl in den Medien als auch im politischen Tagesgeschehen wieder ins Rampenlicht gestellt. Problematisch ist dabei, daß dieser Fall – auch nach eigener Darstellung des BND – von unseren Diensten nicht nur aufgedeckt, sondern weitgehend herbeigeführt wurde." Dr. Auer wurde auf Antrag von Bündnis 90/Die Grünen als Zeuge geladen.

Bewertung der Rolle des nicht offen ermittelnden Polizeibeamten (NoeP) und des BND durch die Richter:

Die Rolle des „Scheinaufkäufers" Walter Boeden wurde im Fall des Uranaufgriffs von Landshut und im Münchener Plutonium-Fall seitens der Gerichte kritisiert.

Ein Blick in die schriftliche Begründung des Münchener Urteils gegen die Tatbeteiligten (Bengoechea-Arratibel, Oroz-Eguia und Torres-Benitez) zeigt, wie wichtig, auch nach Auffassung des Gerichts, die Tatbetreuung durch den NoeP Walter Boeden und die BND-Leute für den weiteren Tathergang war. Die Münchener Richter formulierten wörtlich: „Nicht widerlegt werden konnte aber die Einlassung des Angeklagten Bengoechea, daß die Aufkäuferseite bei den Treffen im Novotel, oder jedenfalls im zeitlichen Zusammenhang mit diesen Treffen, die Rede auf Deutschland, genauer München, als Übergabeort gebracht hat, wenngleich auch nicht festgestellt werden konnte, wer nun, ob „Rafa" oder „Roberto" oder beide, München ins Spiel gebracht hat. (…) Beide haben dies bestritten. (…) Entscheidend für die Nichtwiderlegbarkeit war jedoch der Umstand, daß für die aus Moskau anreisenden Torres und Oroz kein anderer Grund ersichtlich war, nach München zu reisen, als der, daß ihnen von der Käuferseite dieses Ziel übermittelt worden war. … Andere Kaufinteressenten als „Roberto" und „Rafa" und später „Adrian" und „Walter Boeden" waren aber nie im Spiel. (…) Demnach ist also für den Zeitabschnitt vor München von einer Provokation zur Tat auszugehen, allerdings nicht von staatlicher Seite. (…) Die demnach eigenmächtig erfolgte Provokation durch eine V-Person wurde aber in München zu einer klassischen polizeilichen Tatprovokation, insbesondere nach der Übergabe der Plutoniumprobe. Es gab eine intensive Tatsteuerung durch die Lockspitzel „Rafa", „Adrian" und „Walter Boeden". Es wurden Bankbestätigungen vorgelegt, ein Fahrzeug beschafft, insbesondere aber auf Torres direkt eingewirkt, daß er nach seinem vergeblichen Flug nach Moskau nochmals dorthin fliegt und doch noch Plutonium herbeischafft. (…) Rafa erklärte, daß die Scheinaufkäuferseite immer davon ausgegangen sei, daß das Plutonium in Berlin lagere und untermauerte dies auf erstaunte Nachfrage, daß man sich ja andernfalls strafbar gemacht hätte. Auch der BND-Mitarbeiter „Adrian" äußerte sich in dieser Richtung, nämlich, daß er trotz der Reisen des Torres nach Moskau bis fast zuletzt davon ausgegangen sei, daß das Plutonium in Deutschland lagere. Das Gericht konnte diesen beiden Zeugen insoweit nicht folgen, zumal der verdeckte Ermittler „Walter Boeden", dessen Erkenntnisse wegen der nicht erfolgten richterlichen Genehmigung seines Einsatzes nur beschränkt verwer-

tet werden konnten, bei seiner Vernehmung durch den LKA-Beamten Adami unmißverständlich bekundet hat, daß Torres davon gesprochen habe, Plutonium aus Moskau mitzubringen. Auch insofern ist also – jedenfalls zugunsten der Angeklagten – von einer Tatprovokation im Sinne einer Bestärkung der nicht unwilligen, sondern tatbereiten Täter auszugehen. Es handelt sich bei dem Vorgehen der Ermittlungsbehörden zwar um ein intensives, aber noch zulässiges Einwirken auf den Täterwillen. (…)" (9)

Im Landshuter Urteil gegen Christa Klein (und andere) wegen des Uranaufgriffs vom 4. Juli 1994 in Landshut würdigten die Landshuter Richter die Rolle des auch dort beteiligten Beamten des Bayerischen LKA Walter Baumann (alias „Boeden") ebenfalls sehr kritisch. Wörtlich heißt es im Urteil (10):

„… Ferner war zugunsten der Angeklagten, jedoch abgestuft nach dem jeweiligen Einfluß, zu berücksichtigen, daß der verdeckte Ermittler Walter Boeden insbesondere bei der Angeklagten Klein, nachfolgend auch beim Angeklagten Illes, was sich dann schließlich auch auf die Bereitschaft der weiteren Angeklagten auswirkte, erheblich darauf drang, daß endlich hochangereichertes Uran geliefert werden sollte. Zusätzlich wurde sozusagen durch die künstlich gesteigerte Erwartung höchster Gewinne auf die Angeklagten Einfluß genommen, daß sie tatsächlich nunmehr in rechtswidriger Weise Uran in die Bundesrepublik einführen."

Auch im Landshuter Fall war „Boedens" Einsatz nicht richterlich genehmigt. Dazu heißt es im Landshuter Urteil weiter: „Eine richterliche Genehmigung nach §§ 110 a, b StPO wäre erforderlich gewesen. Diese wurde nicht erholt. Hierbei ist zusätzlich zu berücksichtigen, daß sich die Tätigkeit des verdeckten Ermittlers Walter Boeden ohne richterliche Genehmigung auf einen Zeitraum vom 8. 3. 1994 bis über den 4. 7. 1994 hinaus erstreckt und er hierbei vielmals die Angeklagten Klein und Illes aufforderte, endlich das hochangereicherte Uran zu liefern. (…) Auch nach der Übergabe von einer Uranprobe am 13. 6. 1994 wurde die Aktion nicht abgebrochen, obwohl man die Möglichkeit gehabt hätte, die Angeklagten und ihre Lieferanten festzunehmen. (…)"

Parallelen zum Münchener Fall und dem dortigen Vorgehen der „Ermittlungsbehörden" und des BND sind offensichtlich.

Walter Boeden war im Fall Landshut übrigens „ermittelnd" in der Tschechischen Republik und insbesondere in Prag aktiv. Auf unsere Frage, ob er außer für das Bayerische LKA auch für den BND arbeite, verneinte der Zeuge Boeden. Zu weiteren Angaben hinsichtlich des Landshut-Falls war er aufgrund seiner begrenzten Aussagegenehmigung nicht bereit.

Doppel- und Parallelarbeit des BND und BKA

Bereits aus den uns zur Verfügung stehenden Akten wird deutlich, wie unsinnig das parallele Tätigwerden von BND und BKA ist. Im Madrider/Münchener Fall hat „Roberto" eindrucksvoll demonstriert, wie V-Leute sich ihrerseits der Polizei und Nachrichtendienste bedienen können, indem sie mit ihren Informationen abwechselnd zu den Repräsentanten des BND und BKA im Ausland gehen, um im Zweifelsfall doppelt zu kassieren. Da kaum ein Austausch zwischen diesen Behördenvertretern stattfindet, sondern eher Kon-

kurrenz herrscht, die schon mal in gegenseitige Überwachung ausartet, fällt dies auch nicht weiter auf.

Nachfolgend zwei Beispiele aus dem Alltag der konkurrierenden BND- und BKA-Beamten. Zunächst ein Vermerk des BKA-Verbindungsbeamten in Madrid, Harald Famulla: „Am 20. 4. 1995 erfuhr ich erstmalig, daß die durch das BKA geführte VP zeitgleich als Quelle für den BND eingesetzt war. (…) Durch die (BND-)Residentur Madrid wurde ich zu keinem Zeitpunkt darüber informiert, daß die VP zeitgleich als BND-Quelle geführt wurde, obwohl dem Residenten bekannt war, daß die VP durch das BKA geführt wurde."

Und ein Schreiben des Madrider BND-Residenten an dessen Pullacher Zentrale. Unter Berufung auf spanische Polizeikreise teilte er darin mit, daß es offensichtlich eine undichte Stelle beim LKA Bayern gäbe. So sei der Name Rafael dem BKA vom LKA mitgeteilt worden. Weiterhin habe ihm die spanische Polizei (PD GOP) mitgeteilt, daß das BKA noch viel mehr wisse, sein Wissen aber nicht preisgebe.

Sein Wissen dem BND mitzuteilen, hatte das BKA auch gar keine Veranlassung. Schließlich muß berücksichtigt werden, daß nicht etwa der BND, sondern das BKA zentral für Fragen der Nuklearkriminalität zuständig ist. Wenn unter Berücksichtigung dieser Tatsache das BKA nur über „undichte Stellen" seine Informationen erhält, kann man erahnen, wie tief die Abgründe zwischen den beiden Behörden sein müssen.

Einen weiteren Einblick ins Alltagsleben zwischen BKA und BND gewährt ein Vermerk des BKA vom 18. 5. 1995 über die Zusammenarbeit der Verbindungsbeamten des BKA mit den BND-Residenten. Darin heißt es:

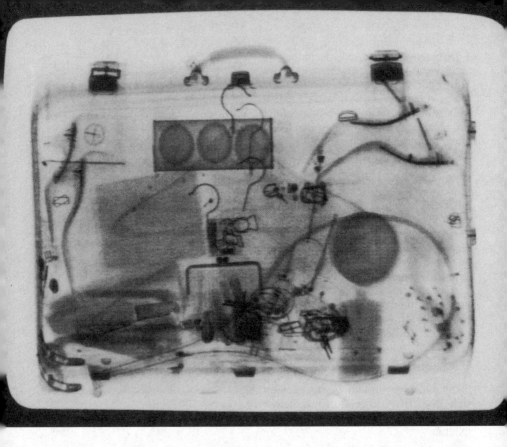

„Es wurde grundsätzlich festgestellt, daß die mit dem BND bestehenden Probleme auf VB-Ebene sehr stark vom persönlichen Verhältnis abhängen. Die Standorte Kolumbien und Madrid beschrieben ihre Erfahrung mit den BND-Residenten negativ; demgegenüber berichteten die Verbindungsbeamten in Ungarn und Portugal von einer positiven Zusammenarbeit, die sich in offener Informationsübermittlung durch den BND-Vertreter niederschlägt."

Auch der erst am 15. 2. 1995 als „Allgemeiner Verbindungsbeamter" des BKA mit Schwerpunkt Nuklearkriminalität an die Deutsche Botschaft Moskau abgeordnete Leitende Kriminaldirektor (LKD) Schmidt-Nothen beschwerte sich bereits am 1. Juni 1995 darüber, daß er aufgrund der Zusammenarbeit mit dem Geheimdienst mangels Aufgabe im Grunde wieder nach Hause reisen könnte. Zitat aus seinem Schreiben an die BKA-Zentrale: „Das Arbeitsaufkommen führt bisher nicht zu meiner Auslastung. (…) Es ist mir allerdings weiterhin unverständlich, daß das BMI bereits seit Oktober 1994 eine Vereinbarung mit der russischen Seite betreibt, wonach das BKA Nuklearinformationen in Zukunft nicht mehr mir zur Bearbeitung zuweist, sondern dem Verbindungsbüro der FSB (russischer Inlandssicherheitsdienst) in Deutschland. Hierdurch wird mir die Aufgabe genommen, für die ich entsandt wurde."

Es entzieht sich unserer Kenntnis, ob sich an der „Arbeitsbelastung" des Herrn Schmidt-Nothen mittlerweile etwas verändert hat. Wir wissen jedenfalls immer noch nichts Näheres über die russischen Hintermänner des Münchener Plutonium-Skandals.

Im günstigsten Fall finden Absprachen zwischen beiden, offensichtlich konkurrierenden, Behörden statt. So heißt es in einem Fernschreiben des BND über einen Vorgang in den USA, der BKA-Vertreter an der Botschaft, Herr M., habe ihn, den BND-Mann, angesprochen, ob er einen Herrn W. kenne. Daraus entstand Handlungsbedarf, weil – einmal mehr – sich BND und BKA mit der gleichen Sache befaßten. Zitat: „Um eine drohende Konfusion bei der Aufklärung der Person W. zu vermeiden, bitte ich, den Bericht XY Herrn M. zur Verfügung stellen zu dürfen. (...) Sollten weitere Aufklärungsmaßnahmen gewünscht werden, sollten sich BND/BKA über die Einzelheiten absprechen, um Doppelarbeit zu vermeiden."

Solche Doppelarbeit ist nicht nur unsinnig, sondern auch teuer. Da nach Wegfall der Blockkonfrontation und Auflösung der DDR der BND seine in früherer Zeit wesentlichen Aufgabenfelder verloren hat, sucht er neue Tätigkeitsfelder und gerät dabei immer stärker in ein Konkurrenzverhältnis zur Polizei. Solch gefährliche Tollheiten wie der BND-Plutoniumskandal sind auch Folgen dieser „Aufgabensuche" der Pullacher Behörde. Bündnis 90/Die Grünen haben deshalb im Bundestag eine Initiative zur Auflösung des Bundesnachrichtendienstes eingebracht.

Anmerkungen:

1) BKA-Präsident Zachert im Innenausschuß, 27.4.1995, S.2

2) Verfügung 4/42 B Az 43-17/67-70, vom 1. Okt. 1992, in der es heißt: „Ich bitte, diese Verfügung den in Frage kommenden Mitarbeitern insbesondere in den Außenstellen und Residenturen gegen Unterschrift zur Kenntnis zu geben..." Dr. Keßelring
3) NDV = Nachrichtendienstliche Verbindung, entspricht einem V-Mann bei der Polizei
4) Zeugenaussage POR Wolfgang Sommer am 21.9.1995 in der 9. Sitzung des 1. UA, Seite 9/131
5) Sommer, 9. Sitzung, Seite 9/37
6) Beschlossen gemäß dem „Bericht des Unterausschusses 'Sicherung und Schutz kerntechnischer Einrichtungen' zu den 'Verbesserungsmöglichkeiten für Maßnahmenkonzepte zur Gefahrenabwehr und Strafverfolgung' im Zusammenhang mit illegal eingeführten radioaktiven Stoffen" vom 24. Aug. 1993
7) Vermerk vom 24. Feburar 1993, unterzeichnet von „Dr. Semhoff"
8) Protokoll Nr. 11, Seite 11/211
9) Urteil der 9. Strafkammer des LG München I, Aktenzeichen 9 KLs 112 Js 4685/94
10) Urteil der 4. Strafkammer des Landgerichts Landshut, Az 4 Kls 45 Js 9/94

Januar 1996: In Frankfurt/M. beginnt der Strafprozeß gegen Monika Haas, die bereits seit November 1994 in Üntersuchungshaft sitzt. – „Der deutsche Herbst" währt immer. Jedenfalls wenn oberste Strafverfolgungsbehörden und Gerichte fast zwei Jahrzehnte danach einer vermeintlich leibhaften Ex-Terroristin, Monika Haas, habhaft zu werden vermeinen. Dann wird wieder „Deutscher Herbst" sicherheitseinseitig antiterroristisch gespielt. Und das Wunderbare und ganz Anti-Spielerische an diesem Spiel: Dasselbe befindet sich allein in den Händen der Bundesanwaltschaft, ein wenig in den Händen des Bundeskriminalamts und wird „unabhängig" diensteifrig unterstützt vom 5. Strafsenat des Oberlandesgerichts Frankfurt. Da es aber ohne Gegnerin, ohne (potentielle) Gewalttäterin nicht geht, sonst fehlte doch jede Spielspannung, konstruieren Bundesanwaltschaft und Gericht die leibhaftige Rechtsbrecherin, die Gefahr des „Rechtsstaats" schlechthin, indem sie entsprechend Quellen erwünscheln. Die Konstruktionshilfe der Stasi aus dem DDR-Aktenkeller „Operativer Aktionen" kommt hierbei wiedervereinigt dem Sicherheitswahn trefflich entgegen.

Dieser gewalttätige Konstruktivismus von Bundesanwaltschaft und Gericht, der die Integrität von Monika Haas und auch ihrer Kinder permanent verletzt, wird in seinen Etappen im folgenden vorgeführt.

Jeanette Breddemann

Der Prozeß gegen Monika Haas

I. Die monatelange Haft von Monika Haas verletzt rechtsstaatliche Grundsätze

Monika Haas ist seit November 1994 in Untersuchungshaft. Rechtsstaatliche Grundsätze wie: „Im Zweifel für die Angeklagte" oder: „Jede(r) Beschuldigte hat bis zu ihrer/seiner Verurteilung als unschuldig zu gelten" scheinen im Fall von Monika Haas außer Kraft gesetzt. Die Vorverurteilungen durch die Bundesanwaltschaft, durch die Pressekampagne des „Spiegel" und – wie es scheint – auch durch den 5. Frankfurter Strafsenat haben sie zu einer gefährlichen Terroristin hochstilisiert. Sie wird als Schwerstkriminelle vorgeführt, gefesselt und im abgedunkelten Wagen; eine erforderliche Spezialbehandlung wegen einer schweren Erkrankung wurde ihr verweigert. Schon die Anklage ist ungeheuerlich: Der ihr vorgeworfene Transport der Waffen für die Flugzeugentführung nach Mogadischu 1977 wurde zu einer Anklage auf Mittäterschaft bei der Geiselnahme und am Mord von Hanns-Martin Schleyer ausgeweitet, da die Flugzeugentführung als Unterstützungshandlung der Schleyer-Entführung angesehen wird. Die Anschuldigungen, die sich ausschließlich auf Stasi-Akten stützen, seitdem die einzig Überlebende des Entführungskommandos, Souhaila Andrawes, ihre belastenden Aussagen zurückzog, bestreitet Monika Haas mit glaubwürdigen Argumenten. Sie lebte damals mit ihrer Familie im Jemen und hatte im Herbst 1977 ganz andere Sorgen: Ihre drei Monate alte Tochter war lebensgefährlich erkrankt. Diese Erkrankung wurde mittlerweile auch von zwei Zeugen bestätigt.

Die Unterstellung von Fluchtgefahr ist absurd. Obwohl Monika Haas seit Jahren um diese Verdächtigungen weiß, hat sie nie versucht, sich einem Verfahren zu entziehen. Im Gegenteil. Sie hat immer wieder betont, wie wichtig ihr eine gerichtliche Klärung der Vorwürfe ist. Ihre Kinder gehen in Frankfurt in die Schule, sie ist Frauenbeauftragte in der Uniklinik, eine Aufgabe, die für sie sehr wichtig ist – soziale Umstände, die gegen eine Fluchtgefahr sprechen.

Trotzdem ist sie seit November 1994 in Haft – und es ist nicht abzusehen, wie lange der Prozeß noch dauert. Warum wird die Lebensführung von Monika Haas – insbesondere seit ihrer Rückkehr aus dem Jemen mit ihren Kindern 1982 – so beharrlich ignoriert? Mit welchem Recht wird jede auch noch so fundierte Begründung ihrer Verteidigung außer acht gelassen? Mit welchem Recht wird bereits im Vorfeld ihre Existenz und die ihrer Kinder zerstört?

„Mein Eindruck ist", schreibt Monika Haas in ihrer Verfassungsbeschwerde, „daß auf Biegen und Brechen und nach dem Motto – der Zweck heiligt die Mittel – vorgegangen wird".

II. Operative Stasi-Akten eignen sich nicht als Beweismittel

Im März 1992 wurde Monika Haas erstmals unter dem Verdacht verhaftet, die Waffen für die Entführung der Lufthansamaschine „Landshut" im Oktober 1977 von Algier nach Palma de Mallorca geschmuggelt zu haben. Im Mai desselben Jahres wurde sie mit Beschluß des Bundesgerichtshofs wieder aus der Haft entlassen. Zur Begründung wurde angeführt: „Akten und Erkenntnisse des MfS (Ministerium für Staatssicherheit) der ehemaligen DDR sind grundsätzlich nicht geeignet, als solche den für den Erlaß eines Haftbefehls erforderlichen dringenden Tatverdacht zu belegen. Vielmehr bedürfen die aus ihnen zu entnehmenden Informationen strenger und besonders kritischer Überprüfung, weil Aufgabenstellung und Arbeitsweise des MfS den Erfordernissen rechtsstaatlicher Sachverhaltsaufklärung in keiner Weise entsprochen haben."

Gemeint ist hier die Akte „OV Wolf", eine operative Stasi-Akte gegen Monika Haas. „Operative Vorgänge" legte die Stasi, wie vielfach zu belegen ist, nicht zur Wahrheitsfindung an, sondern als Instrument gegen politische Gegner oder unliebsame Strömungen. Als klassische Mittel dienten hier Desinformation, gezieltes Streuen von Gerüchten, Verdächtigungen und Diffamierungen. Interessant wurde Monika Haas für das MfS in den 70er Jahren durch ihre Ehe mit einem führenden Mitglied der palästinensischen Befreiungsorganisation PFLP. Der Geheimdienst der DDR hat keine Möglichkeit ausgelassen, sie bei palästinensischen Gruppen als Verräterin zu diffamieren. Durch ein Netz von Verdächtigungen und Mutmaßungen sollte der „Beweis" erbracht werden, sie sei Agentin des BND, des BKA und sogar des CIA. Das Kalkül war, ihren damaligen Mann zu diskreditieren. Die politische Meinung ihres Mannes hat der DDR-Führung offensichtlich nie gepaßt. „Sie haben nach der Maxime gehandelt, wenn du einen arabischen Mann treffen willst, dann schlage seine Frau. Sie haben jahrelang Mißtrauen gesät", erklärt Monika Haas in einem Interview (TAZ v. 24.1.1992). Das Gerücht, sie habe die Waffen für die Flugzeugentführung geliefert, streute das MfS 1980, als ihm bekannt wurde, daß Monika Haas erstmalig seit 1976 wieder nach Europa reisen wollte. Das Ziel war, ihre Verhaftung zu erreichen.

Monika Haas ist also Opfer eines solchen Operativvorganges. Wie absurd die Inhalte dieser Akten sind, wird jedem klar, der ihre Verlesung im Gerichtssaal verfolgt. Die strafrechtliche Verwertbarkeit solcher Akten fand das MfS selbst höchst bedenklich. Wenn Richter solche Zersetzungsakten zur Grundlage monatelanger Haft machen und ihre Beweiskraft derart hoch ansiedeln, daß sie im Prozeß verlesen werden, kann von einer unbefangenen Urteilsfindung nicht ausgegangen werden.

Im Rahmen des Ermittlungsverfahrens wurden viele Zeugen vernommen. Im Kern ergaben diese Vernehmungen, daß die von der Stasi gesammelten Gerüchte und Verleumdungen nicht zutreffen. Alle Versuche der Bundesanwaltschaft scheiterten, die Vorwürfe zu materialisieren.

III. Die Pressekampagne des „Spiegel": freie Berichterstattung geht vor Persönlichkeitsrecht

Der „Spiegel" kaufte die Stasi-Akten und schlägt Kapital aus dieser teuren Investition. Monika Haas als Top-Terroristin und Super-Agentin: die Sensation, die sich in zahlreichen „Spiegel"- und „Spiegel-TV"-Produktionen vermarkten läßt. Seit 1992 ist Monika Haas einer diffamierenden Pressekampagne ausgesetzt. Aus Gerüchten und Verdächtigungen wird eine der „geheimnisvollsten Gestalten aus der europäischen Terrorismus-Szene" konstruiert. In für Monika Haas lebensgefährlicher und journalistisch völlig unverantwortlicher Weise werden immer wieder angebliche Belege erfunden, die den Verdacht bestätigen sollen, an der Flugzeugentführung beteiligt zu sein. Der „Spiegel" macht sich die Version des MfS zu eigen: Daraus, daß sie seit 14 Jahren mit ihren drei Kindern „unbehelligt von den deutschen Strafverfolgungsbehörden" ein ganz normales Leben geführt hat, schließen die „Spiegel"-Redakteure, daß sie Mitarbeiterin westlicher Geheimdienste sein müsse.

Monika Haas klagte auf Unterlassung und Gegendarstellung. Das Bundeskriminalamt, dem die gezielt gestreuten Gerüchte seit Jahren bekannt waren, bezeichnete die Vorwürfe als „gefährlichen Quatsch". Dennoch wurde die Bundesanwaltschaft in einem „Spiegel"-Artikel indirekt dazu aufgefordert, tätig zu werden; man unterstellte der Bundesanwaltschaft, aus Angst vor einem Anschlag nichts gegen Frau Haas zu unternehmen. Unmittelbar darauf erfolgte der erste Haftbefehl (Frühjahr 1992). Ein Zusammenhang zwischen Haftbefehl und „Spiegel"-Kampagne drängt sich nicht nur durch die unmittelbare zeitliche Abfolge auf, sondern auch dadurch, daß der Vorwurf der Beteiligung an der Landshut-Entführung seit 1980 besteht. Das weiterhin schwebende Ermittlungsverfahren entwickelte sich zu einer von vielfältigen Macht- und Prestigegesichtspunkten geprägten, oftmals kafkaesk anmutenden Auseinandersetzung zwischen Monika Haas und ihrem Anwalt auf der einen Seite und der Bundesanwaltschaft und dem „Spiegel" (vor allem Stefan Aust) auf der anderen Seite. Von der Bundesanwaltschaft wurden unzählige Zeugen erfolglos vorgeladen. Der „Spiegel" flankierte in eigener Sache in einem bislang bei ihm unbekannten Stil.

Das Frankfurter Landgericht gab zwei Jahre später Monika Haas in ihrem Zivilprozeß gegen den „Spiegel" Recht: Es vermißte bei „Spiegel" und „Spiegel-TV" die notwendige journalistische Sorgfalt und verurteilte Verlag und Autor dazu, insgesamt 80.000 DM Schmerzensgeld zu zahlen. Die Urteilsbegründung: „Monika Haas hat den Nachweis erbracht, daß sie an der Landshut-Entführung nicht beteiligt war." „Spiegel" und „Spiegel-TV" legten zwar Berufung ein; spätestens nach diesem Urteil war das Strafverfahren gegen Monika Haas jedoch einstellungsreif. Die Bundesanwaltschaft hatte nur noch eine Chance, die Einstel-

lung des Verfahrens zu verhindern: Sie mußte eine Zeugin präsentieren, die bisher noch nicht vernommen worden war. Hierfür kam nur Souhaila Andrawes in Frage, die bis zum Auslieferungsbegehren der Bundesanwaltschaft unbehelligt in Norwegen gelebt hatte. Als Hilfsmittel bot sich die bundesdeutsche Kronzeugenregelung an, die allerdings Ende 1995 erst einmal verlängert werden mußte.

Mitte Januar 1996, parallel zum ersten Termin im Strafprozeß gegen Monika Haas, wird im Berufungsverfahren das zivilrechtliche Urteil gegen den „Spiegel" aufgehoben. Das Recht auf „freie Berichterstattung" sei höher zu bewerten als das Recht auf Persönlichkeitsschutz. Haftbefehl und Anklage werden zur Rechtfertigung der „Spiegel"-Berichterstattung herangezogen. Eine Logik, die nur schwer nachvollziehbar ist – die Produktion von Gerüchten und Diffamierungen wird mit dem gerechtfertigt, was sie beabsichtigen und erreichen: Anklage und Verhaftung.

IV. Die Kronzeugenregelung dient nicht der Wahrheitsfindung – wie die belastenden Aussagen von Souhaila Andrawes zustande kamen

Mitte Oktober 1994 wurde nach einem Hinweis der Bundesanwaltschaft in Oslo die Palästinenserin Souhaila Andrawes durch die norwegische Polizei verhaftet. Die Verhaftung sollte der Bundesanwaltschaft zu einer Zeugin verhelfen (so auch der „Spiegel" 52/95, S. 61). Frau Andrawes stand den Norwegern eine Woche lang Rede und Antwort über ihre Beteiligung an der Landshut-Entführung und nannte zahlreiche Namen und Details. Weder namentlich noch als Person war Monika

Haas dabei. Dann kamen die Bundesanwälte zum Zuge. Sie machten Souhaila Andrawes mit der deutschen Kronzeugenregelung vertraut. Drei Tage fragten sie immer wieder nach Monika Haas, verlasen wiederholt die Stasi-Akten mit dem Gerücht, Monika Haas hätte Waffen transportiert, und behaupteten gegenüber Souhaila Andrawes, daß dies gesichertes Wissen sei. Frau Andrawes beteuerte wieder und wieder, über eine Beihilfe oder Beteiligung von Monika Haas an der Entführung nichts zu wissen, geriet aber immer mehr in Panik angesichts der angedrohten Auslieferung und der zu erwartenden lebenslangen Haftstrafe in Deutschland. Sie flüchtete sich in vage Aussagen und Möglichkeitsformen. Aus den Vernehmungsprotokollen geht weiter hervor, daß sie ihre prekäre Lage erkannte. Welche Aussage von ihr gegen Monika Haas verlangt wurde, ergab sich aus den ihr gegebenen Erklärungen und Vorhaltungen der Beamten. Trotzdem sagte sie, daß sie den Bundesanwälten in dieser Sache nicht weiterhelfen könne. Am Ende ließ sie sich dazu bewegen, auszusagen, es sei möglich, daß Monika Haas in Mallorca gewesen sei.

Mit dieser mageren Beute reisten die deutschen Fahnder ab und ließen die Mutter einer neunjährigen Tochter in panischer Angst vor einer Auslieferung nach Deutschland und lebenslanger Haft zurück. Was sich in den nächsten sieben Tagen abgespielt hat, wissen wir nicht. Jedenfalls entschied ein norwegischer Richter in jenen Tagen, daß sie zur Sicherung des deutschen Auslieferungsbegehrens weiter in Haft bleiben müsse. Am 4. November ließ sie sich wieder zur norwegischen Polizei bringen. Plötzlich erinnerte sie sich: Monika Haas habe die Waffen und den Sprengstoff für die Entführung der

„Landshut" in Bonbondosen verpackt und im Kinderwagen versteckt in das Hotelzimmer von Andrawes auf Mallorca gebracht. Frau Andrawes ergriff den Strohhalm, der ihr in dieser psychischen Drucksituation angeboten wurde. Daß sie sich offensichtlich in Erfindungen flüchtete, um einer Auslieferung zu entgehen, belegen unter anderem die BKA-Ermittlungen aus dem Jahre 1977.

Die widersprüchlichen Aussagen von Frau Andrawes demonstrieren, daß mit Hilfe der Kronzeugenregelung die existentiell und familiär sehr schwierige Situation eines Menschen genutzt werden kann, einen anderen Menschen wider besseres Wissen ins Gefängnis zu bringen. Denn die Verringerung einer lebenslangen Freiheitsstrafe auf drei Jahre, die dem Kronzeugen angeboten wird, greift nur, wenn die Aussagen zu einer Verurteilung beitragen. Somit aktiviert die Kronzeugenregelung ein Aussageverhalten, das nicht die Wahrheitsfindung zur Grundlage hat, sondern die Produktion von Beweisen. Seit ihrer Einführung wird sie deshalb als mit rechtsstaatlichen Prinzipien unvereinbar kritisiert.

Am 19. Januar, einen Tag nach Beginn des Prozesses gegen Monika Haas, nimmt Souhaila Andrawes in einem Schreiben an die Bundesanwaltschaft ihre gegen Monika Haas gemachten Aussagen zurück, behauptet jedoch gleichzeitig, sie habe nicht gelogen oder Geschichten erfunden, „the police had the information". Da sie im Verhör nur die Vorwürfe bestätigen sollte, die ihr aus den Stasi-Akten vorgelesen wurden, ist diese Aussage auch plausibel: Sie will Monika Haas nicht belasten, andererseits nicht als Denunziantin erscheinen, die Geschichten erfindet, um sich auf Kosten „einer anderen Mutter" zu

retten. Bundesanwaltschaft und BGH jedoch interpretieren dies so, daß sie nicht als Zeugin aussagen möchte, eine inhaltliche Distanzierung aber nicht vorgenommen habe (BGH-Beschluß vom 15.3.1996).

V. Monika Haas wird in der Haft die notwendige medizinische Behandlung verweigert

Anfang Februar erleidet Monika Haas einen doppelten Bandscheibenvorfall, der sie für einige Zeit völlig bewegungsunfähig macht. Trotz eingetretener Lähmungserscheinungen, trotz entsprechender Gutachten eines vom Gericht bestellten Arztes, der die sofortige Überführung in ein dafür eingerichtetes Spezialkrankenhaus empfiehlt, passiert zwei Wochen lang gar nichts.

Monika Haas bleibt in ihrer normalen Zelle ohne medizinische Behandlung.

Es beginnt ein Szenario, das zeigt, mit welcher Ignoranz die Gesundheit von Monika Haas seitens der beteiligten Behörden aufs Spiel gesetzt wird, um dem Bild der „Top-Terroristin" und „Superagentin" – von MfS und „Spiegel" konstruiert und von der Bundesanwaltschaft übernommen – Genüge zu tun:

● Am 16. Februar entscheidet der 5. Strafsenat des OLG Frankfurt, den Haftbefehl unter Auflagen außer Vollzug zu setzen. Die Bundesanwaltschaft legt Beschwerde ein und hat mit einem entsprechenden Eilantrag, die Haftentlassung zu stoppen, Erfolg.

● Am 19. Februar wird Monika Haas in das Katharinen-Krankenhaus in

Frankfurt verlegt. Eine Woche später soll sie zur weiteren Behandlung in die JVA Kassel gebracht werden. Das Haftkrankenhaus Kassel hat einen äußerst schlechten Ruf, ist für entsprechende Rehabilitationsmaßnahmen ungeeignet und trennt durch die Entfernung die Familie. Monika Haas stimmt einer solchen Verlegung nicht zu und wird wieder in die Justizvollzugsanstalt Frankfurt gebracht.

● Der Bundesgerichtshof, der über den Beschluß zur Haftverschonung noch zu entscheiden hat, hüllt sich in Schweigen.

● Daraufhin erfolgt die Anordnung des 5. Senats, Monika Haas „unverzüglich, ggf. zwangsweise" in die JVA Kassel zu überführen. Monika Haas kündigt an, sich „mit allen mir noch zur Verfügung stehenden Kräften zur Wehr (zu) setzen" und erhält in ihrer Ablehnung Unterstützung vom Leiter der JVA Preungesheim.

● Am 15. März, knapp drei Wochen nach der Rückverlegung in die JVA und 6 Wochen nach der Erkrankung von Monika Haas, entscheidet der BGH, Monika Haas bleibe in Haft: Eine Haftunfähigkeit bestünde nicht, dagegen aber nach wie vor dringender Tatverdacht und „erheblicher Fluchtanreiz".

Monika Haas hat nach wie vor Lähmungserscheinungen an einem Fuß; sie kann nicht länger als eine Stunde sitzen und hat beständig Schmerzen. Die Frage nach dem Sinn dieser höchstrichterlich verordneten Quälerei hat Monika Haas bereits letztes Jahr in einem Interview beantwortet: „Angesichts einer solchen Anklage paßt es einfach nicht ins Bild, daß ich mit der U-Bahn zum Prozeß fahre."

VI. Sollen Stasi-Akten aus dem kalten Krieg den „Deutschen Herbst" aufklären?

Für die politische Justiz scheint die Zeit 1977 stehengeblieben zu sein. Mit der Zauberformel „Terrorismus" werden nunmehr seit 20 Jahren alle sonst gültigen Rechtsnormen außer Kraft gesetzt. Auch im Fall von Souhaila Andrawes wird das Interesse an der Strafverfolgung von politischen Opportunitäten abhängig gemacht und damit rechtsstaatliche Grundsätze verletzt: 1977 sah die Bundesregierung ausdrücklich von ihrer Auslieferung und strafrechtlichen Verfolgung ab, weil die BRD aus politischen Gründen kein Interesse daran hatte. Das ändert sich fast 20 Jahre später in dem Moment, in dem sie als Kronzeugin interessant wird.

Monika Haas wurde im Mai ebenfalls von der Bundesanwaltschaft die Kronzeugenregelung gegen Freilassung offiziell angeboten. Glaubte die Bundesanwaltschaft tatsächlich, neue Informationen zu erhalten? Monika Haas jedenfalls lehnt ab; wiederholt erklärt sie, daß sie nichts wisse, weil sie sich 1976 für die Familie entschieden und beschlossen habe, den bewaffneten Kampf nicht zu unterstützen. Welches Interesse steht hinter dem Verfolgungseifer der Bundesanwaltschaft? Soll Monika Haas durch die hochgeputschte Anklage (erst soll sie nur Helferin, dann soll sie Täterin gewesen sein), durch eine Augenzeugin und durch die Kronzeugenregelung unter Druck gesetzt werden, weil man von ihr die „Aufklärung" der letzten weißen Flecken um die „Landshut"-Entführung erhofft? Will man endlich ein Erfolgserlebnis, egal um welchen Preis?

98

Februar 1996: Es kommt Bewegung in die Auseinandersetzung um die knapper werdende Erwerbsarbeit in diesem Lande. Während Bundesregierung und Unternehmerverbände weiterhin nicht die Arbeitslosigkeit, sondern die Arbeitslosen bekämpfen bzw. sie zu Sündenböcken für die Schwäche des „Standorts Deutschland" machen, kommt aus den Gewerkschaften eine bemerkenswerte Initiative. Lohnverzicht für mehr Beschäftigung, mit diesem Angebot durchbrechen die Gewerkschaften das übliche Tarifrundenritual, bei dem die Nichtbeschäftigten nur verlieren können. „Bündnisse für Arbeit" wurden schnell populär, aber nennenswerte Umsetzungen blieben aus. Warum sie nicht als schiedlich-friedliche „Bündnisse" zu haben sind, sondern politische Konflikte und Mobilisierungen erfordern, erläutert dieser Beitrag.

Kurt Hübner

„Bündnis für Arbeit" – Politisierung von Beschäftigung im Zeichen ökonomischen Verzichtes

Gewerkschaften sind in erster Linie Arbeitsmarktparteien und erst in zweiter Linie politische Organisationen. Als Arbeitsmarktparteien legen sie zusammen mit den Unternehmensverbänden in Form von Verhandlungslösungen ökonomische Daten wie nominale Löhne, Entlohnungsstrukturen, Arbeits- zeiten und Nutzungsbedingungen von Arbeitskraft fest. Im Zusammenspiel mit den branchenmäßigen oder gesamtwirtschaftlichen Zuwachsraten von Produktion und Arbeitsproduktivität stellt sich dann ein jeweils spezifisches Beschäftigungsniveau und – vermittelt über das interdependente Marktsystem

– ein entsprechendes Reallohnniveau sowie eine Verteilung des Volkseinkommens ein. Als Arbeitsmarktpartei müssen Gewerkschaften auf Verhandlungen und auf Kompromisse setzen. Als politische Organisationen können sie rhetorisch auf Konfrontationskurs setzen und auch konfliktorisch handeln.

Wiewohl das deutsche Tarifvertragssystem eine gleichsam staatsfreie Zone verkörpert, die staatliche Politik also in die Verhandlungen der autonomen Arbeitsmarktparteien weder intervenieren darf noch soll, sitzt „der" Staat dennoch immer mit am Verhandlungstisch. Dies aus zwei Gründen. Zum ersten ist der Staat in Gestalt seiner Funktion als Arbeitgeber im öffentlichen Dienst selbst ein bedeutender Akteur des Arbeitsmarktes, der mit seiner Tarifpolitik Einfluß auf die zentralen Größen des Arbeitsmarktes nimmt. Zum zweiten ist der Arbeitsmarkt in kapitalistischen Gesellschaften in ein funktionales Beziehungs- und Rückkopplungsgeflecht eingebunden, das durch fiskal- und geld- bzw. währungspolitische Maßnahmen, also von staatlicher Wirtschaftspolitik, nicht unwesentlich beeinflußt wird.

Ein zentrales Ergebnis solcher funktionaler Rückkopplungsoperationen ist der Beschäftigungsstand einer Ökonomie. Die in der Bundesrepublik zu verzeichnende Zahl von etwa vier Millionen offiziell registrierten Arbeitslosen bzw. die Zahl von mehr als fünfeinhalb Millionen Personen, die offen und verdeckt ohne Erwerbsarbeit sind, provoziert geradezu Fragen an die Funktionsfähigkeit dieses Rückkopplungssystems. Es erstaunt dabei nicht weiter, daß die arbeitsmarkt- und beschäftigungspolitischen Akteure auf die gleichen Fragen unterschiedliche Antworten geben. Folgt man den Unternehmerverbänden und der Bundesregierung, dann werden von den Gewerkschaften ökonomisch „falsche Daten" in das gesamtwirtschaftliche Rückkopplungssystem eingespeist, das dann folgerichtig unerwünschte Ergebnisse produziert: Zu hohe Nominallöhne, falsche Entlohnungsstrukturen, zu kurze Arbeitszeiten und rigide Nutzungsbedingungen von Arbeitskraft zeichnen dieser Sichtweise zufolge für den Anstieg der Arbeitslosigkeit und das hohe Niveau von Sockelarbeitslosigkeit verantwortlich.

Diese Antwort kann sich hoher akademischer Reputation rühmen. Schließlich hat bereits ein Vertreter der Klassischen Politischen Ökonomie, Jean Baptiste Say, darauf verwiesen, daß es auf den Märkten immer einen Preis gäbe, zu dem die angebotene Menge einer Ware auch genügend Nachfrage finde. Sprich: Auch auf dem Arbeitsmarkt kann sich ein Nominallohnsatz einstellen, bei dem alle Personen, die arbeiten wollen, auch Beschäftigung finden. Und immerhin hat die herrschende volkswirtschaftliche Lehrmeinung der Neoklassik, aus deren Reihen sich die weitaus größte Zahl der Nobelpreisträger rekrutiert, eine Menge von Schweiß und formelhaftem Aufwand bemüht, um den Zusammenhang von Lohnhöhe und Beschäftigungsniveau zu fundieren.

Mit Blick auf die empirischen Verhältnisse stellt sich eine solche Argumentation als recht vertrackt heraus. Da ist zum ersten der nicht zu eskamotierende Tatbestand, daß die Gewerkschaften nicht in der Lage sind, derartige „falsche Daten" allein in das Rückkopplungssystem einzuspeisen. „Falsche Daten" werden, wenn überhaupt, als Ergebnis eines Aushandlungsprozesses zwischen den beiden polaren Arbeitsmarktparteien in das

System eingegeben. Zum zweiten lassen sich in der alten Bundesrepublik seit einigen Jahren Reallohnverluste der Beschäftigten beobachten, die nicht etwa mit einem Abbau, sondern mit einem Ausbau von Arbeitslosigkeit einhergehen. Und zum dritten ist spätestens seit den theoretischen ökonomischen Schriften von John Maynard Keynes bekannt, daß über das Beschäftigungsniveau nicht auf dem Arbeitsmarkt, sondern auf den Güter- und Geld- resp. Finanzmärkten entschieden wird. Insbesondere letztere Erkenntnis droht im Zuge der neoliberalen Offensive seit den frühen achtziger Jahren zwar verlorenzugehen. Für die Gewerkschaften zählte diese theoretische Einsicht in die grundlegenden Zusammenhänge eines interdependenten Marktsystems bislang freilich zu den legitimatorischen Grundpfeilern ihres Handelns, der dem allzu schlichten Zusammenhang von der Art „zu hohe Löhne erzeugen Arbeitslosigkeit" entgegengehalten wurde. Über Beschäftigungswirkungen, so die traditionelle gewerkschaftliche Sichtweise, entscheiden nicht nur die Handlungen der Tarifparteien, sondern eben auch die Handlungen von Regierung und Zentralbank. In diesem „Dreiergremium" abgestimmte, konsensuale Politiken seien mithin individualistischen, bloß bilateralen oder gar konfliktorischen Praktiken vorzuziehen.

Um so mehr mußte deshalb das von IG Metall-Chef Klaus Zwickel auf dem Gewerkschaftstag vorgetragene Angebot erstaunen, einen Verzicht auf die aus dem Wachstum der Arbeitsproduktivität resultierende Verteilungskomponente vorzunehmen, wenn sich die Unternehmensverbände ihrerseits bereit erklären, einen politischen Tausch gegen Arbeitsplätze einzugehen. Konkret lautete das Angebot, in der Tarifrunde 1997 nur eine Erhöhung der Nominallöhne im Maße der Preissteigerung zu vereinbaren, wenn die Unternehmerverbände ihrerseits zustimmen, daß die Unternehmen in der Periode 1996 bis 1998 auf betriebsbedingte Kündigungen verzichten, pro Jahr 110.000 Arbeitsplätze schaffen, wovon 10.000 pro Jahr für die Integration von Langzeitarbeitslosen reserviert sein sollen, und das Ausbildungsplatzangebot um 5 Prozent pro Jahr erhöhen. Verteilungsverzicht im politischen Tausch gegen mehr Beschäftigung – dies war der Kern des Angebotes, das unter dem Titel „Bündnis für Arbeit" in die Welt gesetzt wurde. Beschäftigung wurde zur Verhandlungssache zwischen den Tarifparteien erklärt und damit zumindest indirekt die staatliche Wirtschaftspolitik aus ihrer beschäftigungspolitischen Verantwortung entlassen.

Gewerkschaftspolitisch stellte dieses Angebot einen Tabubruch dar, bedeutete es doch nicht weniger als eine Abkehr von der jahrzehntelang verfolgten Strategie einer produktivitätsorientierten Lohnpolitik. Verteilungspolitisch implizierte es einen Rückzug, hat doch ein Verzicht auf die Partizipation an der Steigerung der Arbeitsproduktivität gleichsam automatisch den Effekt einer Steigerung der Profitquote bei gleichzeitiger Schmälerung der Lohnquote. Gesamtpolitisch trug das Angebot das Mal eines Eingeständnisses von Resignation, schienen die Gewerkschaften doch damit auf die neoklassisch-neoliberale Schiene eingeschwenkt zu sein und endlich zu akzeptieren, was die christlich-liberale Koalition zu predigen nie müde wurde: Das allzu hohe Anspruchsniveau sei verantwortlich für die arbeitsmarktpolitische Misere.

Das Bündnisangebot läßt sich freilich auch anders interpretieren. Der vorgeschlagene Verzicht auf die Teilhabe am

Produktivitätsfortschritt sollte für die Unternehmensverbände als Anreiz dienen, mit den Gewerkschaften in ein politisches Tauschgeschäft einzutreten und in eine politische Kontrolle und Steuerung des Beschäftigungssystems einzuwilligen. Der angebotene Verteilungsverzicht der Gewerkschaften sollte mit einer Gegenleistung verkoppelt werden, die alle bis dahin bekannten tarifpolitischen Vereinbarungen in den Schatten stellen sollte: Beschränkung der Nominallohnsteigerung auf die Rate der Geldentwertung dann und nur dann, wenn die Unternehmen im Vorlauf eines Jahres ihren Willen und ihre Fähigkeit zur Schaffung von 110.000 Arbeitsplätzen unter Beweis gestellt haben und sich vertraglich verpflichten, über einen Zeitraum von drei Jahren eine konkret überprüfbare Zahl von neuen Arbeitsplätzen bereitzustellen. Gewerkschaftspolitisch hätte dies bedeutet, den „Sozialismus in einer Klasse" (Scharpf) zur Grundlage ihres politischen Handelns zu machen. Tarifpolitisch wäre damit der Einstieg in eine neue Ära politischer Tauschgeschäfte vollzogen worden, indem die Unternehmerverbände die Verantwortung für das beschäftigungspolitische Verhalten ihrer Mitgliedsunternehmen hätten übernehmen müssen. Gesamtpolitisch schließlich hätte die Realisierung eines solchen Tauschgeschäftes bedeutet, daß die von der staatlichen Wirtschaftspolitik zur obersten Leitlinie ihres Strebens erklärte Marktlogik durch eine politische Logik in Frage gestellt worden wäre.

Der von den Gewerkschaften in Angriff genommene Versuch, tarifpolitisch die Entscheidungsautonomie der Unternehmen zu beeinträchtigen, kann als gescheitert angesehen werden. Weder waren die Unternehmensverbände willens, sich auf eine derartige Politisierung der Arbeitsplatzentwicklung einzulassen, noch hätten diese Verbände die realistische Möglichkeit besessen, eine entsprechende Vereinbarung praktisch umzusetzen, sind doch die Zugriffsmöglichkeiten auf ihre Mitglieder viel zu schwach, um diese zur Schaffung der vereinbarten Zahl von Arbeitsplätzen zu zwingen. Für die neoliberal eingetrübte Wirtschaftspolitik der Regierung Kohl entpuppte sich das Bündnisangebot der Gewerkschaften als eine Steilvorlage, konnten sie doch das Angebot eines Umverteilungsverzichtes reibungslos in ihre Standortoffensive einreihen. Das Ergebnis ist bekannt: Unternehmensverbänden wie Regierung ist es unter starker Beteiligung der veröffentlichten Meinung gelungen, das Lohnzurückhaltungsangebot von seinen Gegenleistungen zu isolieren und als politische wie moralische Wunderwaffe zur Sicherung von Wettbewerbsfähigkeit und Standort zu stilisieren. Was als Offensive der Gewerkschaften begann, endete als Defensive, bei der die in den Tarifvereinbarungen erzielten Verteilungsverluste und die in nächtlichen Kanzlerrunden erzielten Absenkungen ursprünglich umfassenderer Beeinträchtigungen sozialstaatlicher Leistungsnormen bereits als Erfolg ausgegeben werden mußten. Der Einstieg in eine neue tarifpolitische Ära, die lohnmäßigen Verzicht mit politischer Kontrolle zentraler Gestaltungsspielräume privater Unternehmen zu kombinieren versuchte, wurde verpaßt. Geblieben ist man wieder einmal auf dem traditionellen deutschen Konsensweg, bei dem die verhandlungsschwächeren Teile der Akteure einige Schritte zurückzugehen bereit waren, versehen mit der Hoff-

nung, eine Runde später unter günstigeren Bedingungen wieder aufholen zu können.

Zweifel an der Zukunftsfähigkeit dieser Fortbewegungsart sind angebracht. Empirisch spricht wenig dafür, daß unter Bedingungen einer internationalen Ökonomie der forcierte Anstieg der Profitquote auch zu entsprechenden inländischen Investitionen und damit auch Arbeitsplatzeffekten führt. Wenigstens genauso plausibel ist die Vermutung, daß die kostenseitige Verbesserung der Produktionsbedingungen vom privaten Unternehmenssektor zur weiteren Optimierung ihrer international organisierten Wertschöpfungskette genutzt wird. Politisch zeichnet sich ab, daß es nicht die Gewerkschaften, sondern die Unternehmensverbände sein werden, die den deutschen Konsensweg verlassen. Die bereits heute zu registrierende Verbandsflucht vieler kleiner und mittlerer Unternehmen hat beide großen deutschen Unternehmensverbände zu bislang in Deutschland nicht gekannten neoliberalen Positionen getrieben, die eben nicht länger auf Konsens, sondern auf Konfrontation mit den Gewerkschaften setzen. Für die großen Unternehmen wiederum verlieren der deutsche Standort und damit auch die darin fixierten gewerkschaftlichen und politischen Akteure mit zunehmender Orientierung auf die internationale Ökonomie an Bedeutung und Vertragsfähigkeit. Wenn den Gewerkschaften auf diese Weise repräsentative Vertragspartner verlorengehen, wäre ihnen auch der weitere Verbleib auf dem Konsensweg versperrt. Die Transformation von einer Arbeitsmarktpartei zu einer stärker politischen Organisation wäre dann unvermeidlich.

März 1996: Innen- und Außenpolitik hängen zumal in einer
sich mehr und mehr globalisierenden Zeit meist eng
miteinander zusammen. Enger jedenfalls, als wir alle
gewöhnlich wahrnehmen. Es gibt jedoch Bereiche, bei denen
die Überschneidungen und Wechselbezüge so stark werden,
daß fast von einer Gleichläufigkeit gesprochen werden kann.
Dieser Wirkungsverhalt ist hinsichtlich der türkisch-
deutschen Beziehungen und der bundesdeutschen Politik
gegenüber den „einheimischen", also in der Bundesrepublik
lebenden Türkinnen und Türken gegeben. Er gilt noch einmal
verstärkt für den Umgang der Türkei einerseits und der
Bundesrepublik andererseits mit den Türken, die ethnisch als
Kurdinnen und Kurden gelten. Statt daß die Bundesrepublik
alles in ihrer Macht stehende täte, um den in der Türkei
kriegerisch zugespitzten Konflikt zu entschärfen, verschärft
sie denselben einseitig, indem sie kurdische Aktivitäten und
Vereine pauschal unterdrückt. Die Kurden und ihre Probleme
sind nicht die PKK. Deren pauschales Verbot hilft keinen
Schritt weiter. Entscheidend ist, darin stimmen
unterschiedlich akzentuierende Menschenrechtler und
Kenner der „Kurdenfrage" überein, zu erkennen, daß eine
politische Lösung dringend notwendig ist.

Hans Branscheidt

Für eine Beendigung des deutsch-kurdischen Trauerspiels

**Überlegungen, Aufgaben
und Zielsetzungen**

Die Deutschen haben ein Dauerpro-
blem mit den Kurden – und ein Ende ist
so ohne weiteres nicht in Sicht. Wie
immer, wenn Deutsche anderen etwas
antun, leiden sie selbst am meisten.
Aufstöhnend fragt der Leitartikler der
„ZEIT" im Frühjahr 1996 seine Öffentlichkeit: „Müssen wir uns das Jahr für
Jahr aufs neue bieten lassen?" Er be-

zieht sich auf die geläufigen Bilder, die Ereignisse militanter kurdischer Demonstrationen belegen – und hofft mit seiner suggestiven Frage auf ein einstimmig populäres NEIN.

Tatsächlich erscheinen die Kurdinnen und Kurden als besonders lästiges Publikum, das mehr Probleme bereitet als alle anderen Populationen fremder Herkunft in der Geschichte der Bundesrepublik. Ihrer fünfhunderttausendfachen Anwesenheit wird der Vorwurf der permanenten Störung des öffentlichen Friedens zuteil. Sie stehen zudem den strategischen Beziehungen zwischen Deutschland und der Türkei hinderlich im Wege. Ihre angebliche Forderung auf einen eigenen Staat wird als maßlos und übertrieben auch von jenen beschworen, die ansonsten gar nichts gegen die staatliche Anerkennung auch kleinster auswärtiger Populationen haben, wenn dies den eigenen Interessen eher entspricht. Ärgerlich auch, daß die Kurden ständig an deutsche Waffenlieferungen und Sonderkredite erinnern, deren Volumen und Höhe alles übertrifft, was im Rahmen bundesrepublikanischer Waffenhilfen seit 1945 sich ereignete. Schließlich sprechen die Kurden unangenehm vom Völkermord an ihresgleichen, was ebenfalls als ziemliche Übertreibung energische Zurückweisung erfährt, obwohl ca. 11.000 vernichtete Dörfer und Lebenswelten (ca. 8.000 auf das Konto des Irak, ca. 3.000 auf das Konto der Türkei) nicht nur nach allen diesbezüglichen Definitionen der UN für den Tatbestand sprechen, sondern, wenn es sich nicht um Kurden handelte, auch allgemein so gewürdigt worden wäre.

Das Hauptverbrechen allerdings, das Deutsche und Kurden unauflösbar im Konflikt verbindet, ist damit längst noch nicht benannt. Nach den toxischen Vernichtungen während des Grabenkriegs im ersten Weltkrieg in Ypern und nach dem Einsatz von Zyklon B in Auschwitz und nach der Anwendung des Boehringer-Produkts Agent Orange in Vietnam kamen die Derivate und Folgeprodukte von Sarin und Tabun aus den Häusern der IG Farben-Nachfolger erneut in Kurdistan zur Wirkung. In der Vernichtung einer ganzen kurdischen Stadt und unter deren Namen, „Halabja", wurde das neuerliche Kainsmal der Todeshändler aus Deutschland der Geschichte eingebrannt. Nicht die Zahl der Toten ist dabei allein entscheidend (etwa 15.000 Getötete allein in Halabja), sondern die rationell kostengünstige, die quasi insektizid-fabrikmäßige Vernichtung durch flächendeckende Todessprays aus Flugzeugen erläutert die Qualität des genozidalen Aktes. Diese große Wunde soll auf keinen Fall erinnert werden.

Die gesellschaftliche Auseinandersetzung mit Kurdistan und dem „Kurdenkonflikt" bedarf von daher eines enormen Aufwandes von psychoenergetischer Abwehr und auch repressiver Gegenprojektion. Der Polizeiminister und ein Teil selbst der Linken unseres Landes sind sich daher einig: Schuld haben die Kurden selber, im besonderen die PKK. Der medieninformierten Öffentlichkeit stehen daher zum Verständnis der Historie und der Ursachen des Konflikts ausschließlich stigmatisierende und zumeist kriminalisierende Klischees zur Verfügung: Terror, Stalinismus, Separatismus, Kulturalismus, Nationalismus, Schutzgelderpressung und Bedrohung der inneren Sicherheit des Bundesrepublik. Für jeden etwas: nämlich eine ebenso bunte wie lückenlose Vorwurfskette, deren Sinn darin besteht, den Kurden so ziemlich alles vorzuwerfen, was überhaupt negativ veranschlagt werden kann.

Die Geschichte Kurdistans und seiner Menschen ist jedoch nicht aus der Berichterstattung der zeitgenössischen Presse und aus der Mangelhaftigkeit stereotyper Erklärungsmuster erkenntlich. Nicht das überwiegende Interesse an einem eigenen kurdischen Staat begründet die Motivation der Kurdinnen und Kurden, sondern die geschichtliche Erfahrung der willkürlichen Aufspaltung, Zersplitterung und der unterdrückenden Aufteilung auf andere Staaten, die ihrerseits aus imperialer Grenzziehung durch große Mächte hervorgingen. Die Vergangenheit Kurdistans kennt nicht einmal den Status der Kolonie (Ismail Besikci) für das Land und seine Menschen, sondern nur die zwischenstaatliche Vereinnahmung unter den Bedingungen der Verleugnung aller Eigenschaften, Merkmale und kulturellen Produktionen – verbunden mit dem Diktat auf möglichst freiwillige Selbstverleugnung. Gewaltsame Turkifizierung, Arabisierung, die Verbote von Sprache, Kultur und sämtlichen eigenschaftlichen Lebensäußerungen der Menschen Kurdistans, deren Aktualität durch nichts gebrochen ist, ergeben weit mehr als die beschränkte Definition von Menschenrechtsverletzungen: sie bezeichnen ein mindestens tendenziell genozidales Ereignis.

Auf dieser Erfahrung gründet das historische Bewußtsein der 30 - 40 Millionen Kurdinnen und Kurden, des viertgrößten Volkes im Nahen Osten. Die inzwischen selbstbewußte Bewegung, die sie in heutiger Geschichte etwas verspätet demonstrieren, läßt keine verdrängende Sozialplanlösung mehr zu. Ein neuer Gaza-Streifen ist nicht gefordert. Ein weiteres weltsoziales Armenhaus mit einigen UN-Blechcontainern und food-for-work Programmen samt einigen folkloristischen Elementen und der Erlaubnis, in Behelfsunterkünften und Wehrdörfern am Ende von Rücksiedlungsprogrammen durch die Regierung Erbakan wenigstens die eigene Sprache sprechen zu dürfen – das alles ist nicht die Lösung und wird deshalb auch abgelehnt. Das nunmehr aufgeschlagene Kapitel moderner kurdischer Tagesordnung steht im Zeichen der Emanzipation, der Freiheit unter den Bedingungen umfassender Demokratie. Das Bild davon, das junge Kurdinnen und Kurden in Diyarbakir und Bottrop gleichermaßen haben, ergibt sich aus dem erklärten Ziel einer demokratisch verfaßten kurdischen Gesellschaft: Im gleichberechtigten Verein mit den Völkern und Gruppen der Region, am besten föderativ integriert in die betreffenden Staaten des Nahen Ostens, verbunden mit den anderen Teilen Kurdistans über eine „föderative Brücke" (Abdullah Öcalan).

Die Festlegung und Verbindlichkeit solcher Ziele und Absichten wurde soeben in perspektivischer Absicht von jungen Kurdinnen und Kurden auf der internationalen Konferenz „Kurdistan im Frieden" (5. - 7. Juli 1996) im Bonner Gustav-Stresemann-Haus vorgetragen. Bestätigt wurden diese Ziele durch die gleichfalls in Bonn verkündeten Vorstellungen kurdischer Parteien, im besonderen der PKK, innerhalb einer künftigen kurdischen Gesellschaftsordnung ein Zusammenleben zu gewährleisten, das auf Partizipation und Gleichberechtigung gegründet ist: Auf der Basis universell gültiger Menschenrechte. Unter Anerkennung aller Rechte der Minderheiten. Bei besonderer Betonung der Verwirklichung der Ansprüche der Frauen in allen gesellschaftlichen Sphären. Durch die Förderung der freien Entfaltung der Kulturen, der Wissenschaften, der Presse und der Freiheit der

Meinungsäußerung. Per allgemeiner Partizipation im Rahmen der wichtigen Frage der gerechten Aufteilung des (kurdischen) Wassers unter den Ländern und Völkern des Nahen Ostens.

Dies sind die bisher wenig erwähnten und kaum anerkannten Vorstellungen und Absichten der modernen Kurdinnen und Kurden, die ihre unheilvolle Geschichte erinnern, indem sie für deren Transformation in demokratische Zustände kämpfen. Sie wollen dies nicht ethnisch-egoistisch bewerkstelligen und in nationalistischer Verirrung, sondern in ihrer reklamierten Funktion als „Schrittmacher für neue gesellschaftliche Formationen" (Konferenzresolution) in einer Region, für deren Regimes die historisch-demokratische Erneuerung längst überfällig ist. Einzig

diese demokratische Prägung kann die kurdische Bewegung herausheben aus den traurigen Zuständen unter den herrschenden Bedingungen in der Türkei, im Iran, im Irak und in Syrien – beispielhaft zur Erlangung von Frieden, Stabilität und demokratischer Zivilgesellschaft. Ohne deren Anerkennung und Verwirklichung jede Nahostlösung unmöglich ist.

Für eine politische Lösung des Kurdenkonflikts

Ergebnisse und Perspektiven

Erstmals wurden im Juli 1996 in Deutschland im Bonner Gustav-Stresemann-Institut von namhaften nationalen und internationalen Experten, Politikern und Menschenrechtsvertretern konkrete Schritte zur Einleitung eines

Dialoges mit dem weiterführenden Ziel einer langfristigen Lösung des Konfliktes erörtert. Gekommen waren u.a. Akin Birdal (Präsident der Menschenrechtsvereine in der Türkei), der kürzlich erst aus der Haft entlassene Professor Haluk Gerger (jetzt Universität Darmstadt), Lord Rae aus dem britischen Oberhaus, Martin Schulz und Angelika Graf aus der sozialdemokratischen Fraktion des Europaparlaments bzw. des Bundestages, Manfred Stenner (Netzwerk Friedenskooperative), sowie Vertreter von Parteien und Organisationen aus allen Teilen Kurdistans.

Das nun der Öffentlichkeit vorzustellende Ergebnis entsprach weitgehend den zuvor formulierten Zielsetzungen der für die Veranstaltung verantwortlichen „Initiative Appell von Hannover": Ausdrücklich wurden Modelle und Vorstellungen einer kurdischen Anerkennung im Rahmen eines zukünftigen türkischen Föderalismus berücksichtigt, wie auch die Frage einer kurdischen Autonomie jenseits der Türkei. Es ging um einen offenen und kritischen Dialog, der die Friedensbemühungen der kurdischen Seite prüft und diese nachdrücklich der türkischen Seite nahelegt. Ein solcher Dialog sei, so die erklärte Auffassung der Teilnehmer, zukünftig weniger durch die gewohnte akribische Auflistung der bekannten Kriegsverbrechen und Menschenrechtsverletzungen zu gewährleisten, als vielmehr durch die Vorstellung einer demokratischen kurdischen Gesellschaft im politisch-geographischen Kontext des Nahen Ostens und der Türkei. Es war das weitere Ergebnis des Sachverständigengesprächs, daß die inzwischen bekannten und durchaus glaubhaften Angebote der kurdischen Seite auf einen Waffenstillstand, auf einen Dialog und eine politische Friedenslösung nur dadurch zum

Tragen kommen könnten, daß die Forderung auf eine grundlegende Demokratisierung der Türkei zur zentralen Aufgabe Europas werden und derart im Mittelpunkt der Bemühungen von Regierungen wie auch der NROs und Menschenrechtsorganisationen stehen müsse. Der sozialdemokratische Europaabgeordnete Martin Schulz begründete in diesem Zusammenhang, unterstützt von seiner Kollegin Claudia Roth (Bündnis 90/Die Grünen), sein leidenschaftliches Votum gegen die Zollunion mit der Türkei, die gerade das hervorgebracht habe, was sie angeblich hätte verhindern sollen: eine islamisch orientierte neue türkische Regierung. Die Zollunion sei insofern demokratiehinderlich, weil sie zur wirtschaftlichen Auszehrung der Klein- und Mittelbetriebe führe und von daher dem Islamismus die verarmten Massen eigentlich erst recht zuführe.

Inzwischen hat der türkisch-kurdische Krieg nämlich auch zu einer tiefen Krise der gesellschaftlichen und politischen Entwicklung in der Türkei geführt. Sie äußert sich nicht nur in den schwerwiegenden wirtschaftlichen und politischen Problemen, mit denen die türkische Regierung zu kämpfen hat, sondern vor allem in der Beseitigung der Demokratie und in der miserablen Lage der Menschenrechte. Trotz nachdrücklicher Mahnungen der europäischen Nachbarstaaten stehen Polizeiübergriffe, Folter und Justizwillkür nach wie vor auf der Tagesordnung. Gleichzeitig läßt sich der militärische Konflikt immer weniger auf den Südosten der Türkei (Kurdistan) beschränken, so daß die Regierung in Ankara auch im kurdischen Norden des Irak und neuerdings gleichfalls im Iran mit weitläufigen Militärinvasionen reagiert. Fast ein Viertel des gesamten türkischen Staatshaushaltes wird im Vollzug des unsinnigen Krieges verbraucht.

Dem türkischen Establishment bleibt in dieser Lage wohl nur die Wahl zwischen zwei Wegen: Der eine setzt die gegenwärtige Militarisierung des Staates auf Kosten demokratischer Elemente fort. Dieser Weg führt in die Isolation – und möglicherweise erst recht unter islamistischem Regierungseinfluß zum Ausschluß aus allen europäischen und vielen internationalen Institutionen. Den anderen Weg beschreiten heißt, daß Sicherheit und Frieden sowohl für das türkische wie das kurdische Volk nur durch Anerkennung und Verwirklichung demokratischer Grundrechte vollendet werden können. Das „Kurdenproblem" ist nur ein falscher Name für das Demokratieproblem der Türkei.

Schritte auf dem Weg zum Frieden

Ohne eine Beendigung des Krieges ergibt sich weder für die Menschen der Türkei noch für die Kurden die Verwirklichung von Menschenrechten, Autonomie und demokratischen Veränderungen. Die sofortige Einstellung aller Kriegshandlungen beider Seiten ist die erste und unabdingbare Voraussetzung für die Aufnahme politischer Verhandlungen. Alle Angebote und Ansätze für eine friedliche Lösung sind bisher von der türkischen Regierung zurückgewiesen worden, gleich, ob diese auf direkten Kontakten zu kurdischen Parteien und Politikern oder auf dem Vorschlag internationaler Vermittlung basiert hätten.

Dabei haben die PKK ebenso wie die HADEP-Partei, das kurdische Exilparlament und die übrigen Organisationen in der Türkei und in der Diaspora die frühere Forderung nach einem eigenen unabhängigen Staat weitgehend zur Disposition gestellt. Sie sind jedenfalls bereit, eine Lösung innerhalb der Grenzen der Türkei auf der Basis der Anerkennung der sozialen und kulturellen Rechte der Kurden im Rahmen einer erweiterten regionalen Selbstverwaltung als Verhandlungsoption zu erörtern. Sofern nur eine gemeinsame und gegebenenfalls durch geeignete Mediatoren vermittelte Verhandlungsplattform der Konfliktparteien zustande kommt. Diese neuerdings deutlich erklärte Haltung der PKK und auch der HADEP-Partei kontrastiert den gleichförmigen, aber unzutreffenden Vorwurf des Separatismus, den nicht nur die Regierung der Türkei nicht aufgeben mag. Verbunden damit ist die von den genannten Parteien mehrfach erklärte Anerkennung der eigenständigen Rechte anderer Völker und Gruppen der Region (Armenier, Assyrer u.a.). Zudem hat die PKK als kriegführende Partei in aller Verbindlichkeit die Genfer Konvention (Zusatzprotokolle von 1977, „Innerstaatliche Konflikte") formell unterzeichnet; ein Schritt, zu dem sich die türkische Regierung bis heute nicht entschließen konnte.

In Anbetracht dieser Situation und des fortdauernden Angebotes auf einen Dialog im Sinne der hier erwähnten demokratischen Intentionen ist es unproduktiv und falsch, zwischen der kurdischen und türkischen Bevölkerung zu trennen. Auch in der türkischen Gesellschaft sind in letzter Zeit Forderungen von Gewerkschaften und Intellektuellen, von Unternehmerverbänden und Menschenrechtsvereinen laut geworden, den Krieg auf der Stelle zu beenden und in Verhandlungen mit den Kurden über die Anerkennung und Sicherung ihrer Rechte zu treten. Die Erkenntnis, daß genuine Demokratie und eine positive soziale Entwicklung für alle Beteiligten ohne eine Lösung der Kurdenfrage unmöglich sind – und daß dazu der Krieg ein Ende finden muß –, setzt sich auch jenseits der Regierung in der türkischen Gesellschaft immer mehr durch.

Da die Regierung der Türkei derzeit offenbar zu einem solchen Schritt nicht bereit ist, kommt es den zahlreichen internationalen Organisationen sowie den mit der Türkei verbundenen westlichen Staaten zu, konstruktive Brücken zu bauen und den Dialog zwischen den kriegführenden Parteien anzubahnen. Hierzu schaffen die aktuellen Resolutionen des Europaparlaments (20.6.1996) erste gute Voraussetzungen. Die Vermittlungsbemühungen der Staaten und Parlamente müssen jedoch weiter gehen und sich konsequent der Instrumente bedienen, die dafür von der EU, der OSZE, aber auch von der UNO und eventuell auch der NATO zur Verfügung gestellt werden. Internationale Vermittlung muß beide Parteien entweder im Rahmen multilateraler Friedenskonferenzen oder geheimer bilateraler Kontakte zusammenbringen, was voraussetzt, daß beide Parteien von allen Beteiligten als gleichberechtigt anerkannt werden. Wir wissen aus dem palästinensischen Konflikt, daß erst als die PLO ihre Anerkennung erfuhr, die Voraussetzungen für die Einleitung eines Friedensprozesses gegeben waren.

Die Regierungen der westlichen Staaten und insbesondere die Bundesregierung sind daran zu erinnern, daß sie mit ihrer wirtschaftlichen und politischen Unterstützung der Türkei und der Rückendeckung für bisher jede dortige Regierung mitverantwortlich sind für den Krieg, die zahllosen Opfer und Zerstörungen sowie für die schweren Menschenrechtsverletzungen. Diese Politik der Gefolgschaft hat in eine immer aus-

sichtslosere Situation geführt. Ihre grundlegende Revision ist besonders auch in Anbetracht der Zusammensetzung der neuen türkischen Regierung dringend an der Zeit.

Die Staaten sind verpflichtet, die Türkei zur Annahme des Angebotes auf Waffenstillstand und Dialog zu bewegen und aktiv einen ernsthaften Friedensprozeß einzuleiten.

Schlußfolgerungen für die Bundesrepublik

So selbstverständlich es ist, daß die Lösung der Kurdenfrage nur in der Türkei und in Kurdistan erfolgen kann, so entscheidend ist für diese Lösung auch jene Politik der europäischen Staaten, die sie gegenüber der Migrationsbevölkerung in ihrem eigenen Land anwenden.

Wer für freie Wahlen in der Türkei unter Beteiligung der Kurden und ihrer Parteien eintritt, die ungehinderte Vertretung der kurdischen Repräsentanten in den türkischen Institutionen fordert und die Garantie der elementaren politischen und kulturellen Rechte für die Kurden für unverzichtbar erklärt, kann nicht im eigenen Land dieselben Rechte durch Verbote kurdischer Vereine und Parteien sowie durch Verbote von Versammlungen und Demonstrationen einschränken. Wer von der Türkei die Anerkennung der Eigenart der Kurden verlangt, darf nicht hierzulande die bloßen Zeichen und Embleme ihrer Tradition und ihres Widerstandes verbieten. Die Eigenart der Kurden erschöpft sich nicht allein im Gebrauch ihrer Muttersprache, sondern manifestiert sich in der aktuellen Situation des Krieges und der Unterdrückung in der Solidarität mit ihren leidenden und kämpfenden Landsleuten und in deren aktiver Unterstützung. Es ist menschlich bedenklich,

KÖMÜR

NEUGEBAUER

HOLZ ✕ KOHLEN

politisch falsch und historisch sinnlos, derartige Solidarität zu verbieten.

Auch in Deutschland kann der notwendige Dialog mit der kurdischen Bevölkerung nicht unter dem Verbot ihrer politischen Artikulation zustande kommen. Die bestehenden Verbote hindern nicht die Gewalt, sondern den Dialog. Sie provozieren erst recht Gewalt, die mit gesteigerter weiterer Gewalt beantwortet wird. Dabei ist von kurdischer Seite immer wieder versichert und zuletzt auch anläßlich einer friedlichen Großkundgebung im Juni 1996 in Hamburg unter Beweis gestellt worden, daß sie sich an die Gesetze der Bundesrepublik und deren Rechtsordnung halten wollen. Dies muß auch in Zukunft der unabdingbare Beitrag zu ihrer gleichberechtigten Anerkennung in der Gesellschaft der Bundesrepublik sein. Sie benötigen dazu aber auch einen politischen Freiheitsraum, in dem sie die Unterstützung für den legitimen Kampf auf Autonomie und Selbstbestimmung ausdrücken können.

Die Bundesregierung ist aufgefordert, die Verbote kurdischer Vereinigungen zurückzunehmen und deren weitere Arbeit ungehindert zuzulassen. Nur wenn in Kurdistan Frieden herrscht, wird es auch in Deutschland keine „Kurdenfrage" mehr geben. Aber auch nur dann, wenn die Bundesregierung die vielen Benachteiligungen der hier lebenden kurdischen Bevölkerung aufhebt, ihr die uneingeschränkten politischen, sozialen und kulturellen Rechte garantiert und zudem auf Abschiebungen verzichtet, wird von hier aus ein weiterer Beitrag zu einer friedlichen und demokratischen Entwicklung in Kurdistan geleistet werden können.

Die Teilnehmer der Friedenskonferenz von Bonn, ihre Organisationen, Verbände und Parteien, haben sich darauf verständigt, den fälligen Dialog mit allen beteiligten Seiten zu eröffnen. Vernünftigerweise auch und gerade mit der in Deutschland verbotenen Arbeiterpartei Kurdistans (PKK) – ohne deren Einbeziehung als wesentlicher Kriegspartei der auf Frieden und Verständigung gerichtete Prozeß wenig Chancen hat.

Erwartet wird nun von der Bundesregierung die Einleitung unverzüglicher praktischer Schritte gegenüber der Regierung in Ankara, die darauf drängen, den Krieg zu beenden. Synchron ist auf der Eröffnung eines ernsthaften Friedensdialoges zu bestehen.

Es ist diese Perspektive, deren Gelingen in hohem Maße darauf angewiesen ist, daß sie auf couragierte und aufrechte Unterstützung von all denen zählen kann, die in der Bundesrepublik die Grundrechte, die Menschenrechte, die Demokratie und die Völkerverständigung vertreten.

April 1996: VertreterInnen von Friedensgruppen aus verschiedenen Staaten sind unterwegs in Tschetschenien. Der Krieg geht unbarmherzig weiter. Auch Ostern fallen Bomben. Grosnij liegt in Trümmern. – Wenn in den deutschen Medien von der GUS die Rede ist, fallen meist die Schlagworte „Schirinowskij", „Plutoniumschmuggel", „Mafia", „Bürgerkriege", „Chaos". Das ist sicherlich ein Teil der Wahrheit. Seit dem Zusammenbruch der Sowjetunion gab und gibt es in der GUS sechs Bürgerkriege (Nagornij Karabach, Ossetien, Abchasien, Tadschikistan, Moldawien, Tschetschenien). Berichtet wird, wenn überhaupt, nur von den Schrecklichkeiten und Grausamkeiten dieser Kriege. Doch in der früheren Sowjetunion gibt es sehr viele, teilweise sehr unterschiedliche Initiativen, Gruppen und Organisationen, die sich – oft unter großen Risiken – für Frieden und Verständigung einsetzen. Der folgende Beitrag will ein wenig das nachholen, was von westlichen Medien vielfach versäumt worden ist: Menschen und Initiativen vorstellen, die sich schon seit längerer Zeit in der GUS für Frieden, Verständigung und Menschenrechte einsetzen und die häufig vom Westen allein gelassen werden.

Bernhard Clasen

Friedensbericht-erstattung aus der GUS

Ostersonntag, 7. April 1996

„In der Nacht gibt es Bombenabwürfe. Unsere tschetschenischen Bekannten diskutieren beim Frühstück, um welche Waffengattung es sich gehandelt haben könnte. Das Frühstück selbst ist fürstlich: Kartoffeln, Würstchen, Käse, Brot und schwarzer Nescafe.

Wir fahren in die Stadt Grosnij. In das Stadtzentrum. Hier ist alles zerstört. Viele Ruinenhalden sind schon abgeräumt worden: neben den hohen Trümmerfassaden erstrecken sich freie leergeräumte Plätze. Der Präsidentenpalast mußte vor 14 Tagen gesprengt werden – wegen Einsturzgefahr. Wir laufen durch die Trümmerlandschaft, treffen hier und da auf eine kleine Gruppe Soldaten, die Polizeifunktion haben. Kaum Zivilisten. Immer wieder donnern Panzer mit hoher Geschwindigkeit und besetzt mit vermummten Soldaten durch die Stadt. Warum haben sie sich vermummt? Warum sind nur ihre Augen sichtbar? Ihr Anblick macht ANGST.

Ich suche zwischen den staubbedeckten Trümmersteinen, zwischen Geröll, zwischen Schutt – alles hellgrau: Einheitsfarbe …

Ich finde einen Stahlhelm: zunächst hellgrau, darunter olivgrün.

Er ist an der Hinterseite, da wo der Hinterkopf des Soldaten ist, stark eingedrückt. Ich hebe ihn auf und nehme ihn mit. Ein Stahlhelm eines russischen Soldaten. Aus Grosnij. Am Ostersonntag 1996.

Grosnij:
Ruinen, Ruinen, Ruinen
Schutt- und Trümmerhaufen …
verkohlte Holzbalken ....
Stahlträger, Eisenrohre, Drähte –
unbrauchbar, verletzend–
Müll, Müll, Dreck, Abfall …
streunende Hunde, Katzen, schwarze Vögel …
mit Wasser überschwemmte Straßen …
tausende Wohnhäuser – zerbombt, zerstört, verbrannt …
Gardinen an den verkohlten Fensterrahmen …
von außen erkennbar: im Innern hängt noch eine Jacke …
von wem?
Wer ist, wer war der Mensch?
Wo sind die Menschen?
Jetzt.
Snipers-Vorrichtungen: gut versteckt, klug getarnt …
Gefahr lauert überall;
der Hinterhalt

der Überfall
das Unvorhersehbare
die Unsicherheit
die Angst
das Schicksal –
keinem trauen
schnell gehen
weggucken
unauffällig sein
Kinder spielen Krieg: sie rennen und verstecken sich hinter Mauerresten; sie rufen sich etwas – kurz und knapp – zu; sie machen die Geräusche von Gewehrsalven nach; sie werfen sich hin … stehen wieder lachend auf, spielen, spielen, spielen …
der eine hat ein Gewehr … kein echtes;
der kleinere hat eine Pistole – keine echte.
Sie spielen ihr Leben: Krieg.
Grosnij: zum Weinen – zum Anklagen – zum Verzweifeln
Grosnij: keine Hoffnung.

Ich besuche mit Gregor und Ida die Stadt-Klinik Nr. 9:

Hier gibt es 60 Betten für verwundete Zivilisten und 60 Betten für „normale" Kranke. Das größte Problem ist, die verletzten und verwundeten Menschen nachts, wenn die Kämpfe sind, zu bergen und in die Klinik zu bringen, um sie hier zu versorgen. Das ist nicht möglich. Der Arzt, Chirurg, Dr. Chunarikow, sitzt müde, erschöpft in einem „bescheidenen" Ärztezimmer auf einer Liege. Er kann mit unserem Besuch nicht viel anfangen.

„Ärzte ohne Grenzen" würden ihnen ab und zu Medikamente bringen.

Er lächelt. Es ist natürlich viel zu wenig, aber freundlich ist es doch. Ja, sie brauchen alles: von Verbandsmaterial, Medikamenten, Spritzen bis zu technischen Apparaten. Bisher hatten sie es

nicht – und es ging auch. Wie? Lachen. Irgendwie.

Unaufgefordert erzählt er sehr offen von seinen politischen Einschätzungen. Jelzin lügt; er lügt immer. Er sagt, seine Soldaten würden den Krieg beenden. In der vergangenen Nacht hat es heftige Kämpfe gegeben, die ausgelöst wurden von Banditen auf der russischen Seite. Das wüßte er genau. Wieviele Tote es in dieser Nacht gab, weiß er noch nicht. Verletzte sind auch noch nicht eingeliefert worden. Das sei immer so. Die Krankenwagen werden an den „Block-Posts" festgehalten. Die Verletzten sterben häufig während dieser Zeit. Natürlich habe er das immer wieder gemeldet. Er lacht. Es nützt doch nichts.

Ich besuche einige verletzte Menschen. Auch Kinder. Ich habe etwas Schokolade, etwas Kaugummi. Das bekam ich damals auch, 1946, von den Amis, als ich in Bayern evakuiert war.

Die Kranken liegen mit ihren Kleidern in den Betten. Sieben Betten in einem kleinen Raum. Besucher stehen herum. Sie haben Essen für ihre Angehörigen gebracht. Dr. Chunarikow stellt mich einem jungen Mädchen vor, etwa 20 Jahre alt. Seit drei Monaten ist sie nun schon hier im Krankenhaus. Sie kann nicht entlassen werden. „Ihre Wunden heilen einfach nicht". Sie spricht nicht mehr. Sie hat einen so schweren Schock erlitten, daß sie die Sprache „verloren" hat. „Vielleicht ist sie auch verwirrt, idiotisch geworden", meint der Arzt.

Die junge Frau sieht mich aufmerksam an.

Ich kann ihren Blick nicht aushalten.

Ich drehe mich um und gehe.

Es tut schrecklich weh."

Um die Ostertage 1996 machte sich eine kleine Gruppe von PazifistInnen auf den Weg nach Tschetschenien. Die Gruppe, deren TeilnehmerInnen aus Kanada, Schweden, England, Deutschland, Rußland, Tschetschenien, Japan, den USA und der Ukraine gekommen waren, wollte den Menschen in Tschetschenien durch ihr Kommen zeigen, daß sie nicht vergessen sind. Doch nicht nur den Opfern des Krieges wollten die DelegationsteilnehmerInnen zeigen, daß der Tschetschenienkrieg nicht vergessen ist. Auch den Verantwortlichen des Krieges sollte bewußt gemacht werden, daß Menschenrechtler und Friedensaktivisten in Ost und West auch weiter zu dem brutalen Krieg in Tschetschenien nicht schweigen werden.

Die ca. 20köpfige Gruppe hat durch ihr Engagement Zeugnis für einen gewaltfreien Weg aus Krieg und Gewalt abgelegt.

Das Zitat am Beginn dieses Artikels stammt von der Düsseldorferin Barbara Gladysch. Die 55jährige Sonderschullehrerin und Mutter von zwei Söhnen hatte 1982 die Gruppe „Mütter für den Frieden" gegründet. Seitdem setzt sich die engagierte Frau unermüdlich für Frieden und Menschenrechte ein.

Berg-Karabach: Frauen kämpfen für Verständigung

August 1992: Es ist Krieg zwischen Armenien und Aserbaidschan. Ein Krieg, der bis auf den heutigen Tag fast 50.000 Menschen das Leben gekostet und weit über eine Million Menschen zu Flüchtlingen gemacht hat. Fast alle ArmenierInnen sind zu diesem Zeitpunkt bereits aus Aserbaidschan, praktisch alle AserbaidschanerInnen aus Armenien vertrieben.

Doch eine Aserbaidschanerin, Arsu Abdullajewa, Vorsitzende der aserbaidschanischen Sektion der Helsinki Citizens' Assembly, will ein Zeichen setzen. Sie fliegt nach Jerewan, in die Hauptstadt des „Feindes", um, wie sie sagt, „dem armenischen Volk" den Frieden zu wünschen. Begleitet auf dieser Reise wird sie von dem Bundestagsabgeordneten Gert Weißkirchen. Durch seine Begleitung erhofft sie sich einen gewissen Schutz.

Zwei Monate später, der schreckliche Krieg zwischen beiden Völkern wütet weiter, fliegt Anait Bayandur, Vorsitzende der armenischen Sektion der Helsinki Citizens Assembly, ebenfalls in die Hauptstadt des „Feindes", nach Baku. Und auch auf dieser Reise wird sie begleitet von einem deutschen Bundestagsabgeordneten, von Dietrich Sperling.

Daß seit 1988 Krieg zwischen Armenien und Aserbaidschan herrscht, dem ersten einer Reihe von Kriegen, die mit dem Zusammenbruch der GUS begannen, ist weitgehend bekannt. Daß es aber seit Ende der 80er Jahre sehr viele Versuche auf Nichtregierungsebene gegeben hat, durch direkte Kontakte zwischen beiden Völkern eine Vertrauensbasis von unten herzustellen, ist nicht bekannt. So hatte Swetlana Gannuschkina von der russischen Menschenrechtsorganisation „Memorial" früh begonnen, in Moskau Treffen zwischen VertreterInnen armenischer und aserbaidschanischer Nichtregierungsorganisationen zu organisieren. In Armenien und Aserbaidschan gründeten sich Sektionen der Helsinki Citizens' Assembly, die sich zum Ziel gesetzt hatten, den Kontakt zwischen beiden Völkern zu fördern. Im regelmäßigen Kontakt von unten wollte man humanitäre Arbeit leisten und mäßigend auf die Politik im eigenen Land einwirken.

Während man sich anfangs nur in Moskau oder an anderen Orten außerhalb des Landes traf, begann man Anfang der 90er Jahre, Treffen in Armenien und Aserbaidschan zu organisieren. Einen Anfang hatten die beiden Frauen Anait Bayandur und Arsu Abdullajewa gemacht, als sie sich 1992 in die Hauptstadt des jeweils anderen Landes wagten.

Aus diesen Besuchen ist eine feste Zusammenarbeit geworden. So organisierte man wenig später Treffen an Grenzorten.

„Am Anfang empfand ich die Atmosphäre als sehr gespannt", berichtete eine Teilnehmerin nach ihrem ersten Treffen, „doch im Verlauf des Gespräches waren wir uns immer mehr nähergekommen. Und als wir uns verabschiedeten, waren wir sehr traurig. Wir haben gemerkt, daß wir Freundinnen geworden waren."

Bei diesen Treffen werden nicht nur Informationen ausgetauscht. Vielfach entstanden Freundschaften. Beide Seiten sammelten Listen von Gefangenen und Vermißten und baten die jeweils andere Seite, sich nach Vermißten auf die Suche zu machen. Hier konnten auch konkrete Ergebnisse erzielt werden. So ist es den HCA-Gruppen mehrmals gelungen, vermißte Personen ausfindig zu machen, von denen die Behörden offiziell gar nichts wußten.

In diesem Krieg war (und ist?) es lange Zeit üblich gewesen, private Gefangene zu machen. Wenn ein Familienmitglied in Gefangenschaft geraten war, versuchte seine Familie, ebenfalls einen Gefangenen zu bekommen. Gerade an den Grenzorten machte man regelrecht Jagd auf Personen der jeweils anderen Nationalität. Hatte man dann einen Gefangenen, so hatte man ein

Pfand, eine Möglichkeit, einen Austausch mit dem eigenen Verwandten zu erreichen. Das führte dazu, daß niemand so genau wußte, wie viele Gefangene und Geiseln sich tatsächlich im Land aufhalten. Und hier setzte die Arbeit der Frauen der Helsinki-Gruppen an. In mühsamer Kleinarbeit machten sie sich immer wieder auf die Suche nach vermißten Personen. Zu mehreren Treffen an der Grenze wurden Gefangene mitgebracht und ausgetauscht.

Natürlich waren diese Begegnungen alles andere als unkompliziert. Beide Seiten, insbesondere jedoch die armenische, vertreten in politischen Fragen weitgehend die offizielle Position. So bestehen die armenischen TeilnehmerInnen immer wieder auf der Feststellung, daß VertreterInnen von drei Republiken, also auch „der Republik Nagornij Karabach", am Treffen teilgenommen haben, während die AserbaidschanerInnen sich kategorisch gegen diese Formulierung wehren, stelle sie doch eine explizite Anerkennung des „armenischen Marionettenregimes in Karabach" dar. Immer wieder hängt die Existenz weiterer Kontakte an einem seidenen Faden.

Heute ist zwar Frieden, besser gesagt Waffenstillstand, zwischen Armenien und Aserbaidschan. Doch auch heute gibt es noch viele Gefangene, Geiseln und Vermißte. Die Behörden beider Länder, sowie von Nagornij Karabach, geben sich nicht sonderlich Mühe, die Freilassung ihrer Gefangenen zu erreichen. Von Nagornij Karabach freigelassene aserbaidschanische Gefangene werden häufig nach ihrer Ankunft in Aserbaidschan erst einmal in einem „Filtrationslager" interniert. Der Arbeit der Helsinki Citizens' Assembly für aserbaidschanische Gefangene wird in Aserbaidschan von den Behörden mit großem Mißtrauen begegnet.

Erschwerend kommt hinzu, daß beide HCA-Gruppen innenpolitisch Position beziehen. Während sich die aserbaidschanische Sektion mittlerweile offen gegen Präsident Alijew stellt und die Menschenrechtsverletzungen im eigenen Land anprangert, ist die armenische HCA politisch eindeutig bei der Partei des armenischen Präsidenten angesiedelt und nicht bereit, die Menschenrechtsverletzungen im eigenen Land zu thematisieren.

Die HCA-Gruppen des Kaukasus planen, in Zukunft enger zusammenzuarbeiten. In gemeinsamer Kleinarbeit, mit einer gemeinsamen Datenbank und einem gemeinsamen Büro im georgischen Tiflis will man sich verstärkt dem Problem der Geiseln widmen.

Memorial: Konkrete Arbeit an den „Heißen Punkten"

Daß sich die von Andrej Sacharow und Sergej Kowaljow gegründete Menschenrechtsorganisation „Memorial" nicht nur mit der Aufarbeitung der stalinistischen Vergangenheit beschäftigt, sondern sich auch einmischt, wenn das Leben der Menschen in Kriegen bedroht ist, weiß man hier seit dem Tschetschenien-Krieg. Sergej Kowaljow und andere Vertreter von „Memorial" reisten seit Beginn des Krieges regelmäßig in die Region, um die Menschenrechtsverletzungen zu beobachten und öffentlich zu machen. Wäre nicht Sergej Kowaljow, wären nicht die vielen MitarbeiterInnen von „Memorial" gewesen, die regelmäßig das Kriegsgebiet bereisten, die Welt wüßte weniger über diesen schrecklichen Krieg. Oftmals unter Einsatz ihres Lebens reisten Jan Ratschinskij, Oleg Orlow (um nur einige zu nennen) von „Memorial" in das Kriegsgebiet, wo sie mit der Bevölkerung lebten und die russische und

internationale Öffentlichkeit über die Schrecken des Krieges informierten.

Doch „Memorial" beschäftigt sich nicht erst seit dem Krieg in Tschetschenien mit den Bürgerkriegen in der früheren Sowjetunion. Seit Beginn des Karabach-Krieges reisten „Memorial"-VertreterInnen regelmäßig in die Region. Sie beobachteten die Truppen, organisierten Treffen und Kontakte zwischen den Fronten und halfen aktiv mit bei der Suche nach Geiseln und dem Austausch von Gefangenen.

Da „Memorial" unparteiisch in diesen Konflikten auftritt, fällt es den lokalen Machthabern immer wieder schwer, einen Vorwand zu finden, um die BeobachterInnen von ihren Friedensmissionen abzuhalten. Oleg Orlow und Jan Ratschinskij von „Memorial" berichten immer wieder, daß die bloße Existenz von Beobachtern von „Memorial" bereits auf die lokalen Machthaber mäßigend wirke, will man doch vor der Weltöffentlichkeit weiterhin als die friedliebende Seite erscheinen. „Memorial" schickte praktisch bei allen Kriegen seine BeobachterInnen in die Konfliktgebiete.

Die Quäker in Rußland

Mitten in Moskau, in unmittelbarer Nähe zur Fußgängerzone „Alter Arbat" und direkt neben dem weltberühmten Vachtangow-Theater, befindet sich das „Friends House Moscow", ein von den Quäkern seit 1991 unterstütztes und finanziertes Friedensbüro. „House" ist sicherlich übertrieben. Es ist vielmehr eine bescheidene Moskauer Drei-Zimmer-Wohnung, die als Büro genutzt wird. Zusammen mit seiner Kollegin Patricia Cockrell koordiniert der Engländer Chris Hunter seit zwei Jahren die Friedensarbeit der Quäker in Rußland. Chris berät russische Kriegsdienstverweigerer, koordiniert gemeinsame Aktionen von westlichen und russischen Menschenrechts- und Friedensgruppen in Konfliktgebieten der GUS, unterstützt russische Flüchtlingshilfegruppen z.B. bei der Antragsstellung bei westlichen Stiftungen.

Seit Beginn des Tschetschenien-Krieges arbeitet Chris verstärkt in Tschetschenien. Zusammen mit den Soldatenmüttern und anderen Organisationen organisierte er einen Friedensmarsch nach Tschetschenien, im April 1996 reiste er – ebenfalls mit anderen russischen und nordkaukasischen Organisationen – nach Tschetschenien, wo sich die TeilnehmerInnen, NGO-Vertreter aus den USA, Kanada, Großbritannien, Deutschland, Japan und Rußland, mit tschetschenischen Antikriegsgruppen, Vertretern der prorussischen tschetschenischen Regierung, dem mittlerweile verstorbenen Dschochar Dudajew, der inguschetischen Regierung und der OSZE-Delegation in Tschetschenien trafen und Menschenrechtsverletzungen beobachten konnten.

Daß es eine – wenn auch noch nicht allzu starke – Zusammenarbeit zwischen westlichen Nichtregierungsorganisationen und russischen Menschenrechtsgruppen im Kampf gegen den Krieg in Tschetschenien gibt, ist auch ein Verdienst von Chris Hunter.

Chris, der sich regelmäßig im Kriegsgebiet von Tschetschenien aufhält, weiß, daß der Einsatz für Frieden gefährlich werden kann.

Als Mitorganisator eines Friedensmarsches nach Grosnij war er 1995 zusammen mit anderen TeilnehmerInnen von den russischen Truppen eingekesselt worden. Kaum hatten die russischen Truppen mit der Einkesselung begonnen, fingen sie auch schon an, die umliegenden tschetschenischen Stellungen zu beschießen. Offensichtlich, so Chris Hunter, um die Tschetschenen zu provozieren, zurückzuschießen und damit auch die MarschteilnehmerInnen zu beschießen. Wären TeilnehmerInnen des Marsches dabei ums Leben gekommen, hätte man das bequem den Tschetschenen in die Schuhe schieben können. Doch die Tschetschenen ließen sich nicht provozieren.

Dann mußten alle männlichen Marschteilnehmer vortreten. „Als wir nicht freiwillig gekommen sind, haben sie uns mit Gewalt geholt. Die russischen und tschetschenischen Frauen haben versucht, mich festzuhalten, weil sie Angst um mich hatten. Die Soldaten rissen mich jedoch fort und führten mich hinter einen Panzer. Dort wurde ich jedoch nur kurz auf Waffen untersucht und dann wieder zu den Frauen zurückgeführt."

Anfang 1996 war Chris mit einer Delegation Menschenrechtler bei Sernowodsk in Tschetschenien. Die Stadt wurde gerade von Hubschraubern aus bombardiert und mit Artillerie beschossen. Neun Tage dauerte die Belagerung an – und Chris und die Gruppen waren nur wenige hundert Meter vom Ort des Grauens entfernt und mußten tatenlos zusehen, wie die Bevölkerung vernichtet wurde. „Hier wurde vor unseren Augen systematisch die Zivilbevölkerung vernichtet. Nur vierzig Meter von uns wurden Minenwerfer gezündet. Der Lärm war ohrenbetäubend.

Plötzlich kam ein russischer Panzerwagen auf unsere kleine Gruppe zu – außer mir waren noch Journalisten, ein „Memorial"-Vertreter und ein Vertreter des Roten Kreuzes am Ortseingang. Wenn wir nicht innerhalb von drei Minuten von hier verschwinden würden, drohten die Soldaten uns an, würden sie uns alle erschießen."

Chris und die Quäker sehen ihre Aufgabe darin, durch ihre Arbeit deutlich zu machen, daß es gewaltfreie Alternativen zu Haß und Gewalt gibt. „Natürlich", so Chris, „kann ich die Menschen in Tschetschenien gut verstehen, die nur noch im bewaffneten Widerstand einen Ausweg sehen. Je länger der Krieg andauert, um so mehr Menschen werden sich mit einem Gewehr in der Hand dem Widerstand anschließen. Menschen, die bisher noch nie eine Waffe in die Hand genommen hatten, in jüngster Zeit auch Frauen, schließen sich den Kämpfern an.

Aber ich selber mache diese Arbeit, weil ich an die Kraft der Gewaltfreiheit glaube. Ich glaube nicht, daß sich Gewalt mit Gewalt beenden läßt. Gewalt führt nur zu weiterer Gewalt.

Die Menschen hier sehen immer mehr nur in Gewalt einen Ausweg. Wir sehen es als unsere Aufgabe an, durch unsere Arbeit zu zeigen, daß es Alternativen gibt, daß gewaltfreier Widerstand gegen Krieg und Ungerechtigkeit möglich ist."

Das Quäker-Büro versucht, Clearing House zu sein. Westlichen Gruppen wird geholfen, Kontakte zu Gruppen in der GUS zu knüpfen, in Rußland arbeitenden Gruppen wird geholfen, Kontakte in den Westen zu knüpfen.

„Wehrpflicht ist Sklaverei" Das Komitee der Soldatenmütter

Nach 20 Jahren Lagerhaft wird der Russe Vladimir K. endlich entlassen. Die Freude ist groß, doch sie währt nicht lange. Nach einiger Zeit merkt Vladimir, daß er sich in der Freiheit nicht zurechtfinden kann. Und so klopft er eines Tages wieder an der Tür des Lagers, fragt an, ob er wieder zurück darf.

Mit dieser Geschichte, von der sie selber nicht weiß, ob sie wahr oder erfunden ist, antwortet Angelika Tschetschina, Vorstandsmitglied der „Soldatenmütter", auf meine Frage, warum die Menschen in Rußland so wenig von ihren gerade erst gewonnenen Freiheiten Gebrauch machten. Obwohl es im Rußland von heute endlich möglich geworden sei, ohne Furcht vor Repressionen die Politik der Regierung öffentlich abzulehnen, so Angelika, sei es unwahrscheinlich schwer, Menschen zu finden, die sich engagiert für Demokratie und Frieden einsetzten. „Politisches Engagement haben wir leider nie gelernt."

Als sich 1989 Mütter von russischen Soldaten zusammenschließen, weil sie nicht mehr tatenlos mitansehen wollen, wie ihre Söhne in den Kasernen schikaniert, gedemütigt, gequält, gefoltert, ja mitunter sogar getötet werden, war Angelika noch nicht mit dabei.

Die Mathematikerin, die zeitlebens unpolitisch war, kommt erst ein Jahr später dazu. Zu diesem Zeitpunkt wird ihr kranker Sohn, kaum 16 Jahre alt, von einem Militärarzt für wehrtauglich erklärt. Sie kann es kaum fassen, wendet sich an das Moskauer Büro der Soldatenmütter. Mit deren Hilfe erreicht sie, daß die Tauglichkeitsbescheinigung wieder zurückgenommen wird.

Für andere wäre damit der Kontakt mit den Soldatenmüttern beendet gewesen, nicht jedoch für Angelika. Ihre Aktivitäten mit den Soldatenmüttern beginnen damit erst. Angelika entschließt sich nun, auch für die Söhne von anderen Müttern zu kämpfen.

Für die Abschaffung der Wehrpflicht

„Mittlerweile", so Angelika, „geht es mir nicht mehr nur darum, das Leben der Soldaten so erträglich wie möglich zu gestalten. Ich möchte, daß so wenig Männer wie nur möglich überhaupt zur Armee müssen, und ich möchte, daß die allgemeine Wehrpflicht, diese Einrichtung der modernen Sklaverei, überhaupt abgeschafft wird."

Als ich sie frage, warum sie sich früher noch nie für Politik interessiert habe, antwortet sie, daß sie immer die Erziehung ihrer beiden Kinder als ihre wichtigste Lebensaufgabe betrachtet habe. „Ich habe immer geglaubt, es würde ausreichen, wenn ich meine Kinder im Sinne der Gerechtigkeit auf ihr Leben als Erwachsene vorbereite." Schließlich war es auch dieser Sinn für Gerechtigkeit, der ihr klar machte, daß sie sich gesellschaftspolitisch engagieren müsse.

Und so ist sie auch Anfang der 90er Jahre mit dabei, als die Soldatenmütter ein Flugzeug in den Fernen Osten Rußlands chartern, nachdem bekannt geworden war, daß mehrere hundert Soldaten unter menschenunwürdigen Umständen dort leben – und auch sterben – mußten. Dort verlangt die Gruppe, in die Kaserne vorgelassen zu werden, um die Vorfälle untersuchen zu können. Trotz zahlreicher Behinderungen der Militärs gelingt es den Frauen, die Wahrheit an die Öffentlichkeit zu bringen. Die Presse wird informiert, ganz Rußland spricht auf einmal von den Soldatenmüttern.

Wenig später ist Angelika wieder „an der Front". Dieses Mal versucht sie, zwischen Armeniern und Aserbaidschanern im seit 1986 andauernden Konflikt zu vermitteln. Es gelingt ihr und ihren

Freundinnen, den Austausch von mehreren armenischen und aserbaidschanischen Gefangenen zu organisieren. Mehr als einmal wird sie dabei nicht nur verbal angegriffen. Jedesmal von Flüchtlingen, die ihr vorwerfen, nur die Interessen der anderen Seite zu vertreten.

Seit Beginn des Tschetschenien-Krieges hat sie alle Hände voll zu tun. Zusammen mit anderen Müttern machte sie sich auf den Weg nach Tschetschenien, um dort russische Kriegsgefangene zu suchen. Unter hohem persönlichen Risiko brachte sie gefangene Russen – in Zivil – zurück, übernahm die Betreuung der freigelassenen Soldaten und ihrer Angehörigen.

Sie war auch mit dabei, als die Soldatenmütter, zusammen mit anderen Gruppen, einen Friedensmarsch nach Grosnij organisierten, der von den russischen Truppen an der tschetschenischen Grenze zurückgehalten wurde.

Angelika will weiter kämpfen. Doch sie weiß, daß sie wenige bleiben werden. Als die Soldatenmütter versuchten, eine Aktion „Frauen in Schwarz" zu initiieren, war beim ersten Treffen gerade mal eine Frau erschienen.

Was können wir im Westen tun?

Ich selbst war mehrere Male in Aserbaidschan, Armenien und an anderen „heißen Punkten" der früheren Sowjetunion.

In Aserbaidschan und Stepanakert konnte ich Kriegsgefangene besuchen und mit diesen sogar unter vier Augen sprechen. Nachdem mir mehrere armenische Kriegsgefangene in einem aserbaidschanischen Lager berichtet hatten, daß sie beim Transit durch Aserbaidschan aus dem Zug geholt worden seien und seitdem ohne Anklage in Haft

säßen, habe ich mit dem aserbaidschanischen Außenminister darüber gesprochen.

Häufig haben diese Proteste am Ort des Geschehens nur dann Sinn, wenn sie von Personen vorgebracht werden, die lange Zeit Kontakte mit dem Land unterhalten und durch ihre Arbeit gezeigt haben, daß sie ehrlich den Menschen vor Ort helfen wollen.

Der Westen, westliche Nichtregierungsorganisationen könnten die Arbeit mehr unterstützen, die die NGOs in der GUS machen. So wirken russische und tschetschenische Gruppen bei internationalen Organisationen wie z.B. der UNO, dem Europarat, Regierungen und Politikern als Lobbies. Diese Lobbyarbeit zu unterstützen wäre eine große Hilfe.

Eine verstärkte Vernetzung von westlichen und östlichen Menschenrechtsgruppen könnte auch den Druck auf die westlichen Regierungen verstärken, nicht mehr länger zu Tschetschenien zu schweigen.

Die westlichen Gruppen könnten tschetschenische und russische Gruppen unterstützen, deren Informationen im Westen zu verbreiten.

„Ich finde es begrüßenswert, wenn sich Vertreter von westlichen Gruppen an gewaltfreien Aktionen im Kriegsgebiet, wie z.B. dem Friedensmarsch, den wir im letzten Jahr organisiert hatten, beteiligen würden. Dieser Marsch war sicherlich nicht unser letzter Friedensmarsch ins Kriegsgebiet. Ich würde mich freuen, wenn der nächste Marsch, die nächste Reise nach Tschetschenien mit größerer westlicher Beteiligung erfolgen würde", sagte mir Chris Hunter.

Die Gruppen, die sich vor Ort für Frieden und Verständigung einsetzen, sind oftmals einem großen Druck der lokalen Behörden ausgesetzt. Allein Kontakte mit ausländischen Nichtregierungsorganisationen hülfen diesen Gruppen viel.

„Die Menschen in Tschetschenien, die Opfer des Krieges, freuen sich über eine Teilnahme von Ausländern an derartigen Aktionen, die sie als Ausdruck einer internationalen Solidarität mit ihrem Schicksal betrachten. Gleichzeitig stellt die Beteiligung von Ausländern an derartigen Aktionen einen Schutz für die Aktivisten vor Ort dar, da wir natürlich in gewissem Sinne die westliche Öffentlichkeit repräsentieren. Gerade weil die Menschen dort sehr isoliert und von der ganzen Welt alleingelassen sind, sie zudem wissen, daß der Westen zu diesen Verbrechen schweigt, ist dies von ungeheurer Wichtigkeit", sagte mir Chris Hunter in einem Gespräch.

Eine Zusammenarbeit kann nur erfolgreich sein, wenn sie langfristig angelegt ist. Erst wenn ein Vertrauensverhältnis zwischen westlicher und östlicher Gruppe hergestellt ist, kann effektiv gearbeitet werden. Ein derartiges Vertrauensverhältnis ist keine Selbstverständlichkeit. Zu häufig schon endeten Kontaktversuche auf beiden Seiten mit Enttäuschungen: auf westlicher Seite, weil man einem unehrlichen Partner aufgesessen war, der nur an westliche Knete rankommen wollte, auf östlicher Seite, weil der Partner nicht an langfristigen Kontakten interessiert war, sich lediglich in den (westlichen) Medien profilieren wollte und bereits nach den ersten Schwierigkeiten mit der östlichen Bürokratie auf Nimmerwiedersehen verschwunden war.

Mit Chris Hunter bin ich der Auffassung, daß eine direkte Beteiligung von Westlern an Aktionen östlicher NGOs sinnvoll ist. Teilnahme von westlichen Friedensgruppen an Friedensmärschen wie dem nach Tschetschenien sollte genauso propagiert werden wie der „Begleitschutz", den die Bundestagsabgeordneten Sperling und Weißkirchen den ArmenierInnen und AserbaidschanerInnen boten. Trotzdem: Vor vorschnellen Aktionen muß gewarnt werden. Derartige gemeinsame Aktionen können nur gelingen, wenn sich die TeilnehmerInnen gut genug kennen und bereits ein Vertrauensverhältnis aufgebaut haben.

Vor diesem Hintergrund rufe ich Nichtregierungsorganisationen, Friedensgruppen, kirchliche Gruppen im Westen auf: Suchen Sie den Kontakt zu Menschenrechts- und Friedensgruppen in der früheren Sowjetunion. Laden Sie deren VertreterInnen auf Vortragsreisen nach Deutschland ein, und fahren Sie selber in die GUS. Besuchen Sie diese Gruppen in der GUS.

Mai 1996: All der Streit um Demonstrationsverbote (in Form pauschaler Allgemeinverfügungen), all die Auseinandersetzungen mit der Polizei und die Gewaltwolke, hinter der die Ziele der Bürgerinitiative bewußt und gewollt zu verschwinden drohen, entziehen Bürgerinnen und Bürger unserem Blick, die sich kontinuierlich für ihre und unsere Sache wehren. Am Beispiel der Proteste im Wendland gegen die Castor-Transporte - ein zweiter Behälter mit Atommüll wurde am 8. Mai 1996 in Gorleben eingelagert - und gegen die mit Hilfe der Zwischenlagerungen von Atommüll weiter betriebene Atomenergie-Politik wird deutlich, welchen menschlichen und sozialen Fundus' es bedarf, um solcherweise über lange Zeiträume hinweg gewaltfrei widerstehen zu können. Der bürgerliche Protest als Produkt und Produzent einer offenen, durch gegenseitige Hilfe gekennzeichneten Bürgerpolitik - das ist keine abgehobene Utopie, das ist rund um Gorleben Wirklichkeit, die beglückt, so schwierig und schlimm die herrschaftlich dominierten Auseinandersetzungen bleiben.

Ingrid Lowin

„ ... denn das Land gehört den Lebendigen"

Die Ereignisse im Zusammenhang mit dem Transport des in Glaskokillen verschmolzenen hochradioaktiven Mülls aus der Plutoniumfabrik La Hague in die Zwischenlagerhalle nach Gorleben sind z.T. wie eine spannende Sportveranstaltung vermittelt worden („Der Castor auf der Zielgeraden in Gorleben" – „Eine Stunde schneller als im vergangenen Jahr!"). Andere Medien haben ihren Akzent auf eine Art Kriegsberichterstattung („Die Schlacht um Gorleben!")

gelegt. Im Schatten solcher Verbalattacken, u.a. mit der Äußerung „Unappetitliches Pack" von Innenminister Kanther, haben sich staatliche Provokationen und polizeiliche Willkür breitmachen können.

Dem Demonstrationsbericht des Komitees, der aufzeigt, wie schnell in der bundesdeutschen Demokratie Grundrechte unterhöhlt und das für das staatliche Gewaltmonopol unverzichtbare Prinzip der Verhältnismäßigkeit verlassen werden kann, ist in diesem Zusammenhang wieder eine besondere Beachtung und Berücksichtigung zu wünschen.

Unabhängig von diesen konkreten Ereignissen beim bisher größten Polizeieinsatz in der BRD stellt sich die Frage nach der Kraft und den Besonderheiten eines Widerstandes, dem unter Wahrung unserer Grundrechte offenbar nicht oder nur sehr schwer begegnet werden kann. Was macht die Lebendigkeit, die Stärke dieses Widerstandes aus? – Für mich zeichnen sich aufgrund vieler Gespräche und Erlebnisse, Darstellungen und Beobachtungen vor allem sechs Merkmale ab.

1. Gewaltfreiheit

Es gab und gibt bisher nicht eine einzige Aktion innerhalb des wendländischen Anti-Atom-Widerstandes, die sich gegen die körperliche Unversehrtheit anderer richtet. In diesem Sinne gibt es auch nicht einen einzigen Aufruf zu Gewalttaten. Die Bürgerinitiative hat sich vielmehr von allen menschengefährdenden Eingriffen z.B. in den Schienenverkehr deutlich distanziert. Diese Achtung des Lebens aller, des Lebens der die Atomtransporte schützenden PolizeibeamtInnen und der von der Atomlobby abhängigen PolitikerInnen, ist ein niemals in Frage gestellter Grundkonsens in der Vielfältigkeit des Widerstandes. Er wird so konsequent eingehalten, daß er fast schon ein sicheres Indiz dafür ist, ob eine Aktion tatsächlich von einer Widerstandsgruppe ausgeht oder nur der Anti-Atombewegung kriminalisierend zugeordnet werden soll. Enttarnungen von Polizei-Provokateuren und die Geständnisse des „Bahn-Erpressers" belegen die Gewaltfreiheit der Bürgerinitiativen. Auch wenn es zusätzliche Zeit und damit eine größere Entdeckungsgefahr bedeutet, werden Blockaden und auf die Straße gestellte Symbole wie z.B. die zwei zu einem großen X zusammengeschweißten Schienenstücke aus dem „Castor-Gleis" entsprechend „abgesichert". Weder die Aktionen des Zivilen Ungehorsams bei „Ausrangiert", einer öffentlichen Demontage des „Castor-Gleises", noch die vor laufenden Kameras angezündeten Holzstämme und gelösten Schrauben bei Karwitz oder die nach dem eskalierenden Wasserwerfereinsatz demolierten Polizeiwagen haben zu irgendeinem Zeitpunkt Menschen gefährdet.

Dieses konsequente Festhalten am Prinzip der Gewaltlosigkeit, das bei vielen Aktionen fehlt, die sonst Polizeieinsätze notwendig machen, verunsichert offenkundig so stark, daß alle nur denkbaren Versuche einer Kriminalisierung unternommen werden.

2. Entschiedenheit

Als der niedersächsische Innenminister Glogowski vor dem Landtag am 8.5.1996 in Form eines aktuellen „Lageberichtes" verkündete, „Wir haben die Situation, daß etwa zweitausend Demonstranten, gewalttätige Demonstranten, sich vor das Zwischenlager begeben haben …", da verwechselte er Gewalttätigkeit mit Entschiedenheit. Am Zwischenlager waren nämlich keine Gewaltbereiten zusammengekommen; allerdings haben sich die Demonstrierenden nicht von einem rechtlich äußerst fragwürdigen Demonstrationsverbot abhalten lassen. Sie waren und sind bereit, mit ihren Körpern für die Zukunft kommender Generationen einzustehen, d.h. – wie angekündigt – sich querzustellen.

Auch ein brutaler und illegaler Einsatz von Wasserwerfern hat Hunderte

STOPP
CASTOR

Hunde gegen Menschen
ENTSETZLICH

von Demonstrierenden nicht zu einer Aufgabe bewegen können. Wenn sie an einer Stelle von der Straße gespritzt worden sind, haben sie sich einige Kilometer weiter wieder „quergestellt".

Auch die Bauern und Bäuerinnen, denen bereits mehrere Kilometer vor der Zone des verhängten Demonstrationsverbotes die Trecker gewaltsam „stillgestellt" und die selbst körperlich z.t. übel attackiert worden sind, gingen daraufhin zu Fuß weiter zur Transportstrecke, um sich doch noch – wenn auch ohne Trecker – querzustellen.

„Filmt mich ruhig! Ihr habt sicher schon viele Bilder von mir!" Mit diesen Worten tanzte eine bürgerlich aussehende Frau mittleren Alters auf den ausschließlich für Atomtransporte benutzten Schienen bei Karwitz vor laufender Polizeikamera und unter den Augen der Polizeibeamten, die sie und einige andere zuvor aufgefordert hatten, die Gleise unverzüglich zu verlassen.

Aber nicht nur an der eigentlichen Transportstrecke, sondern überall im Landkreis hat es an vielen Tagen zahlreiche Aktionen gegeben, in denen die Entschiedenheit der Bevölkerung deutlich wurde, sich von den „Besatzertruppen" – wie die rund 10.000 PolizeibeamtInnen bei einer Gesamteinwohnerzahl von nur etwas mehr als 50.000 wirken mußten – den „notwendigen Protest" nicht ausreden und auch nicht ausprügeln zu lassen. Nach dem ersten Castor-Transport im April 1995 ist diese noch ständig wachsende Entschiedenheit in die Kurzformel gebracht worden „Jetzt erst recht!"

3. Langer Atem

Dieser, eine Grundüberzeugung wiedergebende Slogan „Jetzt erst recht!" ist auch Ausdruck des langen Atems, der den jetzt fast zwanzigjährigen Widerstand kennzeichnet. Vielleicht war seinerzeit Ministerpräsident Albrecht realistischer als sein jetziger Nachfolger Schröder, als er öffentlich erklärte, die Pläne des Bundes im Blick auf ein nationales Entsorgungszentrum in Gorleben seien „politisch nicht durchsetzbar". Die Ausdauer des Widerstandes wird genährt durch gelegentliche Rückblicke auf das, was im Gegensatz zu den Gebäuden des Zwischenlagers, der Bohrtürme und Verteidigungsmauern mit fest installierten Wasserwerfern beim Erkundungsbergwerk nicht sichtbar ist, nämlich all das, was an Bestandteilen eines riesigen Entsorgungsparkes geplant ist und schon längst hätte in Betrieb genommen werden müssen – auch z.B. auf die bereits für das vergangene Jahr fest angekündigten fünf weiteren Castor-Transporte, die verhindert worden sind.

Diese Ausdauer zeigt sich nicht nur bei der Widerstandsbewegung insgesamt, sondern auch bei fast allen einzelnen Gruppierungen. So treffen sich seit mehr als fünf Jahren Sonntag für Sonntag bei jedem Wetter im Freien in Gorleben an den Kreuzen aus Wackersdorf Menschen, um im „Gorlebener Gebet" die atomare Bedrohung im Kontext von Frieden, Gerechtigkeit und Bewahrung der Schöpfung zu bedenken.

Heute sind es schon drei Generationen, die den Widerstand leben. Während die „Großeltern" schon 1980 den damals größten Polizeieinsatz bei der Räumung des Hüttendorfes der „Republik Freies Wendland" miterlebt haben, erleben die Enkel heute von Jahr zu Jahr neue Größendimensionen von Polizei- und BGS-Einsätzen.

Als bei der SchülerInnen-Blockade vor der Polizeikaserne in Lüchow am

Morgen des 7. Mai 1996 „alte" wendländische Widerstandslieder ertönten, wurde mir klar, daß hier in den vergangenen Jahren eine feste Tradition entstanden ist, die eine gute Voraussetzung ist, daß der lange Atem nicht durch kurzatmigen Aktionismus aufgelöst wird.

4. Kreativität

Dieser lange Atem verleiht den Aktionen trotz der dringenden Forderung nach einem Sofort-Ausstieg ein spielerisches Element. Trotz aller Härte, großen persönlichen Opfern und trotz des Ernstes der Auseinandersetzungen ist immer diese Heiterkeit, diese Leichtigkeit, dieses Lachen, „das sie besiegen wird", spürbar.

Aus der Fülle möglicher Beispiele sei der „Aufstand der Geister von Höhbeck und anderswo" vom Sonntag vor dem Tag X² genannt. Vor der ehemaligen Schule in Gorleben, die jetzt bezeichnenderweise als „Informationshaus" der Betreibergesellschaft des Zwischenlagers dient, tanzten sie fantasiereich verkleidet mit unterschiedlichen Naturmaterialien. Auf einem künstlerisch ausgemalten Schild war zu lesen: „Wir guten Geister aus dem Wendland, Elben, Waldgeister, Luft-, Baum- und Wassergeister, leben versteckt. Aber Unheil ist zu uns gedrungen. Bisher haben wir still aus dem Hintergrund gewirkt, jetzt müssen wir laut werden, protestieren, blockieren. Wir geistern mit gegen die Atomwirtschaft. Auch wir stellen uns quer!"

Diesem volkstümlichen, an alte Mythen und Bräuche anknüpfenden Tanz ging am gleichen Ort die Strickaktion der „Alten", der Initiative 60, voraus: „Wir stricken für das Leben – wir stricken dem Tod ein Leichentuch!" Diese Aktionen machen Spaß und geben

Stärke; so war es nicht verwunderlich, einige der „guten Geister" in den folgenden Tagen auch bei harten Räumaktionen durch die Polizei wiederzufinden.

Neben diesem spielerischen Element, das sich in vielen Situationen zeigt, beeindruckt der Ideenreichtum, die nie enden wollende Fantasie des nun schon fast zwanzigjährigen Widerstandes.

Als der Landkreis ein Verbot aller Versammlungen und Aktionen, die sich gegen den Castor-Transport und die atomtechnischen Anlagen richteten, verhängt hatte, wurde eben – wie am Tag X² geschehen – eine „Versammlung gegen das Versammlungsverbot" angemeldet. Daß die Polizei mit dieser Art von Cleverness, von Witz und Fantasie nur schwer umgehen kann, zeigen die Tatsache, daß dem Anmeldenden zunächst mit Verhaftung gedroht wurde, und die Zitate, die später, als diese rechtmäßige Demonstration auf über 250 TeilnehmerInnen angewachsen war, aus verantwortlichem Polizeimund zu hören waren: „Ich werde die jetzt entfernen und damit basta!", „Die Rechtssicherheit stellen wir her, indem wir die von der Straße schaffen!" und „Wir handeln jetzt, die können ja später klagen, das dauert dann ein, zwei Jahre!"

Aber auch an den Tagen vorher waren immer wieder eine Reihe von fantasievollen Aktionen beim Ordnungsamt in Dannenberg angemeldet worden, z.B. „Botanische Exkursion seltener Adventiv-Pflanzen an und auf Gleisanlagen – in einer zweistündigen Wanderung von H. nach K. wird die Vegetation der Bahndämme sowie stillgelegter Gleisanlagen vorgestellt!"

Die gleiche Fantasie und Kreativität ist auch in den sich immer wieder neu übertreffenden Slogans von „Tag X –

Ich stelle mich quer" über „Jetzt erst recht! – Tag X²" bis hin zum aktuellen „NIX³" und auch z.B. bei der Suche nach finanzieller Unterstützung zu finden. Die jetzt wieder neu aufgelegten künstlerisch gestalteten Aktien der „Bäuerlichen Notgemeinschaft" wurden ertragreich ergänzt durch kleine, gegen eine Spende zu erwerbende Cellophanbeutelchen mit Stroh und Glasstückchen der von der Polizei zerstörten Trecker.

5. Verwurzelung

Vielleicht sind es gerade die bisher genannten Eigenschaften, die Gewaltfreiheit, die Entschiedenheit, der lange Atem und die Kreativität, die dem Widerstand eine starke Verwurzelung ermöglicht haben. Die, die sich „querstellen", wurden vielfältig aus allen Bevölkerungskreisen unterstützt.

Da ist es fast schon selbstverständlich, wenn immer – ob bei den malerischen Frühstücks- und Kuchenbuffets bei der Aktion „Ausrangiert" oder bei der großartigen Suppenaktion auf der Lagerwiese in Dannenberg – reichlich Lebensmittel vorhanden sind. Darüber hinaus kennt der Widerstand keine Altersgrenzen. Er reicht von den Fünftkläßlern, die sich an der spontanen Blockadeaktion während der Unterrichtszeit beteiligt haben, bis hin zur „Initiative 60", bei der die älteste „Aktivistin" 79 Jahre alt ist.

Während die 150 Traktoren der „Bäuerlichen Notgemeinschaft" optisch deutlich machen, daß der Widerstand im Landkreis auch in eher konservativen Kreisen verwurzelt ist – sicher mit ein Grund, warum die Polizei schon im Vorfeld die Trecker demoliert hat –, wird dies bei den Geschäftsleuten, den Ärzten, den Architekten, Lehrern, Pastoren und all den vielen so unterschiedlichen Berufsgruppen sichtbar, die in der Elbe-Jeetzel-Zeitung inseriert haben. Dort wurde seitenweise durch Anzeigen all dieser Gruppen, von Einzelpersonen und einzelnen Dorfgemeinschaften dokumentiert, wie vielfältig und wie stark der Widerstand in der Bevölkerung verwurzelt ist. „Wo Recht zu Unrecht wird, wird Widerstand zur Pflicht. – Am Tag X² bleibt unser Geschäft geschlossen, denn wir stellen uns quer!" Auch eine ganzseitige Anzeige „Beim nächsten Castor-Transport werden wir Ärzte des Landkreises Lüchow-Dannenberg gemeinsam auf die Straße gehen!" ist von mehr als 50 ÄrztInnen unterschrieben worden.

Es hat im Laufe der Jahre eine starke Zuwendung zueinander gegeben, die zu solidarischem Handeln führte. Die zahllosen regionalen, geschlechts-, berufs- und altersspezifischen Gruppen bilden ein gewisses soziales Netz, das auch zusätzliche Möglichkeiten einer Gemeinschaft anbietet. Zusammengehörigkeitsgefühl, Vertrauen und Verläßlichkeit werden so über die Aktionen hinaus erlebt.

Die Verflechtung des Widerstands ist noch in einer weiteren Hinsicht wirksam, nämlich in das eigene Alltags- und Berufsleben hinein. „Wir können doch nicht gegen Gorleben demonstrieren und den Boden hier weiter vergiften!" – so erklärte eine Bäuerin ihre eigene ökologische Wende.

Der Widerstand hat Menschen verändert, sie veranlaßt, nicht nur gegen etwas zu sein, sondern Protest für die Zukunft zu leben. D.h. auch, Ansätze eines neuen Miteinander von Mann und Frau zu realisieren. Es fällt auf, daß der wendländische Widerstand zum großen Teil von der weiblichen Stärke getragen wird.

Die Verwurzelung und Verzweigung regen zu einem bewußteren Leben an, schaffen größere Sensibilität und stärken das Selbstbewußtsein – eine in der Demokratie besonders wichtige „Tugend". Darüber hinaus ist sie eine gute Voraussetzung für politische Wachheit und Engagement in der parlamentarischen Demokratie und gleichzeitig ein wirksames Mittel gegen alle „Drogen" unserer Gesellschaft, vom Konsumrausch bis zum Computerwahn.

6. Ausstrahlung

Bei aller Verwurzelung nach innen ist der Widerstand nicht introvertiert und nach außen abgeschlossen. Er hat eine Anziehungskraft auf Außenstehende. Diese Faszination hat Folgen, die sich nicht nur in einem sprunghaften Ansteigen der Mitgliederzahlen der BI und in der Fülle von kreativen Solidaritätsbekundungen aus allen Teilen der Bundesrepublik und darüber hinaus zeigen. Diese Art des Widerstandes, eben seine Gewaltfreiheit, Entschiedenheit, Ausdauer, Fantasie und Verwurzelung, ist ansteckend. So hat einer der Demonstrationsbeobachter des Komitees unter dem aktuellen Eindruck, wie dieser lebendige Widerstand mit polizeilicher Willkür und Gewalt gebrochen werden sollte, in einem Brief an den Ministerpräsidenten von Niedersachsen u.a. geschrieben: „ … Sollte es zu einem 3. Castor-Transport kommen, werde ich – nach diesen Erfahrungen – als aktiver Demonstrant wiederkommen und viele FreundInnen mitbringen." So werden sich – falls es überhaupt noch einen Tag X[3] geben wird – beim nächsten Transport weit mehr Menschen mit Fantasie und Entschiedenheit „querstellen", als dies bisher schon geschehen ist.

Damit wird aber auch die Zahl der Auswärtigen oder der „angereisten Chaoten" – wie sie diffamierend genannt worden sind – größer. Die Zugereisten haben nicht immer diesen Hintergrund, diesen Erfahrungsreichtum an Gewaltfreiheit, Entschiedenheit, Ausdauer, Fantasie und Verwurzelung. Wiederholt aufgefordert, sich von deren Protest zu distanzieren, kann und will der wendländische Widerstand keine Oberlehrerrolle spielen und quasi von oben herab entscheiden, wer was wie im Widerstand tun darf.

Es ist selbstverständlich, daß z.B. für Auswärtige nicht nur eine Schlafplatzbörse eingerichtet und Verpflegung bereitgestellt werden, sondern auch Möglichkeiten zur Entstehung von neuen „Bezugsgruppen" und „Gewaltfreies Training" angeboten werden. Entscheidend ist und soll indes die Wirkung des eigenen Beispiels sein, die Ausstrahlung, die Faszination des Weges, den der wendländische Widerstand bisher gegangen ist. Dieser Weg soll – trotz aller Diffamierungs- und Kriminalisierungsversuche – gemeinsam weitergegangen werden.

Es ist der Weg eines gewaltigen, aber gewaltfreien, eines lebendigen Protestes, denn das Land – und hoffentlich nicht nur das Wendland – gehört den Lebendigen.

Juni 1996: Erstmals finden Anfang des Monats in der deutschen Hauptstadt Berlin ein „öffentliches feierliches Gelöbnis" der Bundeswehr und eine Tagung der NATO statt. Beide Ereignisse wurden auf Berliner Stadtgebiet erst möglich aufgrund des westlichen Sieges in der Ost-West-Konfrontation. Das Gelöbnis wurde von etablierter Politik als Zeichen der „neuen Normalität" nach der sogenannten Wiedervereinigung gewertet, das NATO-Treffen als Symbol für den Triumph des westlichen Blocks im Kalten Krieg inszeniert. Gegen beide Veranstaltungen gab es Gegendemonstrationen der Friedensbewegung. Daß die Friedensbewegung allen Grund hat, auch künftig den Militärpakt NATO mit aller Schärfe zu kritisieren und für seine Auflösung einzutreten, hat die Berliner NATO-Tagung erwiesen, wurden hier doch die Weichen für die künftige Interventionspolitik der hochindustrialisierten kapitalistischen Staaten der Nordhalbkugel gegenüber dem Rest der Welt gestellt.

Volker Böge

Das „Signal von Berlin": NATO auf Interventionskurs

Die NATO-Herren überhäuften sich mit Selbstlob: Ihr Treffen sei „historisch" gewesen, eine „neue NATO" sei aus der Taufe gehoben, ein zukunftsweisendes Signal gesetzt worden - und das an einem Tagungsort von „hoher symbolischer Bedeutung", fand doch erstmals in der Geschichte des westlichen Militärbündnisses eine NATO-Tagung in Berlin statt – der Zusammenbruch des gegnerischen Blocks hatte es möglich gemacht. Die NATO konnte sich einmal mehr bestätigen, daß sie als Sieger aus dem Kalten Krieg hervorgegangen war.

Freilich sprach aus den bombastischen Tönen, mit denen offizielle Politik das NATO-Außenministertreffen am 3. Juni 1996 abfeierte, zuallererst die Erleichterung, den Militärpakt NATO, dem nach dem Wegfall der „Bedrohung

135

aus dem Osten" der eigentliche Daseinsgrund abhanden gekommen war, in die neue Zeit nach der Ost-West-Konfrontation hinübergerettet und seine Anpassung an die neue internationale Lage einigermaßen leidlich bewältigt zu haben. Denn nach dem Kollaps zunächst der Warschauer Vertragsorganisation und dann der Auflösung der UdSSR gab es für das „Verteidigungsbündnis" NATO eigentlich keinen Bedarf mehr. Die Legitimierung der NATO als Antwort auf und Schutz vor UdSSR/WVO war hinfällig geworden. „Eigentlich" hätten die Politiker und Militärs, die die Existenz der NATO jahrzehntelang reaktiv-defensiv begründet hatten, jetzt ihren Laden ebenfalls dicht machen müssen. Doch sie dachten nicht daran. Vielmehr setzten sie eine enorme Energie darein, den BürgerInnen plausibel zu machen, daß die Bündelung militärischer Macht in Gestalt eines hochgerüsteten Militärpakts nach wie vor unabdingbar sei und die damit verbundenen Kosten weiter aufgebracht werden müßten. Für eine solche Relegitimierung der NATO bedurfte es einer Reformulierung ihrer Aufgaben, einer Restrukturierung der zur Aufgabenbewältigung erforderlichen Mittel und der Strategien ihrer Anwendung sowie einer Reorganisation der Bündnisbeziehungen. Kurz: Die NATO mußte runderneuert werden. Das hat sie mittlerweile weitgehend erfolgreich bewältigt. In Berlin wurde die Runderneuerung der NATO zu einem gewissen Abschluß gebracht, zielte das Treffen dort doch vor allem darauf, allianzinterne Fragen zu klären und neue Strukturen festzuklopfen, bevor in der nächsten Etappe die Osterweiterung des Bündnisses auf den Weg gebracht werden sollte. Den neuen NATO-Mitgliedern sollte keine andere Wahl bleiben, als sich stillschweigend in die

neuen Strukturen einzufügen. Und so haben wir seit dem Juni 1996 eine – so die Formulierungen der NATO-Offiziellen – „neue" oder „sich erneuernde" oder „angepaßte" NATO. Mit dieser neuen NATO werden sich Friedenspolitik und -bewegung auch künftig auseinanderzusetzen haben.

„Neue" NATO
mit alter Nukleardoktrin

Dabei gilt es zunächst als Merkposten festzuhalten, daß auch die neue NATO einige Wesensmerkmale der alten beibehält, die schon immer friedensbewegte Kritik auf sich gezogen haben. So sei nur daran erinnert, daß im neuen strategischen Konzept der NATO, welches im November 1991 auf dem NATO-Gipfel in Rom verabschiedet wurde, weiterhin an der Doktrin der Abschreckung festgehalten wird, und das wiederum inklusive der Vorhaltung und europäischen Dislozierung von Nuklearwaffen und der Option ihres Ersteinsatzes.

Diese Position wurde auch im Juni 1996 bekräftigt, erklärten doch die NATO-Verteidigungsminister wenige Tage nach dem Berliner Treffen ihrer Außenminister-Kollegen in Brüssel, „daß die nuklearen Kräfte auch weiterhin eine unersetzliche und einzigartige Rolle in der Strategie der Allianz spielen und daß die Präsenz von in Europa stationierten, in die NATO eingebundenen nuklearen Kräften der Vereinigten Staaten eine wesentliche und dauerhafte politische und militärische Bindung zwischen den europäischen und nordatlantischen Bündnispartnern schafft" (1). Demgemäß ist in der NATO-Militärstrategie (MC 400) sowie ihrer Neufassung (MC 400/1), die im November 1995 vom Military Committee der NATO gebilligt und deren weitere Konkretisierung von den NATO-Außenministern in Berlin in Auftrag gegeben wurde, die nukleare Komponente weiterhin fester Bestandteil, nunmehr untermauert mit dem zusätzlichen Auftrag der sogenannten counter-proliferation: Der Weiterverbreitung von Massenvernichtungsmitteln und zugehörigen Trägersystemen müsse auch mit der Androhung nuklearer Schläge begegnet werden (2).

So hat es nach dem Ende der Ost-West-Konfrontation keine Entnuklearisierung der NATO-Strategie oder Entnuklearisierung Europas – alte Forderungen der Friedensbewegung – gegeben; und es wird sie auch künftig nicht geben, wenn es nach dem Willen der NATO-Offiziellen geht.

„Vielfältige Risiken" allüberall

Finden sich also in der Militärstrategie der „neuen" NATO durchaus zentrale Elemente der alten wieder, so ist doch die Bestimmung des Gegners neu. Nachdem die konkrete „Bedrohung aus dem Osten" abhanden gekommen ist, wird jetzt diffus-abstrakt ein breites Spektrum höchst unterschiedlicher „Risiken", „Instabilitäten" und „Eventualfälle" ausgemacht, denen gegenüber man auch künftig militärisch gewappnet sein müsse. Minister Rühe: „Der Feind von gestern ist verschwunden. An seiner Stelle steht heute eine Fülle neuer Risiken. Der Feind von heute heißt Instabilität – ..." (3). Da werden dann der internationale Terrorismus und Drogenhandel, der islamische Fundamentalismus, diktatorische Regime, umfassende Bevölkerungswanderungen und die Proliferation von Massenvernichtungsmitteln, grenzüberschreitende Umweltzerstörungen, Prozesse von Destabilisierung und Staatszerfall im Osten, Südosten und Süden des NATO-Vertragsgebiets usw. usf.

angeführt. NATO-Vordenker kalkulieren mit zwei sogenannten „Krisenbögen", an denen sich die „neuen strategischen Herausforderungen" festmachen: „Der erste ist der östliche Bogen, der sich von Nordeuropa zwischen Deutschland und Rußland bis zu den Balkanstaaten erstreckt. Der zweite ist der südliche Bogen, der durch Nordafrika und den Mittelmeerraum verläuft und bis zum Nahen Osten und nach Südwestasien reicht" (4).

Da der „östliche Krisenbogen" gegenwärtig im Zentrum der Aufmerksamkeit steht (Stichwort NATO-Osterweiterung), sei zumindest kurz auf die „Süddimension" der NATO-Risikoanalyse und Neuausrichtung hingewiesen. Die Südregion, d.h. der Mittelmeerraum, die zu Zeiten der Ost-West-Konfrontation als „Südflanke" gegenüber der Zentralfront in Mitteleuropa nur nachgeordneten Stellenwert gehabt hatte, hat nach dem Ende dieser Konfrontation eine deutliche Aufwertung erfahren. So ist von der „gestiegenen strategischen Bedeutung der Südregion" die Rede; angeblich würden die europäischen NATO-Staaten aus Richtung Süden durch Massenvernichtungsmittel und entsprechende Trägersysteme in den Händen „verrückter Diktatoren" ebenso bedroht werden können wie durch massenhafte Migration über das Mittelmeer nach Norden oder durch den islamischen Fundamentalismus. Eine verstärkte Hinwendung der NATO zu diesen „Risiken aus dem Süden" wird etwa daran deutlich, daß seit 1990 bei den NATO-Großmanövern im Mittelmeerraum ein Szenario zugrunde gelegt wird, bei dem die Bedrohung nicht mehr aus dem Osten, sondern aus dem Süden kommt. Auch in der Aufstellung des Ständigen Einsatzverbandes Mittelmeer (bestehend aus Fregatten und Zerstörern aus acht Staaten inkl. BRD) als Teil der NATO-Eingreifkräfte kommt die Aufwertung des Mittelmeerraums zum Ausdruck; ebenso in den Planungen Frankreichs, Italiens, Spaniens und neuerdings auch Portugals zur Aufstellung gemeinsamer Land- und Seestreitkräfte für Bedrohungen aus dem Süden (EUROFOR und EUROMARFOR). Nicht unerwähnt bleiben darf in diesem Zusammenhang ferner, daß im Umfeld des Berliner Treffens erstmals auf hoher politischer Ebene davon die Rede war, Spanien solle endlich der integrierten Militärstruktur der NATO beitreten. Sowohl der spanische Regierungschef Aznar als auch sein Verteidigungsminister Serra erklärten, die Gründe für das spanische Beiseitestehen hätten nur für die „alte" NATO gegolten, wären aber mit Blick auf die „neue" NATO mit einer neuen Militärstruktur hinfällig (5). Und schließlich hatte bereits die Ministertagung des Nordatlantikrats im Dezember 1994 die sogenannten Mittelmeerinitiative gestartet, mit der sich die NATO den südlichen Anrainerstaaten des Mittelmeeres öffnete. In Berlin nun bekräftigten die NATO-Außenminister ihre „Überzeugung, daß die Sicherheit in Europa in hohem Maße durch Sicherheit und Stabilität im Mittelmeerraum beeinflußt wird. Wir messen dem Fortschritt unseres Mittelmeerdialogs mit nicht der NATO angehörenden Ländern besondere Bedeutung bei. Ägypten, Israel, Jordanien, Marokko, Mauretanien und Tunesien nehmen heute am laufenden politischen Dialog teil. ..." (6)

Interventionistische Orientierung

Eine derartige Vielfältigkeit von „Risikofaktoren" wie sie die NATO unterstellt, macht es aus NATO-Sicht notwendig, vielfältig verwendbare militärische Mittel vorzuhalten. „Flexi-

bilität" und „Mobilität" sind daher – neben der „Multinationalität" – Schlüsselbegriffe für das militärische Potential der „neuen NATO". Dieses wird so umstrukturiert, daß Streitkräfte flexibel für Eventualfälle verschiedenster Art zur Verfügung stehen. Die im neuen strategischen Konzept niedergelegte Dreiteilung der Kräfte in Hauptverteidigungskräfte, Verstärkungskräfte und Eingreifkräfte hat im wesentlichen auch nicht Abrüstung, sondern Umrüstung zur Folge, soll doch künftig der Schwerpunkt bei den Eingreifkräften liegen. Diese brauchen für ihre flexiblen, mobilen Einsätze neue Waffen, neues Gerät, neue Ausrüstung – insbesondere, um möglichst rasch über große Distanzen verlegt werden zu können und weit entfernt von ihren Heimatbasen kämpfen zu können. In der Sprache der NATO-Kommuniqués heißt das dann, „daß die Allianz verstärkt in der Lage sein muß, ihre Streitkräfte innerhalb eines Operationsgebiets und von einem Operationsgebiet zum anderen zu verlegen und die Durchhaltefähigkeit nach ihrer Stationierung zu gewährleisten ... (Erfordert ist) die Fähigkeit flexibler Verlegung für militärische, friedenserhaltende und Krisenmanagement-Operationen ..." (7). Daher werden zum Beispiel „geeignete Lufttransport- und Luftbetankungskapazitäten großer Reichweite" als besonders notwendig angesehen (8), und in der revidierten NATO-Militärstrategie (MC 400/1) wird starkes Gewicht auf die strategische und operative Verlegefähigkeit der eigenen Truppen gelegt.

Mit den Rapid Reaction Forces – RRF – (Kern: das Allied Rapid Reaction Corps mit Hauptquartier in Mönchengladbach) hat sich die „neue NATO" eine schlagkräftige Interventionstruppe zugelegt: hochbeweglich über große

KÜHL

Distanzen, flexibel einsetzbar an verschiedensten Schauplätzen, etwa nach dem Motto: Nach dem Ende der Vorneverteidigung ist überall „vorne". Mit dem herkömmlichen Verständnis von „Verteidigung" ist das jedenfalls nicht mehr zu vereinbaren. Vielmehr handelt es sich um interventionsfähige Truppen, die nicht nur an den ehemaligen Flanken der NATO in Nord- oder Südeuropa eingesetzt werden können, sondern auch darüber hinaus, also „out of area", außerhalb des NATO-Vertragsgebiets. Es geht der NATO mithin nicht mehr nur um kollektive Verteidigung herkömmlicher Art, also Verteidigung des eigenen Territoriums, sondern um „Verteidigung" der eigenen Interessen allüberall (offizieller Terminus hierfür: „Projektion von Stabilität" bzw. „Stabilitätstransfer" (V. Rühe)). Die Bundeswehr ist übrigens mit 50.000 Mann Krisenreaktionskräften bei den NATO-Eingreifkräften dabei.

Die in den RRF zum Ausdruck kommende interventionistische Orientierung der „neuen NATO" nun hat man elegant zu rechtfertigen gewußt durch die scheinbar selbstlose Bereitschaft, das Potential der NATO auch der OSZE oder den UN für Friedensmissionen („friedenserhaltende Aktivitäten") zur Verfügung zu stellen. Entsprechende grundsätzliche Angebote wurden auf den NATO-Ministertagungen im Juni 1992 in Oslo (in Richtung KSZE/OSZE) und im Dezember 1992 in Brüssel (in Richtung UNO) gemacht. Der IFOR-Einsatz im ehemaligen Jugoslawien setzte erstmals diesen Ansatz in die Praxis um. Derartige Missionen (sog. non-article-5-missions, nicht-Artikel-5-Missionen (9)) sollen offensichtlich ein Hauptbetätigungsfeld der neuen NATO werden. Für derartige Einsätze soll die Beschränkung des NATO-Vertragsgebiets nach Artikel 6 Nordatlantikvertrag

gemäß offizieller Interpretation keine Gültigkeit haben; diese Beschränkung bezieht sich angeblich nur auf Art. 5-Fälle, also die „kollektive Verteidigung". Mit dieser Interpretation hat man sich der leidigen „out-of-area"-Problematik entledigt, konnten Kritiker der interventionistischen Ausrichtung der „neuen NATO" doch bis dato darauf verweisen, daß der Washingtoner Vertrag, also die juristisch-völkerrechtliche Grundlage der NATO, Militäroperationen „out of area" nicht zulasse.

Zwar stellt sich die NATO bei non-article-5-missions oberflächlich betrachtet (bisher noch) in den Dienst der OSZE oder UN, die formal das politische Mandat für solche Einsätze erteilen, aber die entscheidenden Parameter der militärischen Umsetzung – wer hat faktisch das Kommando und die Kontrolle über den Einsatz – läßt sich die NATO ebensowenig nehmen wie die Entscheidung, ob sie sich überhaupt zur Verfügung stellt. „Command and control" verbleiben bei der NATO. Und ganz abgesehen davon: Die NATO legt sich Mittel und Fähigkeiten zu, um dermaleinst auch ohne OSZE- oder UN-Mandat „friedenserhaltend" oder „friedensunterstützend" oder „friedenserzwingend" oder wie auch immer der Euphemismus für „interventionistisch" im konkreten Falle dann lauten mag militärisch eingreifen zu können, wenn es ihre Interessen geboten erscheinen lassen.

Combined Joint Task Forces

Zentrales neues Instrument im interventionistischen NATO-Arsenal sind die sogenannten Combined Joint Task Forces (CJTF) – Alliierte Streitkräftekommandos –, um die es in Berlin auf der NATO-Tagung vor allem ging. Bereits im Januar 1994 hatte der

NATO-Gipfel in Brüssel eine grundsätzliche Entscheidung für das CJTF-Konzept mit der Begründung gefällt, daß die Übernahme neuer Aufgaben im „Krisenmanagement" eine Anpassung der militärischen und politischen Strukturen und Verfahren erforderlich mache. Nachdem die praktische Umsetzung eine Zeitlang kaum vorankam, machte man in Berlin den entscheidenden Schritt vorwärts. Grundidee von CJTF ist es, erstens flexible, für den jeweiligen Eventualfall zugeschnittene Kombinationen von Streitkräften für bestimmte militärische Aufgaben zur Verfügung zu haben (Task Forces), zweitens sollen diese Truppen aus allen Teilstreitkräften – Land, Luft, See – zusammengestellt werden (joint), und drittens sollen sie aus dem gesamten Spektrum nationaler und multinationaler Einheiten zusammengesetzt werden können (combined). Der Clou bei den jetzt beschlossenen CJTF aber ist, daß sie es möglich machen werden, daß die NATO künftig friedenssichernde usw. Militäroperationen beschließen kann, die dann rein europäisch, nämlich durch die Westeuropäische Union (WEU) geführt werden, wobei sich die Europäer aller NATO-Strukturen – inkl. ihrer US-Elemente – bedienen können. Es wird also einerseits ermöglicht, daß – wie es so schön heißt – die Europäer mehr Verantwortung für die Sicherheit in Europa und drumherum übernehmen bzw. „strategische Handlungsfähigkeit" herausbilden können, indem sie auch ohne direktes US-Engagement den Frieden sichern, erzwingen usw. können, daß andererseits dafür aber keine eigenen europäischen neuen Potentiale und Strukturen aufgebaut werden (wie es – z.B. französische – Verfechter einer völlig eigenständigen Militärmacht Europa lieber gesehen hätten). Statt dessen wird auf Potentiale und Strukturen der NATO zurückgegriffen – womit dann aber auch die USA wieder im Spiel sind. Es geht also um abtrennbare, aber nicht abgetrennte militärische Mittel („separable, but not separate"). Denn konkret bedeutet das CJTF-Konzept, daß jeder nicht-Artikel-5-Einsatz, der unter WEU-Führung läuft, sich gleichwohl aller NATO-Mittel für Aufklärung, Führung, Logistik usw. bedienen kann, inkl. der militärischen NATO-Hauptquartiere und Stäbe oder der Satellitenaufklärung und -kommunikation oder der AWACS-Frühwarnflotte.

Im Berliner NATO-Kommuniqué wird die Verabschiedung des CJTF-Konzepts folgendermaßen abgefeiert: „Indem es eine flexiblere und beweglichere Dislozierung von Kräften auch für neue Aufgaben ermöglicht, wird dieses Konzept die Durchführung von NATO-Eventualfalloperationen, die Nutzung trennbarer, jedoch nicht getrennter militärischer Fähigkeiten bei Operationen unter der Führung der WEU sowie die Beteiligung von Staaten außerhalb der Allianz an Operationen wie IFOR erleichtern. ... Das CJTF-Konzept ist zentral bei unserem Ansatz, mit dem wir Kräfte für Eventualfalloperationen zusammenstellen und ihre Führung innerhalb der Allianz organisieren." (10)

Für die politische Kontrolle und militärische Überwachung von CJTF-Einsätzen zum „Krisenmanagement" wird im Brüsseler NATO-Hauptquartier eine neue Koordinierungsgruppe (Policy Coordination Group – PCG) als politisch-militärische Schnittstelle in der Ausschußstruktur des Nordatlantikrats eingerichtet. Und schließlich wird im CJTF-Kontext die alte, noch aus den Zeiten der Orientierung auf die „Bedrohung aus dem Osten" überkommene und daher heute weitgehend dysfunktionale NATO-Kommandostruktur umgekrempelt werden. Diese Reorganisation der Kommandostruktur und die Umsetzung von CJTF wurden in Berlin als die nächsten Schritte der Anpassung bzw. Erneuerung der NATO bestimmt.

Ein transatlantischer Kompromiß

Das auf US-Vorschlag zurückgehende CJTF-Konzept ist einerseits Ausdruck größerer Eigenständigkeit der europäischen NATO-Staaten: Sie erlangen „strategische Handlungsfähigkeit", d.h. werden befähigt, auch ohne die USA Militärinterventionen durchzuziehen, die WEU bekommt auf diesem Wege operationelle Kapazitäten, die sie sonst noch lange nicht hätte. Insofern wird die Führungsrolle der USA relativiert. Andererseits ist es aber auch Ausdruck des nach wie vor bestehenden US-commitments und Einflusses auf die europäischen Verhältnisse. Es ist also nicht zuletzt zu verstehen als ein Lösungsversuch für die Probleme im transatlantischen Verhältnis, die mit den Stichworten „Herausbildung einer europäischen Sicherheits- und Verteidigungsidentität" sowie „gerechtere Verteilung von Lasten und Verantwortung zwischen den NATO-Partnern diesseits und jenseits des Atlantik" gekennzeichnet werden und die die Allianz in den letzten Jahren, nachdem das einigende Band der „Bedrohung aus dem Osten" weggefallen ist, verstärkt umtreiben. Dabei geht es vor allem um eine neue Austarierung von Macht und Einfluß zwischen den USA und den großen europäischen NATO-Staaten. Denn auch wenn der Westen heute und künftig seine Macht- und Interessenpolitik kooperativ, also „im Bündnis" und nicht in nationalen Alleingängen, exekutiert, so heißt das ja nicht, daß es

keine Interessendivergenzen und Konkurrenzen zwischen den Bündnis„partnern" gibt. Bei deren Austrag wiederum spielen die Aufgabenverteilung und das Gewicht der verschiedenen für Sicherheitsfragen zuständigen Institutionen NATO, WEU, EU/GASP (11), OSZE eine wichtige Rolle. Die Berliner NATO-Tagung demonstrierte, daß die NATO in diesem „Geflecht ineinandergreifender Institutionen" (interlocking oder – wie Kritiker spötteln: interblocking institutions) trotz relativen Bedeutungsverlustes – was umgekehrt heißt: relativer Bedeutungszuwachs von WEU und GASP – immer noch der stärkste „player" ist und auch bleiben wird. Zwar ist mit dem CJTF-Konzept eine gewisse Aufwertung der WEU verbunden, also jener Organisation, die insbesondere Frankreich traditionell für eine stärker „europäisierte" Militärpolitik nutzen will. Doch bleibt die WEU, was die „hardware" für Militäreinsätze anbelangt, (zumindest vorerst noch) auf die NATO und damit die USA angewiesen; erinnert sei z.B. nur daran, daß die für Militärinterventionen unabdingbare Satellitenaufklärung noch ganz in Händen der USA ist, während entsprechende Bemühungen der WEU, sich in dieser Hinsicht eigene Kapazitäten zuzulegen, nur mühsam vorankommen. So haben wir es nach Berlin zwar mit einer stärker „europäisierten" NATO zu tun, was auch der Wiederannäherung Frankreichs an die Militärorganisation der NATO, die Frankreich auf der Tagung des Nordatlantikrats im Dezember 1995 angekündigt hatte und die in Berlin festgeklopft wurde, geschuldet ist (12). Doch zugleich ist es weiterhin eine NATO, die unter Führung der USA steht. Vorhaben, eine eigenständige europäische Militärmacht neben der NATO aufzubauen, haben nach Berlin noch weniger Chancen als

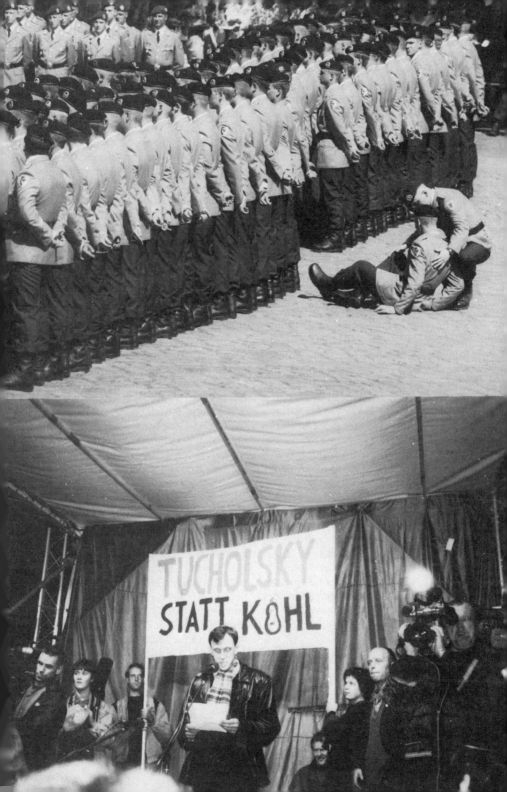

vorher schon. Diese Einsicht dürfte auch für Frankreichs Entscheidung zur Wiederannäherung an die militärische Integration eine wesentliche Rolle gespielt haben. Man versucht jetzt, mit der „Europäisierung" der Sicherheits- und Militärpolitik stärker in und mit der NATO voranzukommen als neben ihr und gegen sie. Entsprechend hat auch der deutsch-französische Verteidigungs- und Sicherheitsrat die Ergebnisse von Berlin interpretiert: Das Berliner Treffen stelle „einen bedeutenden Meilenstein auf dem Weg zur Reform des Atlantischen Bündnisses und zur Entwicklung der Europäischen Sicherheits- und Verteidigungsidentität innerhalb des Bündnisses dar, die die Aufstellung militärisch kohärenter und leistungsfähiger Kräfte ermöglichen wird, die unter der politischen Kontrolle und strategischen Richtlinienkompetenz der WEU operieren können" (13). Wie aber künftig tatsächlich „Krisenmanagement"-Einsätze der WEU unter Verwendung des NATO-Arsenals konkret aussehen könnten, wurde in Berlin allerdings offengelassen; die europäisch/französisch-nordamerikanischen Querelen über Form und Ausmaß einer „europäischen Sicherheits- und Verteidigungsidentität" und deren Verhältnis zu den transatlantischen Bindungen wurden in Berlin noch längst nicht beigelegt. Vielmehr wurde eine neue Runde dieses Dauerstreits eingeläutet, in dem es seither auch um die konkrete Ausgestaltung des CJTF-Konzeptes und die Neuorganisation der NATO-Kommandostrukturen geht.

NATO-Osterweiterung: In Berlin noch aufgeschoben

In Berlin hat die NATO ihren Anspruch bekräftigt, als Ordnungsmacht für Europa und darüber hinaus agieren zu wollen. Bestätigt wurde in diesem Zusammenhang das „Engagement zur Öffnung der Allianz für neue Mitglieder. Der Erweiterungsprozeß ist auf dem Weg ..." (14). Zwar wurden in Berlin – vor allem mit Rücksicht auf die Präsidentschaftswahlen in Rußland und den USA – noch keine Entscheidungen über die Osterweiterung getroffen, doch hat die NATO unmißverständlich klar gemacht, daß es diese bereits im Januar 1994 grundsätzlich beschlossene Erweiterung geben wird. Das Jahr 1996 wurde vor allem zu Vorgesprächen mit Beitrittskandidaten genutzt, 1997 soll dann der Reigen der offiziellen Neuaufnahmeverhandlungen eröffnet werden. Am heftigsten drängt die deutsche Seite auf die Osterweiterung; Deutschland will endlich nicht mehr Frontstaat der NATO sein, sondern sich im Osten ein Vorfeld von neuen NATO-Mitgliedsstaaten zulegen. Minister Rühe spricht das recht unverblümt aus: „Viele von Ihnen wissen, daß ich ein entschiedener Befürworter der NATO-Erweiterung bin ... Die Öffnung des Bündnisses nach Osten entspricht dem vitalen Interesse Deutschlands. Man muß kein strategisches Genie sein, um dies zu verstehen; es reicht ein Blick auf die Landkarte. ..." (15) Angesichts der entschieden betriebenen Ostexpansion der NATO sind die gleichzeitig geäußerten Wünsche nach einer „Sicherheitspartnerschaft" bzw. einer „strategischen Partnerschaft" mit Rußland bloße Lippenbekenntnisse. Rußland muß sich durch die NATO-Osterweiterung bedroht fühlen, kann dem angesichts eigener Schwäche allerdings nichts entgegensetzen. So bleibt der russischen Seite jenseits der grundsätzlichen Ablehnung der Osterweiterung nichts anderes übrig, als zumindest um eine „weiche" Expansion der NATO zu bit-

ten, also: kein Heranrücken der NATO-Militärstrukturen an die russische Grenze, keine Stationierung von ausländischen Truppen und keine Dislozierung von Nuklearwaffen in den neuen NATO-Mitgliedsländern. Doch selbst diese Zugeständnisse will die NATO offensichtlich nicht machen, sie will sich im Prinzip alle Optionen offenhalten. An die Adresse Rußlands gerichtet wiederholte man immer wieder, daß es ein „Veto" eines Nicht-NATO-Mitglieds gegen die Ausdehnung der Allianz und ihre Ausgestaltung nicht geben dürfe. Der NATO-Generalsekretär Solana erklärte nach dem Berliner Treffen harsch, „daß der Prozeß in Gang ist, und niemand wird ihn aufhalten können" (16). Sollte Rußland auf diesen intransigenten Kurs der NATO auch mit militärpolitischen Maßnahmen reagie-

ren, so hat die NATO endlich wieder, was sie in den letzten Jahren missen mußte: eine „Bedrohung aus dem Osten".

Die Alternative: Friedensordnung statt Militärpakt

Die Lippenbekenntnisse der NATO-Politiker zu einer „europäischen Sicherheitsarchitektur" täuschen nicht darüber hinweg: Für herrschende Politik ist die NATO faktisch diese „europäische Sicherheitsarchitektur". Transatlantisch-gesamteuropäische Ansätze wie die OSZE, die zumindest Ansatzpunkte für die Herausbildung einer Europäischen Friedensordnung bieten, müssen sich – geht es nach dem Willen der NATO-Gewaltigen – dem Militärpakt unterordnen. NATO-Strukturreform und NATO-Osterweiterung sind keine Schritte auf dem Weg zu einer gesamteuropäisch-transatlantischen Friedensordnung, sondern das Gegen-Projekt hierzu. Auch die angestrebte Osterweiterung zeigt einmal mehr: Der NATO geht es vor allem um die Projektion von Macht, um – auch – militärisch abgestützte Machtpolitik. Sie ist und bleibt ein Militärpakt, der die Integration seiner Mitglieder bewerkstelligt über die Frontstellung gegen Nicht-Mitglieder draußen. Wir haben es mit einem Mechanismus ausgrenzender Integration mit der Funktion der Bündelung und Steigerung des eigenen Machtpotentials gegen außen zu tun.

Die Alternative hierzu wäre der Aufbau eines transatlantisch-gesamteuropäischen Sicherheitssystems, ausgehend von einer Fortentwicklung der OSZE und dem Ausbau von Instrumenten und Verfahren Ziviler Konfliktbearbeitung. An die Stelle blockgestützter „Sicherheit", die auch immer ihren Gegenpart und damit Unsicherheit schafft, sollte umfassende gemeinsame Sicherheit treten. Da diese aber inkompatibel ist mit der Existenz von Militärpakten, müßte die NATO aufgelöst werden. Auflösen statt ausweiten also!

Summa summarum: Berlin im Juni 1996 hat in der Tat – wie von Außenminister Kinkel gewünscht – ein Signal gesetzt (17). Aber der Zug fährt in die falsche Richtung: In Richtung einer Interventionsmacht NATO.

Anmerkungen

1) Kommuniqué der Ministertagung des Verteidigungsplanungsausschusses und der Nuklearen Planungsgruppe am 13. Juni 1996 in Brüssel, in: Bulletin der Bundesregierung Nr. 51, 19.6.1996, S. 555 f., hier: S. 556.
2) Vgl. dazu Kommuniqué des Nordatlantikrates. Tagung der NATO-Verteidigungsminister am 13. Juni 1996 in Brüssel, in: ebd., S. 551-555, hier: S. 553, Punkte 20 und 21.
3) Die Neue NATO. Vortrag von Bundesminister Rühe in Washington, in: Bulletin der Bundesregierung, Nr. 24, 2.5.1996, S. 340-343, hier: S. 340.
4) Asmus, Ronald D./ F. Stephen Larrabee/Ian O. Lesser: Die Sicherheit des Mittelmeerraumes: Neue Herausforderungen, neue Aufgaben, in: NATO-Brief 3/1996, S. 25-31, hier: S. 25 (Die Autoren sind Mitarbeiter der RAND Corporation, eines regierungsnahen US-amerikanischen „thinktanks").
5) Vgl. Stichworte zur Sicherheitspolitik Nr. 7, Juli 1996, S. 42f. Demgegenüber sei daran erinnert: Die damalige sozialistische Regierung hatte den Spanien den NATO-Beitritt 1981 u.a. mit dem Argument schmackhaft gemacht, daß man ja „nur" politisch beitrete (ähnlich wie Frankreich), nicht aber an der integrierten Militärstruktur teilnehme. Das soll künftig nicht mehr gelten.
6) Ministertagung des Nordatlantikrates am 3. Juni 1996 in Berlin, in: Bulletin der Bundesregierung Nr. 47, 12.6.1996, S. 505-511, hier: S. 511.
7) Kommuniqué Tagung 13.6.1996, a.a.O., S. 556.
8) Das neue Strategische Konzept des Bündnisses, in: Bulletin der Bundesregierung Nr. 128, 13.11.1991, S. 1039-1048, hier: S. 1046.
9) Der Artikel 5 des Nordatlantikvertrags legt das Prinzip der kollektiven Verteidigung der NATO-Mitglieder gegen einen Angriff von außen fest.
10) Kommuniqué Berlin 3.6., a.a.O., S. 506.
11) GASP = Gemeinsame Außen- und Sicherheitspolitik.
12) Man erinnere sich: 1966 hatte De Gaulle Frankreich aus der militärischen Integration der NATO herausgenommen, und erst im Dezember 1995 wurde eine Wiederannäherung – wohlgemerkt nicht eine vollständige Reintegration – Frankreichs an die Militärstrukturen der NATO vollzogen. Begründet wurde das von der Regierung Chirac damit, daß man es ja nun mit einer „neuen" NATO zu tun habe bzw. die Erneuerung der NATO mit diesem Schritt befördern wolle.
13) Gemeinsame Erklärung des Deutsch-Französischen Verteidigungs- und Sicherheitsrates, Tagung am 5. Juni 1996 in Dijon, in: Bulletin der Bundesregierung, Nr. 51, 19.6.1996, S. 557.
14) Kommuniqué Berlin 3.6., a.a.O., S. 508.
15) Rühe, a.a.O., S. 341.
16) Stichworte zur Sicherheitspolitik Nr. 7, Juli 1996, S. 44.
17) Erklärung des Bundesaußenministers, in: Bulletin der Bundesregierung, Nr. 47, 12.6.1996, S. 511 f., hier: S. 512. Vgl. ferner die Regierungserklärung Kinkels zur NATO-Ratstagung, dort spezifiziert er als wesentliche Elemente des „Signals von Berlin": die innere Erneuerung des Bündnisses, die Stärkung der Rolle Europas im Bündnis, die Bekräftigung des Kurses der Öffnung der NATO sowie Bestandsaufnahme des IFOR-Engagements (Stichworte zur Sicherheitspolitik Nr. 7, Juli 1996, S. 28-32).

Zum Gedenken

Andreas Daur

Ken Saro-Wiwa – Die globale Unverantwortlichkeit für Menschenleben

„To find the instruments of state power reducing you to dust is the injury."

Ken Saro-Wiwa 1995

„Ken Saro-Wiwa war mein Freund. Am Morgen des 10. November 1995 ist er um ½ 12 Uhr in einem Gefängnis in Port Harcourt in Ostnigeria auf Befehl von General Abacha, des Militärdiktators von Nigeria, erhängt worden. Ken Saro-Wiwa war 54 Jahre alt. Er war ein unschuldiger Mann." So schreibt im Chronistenstil, der in seiner Schlichtheit Ohnmacht und Bitternis geradezu unmittelbar nachempfinden läßt, William Boyd in seinem Nachruf im New Yorker, als Vorwort dem letzten Buch Ken Saro-Wiwas, einem einzigen dramatischen Hilferuf für die Ogoni und das Menschenrecht der Ogoni zu überleben, also für Ogoniland, als Einleitung beigegeben (vgl. die deutsche, hier nicht benutzte Übersetzung bei Rowohlt 1996 unter dem Titel: „Flammen der Hölle". Nigeria und Shell: Der schmutzige Krieg gegen die Ogoni).

Was ist eine Person auf diesem Globus schon wert, wenn sie nicht gerade aus symbolisch herrschaftlich medialen Gründen aufgeblasen wird (bis sie wiederum als Person platzt). Sechs Milliarden Menschen wird derselbe in absehbarer Zeit beherbergen. Nein. „Er" wird sie in großen Zahlen gar nicht recht ins Leben kommen lassen; „er" wird sie hungernd kampieren und über die Länder hetzen lassen; nur große Minderheiten werden ihre Zeit, die auf Erden ihnen gegeben ward, einigermaßen wohlständig verbringen können; und sie und ihre mulitnationalen „Reisekader" werden bei bester Moral und mit menschenrechtsgespitztem Mund darauf achten, daß sie ihren Wohlstand halten können, wie immer es mit dem riesigen Rest bestellt sein mag. Darum ist das Reden vom „globalen Dorf" oder von der „Weltgesellschaft", gar von „Erdpolitik" und „Human governance" nicht nur verblasen, sondern zynisch. Kein Dorf würde seine Ärmsten der Armen, die es in Dörfern sehr wohl gegeben hat, so verkommen lassen; kein Dorf und keine Gesellschaft, so sie denn eine wäre, würde eine institutionalisierte Lynchjustiz in dieser Form hinnehmen. Und als Komplizinnen und Komplizen, die wir in weitender Globalität alle sind, praktizieren wir unvermeidlich am globalen Zynismus mit. Wer hielte den Jammer aus, der uns hochgradig filtriert, täglich wogenhoch anspült? Und was könnten wir tun? Globale, höchst individuelle Hilflosigkeit – die Kluft zur Utopie der Menschenrechte jäht geradezu global.

Ein Synergismus der Verantwortlichkeiten, genauer der Unverantwortlichkeiten. Er kostete Ken Saro-Wiwas Leben. Als Gehenkter repräsentiert er diese Verantwortungslosigkeit. Das aber heißt, es lassen sich Institutionen und Personen benennen, die anders gekonnt hätten, die in jedem Fall hätten versuchen können, diesen staatlichen Mord zu verhindern. Damit hätten sie auch endlich beginnen können, die vielen Morde unwahrscheinlicher, wie wird man doch bescheiden, zu machen, die weniger spektakulär täglich sich ereignen. Und hierbei meine ich zunächst nur die staatlich vergleichsweise direkt zuschreibbaren Mördereien. Darum ist es ebenso verständlich wie falsch, wenn Wole Soyinka an „die Welt" appelliert. An ihr liege es jetzt zu entscheiden, beispielsweise nigeriawärts und gegen das Abacha-Regime gerichtet, „die Produkte von Shell" zu boykottieren. Ebenso wie Wole Soyinka zu Recht Shell spezifisch benennt, sind viele andere Institutionen und deren Profiteure zu nennen, die an Ken Saro-Wiwas Tod mitschuldig geworden sind (s. Wole Soyinka über den Westen und das Regime von Nigeria in der „Frankfurter Rundschau" vom 30. 4. 1996). Als da sind der britisch geführte Commonwealth, überhaupt die britische Regierung; die Europäische Union und, wie sich versteht, auch die BRD, die, nimmt man ihren Außenminister wörtlich, geradezu in dem von ihr global verbreiteten Menschenrechtsfett schwimmt. Die Clinton-Administration ist ebenso eigens als mitschuldig aus eigeninteressierter Indolenz hervorzuheben; selbst der diplomatisch gewordene Nelson Mandela und selbstverständlich der Shell-Konzern; jedoch auch Greenpeace und selbst Amnesty International. Hinsichtlich dieser beiden NGOs in umweltkritischer und menschenrechtsengagierter Absicht hat sich schon Ken Saro-Wiwa kritisch geäußert. Es wäre jedoch falsch, dazu verführen Gewalttaten allemal, nur die vordergründig Beteiligten, diejenigen, die den Mord befahlen und ausführten, und diejenigen, die ihn geschehen ließen, anklägerisch zu apostrophieren (von den drei Fingern der Hand zu schweigen, die immer zugleich auf den Anklagenden selbst und sein Verhalten bzw. Nichtverhalten verweisen). Vielmehr müssen die längerfristig wirksamen Ursachen und die sie Mitbewirkenden genannt werden, wenn man weniger an einem wohlfeilen Schuldspruch als an Lernen und Veränderungen interessiert ist. Nicht erst der Tropfen, der den Film über einem gefüllten Eimer platzen macht, ist zu untersuchen. Derselbe ist mögli-

cherweise nur nebensächlich bedeutsam. Vielmehr sind die großen Tropfen zu analysieren, die den Eimer so voll und übervoll gefüllt haben, so daß das Platzen des Films, der sich über dem Wasser spannte, bevor dasselbe über den Eimer lief, nur eine Frage der Zeit darstellte. Die schlimme Situation in Nigeria war lange bekannt und wurde lange verschlimmbösernd hingenommen, wenn nicht um des Öls und des Handels mit dem bevölkerungsreichsten Land Afrikas willen aktiv unterstützt. Nigeria besitzt außerdem eine geradezu strategische Bedeutung für Ganz-Afrika, jedenfalls Westafrika. Noch wenige Monate vor der Hängparty gegen Ken Saro-Wiwa und acht andere angebliche Mittäter der Ogoni hat Wole Soyinka im „Spiegel" und anderwärts erfahren und sprachgewandt gewarnt. Er wußte (bzw. weiß) Bescheid. Nach der Frage des „Spiegel", „was würde passieren, wenn Sie morgen auf dem Flughafen von Lagos ankämen?", entspann sich folgendes Antwort- und Frage-Spiel. Soyinka: „Ich bekäme einen Empfang mit rotem Teppich, und der würde direkt vom Flugfeld in den Kerker der Staatssicherheit führen – in das Gefängnis an der Obafemi-Awolowo-Straße, das die Junta beschönigend ‚Regierungsanbau' nennt. Von dort ginge es zum Militärtribunal. Der Richter würde schnell feststellen, daß ich irgendwann in den vergangenen zwei Jahren mit jemandem gesprochen habe, der zu den sogenannten Putschisten gehört." Spiegel: „Das würde ausreichen, um Sie zum Hochverräter zu stempeln?" Soyinka: „O ja, solche Prozesse dauern nicht länger als eine halbe Stunde und enden mit dem Urteil lebenslang, wenn nicht mit der Todesstrafe." Nach dem Sinn wirtschaftlichen Boykotts gefragt, den Soyinka stark unterstützt, kehrt er sich gegen die „stille Diplomatie", kritisch auch an die Adresse Mandelas gerichtet, und formuliert: „Der Mann (Abacha, AD) hört nicht auf diplomatische Floskeln, sondern reagiert allenfalls auf Drohungen mit handfesten Sanktionen. Und dabei sollten die Nationen Afrikas den Anfang machen." Letztere taten's nicht, vom Westen nicht zu reden.

Die menschenrechtlich „unmögliche" Situation in Nigeria reicht jedoch nicht weit zurück und nimmt ihren Ausgang spätestens – wenn man nicht bei der Art der britisch verantworteten Staatsgründung und bei der Art der Entkolonialisierung bzw. „Emanzipation" 1960 ansetzen will – 1967/68, als der einseitig und mörderisch beendete Krieg gegen das „abtrünnige" Biafra nicht zu notwendigen Konsequenzen in der politisch-ökonomischen Verfassung geführt hat. Stanley Diamond, amerikanischer Anthropologe mit intimer Kenntnis Nigerias, formulierte wenig später: „Nigeria ist jedenfalls nicht als eine Nation zu bezeichnen. Es stellt die Verkörperung einer politischen Idee dar, die mit fremden Waffen erzwungen worden ist. Die Fülle der diversen Bevölkerungsgruppen (the variety of peoples) innerhalb seiner Grenzen werden weiterhin versuchen, sich zu arrangieren. Vielleicht wird sogar die formale Struktur der Verfassung in

Richtung einer Konföderation geändert ... (das geschah nicht, der Einheitsstaat blieb, WDN), eine sich selbstbestimmende afrikanische Gesellschaft, die aus den Quellen ihrer eigenen Tradition schöpft, wird es jedoch nicht werden." (Stanley Diamond, 1970)

Einige wenige Facetten der näheren und ferneren Hintergründe, die man kennen muß, um sich nicht abstrakt emotional zum Mord an Ken Saro-Wiwa zu verhalten, und die entsprechende Konsequenzen auch in Sachen menschenrechtliches Verhalten nahelegen, will ich in sachlich untunlicher Kürze apostrophieren.

I. Nigeria. Stanley Diamond hat an anderer Stelle nachdrücklich darauf hingewiesen, daß „Afrika der Erdteil des Globus ist, der die größten Unterschiede in sich birgt" (Diamond 1966). Diese allgemeine Feststellung zur Fülle afrikanischer Besonderheiten gilt insbesondere für die hochgradig künstliche Einheit Nigeria. „250 ethnolinguistische Gruppen, also ca. 30 % von den 800 Gruppen, die man in Afrika zählt, sind innerhalb Nigerias zu finden." (Vergleiche Ken Saro-Wiwas Ogoni, zu denen etwas mehr als eine halbe Million Menschen zählen.) Deswegen wird das „nigerianische System", wie Chudi Uwazurike jüngst schrieb, „trotz einer ein Jahrhundert lang anhaltenden Verstädterung nach wie vor geographisch durch Ethnizitäten bestimmt. Begriffe wie ,citizenship' (Staatsbürgerschaft) werden in ethnischen, auf die Vorfahren bezogenen Ausdrücken verstanden." (s. Chudi Uwazurike 1996)

Ob man diese Pluralität, die in der Tradition gründet, „Spiegel"-gleich (s. das oben zitierte Gespräch mit Wole Soyinka) als „das Grundübel Afrikas" bezeichnen darf? Jedenfalls haben es die in diesem Falle britischen Kolonisatoren genau als ein solches Herrschaftsübel (als Übel, um herrschen zu können, nicht als Übel, daß geherrscht wird, versteht sich) verstanden und entsprechend ihren Kunststaat geschaffen, die Bevölkerungsgruppen je nach Unterwerfungsnähe höchst verschieden berücksichtigend. Das koloniale Erbe dominiert bis heute negativ, weil es neokolonialistisch und neoklassisch, sprich im Sinne der kapitalistisch hochvermachteten Weltökonomie fortdauernd bestätigt und bestärkt worden ist. Der Versuch, „Tradition" und „Innovation" gerade hinsichtlich der besonderen afrikanischen und der noch einmal besonderen Situation im Umkreis des heutigen Nigeria zu verbinden, wurde nicht einmal unternommen, oder dort, wo es 1966/67 Ansätze dazu gab, von den Nordnigerianern mit weltweiter Hilfe von England über die USA bis zur seinerzeitigen Sowjetunion unterbunden. Was Wunder, daß das Militär seit Jahrzehnten eine herausragende Rolle spielt; was Wunder, daß die regierungsamtliche Korruption dafür sorgt, daß ein aufgeblähter Staatsapparat („swollen state") sich mit Hilfe eines Systems der Repression und der Vergeudung aller geographisch ungleich verteilten, jedoch üppigen Ressourcen am Ruder hält, obgleich das Land dadurch verarmt und durch krasse Ungleichheiten ausgezeichnet ist (vgl. zu einigen Aspekten Eudora Chikwendu, 1996).

II. Modernisierung. Hier ankert auch die Schreibtisch- und Phantasiemangel-Schuld (pardon für das Begriffsungetüm) der überwiegenden Zahl westlicher oder westlich geprägter Sozialwissenschaftler. Seit Jahrzehnten wird mit zuweilen sachten Modifikationen prinzipiell nur ein Entwicklungsmuster propagiert, obgleich die gleichfalls erneuerten Versprechen mit Hekatomben und Aber-Hekatomben humaner Opfer und mit verpfuschten sozialen Strukturen noch und noch bezahlt worden sind und weiterhin bezahlt werden. Der Zusammenbruch des seinerseits modernisierungsfixierten „realen Sozialismus", wenngleich derselbe „seine" Modernisierung staatskapitalistisch zu betreiben suchte, hat nicht zur endgültigen Revision des Modernisierungsmusters (und nicht nur einzelner Prozeduren) geführt, sondern die „nachholende Modernisierung" taufrisch aus dem sozialwissenschaftlich-herrschenden Kühlschrank holen lassen.

Der konzeptionelle (und „wissenschaftlich"-methodologische) Imperialismus reicht tief in die Kolonialgeschichte zurück. Siehe sein Produkt Nigeria. Und dieser Imperialismus wurde mäßig sublim fortgesetzt, seitdem Nigeria als unabhängiger Staat aus den kolonialen Fängen entlassen wurde und für sich selbst verantwortlich ist. Aber: was heißt schon „entlassen", was heißt schon „selbstverantwortlich" in dieser hochgradig vermachteten Welt, in der es den „autozentrierten", nämlich an die eigenen Voraussetzungen anknüpfenden, mit einem anderen politisch-ökonomischen Organisationsmuster arbeitenden Weg eben nicht gibt. Stanley Diamond kritisierte in seinem Biafra-Artikel 1970 die aufgeherrschten Versäumnisse – heute in entsprechend modifizierter Weise unvermindert gültig – wie folgt: „Die sowjetische Unfähigkeit, die Eigenart und die Bedeutung nationalen Bewußtseins in Afrika zu begreifen, wird von den Briten und den USA geteilt. Letztere unterstützten fortdauernd das Konzept einer nigerianischen Föderation mit einem grausamen, abstrakten und ignoranten Enthusiasmus. Die interessiert einseitigen Vorstellungen westlicherseits gehen auf in geschriebenen, kollektiv geltenden Verfassungen und Dokumenten; sie sind formalistisch; sie werden von oben nach unten durchgesetzt. Sie begreifen andere nationale und kulturelle Ausdrucksformen nicht, die sich von bloßen patriotischen Appellen unterscheiden, die dem politischen Überleben gelten."

III. Altneue Weltordnung, Afrika, Nigeria.

a) Shell. Die negative Rolle des Shell-Konzerns, der vor allem Nigerias üppig fließendes schwarzes Gold ausbeutet, ist vielfach beschrieben worden. Vor allem von Ken Saro-Wiwa selbst. Insofern hat Rowohlt den etwas reißerischen Untertitel „Nigeria und Shell" mit einem gewissen Recht hin-

zuerfunden. Freilich: es handelt sich nicht um „Nigeria" gegen Shell, sondern um Shells herrschaftskonforme und zugleich ökologisch schädliche Rolle.

In einem Leserbrief von Christopher Roth aus Seattle, USA, der im „economist" (Ausgabe Ende Dez. 95/Anfang Jan. 96) abgedruckt worden ist, heißt es zutreffend:

„Shell betreibt nicht infolge eines ‚schlimmen Zufalls' seine Interessen in einem despotischen Land. Es ist selbst ein Agent der nigerianischen Regierung und ihrer Unterdrückung von Minderheiten." Diese Feststellung wird vom „economist" zwei Nummern vorher bestätigt: „Unabhängig von seinen letzten Investitionen ist Shell in Nigeria stark präsent. Es ist der größte Ölproduzent des Landes; und die Ölproduktion wirft 80 % der Einnahmen der Regierung ab, die meist unterschlagen, jedenfalls fast immer falsch ausgegeben werden. Shell kann nicht behaupten, keinen politischen Einfluß auszuüben." („Multinationals and their morals") Allerdings fährt der „economist" „realökonomisch" und „realpolitisch" fort, die Jungenstreich-Ausrede, die das Verhalten der meisten, groß und klein, noch mehr beeinflußt als das vielzitierte St. Florians-Prinzip, entschuldigend einzuführen: Die anderen verhalten sich doch genauso oder verhielten sich so, wenn sie könnten. Die anderen multinationalen Konzerne in diesem Falle, die ihre menschenrechtlichen Erwägungen, wenn sie denn angestellt würden, konkurrierend zerreiben. Außerdem – und auch hierauf kann sich der wortviel, aber argumentationsschwach verteidigende Konzern berufen, außerdem – wo bleiben denn die großverantwortlichen Regierungen bis zu der Südafrikas?

b) Und die westlichen Regierungen. Den Grundton derselben vermittelt ein Editorial der New York Times vom 27. März 1995: „TransAfrica", so heißt es in demselben, „will, daß ein internationaler Boykott des nigerianischen Öls organisiert werde. Das wäre eine zu drastische Maßnahme gegen ein Land, das die Sicherheit (offenkundig ist nicht nur die militärische Sicherheit gemeint, AD) der Vereinigten Staaten nicht bedroht."

Diesen Grundton verstärkt ein Bericht des „economist" vom 28. Oktober 1995: „Ruhige Diplomatie hat dabei versagt, den nigerianischen Militärherrscher, Sani Abacha, davon zu überzeugen, rascher Neuwahlen anzusetzen. Diese sind nun seit drei Jahren verschoben worden. Die britische Regierung beschränkte sich darauf, festzustellen, sie sei ‚enttäuscht'. Privat räumen Vertreter der britischen Regierung ein, dieselbe ziehe eine starke Regierung einer demokratischen vor. Das alles um willen der britischen Investitionen in der nigerianischen Ölindustrie."

So wundern die Konsequenzen der meschenrechtlich global vorreitenden westlichen Staaten nicht. Erneut im „economist" vom 9. Dezember

1995, also gerade einen Monat nach Ken Saro-Wiwas regierungsamtlicher Ermordung, heißt es: „Die Briten reden davon, ‚ihre Botschaft rüberzubringen'; die Amerikaner ‚suchen Wege um Druck auf das Regime auszuüben, wollen indes zugleich im Dialog mit ihm bleiben'. ... Wie ernsthaft beschäftigen sich Europäer und Amerikaner mit nigerianischen Problemen? Sie schließen ein Ölembargo nicht aus; sie schieben diese Frage nur an den Sicherheitsrat der UNO ab; sie wissen, daß er dort keine Erfolgschance hat. Die Europäer haben einige beiläufige Maßnahmen gegen Nigeria ergriffen, wie Sportkontakte zu unterbrechen, Visa für Mitglieder des Regimes nur zögerlich auszustellen, nigerianische Militärattachés auszuweisen und ihre eigenen zurückzuziehen. General Abacha kann aufatmen: der Vertreter von Vickers, dem britischen Waffenunternehmen, das im März einen 280 Millionen Pfund teuren Handel abschloß, lebt nach wie vor in Lagos." (s. economist unter dem ironischen Titel „Sanctions, lies and videotape")

Postscriptum zum Regierungsverhalten, für das ansonsten Karl Kraus' Bemerkung gilt: man muß diese Regierungen und ihre Vertreter nur zitieren, das ist fundamentale Kritik genug. Auf jede Tragödie folgt bekanntlich eine, meist folgen mehrere Farcen. Die „Frankfurter Rundschau" vom 30. April 1996 berichtet, daß das „Gewissen Nigerias", Ex-Staatschef Obasanjo, geehrt worden sei. Helmut Schmidt werde die Laudatio halten. „Der frühere Bundeskanzler Helmut Schmidt, der seit 20 Jahren mit Obasanjo befreundet ist, forderte nach dem Urteil (Obasanjo ist letztes Jahr verhaftet und in nigerianischer Justiz zu lebenslanger Haft verurteilt worden, AD) einen Ölhandelsboykott, um die nigerianische Militärjunta unter Druck zu setzen – eine erstaunliche Forderung, weil Schmidt zu Zeiten, als er die Richtlinien der deutschen Politik bestimmte, Boykottmaßnahmen gegen Südafrika vehement ablehnte." No further comment!

c) Apropos NGOs, hier Greenpeace (s. ansonsten vor allem Roland Roths Artikel im Schwerpunktteil dieses Jahrbuchs). Ich kann hier Wort für Wort Joachim Wille und seinem Kommentar in der „Frankfurter Rundschau" vom 16. November 1995 folgen („Eine andere Tankstelle?"): „Der wahre Grund aber liegt tiefer und ist weitaus bedenklicher (daß Greenpeace trotz Shell in Nigeria und trotz der durch Shell dort bewirkten Umweltzerstörungen keinen Finger rührte, um den Mord an Ken Saro-Wiwa abzuwenden, AD): Die Chance, eine breite Öffentlichkeit mit dem Stichwort Saro-Wiwa und dem Menschenrechts- und Umweltdesaster im fernen Nigeria zu Aktionen, und seien es auch noch so symbolische, zu bewegen, wurde realistisch eingeschätzt. Sie war gleich Null."

„Ein gespaltenes Bewußtsein", so setzt J. Wille fort: „Eine vergammelte Ölstation, als Sinnbild für die Ex- und Hopp-Mentalität der Industriegesellschaften brauchbar, erregt die Herzen. Ein despotisches Urteil gegen einen Schriftsteller, der die menschen- und umweltverachtenden Chancen bei der Gewinnung des Treibstoffs für eben diese Industriegesellschaft publik machte, setzt bei vielen nicht einmal das Hirn in Bewegung. Ist es nur die Entfernung – hier die Nordsee vor der Haustür, dort das nicht einmal im Urlaubsprospekt ausgewiesene Niger-Delta –, die die Wahrnehmung selbst in unserem globalen Dorf verzerrt? Oder ist es der Fluch der TV-Demokratie? In ihr gibt es offenbar keine Chance für Bewußtseinsbildung, geschweige denn Aktion, wenn die dramatischen Bilder fehlen, die Inszenierung nicht stimmt. Keiner zog Ken Saro-Wiwa medienwirksam durch die Nordsee, keiner veranstaltete ein Wasserwerferspektakel mit ihm. Erst der barbarische Akt selbst, der ihn und 8 Mitstreiter ins Jenseits beförderte, schaffte etwas Öffentlichkeit für Nigerias ‚innere Angelegenheiten‘!"„Ja, so steht es mit der neuartigen weltweiten ‚Subpolitik‘, die die eilfertigen sozialwissenschaftlichen Wortschmiede aus Leichtplastik in Sachen Brent Spar in tiefgründigem Modestil, als hätten sie nur darauf gewartet, sogleich entdeckten." Dirk Kurbjuweit hat diese hohle Euphorie zurecht aufgespießt (in „Die Zeit" vom 17. 11. 1995 „Die Robben sind uns näher". Das Dossier in derselben „Zeit" von Kurbjuweit u.a., „Shell & Co. bringen uns um", enttäuscht allerdings. Die international-globale Komponente und „die Schuld" der demokratisch-menschenrechtlichen Verfassungsstaaten des Westens samt ihrer menschenrechtlich demokratisch regierenden Ökonomie werden gänzlich ausgespart.)

IV. Sind irgendwelche Lösungen in Sicht? Darüber läßt sich nur reden unter dem Sprichwort der Yorubas, das der intime Afrikakenner und Liebhaber Basil Davidson seinem letzten Buch „The Black Man's Burden. Africa and the Curse of the Nation-State" (1992) als Motto beigegeben hat: „Selbst Gott ist nicht weise genug ..."

Wollte ich mich anheischig machen, begründete Vorschläge wenigstens in der Richtung stimmig zu unterbreiten, müßte ich, versteht sich, erheblich weiter ausholen – auch Davidsons Sicht, soweit sie nigerianisch einschlägig ist, erörternd, Informationen hinzunehmend, wie sie schrecklich aus Burundi/Ruanda und erneut der westlichen menschenrechtstollen Welt herhallen, u.v. a.

Ich will mich darauf beschränken, Ken Saro-Wiwas Botschaft vor allem in einem Aspekt noch einmal wiederzugeben. Diese Summe der Einsichten seines Lebens ist nicht nur in seinem letzten Buch zu finden. Spaßvoll ob seines Humors und seiner Ironie ist diese Botschaft, ohne je dick aufgetragen zu werden und ohne jeden dogmatischen Anflug, auch dichterisch verfremdet in all seinen Geschichten, Romanen und Theaterstücken trefflich formuliert (leider ist nur das letzte Buch in Deutsch zu haben). Diese Botschaft, von ernstzunehmenden Anthropologen und Afrikakennerinnen und -kennern noch bestätigt, besteht darin, die afrikanische, hier

die nigerianische Pluralität zu unterstreichen. Es handelt sich im Unterschied zum westlichen Pudding-Pluralismus verschiedener, allemal ökonomisch nivellierter, jedenfalls monetär ausdrückbarer Interessen und Geschmäcker um eine Pluralität traditionsgebundenen Fürsich- und Andersseins. Die Pluralität ist deshalb gesellschaftsgebunden (kollektiv), und sie ist ebenso landgebunden. Diese historisch existentielle Pluralität, eben kein „-ismus", darf selbstredend nicht idealisiert werden. Sie ist außerdem heute nur noch vielfach, vor allem durch die westliche Kolonisation überlagert und zerschlagen vorzufinden. Außerdem dauert diese Überlagerung und Zerschlagung an. Stanley Diamond sprach nicht ohne Grund von Elementen eines „cultural genocide" (vgl. Parallelen in Gesamtamerika, den Umgang mit den Indianern bis heute).

Es war und ist abgrundtief falsch, den afrikanischen, hier den nigerianischen Verstaatlichungs- und Kapitalisierungsprozeß rücksichts- und gewissenlos voranzutreiben. Darin besteht in der Tat in mehr oder minder sublimen und mehr oder minder direkt/indirekten Formen ein anhaltender Kolonialisierungsprozeß. Vielmehr lohnte es auch zu dieser entwicklungsgeschichtlich vergleichsweise späten Stunde, andere Formen der Gesellschafts- und Politikorganisation zu versuchen, ohne Nigeria (oder mutatis mutandis andere afrikanische Länder) einen Ort außerhalb der Konkurrenz, und das hieße heute einen Ort irgendwo abseits, in jeder Hinsicht marginal und trotzdem den Schwemmgütern der globalen Moderne ausgesetzt, zuweisen, zumuten zu wollen. Die Globalisierungsprozesse vermitteln leider penetrant ohne Ausnahme. Eine solche politisch und auch ökonomisch ungleich pluralere Verfassung – entgegen dem ohnehin überholten Einheitsfetischismus des Nationalstaats – entspräche nicht nur eher den afrikanischen Traditionen und erlaubte daran anknüpfende Innovationen. Ein solches Experimentieren mit anderen Verfassungstypen im weitesten Sinne im 21. Jahrhundert, da sich im 20. der europäische Nationalstaat im wörtlichen Sinne zu Tode gerannt hat, wäre über Afrika hinaus von Interesse, will man den zukünftigen organisatorischen Problemen in Politik, Ökonomie und Kultur in Europa, Amerika und global auch nur einigermaßen entsprechen. Sonst wird der circulus belliciosus der Herrschafts- und Verteilungskämpfe anhalten, wenn nicht sich globalisierend schneller drehen. In diesem Sinne haben uns Ken Saro-Wiwa u.a. viel mehr in unserem eigenen engen Interesse zu sagen, als westwärts zukunftsborniert angenommen wird.

„Wer tötete Biafra?" fragte Stanley Diamond vor mehr als einem Vierteljahrhundert. Für ihn stand fest: die Täter waren hintergründig und z.T. auch vordergründig die im Kalten Krieg einander opponierenden, in der Fixierung auf Staat und economies of scale, auch in ihrem expansiven Herrschaftsinteresse miteinander konvergierenden großen Mächte der Gegenwart.

Wer mordete Ken Saro-Wiwa (und seine acht Gefährten)? Die Antwort auf die unmittelbaren Täter und ihre Auftraggeber fällt leicht. Da fehlte nicht viel, eine neue moralisch-menschenrechtliche Ausweich- und Sackgasse, daß verlangt würde, die unmittelbaren Täter dem/einem Weltgerichtshof zu überstellen. Wenn indes die Hinterleute, die Hintergründe herausgefunden werden sollen, dann sind die westlichen Länder, dann sind die Länder des Commonwealth, dann ist selbst das gottseidank neue Südafrika an der Reihe. Und damit sind's auch wir.

Stimmt dieser kaum bestreitbare Eindruck, dann gilt, wie dies auch menschenrechtlich in anderen Hinsichten zutrifft: Wir müssen zwar alles tun, menschenrechtlich als „Worldwatch" zu fungieren (so der Name einer amerikanischen Institution). Wir müssen dies jedoch mit einer doppelten Aktivität und Aufmerksamkeit verbinden. Zuerst gilt immer: um auf die nigerianischen Zustände Einfluß zu nehmen, müssen wir die Bundesrepublik und die EU zuerst beeinflussen, deren Politik und Ökonomie. Zusätzlich gilt: Es ist menschenrechtlich mehr und mehr ungenügend, sich punktuell auf einzelne Missetaten von Regierungen zu konzentrieren. Notwendig ist es, das Regierungs- und Ökonomiesystem, das solche Missetaten noch und noch produziert, mit in den Blick zu nehmen. Und über Möglichkeiten öffentlich zu diskutieren, wie solchen systematischen Menschenrechtsverletzungen abgeholfen werden kann. So kommen Ken Saro-Wiwa und diejenigen, die ihm schlimmerweise schon gefolgt sind oder folgen werden, nicht aus dem Blick, so werden wir ihrer erst in der ganzen Konkretion der Untaten inne.

Ken Saro-Wiwa
Das Wahre Gefängnis

Es sind nicht die Dachrinne, die tropft

Nicht die singenden Mosquitos

In der feuchten, elenden Zelle.

Es ist nicht der Klang des Schlüssels

Während der Wärter dich einsperrt.

Es sind nicht die erbärmlichen Rationen

Unzureichend für Mann wie Tier

Noch die Leere des Tags

Verbunden mit der endlosen Nacht

Es ist nicht

Es ist nicht

Es ist nicht

Es sind die Lügen getrommelt

In deine Ohren seit einer Generation

Es ist der Sicherheitsagent, der Amok läuft

Schale, unglückselige Befehle ausführend

Im Austausch für ein kärgliches Mahl einmal am Tag

Die Richterin, die in ihrem Buch notiert

Wissend, daß die Strafe zu Unrecht erfolgt

Die moralische Hinfälligkeit

Gedankliche Unfähigkeit

Die der Diktatur den Anschein von Legitimität liefert

Feigheit, die sich als Gehorsam maskiert

Die in unseren verunglimpften Seelen herumschwärt

Es ist die Furcht vor feuchten Hosen

Darum wagen wir unseren Urin nicht auszuwaschen

Es ist nicht

Es ist nicht

Es ist nicht

Lieber Freund, das unsere freie Welt verkehrt

In ein trostloses Gefängnis.

Anmerkungen:

Ken Saro-Wiwa, 1995: A Month and a Day. A Detention Diary, London (dt. 1996)
Ken Saro-Wiwa, 1989: Prisoners of Jebs, Ewell Epson England.
Ken Saro-Wiwa, 1991: Pita Dumbrok's Prison, Saros International Publishers, London, Lagos.
Eudora Chikwendu, 1996: Authoritarian vs. Popular Aspirations for Democracy in Nigerian Politics, in: Dialectical Anthropology Vol. 21 No. 1, March 1966, S. 21-46.
Basil Davidson, 1992: The Black Man's Burden, New York.
Stanley Diamond, 1966: Introduction: Africa in the Perspective of Political Anthropology, in: ders. zus. mit Fred G. Burke (eds): The Transformation of East Africa, New York.
Ders., 1970: Who killed Biafra?, in: The New York Review of Books, vom 26. 2. 1970, S. 17-27.
Chudi Uwazurike, 1996: Ethnicity, Power and Prebendalism: The Persistent Triad as the Unsolvable Crisis of Nigerian Politics, in: Dialectical Anthropology Vol. 21 No 1, March 1996, S. 1-20.

Zeitgeschehen

Wolf-Dieter Narr

Grundrechte, Rechtsstaat, Verfassungsgericht und Realpolitik. Am Exempel Grundrecht auf Asyl und seiner Todesbeurkundung durch das Bundesverfassungsgericht.

Ein anderer Verfassungskommentar samt praktischen Schlußfolgerungen

„Denn der Schutz der Grundrechte und die Kontrolle, ob gesetzliche, behördliche und gerichtliche Entscheidungen dem Maßstab der Verfassung standhalten, gehört zur ureigenen Aufgabe der deutschen Verfassungsgerichtsbarkeit." (aus dem Minderheitenvotum zum Urteil des Bundesverfassungsgerichts in Sachen „Sichere Herkunftsstaaten" von Jutta Limbach)

Der 2. Senat des Bundesverfassungsgerichts hat am 14. Mai 1996 für Recht erkannt,

– daß Art. 16 a Abs. 2 GG rundum mit dem Grundrecht „Politisch Verfolgte genießen Asylrecht" übereinstimme. Wer aus als sicher erklärten Drittstaaten flieht, hat keine Asylchance in der Bundesrepublik;

– daß Art. 16 a Abs. 3 GG gleicherweise das Grundrecht „Politisch Verfolgte genießen Asylrecht" nicht gravierend einschränke. Wer aus einem sog. sicheren Herkunftsland anreist, kann im Flugumdrehen bzw. an der Grenze verfahrenslos zurückgeschoben werden;

– daß Art. 16 a Abs. 4 GG das Grundrecht „Politisch Verfolgte genießen Asylrecht" nicht beschneide.

„Offensichtlich unbegründete" Asylbegehren bedürften nicht des üblichen Verfahrensschutzes; die sog. Flughafenregelung und der dort drastisch eingeschränkte Bewegungsraum derjenigen, die Asyl begehren, bedeute keine Freiheitsentziehung.

Fazit: Der seit 1. 7. 1993 geltende verfassungsgeänderte Art. 16 a GG ist verfassungskonform, folgt man dem Bundesverfassungsgericht als grundgesetzlich vorgesehenem Hüter der Verfassung.

Das ist mehr als eine skandalöse Entscheidung. Urteile des Bundesverfassungsgerichts verdienten auch früher schon zuweilen heftige Kritik. Nicht, weil dieselben dem einen oder anderen Interessenten insbesondere unter den etablierten Mächten nicht in den Kram paßten. Vielmehr waren Urteile kritisierenswert, weil ihnen ein problemangemessenes Grundrechts- und Demokratieverständnis mangelte. Die verfassungsgerichtliche Urteilsgrundlage und ihre Kriterien ließen desöfteren zu wünschen übrig. Nicht selten trat das Verfassungsgericht als Ersatzgesetzgeber auf. Vergleiche viele der trefflichen Minderheitenvoten der seinerzeitigen Verfassungsrichterin von Brünneck, der Verfassungsrichter Simon, Rupp u.a. Man denke nur an die Urteile zur lebenslangen Freiheitsstrafe, das Urteil zum Berufsverbot, die diversen höchst interessierten und inkompetenten Einlassungen des Gerichts zum § 218 StGB, das sog. Hochschulurteil und das kurz zurückliegende Urteil zu Bundeswehreinsätzen, die nicht strikt der Verteidigung der Nato-Staaten dienen, u.ä.m.

Neben solchen grundrechtlich-demokratisch ärgerlichen Urteilen gibt es indes auch Urteile, die den an sie gestellten Forderungen eher genügen. Dieselben profilierten die Rolle, die das Verfassungsgericht im System der Gewaltenteilung insbesondere gegen eine ausufernde Exekutive spielen kann. Man denke nur an die verfassungsgerichtliche Kür des „informationellen Selbstbestimmungsrechts" jeder Bürgerin und jedes Bürgers; daran, daß das Bundesverfassungsgericht Art. 8 GG, also das Demonstrationsrecht, in seiner zentralen demokratischen Bedeutung insgesamt trefflich begründet hat, oder jüngst an das sog. Kreuz-Urteil, das nichts anderes, aber auch nichts weniger tat, als die Konsequenzen einer notwendig säkularen grundrechtlichen Demokratie zu ziehen (nota bene auch Konsequenzen, die sich theologisch klar und eindeutig begründen lassen – entgegen dem Geschrei vieler Möchtegern-Kirchenvertreter).

Summa summarum: Die Entscheidungen des Verfassungsgerichts kennzeichnet über die Jahrzehnte hinweg eine doppelte Ambivalenz: Zum einen werden die Verfassungsrichter ihrer prinzipiellen Aufgabe, die norma normans der Verfassung insgesamt zu schützen, also die grundrechtlich-demokratischen Qualitäten des Grundgesetzes nicht je und je bis zur Unkenntlichkeit verwässern zu lassen, kurz dem okkasionellen Dezisionismus, zu deutsch: dem opportunistischen Populismus von Legislative und Exekutive einen eichernen Riegel vorzuschieben, nur ab und an gerecht. In ihren Urteilsgründen verheddern sie sich nicht selten selbst bei insgesamt akzeptablen Urteilen im vorgrundrechtlichen und vordemokratischen Morast überkommener und erneuerter exekutivischer Staats- und Strafrechtslogiken. Zum anderen erfüllt das Bundesverfassungsgericht seine Funktion im Rahmen der Gewaltenteilung nur zu einem Teil. Auch dort, wo seine Urteile Verfassungsgrund besitzen, ist es in Gefahr, strittige Probleme zu depolitisieren nach dem Motto: Karlsruhe hat gesprochen, die Sache ist erledigt.

Die Entscheidung vom 14. Mai 1996 bedeutet mehr als ein skandalöses Fehlurteil in einem Fall. Es signalisiert ein Strukturdefizit verfassungswirklicher und verfassungsrechtlicher Art. Das tut es zuerst um des Gegenstands willen, dem die Entscheidung gilt. Diese nun „wieder"-(!)vereinigte Bundesrepublik, die Nachfolgerin des nationalsozialistischen Deutschlands, hat die in ihrer Verfassung schon allzu sparsam normierte Botschaft, Grund- und Menschenrechte üppig zu verwirklichen, im Prozeß der „Normalisierung" taub werden lassen. Und das zuerst und besonders, indem ein grundrechtliches Juwel des Grundgesetzes, Art. 16 II GG, seit 1. 7. 1993 zu Art. 16 a GG mißgestaltet wurde. Daß das Bundesverfassungsgericht diesen Akt legislativer Mißgestaltung eines Grundrechts abgesegnet hat, daß es die Mißgeburt des Art. 16 a GG in den dadurch neuen Grundrechtskatalog aufgenommen hat, ist nur auf schwierigen Umwegen zu verstehen, von meinem persönlichen Unverständnis zu schweigen, daß Angehörige meiner noch im Nationalsozialismus geborenen Generation so machtversessen und machtvergessen handeln können. Und die Art, wie Art. 16 II GG zu Art. 16 a GG „transformiert", genauer „transsubstantiiert", nämlich qualitativ verwandelt worden ist, strahlt notwendigerweise auf die anderen Grundrechtsartikel aus – von den nun höchstrichterlich beweihräucherten Mißhandlungen der Asyl Suchenden zu schweigen.

Das Mai-Urteil des Verfassungsgerichts zeitigt darüber hinaus dauernde Folgen, weil es bekundet, wie eine wichtige Institution selbst abdankt: Das Bundesverfassungsgericht. In einem Akt der Proskynese, zu deutsch: der Anhündelung vor der Realpolitik derjenigen, denen wir den „Asylkompromiß" verdanken. Realpolitik, ein Begriff aus der Zeit nach 1848 (Karl Ludwig von Rochau als sein erster Formulierer), meint hierbei eine Politik, die sich gegen alle normative Orientierung (alle „Ideale") strikt an bornierten Machtinteressen ausrichtet. „Asylkompromiß" wird der Art. 16 a GG nicht deswegen genannt, weil das zuvor prinzipiell unbeschränkt geltende politische Asylrecht als subjektiver Anspruch (Art. 16 II GG) kompromißhaft eingeschränkt worden wäre. Der Art. 16 a GG kompromittiert vielmehr das bis dahin geltende Asylrecht bis zur Unkenntlichkeit. Der Ausdruck „Kompromiß" macht allein auf die sich zusammenraufenden Parteien aufmerksam, die danach die Verfassung änderten. Ihr gegenseitiges Mißtrauen in der Konkurrenz um die positionellen Bonner Fleischtöpfe machte den „Kompromiß" so schwierig. Vor diesem realpolitischen Kompromiß steht nun das Bundesverfassungsgericht stramm. Es versieht denselben mit dem Ausrufezeichen grundrechtsgemäßer Normativität. Welch ein Fehlverhalten einer Verfassungseinrichtung insgesamt.

Obwohl das Verfassungsgericht sich in und mit diesem Urteil exekutive-verbunden selbst aufgehoben hat, wird es selbstredend weiter bestehen und entscheiden. Es wird weiter grundrechtlich gare, halbgare und rohe Urteile fällen und slalomhaft begründen. Und doch gilt: Seit dem 14. Mai 1996 haben sich die hauptsächlichen Institutionen der Verfassungswirklichkeit weiter verschoben. Der mangelnde Mut der Verfassungsrichterinnen und -richter, sich ihres eigenen, grundgesetzlich systematisch begründeten Verstandes zu bedienen, rächt sich. Das Eigengewicht und der Eigensinn des Verfassungsgerichts sind im Notfall als „quelque nulle" zu bewerten, wie Montesquieu schon über die Dritte Gewalt insgesamt urteilte. Sie stellen keine Balance wider die extremistische Realpolitik des exekutiv-legislativen Tandems dar.

Mit dieser Kennzeichnung der Entscheidung vom 14. 5. 1996 könnte es schon sein Bewenden haben. Enttäuscht wurde die Hoffnung, das Gericht werde wenigstens ein wenig bei seinen Leisten bleiben (nur Jutta Limbach und Ernst-Wolfgang Böckenförde können in ihren, allerdings nur Teilbereichen der Entscheidung geltenden, Minderheitenvoten behaupten, ihren verfassungsrichterlichen Beruf nicht gänzlich verfehlt zu haben). Die bornierte Arroganz und arrogante Borniertheit bundesdeutscher Machtvertreter wurde bestätigt und verfassungsgerichtsauratisch verstärkt. Damit wurde der Kampf gegen den „Asylkompromiß" insgesamt und im Rahmen des „Kompromisses" gegen die Art seiner verschlimmbösernden bürokratischen und richterlichen Interpretation erschwert.

Es lohnt jedoch, sich mit der länglichen Urteilsbegründung in all ihrer auf das Ergebnis fixierten Rabulistik auseinanderzusetzen. Einerseits, weil viele Gruppen, die für die Asyl Suchenden eintreten, allzu Karlsruhe bezogen sich hinfort vielleicht weniger trauen. Obgleich mehr Traute vonnöten ist. Andererseits lohnt es, die Urteilsbegründung eigens zu analysieren, weil dieselbe einen höchstrichterlichen Kommentar zur normativ geschmückten Verfassungswirklichkeit der Bundesrepublik darstellt. Gerade wenn man den Kampf um Verfassungs-, den Kampf um Grund-

rechtspositionen führen will und führen muß, gerade dann muß man vorab wissen, in welchem herrschenden Kontext, erfüllt mit welchen herrschenden Meinungen derselbe stattfindet.

Ich will deshalb einige mir besonders wichtig erscheinende Aspekte aus den Leitsätzen und der Urteilsbegründung der dreifaltigen Entscheidung herausgreifen:

1. Durchgehend fällt auf, wie fahrlässig, unachtsam, ja grundrechtswidrig das Verfassungsgericht mit dem bis zum 30. 6. 1993 geltenden Grundrecht auf Asyl verfährt. In dieser achtlosen Fahrlässigkeit besteht geradezu der rote Faden der Leitsätze und der lange gewundenen, jedoch von der petitio principii, sprich dem Ergebnis bestimmten Begründungen. Um diese Fahrlässigkeit zu ermöglichen, müssen die Verfassungsrichter – und hier alle Beteiligten ohne Ausnahme – vor allem Art. 1 Abs. 3 GG, Art. 19 Abs. 2 GG und Art. 19 Abs. 4 GG grob mißachten und verkennen. Nur so ist der 1. Leitsatz Ziffer b) verständlich. „Der verfassungsändernde Gesetzgeber ist auch in der Gestaltung und Veränderung von Grundrechten, soweit nicht die Grenzen des Art. 79 Abs. 3 GG berührt sind, rechtlich frei und gibt dem Bundesverfassungsgericht den Maßstab vor." Konsequent fahren die Verfassungsrichter bzw. die eine Richterin fort: „Das Asylgrundrecht gehört nicht zum Gewährleistungsinhalt von Art. 1 Abs. 1 GG. Was dessen Gewährleistungsinhalt ist und welche Folgerungen sich daraus für die deutsche Staatsgewalt ergeben, ist eigenständig zu bestimmen."

Ist es möglich, daß das Verfassungsgericht seine eigenen Grundlagen, das Grundgesetz und seine Grundrechte, so wenig kennt? Und just die sog. Wesensgehaltsgarantie des Art. 79 Abs. 3 GG wird dazu verwandt, Grundrechte pauschal dem verfassungsändernden Gesetzgeber zur Disposition zu stellen. Welch eine Argumentationsschraube mit grundrechtlich tödlichem Ausgang.

Sehen wir kurz genauer hin. In Art. 1 Abs. 3 GG heißt es: Die nachfolgenden Grundrechte binden Gesetzgebung, vollziehende Gewalt und Rechtsprechung als unmittelbar geltendes Recht." Wohlgemerkt: „... binden Gesetzgebung ...". Was bedeutete noch die „unmittelbare Geltung" der Grundrechte, die große Errungenschaft des Grundgesetzes, wenn der Gesetzgeber oder andere Gewalten in der Lage wären, die Grundrechte von Art. 2 GG bis Art. 19 GG beliebig zu stutzen, gar zu schleifen, nur weil diese Artikel in Art. 79 Abs. 3 GG nicht eigens erwähnt sind? Dann hätte der Grundgesetzgeber sich der arglistigen Täuschung schuldig gemacht; dann bedeutete die unmittelbare Geltung die Geltung eines Nichts; dann wären im übrigen auch die beiden Brückenpfeiler Art. 1 GG und Art. 20 GG ohne Funktion. Sie ragten ohne Verbindungsglieder abstrakt in die Luft. Was sollte noch die emphatische Betonung, die Würde des Menschen sei unantastbar, wenn in den Freiheits-, den Gleichheits- und schließlich den Asylrechten beliebig herumgefuhrwerkt werden könnte? Wie oft hat das Verfassungsgericht selbst betont, daß es sich bei der Demokratie des Bonner Grundgesetzes um eine „wertgebundene" Demokratie handele.

Nicht nur Art. 1 Abs. 3 GG haben die Damen und Herren Verfassungsrichter großzügig übersehen und damit den Sinn der Grundrechte und ihrer unmittelbaren Geltung verkehrt. Auch Art. 19 Abs. 2 GG lassen sie in habituell gewordener Großzügigkeit außer acht. Dort heißt es: „In keinem Fall darf ein Grundrecht in seinem Wesensgehalt angetastet werden." Man lese, bitte, den oben zitierten Leitsatz erneut. Welch ein Widerspruch. In jedem Fall hätte der 2. Senat sich der Mühe unterziehen müssen, klar und deutlich zu zeigen, daß der geänderte Art. 16 a GG nicht dem Wesensgehalt des „alten" Art. 16 Abs. 2 GG widerspricht. Das hätte er freilich selbst mit kühnsten Argumentationssprüngen, die sich auch jetzt geradezu gedankenzirkusreif in der Urteilsbegründung finden, nicht vermocht. Also wird dem Gesetzgeber eine Veränderungspotenz zugestanden, die grundrechtsgemäß nicht des Gesetzgebers ist. Hätte das Verfassungsgericht über die ihm ansonsten eigenen Augen verfügt, das Grundgesetz, hier nur Art. 19 Abs. 2 GG, zu lesen, es hätte die Verfassungsänderung nicht hinnehmen dürfen. Weil aber verfassungswirklich sein muß, was verfassungsrechtlich nicht sein kann, zog sich das in Art. 79 Abs. 3 GG reduzierte „Wesen" des Grundgesetzes zurück und schaffte es damit, die lebendige Geltung der Grundrechte „wesenhaft", sprich im Kern zu schwächen. Demgemäß wird auch mit Art. 19 Abs. 4 GG umgesprungen, als wären die Formen bürgerlicher Rechtssicherung gerade für die Schwächsten der Schwachen, die Asyl Suchenden, nicht von essentieller Bedeutung. Art. 19 Abs. 4 GG lautet: „Wird jemand (sprich alle Menschen, WDN) durch die öffentliche Gewalt in seinen Rechten verletzt, so steht ihm der Rechtsweg offen. Soweit eine andere Zuständigkeit nicht begründet ist, ist der ordentliche Rechtsweg gegeben. ..." Die gesamte Logik des neuen sog. Grundrechtsartikels 16 a GG besteht jedoch genau darin, für die Asyl Suchenden den Rechtsweg möglichst von vornherein zu blockieren; oder wenn der Entzug des Rechtswegs nicht durchsetzbar sein sollte (weil gute Anwälte und mutige BürgerInnengruppen einzelnen Asyl Suchenden, von denen sie erfahren, die überhaupt in die Bundesrepublik kommen, helfen), dann soll Art. 16 a GG und dem Asylverfahrensgesetz gemäß alles getan werden, um den Rechtsweg zu verkürzen und die Art der Rechtsfindung zu disqualifizieren. Der 2. Senat, mit Ausnahme der abweichenden Richterin Limbach und der Richter Böckenförde und Sommer, überschlägt sich geradezu im Verständnis der exekutivischen Belange auch entgegen seiner eigenen Zuständigkeit. Im Kontext der sog. Flughafenregelung und der Frage des zusätzlichen Rechtsschutzes mit dem Mittel der Verfassungsbeschwerde über das seinerseits eingeschränkte fachrichterliche, also verwaltungsgerichtliche Verfahren hinaus heißt es u.a. (man achte auf die

Sprache): „Auf der anderen Seite fallen schwerwiegende Belange des Gemeinwohls ins Gewicht: Hat der Staat dem Asylgrundrecht Geltung zu verschaffen, das von einer großen Zahl von Antragsstellern in Anspruch genommen wird, so muß er die offensichtlich unbegründeten Asylanträge einer schnellen Erledigung zuführen. Die mit dem Asylverfahren verbundenen erheblichen wirtschaftlichen und politischen Lasten muß er so begrenzen, daß effektiver Schutz vor ernstlich drohender politischer Verfolgung möglich bleibt. Es liegt daher im öffentlichen Interesse, wenn der Staat Maßnahmen ergreift, um so früh wie möglich unbegründete Asylverfahren abzuschließen und dem jeweiligen Antragsteller eine – durch die verwaltungsgerichtliche Klage nicht von vornherein außer Vollzug gesetzte – umgehende Ausreisepflicht aufzuerlegen." Also unterstützt der 2. Senat alle Regelungen von Art. 16 a GG, „insbesondere (von) dessen Absatz 4 … Sie alle dienen dem Ziel einer Verkürzung des Asylverfahrens. Folge dieser verfassungsrechtlichen Beschleunigungsmaxime ist notwendig eine Modifizierung des fachgerichtlichen Rechtsschutzes …". Sprich: die Verwaltungsgerichte werden auf einen „Eilrechtsschutz" getrimmt. Gegen diesen verkürzten Rechtsschutz ist der Mehrheitsmeinung nach in der Regel keine zusätzliche Verfassungsbeschwerde möglich. Die doppelte Verkürzung des Grundrechts auf Asyl wird demgemäß zugunsten der Exekutive fundamental. Statt Grundrechtseffektivität, darauf hebt das Minderheitenvotum ab, Abschiebungseffektivität. Abgeschobenes Grundrecht.

2. Daß dem Gesetzgeber ein großes Ermessen zuerkannt wird, entspricht der Verfassung parlamentarischer Demokratie des Grundgesetzes. Es ist zu wünschen, daß sich das Verfassungsgericht auch in Fällen daran hält, wo Reformgesetze beklagt werden (etwa vom Freistaat Bayern), die die Grundrechte aller Bürgerinnen und Bürger verbessern.

Die Dehnung des gesetzgeberischen Ermessens dient im Falle des Art. 16 a GG und der ihm nachfolgenden Gesetze und Verordnungen indes nicht einer grundrechtlich zielenden Verrechtlichung. Im Gegenteil. Der Art. 16 a GG und seine den verstümmelten Grundrechtssalat anmachenden Umsetzungsgesetze (die übrigens ihrerseits grundrechtswidrige Verschärfungen enthalten) dienen exklusiv dazu, das weiß und betont auch der 2. Senat, das originäre Grundrecht „Politisch Verfolgte genießen Asylrecht" bis zum symbolischen Rest dieses unveränderten ersten Satzes von Art. 16 a GG auszuhöhlen. Das neue „Grundrecht" stellt insoweit geradezu eine gesetzgeberische Innovation dar, als es zum ersten Mal grundrechtswirksam in der behaupteten Form eines Grundrechtes ein Grundrecht aushebelt. Grundrechtsveränderung als Grundrechtsabschaffung mit symbolischem Schlips. Das, was einfachgesetzlich vor allem im Bereich „Innerer Sicherheit" und neuerdings auch sozialer Sicherheit geschieht, die Entrechtlichung von Bürgerrechten in Form der Verrechtlichung (sub-

172

stantielle Deregulierung in Gestalt neuer Regelung), das hat sich nun so erstmals, weit über die Notstandsgesetze von 1968 hinausgehend, im Hinblick auf die in der Form komplizierte, in der Funktion einfache Veränderung eines Grundrechts ereignet. Grundrechtsändernd werden Grundrechte regelrecht enteignet.

Die grundgesetzlich überdehnte Zuordnung legislativen Ermessens geht noch weiter. Sie hebt die Gewaltenteilung und Gewaltenbalance auf. Zum einen, indem, wie gezeigt, die fachgerichtliche und die verfassungsgerichtliche Kontrolle in starkem Maße unterbunden werden. Zu letzterer wird im Minderheitenvotum von Frau Limbach und der Herren Böckenförde und Sommer das Nötige gesagt. Daß die Verfassungsbeschwerde „dem individuellen Schutz des einzelnen Grundrechts" unverstellt und effektiv dienen müsse. Daß deshalb einstweilige Anordnungen unverkürzt möglich bleiben müssen. Daß es nicht angehe, den verfassungsgerichtlichen Rechtsschutz auf eine hinterher erfolgende „Genugtuung" zu beschränken, die allemal wie die Reue zu spät käme. Daß die individuellen Nachteile, „falls politische Verfolgung" drohe, das (angeblich) infolge eines vorübergehenden Aufenthalts des abgelehnten Asylbewerbers bedrohte Gemeinwohl bei weitem überstiegen. Auch § 36 Abs. 3 AsylVfG verstößt nach korrekter Ansicht der abweichenden Drei gegen das Grundrecht auf Asyl und Art. 19 Abs. 4 GG, kurz gesagt die gesetzgeberisch erlaubte Schlampigkeit verwaltungsrichterlicher Überprüfung sog. ernsthafter Zweifel. Kurzum, die legislative Beschränkung, wenn nicht teilweise Abschaffung der Kontrolle durch die 3. Gewalt wird zu Recht gerügt.

Der verfassungsändernde Gesetzgeber greift jedoch nicht nur in die Kompetenzen der Judikative zum Nachteil der Grundrechte ein. Darüber hinaus schafft er sich selbst quasiexekutive Befugnisse. Der Gesetzgeber soll flächendeckend bestimmen können, welche Staaten als „sichere Drittstaaten" oder als „sichere Herkunftsländer" pauschal zu qualifizieren sind. Und zwar, wie es der 2. Senat mit einem gestelzt verräterischen Begriff ausdrückt, im Sinne einer „normativen Selbstvergewisserung über die Sicherheit im Drittstaat". Welch eine unverantwortliche Chuzpe des Gesetzgebers bzw. des nachäffenden höchsten bundesdeutschen Gerichts und seiner Talarträger. Bei zweitem Hinsehen entdeckt man jedoch schnell, daß der Ausgriff des Gesetzgebers nach exekutivischen Belangen nur einen einzigen Sinn hat: die Willkür der Exekutive durch Pauschalbestimmungen beispielsweise „sicherer Herkunftsstaaten" gesetzeskräftig abzusichern und die Asyl Suchenden mitsamt den Rechtswegen, die ihrer Sache helfen könnten, auszuhebeln. Das ist denn auch des Pudels Kern der durch Art. 16 a GG und seine gesetzlichen Korrelarien bewirkten weiteren Verschiebung im Rahmen der längst allzu schiefen und allzu restriktiven Gewaltenteilung. Der Gesetzgeber und sein Ermessen stellen nichts anderes dar als die Legitimatoren exekutivischen Ermessens. So erst läßt sich die Fülle unbestimmter Rechtsbegriffe verstehen, die schon den als Grundrecht unförmig aufgeblasenen Art. 16 a GG „bevölkern" und vor allem für das Asylverfahrensgesetz, das Asylbewerberleistungsgesetz u.ä.m. gelten.

Was für ein zeitgemäßer, verfassungsrichterlich abgesegneter, ja in seiner gewundenen Rhetorik (aus schlechtem Verfassungsgewissen?) noch verschlimmböserter Kommentar zum herrschenden bundesdeutschen Begriff des Rechtsstaats und seiner Praxis. Der Gesetzgeber ist der Souverän über die Grundrechte. Er mag sie aus angeblichen Gründen des seinerseits unausgewiesenen Gemeinwohls oder weil es die europäische Einigung nach menschenrechtsunten angeblich gebietet (auch hier begründet der 2. Senat grundlos), kräftig entkernen. Solche Entkernungsaktionen, strikt in den Formen des Rechts, dienen indes nichts anderem, als dem opportunen exekutivischen Ermessen und ihm entsprechender populistischer Politik die Tore und Türen so weit wie irgend möglich zu öffnen. Siehe Art. 16 a GG; siehe Asylverfahrensgesetz; und siehe nun das grundrechtsvergessene höchste deutsche Gericht, das gerade die Grundrechte zu wahren von der Verfassung vorgesehen worden ist. Und seien die Grundrechte aktuell noch so wenig herrschaftspolitisch opportun. Vivat Bismarckscher, vorgrundrechtlicher Rechtsstaat am Ende des XX. Jahrhunderts; vivat zweite Entbürgerlichung der Verfassungswirklichkeit, ja sogar des entsprechend angepaßten Verfassungsrechts.

3. Die Legitimität deckt sich in einem grundrechtlich-demokratisch verfaßten Staat prinzipiell mit der Legalität. Das ist wichtig. Sonst kann mit allen möglichen vor- und nachgrundrechtlichen und vor- und nachdemokratischen Wertbezügen die Verfassung in ihrer normativen Substanz ausgehöhlt werden. Darauf ist auch bei allen Aktionen zu achten, die im Rahmen einer solchen Verfassung in der Regel um deren besserer Praktizierung willen, beispielsweise zivil ungehorsam agieren.

Was aber, wenn nicht nur einzelne Gesetze als solcher Verfassung widrig ausgemacht werden müssen, sondern wenn zentrale Grundrechte mit rechtsstaatlichen Zwirnsfäden geschleift werden? Was, schlimmer noch, wenn das Grundrechtsgericht, das Bundesverfassungsgericht (ich lasse einmal seine anderen, weniger erheblichen Funktionen beiseite), dieser Schleifung zustimmt und selbst die minderheitlich und trefflich Votierenden die Entscheidung insgesamt, in jedem Fall deren ersten Teil zu den angeblich sicheren Drittstaaten und zu Art. 16 a GG in toto mittragen?

Konsequenz: Ohne eine disziplinierte, sprich dauernd menschenrechtlich-demokratisch offen begründete neue Zweistufigkeit kommen Bürgerinnen und Bürger, die Grundrechte und Demokratie ernst nehmen, nicht (mehr) aus. Das Grundgesetz, vor anderem die Grundrechte, sollten soweit wie irgend möglich die normative Bezugsbasis darstellen. Doch dies ist seit dem 14. Mai 1996 spätestens auch im Hinblick auf den Grundrechtsteil und die in ihn einbezogenen allgemeinen Menschenrechte nur noch teilweise möglich. Das ist die Folge des Mangels an Verfassungs- und auf sie bezogener Zivilcourage, den der 2. Senat und seine Mitglieder bewiesen. Weil letztere mutmaßlich einem frontalen Konflikt mit der Bundes- und den Landesregierungen und ihren Parteien aus dem Weg gehen wollten, haben sie gekniffen. Das kurzfristige Staatswohl i. S. der etablierten Interessen stand über dem langfristigen Verfassungswohl. Darüber, wie sich der Konflikt entwickelt hätte, hätte das Bundesverfassungsgericht die einzig richtige Entscheidung getroffen und begründet, daß der neue Art. 16 a GG mit den Grundrechten des Grundgesetzes nicht vereinbar sei, will ich nicht spekulieren. Es hätte sich um der demokratisch-grundrechtlichen Lerneffekte gelohnt, hätte das Gericht den Mut besessen, aus der selbstverschuldeten exekutivisch-hörigen Unmündigkeit herauszugehen und sich des eigenen Verfassungsverstandes unverkürzt zu bedienen. Indes: etablierte Institutionen mit Repräsentanten, die den Mut haben, in diesem Fall auch nur ihrem institutionellen Sinn gemäß gegen die herrschende Meinung zu sprechen – das wäre nicht allgemein ein rares Ereignis gewesen, es hätte den 2. Senat geradezu als „undeutsch" gekennzeichnet, als eine Institution, die von der Wurzel her zu lernen und andere zu lehren vermag.

So also sind wir alle, die wir uns die Grundrechte und die Demokratie samt ihren beunruhigenden Ansprüchen nicht nehmen lassen, noch mehr als zuvor darauf verwiesen, mitten in diesem grundrechtlich halbseitig gelähmten Rechtsstaat und gegen die in ihm verkörperte und durch ihn gewaltbewehrt legitimierte Realpolitik anzukämpfen. Das erfordert Leidenschaft zur Sache der Menschenrechte, auch und vor allem des Menschenrechts auf Asyl. Das erfordert den Kampf um Menschenrechte und Demokratie auch und gerade dort, wo ein solcher „rechtsstaatlich" als illegal behauptet und sanktioniert wird. Das erfordert Augenmaß sowohl in den unverstellten menschenrechtlichen Wertbezügen als auch in den strikt gewaltfreien Aktionen zivilen Ungehorsams. So wird also, vom Verfassungsgericht negativ bestätigt, der Kampf ums Asylrecht und für alle Flüchtigen in dieser Welt (denen wir selbst allemal wenigstens insgeheim angehören), wichtiger denn je und schwieriger als zuvor. Diese Eigenarten kennzeichneten jedoch nicht verblasen hohl angenommene Menschenrechte und nicht ausgrenzend verstandene Demokratie von Anfang an. So auch heute und morgen. Wohlan denn im Kampf für ein menschenrechtlich angemessenes Recht auf Asyl und eine zu ihm passende Praxis.

Globalisierung und Menschenrechte

Menschenrechtspolitik in globaler Perspektive

Einleitung

Sich auf Menschenrechte zu beziehen, ist seit dem Ende des „realen Sozialismus" in verstärktem Maße in Mode gekommen. Sie scheinen zusammen mit Demokratie als politischer Form der einzig universelle Maßstab und Bezugsort der Kritik, der neben (und außer?) der Weltökonomie und ihrer innovatorischen Zerstörung aller sonstigen Orientierungsmargen übriggeblieben ist. Nicht nur der menschenrechtliche Weltgipfel 1993 zu Wien belegt, wenn nicht die universelle Geltung, so doch die weltauf weltab übliche „Praxis", Menschenrechte als Bezugswerte zu apostrophieren, und sei's nur, daß man sich chinesisch-regierungsamtlich gegen den Oktroi westlicher Normen wehrt. Und die besitzen einen zusätzlichen doppelten Vorzug, sie werden von den „Siegern" des Kalten Krieges westwärts als ihre normative „Friedensdividende" eingeheimst. Man kann also auch von kritischer Seite an den menschenrechtlichen „Grundkonsens" der führenden kapitalistischen Staaten appellieren, die zugleich liberaldemokratisch verfaßt sind. Und man muß im Engagement für Menschenrechte nicht auf den möglichen Sankt-Nimmerleinstag hoffen, daß die einzelnen Gesellschaften und der von Menschen bewohnte Globus ihrem Anspruch verfassungswirklich entsprechen; man kann sie als Waffe der Kritik angesichts der unendlichen Geschichte der Menschenrechte dauernd in höchst speziellen Fällen punktuell und persönlich einsetzen und hierbei immer wieder auch erfolgreich sein. Letzteres ist etwa die große Leistung von Amnesty International.

Soweit so gut. Der nicht ungebrochen geltende globale Konsens, der auch für die Spitzen der meisten Regierungen gilt, folgt man den protokollarisch korrekt bewegten Lippen, birgt eigene Gefahren in sich.

Zum ersten: Der behauptete Universalismus der Menschenrechte eignet sich trefflich dazu, anders Denkende, historisch anders Geprägte auszugrenzen und eine neualte Subhumanität für ganze Regionen und Gesellschaften einzurichten. Die Auseinandersetzung mit allzu rasch simplifizierten und grobrastig behandelten „Fundamentalismen" diverser Art, insbesondere islamischer Färbung demonstriert nicht selten diese Art der Ausgrenzung bis hin zu einem neuen globalen Feindbild, das der Harvard-

Politikwissenschaftler Samuel Huntington passend entworfen hat. Der kalt-heiße Krieg, der Nichtdenken und Nichtpolitik so sehr privilegierte, kann menschenrechtsgetrost weitergehen. Indem wir auf diese Gefahr mit heute schon sichtbaren praktischen Folgen aufmerksam machen, beabsichtigen wir nicht, den Mißbrauch von Religion, hier verschiedener Varianten des Islam i. S. einer nicht mehr verantwortungspflichtigen Legitimationsgrundlage von Herrschaft, zu verharmlosen. Entscheidend ist jedoch die Art der Auseinandersetzung, die sich in der Bundesrepublik im letzten Jahr in der Kontroverse um die Friedenspreisträgerin des Deutschen Buchhandels Annemarie Schimmel zeigte. Alle Differenzierungen schwanden. Der anti-fundamentalistische Kampf wurde bis ins 7. Jahrhundert, bis zu Muhameds Geburt zurückgeführt. Zu beachten ist auch, daß der „Westen", der fälschlicherweise so etwas wie eine Art Definitionsmonopol der Menschenrechte und ihrer universalistischen Eigenart beansprucht, sich selbst nahezu vollkommen aus jeder Kritik herausnimmt. Die Menschenrechtsbösen sind selbstredend immer die anderen. Und was den Iran, den Irak oder Algerien oder … anbetrifft, so ist der „Westen" unschuldig wie ein neugeborenes Lamm. „Er" will doch nur das jeweils „modernisierend" Beste. Allein, die bornierten anderen, die darüber zu Fundamentalisten geworden sind, eine nota bene durchaus moderne Erscheinung, wollen's nicht wahrhaben.

Die Ausgrenzung guten universalistischen Gewissens wird dort geradezu tödlich, wo die Menschenrechte, die die jeweiligen Regierungen oder die Damen und Herren Moralisten mit dem auratischen Schein der Menschenrechte meinen, dazu gebraucht werden, das Urmuster totalitärer Ideologie wieder einzuführen, das Urmuster des „gerechten Krieges" nämlich; und ineins damit den transzendenten Wahrheitsanspruch ohne jegliche Ambivalenz, der die Behauptung des justum bellum trägt, – und damit auch ohne jegliches eigene Schuldbewußtsein. Das schon hinreichend erschreckende Exempel mörderischer Kriege in Ex-Jugoslawien erschreckt auch in Richtung dieser folgenreichen moralischen Verwahrlosung, die es zuläßt, daß ansonsten sensible Intellektuelle Menschenrechte in Nato-inszenierten Stahlgewittern zu retten ausgehen. Wenn dieses verantwortungslose Gerede von neuen Varianten „gerechten Krieges" Schule machen sollte, und es gibt genügend Zeugnisse dafür, welche Schule es schon gemacht hat, dann werden Interventionskriege aller Art, die der weise eigeninteressierte Ratschluß der Nato-Staaten und ihrer Trabanten angelegen sein läßt, auch noch mit dem ohnehin regierungsamtlich allemal in der Propaganda-Garderobe vorhandenen wallenden Menschenrechtsmantel umhüllt. Neue Weltordnung? Westwärts jedenfalls uralte. „Sie sagen Christus und meinen Katun", karikierte Theodor Fontane die imperialistischen Briten und ihren christlichen Missionsdrang im letzten Jahrhundert.

180

Zum zweiten: Dadurch, daß selbst frühere Kritiker, die z.T. Marx'
begründeter, jedoch allzu kurzsichtiger Kritik der Menschenrechte gefolgt
waren, ins „Lager" der Menschenrechtler übergewechselt sind, besteht die
verstärkte Gefahr, daß die Menschenrechte zwar als Waffe der Kritik benutzt werden, daß aber eine angemessene und je und je menschenrechts-
fundamentale Kritik der Waffen unterbleibt. Wenn nämlich Menschenrechte zum Maßstab der Politik erhoben werden, eine auf den ersten Blick
lobenswerte Promotion, dann gibt den Ausschlag, welcher Begriff der
Menschenrechte verwandt, das heißt zugleich praktiziert wird. Verwendet
man intellektuell und politisch im „Westen" herrschenderseits nur den Begriff der Menschenrechte, wie er aus den amerikanischen und französischen Proklamationen Ende des 18. Jahrhunderts überkommen ist, dann
bleiben Menschenrechte, so wichtig dieselben selbst dann sind, bestenfalls ein punktuelles und vor allem den bessergestellten Individuen einer
Gesellschaft geltendes Ereignis. Dann sind sie konsequenterweise allzu
leicht als ideologische Handfeuerwaffen in hochinteressiert-einseitigen
Auseinandersetzungen einsetzbar. Sobald zum Begriff der Menschenrechte als individuelle Abwehrrechte ihre notwendige sozioökonomische Basis hinzukommt, – bis heute unzureichend artikuliert in den sogenannten
sozialen Menschenrechten – und demgemäß auch ihre kollektive Dimension, sobald wird klar, daß Menschenrechte, wie wir es zusammen mit
Klaus Vack im Jahrbuch 1986 formuliert haben, erst „als politisches Konzept" einigermaßen angemessen zur Geltung gebracht werden. „Als politisches Konzept" meint in diesem Falle: Menschenrechte dürfen nicht als
Spezialfrage behandelt werden, für die insbesondere eine Sonderabteilung
des Außenministeriums zuständig ist, da das eigene Land, menschen-
rechtsprächtig wie es ist, allemal ausgenommen wird; Menschenrechte,
recht verstanden, müssen als Hefeteig der Politik und der Ökonomie insgesamt wirksam sein. Kurzum: der Begriff der Menschenrechte und menschenrechtlich angemessener Praxis verstehen sich mitnichten von selbst.
Darum ist die Kritik der „Waffe" Menschenrechte fort und fort vonnöten.
Zu solcher Kritik gehört auch die allzu weithin unterlassene Diskussion
des Zusammenhangs und der Spannung zwischen Allgemeinem/Univer-
sellem und Besonderem/der Achtung des Besonderen. Beide Merkmale
sind begrifflich und praktisch zu berücksichtigen, wenn vermieden werden soll, daß Menschenrechte zum Herrschaftsinstrument und/oder irrelevant werden (bzw. bleiben).

Zum dritten: von nicht wenigen Menschenrechtsvertretern mit oder
ohne machtvollen organisatorischen Hintergrund wird nahegelegt, es sei
nur eine Frage der Zeit, des sich weitenden „Prozesses der Zivilisation"
(obgleich letzterer doch voll von institutionalisierter Gewalt und ihren
Blutspuren steckt), und Menschenrechte und Demokratie paukten sich als
die geltenden Normen und Formen weltweit heraus. Es scheint geradezu

ein Signum, um nicht zu sagen, ein Fluch der Moderne (und der angeblich ach so postmetaphysischen Welt), insgeheim oder offen auf wie auch immer gewundene Evolutionen, d.h. Entwicklungsautomatismen (gläubig) zu setzen. Demgemäß wird die dynamische, ökonomisch dominierte Globalisierung als ein Prozeß gelesen, der die Menschenrechte über kurz oder lang ihrerseits global gelten mache. Auch hier mangelt es am anstrengenden Begriffsgeschäft und an der ihm eigenen nüchtern-radikalen Kritik. Würde man letzteres betreiben, erfrören die Maienillusionen. Dann würde man erkennen, daß das, was gegenwärtig Globalisierung bedeutet, und dies fast ohne jede auch nur gedankliche Opposition, nicht die Bedingungen der Möglichkeit der Menschenrechte etablieren hilft, sondern eher einen Beitrag dazu leistet, daß Menschenrechte die Rechte von Privilegierten bleiben bzw. werden, sprich das gerade Gegenteil ihres Anspruchs. Menschenrechte ereignen sich ohnehin nicht global. Sie werden konkret lokal, sprich dort, wo es um einzelne Menschen als gesellige Wesen geht und um Gesellschaften, die in der Art ihrer Organisation selbstbewußte und handlungsfähige Personen erlauben, die ihr Werden und ihr So-Sein nahelegen.

An dieser dritten Gefahr setzen die Jahrbuchbeiträge von verschiedenen Perspektiven und mit diversen Themen an. Hierbei wird (ökonomische) Globalisierung, ohne selbige genauer zu beschreiben und zu analysieren, weithin vorausgesetzt. Die alle Beiträge in unterschiedlicher Form durchatmende Frage lautet: wie könnte es möglich sein, in menschenrechtlich-demokratischer Weise die globalisierende Furie einzufangen und ohne „innovatorische" und/oder „traditionalistische" Regressionen, also ohne menschen-zerstörerische Effekte großen Stils, in friedlichen Konfliktformen zu hegen?

Walter Benjamin stellte einmal freundlich-ironisch dar, welche Möglichkeiten es gebe, Texte zu verlängern. Etwa, indem die Autoren jeweils schrieben, was sie nicht schreiben könnten, u.ä.m. Diese Falle unnötig langer und ermüdender Texte wollen wir vermeiden. Also berichten wir jetzt nicht weiter darüber, welche Themen wir ausgegeben und welche Autorinnen und Autoren uns trotz freundlicher Zusage haben sitzen lassen. Die folgenden Beiträge sollten immerhin etliches Material und etliche bedenkenswerte Gesichtspunkte zum Schwerpunktthema liefern. Sollten die Leserinnen und Leser diesen unseren Eindruck teilen, auch indem sie zu substantieller Kritik angeregt werden, dann wäre hinsichtlich des von uns nur angeritzten großen und anhaltend wichtigen Themas die Absicht der Jahrbuchredaktion erfüllt.

Roland Roth und Wolf-Dieter Narr im August 1996

Wolf-Dieter Narr

Kosmopolis – Notwendigkeit und Gefahr, Wunschdenken und Utopie

Kosmopolit oder Kosmopolitin sein heißt, sich wie eine Weltbürgerin oder wie ein Weltbürger benehmen. Das Vater-Mutter-Land ist „die Welt". Weltbürgertum ohne Nationalstaat, in jedem Fall jenseits des letzteren. Kosmopolis wäre dementsprechend eine bürgerliche Weltordnung. Die Menschenrechte wären, von den Stoikern schon vorgedacht, allgemeine und unmittelbar geltende Weltbürgerrechte. Da im griechischen Begriff des Kosmos „die Welt" insgesamt umfaßt und in einer zusätzlichen Bedeutung auf die wohlgeratene Ordnung abgehoben wird, können wir heute unter Kosmopolis eine von Menschen geordnete Eigen-Welt verstehen, die der natürlichen „außer ihr", rund um sie und mitten in ihr entspricht, die die natürliche angemessen kultürlich aufhebt, so wie die Menschen-welt zugleich und ungleich umfassender in der natürlichen aufgehoben ist.

I.

Kosmopolis. Alle Wege führen darauf hin, rennen darauf hin. Unsere Sprach-Bilder wirken veraltet. Wir leben in einer Periode der Raum- und Zeitrafferei, die gerade unsere lange dem Anschein nach festen Raum- und Zeitbezüge auflöst. Wir sind gewohnt, immer noch in solchen Bezügen zu denken, uns zu orientieren. Kant hat mit gutem Grund „Raum" und „Zeit" notwendige Kategorien des Denkens vor aller Erfahrung genannt. Bedingungen der Möglichkeit von Erfahrung. Heute ist indes Beschleunigung die Verhaltensqualität, auf die alles ankommt. Ohne genau erkennt-lichen Ausgangsort; vor allem ohne Zielort. Beschleunigung als solche. Möglichst als Beschleunigung der Beschleunigung fortdauernd vermehr-facht. Hierzu bedarf es der Innovationen, der Erneuerungen, die ihrerseits erhöhte Beschleunigung des Wachstums, des Handels, der profitablen Expansion u.ä.m. zum innovatorischen Ziel haben.

Der zentrale Vorgang der Gegenwart heißt konsequenterweise Globalisierung. Die jeweils erreichten Zustände, die schon immer verlassen worden sind, sobald man darauf ausgeht, dieselben festzuhalten, bedeuten solche der Globalität. Letztere verdichtet sich. Sie ist annäherungsweise auf die Gleichräumlichkeit und die Gleichzeitigkeit allen Tuns gerichtet, ein Ziel, das nie zu erreichen ist. Und doch bestimmt dieser ortlose Ort und die gleichzeitige Zeit, „die" Globalität, nicht nur das Verhalten global präsenter, also mächtiger Organisationen, sondern auch das Verhalten von mehr und mehr Bürgerinnen und Bürgern. Im E-Mail wahrgenommen, im Internet. In der Flucht ausgedrückt zu verläßlichen Orten, die nicht mehr zu finden sind.

Die „Welt"-Wörter nehmen überhand. Sie zeigen, sie dirigieren die Richtung, die selbst keine Richtung mehr kennt. Im Deutschen sind es meist Komposita. Dieselben führen insofern in die Irre, als dem Anscheine nach vertraute Sachverhalte mit „der Welt" verbunden werden und sich so nur die Größenordnungen zu verändern scheinen. Tatsächlich handelt es sich, obwohl allmählich beschleunigend sich die Entwicklung quer durchs 19. und 20. Jahrhundert vollzogen hat, um neue Qualitäten, die noch niemand richtig begriffen hat und wohl noch niemand richtig begreifen kann.

Eine „Theorie des gegenwärtigen Zeitalters"? Sie wäre aufs dringendste zu wünschen. Das jedoch, was gegenwärtig weithin von mehr oder minder berufenen Wissenschaftlern und/oder Philosophen geäußert wird, geht über Hinweise auf neue Phänomene, die quickfix durch Fangbegriffe (catchwords) etikettiert werden, nicht hinaus – so überhaupt gedanklicher Mut vorhanden ist, veraltete, nichtsdestotrotz herrschende Konventionalismen zu verlassen. „Risikogesellschaft", „Erlebnisgesellschaft", „Zivilgesellschaft" u.ä.m. „Im Wust der Etiketten verschwindet der theoretische Begriff." (Joachim Hirsch: „Was meint eigentlich ‚Gesellschaft'?, in: links 9/10, 1995, S. 27 f.)

Weltökonomie, d.h., hier an diesem unortigen Ort „Welt" fallen die Würfel der Entwicklung, ohne daß das globale Konkurrenzspiel und seine Regeln auch von seinen hauptsächlichen Spielern irgend ausgeklügelt, gar ausgekungelt oder ganz durchschaut werden könnten. Die Weltökonomie verspricht ein grenzenloses Wachstum; es sei denn, „der Störfaktor" Mensch spiele irgendwann einmal nicht mehr mit. Bei diesem Störfaktor, bei seiner „Kultur", also nicht in irgendeiner human abstrakten und nicht begreiflichen „Natur", sind allenfalls die „Grenzen des Wachstums" zu entdecken und auszustecken.

Weltgesellschaft ist das Pendant der Weltökonomie. Sie wird heute schon vom internationalen/transnationalen Management gebildet. Das Flugzeug als neue Heimat, der Computer als Begegnungsstätte. Hinzu

kommen sich weltweit angleichende Konsum- und Kommunikationsange-
bote, die Millionen, ja Milliarden von Menschen alltäglich „vereinen".
Längst ist das Reden von der „Weltzivilgesellschaft" im Schwange, eine
Weltzivilgesellschaft, die sich u.a. in global präsenten Nichtregierungsorganisationen äußert.

Wo Weltökonomie produziert, handelt und reich macht, wo eine Weltzivilgesellschaft flaniert, darf Weltpolitik nicht auf sich warten lassen.
„Geogovernance" heißt das neue passende Wort in der lingua franca, der
Weltsprache Englisch oder genauer: Amerikanisch. „Erdpolitik" lautet die
deutsche Version. Diese die Erde umfassende „Weltinnenpolitik", der
keine Weltaußenpolitik entspricht, so sich die Marsmenschen nicht doch
konkretisieren, soll in Form eines Weltstaats oder anderen Formen dafür
sorgen – auf die Bestimmungen im einzelnen kommt es offenkundig angesichts der Globalität nicht so sehr an – daß Konflikte friedlich beigelegt
werden und eine Art Weltrechtsstaat herrscht.

Es scheint also, wenn auch noch viele Hürden zu überwinden sind, daß
zum ersten Mal im Verlaufe der Weltgeschichte als Menschengeschichte
die Kosmopolis wirklich werden könnte, daß diese in jedem Fall als konkrete Utopie, als Verhalten leitendes Ziel zu dienen vermöchte. Hat nicht
einer der ersten Medientheoretiker, der Kanadier Marshall McLuhan,
schon vor Jahrzehnten vom „Globalen Dorf" gesprochen, auf das sich „die
Welt" hinentwickle? Dann fielen Globalität und Lokalität zusammen. Die
Globalität nähme dörfliche Nahbezüge an; das Dorf entgrenzte sich in
Richtung globaler Fernbezüge.

Ach, wie könnte dies schön sein. Der Schluß von Beethovens 9. Sym-
phonie mit ihrem Schillerschen Lied „An die Freude" (hier leicht abge-
wandelt): „Alle Menschen werden Geschwister, wo die Globalität alltäg-
liches Ereignis wird." An die Stelle mörderisch vorurteilsbefestigter
Nationalstaaten träte das Weltbürgertum; an Stelle von Grenzen löste Ent-
grenzung; an Stelle muffig fixierter Statik befreite enthemmte Mobilität.

An dieser Stelle ist zunächst innezuhalten. Fraglos ist, daß heute mehr
denn je Alexis de Tocquevilles allzu oft vergeblich und schal zitiertes Wort
gilt, eine gänzlich neue Zeit bedürfe einer neuen politischen Wissenschaft
(gemeint hat de Tocqueville selbstredend nicht das akademische Fach
„Politische Wissenschaft"). Das heißt, im Zusammenhang neuer und veränderter Globalität ist es erforderlich, neue Fragen zu stellen und neue
Antworten zu suchen, da die von der schon Tradition gewordenen Moderne überwachsenen Wege nicht mehr gangbar sind. Und eine der neuen
Fragen, die eine oder mehrere neue Antworten erheischt, ist diejenige, die
jede Zeit entsprechend dem gegebenen Problemkontext neu zu beantworten hat oder deren Beantwortung fahrlässig und kostenreich versäumt
wird: die zentrale Frage nach dem Muster der Organisierung ihrer

hauptsächlichen Produktionsarten; in Sonderheit der ökonomischen und der politischen.

Das heute gegebene Problem ist das der Globalisierung (ohne daß man deswegen all die andauernden anderen Probleme verkennen dürfte). Demselben kann man nicht dadurch gerecht werden, daß man auf der Grenzen überschwappenden Welle der Produktivitätssteigerung und der Produktfülle schwimmt und, von den technischen Möglichkeiten fasziniert, „progressiv" alle anderen Eigenarten der Globalisierung an den Rand drängt. Will man den Organisationsfragen gerecht werden, deren praktische Beantwortung darüber Auskunft gibt, welche Art Menschen und welche Art menschlicher Gesellschaft vorherrschen werden, dann ist wenigstens ein Doppeltes vonnöten. Zum einen ist das Leitmuster dessen, was Globalisierung heißt, zu entziffern und sind seine treibenden Motoren auszumachen, da dieses Muster und diese Motoren/Motive darüber Auskunft geben, wieweit man sich „der" Globalisierung überlassen kann, um sie nur hier oder dort politisch neu zu fassen, oder ob man sich dieser Dynamik selbst mit allen Kräften entgegenstemmen sollte. Allein die humanen Miseren weltweit, die sich regional bald schlimmer, bald ertragbarer ereignen, lassen eine Strukturanalyse heutigen „Fortschritts" in Form der Globalisierung unabdingbar erscheinen. Zum anderen ist es geboten, aus der Institutionengeschichte der Neuzeit und der Art, wie die jeweiligen Institutionen (Organisationsformen) Menschen geprägt, befreit oder unterdrückt haben, zu lernen. Gerade in Zeiten, da neue institutionelle Formen dringlich anstehen, wäre es schuldhaft naiv, sich von schönen Formeln à la Weltgesellschaft, Erdpolitik, Globale Zivilgesellschaft, Human Governance, Weltrecht bezirzen zu lassen. Nicht nur ist immer erneut zu fragen, wie das vielbeschriebene Individuum (allerdings ist von demselben symptomatischerweise meist nur aufgehoben im „-ismus" als paradox kollektivem Individualismus die Rede) beispielsweise an der genauer zu beschreibenden Weltzivilgesellschaft teilnehme, welche Rolle es in einer Demokratie „kosmopolitischer" Eigenart spiele. Vielmehr ist innovationskritisch herauszufinden, inwieweit noch so faszinierende neue technische und organisatorische Formen nichts anderes darstellen als die Fortsetzung des alten Herrschaftsadams (und seiner Eva) mit neuen Gewändern, zusammen mit verbesserten Mitteln und erhöhten Kosten (s. trefflich vornehmlich am Beispiel der USA Noam Chomsky: World Orders, Old And New, London 1994). Schließlich ist die nicht aufzuhebende Ambivalenz aller menschlichen Ordnungen zu begreifen (weswegen der „Unordnung" je und je viel Raum zu geben ist); und dies gerade angesichts von immer perfekteren Techniken, soziopolitische Verhältnisse technisch zu gestalten bzw. zu ersetzen. Hierbei spielt dann das ökonomisch überaus nützliche moderne menschliche Interesse eine Rolle, die eigene Körperlichkeit, seine Hinfälligkeit, seine Sterblichkeit systematisch und mit hohem Aufwand zu verleugnen.

II.

Faktum Globalisierung. Dasselbe, so wenig es übersehen werden kann und bei keiner Problemlösung außer acht gelassen werden darf, ist alles andere als eindeutig und alles andere als total. Ein Großteil menschlichen Tuns und Lassens geht vor sich wie vor dreißig Jahren, ja selbst vor 100 Jahren, so sehr sich die politisch-ökonomischen Rahmenbedingungen im einzelnen verändert haben. Wer menschliche Geschichte nur mit spektakulärem Blick, dem Interesse am Spektakulären betrachtet, verkennt die Fülle der Gefühls-, Denk- und Verhaltensformen, die in höchst verschiedenen Umgebungen andauern. In der Fixierung aufs Spektakuläre liegt bekanntlich auch der Nachrichtenmangel der nur auf spektakuläre „Nachrichtenwerte" ausgerichteten Medien und unserer davon bestimmten Wirklichkeitssicht.

Wenn indes Globalität kein allbeherrschender Zustand ist und Freude und Leid von vielen anderen Gründen bedingt sind, so wie meine Kunst oder meine Mängel des Schreibens heute morgen, am 19. August 1996, davon abhängen, wie ich geschlafen habe, wie viel Zeit ich hatte und mir nahm, mich vorzubereiten, kurz, wie es mit meiner höchst kleinräumig körperlich faßbaren „Befindlichkeit" bestellt ist, was soll dann all das ausredenreiche und meist seinerseits globale Reden von „Globalisierung"?

Das, was Globalisierung ist, ist nicht auf einen Nenner zu bringen. Es ist vielseitig und widersprüchlich. Globalisierung bezeichnet zunächst einen wirtschaftlichen Vorgang. Daß sich nämlich, so die beobachtungsbegründete Annahme, die ökonomischen Akteure mehr und mehr vom lokalen, vom regionalen, ja sogar vom nationalen Kontext lösen, ihre Waren weltweit austauschen und an vielen Orten der Welt produktiv präsent sind. Nicht eine lokale Gruppe, keine Region, kein Staat stellen die Orientierungsmarge der Unternehmen dar. Sie haben sich, ob ihre Manager nun individuell wollen oder nicht, an den Vorgängen und Resultaten des Weltmarkts auszurichten, die jeweils das Konkurrenzspiel und die aktuelle Konkurrenzsumme wiedergeben.

Diese „Tendenz" ist nicht neu. Seitdem die moderne kapitalistische Ökonomie in Gang gekommen ist (17. und 18. Jahrhundert) und zunächst die europäisch-angelsächsischen Gesellschaften durchdrungen hat (19. und erste Hälfte des 20. Jahrhunderts), ist sie auf Expansion, ist sie auf Internationalität, ist sie auf Globalität geeicht und angewiesen. Ein „Kapitalismus in einem Lande" wäre ein hölzernes Eisen (für „den" Sozialismus, der staatsumgrenzt geschaffen werden sollte, wirkte dieser Selbstwiderspruch, so denn eine solche Steigerung möglich wäre, noch tödlicher). Profit- und Wachstumsorientierung auf der Grundlage der Konkurrenz zwangen von den frühkapitalistischen Anfängen an dazu, zu expandieren. Wissenschaftlich-technisch hergestellte Innovationen wurden deswegen zur Schlüsselgröße. Kolonialisierung und Imperialismus stellen keine historischen Zufälle dar. In diesem Sinne ist Globalisierung, von Marx gültig formuliert, dem Begriff des Kapitals eigen. Sie muß je nach Umständen mehr und mehr aktualisiert werden.

„Neu" im „alten" Kapitalismus ist das heute erreichte Ausmaß an Globalität und die sich steigernde, nach innen wachsende Globalisierung mitsamt deren verstärkter Definitionsmacht.

Globalität als Zustand bzw. Ausgangsbasis weiterer Globalisierung heißt zunächst und vor allem: nur noch *eine* Produktionsform dominiert den menschlich besiedelten Globus. Unbeschadet ihrer großen Variabilität (una religio, „Kapitalismus", in rituum varietate). In diesem Sinne ist das philosophisch und wirklichkeitswissenschaftlich dünnsuppige Gerede vom „Ende der Geschichte" aktuell zutreffend. Nirgendwo werden prinzipiell andere Formen ökonomischer Produktion auch nur systematisch diskutiert, geschweige denn praktiziert. Nachholende kapitalistische „Modernisierung" heißt der Name des Spiels in den Staaten, die in diesem kapitalistisch-technologischen Sinne unterentwickelt genannt werden. Mehr noch als zuvor wird nach dem Zusammenbruch des „realen Sozialismus", der – wenn denn je – längst keine „Alternative" zum kapitalistischen Westen geboten hat, in allen Staaten der Erde versucht, das eigene Land weltmarktanschlußfähig zu trimmen. Nicht das „Projekt liberale Demokratie" oder (aufklärerische) Moderne gilt, das „Projekt" Kapitalismus dirigiert. Und seien die Kosten noch so grauenvoll. Die dominierenden Staaten und die von ihnen beherrschten internationalen Institutionen sorgen freilich zusätzlich dafür, daß der „Sachzwang Weltmarkt" (Elmar Altvater) entsprechend wirksam werde. Der „Sachzwang" wird, wie dies für alle sogenannten Sachzwänge allemal gilt, interessiert erzwungen.

Globalität als Zustand bzw. Ausgangsbasis weiterer Globalisierung heißt auch, daß die Außengrenzen kapitalistischer Expansion erreicht worden sind. Expansion muß sich prinzipiell nach innen wenden. Sie muß gleicherweise und in verstärktem Umfang den eigenen Ländern gelten. Dementsprechend nimmt die Konkurrenz zu. Neue Konkurrenten treten auf. Denn Globalität verlangt nicht nur die weltweite Präsenz der globalen Spieler, also vor allem der multinationalen Unternehmen; sie erlaubt es gleicherweise jederzeit, weniger profitable Räume zugunsten profitablerer zu verlassen.

Globalisierung als die Ex- und Intensivierung weltweiter Zusammenhänge, Möglichkeiten und Abhängigkeiten ist die unvermeidliche Folge solcher Globalität, die nie zu einem ruhigen Dauerzustand werden kann. Um des Profits willen und der in ihm gehorteten Macht, um der Macht willen, die sich kapitalismusgemäß im Profit äußert, ist inmitten der Konkurrenz die Dauerinnovation nötig: von der innerbetrieblichen Organisation über Produktinnovationen bis hin zur Werbung. Der Maßstab der Innovationen wird jeweils von den globalen Konkurrenten, von den Frontläufern der Innovation geliefert. Von der Front solchen Fortschritts aus ergibt sich, was jeweils „produktiv zerstört" werden muß. Das innovativ Beste oder für den menschlichen Gebrauch Ausreichende hat keinen Bestand, wenn noch schnellere Möglichkeiten locken. Dieselben werden den Gesellschaften aufgeherrscht, „auftechnologiert", angefangen mit der kostenreichen Produktion neuer Bedürfnisse, welch letztere dann ihrerseits eine interessensschmale Eigendynamik entwickeln (ein anderer Aspekt der Produktion von Sachzwängen, die zu Selbstläufern werden). Die Multimedia-Entwicklung kennzeichnet diesen Innovationswahn. Die Konkurrenz-Olympiade währt dauernd mit dem Vorzug körperlich dem Anschein nach nicht gegebener Grenzen. Gerade die Körper- und Geistüberwindung kennzeichnet die Eigenart der neuen Techniken. Darum werden diese Techniken zu Techno-logien, weil sie die Sozio-Logik durch die Techno-Logik ersetzen. In diesem Sinne definiert eine „Global-Logik" selbst die Unternehmen, die nicht weltweit präsent sind. Die Reichweite und Präsenz dieser Unternehmen mag lokal und regional begrenzt sein. Sie „leben" im Zyklus der Innovationen jedoch nicht nur von den weltmarktgeadelten Neuerungen, ihr Manövrierraum wird von Global-Oben nach Lokal-Unten festgelegt. Das oben benutzte Bild des professionellen Sports spiegelt im längst kapitalisierten Spielernst das Ernstspiel weltweiter Hierarchien wider. „Der" Sport wirkt nicht von unten nach oben, von der Amateurbasis hin zum professionellen Spitzensport. Umgekehrt verlaufen die Einflußlinien bis in den Habitus und das Konkurrenzspiel des Kindersports.

Das sind u.a. die Gründe, warum der erreichte Grad an Globalität bzw. die Eigenart der Globalisierung so schwer einigermaßen genau gemessen bzw. qualifiziert werden können. Nach wie vor fehlen infolge des kapitalistischen „Datenschutzes" formell privater Unternehmen eine Fülle von Daten. Die meisten, die verfügbar sind, sind viel zu hochaggregiert; will sagen, in ihren abstrakten Ziffern gehen alle Unterschiede zwischen den einzelnen Unternehmen und ihre spezifischen Zusammenhängen unter. Wichtiger ist jedoch, daß beispielsweise die Auslandsinvestitionen von Unternehmen, einmal unterstellt, die Kriterien stimmen überein und die Daten sind verläßlich, noch nichts über die innerkapitalistische Hierarchie innerhalb der einzelnen Branchen und zwischen denselben aussagen. Und der Topf ökonomischer Entwicklung – und weit darüber hinaus in alle sozialen (sozialpolitischen und arbeitsmarktpolitischen) Konnexinstitute hinein – wird nicht von der lokal-nationalen Herdplatte, er wird vom Deckel aus bestimmt.

Zurück zur – negativen – Gegenwart der „Kosmopolis". Globalität als Zustand und Globalisierung als dynamischer Vorgang präsentieren eine paradoxe Form nicht greifbarer Herrschaft. Um Herrschaft und nicht „Natur" oder „Schicksal" handelt es sich, weil letztlich von Menschen gemachte, von Menschen repräsentierte und von Menschen interessiert gebrauchte Organisationen, Produktionen, Verteilungen u.ä.m. zu beobachten sind. Der Eindruck trügt, der sich infolge der „Versachlichungen" aufdrängt und der vor allem von den Wirtschaftswissenschaften als Kapitalwissenschaften „gesetzlich" verbrämt wird. Als sei die hochabstrakte Globalität ineins mit ihrer globalisierenden Verlaufsform schlechterdings allgemein. Als steckten in ihr nicht sehr spezifische Klasseninteressen, die sich fort und fort zeugen, gesellschaftliche, ja globale Allgemeinheit in ihrem Sinne quasigesetzlich bestimmend. Das ist der Fluch oder die phantastische Eigenschaft des einmal etablierten nationalen und nun weltweiten Kapitalismus', daß er sich fortlaufend neu und auf intensivierter Stufenleiter gebären muß. Wie König Midas müssen alle Gegenstände, alle sozialen Verhalte, die „er" berührt, zu Geld werden. Zu hochgradig einseitig verteiltem Geld; zwangstransformiert in Geld, ob nun die sozialen Formen und Inhalte darob zugrunde gehen oder nicht. In diesem Sinne schafft die kapitalistische Ökonomie gesellschaftlich verallgemeinert übrigens nicht ihre eigenen Totengräber. Diese Annahme bezeichnet die große dialektische Täuschung des unübertrefflichen Kapitaltheoretikers Marx, unbeschadet all seiner Irrtümer im einzelnen. Die verallgemeinerte kapitalistische Produktions- und Warenform, vor allem die verallgemeinerte und zugleich damit individualisierte kapitalistische Orientierungsform sozialisiert die Menschen, die in ihr leben, so schlimm und strukturell vorgegeben ein Großteil von ihnen ausgebeutet werden mag, a-sozial in Richtung ihres höchst begrenzten, letztlich materiell ausweisbaren und rücksichtslos wirksamen Selbst-Interesses. Letzterem entspricht das allseitig verbreitete Rationalitätsverständnis. In diesem Sinne produziert der fortschreitende globale Kapitalismus seinen eigenen Untergang und seine Alternativlosigkeit in Richtung gründlicher Reform.

Als Herrschaft ist der global intensivierte Kapitalismus gleicherweise leicht zu dechiffrieren, betrachtet man seine notwendigen gesellschaftlichen Voraussetzungen, seine entsprechenden Verlaufsformen und seine gesellschaftlichen Folgen. Hierbei verschlägt weniger die herkömmliche Kritik in Marxens Folge, die den „Produktionsverhältnissen" gilt, also den innerbetrieblichen Herrschafts- und Klassenverhältnissen, ohne daß dieselben gänzlich mißachtet werden dürften. Weil fälschlicherweise eine „virtuelle" Fabrik sozial aseptisch vorgegaukelt wird; oder weil in der Abfolge der Japan-Mode „Gruppenarbeit" idealisiert wird. Als handele es sich bei derselben um eine Art freie Assoziation von Freien, die ihr eigenes Handeln kollektiv bestimmen, inmitten der kapitalistischen Produktion.

Zu den Voraussetzungen: „Emanzipation" im weitesten Sinne lautet auch das Losungswort moderner ökonomischer Entwicklung. Die Liberalen

hören nicht auf, dieselbe in diesem Sinne zu preisen. Auflösung aller klein-
kammriger Abhängigkeiten; Schaffung gesellschaftlicher Freiräume; neue
allgemeine Regelungsformen, die der Vertragsfigur entsprechen. Darum
überschnitten sich die Entwicklung des modernen Staates und der modernen „Verkehrswirtschaft". Beide Produktionsformen, die politische und die
ökonomische, wurden im darum nur möglichen Nationalstaat unterschiedlich akzentuiert eins. E Pluribus Unum. Die staatlich-kapitalistisch verschieden ansetzende, aber gleichläufige Dissoziation schuf die Voraussetzungen staatlicher Herrschaft, als herrschaftliche Identifikation des
einzelnen Bürgers prinzipiell ohne alle eigensinnigen Zwischengewalten
und der kapitalistischen Ökonomie i. S. des freien Unternehmers ohne alle
Arten sozial-zünftlerischer Bindungen und des doppelt freien Arbeiters,
von Marx sarkastisch kommentiert: frei von Gütern und frei, seine Arbeitskraft zu verkaufen. Das Individuum wurde entfesselt. Der säkulare Prozeß
der Individualisierung hob an. Derselbe wurde entsprechend früh gelobt
und kritisiert (letzteres u.a. von den größten nicht sozialwissenschaftlichen
Sozialwissenschaftlern des 19. und anfänglichen 20. Jahrhunderts, Alexis
de Toqueville und Max Weber). Die entgesellschaftlichende Gesellschafts-
geschichte, als die die kapitalistische (und staatliche) Entwicklung entbin-
dend und Individuen rationalisierend auftritt, ist unaufhebbar ambivalent.
Die negative Seite ist trefflich von Pjotr Kropotkin herausgearbeitet worden („Gegenseitige Hilfe in Tier- und Menschenwelt"). Das liberale Als-
Ob. Als könnten Menschen ohne Assoziation und ihre Bindungen und Ver-
bindlichkeiten, ihre in der Mitbestimmung aufgehobenen Grenzen zu
selbständigen und handlungsfähigen Personen werden. Die Entfesselung
feudal kleinherrlicher Abhängig- und Untertänigkeiten kann positiv als
Vorbedingung aller Mobilität und Freiheit, die immer auch die Freiheit,
Grenzen überschreiten zu können, einschließt, nicht hoch genug eingeschätzt werden. Dennoch: der gesellschaftliche, ja schließlich der persona-
le Raubbau kapitalistischer Entwicklung im Umkreis ihrer Globalisierung
nimmt solchermaßen überhand, daß kapitalistische Herrschaft als systematische Verhinderung des Lebens und Überlebens ganzer „Klassen" von
Menschen auftritt; oder, wie Max Weber formulierte, von selbst noch in die
Moderne hineinreichenden, von ihr mitgeprägten „Menschentypen". Am
greifbarsten wird dieser Vorgang gegenwärtig in den Ländern, die sich erst
noch in der „nördlich" im Ziel als selbstverständlich vorausgesetzten
„Transformation" befinden, von den indianischen Gesellschaften ganz zu
schweigen (vgl. Claude Levi-Strauss 1995).

Zu den Verlaufsformen: Globale Ökonomie ist nur vorzustellen als ein
dauernder Vermachtungsprozeß, in dem die einmal etablierten, in sich bürokratisch organisierten globalen Spieler und deren gesellschaftliche Hintergründe immer schon dominieren. In dieser machtvollen Auseinandersetzung von mächtigen globalen Spielern werden andere Unternehmen

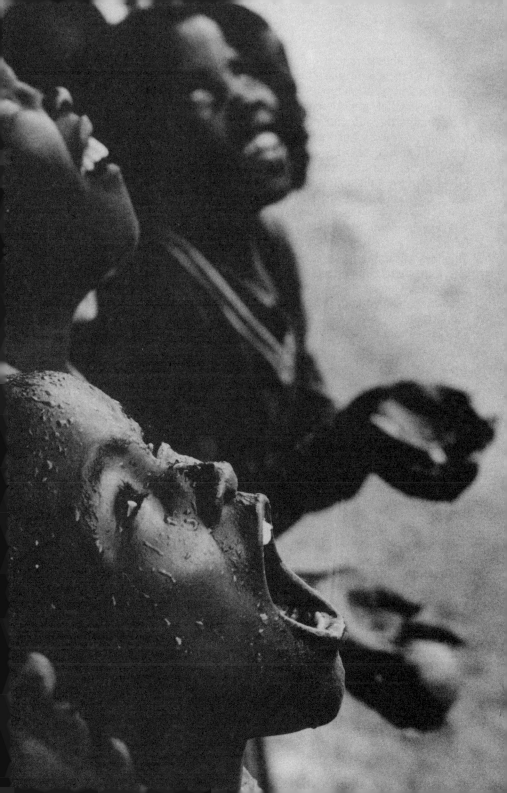

verdrängt, übernommen, dominiert, ans eigene Unternehmen arrangiert, werden Branchen dirigiert, Gesellschaften in rüder, wenngleich selten kriegerischer Intervention umgeschaffen, ja geradezu umgepolt, werden Staaten gleichgeschaltet und deren Politik in kapitalistischem Patriarchalismus sachzwangartig aufgehoben. Eine schier endlose Kette, die Herrschaft bedeutet, so dieser Ausdruck institutionalisierte Formen permanenter Überlegenheit meint, selbst wenn Befehl-Gehorsam-Verhältnisse in der Regel nur indirekt, nur „strukturell" erschlossen werden können. Das Monopol physischer Gewaltsamkeit, das mit seinem Anspruch, als legitim zu gelten, den modernen Staat, seine Kriegs- und seine Polizeifähigkeit bezeichnet, ist gewiß etwas ganz besonderes, so wie Blut ein „ganz besonderer Saft" ist. Und der moderne Staat kann infolge seines Monopols „Blut nehmen", der Staat kann vor allem seine jungen Leute in den Krieg schicken. Indes: wer über das zusammenspielende Oligopol verfügt, Arbeit zu geben und Geld und Güter und Hunger und Wohlstand, dessen Verfügungsmacht, also diejenige des Unternehmens und Finanzkapitals, sind gewiß nicht ohne herrschaftliche Bedeutung. Auch „der" Staat kann „sein" Monopol nicht beliebig einsetzen; deshalb ist die relative „Souveränität" des ökonomischen Oligopols kein Einwand gegen seine Herrschaftsqualität.

Zu den Folgen: Wachstum und Innovation – ein glitzerndes Doppelgestirn. Es soll überleuchten, daß das Wachstum von einem lang werfenden und je nach „Sonnenstand", sprich Entwicklungsstufe und Konjunkturverlauf, voraus- oder eher nacheilenden starken Schatten begleitet wird. Dieser Schatten heißt vielgestaltige Ungleichheit. Ungleichheit unter den Herrschenden und Habenden. Darum auch die unablässige Konkurrenzunruhe, die die kapitalistische Uhr (eine nur frühkapitalistisch angemessene Metapher) am Ticken hält. Klaffendere Ungleichheit zwischen denjenigen, die weiter oben dirigieren, und denjenigen, die „drunten weilen, wo die schweren Ruder der Schiffe" greifen.

Klaftertiefe Ungleichheit zwischen den Vielen, die es irgend geschafft haben, zu Arbeit und bescheidenem Wohlstand zu kommen, und denjenigen, den Vielen, den stellenweise mehrheitlichen, die aus „dem System" herausgefallen, die gar nicht in dasselbe hineingeraten sind. Die darum fliehen oder obdachlos vegetieren; die stillhalten und noch schlimmer diskriminieren als „die Oberen", die infolge struktureller Diskriminierung frei auf die eigene persönliche verzichten können. Unüberbrückbare Ungleichheit auch zwischen den sozialen Räumen in einem Haus, einer Stadt, den Regionen eines Landes und vor allem zwischen ganzen Ländern und ihren, den praktisch tödlichen Begriff der Ungleichheit steigernden, Regionen. Die Nord/Süd-Teilung des Globus – auch und gerade eine Folge des langen, nun beschleunigten Prozesses der Globalisierung – sie ist viel zu grob und nur der Ausdruck einer zivilisatorischen Täuschung über Zivilität und ihren Ort.

194

Globalisierung also als Herrschaftsvorgang. Indes, und das macht das Paradoxon aus, das am Eingang dieses Abschnitts genannt worden ist, diese Herrschaft entzieht sich dem Zugriff. Ist dieses folgenreiche Phänomen dann noch mit dem alten Herrschaftswort zu bezeichnen? Ist es sinnvoll, sich des Ausdrucks von Hannah Arendt zu bedienen, den sie in anderem, freilich verknüpfbaren Zusammenhang gebraucht hat: „Niemandsherrschaft"? Gerate ich oder geraten wir, so die geneigt Lesenden mir folgen, nicht in die Schwierigkeit, der schon die antike Sagengestalt Polyphem kläglich erlegen ist? Odysseus, den dieser einäugige und etwas einfältige Riese einst gefangennahm, machte demselben glaubhaft, er heiße „Niemand". Als Polyphem, dem Odysseus wenig später listig entflohen war, seine Gefährten zu Hilfe rief, um des Entlaufenen wieder habhaft zu werden, und diesen nur angeben konnte, er suche Niemand, blieben alle Hilferufe ohne Echo. Niemandsherrschaft, man gerät in noch größere Schwierigkeiten als bei Johan Galtungs viel umstrittenem Begriff „strukturelle Gewalt", so unvermeidlich derselbe sich immer wieder aufdrängt.

In einfacheren Zeiten, so wie wir dieselben jedenfalls annehmen, war jedenfalls eines klar: wer herrscht. Personen konnten angegeben werden; in der Regel solche männlichen Geschlechts, eben Herren, denen Knechte und Mägde mehrheitlich zur Verfügung standen. Die Herrschaftsverhältnisse im Senfkorn, das Herr/Knecht- und das Herr/Magd-Verhältnis. Abgesehen davon, daß diese personalen Herrschaftsverhältnisse klar und einfach schienen (oder uns so scheinen – man denke an den Brief eines französischen Bauern 10 Jahre vor der Französischen Revolution, von dem uns de Tocqueville berichtet, aufgenommen auch in Gustav Landauers Briefsammlung zur Französischen Revolution), wurden dieselben bis in die modernen konstitutionellen Formen von Herrschaft hinein als quasi schicksalhaft vorgegeben akzeptiert und herrschaftswirksam interpretiert. Seitdem Herrschaft verfaßt worden ist und Formen der Herrschaftsbestellung institutionalisiert sind, hat sich Herrschaft im Zuge dessen, was man Massengesellschaft nennt, und im Zuge der kapitalistischen Expansion zugleich mehr und mehr „versachlicht". An die Stelle von Personen traten Institutionen; aus übersichtlichen Büros entstand das bürokratische Labyrinth. Daß im politisch-staatlichen Bereich unvermindert, im „Medienzeitalter" verstärkt Personen im Blickpunkt stehen und Männer mitsamt einigen Frauen nach wie vor die Geschichte zu machen scheinen, erklärt sich eher aus dem allgemeinen Bedürfnis, Wirklichkeit zu verstehen und entsprechend unübersichtliche Komplexitäten zu reduzieren. Zusätzlich kommt ins Spiel, daß der Gebrauch von Symbolen, hier von Personen als Symbolen, eine wichtige Kommunikations- und Legitimationsform herrschaftlicher Art selbst darstellt.

Was indes schon im Bereich staatlicher Politik schwierig ist, die bestimmungsgemäß Allgemeinheit und Öffentlichkeit für sich beansprucht, wird im Umkreis der modernen Ökonomie von Anfang an schwierig. Im Unterschied zur direkten Hand der Herrschenden, wie sie im Monopolanspruch auf Gewalt enthalten ist, die notfalls unmittelbaren Gehorsam erzwingt, ist schon die klassische Ökonomie eher a-personal gefaßt. Der Markt reguliert; er steuert nicht. Und der Markt reguliert Adam-Smith-bekanntlich mit Hilfe seiner „verborgenen Hand" in indirekter Form. Indem er die wirtschaftlich unternehmenden Menschen in „ungeselliger Geselligkeit" miteinander konkurrierend reibt und daraus füllige Waren, angemessene Preise, Fortschritt und schließlich sogar im Resultat so etwas wie Gerechtigkeit „produziert".

Daß dieses Marktbild, von der neoklassischen Ökonomie modellplatonisch hochgerechnet und gesetzesförmig zementiert, nie der Wirklichkeit auch nur einigermaßen entsprochen hat, ist Nicht-Dogmatikern seit langem bekannt. Ungleichheit, Ausbeutung, stark unterstützende staatliche Politik spielten von allem Anfang an überall, wenngleich in verschiedener Weise, eine beträchtliche Rolle. Selbst während der blühenden Zeiten des Manchester-Liberalismus, also um die Mitte des 19. Jahrhunderts und des sog. Nachtwächterstaats – Erscheinungen, denen nota bene die schlimme „Lage der arbeitenden Klassen in England" (F. Engels) entsprach –, besaßen die innere Machtpolitik im Rahmen ökonomischer Produktionsformen und die staatliche, kapitalismusförderliche Politik nicht zu vernachlässigende Ausmaße. Heute können nur noch Scheuklappen darüber hinwegtäuschen, daß selbst zu Zeiten heftiger Deregulierungen dieselben ein Mehr an staatlicher Regulierung bedürfen, um sie sozial durchsetzen und die erhöhte Ungleichheit gesetzes- und schließlich staatsgewaltförmig aufrechterhalten zu können – von den vielen staatlichen Protektionismen im Zeitalter einer angeblich freien Handel gleich befördernden Welthandelsorganisation (WTO) ganz zu schweigen.

Und dennoch: die Schwierigkeiten einer klar und deutlich Interessen und ihre Entscheidungen verortenden Herrschaftsanalyse bleiben. Analytisch kommt man ohne den Herrschaftsbegriff nicht aus und muß doch zugleich eingestehen, daß der treffliche Musilsche Ausdruck von der „Herrschaft der Sachzusammenhänge" auch die eigene Hilflosigkeit eingesteht. Zwar eröffnet das Marktbild heute weniger Einsichten denn je. Außer in die kontinuierliche Wirksamkeit einer wohlverpaßten Ideologie. Die systematische Verfassungslosigkeit der globalen Ökonomie jedoch, die Unübersichtlichkeit ihrer wirrnisreichen Prozeduren, die auch die Manager führender Unternehmen häufig irrend mit dem strategischen Zaunpfahl im Nebel herumfuchteln läßt – die Fülle der Beratungsfirmen und der fortlaufenden Evaluationen sind dafür ein Symptom –, der Mangel jeglichen einsichtigen, informations-, geschweige denn teilnahmeoffenen mikro- und makroökonomischen Willensbildungs- und Entscheidungsverfahrens – all diese und andere systematischen, anti-politischen i.

196

S. von anti-öffentlichen kryptoherrschaftlichen Eigenarten der globalen bis hinunter zur lokalen Ökonomie erschweren eine mehr als abstrakt allgemeine Herrschaftsanalyse. Auch wenn man mitnichten „handlungstheoretisch" fixiert vorgeht, will sagen, nicht so tut, als machten die Menschen heute, vertreten u.a. durch Transnationale Konzerne, ihre Geschichte in größerem Umfang als zu Zeiten, da der Anteil menschlich technischen Machens ungleich geringer gewesen ist. Eher das Gegenteil ist der Fall. Die unaufhaltsame Selbstläufigkeit entstehungsgeschichtlich von Menschen interessiert geknüpfter Zusammenhänge, gebauter Institutionen und konstruierter Techniken stellt *das* politische Problem im weitesten Sinne schlechthin dar: die wachsende Nicht-Politik. „Das Prinzip Verantwortung" rotiert deshalb leer. Das Dilemma einer Wirkkräfte bezeichnenden Analyse aber bleibt und treibt, will man nicht, geruhsam und unbekümmert um die humanen Kosten, das kaum operationell geschlossene System globaler Ökonomie vor sich hintreiben lassen. Bis der Pyrrhus-Sieg humaner Produktion in Form des Kapitalismus perfekt ist.

III.

Die Arbeit an der Konzeption einer Kosmopolis ist also dringlicher denn je. Nicht eine Kosmopolis liegt im Entwicklungsgang bereit, wie dürftig herrschende sozialwissenschaftliche Theorien der Modernisierung und des Zivilisationsprozesses, eingelassen im modernen Zeit- und Machbarkeitsglauben, „evolutionär" nahelegen, sondern eher das, was heute unter dem Ausdruck „Global Cities" verstanden wird. Riesige Menschenballungen, in denen Reichtum und Armut festungsgleich gesichert voneinander abgegrenzt sind und dauernd bedrohlich ineinander übergehen; Leben absorbiert im Kampf ums Überleben, in dem unbekannte Hunderttausende schon als Kinder regelrecht verrecken, ohne daß davon anderwärts Notiz genommen würde; Leben von beträchtlichen Eliten, die im vermögenden Herrschaftshandeln Teile der multinationalen Kultur werden. Und niemand auch von den Gebildetsten und Vermögendsten, der diese Unstädte regieren oder auch nur reformieren könnte (wenn die betreffenden Gruppen denn wollten). Keine Stadtluft macht mehr frei; diese Agglomerationen mit institutionalisiertem Verkehrschaos mehrdimensionaler Art praktizieren die massiv unterschiedlich befolgbare Devise: rette sich, wer kann, und baue sich entsprechend über allem Elend, in allem Elend seine ärmliche oder üppige Wohlstandsburg. „Pursuit of happiness": Diskriminierung ist Trumpf.

Wie könnte jedoch das Politikum der Weltökonomie nicht nur i. S. von deren durchgehender Herrschaftlichkeit entdeckt, sondern so „erweckt" werden, daß politische Gestaltung stärker Platz greifen könnte? Richtung Kosmopolis? Das, was gegenwärtig faktisch und/oder i. S. orientierungskräftiger Konzepte angeboten wird, ist selbst Teil der Misere oder enttäuscht in unsauberen Mischungen aus kritischen analytischen Brocken und Hofferei.

Nationalstaat. Bei demselben handelt es sich mitnichten um eine absterbende Figur der Geschichte. Parallel zur Durchkapitalisierung „der Welt" fand deren Verstaatlichung statt. Freilich, die rund 200 Staaten unterscheiden sich in ihrer legitimatorischen Grundlage und in ihrer institutionellen Wirksamkeit qualitativ. Deswegen sagt die formelle, das heißt die zuallererst von anderen Staaten anerkannte „Gegebenheit" eines Staates noch nichts über dessen auch nur rudimentäre Arbeitsfähigkeit aus. Von einer institutionalisierten Korruption bis zu vergleichsweise durchsichtig funktionierenden liberaldemokratisch verfaßten Staaten reicht die kaum einheitlich verständliche staatliche Bandbreite.

Sei's drum. Der gleichfalls ursprünglich europäisch-angelsächsisch geformte (National-)Staat hat sich eng verflochten mit der kapitalistischen Ökonomie etabliert und mit ihr zusammen funktioniert. Diese Feststellung gilt insbesondere für die liberaldemokratischen Verfassungsstaaten, die heute als das Muster auch normativ angemessener politischer Organisation an der Seite der sog. Marktwirtschaft hochgehalten werden. So wie die ökonomische Entwicklung innerhalb des staatlich-rechtlich regulierten Territoriums der staatlichen Leistungen von der Subvention bis zur Repression bedurfte, so waren die Staaten bis hin zu ihrem direkten Eigenbedarf als Steuer- und Leihstaaten von der ökonomischen Entwicklung abhängig. Dieses institutionelle und funktionelle Ergänzungsverhältnis weitgehend konformen, wenngleich im einzelnen nicht konfliktfreien Interesses ändert sich im Zuge der zuallererst ökonomisch konjugierten Globalisierung. Der Nationalstaat bleibt territorial gebunden. Er ist Staat in seinen Grenzen und durch seine Grenzen. Das „Territorium" der ökonomischen Vollzüge ist bzw. wird mehr und mehr der Globus. Hierbei verschlägt es weniger, daß die wirtschaftlichen „Akteure" weltweit handeln. Auch die Nationalökonomie war zum Teil Weltökonomie. Das Novum kommt vielmehr dadurch zustande, daß sich die Unternehmen, nicht zu reden vom Geldkapital, nicht am nationalstaatlichen Rahmen orientieren, sondern am Rahmen globaler Konkurrenz. Wurde früher, wie sich spätestens beim Ausbruch des 1. Weltkriegs herausstellte zu Unrecht, den Arbeitern und ihren Organisationen ihre Internationalität und entsprechend ihr Mangel an nationaler Zuverlässigkeit vorgeworfen, gilt heute für die wirtschaftlichen Institutionen, daß sie gar nicht anders können, als gemäß der globalen Logik zu handeln. Nur mit Hilfe aller möglichen Subventionen lassen sie sich notfalls davon überzeugen, (vorübergehend) einer nationalen Logik zu folgen. Die gesamte gegenwärtige Standortpolitik ist ein einziges Beispiel dafür.

Diese qualitativ verschiedene Bindung beider modern entscheidenden Produktionsformen, der politisch-staatlichen und der kapitalistischen, hat nicht zur Folge, daß die ökonomische Abhängigkeit von politischen Voraussetzungen und Nacharbeiten ab- oder umgekehrt die ökonomische Abhängigkeit des Staates zunimmt. Die Differenz zu früheren modernen Zeiten, ja die Differenz ums Ganze besteht vielmehr darin, daß jedenfalls *die Chance* staatlicher Mit-Entscheidung in Sachen ökonomische Entwicklung erheblich gesunken ist. Am meisten aber verändern sich die nationalstaatlichen Fähigkeiten, die eigene Entwicklung zu bestimmen, dadurch, daß globale Entwicklungen, ihre Eigenarten und Erfordernisse keine Schlagbäume achten, sondern rücksichtslos in die „Innenpolitik" der Staaten schwappen und dieselbe enteignen, das heißt ihres Eigensinns berauben. Auf der anderen Seite gilt: die ökonomischen Akteure verfügen zwar meistens noch über eine nationalstaatliche Basis und auch, nicht unwichtig, eine entsprechend eingefärbte Kultur samt den darin enthaltenen Verhaltenseigenarten. Ihnen steht jedoch keine politische Institution mehr partnerschaftlich, regulierend, gar kontrollierend oder ab und an steuernd und intervenierend gegenüber. Die ökonomischen Akteure, jedenfalls ihre global präsenten Vertreter, sind insofern freier, als sie stärkere Pressionen auf die Staaten ausüben und eher wählen können, wo sie sich niederlassen. Die alte kosmopolitische Devise: ubi bene ibi patria, wo es mir wohlergeht, da ist mein Vaterland, gilt zuallererst für die Multinationalen Unternehmen, für das „heimatlose" Finanzkapital ohnehin. Letzteres hat sich im übrigen vom sog. produktiven Kapital im Verlauf des Globalisierungsprozesses in einem Maße gelöst, daß seine Dynamik und die von ihr produzierten Folgen in Richtung Ungleichheit mitsamt den in der Eigendynamik steckenden Risiken eigens begriffen werden müssen. Die potentielle „Emanzipation" der ökonomischen Größen von bestimmten Staaten verstärkt ihre Chancen, politischen Druck auszuüben.

Wie so oft kommt es, will man die veränderte Situation beurteilen, auf die Perspektive an. Unter menschenrechtlich-demokratischer, die mir zählt, sehen sich die Veränderungen, in deren mobiler Mitte wir uns befinden, zum Teil weniger dramatisch an, zum Teil dramatischer, als wenn die Bezugsgröße die nationalstaatliche Souveränität bildet (allemal vor allem eine Anspruchssouveränität, die freilich nach innen in der Verpolizeilichung der Staatsbürger und nach außen im Rüsten und Kriegführen sehr wirksam war/ist). Weniger dramatisch sind die Veränderungen insoweit zu taxieren, als die ökonomischen Abhängigkeiten zuvor kaum geringer waren. Vor allem war der liberaldemokratisch verfaßte Staat von Anfang an konzeptionell (qua Gesellschafts- = Staatsvertrag) und praktisch darauf angelegt, die möglichst ungebundenen ökonomischen Akteure zu fördern. Die politisch-staatliche Verfassung galt für die ökonomische nicht. Ihr wurde der selbstregulierende Marktvorschuß gegeben. In diesem Sinne war der Staat allemal eine ökonomisch abhängige Größe und mangelte der Ökonomie eine demokratisch verantwortliche Prozedur. Dementsprechend wurden auch die Menschen- und Bürgerrechte nicht nur für die eigenen Staatsbürgerinnen und Staatsbürger primär vorbehalten; sie wurden außerdem zunächst exklusiv im 20. Jahrhundert dann primär als sog. individuelle Abwehrrechte verstanden und gehandelt, ohne die sozialen Fundamente und Folgen dieser Rechte, wie sie z.T. in der Sozialcharta der UNO formuliert worden sind oder sich in Erklärungen der Organisation Afrikanischer Staaten (OAU) finden. Falsch wäre es in jedem Falle, dazu neigen nicht wenige Zeitdiagnostiker, den vorübergehenden Fall eines bald weiter, bald enger auffangenden Sozialstaats, gar in der Form eines umfassenden und planfähigen Wohlfahrtsstaats, als das Muster des liberaldemokratischen Staates und seines „Gesellschaftsvertrags" vor der Globalisierung auszugeben. Insbesondere in der Bundesrepublik sind solche Interpretationen häufig. Auch und gerade die gewiß nicht zu unterschätzenden sozialstaatlichen Regelungen, die gegenwärtig nicht einfach verschwinden, das Muster bleibt, zeichneten sich systematisch dadurch aus, daß sie die kapitalistische Prämisse bis hinein in die sozialstaatliche Klassenbildung und ihre enteignende Bürokratie vor die Klammer staatlicher Verrechtlichung hoch differenzierter Art setzten. Insofern handelte es sich um eine Art sozialstaatliche Konjunktur im Aufschwung, der nun der in seinem Ende nicht absehbare Abschwung folgt.

Menschenrechtlich-demokratisch wirken die globalisierenden Umpolungen dort dramatischer, wo sie alle Möglichkeiten gründlicher Reform noch mehr verstopfen als zuvor. Und dies in geradezu global systematisierender Weise. Dramatischer wirken diese Änderungen auch dort, wo die kapitalistische Eigenart produktiver Zerstörung, die nicht nur der sich jagenden Folge technisch-organisatorischer Innovationen gilt, eine unaufhaltsam scheinende Dynamik annimmt. Die produktive Zerstörung wird ergänzt durch sozial- und umweltzerstörerische Produktion, die ihrerseits die hektische Innovationssuche in Gang hält. Innovationsprozesse mit tödlichem Ausgang. Und der Tod als Motor der Innovationsprozesse.

Weltstaat, Geo- oder Human Governance (vgl. zu letzterem Richard Falk 1995), kosmopolitische Demokratie (s. David Held 1995). Jede Überlegung, wie der aus jeder verantwortlich hegenden Hand entfleuchte Weltkapitalismus institutionell eingefangen werden könnte, ist lobenswert. Der kapitalistische Baum droht sonst in den Himmel oder mutmaßlich zutreffender – um im Bild zu bleiben – in die Hölle zu wachsen. Er bedarf der Stütze, der Baumpflege, der Umpfropfung und der Kappung seiner Spitze.

Immanuel Kant hat solche Erwägungen im „Ewigen Frieden" vor 200 Jahren noch heute faszinierend angestellt. Faszinierend auch, weil er, nie

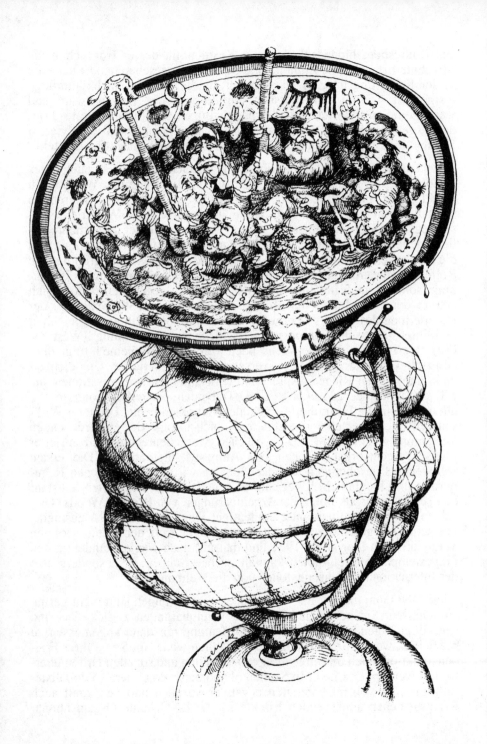

aus Königsberg hinausgekommener Kosmopolit, der er war, schon die bewohnte Erde als eine Einheit, eine Ökumene angesehen hat. Er hat auch in der Kritik und im Ziel klarsichtiger als die meisten Nachkömmlinge festgestellt, warum ein *Welt*staat ein despotisches Unding wäre und warum ein konfliktoffenes foedus pacificum, ein institutionalisiertes Friedens-, genauer Konfliktarrangement zwischen entsprechend relativierten Staaten und Staatenbünden die Orientierungsmarge schlechthin darstellt.

Sieht man vom Völkerbund ab, der kennzeichnenderweise auch eines Weltkriegs, des Ersten nämlich, bedurfte, um zwischen den Weltkriegen wacklig und schwächlich, indes nicht völlig irrelevant zu existieren, so stellt die Gründung der UNO nach dem und infolge des 2. Weltkriegs, dieses negativen kairos bedurfte es, den ersten Versuch einer menschenrechtlich-friedenspolitisch zielenden Weltorganisation dar. Die Ökonomie und die durch dieselbe bewirkte Globalität spielte allenfalls hintergründig eine Rolle; sie gewann nicht nur im Prozeß der Entkolonialisierung an Bedeutung, sondern auch im Zuge der von Anfang an gegebenen, jedoch sich erst in den 50er Jahren nachhaltig äußernden Nord/Süd-Spaltung, der Unterteilung des Globus in drei Welten nach Maßgabe ihrer Ungleichheit und ihrer politisch-ökonomisch verschiedenen Ausrichtung (West vs. Ost). Begriffen wurden die wachsenden weltweiten Probleme infolge ökonomisch bewirkter, qualitativ verschieden interpretierter Ungleichheit nicht nur in einer Riege entsprechend wirksamer Hilfsorganisationen, die z.T. schon früher gegründete UNO-Trabanten darstellen, sondern vor allem auch in der Formulierung sozialer Menschenrechte. Letzterer Wirksamkeit blieb aber eher randständig – auch infolge der entsprechenden Versäumnisse „nur" auf die klassischen Menschenrechte konzentrierter Menschenrechtsorganisationen wie Amnesty International. Die ersten weltweiten Einrichtungen, die der globalen wirtschaftspolitischen Regulierung und kapitalistisch gerichteten Entwicklungshilfe galten, entstanden schon zuvor als Folge der Vereinbarungen von Bretton-Woods. Dieselben kamen allerdings unter eindeutiger Dominanz der USA zustande. Die seinerzeit geschaffenen Institutionen tragen trotz der später erfolgten Veränderungen (vor allem 1971 und danach) nach wie vor eindeutig den Prägestempel der führenden kapitalistischen Staaten; insbesondere also der Internationale Währungsfonds und die Weltbank.

Die UNO und die mit ihr verbundenen Einrichtungen sind nicht gering zu schätzen. Sie gehen auf staatliche Vereinbarungen zurück. Sie sind trotz ihrer Eigendynamik und Eigenbedeutung nur dann angemessen zu beurteilen, wenn ihre Wirkungsmöglichkeiten weder im Sinne ihrer Friedensfunktion, noch im Sinne ihrer existentiellen und sozialen Hilfen überfordert werden. Das heißt in Sachen ökonomisch dominierter Globalisierung und der von ihr erzeugten negativen sozialen und vermittelt auch Kriegsursachen anhäufenden Effekte ist die UNO keine Organisationsform, auf die gesetzt werden könnte. Sie ist bald mehr, bald minder, indes in engen Grenzen das fließende Kleid der internationalen Macht- und Herrschaftsverteilung. Gerade deswegen kommt es übrigens darauf an, beispielsweise die Funktionen der UNO im Zusammenhang von Friedenssicherung nicht in Richtung Kriegsvermeidung und kriegerischer Intervention zu überziehen. Nur wenn die Blauhelme Blauhelme bleiben, kann die UNO im Rahmen eines Minimalkonsenses nützlich wirken. Nur so kann vermieden werden, daß die UNO für mächtige Interessen mißbraucht wird und als deren Legitimationsschleier dient.

Zurück zu den Konzepten, die zu Recht darauf ausgehen, den horror vacui, den Schrecken der Leere politisch gestalterischer, politisch verantwortlicher Institutionen auf globaler Ebene zu füllen. Das ist die heutige Verfassungsfrage schlechthin.

Obwohl die politische Diskussion allzu lange nationalstaatlich borniert geblieben ist und sich im Schatten des Kalten Krieges phantasielos einrichtete, nehmen neuerdings die politisch-weltorganisatorischen Vorschläge zu. Auch rund um eine vielstimmig verlangte UNO-Reform. Ich will diese Vorschläge hier nicht kritischen Auges Revue passieren lassen. Das Zuschauen beim Gang der Konzepte über den Laufsteg ermüdete bald. Ich will mich darauf beschränken, einige Begriffe zu klären und einige Voraussetzungen knapp zu erörtern, die beachtet werden müssen, will man nicht sehenden Auges in die Irre rennen oder sich die Augen interessiert verbinden lassen. Hierbei hole ich meine Urteilskriterien, wie sich versteht, von dem in diesen Jahrbüchern seit 13 Jahren wiederholt in verschiedenen Facetten vorgestellten materiellen Begriff der Menschenrechte und ihrer notwendigen Organisationsform: substantieller oder radikaler Demokratie.

1. Apropos „Weltgesellschaft". Dieselbe ist nichts anderes als eine geschwätzige Luftblase. Wo wären die Institutionen, die das Gerippe dieser Gesellschaft bildeten und den gesellschaftlichen Habitus prägten; wo wären die Zusammenhänge zwischen den Mitgliedern einer Gesellschaft, also den Individuen, und wo die Grenzen gegenüber anderen Gesellschaften, die die Eigenarten der „Weltgesellschaft" herausfinden, ihren „Charakter" bezeichnen ließen? Gesellschaft besteht nie im Singular, sondern immer im Plural. Darum ist für sie das konstitutiv, was Max Weber die „soziale Schließung" genannt hat. So wenig man quantitativ genau sagen kann, wie groß eine Gruppe sein muß, um Gesellschaft genannt werden zu können, oder umgekehrt, wann die Zahl von Individuen überschritten ist und vor allem die Erstreckung eines Raumes zu weit wird, um noch sozial von einer Gesellschaft eingenommen zu werden, so sehr ist darauf zu achten, daß kommunikativ-handelnd wahrnehmbare Gemeinsamkeiten vorhanden sind, die die institutionellen Prägemechanismen ergänzen.

Gesellschaft kann – so gesehen – verschiedene Dichtegrade besitzen. Mit anderen Worten, Gesellschaft und der von ihr eingenommene, von ihr angeeignete und sie beeinflussende historische Raum müssen erkundet werden. Verschiedene Nah- und Ferndistanzen kennzeichnen eine Gesellschaft. Dort aber, wo die Nahdistanzen gänzlich ausfallen, die soziale Dimension der Körperlichkeit des Menschen und die körperliche Dimension des Sozialen, kann von Gesellschaft als einer pluralen Einheit, die immer von der Spannung „Individuum" – „Gesellschaft" gekennzeichnet ist, nicht mehr in sinnvoller Weise gesprochen werden.

Was moderne Gesellschaft meint, ist nicht auf einen Begriff zu bringen. Einigermaßen klar ist nur, daß das, was wir unter Gesellschaft verstehen, nur geklärt werden kann, wenn man Gesellschaft im Kontext der Herrschaftsorganisation des Staates und im Kontext der ökonomischen Produktionsform, des Kapitalismus, zu bestimmen ausgeht. Daraus kann sich ergeben, daß Individualisierung und individualisiertes Interesse von diesen beiden modern dominierenden Produktionsformen, die dynamisch durchstaatend und duchkapitalisierend ausgreifen, primär gefördert, wenn nicht gar produziert werden. Dann stellt sich die Frage, was konstituiert noch diese oder jene, nennen wir sie bundesrepublikanische Gesellschaft? Oder anders herum: warum halten staatliche und kapitalistische Einrichtungen und ihre Vertreter an einem – möglicherweise antiquierten – Gesellschaftsbegriff fest? Um ansonsten nicht mehr wirksame Identifikationen zu befördern, um leichter herrschen und arbeitsökonomisch motivieren zu können? Von dem, was Emile Durkheim die nicht-kontraktuellen Teile des Kontrakts genannt hat, will sagen die staatlich-kapitalistisch nicht erbrachten Verhaltensmuster, wie sie aus früheren Zeiten in die Moderne hineinragen und infolge der „natürlichen Dissidenz des Kindes" (Hans Saner) immer erneut nachdrängen?

Die zuletzt gestellten Fragen deuten schon darauf hin. Auch ein Gesellschaftsbegriff läßt sich ohne letztlich normative Annahmen nicht gewinnen, wenn Worte mehr als beliebig vertauschbare Etiketten sein sollen. Wenn angenommen wird, daß Menschen gesellige Wesen sind, die nur in Gesellschaft zu sich selbst kommen – der Ausdruck „Sozialisation" = Vergesellschaftung des Individuums deutet darauf hin –, dann wird einsichtig, daß Menschen ebenso an spezifischen gesellschaftlichen Mängeln krank werden können, wie sie darunter leiden können, daß sie in keinem gesellschaftlichen Umgang mehr leben und all das wegfällt, was Pjotr Kropotkin in der „Gegenseitigen Hilfe" trefflich beschrieben hat. Langum: Gerade weil Menschen, der alten aristotelischen Überzeugung nach, die ich teile, geradezu „von Natur" gesellschaftliche Wesen sind und darum einer entsprechenden gesellschaftlichen Kultur bedürfen, gerade darum ist das, was jeweils gesellschaftlich der Fall oder nicht der Fall ist, erstlich und letztlich vom sozialen oder a-sozialen Ort des Individuums und dem, was ihm gesellschaftlich angetan und ermöglicht oder nicht angetan und nicht ermöglicht wird, zu begreifen.

Zurück zum Unding „Weltgesellschaft". Dieselbe und die diese kennzeichnende „Herrschaft" großmächtiger Organisationen und Sachzusammenhänge, die die durchstaateten und durchkapitalisierten, also atomisierten Gesellschaften bei weitem übertrifft, kann Gesellschaft nur im Sinne einer globalen Täuschung genannt werden. „Weltgesellschaft", das ist kein funktionsfähiges Gebilde, so sehr es allgemeine Merkmale geben mag, die alle Menschen nicht nur qua Mensch, sondern qua heute sich herausprozessierender Globalität betreffen. Vom Weltgetränk Coca Cola bis zum Internet und den Hollywood-Filmen. Im Sinne einer Art gesellschaftlichen Lakmustests gesprochen: Dort, wo der einzelne nur noch anderen einzelnen abstrakt, allenfalls medial vermittelt riesenräumig, ohne Verständnis und ohne handeln zu können, gegenübersteht – dort ist Gesellschaft nicht gegeben.

2. Betrifft: Weltstaat. Fast alles läßt sich steigern. Jedenfalls in die Tiefe. Bekanntlich bis zu einem Grad Kelvin: minus 273 Grad. So auch soziale Ungeheuer. Verglichen mit der „Weltgesellschaft" stellt „der Weltstaat" eine solche Ungeheuerlichkeit dar.

Daß Menschen eine solche, alles zum Besten regierende Instanz projizieren, ist verständlich. Wer wünschte nicht eine verantwortliche Einrichtung, die dafür sorgt, daß soziale Konflikte friedlich ausgetragen werden und ein existentielles Minimum an gerechter Verteilung der Güter und Lasten besteht? Erneut: ach, wie könnte das schön sein. Nur: man muß wissen, daß es sich um Wunschdenken handelt. Eine solche gottgleiche, jedoch irdisch wirkende und irdisch bleibende Instanz könnte nur als Ungeheuer wirken, Ungeheuer gebärend. Geht man von Menschen, ihrer Geschichte und ihrer Würde aus, kann es eine solche Entlastung von Mensch und Gesellschaft nicht geben. Denn dieselbe entlastete vom Menschlich- und Gesellschaftlich-Sein. Selbst Versuche in eine solche Richtung können nur terroristisch und/oder radikal täuscherisch ausfallen.

Schon der moderne Staat, von einem seiner ersten Rechtfertiger, Thomas Hobbes, als „übergroßer Mensch" oder als „sterblicher Gott" vorgestellt, birgt eine Fülle heute nur noch von „verschrobenen" Anarchisten diskutierter Probleme. Seine Leistungen qua Gewaltmonopol und allgemeiner Vorab-Legitimation werden teuer erkauft. Seine entlastenden Wirkungen zeitigen, je mehr der Staat „wächst" und „abnimmt", individuell und gesellschaftlich entkräftende Wirkungen. Manche seriösen Liberalen, die nicht nur das Eigeninteresse der Reichen vertreten, haben diesbezüglich treffliche Argumente im Köcher. Indes, so wenig es gelungen ist, was die Frühliberalen anzielten, gerade das staatliche Gewaltmonopol bürgerliches Gehen zu lehren, so wenig es gelungen ist, den Staat als zerklüftet bürokratisch herrschenden Apparat zu demokratisieren – das Staatsgebilde ist nur in der Mehrzahl zu verstehen. Aus der Mehrzahl der Staaten erwachsen kriegerische Gefahren (und kriegerische Resultate). Zugleich aber steckt in der Mehrzahl ein notwendiges Element der Gewaltenkontrolle von außen, eine antiherrschaftlich unabdingbare Emigrations- oder auch Fluchtchance.

Von allen anderen Aspekten einmal zu schweigen: *ein* Weltstaat, wenn derselbe denn als Staat ein weltweit geltendes Gewaltmonopol besäße – anders aber wäre er nur ein zuckerwattiges Gebilde –, bedeutete unvermeidlich eine Weltdespotie. Keine andere Macht könnte dem Monopol standhalten oder ihm entgegnen. Wenn nicht gemäß der alten, auf Platon zurückgehenden und immer wieder erneuerten Philosophenidee eine schlechterdings weise Macht den Welthron einnähme und entsprechend gerecht, einseitigen Interessen unnahbar Gewalt ausübte, eine schon an sich inhuman-ungeschichtliche Konstruktion, dann wäre je und je nur miese Weltherrschaft gegeben, die von den Mächtigeren unter den Beherrschten immer erneut bekämpft würde. Insofern nähmen Kriege und gewaltsame Konflikte zweifelsohne nicht ab. Es sei denn, man setzte das illusionäre Scheindenken fort und nähme an, alle Konflikte dieser Welt könnten weitgehend harmonisch ausgeglichen werden und die von Kant hübsch beschriebene menschliche „Begierde zum Haben und auch zum Herrschen" existierte nur, in Weisheit aufgehoben, bei den Philosophenkönigen (s. Kant „Zu einer Idee der Geschichte der Menschheit in weltbürgerlicher Absicht").

Neuerdings wird die Weltstaatsidee zu verminderten Preisen in noch veredelterer Form artikuliert (s. u.a. Jürgen Habermas 1995 und David Held 1995). Vom Monstrum Weltstaat ist nicht die Rede, wohl aber von einer Art Weltgesetz. Dieses Gesetz, im nationalstaatlich begründeten und verhältnismäßig kraftarmen Völkerrecht vorgeprägt – ein Völkerrecht nota bene, das den Krieg als Fortsetzung der Politik legitimiert und nur „Auswüchse" als „Mord" verbucht –, soll dafür sorgen, daß ein weltweiter Minimalstandard von zwischenmenschlichen, zwischengesellschaftlichen Regeln gilt, die eine friedvolle Welt ermöglichen. Bestens. Während jedoch angesichts des voraussetzungsvollen Weltstaatsgewaltmonopols die Frage nach dem Gebrauch dieses Monopols und der Vermeidung totalitärer Gefahren treibt, bleibt die Frage angesichts solcher wohlregulierenden Weltgesetze, wer dieselben formulieren und wer dieselben durchsetzen sollte (notfalls mit Zwang – oder ist an einen ewig herrschenden Dialog gedacht, der – ironisch gesprochen – insofern erfolgreich verliefe, als er den Weltverhungertod programmierte?). Die Dilemmata und die Abgründe, die sich im Vorstellungsgesicht eines Weltstaats aufdrängen, bleiben also auch beim blutleeren und knochenarmen, darum aber nicht weniger illusionsreichen „Weltrechtsstaat", seiner unmöglichen „Faktizität" und seiner allenfalls herrschaftstollen „Geltung".

3. Globale Demokratie in diversen Namensvariationen. Die zuvor schon genannten, einer globalen Demokratie gegenüber in veränderter Weise geltenden Einwände wiederhole ich nicht. Ich will an dieser Stelle nur ein Argumentenbündel ein wenig entflechten, das die materiellen Bedingungen umfängt. Ich meine hiermit weniger die kruden ökonomischen als die Bedingungen sozialer Zeit und sozialen Raumes (einmal vorausgesetzt, es ließen sich soziale Bewegungen entfesseln, die allen herrschenden (Staats- und Kapital-)Gewalten zum Trotz globale Demokratie durchdrückten).

Die Bedingungen sozialer Zeit und sozialen Raums werden schon im Zusammenhang der liberaldemokratisch verfaßten Nationalstaaten fast nicht diskutiert. Man läßt sein Bedenken dabei bewenden, daß die Spitzenrepräsentanten periodisch gewählt werden und dementsprechend eine (wahl-)verantwortliche „Herrschaft auf Zeit" ausüben. Selbst wenn man sich indes mit einer solchen minimalen Demokratie als „Set von Spielregeln" begnügte (so der junge Jürgen Habermas), selbst und gerade dann stellte sich die Frage, ob und wie die gewählten und formell verantwortlichen Repräsentanten aktive Politik treiben könnten. Sind nicht selbst die Besten unter ihnen darauf beschränkt, Politik mehr zu spielen, in diesem Sinne zu symbolisieren, als die Spitze einer „aktiven Gesellschaft" zu bilden? Wenn diese Frage eher zu bejahen ist, dann hat dies Gründe, die mit der Definitionskraft der Ökonomie zusammenhängen (dazu sogleich mehr unter 4.). Daß die Antwort „ja" auf diese Frage naheliegt, hängt jedoch gleichermaßen damit zusammen, daß demokratische Politik, so wie sie gegenwärtig verfaßt ist (und in zusätzlich verwässerter Form geschieht), notwendig systematisch überfordert ist – gerade auch ihre Repräsentantinnen und Repräsentanten bis zu solchen rund um den ovalen Kabinettstisch, der von sich machtvoll dünkenden Damen und Herren gravitätisch umsessen und den angeblich mächtigsten Männern und Frauen dieser Erde präsidiert wird. Wie sollten diese Damen und Herren, unterstellt, sie seien blitzgescheit, hochmoralisch und „Arbeitstiere", in einer Massengesellschaft mit ihrem komplexen Regelungsgeflecht und ihren wachsenden Klein-, Mittel- und Riesengebirgen an Problemen, und dies inmitten globaler werdender Zusammenhänge, auch nur in der Lage sein, sich so zu informieren, daß sie die Chance haben, rudimentäre eigensinnige Urteile auszubilden, von der Zeit zu neuen Konzepten, der Zeit, mit denselben demokratisch argumentativ hausieren zu gehen usw. usf. ganz zu schweigen. Das Lob der Routine, das Lob bürokratischer Bearbeitung, das Lob medialer Repräsentation und das Lob eines permanenten Akzeptanzmanagements für das, was zukunftslos ohnehin geschieht – all diese politisch stumpfen Mechanismen einer Macht, die nichts mehr machen kann, sind allein schon im Mangel an Zeit angelegt. Eine Studie zur bürgerlichen Zeitökonomie muß noch finsterer ausfallen. Über deren Resultat kann nur derjenige zur „demokratischen" Tagesordnung übergehen, der zum einen fälschlicherweise meint, die politischen „Profis" könnten die politische Sache schon richten, und der zum anderen Bürgerinnen und Bürger frohgemut in ihrem Interessensumpf aufgeregt vor- oder nachdemokratisch herumwuseln läßt. Als Bourgeois.

Das Problem angemessenen sozialen Raums ist mit dem der Zeitökonomie eng verbunden. Daß direkte Demokratie räumlich klein sein muß, sowohl in der geographischen Erstreckung wie auch in der Zahl der Bürgerinnen und Bürger, ist früh als deren Schwäche auch von ihren Vertretern erkannt worden (vgl. die einschlägigen Passagen in Rousseaus „Gesellschaftsvertrag"). In etwas relativierter Weise gilt ein solches Problem angemessener Größenordnungen auch für die Räume repräsentativ überspringende liberale Demokratie. Wenn diese Demokratie aus der sozialen Reichweite der Bürgerinnen und Bürger rückt, wenn die geographisch unterstrichenen räumlichen Distanzen keine gesellschaftlichen und damit rudimentär politischen Zusammenhänge mehr zulassen, wenn die oben genannte, nicht genau quantitativ ausmachbare, aber qualitativ notwendige Mischung aus Nah- und Ferndistanzen nicht mehr gegeben sein kann, dann vertrocknet alle Repräsentativität, von ihrer demokratischen Substanz ganz zu schweigen.

All das, was ich in den letzten Absätzen skizziert habe, altbekannt, nur in seinem Gewicht nicht konsequenzvoll wahrgenommen, läßt sich aus der Wirklichkeit liberal-demokratisch verfaßter Staaten füllig belegen. Die Verfassung liberaler Demokratie ist, verfassungsskrupulös klar und eindeutig gesprochen, den heutigen Problemen nicht mehr gewachsen. Diese Feststellung trifft gerade dann zu, wenn man einen Gutteil ihrer (unzureichenden) Ziele teilt. Wie steht es dann mit einer Weltdemokratie? Deren vorgegaukelte Möglichkeit ist nichts anderes als Gerede, Gerede, Gerede, um nicht zu sagen verantwortungslose Hofferei.

4. Die riesige Lücke fast aller weltgerichteter, politisch zielender Vorstellungen. Die begriffskritische Fortsetzung kann ich mir, so nehme ich an, ersparen. Diese (Pseudo-)Begriffe fördern die Begriffslosigkeit, indem sie bestenfalls fahrlässig eine Art Verstehen und eine Art von Gestaltungschance der bestehenden Globalität und ihrer dynamischen Tendenzen vorgaukeln. Unwörter, als da sind: Weltzivilgesellschaft, Human governance, globales Dorf, Staatengemeinschaft, Weltethik, auch Menschheitsfragen … Diese Formeln leeren Pathos' sind nicht einmal für politische Sonntagspredigten gut.

Ich will allein eine Lücke anmerken, die fast alle politisch-institutionellen Reformüberlegungen, so sie überhaupt ernsthaft angestellt werden, zur Makulatur werden lassen. Die Lücke wird durch die fehlenden Überlegungen zu einer politisch-demokratisch adäquaten Ökonomie markiert. Es

heißt keinem reduktionistisch simplen Ökonomismus huldigen, wenn man feststellt, der moderne, schließlich liberal-demokratisch eingerichtete Verfassungsstaat leide von Anfang an bis heute unter zwei in ihren Voraussetzungen gerade infolge dominierender ökonomischer Interessen nie getesteten Annahmen. Der Annahme, daß liberale Demokratie und kapitalistische Marktwirtschaft einander geradezu automatisch entsprächen; der Annahme, die Ökonomie bedürfe keiner ausdrücklichen Gewaltenteilung und Kontrollprozeduren institutionalisierenden Verfassung, eine solche sei nur für die Politik erforderlich. Darum ist die Figur des sogenannten Gesellschaftsvertrags von Anfang an eine Art Staatsvertrag, während die Ökonomie bewußt vorkonstitutionell belassen wurde. Als Privatsache. Die dahinter (rationalisierend) wirksamen Behauptungen lauten: im politischen Bereich toben irrationale Machtgelüste. Dieselben müssen mit Hilfe einer „checks and balances" verankernden Verfassung domestiziert werden. Die wirtschaftlichen Bestrebungen der Menschen jedoch werden von ihrem letztlich monetär meßbaren Interessenkalkül rationalisiert. Darum reicht es, den Markt konkurrenzoffen zu halten, und alles wohlständig Übrige wird sich wie von selbst ergeben (vgl. den lesenswerten Bericht Albert O. Hirschmans zu den frühliberalen Anfängen dieser gespalten-zusammenhängenden Staats- bzw. Ökonomieannahmen; Hirschman 1980). Die Marktautomatik und das dieselbe durchpulsende individuelle Interessenkalkül der Marktteilnehmer bilden so gesehen ein „Adäquanzverhältnis" (M. Weber) zur verfaßten Gewaltgarantie des Staates und seinen individualisiert gebändigten *Staats*bürgerinnen und *Staats*bürgern. Dieses Verhältnis funktioniert insbesondere deswegen grosso modo ökonomisch so produktiv, weil staatliches Wirken vor allem darauf ausgerichtet ist (und den liberalen Annahmen gemäß auch zu sein hat), die Entfesselung der allemal ökonomisch gerichteten Interessen immer erneut in Voraussetzungen und Folgen wirtschaftsordnungsgemäß in Gang zu setzen und zu halten. Regulierung als Deregulierung, Regulierung um der nicht gefährdeten ökonomischen Expansion willen, lauteten die Leitlinien ökonomisch konformen Staatshandelns von Anfang an. Dazu war je nach sozialen Umständen eine kräftige Portion staatlich eingesetzter Gewalt vonnöten. Der Ökonomismus ist so gesehen Ideologie und Faktum kapitalistischer Ökonomie und ihrer politisch bestenfalls liberaldemokratischen Verfassung.

Nun wissen außer den freilich zahlreichen Dogmatikern heute alle, die ein wenig zu lesen verstehen, daß die frühliberale Annahme eines harmonisch strampelnden Tandems mit ökonomischer Lenkradsteuerung nie stimmte und in Zeiten der Globalisierung weniger stimmt denn je. Macht, Herrschaft, Ungleichheit und negative Effekte zuhauf kennzeichnen in dynamischer Veränderung und immer erneuter Zunahme die Weltwirtschaft, so sehr diese Begriffe, um das Modell nicht zu gefährden, Fremdwörter im heiligen Gesetzesgarten hochinteressierter Ökonomie als Wissenschaft und als Praxis zugleich darstellen. Auch sind die wirtschaftlichen Vorgänge selbst längst in hohem Maße verrechtlicht und werden von ausladenden bürokratischen Einrichtungen koordiniert. Sie sind außerdem überall, mal mehr, mal minder, staatsdurchwachsen. Auch und gerade in den USA und anders in der „ihre" Unternehmen bzw. Betriebe heftig protegierenden BRD. Die Rüge, die dieser Tage von der EU ausgesprochen worden ist, kann dafür als Symptömchen genommen werden. Um eine Marktwirtschaft handelt es sich bei der kapitalistischen Ökonomie, nimmt man den Marktausdruck ernst, wenn derselbe je zugetroffen hat, längst nicht mehr.

All das ist längst bekannt. Nur: niemand kann und will offenkundig an den ökonomischen Macht- und Herrschaftskomplex heran. Rumpelstilzchentricks aller Art machen statt dessen die Runde. Süßworte werden erfunden und wipfeln von Weltgipfel zu Weltgipfel, von den meisten Vertreterinnen und Vertretern angeblich kritischer NGOs glaubensstark wiederholt. Das Süßwort unserer Tage, ins Deutsche nur unsinnig direkt übersetzbar, was aber wohl gerade deswegen geschieht, lautet: sustainable development, üblicherweise übersetzt mit „nachhaltiger Entwicklung"; gemeint ist mit dieser (phantastischen Leer-)Formel, vom „Brundtland-Bericht" 1987 propagiert, daß eine ökonomische Entwicklung weltweit in Gang gesetzt werden soll, die sozusagen Pareto-optimal verläuft: die Produktion nimmt zu, jedoch wird der Energieverbrauch gedrosselt und auf Regeneration angelegt, die negativen Umwelteffekte werden gekappt oder sogleich aufgefangen. Zum dritten Mal als Refrain: Ach wie möchte das schön sein. Dieses Süßwort macht es möglich, wie schon vor Jahrzehnten die scheinkritische Club-of-Rome-Formel von den „Grenzen des Wachstums", auf eine nüchtern durchdringende Kapitalismus-Analyse zu verzichten und nun dem unaussprechlichen Kapitalismus statt der früheren sozialpolitischen Mütze eine Umwelthaube aufzuziehen. Der Streit wogt entsprechend zwischen den Wölfen im Schafspelz und den Schafen im Wolfspelz.

Die Gründe, warum niemand an die Verfassungsfrage der Ökonomie heran will, warum dieselbe sträflich und katastrophenheckend vernachlässigt bzw. gänzlich umgangen wird, sind zahlreich. Sie hängen zusammen mit den selbstredend auch wissenschaftlich vorherrschenden Interessen der (mehr oder minder) Wohlhabenden. Sie sind verknüpft mit dem enormen Potential negativer Sanktionen, über das die wirtschaftlich, politisch und publizistisch Herrschenden verfügen. Ein Sanktionspotential, das auch und gerade Worten gilt („Formeln der Macht"). Darum dient selbst Kritikern diese sachlich und demokratisch schädliche Süßholzraspelei als kollektive Konferenzbeschäftigung. Die Folge der Gründe wird dadurch fortgesetzt, daß im Zeichen der Globalisierung und erreichter Globalität alle Chancen fehlen, andere Formen ökonomisch-politischer Organisation in menschenrechtlich kontrollierten Experimenten auszuprobieren. Es gibt fast keine, in jedem Fall keine in dieser Hinsicht relevanten Nischen mehr. Schließlich ergänzt der Zusammenbruch des „realen Sozialismus" die Gründekette. Recht besehen, darauf hatte Max Weber schon vor der Oktoberrevolution aufmerksam gemacht, konnte die direkte politische Steuerung einer komplexen Ökonomie nie gutgehen (so wie dies in anderer Weise übrigens auch für eine komplexe Politik gilt, will man die herkömmlichen Unterscheidungen einstweilen übernehmen). Dieser Versuch mußte in bürokratisch allenfalls herrschaftseffizienten Monstra scheitern, – von den spezifischen Umständen in Rußland 1917 und vielen anderen Aspekten, die auch das Verhalten der erfolgreich kapitalisierten westlichen Länder einbeziehen müßten, zu schweigen (eine differenzierte und einigermaßen alle wichtigen Aspekte umfassende Analyse des Scheiterns, die nicht von „westlicher" Perspektive allein unternommen werden dürfte, steht aus). Der nicht erst 1945 ausgebrochene Kalte Krieg, der dichotomisches Scheuklappendenken weltweit eintrimmte, hat außerdem alle Überlegungen in Richtung „Dritter Wege" von vornherein ausschließen lassen. Dieses Vorstellungsverbot gilt in Form innerer und äußerer Zensur noch heute.

Jeder Versuch, Globalisierung politisch einzufangen, das heißt, sie in ihrer Richtung zu beeinflussen und zu kontrollieren, ist hoffnungslos, wenn die Struktur der Privatheit kapitalistischer Ökonomie belassen bleibt oder wenn man so tut, als handele es sich hier um eine „Systemrationalität", in die nicht eingegriffen werden dürfe, es sei denn, sie trete kolonialisierend über ihre Grenzen.

IV.

Konzeptionen den modernen Staat transzendierender Politik sind nötiger denn je. In diesem Sinne fordert Ulrich Beck zu Recht, das Politische sei neu zu denken (Becks reichlich beliebig-unausgegorenen, die Probleme eher umgehenden Bestimmungsversuch des Politischen, der nicht zufällig organisatorische Sachverhalte ausblendet und das hier behandelte politische Problem der Globalisierung fast vollkommen ausspart, habe ich anderwärts kritisiert).

Wie aber könnte Politik demokratisch-menschenrechtlich angemessen organisiert werden angesichts des globalen Problemgerölls, von dem einige Brocken in den vorausgehenden Abschnitten reichlich grob behauen worden sind? Ich will mich auf einige thesenhafte Hinweise beschränken.

1. Trotz der Unwahrscheinlichkeit weltweiter demokratischer Organisation scheint es mir dringlicher denn je, sich mit dem Ende der Geschichte im Sinne anderer politischer Formen nicht zu befreunden. Die Gefahren sind schlechterdings zu groß, überließe man die gegenwärtige Entwick-

lungsdynamik sich selbst, diesem globalen Wettlauf der Lemminge. Die Anstrengung der Vorstellung stellt heute die wichtigste intellektuelle Leistung im weitesten Sinne dar. Steckt man den Kopf in den Sand, vermehrt sich der Sand und deckt den Kopf vollends zu, selbst den eigenen noch so kritischen.

2. Bevor die Spannweite der Vorstellungen so kräftig wie möglich gedehnt wird, muß eine nüchterne Analyse erfolgen. Diese nüchterne Analyse darf über Schwierigkeiten, ja Blockaden denkbarer anderer Problemlösungen nicht hinwegsehen. Solche Schwierigkeiten sind auszuhalten. Analyse und Hofferei dürfen nicht miteinander vermischt werden. Selbstverständlich aber ist es geboten, das, was „wirklich" und „wirksam" ist, mit Hilfe des Möglichkeitssinns zu analysieren und somit die Analyse zu radikalisieren. Erst dann lassen sich alle Proteusgestalten vielfach verkappter versachlicht-technologisierter Herrschaft entdecken; nur so lassen sich „Sachzwänge" als spezifische Interessenballungen entstehungsgeschichtlich „verflüssigen"; nur dann wird das informationelle und sanktionsreiche Herrschaftsmanagement dechiffrierbar, das die Globalisierung vielfältig begleitet.

3. Angesichts der globalen Erfordernisse anderer Politik gilt menschenrechtlich-demokratisch die erste Frage nach den Bürgerinnen und Bürgern. Welche Bedingungen wären erforderlich, die Milliardenfülle der einzelnen, deren Menschenrechte gegenwärtig weithin einem schlechten zynischen Witz gleichen, instandzusetzen, als politische Wesen zu handeln; das heißt u.a., einen Begriff dieser „Welt" zu besitzen, über die Fähigkeit eigensinnigen Urteilens zu verfügen und die Muskeln selbstbestimmter Beteiligung in größeren sozialen Zusammenhängen relevant zu üben? Die aktuell gegebenen Bedingungen weisen ins Gegenteil. Ein Großteil der Menschen vegetiert bestenfalls jämmerlich dahin. Ein anderer, Milliarden umfassender Teil wird in den gegebenen Umständen in punktueller Arbeit verbraucht und auf ein kurzsichtig interessiertes Konsumentendasein getrimmt. Denn auf Konsum und noch einmal Konsum, auf die Milliarden konsumierender Nimmersatte kommt es an. Die Lust zum Haben muß dauernd angeheizt werden. Dazu bedarf es auch der sich erneuernden Ungleichheit (von den allemal knappen Gütern nicht zuletzt sozialer Art und dem Herrschaftssinn der Ungleichheit, ihrer kapitalistisch-etatistischen Logik nicht zu reden). Sonst laufen die global konkurrierenden Wachstumsräder leer.

4. Wenn die „Bürgerfrage" an vorderster Stelle steht, dann ist die erste Konsequenz leicht zu ziehen. Demokratisierung lautet das globale Zeitgebot. Recht verstanden, der oben angedeuteten Zeit- und Raumprobleme des Körperwesens Mensch eingedenk (und er besitzt nota bene einen Körper, nicht deren zwei-, drei- oder vielfacher Art, so widerlich dieses bru-

tum factum kommunikationstechnologisch und im Sinne der grenzenlosen Verwertung des Werts sein mag), heißt dies: nicht eine globale Demokratie gilt es einzurichten, wenn eine solche denn überhaupt materiell und kognitiv, human gesprochen, möglich sein sollte. Vielmehr sind lokal, regional und national breite und unkonventionelle Demokratisierungsprozesse in Gang zu setzen, die Demokratie auch als gesellschaftlich kollektives Ereignis organisieren und nicht im punktuell geheimen Wahlakt die „Ekstase" demokratischen Gangs atomistisch fixieren. Erst institutionalisierte Demokratisierungsprozesse, die selbstredend nicht im formell staatlichen Geviert ihre Grenze finden, Demokratisierung der Stadtpolitik, des Wohnens, der Bildung usw. usf. schaffen der Chance nach eine kognitiv-habituelle Basis, Demokratie auch großräumiger und wahrhaft repräsentativ, nämlich als Vergegenwärtigung bürgerlichen Selbstbewußtseins und Handlungsvermögens, einzurichten.

Das erste gegenwärtige Manko, gerade angesichts der Globalisierung, besteht nicht darin, daß es noch keine globalen demokratischen Einrichtungen gibt oder daß die UNO nicht derart funktioniert, das erste gegenwärtige Manko besteht im Mangel an Demokratie, in aller Breite und Tiefe verstanden, inmitten der angeblich demokratisch verfaßten Staaten. Weit über 100 sollen es laut politikwissenschaftlichen „Sachkennern" sein (vgl. entsprechende Auskünfte im „Journal of Democracy"). Was für eine schöne neue demokratische Welt rund um den Globus. Um nur ein Exempel anzuritzen: das viel besprochene „Demokratiedefizit" der Europäischen Union besteht ohne Frage. Es ist mehr als ein Defizit, es ist ein struktureller und funktioneller Wesensmangel. Dieser Mangel ist jedoch an erster Stelle keiner, der die europäische Ebene beträfe. Mit den Ortssymbolen gesprochen, Brüssel und Straßburg. Das demokratische Defizit besteht vielmehr vor allem im Mangel an Demokratie in den beteiligten Staaten. Geht man darauf aus, dasselbe zu beheben, ist also zuallererst in diesen Staaten und an deren minimaldemokratischen Vorkehrungen anzusetzen.

5. Erst wenn es gelänge, demokratische Prozesse gesellschaftlich ökonomisch assoziativ „einzumengen", also eine grassroot-democracy neuer Art zu installieren, das ist die Botschaft von Alexis de Tocquevilles diesbezüglich nach wie vor gültiger Analyse (Demokratie in Amerika, 1840), könnte gehofft werden, mit entsprechenden demokratisch verantwortlichen Zwischengewalten zu einem erheblich „entstaatlichten" Staat emporzusteigen. So geartete Staaten könnten ihren entsprechend verständigen und selbstbewußten Bürgerinnen und Bürgern nicht nur nötige ökologische Konsequenzen und vor allem zwischenstaatlichen Ausgleich abverlangen, also zukunftsorientierte Politik betreiben, sie könnten auch je und je umarrangiert, Teil eines stufenförmigen globalen Föderalismus werden. Zu begreifen ist, daß alle abstrakter werdenden Prozesse, die

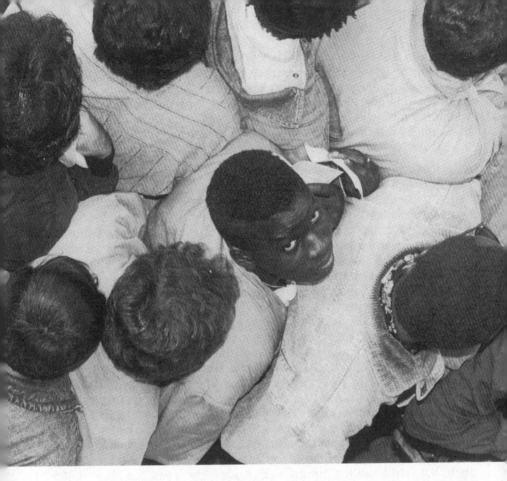

allerdings explizit institutionalisiert werden müssen, sich nur dann nicht herrschaftlich schließen, wenn die dezentralen politischen Formen und die von ihnen ausgehenden habituellen Prägungen stark sind. Sonst wird die Kluft, die de Tocqueville im seinerzeitigen Amerika schon vorhersah, unüberbrückbar: die Kluft zwischen abgehobenen Herrschaftseinrichtungen und ihren hoffnungslos überforderten Repräsentanten einerseits (die deswegen heute schon von ihrer Egomanie leben) und den weithin hilflosen Individuen andererseits, die sich gerade nicht mehr eigensinnig verhalten können, so sehr sie ihre kleinen „Bastelbiographien" dem Anschein nach selbständig zusammenstückeln mögen.

6. In welchem Ausmaß und in welchen Formen die politische und die ökonomische Produktion – beide sind wahrhaft beides zugleich – getrennt zu organisieren sind, damit Schildbürgerstreiche in demokratischer Absicht vermieden werden und politics ebenso wie economics of scale möglich sind, ist an dieser Stelle nicht zu diskutieren. Klar ist nur, daß „die"

Ökonomie aus ihrem nun schon jahrhundertelangen klassisch-neoklassisch eingewiegten politikvergessenen Dornröschenschlaf politisch-demokratisch wachzuküssen ist; ebenso klar ist, daß sich das, was gegenwärtig staatliche und überstaatliche Politik genannt wird, qualitativ ebenso stark verändern muß wie die Ökonomie. Um eine Verstaatlichung der Ökonomie kann es wahrhaft nicht gehen. Dieselbe ist heute faktisch viel zu sehr ver-, ja durchstaatlicht.

7. Übernationale, ja globale Organisationen der Koordination, des Ausgleichs u.ä.m. sind zweifelsohne vonnöten. Das erreichte Ausmaß an Globalität und etliche Vorgänge der Globalisierung können und dürfen, normativ gesprochen, nicht zurückgedreht werden. Allerdings, das ist der postulative Refrain dieses Aufsatzes, kommt alles darauf an, Globalität und Globalisierung politisch zu fassen und in ihrer Dynamik zu verändern. Dies kann, das war der Sinn der Thesen zuvor, nicht durch eine Reform der UNO oder eine globale Demokratie auf irgendeiner weltstaatlichen Grundlage geschehen, sondern allein dadurch, daß demokratisch pyramidal auf breiter Basis kooperierend koordinierende Spitzen aufgrund eines lebendigen demokratischen Prozesses insgesamt eher randständig fungieren können. Auch mit noch so erweiterter und beschleunigter Informationstechnologie läßt sich mit der „Masse Mensch" eine von Global-Oben eingerichtete oder dirigierte Welt nicht einmal undemokratisch vorstellen. Nur mit einer weltweiten Pluralität, einer Stärkung der Lokalitäten und Regionen ist eine menschenrechtlich einigermaßen wirksame „Architektur weltweiter Komplexität" vorzustellen. Damit die Konflikte zwischen den diversen Einheiten friedlich und ohne Unterdrückung ausgetragen werden können, bedarf es nicht nur entsprechend eingerichteter Mechanismen; es bedarf in fortlaufend zu erneuernder Voraussetzung auch des strukturellen materiellen Ausgleichs zwischen Lokalitäten, Regionen, Staaten und Erdteilen. Auch darum ist die heutige Eigenart der Globalisierung kräftig umzuakzentuieren. Sonst bliebe eine irdisch mögliche Kosmopolis keine konkrete Utopie, eine, die keine neue Erde und keinen neuen Menschen planifikatorisch voraussetzt. Sonst beherrschten Verteilungskämpfe und Verteilungskriege das XXI. Jahrhundert – gewiß anders, aber nicht weniger kostenreich – noch stärker, als sie dies in dem abenddämmrigen „Jahrhundert der Extreme" (Eric Hobsbawm) getan haben.

Literatur

Noam Chomsky: World Orders, Old And New, Pluto Press London 1994.
Richard Falk: On Human Governance. Toward a New Global Politics, The Pennsylvania State University Press, University Park Pennsylvania 1995.
David Held: Democracy and the Global Order. From the Modern State to Cosmopolitan Governance, Polity Press Cambridge 1995.
Albert O. Hirschman, Leidenschaften und Interessen, Suhrkamp Frankfurt/M 1980.
Claude Levi-Strauss, Brasilianisches Album, München 1995

Rudolf Walther

Vom Regen in die Traufe und dann auf den Misthaufen oder von der „Zivilgesellschaft" über „die Zivilisation" zum „Weltethos"

„Civil Society"

Adorno soll intellektuell abhebenden Seminarteilnehmern jeweils geantwortet haben: „Das Niveau ist hoch und keiner drauf." Für die politische Debatte der letzten Jahre gilt eher der Satz: Je höher das Pathos, desto tiefer das intellektuelle Niveau. An den Begriffen „Zivilgesellschaft", „Zivilisation" und „Weltethos" läßt sich dies überprüfen.

Besonderer Beliebtheit erfreute sich in den letzten Jahren die „Zivilgesellschaft". Was der Begriff meint, ist völlig ungeklärt, denn er speist sich aus vielen Quellen und zehrt von ganz unterschiedlichen Debatten. Nicht einmal darüber, ob der Begriff eine Realität faßt oder ein Postulat oder eine Norm aufstellt, herrscht Klarheit. Einzelne Propagandisten plünderten willkürlich die Geschichte, um dem Wort durch historische Aura zu verleihen, was ihm an Inhalt, Angemessenheit und Stimmigkeit abgeht. Die unbegriffene Gegenwart sollte gebannt werden im begriffslosen Wort. Kritisch gesehen war die „Zivilgesellschaft" eine Totgeburt, nur die Hebammen und Geburtshelfer wollten es nicht glauben und versuchten verzweifelt, dem Konzept Leben einzuhauchen.

Zur Herkunft: Mit einer Hand schöpfte man aus der amerikanischen Debatte um Autoren wie Charles Taylor, Michael Walzer u.a. über die Rekonstruktion der „civil society" angesichts von zerstörerischen und selbstzerstörerischen Trends in der US-Gesellschaft, Wirtschaft und Politik. Die als „communitarians" bezeichneten Autoren, die weder theoretisch noch politisch eine homogene Gruppe bilden, erarbeiteten für die von Gesellschaftsauflösung bedrohten amerikanischen Zustände Rezepte und Hausmittelchen, um das demokratische Gemeinwesen wieder zu beleben. Alte und neue normative Begriffe sind ihnen deshalb wichtiger als die Analyse der Gesellschaft. Konsistente gesellschaftstheoretische Erklärungen sind nicht ihre Sache – schon eher so eine Art sozialarbeiterisch betriebene Gesellschafts-Klempnerei.

Mit der anderen Hand holte man sich die Argumente aus den Debatten unter Dissidenten im Osten, wo eine offene Gesellschaft nach dem Untergang von Parteiherrschaft und Staatssozialismus erst aufgebaut werden sollte. Die kommunistische Herrschaft akzeptierte – wie die Baronin Thatcher – nur Staat und Individuum. Alle Ausdrucksformen autonomer gesellschaftlicher Bewegung (vom Sport bis zu wissenschaftlichen Vereinigungen) wurden verstaatlicht oder unterdrückt.

Die beiden Debattenstränge haben nur wenig gemeinsam und orientieren sich an grundsätzlich verschiedenen Verhältnissen, Problemen und Zielen. Die eilfertige Übernahme des Diskurs-Jetons „Zivilgesellschaft" war deshalb von Anfang an höchst problematisch. Obendrein spielten Interessengegensätze und wirtschaftlich-kapitalistische Zwänge, auf die jede Demokratisierung aufläuft, in der hochgradig ideologisierten deutschen Debatte praktisch keine Rolle.

Erst recht zum Rohrkrepierer wurden die historischen Anleihen, mit denen die Diskussion aufgemotzt werden sollte. Schon die Übersetzung von „civil society" mit „Zivilgesellschaft" ließ mehr schlechten Geschmack als historische Bildung erkennen. Wer käme auf die Idee, analog dazu, das „bellum civile" mit „Zivilkrieg" wiederzugeben? Drall-Deutschen fiel auch noch das Wort „Zivilheit" ein, obwohl das unübersetzbare italienische „civiltà" von seinem realen Kern „civis"/„Bürger" natürlich nicht abzutrennen, sondern nur im jeweiligen historisch-gesellschaftlichen Kontext einzulösen ist. Alle Versuche, der „Zivilgesellschaft" mit dem Hinweis auf den alten Begriff „societas civilis"/„bürgerliche Gesellschaft" höhere Weihen anzudienen, scheitern an dem schlichten Tatbestand, daß die alte „societas civilis" von Aristoteles bis zur Französischen Revolution mit der modernen (bürgerlichen) Gesellschaft gar nicht, mit den zwischen Antike und Ancien Régime entstandenen diversen Staatsformen und Para- oder Proto-Staatsformen jedoch sehr eng zusammenhängt. Vereinfacht gesagt: Bis ins 18. Jahrhundert war die „bürgerliche Gesellschaft" die Vereinigung der rechts- und politikfähigen Männer, virtuell der „Staat" – egal ob in republikanischer, stände„staatlicher" oder monarchischer Form. Soweit „Zivilgesellschaft" also auf die vorrevolutionäre „societas

Sitzt du gut so sitze feste.
Alter Sitz der ist der best.

1704.
Gott schütze jeden
vor Türken u. Schweden
Anno 1704
waren die Schweden
all hier.

civilis"/„bürgerliche Gesellschaft" zielt und dort staatsfreie Räume, Zonen für Autonomie und Freiheit ausmachen möchte, ist das Konzept nichts weiter als eine Projektion. Da taugt auch der Hinweis auf Adam Fergusons „Essay on the History of Civil Society" (1767) nichts, weil „civil society" dort durchweg den Staat meint und nicht das, was heute bürgerliche Gesellschaft heißt.

Mit der historischen Situation, in der die Debatte hier begann, hängen ihre politischen Implikationen zusammen. Der Chip „Zivilgesellschaft" diente Protagonisten mit unterschiedlichen, ja gegensätzlichen theoretischen Vorstellungen als Krücke. Die einen brauchten diese, um sich von ihren ehedem sozialistischen Vorstellungen ins Post-Stübchen „westlicher" Gemütlichkeit verabschieden zu können. Das geborgte Konzept half ihnen, sich von dem Anspruch zu distanzieren, daß jedes rationale Nachdenken über Gesellschaft auch Gesellschaftskritik bedeutet. Genau damit wollten nach 1989 viele nichts mehr zu tun haben. „Zivilgesellschaft" ist der bündige Ausdruck für die Rückkehr zur Affirmation im Zeichen intellektueller Normalisierung. Schlaumeier benützten die Krücke, um ihre überkommenen Vorstellungen kundenfreundlich aufzupolieren und sprachen vom „zivilgesellschaftlichen Sozialismus", der nun an die Stelle des abgehalfterten zu treten habe. – Die gesellschaftlichen Realitäten und die ihnen täglich entweichende Gewalt haben das Konzept „Zivilgesellschaft" nun in den Orkus befördert. An seine Stelle trat die „Bürgergesellschaft" – die anspruchslose Floskel kommt ganz ohne theoretisches Fundament aus.

Zivilisation

Mit dem Golfkrieg und dem Bürgerkrieg auf dem Balkan entdeckten Intellektuelle „den Westen", „den westlichen Westen", oft zusammengefaßt mit dem Begriff „die Zivilisation". Natürlich gab es das Wort schon länger, aber in den 90er Jahren erhielt es gleichsam einen neuen Anstrich und avancierte zum Gesinnungsmerkmal, mit dem pathetisch dargelegt werden konnte, daß „der Krieg nur zwei Flugstunden" von uns entfernt tobe. Mit solchem Pathos konnte man dann die übrigen 34 weiter weg liegenden Kriege und Bürgerkriege vergessen machen.

Begriffsgeschichtlich läßt sich zeigen, daß mit dem Begriff „Zivilisation" ein und derselbe Prozeß immer positiv oder negativ charakterisiert oder seine Existenz gar bestritten werden kann. Die erste Industrialisierung war gewiß ein zivilisatorischer Prozeß, aber wer ihn begreifen will, wird sich weder mit einem Lobgesang noch mit einem Klagelied darüber abfinden. Die Doppeldeutigkeit ist konstitutiv für den Begriff, und diese Doppeldeutigkeit allein macht ihn unbrauchbar für eine theoretisch konsistente Argumentation. Wenige sozialwissenschaftliche Grundbegriffe sind nach wie vor so mit historischen Mystifikationen verbunden wie der Begriff „Zivilisation". An der zählebigsten dieser Mystifikationen hat Norbert Elias mitgestrickt. Es geht dabei um die Rückprojektion der erst Ende des 19. Jahrhunderts einsetzenden und im Ersten Weltkrieg kulminierenden Kontroverse um die „Ideen von 1789" und die „Ideen von 1914". 1789 stand für „Zivilisation", die von deutscher Seite als brüchige Vorstufe der Barbarei abgewertet wurde; 1914 stand für „Kultur", die von Frankreich her als Ausbund von Nationalismus und Militarismus dargestellt wurde. In modifizierter Form hat Elias die Ansätze dieser Kontroverse ins 18. Jahrhundert zurückverlegt: Demnach war „Kultur" eine „gegen den Adel gerichtete Schöpfung der politisch ohnmächtigen deutschen Bildungsschicht" und betonte das Nationale, „während sich in civilisation die französische höfische Gesellschaft artikuliert" habe, mit einem Vorrang für das Übernationale. Der Zürcher Historiker Jörg Fisch hat die unhaltbare Konstruktion eines wesentlichen Unterschieds zwischen dem französischen und dem deutschen Sprachgebrauch im 18. und 19. Jahrhundert fundiert zurückgewiesen.

Entgegen solchen Anachronismen ist von einer weitgehend gleichen und positiven Bedeutung der beiden Begriffe auszugehen, die vor dem Ende des 19. Jahrhunderts weder national akzentuiert waren, noch eine hierarchische Ordnung unterstellten. In den beiden artikulierte sich aber andererseits ein klarer Überlegenheitsanspruch gegenüber Nicht-Europäern. Gegenbegriffe zu „Kultur" und „Zivilisation" sind „Natur" und „Barbarei", übergeordnet werden ihnen gelegentlich „Bildung" (etwa bei Humboldt) oder „Moral" (z.B. bei Kant).

Bevor die beiden Begriffe zu Synonyma wurden, bezeichnete das lateinische Wort „cultura" die Bestellung des Bodens in der Landwirtschaft und erst sekundär die Erziehung des Menschen („cultura animi"). „Zivilisation" bzw. das lateinische „civilitas" dagegen verlor nie ganz die Verbindung mit dem Stammwort „civis"/Bürger bzw. „civitas"/Bürgerschaft, Staat. Doch hat sich der Gegensatz zwischen landwirtschaftlich und politisch verstandenem Begriff schnell zersetzt, weil die Wörter „civilitas", „civilité", „civility" und – in geringerem Maße – „civiltà" gleichsam entpolitisiert wurden und seit der frühen Neuzeit „Höflichkeit" und „gutes Benehmen" bedeuten.

Spätestens mit der Aufklärung werden „Kultur" und „Zivilisation" in allen europäischen Sprachen zu Synonyma und in dem Maße geschichtsphilosophisch aufgeladen, wie die theologisch begründeten Weltbilder verblassen oder ganz verschwinden. „Kultur" und „Zivilisation" bilden jetzt das Ziel der Geschichte. Als geschichtsphilosophische Zielprojektionen haben sie kaum empirisch bestimmbare Gehalte und dienen vor allem dazu, die Menschen von der Natur und natürlicher Evolution abzuheben und auf die Zukunft auszurichten. In dieser Perspektive geraten „Kultur" und „Zivilisation" zur zweiten Natur der Menschen, zu dem, was diese von der Natur grundsätzlich unterscheidet.

Mit der geschichtsphilosophischen Ladung handeln sich die beiden Begriffe ihre Doppeldeutigkeit ein: „Kultur" und „Zivilisation" werden zwar im allgemeinen als aufsteigende Linie oder Fortschritt konzipiert, doch muß aus plausiblen Gründen und bloßer Erfahrung eingeräumt werden, daß die einzelnen Schritte der Kultivierung und Zivilisierung positive und/oder negative Konsequenzen zeitigen können. Das hängt damit zusammen, daß „Kultur" und „Zivilisation" immer ein Doppeltes gemeint haben, den Prozeß der Kultivierung bzw. Zivilisierung und dessen Resultate. Damit entsteht und wächst die Gefahr, die – letztlich – positiven Resultate mit den – unter Umständen – negativen Seiten des Zivilisationsprozesses zu verrechnen, nach der Devise: Passiere, was wolle, für „Kultur" und „Zivilisation" als Resultate bleibt der Saldo immer positiv, denn die Schattenseiten des Prozesses erscheinen nur als historische Reibungsverluste. Unüberbietbar hat das FAZ-Feuilleton (21.12.93) die verlogenen Prätentionen, die mit beiden Begriffen fest verschweißt sind, noch einmal aufgetischt: „Die Umweltproblematik ist zur Kulturfrage unserer Zivilisation, nicht nur der Industrienationen, geworden und damit zum Zentralbegriff einer neuen Kosmopolitik". Damit werden ökologische Folgen, für die hauptsächlich „unsere" Produktions- und Lebensweise verantwortlich ist, gleich von vornherein ganz egalitär auf die ganze Welt verteilt.

Solange das Fortschrittsmodell unbestritten blieb, galt auch das „Axiom der Vergleichbarkeit" (Jörg Fisch) und der Meßbarkeit von „Kultur" und „Zivilisation" an einem einzigen, von Europa aus definierten Maßstab. Mit der Pluralisierung von Kulturen und Zivilisationen in der wissenschaftlichen Ethnologie, einsetzend mit Edward Burnett Tylor (1871), hat der Maßstab seine Selbstverständlichkeit und seine Geltung eingebüßt. Kulturen und Zivilisationen sind heute nicht mehr länger mit Hinweis auf den buchhalterisch bereinigten „Stand" von „Kultur" und „Zivilisation" einzuordnen, sondern nur – auf der Basis der Anerkennung universalistischer ethischer und rechtlicher Normen – untereinander zu vergleichen. Die Kriterien dafür sind in den doppeldeutigen und doppelbödigen Begriffen „Kultur" und „Zivilisation" im Singular gerade nicht zu fassen, sondern nur ethisch-politisch bzw. rechtlich. Als normierende und normative Begriffe sind sie deshalb obsolet geworden.

Das gilt auch für den geschichtsphilosophisch negativ aufgeladenen Begriff „Zivilisation". Das Muster dafür liefert der seit dem Fin de siècle geläufige abendländisch oder untergangssüchtig oder beides zugleich orchestrierte Kultur- und Zivilisationspessimismus – wilhelminischer

Stammtisch-Nietzsche. Zygmunt Bauman diagnostizierte das „Jahrhundert der Lager" als Kulminationspunkt und legitimes Produkt „unserer modernen Zivilisation". Günter Kunert räsonierte über „die Abschaffung der Kultur durch die Zivilisation" (DIE ZEIT, 4.2.1994), als ob er das Abendland mit der Munition aus dem gymnasialen Gesinnungsaufsatz der 50er Jahre verteidigen müßte: „Wir haben doch mehr Geräte ... als je zuvor ... Man ist nicht mehr neugierig ... Obwohl wir ... mehr Freizeit haben, fehlt uns, um diese zu nutzen, die Muße ... Wir sind längst von Ungeduld infiziert." Wer „wir"?

Bauman und Kunert sehen den zivilisatorischen Zug bremsen- und führungslos auf einer einzigen abschüssigen Strecke davonrasen und vergessen darob die Vielfalt des Geländes, durch das sich der Zug seit der Aufklärung bewegt. An der bisherigen Geschichte gibt es gar nichts zu beschönigen. Mit einem weichenlosen, schnurgeraden Schienenweg indes hat sie nichts zu tun – in ihren Abgründen wie in ihren besseren Momenten. „Die Kritik der instrumentellen Vernunft" (Max Horkheimer) und „die Dialektik der Aufklärung" (M. Horkheimer/T. W. Adorno) haben das unvermeidliche Pendeln aller bisherigen zivilisatorischen Bewegungen zwischen Kultur/Zivilisation und Barbarei an den gesellschaftlichen Realitäten dargelegt; ein Pendeln, das „nicht auf einem Zuviel, sondern einem Zuwenig an Aufklärung" beruht und „die Verstümmelungen, welche der Menschheit von der gegenwärtigen partikularistischen Rationalität angetan werden", ebenso produziert wie Widerständiges und Kritik: „Residuen von Freiheit" und „Tendenzen zur realen Humanität". An die Stelle fortschrittstrunkenen Vertrauens auf die Zivilisation ist deren pauschale Denunziation getreten. Fahrplanmäßige Schematismen ersetzen dialektisches Denken. Ein geschichtsphilosophisch konstruiertes „widerspruchsloses Gesamtsubjekt" hat das andere abgelöst und suggeriert erneut „simple Totalentwicklung" – dieses Mal abwärts. Das gesinnungstüchtige Zivilisations-Pathos wird nicht glaubwürdiger, wenn es so auftritt.

Projekt Weltethos

Die Gegenbewegung ließ nicht lange auf sich warten. Seit ein paar Jahren predigt Hans Küng sein „Projekt Weltethos". Mit Hilfe von Theologie und Religion soll das Ganze wiederum auf ein Gleis gesetzt werden, das ganz weit nach oben führt. Was den Markterfolg betrifft, stimmt dies auch: Bislang sind fast 100.000 Exemplare verkauft worden.

Seine Analyse der „geistigen Situation der Zeit" brachte Küng zur Einsicht in „die Notwendigkeit eines Ethos für die Gesamtmenschheit", weil „kein Überleben" mehr möglich sei „ohne ein Weltethos". Solche Gewißheit gewinnt Küng vor allem aus seinen zahlreichen eigenen Büchern, auf die er gleich in der ersten Fußnote als Referenz hinweist. An wen rich-

tet sich die Forderung nach einem „Weltethos"? Der Adressat wechselt von Seite zu Seite: zunächst ist es ein ganz alter Bekannter, nämlich „der Mensch" höchstpersönlich, dann „die Menschheit", dann „Vertreter der Politik, der Wirtschafts- und Finanzwelt", die für „ethische Programmatik" gewonnen werden sollten. Die Antwort könnte auch lauten: „Alle mal herhören". In seinem Auditorium sitzt nur die dünnste Abstraktion, die man sich vorstellen kann: „die Weltgemeinschaft".

225

In der Analyse bedient sich der wackere Schweizer Theologe eines robusten Zweihänders, um die Problemlage zu vereinfachen. Er kommt vom Hundertsten ins Tausendste, vom Ozonloch zur Korruption, von Manfred Frank zu Fritjof Capra, vom „Schwäbischen Tagblatt" zu Marx' „Kapital", von Luhmann zu Roland Müller, dem Erfinder des „menschlichen Faktors", und von der „planetarischen Verantwortung" ohne Umweg und ohne Bremsen zum „minimalen Grundkonsens", mit dem „die Verantwortlichen der verschiedenen Weltregionen" die Zukunft der „Weltgesellschaft" sicherstellen wollen. Mit kräftigen Hieben beseitigt Küng „Staatssozialismus", „Neokapitalismus" und „Japanismus" als „Parolen ohne Zukunft".

Und was bleibt „den Menschen" danach übrig? Sie müssen nur noch dem Prediger glauben und auf seinem Weg folgen, d.h. vor allem „menschlicher" werden. Das geht am besten, wenn sie sich an die Religion halten. Welche, ist nicht so wichtig, denn im Kern sind sie alle etwa gleich. Küng meint freilich nicht jene Seiten in den Weltreligionen, die jetzt wieder im Bürgerkrieg auf dem Balkan so kräftig mitmischen beim gegenseitigen Abmurksen, sondern die positiven Seiten der Religionen. Was die großen Religionen zwischen den Kreuzzügen im Mittelalter und den Pogromen des 20. Jahrhunderts historisch legitimiert und was sie sonst noch so auf dem Kerbholz haben, verkleinert sich bei Küng auf das handliche Maß von „Fehlbeurteilungen, … die mehreren Religionen im Laufe der Geschichte unterlaufen sind". Wie das meiste, was er schreibt, nimmt er auch das wieder halbwegs zurück, wenn er „vom Doppelgesicht der Religionen" berichtet. Sein Plädoyer für den vernünftigen Weg der Mitte gerät zum mittelmäßigen Dogmatismus unter so blumigen Parolen wie „ökumenische Wahrheitskriterien".

Und warum soll Küngs Ethos anderes widerfahren als allen anderen Ethiken auch, daß sie sich nämlich blamieren, wenn sie glauben, sich ober- und außerhalb gesellschaftlicher Realitäten und Interessen zu bewegen? Küng will sein „Weltethos" außerweltlich rückversichern, weil „nur ein Unbedingtes … unbedingt verpflichten" könne. Mit dieser Mehrzweckwaffe aus der Überwelt – sie agiert im Unterschied zur bloßen Vernunft, auf die sich Kants kategorischer Imperativ stützt, gleichzeitig rational, strategisch und emotional – will Küng die Wolfsnatur der Menschen zähmen und die Welt in Ordnung bringen. Das Pathos wird auf die Spitze getrieben: „Religionen könnten, wenn sie wollten" – die ganze Welt mitsamt den Menschen, dem Ozonloch und dem Rinderwahnsinn obendrein umkrempeln, weil Religionen allein für „tiefste Motivation und höchste Ideale" bürgen. Um das Reflexionsniveau braucht man sich auch nicht mehr zu kümmern. Es ist in den Keller abgesenkt.

Ulrich Albrecht

Die menschenrechtlich minimalen aber essentiellen Leistungen sowie die Leistungsgrenzen der UNO

1. Die Ausgangslage

Um die spezifische Art und Weise zu verstehen, wie die UNO Politik in Sachen Menschenrechte betreibt, ist zunächst die Ausgangslage gemäß der Charta zu betrachten. Vom Ergebnis auch nur einer kurzen Prüfung dieser Vorgabe her wird rasch ersichtlich, daß die Völkergemeinschaft einen langen Weg zurückzulegen hatte, ehe es zu wirksamen Ansätzen des Schutzes von Menschenrechten kam, wie sie heute zu finden sind. Selbst diese begrenzten Ansätze sind weiterhin beschwert mit dem Vorverständnis der Charta-Väter, was die Rolle der UNO in der Menschrechtsfrage sein solle.

Menschenrechte und ihr Schutz sind untrennbar mit den Vereinten Nationen verbunden. Die UNO wurde (auch) gegründet, so die Präambel der Charta, um „unseren Glauben an die Grundrechte des Menschen, an Würde und Wert der menschlichen Persönlichkeit, an die Gleichberechtigung von Mann und Frau sowie von allen Nationen, ob groß oder klein, erneut zu bekräftigen".

Diese Vorgabe bildet, nach dem in der Präambel an erster Stelle genannten Ziel, „künftige Geschlechter vor der Geißel des Krieges zu bewahren", die zweite Leitbestimmung der Charta. Sie wird in Art. 1, 3 des Gründungsdokuments der UNO als Zielsetzung wiederholt. Während jedoch mehrere Kapitel der Charta der Bereitstellung von Instrumenten zur Friedenswahrung dienen und auch hernach genannte Leitmotive in diesem Grundsatzdokument im Detail behandelt werden (Gültigkeit internationaler Verträge, sozialer Forschritt), wird die Idee der Menschenrechte und ihr Schutz in der UN-Charta eher randlich berücksichtigt. Die Generalversammlung „veranlaßt Untersuchungen und gibt Empfehlungen ab"

(Art. 13, 1), um u.a. „zur Verwirklichung der Menschenrechte ... beizutragen" (ebd., 1b). Der Wirtschafts- und Sozialrat (Art. 55, c) bekommt u.a. - die Formulierungen von Art. 1, 3 fast wortgleich wiederholend – die Aufgabe, „die allgemeine Achtung und Verwirklichung der Menschenrechte und Grundfreiheiten für alle ohne Unterschied der Rasse, des Geschlechtes, der Sprache oder der Religion" zu „fördern", was immer diese Förderung bedeuten mag. Auch denkt die Charta hier die Menschenrechte strikt instrumentell: diese haben nicht eine eigene Würde, sondern ihr Schutz dient dazu, „jenen Zustand der Stabilität und Wohlfahrt herbeizuführen, der erforderlich ist, damit zwischen den Nationen friedliche ... Beziehungen herrschen" (Art. 55, 1). Auch institutionell ist Menschenrechtsschutz im UN-System nicht eben hochrangig verankert. Für ihn, nach anderen Aufgaben, „sind die Generalversammlung und unter ihrer Autorität der Wirtschafts- und Sozialrat verantwortlich" (Art. 60). Konkret bleibt das Mandat des Wirtschafts- und Sozialrates bescheiden (Art. 62, 2):

„Er kann Empfehlungen abgeben, um die Achtung und Verwirklichung der Menschenrechte und Grundfreiheiten für alle zu fordern." Zu diesem Zwecke ermächtigt die Charta den Rat, „Kommissionen ... [u.a.] für die Förderung der Menschenrechte ... einzusetzen" (Art. 68).

Die magere Grundlage zusammengefaßt: die Vollversammlung ist zum Untersuchen und Empfehlen berechtigt, der Wirtschafts- und Sozialrat darf (er muß nicht) empfehlen, daß etwas für alle gefordert wird, und setzt ein Unterorgan ein – im Einzelfall, der konkreten Menschenrechtsverletzung, hat er gar nichts zu dürfen.

1946 bildete der Wirtschafts- und Sozialrat dann aufgrund des Mandates von Art. 68 mehrere Kommissionen, etwa seine Frauenrechtskommission und auch die Menschenrechtskommission. Die zunächst eingesetzte Kernkommission hatte dem Rat empfohlen, in das Menschenrechtsgremium auch unabhängige Experten zu berufen, die aufgrund ihres persönlichen Ansehens gewählt werden sollten. Der Versuch scheiterte: die Regierungsvertreter im Wirtschafts- und Sozialrat und auch in der Generalversammlung bestanden auf von den Staaten benannten Mitgliedern der Kommission, d.h. nicht nur abhängigen Repräsentanten, sondern häufig genug auch weisungsgebundenen Angehörigen der nationalen Regierungsapparate.

Dieser Vorgang bereitet die Spur zur Auflösung des Widerspruches, der sich zwischen den hehren Ankündigungen der Präambel und Artikel 1 der Charta (wo Menschenrechtsschutz gleich auf Friedenswahrung folgt) und den unbefriedigenden Umsetzungen dieser Vorgabe im zweiten Teil des Gründungsdokuments der UNO ergibt. Die Zustimmung zu allgemeinen Prinzipien jener „Vereinten Nationen" zu verweigern, die soeben in der Anti-Hitlerkoalition die Verantwortlichen für die schlimmsten Schändungen der Menschenwürde besiegt hatten, konnte sich selbst Josef Stalin nicht leisten. Da es aber auch um seine Unterschrift und die anderer Potentaten ging, etwa in Lateinamerika, in autoritär regierten Gemeinwesen, in denen der konkrete Schutz der Menschenrechte darniederlag, wurde in den Einzelausführungen der Text der Charta als Kompromiß angelegt, der für Entwicklungen offen sein sollte. Besonders mit der exzessiven Betonung des Nichteinmischungsgebotes „in Angelegenheiten, die ihrem Wesen nach zur inneren Zuständigkeit eines Staates gehören" (Art. 2,7 der Charta) hat die sowjetische Politik fortwährend und wirksam Sperren dagegen zu legen gesucht, daß im sozialistischen Bereich Menschenrechte von außen her verteidigt werden konnten. Ihren Höhepunkt erreichte diese Abweisungspolitik in den sechziger Jahren mit der Einbringung einer Resolution in die Generalversammlung, derzufolge die Ausstrahlung von Informationssendungen per Satellit nur erlaubt sein sollte, wenn alle vom Sender erreichten Territorien ausdrücklich einer solchen „Einmischung" zugestimmt hätten.

Das Generalsekretariat hat in den folgenden Jahrzehnten, Mehrheitsmöglichkeiten sowie die Karriere des Themas Menschenrechte im öffentlichen Bewußtsein und in den Westmedien nutzend, in zähen Auseinandersetzungen den Graben zwischen Anspruch und Umsetzungsmöglichkeiten einzuebnen versucht. Der Menschenrechtskommission des Wirtschafts- und Sozialrats hat das Sekretariat Verfahrensfestlegungen und Fahndungsabläufe, v.a. das sogenannte 1503-Verfahren (1), zunächst abgetrotzt und hernach, mit einer gewandelten Kommission, solche Instrumente jenseits der Kommission gebildet und ins Leben gesetzt. So wurden Unterkommissionen gebildet und „Pakte" zum Schutz von Menschenrechten proklamiert (wie der „Internationale Pakt über bürgerliche und soziale Rechte", der „Internationale Pakt über wirtschaftliche, soziale und kulturelle Rechte" und andere). Der militärisch-militante Sprachgebrauch zeigt eine Strategie an: Menschenrechte sollten, auch wenn das über Sprache aufgeherrscht erscheinen mag, ähnlich militant verteidigt werden, wie die Pakte ihre Territorien zu verteidigen ankündigten. Als weitere diplomatische Figuren wurden zwecks Schutz von Menschenrechten das „Abkommen", die „Charta" (z.B. die „Charta of economic rights and duties") und die „Konvention" (etwa die gegen die Folter, 1984) kopiert. Das Sekretariat verfolgt mit solchen semantischen Manövern bis heute die Strategie, Abweichlern vorzuhalten, gewisse Bestimmungen spiegelten „den UN-Konsens" wider, und diese Bindungswirkung verbal möglichst hochrangig festzuklopfen, um Dissens zu erschweren.

Zu bestätigen ist dem Sekretariat und dann auch der Menschenrechtskommission, daß es ihnen gelungen ist – an den Pakten von 1966 ausgewiesen – einen signifikanten Wandel im Politikverständnis der Organisation zu bewerkstelligen, von der allgemeinen Förderung der Achtung von

Menschenrechten hin zum konkreten Schutz solcher Rechte. Auch setzt sich das Recht auf Eingabe von Individualbeschwerden und der Anspruch auf deren Prüfung durch. Sachkenner werden einer solch scharfen Zusammenfassung – etwa mit Verweis auf die mehr als zehn Jahre andauernden Ratifikationsprozesse und die Löchrigkeit der Bestimmungen – widersprechen. Die Umschichtung des Fokus der UNO in Menschenrechtsdingen bleibt dennoch von großer Bedeutung, gerade auch um neuere Einzelentwicklungen verstehen zu können, die sogleich untersucht werden sollen.

Ob die Rabulistik der Pakt- und Abkommenssprache wirklich hilfreich war und den Schutz von Menschenrechten befördert hat, steht anhaltend in Frage. Zu befürchten ist, daß eben diese hochgezogene Redeweise vielfältige Hoffnungen geweckt und genährt hat, die Hinwendung zur UNO würde den in ihren Menschenrechten Bedrängten einen dem Wortwert der „Pakte" und „Abkommen" entsprechenden Beistand zukommen lassen. Darin wurden sie regelmäßig bitter enttäuscht. Im Alltag erweist sich die UNO eben nicht, wie die Präambel so schwungvoll ansetzt, als das „Wir, die Völker ...", sondern als ein Klub von Regierungen, den die mächtigsten unter diesen eng an der Kandare halten. Und eine Mehrzahl von UNO-Mitgliedsregierungen begreift die Manipulation von Menschenrechten, häufig mit Gewalt, als Mittel, um an der Macht zu bleiben. „Zu den konservativsten Einrichtungen, die die Menschheit sich gegeben hat," hebt der weise indische Politologe Rajni Kothari in diesem Zusammenhang hervor, „gehören die Regierungen".

Im folgenden soll nicht die Entfaltung und die Differenzierung von Strukturen des Menschenrechtsschutzes im UNO-System skizziert werden. Ertragreicher für die Frage nach der Wirksamkeit wird es sein, von heute her, vom etablierten Instrumentarium her die quälende Frage des Themas zu beantworten, warum die „Leistungen der UNO menschenrechtlich minimal, aber essentiell" ausfallen. Abschließend sollen die tatsächlich weiterführenden Neuerungen im UNO-Bereich gewürdigt werden.

2. UNO-Menschenrechtsschutz heute

Einer vielzitierten Phaseneinteilung von Riedel (2) zufolge hat sich die Arbeit der Menschenrechtskommission von der Ausgangsphase der Normfindung, dem „standard setting", und der Folgephase, Förderung der Beachtung dieser Standards, hin zu einer bis heute anhaltenden „Schutzphase" entwickelt: Beschwerdeverfahren werden konzipiert und eingeführt, v.a. werden Sonderverfahren für die Behandlung systematischer und grober Mißachtungen der Menschenrechte festgelegt. Die Chance ihrer Wirksamkeit teilen diese Regularien mit anderem Völkerrecht: es bleibt Koordinationsrecht, es kennt (bis vor kurzem) keine Klagewege und keine Sanktionsinstanzen.

Rechtlich und praktisch bildet heute im UNO-Bereich in Menschen-rechtsdingen die Individualbeschwerde das bedeutsamste Mittel. Es liegen Tausende von Beschwerden vor, mit rasch steigender Tendenz. Die Rechtsgrundlagen bleiben komplex: die Individualbeschwerde ist sowohl in dem Fakultativprotokoll des „Zivilpaktes" als auch im Pakt gegen Rassendiskriminierung und in der Konvention gegen die Folter von 1984 verankert. In ihren Rechten verletzte Menschen klagen am häufigsten aufgrund des Fakultativprotokolls (3). Wie der Name schon anzeigt, steht es den Staaten frei, sich dem „Protokoll" (sic! Wenn es um Konkretes geht, ist plötzlich nicht mehr von „Pakten", „Abkommen" oder „Konventionen", sondern lediglich von „Protokollen" die Rede) zu unterwerfen. Wichtige Staaten im UNO-System, die USA und Großbritannien, aber auch notorische Menschenrechtsverletzer wie Staaten der Arabischen Halbinsel haben das Protokoll nicht unterzeichnet.

Das Verfahren der Individualbeschwerde ist als individuelles Rechts-schutzverfahren angelegt. Teil des Verfahrens ist, daß UNO-seitig die Realität der menschenrechtlichen Situation im beklagten Land erhoben wird (was die Hälfte der UNO-Mitglieder hindert, sich solchen Kontrollen zu unterstellen und das Protokoll zu unterzeichnen). Vor der von den Juristen so genannten Hauptsacheprüfung wird die Beschwerde zuerst einmal gemäß dem Fakultativprotokoll auf ihre Zulässigkeit hin geprüft. Die Beschwerde eines Individuums muß hier drei Kriterien erfüllen: der Betroffene muß nachweisen, daß der innerstaatliche Rechtsweg ausgeschöpft wurde und sich als nicht zureichend für die Behandlung der Beschwerde erwiesen hat (Art. 2 Fakultativprotokoll), die Beschwerde darf nicht anonym eingereicht werden (Art. 3), und sie darf nicht bei „anderen internationalen Untersuchungs- und Streitregelungsverfahren" (Art. 5) anhängig sein.

Diese detaillierten Festlegungen signalisieren, daß es sich um Menschenrechtsprobleme der Ober-, allenfalls der Mittelklasse handelt, die sich gebührend rechtsanwaltlich vertreten lassen kann. An der Masse der Menschenrechtsverletzungen heute geht selbst dieses Verfahren der UNO vorbei. Erfaßbar sind, um eine alte Formel von Claus Offe aufzugreifen, allenfalls die „organisierbaren" Interessen gegen Menschenrechtsmißbrauch. Diesem selbst ist aber im Zweifelsfall, und der fällt massenhaft aus, nicht organisierbar zu kontern. Wie soll ein Hutu- oder Tutsi-Dorfbewohner je nachweisen können, daß er gemäß Artikel 2 den Rechtsweg in Burundi erschöpft hat (wenn er überhaupt als Analphabet je etwas von der UNO und dem Fakultativprotokoll gehört hat)? Wie soll eine geschändete Bosnierin, der im Islam keine eigene Rechtsfähigkeit zusteht, nicht-anonym (Art. 3) Genugtuung zukommen können, wenn die Anstrengung des Verfahrens zugleich die Auslöschung ihres sozialen Kontextes zur Folge haben würde? Damit angezeigt: Menschenrechtsschutz bietet die UNO-

Individualbeschwerde jährlich für einige Tausende Privilegierte, nicht aber für Zehn- und Hunderttausende, um die es beim Erhalt ihrer ach so bescheidenen menschlichen Würde eigentlich ginge. Aus diesem Grunde sollen die weiteren Regularien des Hauptsacheverfahrens, auf die sich die einschlägige Literatur stützt, die „Abgabe von Auffassungen" und dergleichen hier nicht weiter verfolgt werden.

Den Gipfel im Widerspruch erreicht das UNO-Menschenrechtsregime in der Berichtspflicht der Staaten. Das Konzept folgt getreulich dem Grundmuster, zuförderst bei den UNO-Mitgliedern (deren Regierungen) selber anzufragen, wie es denn mit der Beachtung von Menschenrechten im eigenen Hause so steht. Die Regierungen aber sind zugleich die zuallererst Beklagten, nicht irgendwelche nachgeordneten Instanzen. Fehlverhalten auf dieser unteren Ebene bildet die Ausnahme. Ferner ist die Prüfung der Staatenberichte, was nach allem Vorgesagten nicht mehr überraschen sollte, nicht allgemein geregelt (kein Widerspruch sind die Expertenausschüsse, die in jedem der relevanten Dokumente für die Prüfung der Staatenberichte vorgesehen werden, denn diese Experten werden im Zweifelsfall von fellow-states entsandt). Es wird nicht nur der Bock zum Gärtner gemacht (die Hauptsünder bei Menschenrechtsverletzungen, Regierungen, sollen zugleich die Schäden begrenzen), zudem sollen die Böcke auch berichten – um das Bild weiterzuführen –, wie es ihnen ach so eindrucksvoll gelingt, ihr eigenes Wildern zu beschränken. Eine verschrobenere Verlogenheit ist schwer denkbar.

Das UNO-Sekretariat setzt auf die sogenannte „Dialogform" der Entgegennahme der Staatenberichte. Die Verhandlungsabläufe sind öffentlich, sie werden in UNO-Protokollen festgehalten. Im einzelnen spielt sich der Dialog über die Staatenberichte so ab, daß die Mitglieder eines Ausschusses den Repräsentanten eines Staatenberichtes Fragen stellen und diese zumeist Tage später antworten. Dabei ist viel diplomatisches Fingerhakeln zu beobachten: die Staatsvertreter übergehen unangenehme Fragen, Vertreter verbündeter Staaten stellen unwichtige oder abweisende Fragen usf. Christian Tomuschat charakterisiert dieses Verfahren der ersten Staatsberichtsprüfung bildhaft als „zweifachen Monolog" (4). Die Situation veränderte sich spürbar, als Nichtregierungsorganisationen sich einschalteten. Amnesty international publiziert nunmehr parallele Staatenberichte, die die Prüfer über die tatsächliche menschenrechtliche Lage in einem Lande umfassend informieren. Heute gelten diese Parallelberichte als wichtigste Informationsquelle für die Ausschußmitglieder.

Die Grenzen der Entwicklung des Menschenrechtsschutzes im Bereich des Wirtschafts- und Sozialrates verdeutlicht die Wiener Menschenrechtskonferenz von 1993. Das Schlußdokument enthält immerhin die Bestätigung der universellen Geltung der Menschenrechte. Im Gegenzuge wurde das Recht auf Entwicklung bestätigt sowie der Zusammenhang zwischen Demokratisierung, Entwicklung und dem Schutz der Menschenrechte thematisiert. Keine Mehrheit fand in Wien die Forderung, institutionell über die komplizierten Pakte und Kommissionen hinaus einen weiteren Schritt zu gehen und einen Menschenrechtsgerichtshof der UNO einzurichten. Es kam lediglich zur Schaffung eines Hochkommissariats für Menschenrechte. Der im Februar 1994 von der Vollversammlung in seinem neuen Amt bestätigte erste Hochkommissar für Menschenrechte, José Ayala Lasso aus Ekuador, hat keine neuen Kompetenzen – er wird für den Schutz der Menschenrechte kaum wirksamer tätig sein können als andere Einrichtungen im UNO-System. Hervorzuheben bleibt schließlich, daß bei der Wiener Konferenz erstmals Nicht-Regierungsorganisationen vollwertige Teilnehmer waren. Neuartige Schritte zur Bekämpfung massenhafter Menschenrechtsverletzungen blieben dem mächtigsten UN-Organ, dem Sicherheitsrat, vorbehalten.

3. Der Strafgerichtshof

Der Sicherheitsrat hat zwar gleichermaßen keine Kompetenz, Recht zu setzen, etwa um zum Schutz von Menschenrechten beizutragen. Auch wenn der Sicherheitsrat für die UN-Mitglieder bindende Beschlüsse faßt, etwa seinerzeit das obligatorische Waffenembargo gegen Südafrika, setzt dieses Gremium kein Recht.

Andererseits gerät der Sicherheitsrat mit den verbindlichen Beschlüssen in eine rechtspolitisch interessante Zwischenstellung. Solche Beschlüsse formal mit Verwaltungsakten gleichzusetzen und v.a. die Qualität der Einzelfallregelung zu betonen, d.h. die Verallgemeinerbarkeit solcher Beschlüsse zu bestreiten, führt nicht weiter. Dies erweist die neuere Entwicklung im Rechtsbereich der Vereinten Nationen.

Gemeint ist besonders die Resolution Nr. 808 vom 22.2.1993. Formal handelt es sich, das bleibt zuzugestehen, um einen Beschluß des Sicherheitsrates wie die vorangehenden anderen 800 auch. Inhalt des Beschlusses ist die Errichtung eines Internationalen Gerichtshofes wegen der Kriegsverbrechen im vormaligen Jugoslawien oder, wie es vorsichtig heißt, „eines Tribunals" (5).

Es lohnt sich, an diesem Punkt eine Generalpause einzulegen und diesen Schritt des Sicherheitsrates unter verschiedenen Gesichtspunkten zu würdigen. Beginnen wir mit den Kritikern. Diese unterstreichen, womit sie Recht haben, daß eine Befugnis des Sicherheitsrates, solche Gerichte einzurichten, nirgendwo fixiert ist. Über dem Sicherheitsrat gibt es aber nur, wie es hierzulande über das Bundesverfassungsgericht heißt, „den blauen Himmel" und keine Korrekturinstanz.

Selbst konservative Juristen wie Albrecht Randelzhofer verzeichnen jedoch, daß die UN-Mitglieder, die Staaten, sich gegen diese Schöpfung nicht auflehnten. Sie verblieben in den vergangenen Jahren, wie Randelzhofer formuliert, „eloquently silent", d.h. haben sich der neuen Einrichtung nicht entgegengestellt. Herkömmlichem Rechtsverständnis nach wäre ein solches Gericht allenfalls über einen internationalen Vertrag der Staaten bildbar gewesen. Im Falle Jugoslawiens hätten die UN auch diesen angestammten Weg einschlagen können. Sie haben dies nicht getan, wie Beobachter meinen, v.a. aufgrund des Eilbedarfs der Angelegenheit.

Stütze für das hier vorgetragene Argument, die Wahl einer Sicherheitsratsresolution anstelle eines Staatenvertrages zur Einrichtung eines Strafgerichtshofes in Sachen jugoslawische Kriegsverbrechen habe nicht nur Zeitgründe, bieten weitere Entwicklungen im Generalsekretariat. Auch dessen Mandat wurde 1993 mit der angeführten Resolution erweitert. Im zweiten Absatz der Resolution 808 wird der Generalsekretär aufgefordert, „spätestens binnen sechzig Tagen einen umfassenden Bericht vorzulegen, einschließlich spezifischer Vorschläge und – wo angemessen – Optionen für die wirksame und zügige Umsetzung der Entscheidung (zur Errichtung des Tribunals)".

Einen so weitgehenden Auftrag hat der Generalsekretär selten erhalten. Mit Blick auf um ihre Rechte besorgte Mitglieder heißt es absichernd, daß dabei „Vorschläge von seiten der Mitgliedsstaaten in dieser Angelegenheit berücksichtigt werden sollen".

Die gerichts- und rechtstechnischen Einzelheiten sollen hier nicht im einzelnen verfolgt werden. Wir wollen uns mit der These begnügen, daß Sicherheitsrat und Generalsekretariat gemeinsam mit der Bildung des neuen Strafgerichtshofes einen wirkungsvollen Schritt zum internationalen Schutz von Menschenrechten beschritten haben.

Die UN sind sich der diversen Probleme augenscheinlich bewußt gewesen, prüft man genauer, wie das Tribunal ins Leben trat. Die Resolution setzt ein mit einer Erinnerung daran, „daß Personen, welche schwere Verstöße gegen die Konventionen begehen oder befehlen, individuell verantwortlich für solche Verstöße sind".

Im zweiten Schritt beruft sich der Sicherheitsrat auf den Zwischenbericht einer von ihm eingesetzten Expertenkommission, „in welchem die Kommission feststellt, daß eine Entscheidung zur Einrichtung eines internationalen Ad-hoc-Tribunals in Verbindung mit den Ereignissen auf dem Territorium des früheren Jugoslawien konsistent mit der Richtung ihrer Arbeit wäre".

Drittens bemüht der Sicherheitsrat die Grundformel seiner Aktivitäten überhaupt: „Diese Situation stellt eine Bedrohung des internationalen Friedens und der Sicherheit dar."

Es erfolgen drei weitere Begründungen für den entscheidenden Beschluß. Der Sicherheitsrat äußert sich „überzeugt, daß unter den besonderen Umständen im vormaligen Jugoslawien die Einrichtung eines internationalen Tribunals es ermöglichen würde, dieses Ziel zu erreichen, und daß dies zur Wiederherstellung und Wahrung des Friedens beitragen würde". Ferner nimmt der Sicherheitsrat Bezug auf die Empfehlung der Vorsitzenden des Steering Committee der Internationalen Konferenz über das vormalige Jugoslawien, „ein solches Tribunal einzurichten". Schließlich wird „mit schwerwiegender Beunruhigung" die „Behandlung, die muslimische Frauen im vormaligen Jugoslawien erfahren haben", zur Kenntnis genommen.

Nach der Anführung weiterer Berichte kommt der entscheidende erste Absatz, in dem es unumwunden heißt: der Sicherheitsrat „entscheidet, daß zur Verfolgung von Personen, die für ernsthafte Verletzungen von internationalem Menschenrecht auf dem Territorium nach 1991 verantwortlich sind, ein internationales Tribunal eingerichtet werden soll".

Der Beschluß wurde, was gleichfalls Bedeutung hat, einstimmig gefaßt. Von seiten der Befürworter einer Stärkung internationaler Rechtsinstitutionen wird bemängelt, gleichfalls zu Recht, daß es sich bei der Resolution 808 um eine Ad-hoc-Lösung, ein Gericht handelt, welches an ein bestimmtes Geschehen, den Krieg im vormaligen Jugoslawien, gebunden ist. Das weckt Assoziationen an Sondergerichte und nährt Zweifel an dem für Recht so bedeutsamen Grundsatz der Allgemeinheit von Regelungen.

Der Einwand, es handele sich mit dem Jugoslawien-Tribunal lediglich um ein Ad-hoc-Gericht, trägt nicht. Erkennbar befinden sich die UN mit ihren Schritten derzeit in einer Zwischenphase. Es wird eine Verstetigung des internationalen Strafgerichtswesens geben. Vorschläge der meinungsbildenden International Law Commission weisen die Richtung hin auf eine Verstetigung dieser Einrichtung. Ein internationales Gericht aus zwei Kammern, einer Ersten sowie einer Berufungsinstanz, wird den Kern bilden. Mittlerweile gibt es ein UN-Gefängnis sowie einzelne wichtige Festlegungen, etwa daß das Gericht nur Freiheitsstrafen, nicht aber Todesurteile verhängen darf. Es wird aufregend bleiben, die Tätigkeit des Jugoslawien-Tribunals als Embryo eines künftigen ständigen internationalen Strafgerichtshofes zu verfolgen.

Das internationale Strafgericht stellt nur die Spitze einer breiteren Entwicklung dar, die sich als Versuch der mittelbaren Bildung von Instrumenten zum Menschenrechtsschutz zusammenfassen läßt. Diese mittelbaren Entwicklungen sind rechtspolitisch weitaus breiter und bedeutsamer als der spektakuläre Fall des Strafgerichtshofes (im alltäglichen Rechtsverkehr bestimmen ja auch nicht Gerichte, sondern Rechtsregeln den allgemeinen Verkehr). Solche Schritte sind gemäß der Charta unmittelbar Aufgabe der Generalversammlung. Art. 13, 1 bestimmt u.a. „die fortschreitende Entwicklung des Völkerrechts sowie seine Kodifizierung" als Tätigkeitsgebiet dieses Gremiums. Der Wirtschafts- und Sozialausschuß (Art. 62, 2) hat, wie angeführt, zudem das Mandat, „die Achtung und Verwirklichung der Menschenrechte und Grundfreiheiten für alle zu fordern".

Wichtigstes Instrument der mittelbaren Rechtsentwicklung im völkerrechtlichen Bereich ist seit 1947 die International Law Commission, ein aus 34 renommierten Experten gebildetes Gremium. Diese war erfolgreich bestrebt, die „opinio iuris", gelehrte Rechtsauffassungen, vom Gewohnheitsrecht in Vertragssprache umzusetzen. Die großen internationalen Verträge über das Seerecht, das diplomatische Recht, die Vertragsrechtskonvention und zuletzt die Rechtsentwicklung über Festlandsockel gehen ganz wesentlich auf Beiträge der ILC zurück.

Besonders die Rechtsentwicklung zum Schutz der Menschenrechte ist neuerdings geeignetes Beispiel, den mittelbaren Weg der Bildung von wirksamen internationalen Institutionen im Völkerrecht zu illustrieren. Zentrale Resolutionen der Vollversammlung haben wesentliche Grundlagen zur Bekämpung des Sklavenhandels und der internationalen Prostitution gelegt. Solche besonders auf Vorstöße aus der Dritten Welt zurückgehenden Rechtsinitiativen überformen nunmehr die Rechtssetzung in einer Vielzahl von Herkunftsländern. Die Wirkungen in Gesellschaften mit wenig ausgeprägten formalen Rechtssystemen oder in solchen Gesellschaften, die universale Wertvorstellungen über die Gleichberechtigung von Frauen oder die Rechtsstellung von Kindern nicht teilen, bleiben phänomenal, werden aber im deutschen Sprachraum vergleichsweise wenig beachtet. Die Unübersichtlichkeit der Vielzahl von Sonderausschüssen, die der Vollversammlung zuarbeiten, trägt dazu bei, diese mittelbare Art der Rechtsbildung im internationalen Bereich einer allgemeinen Öffentlichkeit wenig transparent zu machen.

In der Öffentlichkeit mehren sich kritische Einzelhinweise, die diese Darstellung als womöglich zu optimistisch erscheinen lassen. Zu Recht wird die mangelhafte finanzielle Unterstützung der Tätigkeit des Tribunals thematisiert. Diesem geht es in dieser Hinsicht nicht besser als anderen UNO-Einrichtungen. So wird – mutmaßlich zutreffend – berichtet, daß die UN-Sonderberichterstatterin für Verbrechen in Srebrenica, die vormalige finnische Verteidigungsministerin Elisabeth Rehn, ihr Gehalt als Abgeordnete des Europaparlamentes verwendet, um ihr Team von elf Mitarbeitern im vormaligen Jugoslawien zu finanzieren (auch als Verteidigungsministerin zeigte Frau Rehn eine ähnliche, durchaus Medienwirksamkeit anpeilende Entschlossenheit: sie legte Wert darauf, etwa in neuen Kampfjets für die finnische Luftwaffe mitzufliegen). Soll sagen: die Kritik an der mangelnden Finanzzuweisung trifft, sie wird im Falle des Tribunals aber augenscheinlich durch das ungewöhnliche Engagement Beteiligter zumindest zum Teil ausgeglichen.

Zweitens wird auf Hindernisse im nationalen Recht verwiesen, Staatsbürger, auch wenn sie Kriegsverbrechen begangen haben, auszuliefern, auch an das UN-Tribunal. Im Grundgesetz (Art. 16, 2) heißt es unzweideutig: „Kein Deutscher darf an das Ausland ausgeliefert werden." So kann sich der Kriegsverbrechen bezichtigte vormalige Stabschef der bosnisch-kroatischen Armee, Thimor Blaskic, auf einen entsprechenden Artikel der Verfassung Kroatiens berufen. Er hat sich aber „freiwillig" dem Tribunal zur Verfügung gestellt, nachdem die US-Regierung massiv auf einen solchen Schritt hin gedrängt hatte. Fazit: Gewiß sind nationale Rechtssetzungen der neuen Rechtsentwicklung im internationalen Bereich anzupassen. Fehlt der Wille hierzu, können internationale Machtstrukturen diesen Mangel ausgleichen, eine sicher problematische Entwicklung. Ein prinzipieller Einwand gegen die Funktionsfähigkeit des internationalen Tribunals ist auch hiermit nicht gegeben.

Drittens wird kritisch darauf verwiesen, daß gegen diverse Angeklagte „in absentia" verhandelt werden müßte und daß gemäß den Statuten des Tribunals dann eine Verurteilung nicht möglich wäre – die Angeklagten hätten keine Möglichkeit, sich rechtliches Gehör zu verschaffen. Auch dieser Einwand sticht nicht. Zum einen ist faktisch darauf zu verweisen, daß die betroffenen Staaten auf die neue Entwicklung hin nunmehr reagieren und Beklagte ausliefern. Aber auch wenn gegen Abwesende verhandelt würde – die Abschreckungswirkung solcher Verfahren dürfte derjenigen von regulären Prozeduren mit Anwesenheit der Angeklagten gleichkommen.

Gewiß bleibt viertens in der Kritik des Dayton-Abkommens festzuhalten, daß unter den Nachfolgestaaten Jugoslawiens keine Übereinkunft über die Rechtsfolgen für Kriegsverbrechen und schwere Menschenrechtsverletzungen in diesem Territorium gefunden werden konnte. Das enthebt nun aber die internationale Gemeinschaft nicht der Pflicht, auf der Ahndung von Kriegsverbrechen zu bestehen.

4. Schlußfolgerungen

Der Mehrzahl der sich in ihren Rechten beeinträchtigt oder gar gefährdet sehenden ethnischen Gruppen und Völkerschaften wäre, um ein zentrales Beispiel zu geben, voraussehbar entscheidend geholfen, wenn es ein internationales Forum gäbe, dem ohne Furcht vor Sanktionen Beschwerden vorgetragen werden könnten und welches Kompetenzen hätte, Abhilfe zu schaffen. Vorschläge für solche Abhilfen kursieren, etwa die internationale Garantie von Minoritätenstatuten durch die UNO oder der in Wien gescheiterte Internationale Gerichtshof für Menschenrechte.

Die Hindernisse, welche sich gegenüber selbst solch einem begrenzten Vorschlag auftürmen, sind gewaltig. Grundprinzipien des Völkerrechts, etwa das Gebot der Nichteinmischung in die inneren Angelegenheiten von Staaten, stehen dagegen. Und doch drückt dieses Projekt die Kernidee von Fortschritt im internationalen Menschenrechtsschutz aus:

– Das System der Vereinten Nationen, ihre Charta, sind nach vorn offen. Sie stellen kein starres Regulatorium dar, als welches sie oft begriffen werden.

– Der politische Wandel erfordert inständig die Infragestellung von Festlegungen, die 1945 mit der Niederschrift der Charta der UN und anderswo erfolgten. Das Recht der Völker ist etwas Lebendiges, das dem Ideal von Demokratie nachstrebt.

– Damit sind wir bei der Kernthese. Demokratieentwicklung und Rechtsentwicklung finden sich in einem sehr direkten Zusammenhang. Die Mitwirkenden in einem demokratischen Gemeinwesen, und dieses ist nunmehr global zu konzipieren, haben Anspruch darauf, sich im Rechtsraum zu bewegen. Die Rechtsentwicklung folgt, unterstützt, ja läuft gelegentlich vor der Demokratieentwicklung. Nicht-Regierungsorganisationen üben hier wichtige Funktionen aus.

– Recht als Regulator in Konflikten bietet die Alternative zu Repression und gewaltsamer Auseinandersetzung. Die Entwicklung von Recht erfolgt nicht im Selbstlauf. Sie ist entscheidend vom politischen Willen der Beteiligten abhängig. Internationale Politik zum Schutz der Menschenrechte wird künftig verstärkt Rechtspolitik sein müssen. Vor allem auf diesem Wege wird es möglich sein, die flauen Regelungen der Vergangenheit, die Kann- und Forderungsbestimmungen, die Fassaden von Pakten und Konventionen wirksam zu überwinden.

Anmerkungen

1) Gemäß Resolution 1503 des Wirtschafts- und Sozialrats von 1970 werden Beschwerden an den Generalsekretär der UNO gerichtet, der diese vertraulich über die Menschenrechtskommission an eine Unterkommission von 26 Experten weitergibt. Diese informiert die beschuldigte Regierung über die Beschwerde und ersucht um eine Stellungnahme. Gelangt die Unterkommission aufgrund einer Vielzahl von Vorfällen zu dem Eindruck, daß Menschenrechte in einem Staat schwerwiegend, massiv und systematisch verletzt werden, wird dies der Menschenrechtskommission vorgetragen. Diese kann einen Bericht über die Menschenrechtslage in dem betreffenden Staat veranlassen oder einen Ad-hoc-Ausschuß für weitere Nachforschungen einsetzen – für die fraglichen Regierungen unliebsame Schritte.
2) Eibe Riedel, „Die Menschenrechtskommission", in: Rüdiger Wolfrum (Hg.), Handbuch Vereinte Nationen, München 1991.
3) So Christian Tomuschat, „Menschenrechte, Individualbeschwerde", in: Handbuch Vereinte Nationen, a.a.O., S. 555.
4) Christian Tomuschat, „10 Jahre Menschenrechtsausschuß – Versuch einer Bilanz", in: Vereinte Nationen, Bd. 35, H. 5/1987, S. 158.
5) Alle Zitate zu Resolution 808 aus: Resolutions and Decisions of the Security Council 1993. Security Council. Official Record: forty-eight year, UN, New York 1994, S/INF/49, S. 28.

Barbara Unger

Menschenrechte von Flüchtlingsfrauen

Geschlechterdifferenzierung als Menschenrechtsmechanismus von Bürokratien

Menschenrechte gelten für alle Menschen – unabhängig von Geschlecht, ethnischer Zugehörigkeit, Aufenthaltsort und Status. Dem Staat kommt es zu, die Menschenrechte seiner BürgerInnen zu gewährleisten. Was aber geschieht, wenn diese auf der Flucht sind? Und was, wenn ihre Rechte erst in den letzten Jahren explizit als Menschenrechte festgeschrieben worden sind, wie dies bei den Rechten von Frauen der Fall ist? Flüchtlingsfrauen sehen sich doppelt benachteiligt: als Flüchtende und als Frauen.

Im folgenden soll dargestellt werden, wie der UNHCR als die UN-Organisation, die den humanitären Auftrag hat, für Flüchtlinge zu sorgen, mit diesem Auftrag umgeht.

Seit 1951 ist das Amt der Hochkommissarin der Vereinigten Nationen für Flüchtlinge (UNHCR) von der internationalen Gemeinschaft mit der Aufgabe betraut, die Flüchtlinge zu schützen und zu unterstützen. Weder der Schutz durch den UNHCR noch die von ihm oder dem Aufnahmeland gewährte materielle Unterstützung der Flüchtlinge können allen Flüchtlingen gleichermaßen zugute kommen. Sie müssen das Geschlecht berücksichtigen. Auch gelten Frieden, Achtung der Menschenrechte und sozial und ökologisch verträgliche Entwicklung als Voraussetzungen dafür, den Flüchtlingen eine dauerhafte Perspektive zu eröffnen. Asymmetrische Geschlechterverhältnisse und die daraus resultierende Benachteiligung der Frauen laufen diesen Zielen entgegen.

Seit Anfang der achtziger Jahre rücken immer stärker die entwicklungspolitischen Aspekte der Arbeit des UNHCR in den Vordergrund. Auch der Bereich der Soforthilfeeinsätze hat stark an Bedeutung gewonnen. Seitdem erkannt worden ist, daß die Weichen für humanitär wirksame Programme bereits in der Nothilfephase gestellt werden müssen, damit eine ökologisch und sozial akzeptable Entwicklung möglich werde, wird verstärkt auf die Teilnahme der Flüchtlinge geachtet und beachtet, daß Flüchtling nicht gleich Flüchtling ist. Die sozialen, kulturellen, altersspezifischen und geschlechtlichen Unterschiede der Flüchtlinge treten in den Vordergrund. Wegen des Umfanges und der Komplexität des Flüchtlingsproblems wurde die Zusammenarbeit des UNHCR mit den anderen UN-Organisationen und mit den Nichtregierungsorganisationen (NROs) ausgedehnt.

Frauen erfahren das Flüchtlingsdasein aufgrund ihres Geschlechts anders als Männer. Da die mit dem biologischen Geschlecht (sex) allein nicht zu begründenden Rollenzuschreibungen (soziales Geschlecht; gender) den Alltag der Flüchtlinge bestimmen, müssen die gesellschaftsspezifischen Bedürfnisse der Flüchtlinge berücksichtigt werden. Im technischen Sinne bedeutet Geschlechterdifferenzierung wahrzunehmen, daß vermeintlich geschlechtsneutrale Projekte sich unterschiedlich auf Männer und Frauen auswirken. Über das bloß analytische und damit auf den technischen Bereich beschränkte Verständnis von Geschlechterdifferenzierung hinaus verlangt Geschlechterdifferenzierung im emanzipatorischen Sinne den Willen, diese Unterschiede so zu berücksichtigen, daß allen Menschen unabhängig von ihrem Geschlecht gleiche Chancen gegeben werden. Das zuletzt genannte Verständnis von Geschlechterdifferenzierung hat sich mittlerweile in den Vereinten Nationen zumindest offiziell durchgesetzt. Das Ziel von Geschlechterdifferenzierung ist demnach „emancipation of women from their subordination, and their achievement of equality, equity and empowerment" (Moser 1993:1).

Beide Verständnisse von Geschlechterdifferenzierung finden sich in Maxine Molyneux' Unterscheidung zwischen „praktischen" und „strategischen" geschlechtsspezifischen Interessen wieder. Diese Unterscheidung wurde von Caroline Moser aufgegriffen und als „praktische" und „strategische" geschlechtsspezifische Bedürfnisse in die entwicklungspolitische Debatte eingeführt. Angenommen wird, daß Frauen und Männer aufgrund des Geschlechterverhältnisses in ihrer jeweiligen Gesellschaft (also zeitlich und räumlich begrenzt) bestimmte Rollen zugewiesen erhalten, aus denen unterschiedliche Interessen und Bedürfnisse erwachsen.

Flüchtlinge wurden nicht nur aus ihrer gewohnten Umgebung, die ihre geschlechtsspezifische Eigenart bestimmte, herausgerissen. Sie finden sich vielmehr in der Regel in Zusammenhängen wieder, in denen sie in extremem Maße von der Unterstützung anderer abhängig sind. Diese anderen, seien es nun Behörden des Aufnahmelandes, der UNHCR oder NROs, nehmen die Flüchtlinge als „Flüchtlinge" wahr. Vernachlässigen sie das Geschlechterverhältnis, dann ist das Wohlergehen der Flüchtlingsfrauen gefährdet. Geschlechterneutrale Programme gibt es nicht; wie auch der UNHCR anerkennt, bevorzugen die nicht geschlechterdifferenzierenden Maßnahmen eindeutig die Männer der Zielgruppe.

Die sozialen Normen der Flüchtlinge befinden sich in der Situation der Flucht in einer Übergangsphase. Geschlechterrollen und Geschlechterver-

hältnis sind im Wandel begriffen. Die Phase des Übergangs, in der traditionelle Rollenverteilungen in der Situation einer unfreiwillig zusammengeführten Gruppe (z.B. eines Lagers) eventuell nicht mehr aktuell sind, könnte ein idealer Ausgangspunkt für den UNHCR sein, Frauen ein besseres Verständnis ihrer Unterordnung aufgrund ihres Geschlechts zu ermöglichen. Damit böte sich die Möglichkeit, in der Flüchtlingssituation zu garantieren, daß den aktuellen Bedürfnissen genügt wird und darüber hinaus dem von den Vereinten Nationen implizit gesteckten Ziel einer sozial gerechten Gesellschaft näher gekommen wird.

Worin bestehen indes die konkreten, praktischen und längerfristigen Bedürfnisse von Frauen in der Flüchtlingssituation? Wenn auch die Erfahrungen der einzelnen Flüchtlingsfrauen sehr unterschiedlich sind, so sind doch gemeinsame Probleme erkenntlich. Die besonderen Schwierigkeiten von Flüchtlingsfrauen lassen sich grob in drei Bereiche gliedern:

– unzulänglicher Schutz durch internationale Flüchtlingsbegriffe und Verfahren zur Feststellung des Flüchtlingsstatus;

– geschlechtsspezifische Gefahren auf der Flucht und im Aufnahmeland;

– Diskriminierung von Frauen im Bereich der Unterstützung und bei den Bemühungen um dauerhafte Lösungen.

Alle internationalen Rechtsinstrumente zum Schutz von Flüchtlingen sind nicht geschlechtsspezifisch. Sie gelten, so wird argumentiert, für alle Flüchtlinge ohne Ansehen des Geschlechts. In der Praxis zeigt sich, daß hier wie in anderen Bereichen „gender blindness" einer Bevorzugung von Männern gleichkommt, so daß Frauen systematisch schlechter gestellt werden als Männer.

Das fängt bei der Definition von Fluchtursachen als „Verfolgung" im Sinne der Genfer Flüchtlingskonvention von 1951 an, wird in der Praxis der Schutzmechanismen nicht geändert und schlägt sich dementsprechend auch in den Anerkennungsverfahren nieder, die auf Männer ausgerichtet sind. Neben Fluchtursachen, wie allgemeine Gewalt, massive Menschenrechtsverletzungen und politische Verfolgung, haben Frauen auch geschlechtsspezifische Motive zur Flucht. Geschlechtsspezifische Verfolgung kann zwei Aspekte haben: sie kann eine Form der Gewalt sein, die nur bzw. vorrangig gegen das weibliche Geschlecht gerichtet ist, wie im Fall von Vergewaltigung; oder aber das soziale Geschlecht ist der Verfolgungsgrund, wenn Frauen sanktioniert werden, weil sie die „öffentliche Moral" verletzen.

Obwohl die bestehenden Flüchtlingskonventionen nicht auf das Geschlecht der Flüchtlinge eingehen, sind sie doch im Lichte anderer internationaler Vereinbarungen zu sehen, die sehr wohl hervorheben, daß alle Menschen, ungeachtet ihres Geschlechts, gleiche Rechte haben, z.B. die Menschenrechtserklärung und die Pakte dazu sowie die Erklärungen der Menschenrechtskonferenzen und das Übereinkommen zur Beseitigung jeder Form der Diskriminierung der Frau (CEDAW). Geschlechtsspezifische Fluchtgründe werden erst in jüngster Zeit zur Gewährung von Asyl anerkannt.

Frauen verfügen in der Regel über geringere materielle Ressourcen und sind schlechter ausgebildet als Männer. Diese Nachteile setzen ihren Fluchtmöglichkeiten enge Grenzen: Flugreisen können sich Frauen beispielsweise selten leisten. Auf der Flucht durch Konfliktgebiete sind Frauen sexuellen Übergriffen und Erpressungen durch andere Flüchtlinge, Grenzbeamte und bewaffnete Verbände ausgesetzt. Allein zwischen 1980 und 1984 wurden mindestens 2.400 Frauen in Südostasien von Piraten vergewaltigt. Einige tausend Frauen wurden entführt. Die Präsenz von UNHCR-Personal im Grenzgebiet kann hier, wenn auch begrenzt, Abhilfe schaffen. Auch die Verfahren, um den Flüchtlingsstatus festzustellen, benachteiligen Frauen, wenn keine Anerkennungsbeamtinnen präsent sind und Frauen keine eigenen Dokumente erhalten.

In Flüchtlingslagern wird der Gewalt gegen Frauen durch die strenge Teilung zwischen privater und öffentlicher Sphäre Vorschub geleistet. Überfüllte Lager und gefängnisartige Unterbringungen, wie die „detention centres" in Hongkong, treiben die Gewaltrate in die Höhe. In der Flüchtlingssituation fallen traditionelle Schutzmechanismen gegen außerhäusliche Gewalt und soziale Kontrollmechanismen familiärer Gewalt weg.

Versorgung und materielle Unterstützung

Die materielle Unterstützung durch den UNHCR ist in einer Zeit, in der fast die Hälfte der weltweit 27 Millionen Flüchtlinge von der internationalen Gemeinschaft abhängig sind, um ihre Grundbedürfnisse zu befriedigen, sehr bedeutsam, um das Wohlergehen der Frauen zu sichern. In der derzeitigen Flüchtlingsarbeit werden oft nicht einmal die aktuellen Bedürfnisse der Frauen ausreichend berücksichtigt, geschweige denn ihre weitergehenden Interessen. Eine UNHCR-Mitarbeiterin berichtete, daß in einigen Fällen die Grundausstattung für Flüchtlinge keine Binden für die Frauen enthielt. Dieselben waren schlichtweg vergessen worden. Schwerwiegender sind Fälle, in denen die unterstützenden Organisationen Männern die Verwaltung von Ressourcen übergeben, die traditionell von Frauen gehandhabt werden, beispielsweise Nahrungsmittel-, Brennholz- und Wasserlieferungen. Gerade in diesen Bereichen ist darauf zu achten, daß die neue Rollenverteilung unter den Flüchtlingen berücksichtigt wird.

Zwischen dem Schutz der Flüchtlingsfrauen und ihrer Versorgung besteht ein enger Zusammenhang. Es gibt viele Beispiele dafür, wie unzulängliche Versorgung Frauen nicht nur physisch und psychisch krank macht, sondern auch zu sexuellen Gefälligkeiten oder zur Prostitution zwingt. Die Bedürfnisse weiblicher Haushaltsvorstände oder schwangerer Frauen müssen ebenfalls beachtet werden. Ebenso ist es vonnöten, bei der Gesundheitsversorgung den Bedürfnissen der Frauen Rechnung zu tragen.

Die Tendenz, daß Flüchtlinge immer länger im Exil bleiben, bis eine dauerhafte Lösung gefunden wird, weist auf die Notwendigkeit hin, Ausbildung und Arbeit zu ermöglichen. Wird hierbei das westliche Stereotyp der Kernfamilie mit männlichem Haushaltsvorstand zugrunde gelegt und die Frau auf die Sphäre des Haushalts beschränkt, so können keine bleibenden Verbesserungen erzielt werden, die den Frauen gleichermaßen zugute kommen. Es ist deshalb unabdingbar, die Frauen bei der Planung von derartigen Projekten einzubeziehen. Gerade im Hinblick auf die entwicklungspolitischen Maßnahmen, die einer eventuellen Rücksiedelung gelten, muß von der Ankunft der Flüchtlinge an darauf geachtet werden, daß den geschlechtsspezifischen Bedürfnissen der Flüchtlinge entsprochen wird.

Frauen sehen sich in der Flüchtlingssituation oft als Alleinversorgerinnen ihrer Familien, weil ihre Männer die traditionellen produktiven Rollen nicht mehr auszufüllen vermögen oder weil die Frauen allein ins Aufnahmeland kamen. Die neuen Verantwortungen, die theoretisch den Status der Frauen verbessern, und die Freiräume, die sich aus der Umbruchsituation ergeben, empfinden die Frauen allerdings zunächst nicht als positiv. Die Chance, im Vergleich zwischen Herkunftsort und Flüchtlingssituation die eigene Rolle und das Geschlechterverhältnis in Frage zu stellen, wird oft dadurch blockiert, daß sich die Frauen überlastet fühlen, unter dem Verlust der Tradition leiden, so daß auf die liberaleren Bedingungen der Aufnahmegesellschaften mit restriktiven Rollenzuschreibungen reagiert wird.

Hier ist der Umgang mit den Hilfsorganisationen, allen voran dem UNHCR, von Bedeutung. Oft wird der Wandel der Rollen der Frau nicht berücksichtigt, bzw. es wird vernachlässigt, daß Geschlechterverhältnisse dynamisch sind. Die Positionen einer kulturrelativistischen Herangehensweise sollen hier nicht diskutiert werden. Wenn sich der UNHCR an den international vereinbarten Menschenrechtsnormen orientiert, so wird das Amt von universell gültigen Rechten der Frau ausgehen müssen.

Partizipation und Empowerment

Um die Belange von Flüchtlingsfrauen in allen Phasen ihres Flüchtlingsdaseins zu berücksichtigen, müssen die Frauen die Möglichkeit

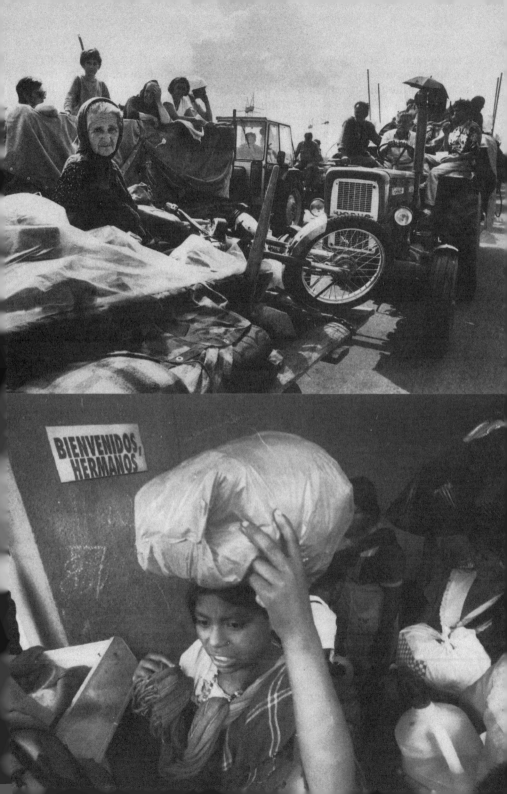

haben, sich zu äußern und an Entscheidungen mitzuwirken. Obzwar Partizipation eines der aktuellen entwicklungspolitischen Schlagwörter ist, nehmen Flüchtlinge an Planungsprozessen nur sehr begrenzt teil, die Frauen noch weniger als die Männer. Traditionelle indirekte Einflußmechanismen von Frauen kommen in der Flüchtlingssituation nicht mehr zum Tragen; neuen Formen der Repräsentation und Mitwirkung von Flüchtlingsfrauen steht vor allem das Argument der kulturellen Eigenheiten entgegen. Dieses Argument wird sowohl von den Flüchtlingen selbst, als auch von den MitarbeiterInnen der Hilfsorganisationen gebraucht.

Das Konzept vom „Empowerment", das implizit an Freires Pädagogik der Unterdrückten anknüpft, hat eine rasante Karriere in der UN und in der Entwicklungspolitik erfahren. Dadurch wurde es zugleich verwässert. Als Voraussetzungen für ein Empowerment müssen Wohlergehen und Zugang zu Ressourcen gewährleistet sein. Diese Voraussetzungen zu schaffen ist die Aufgabe des Aufnahmelandes und des UNHCR. Nur so können sich die Frauen der Ursachen der eigenen Unterdrückung bewußt werden, an Entscheidungen teilnehmen und ihre eigene Situation kontrollieren. Auf die Kategorien von Moser und Molneux bezogen heißt das: die praktischen Bedürfnisse müssen von den Hilfsorganisationen gedeckt werden; die strategischen Bedürfnisse können von den Frauen selbst eingefordert werden. Dabei stellt die Selbstorganisation ein wichtiges Element dar, damit sich die Frauen mit der eigenen Situation auseinandersetzen. Dieses Zusammenspiel von Selbstorganisation und bürokratischen Voraussetzungen wird am Beispiel der guatemaltekischen Flüchtlingsfrauen noch ausführlicher erörtert werden.

Geschlechterdifferenzierung in der Arbeit des UNHCR

Die Notwendigkeit von Geschlechterdifferenzierung ist hinreichend dargestellt worden. Wie geht nun eine internationale Behörde wie der UNHCR auf die geschlechtsspezifischen Probleme von Frauen ein. Wie nehmen seine MitarbeiterInnen Geschlecht als organisatorische Kategorie wahr und richten die Programme danach aus?

Die Weltfrauendekade der Vereinten Nationen (1976-85) und die Weltfrauenkonferenzen 1975 in Mexico und 1985 in Nairobi waren entscheidend, um ein Mandat zur Geschlechterdifferenzierung im UNHCR einzuführen. Die NROs, die sich für Flüchtlingsfrauen einsetzen, übten Druck auf das Amt aus, sich mit Geschlechterdifferenzierung auseinanderzusetzen. Dies ist verknüpft mit der Verpflichtung, die in den Nairobi Forward Looking Strategies festgeschriebenen Ziele für die Flüchtlingsarbeit durchzusetzen. Als der UNHCR erst relativ spät, nämlich Mitte der 80er Jahre, anfing, die geschlechtsspezifischen Bedürfnisse der Flüchtlingsfrauen zu berücksichtigen, konnte das Amt bereits auf die Erfahrungen anderer Institutionen zurückgreifen. Unter Mithilfe einer externen Beraterin wurde ein Mandat zur Geschlechterdifferenzierung (die Policy on Refugee Women) übernommen, ein besonderer Anwaltschaftsposten (die Senior Coordinator for Refugee Women) wurde geschaffen, und ein Training in Methoden, die heterogenen Bedürfnisse der Flüchtlinge abzuschätzen (das People Oriented Planning) wurde eingerichtet.

Der UNHCR ging von zwei Prinzipien aus: zum einen von dem Grundsatz der Menschenrechte der Frauen und zum anderen davon, daß mit dem Wohlergehen der Frauen auch das der Flüchtlinge insgesamt gesichert werde. Indem besonders zuständige Positionen geschaffen werden, will man dafür sorgen, daß die Geschlechterdifferenzierung ein Teil der Alltagsarbeit des UNHCR wird. Nicht nur die sozialen Rollen der Frauen als Tochter/Mutter/Ehefrau sollen hierbei berücksichtigt werden, sondern auch ihre ökonomischen, politischen und kulturellen Rollen. Vor allem der Wandel dieser Rollen in der Flüchtlingssituation soll besonders beachtet werden. Die Arbeit gilt selbstverständlich allen Mitgliedern der Flüchtlingsgruppe. Frauen werden lediglich deswegen besonders erwähnt, weil sie bisher zu wenig berücksichtigt worden sind.

Wenn das politische Programm entsprechend umgesetzt würde, verbesserte sich die Situation der Flüchtlingsfrauen erheblich. Sie erhielten Freiräume, um ihren eigenen Fähigkeiten gemäß zu handeln. Angesichts der positiven Effekte des Programms für alle Flüchtlinge stellt sich die Frage, warum die Geschlechterdifferenzierung nicht rasch umgesetzt wird. Der UNHCR muß als eine Bürokratie begriffen werden. Entsprechend entstehen Probleme, wenn ein Mandat zur Geschlechterdifferenzierung eingeführt wird. Ein Wandel kann nur dann stattfinden, wenn sich die bürokratische Organisation und die Verhaltensweisen ihrer Mitglieder ändern.

Die Schwierigkeit liegt darin, daß die traditionellen, männlich dominierten Bürokratien die Geschlechterdifferenzierung in allen Programmphasen verwirklichen sollen. Soweit die aktuellen Bedürfnisse der Frauen berücksichtigt werden sollen, besteht das Problem vor allem darin, daß dieselben mangelhaft wahrgenommen werden. In Sachen längerfristige Interessen der Frauen ist damit zu rechnen, daß mehr Widerstand geleistet wird. Hier ist die Machtfrage gestellt. In der Flüchtlingsarbeit stellen sich die Probleme noch komplizierter: Der UNHCR muß nicht nur in Notsituationen direkt materiell helfen, er besitzt auch das allgemeine Mandat, eine Flüchtlingsgruppe insgesamt zu schützen. Damit übernimmt der UNHCR die Rolle, die sonst dem Staat gegenüber seinen BürgerInnen zukommt. Zu den „Entfernungen" von Klasse und Geschlecht, die schon zwischen den nationalen Behörden und den Bürgerinnen und Bürgern liegen, die mit denselben zu tun haben, kommt die Distanz aufgrund ethnischer Zugehörigkeit, unterschiedlicher Sprache und Kultur hinzu. Die Flüchtlinge haben im bürokratischen Schema kaum Einflußmöglichkeiten. Und die wenigen, die sie haben, werden ihnen „ermöglicht" oder „zugesichert", indes nicht rechtlich garantiert.

Auch die strukturellen Vorkehrungen innerhalb des UNHCR sind nicht ausreichend. Trotz der Erfahrungen anderer Organisationen mit Versuchen, besondere Positionen zu schaffen („advocacy planning"), wurden die üblichen Fehler wie zu geringe Zahl von MitarbeiterInnen, mangelhafte Finanzierung und geringe Kompetenzen gegenüber den etablierten Abteilungen wiederholt. Die Koordinatorin hat mittlerweile zwei Mitarbeiterinnen. Ursprünglich war sie direkt dem stellvertretenden Hochkommissar zugeordnet. Ihre Initiativen für Flüchtlingsfrauen, nämlich geschlechterdifferenzierende Planung zu trainieren und praktische Richtlinien herauszugeben, haben entsprechend in der Praxis noch kaum gewirkt. Zwar soll die Stelle der Koordinatorin auslaufen, sobald die Umstrukturierung erfolgt ist und ein Wandel in der Haltung der MitarbeiterInnen erwartet werden kann. Doch bis dahin ist es noch ein langer Weg. Daß 1995 die Stelle in eine hierarchisch untergeordnete Abteilung verlegt worden ist, ist als voreiliger Schritt zu bewerten.

Das Mandat, die Geschlechterdifferenzierung umzusetzen, scheitert vor allem daran, daß die Struktur des UNHCR und die Haltung der MitarbeiterInnen nicht allein von einem kleinen und schlecht ausgestatteten Büro aus verändert werden können. Das Exekutivkomitee unterstützte zwar die Vorhaben der Anwaltschaftsstelle, wirkte aber bislang noch nicht darauf hin, die Kompetenzen und Ressourcen der Koordinatorin aufzuwerten. Die finanziellen Engpässe, um die Leitlinie umzusetzen, können nur beseitigt werden, wenn die Geberländer mitziehen. Solange nicht die internen Widerstände gegen die Leitlinie ausgeräumt werden und die UNHCR-Gremien und MitarbeiterInnen gemeinsam für deren Umsetzung eintreten, können Vorbehalte der Aufnahmeländer und der NROs gegen die Umsetzung von geschlechterdifferenzierenden Maßnahmen nicht überwunden werden.

Die Forderung nach einem gleichberechtigten Zugang von Frauen zu den Leistungen des UNHCR verlangt auch, daß sich die Flüchtlingsfrauen selber für ihre Gleichberechtigung engagieren können. Damit dies geschehen kann, müssen sich die beteiligten Organisationen, UNHCR, NROs, Aufnahmeländer, die Flüchtlinge selbst, auf entsprechende Bedingungen einigen.

Das Hauptproblem besteht darin, daß die MitarbeiterInnen des UNHCR und anderer Gremien, die das Amt beeinflussen könnten, nicht zureichend motiviert sind und ein konventionelles Verhalten an den Tag legen. Um die negative Einstellung zur Geschlechterdifferenzierung zu überwinden,

wäre es sinnvoll, mit Anreizen zu arbeiten. Damit dies geschieht, ist Druck von außen nötig. Auch der Frauenanteil müßte verstärkt werden. Die neu eingestellten Frauen sollten allerdings nicht allein dafür verantwortlich gemacht werden, Flüchtlingsfrauen einzubeziehen. Auch die Mitarbeiter-Innen müssen angesichts der herrschenden Umstände in Gender-Fragen besonders fortgebildet werden.

Im Ergebnis bedeutet die gegenwärtige Situation, daß sich an der diskriminierenden Situation für die Flüchtlingsfrauen wenig ändern wird. Den geschlechtsspezifischen Problemen von Frauen in allen Etappen der Flucht wird also weiterhin im Umkreis des UNHCR nicht Rechnung getragen werden. Das asymmetrische Geschlechterverhältnis vor der Flucht bewirkt, daß die Frauen auf der Flucht stärker mit Arbeit und Verantwortung belastet werden, dennoch aber ihre eigenen Belange öffentlich nicht äußern (können).

Es geht auch anders –
Das Beispiel der guatemaltekischen Flüchtlingsfrauen

Das Beispiel der guatemaltekischen Flüchtlingsfrauen wirkt wie ein Lichtblick. Es zeigt, daß die Partizipation und die Organisierung von Frauen ihren langfristigen Interessen entgegenkommen und gleichzeitig helfen können, auf ihre praktischen geschlechtsspezifischen Bedürfnisse aufmerksam zu machen.

Anfang der achtziger Jahre flohen Zehntausende von GuatemaltekInnen vor der Gewalt in ihrem Heimatland in das benachbarte Mexiko. Etwa 46.000 von ihnen wurden sogleich als Flüchtlinge anerkannt. Wie meist bei Bürgerkriegsflüchtlingen waren die Hälfte (49 %) Frauen, da Familien und ganze Dorfbevölkerungen geflohen waren. Die guatemaltekischen Flüchtlinge waren in ihrer Mehrheit Eingeborene mit einem kleinbürgerlichen Hintergrund. Vor allem die Frauen waren vielfach Analphabetinnen und besaßen anfangs nur geringe Spanischkenntnisse.

Diese Besonderheiten ihrer Fluchtsituation ließen bei den Frauen geringe Fähigkeiten annehmen, teilzunehmen und ihr Geschick mitzubestimmen. Obwohl die Frauen in Mexico mit den schon geschilderten geschlechtsspezifischen Problemen des Flüchtlingsdaseins zu kämpfen hatten, bildeten sie in der neuen Situation, unterstützt von NRO und Kirche, aus kleinen ökonomischen Selbsthilfeprojekten politische Frauenorganisationen, deren größte Mamá Maguín ist. 1995 hatten über 8.000 Flüchtlingsfrauen an den Aktivitäten dieser Organisation teilgenommen.

Die Maßnahmen des UNHCR stellten ebenfalls einen wichtigen Faktor dar. Das Büro des UNHCR in Südmexiko muß als ein besonderes Beispiel dafür gewertet werden, wie sich auf Initiative einer Mitarbeiterin hin ein ganzes Büro für Geschlechterdifferenzierung einsetzt. 1990 begannen diese Mitarbeiterinnen sich dagegen zu engagieren, daß Frauen nie an den Versammlungen teilnahmen und ihre Belange deshalb unzureichend berücksichtigt wurden. 1994 nahmen alle UNHCR-MitarbeiterInnen in Mexiko an Gendertrainings teil.

Zusätzlich zu dieser Initiative erhielt die Geschlechterdifferenzierung des UNHCR in Mexiko durch die Konferenz über Zentralamerikanische Flüchtlinge (CIREFCA) und das dabei veranstaltete Regionale Forum über Geschlechterdifferenzierung in der Arbeit mit geflüchteten, repatriierten und vertriebenen Frauen (FOREFEM) einen institutionellen Rahmen, bei dem sich alle beteiligten AkteurInnen (Aufnahme- und Herkunftsländer, UNHCR, UNDP und die Geberländer sowie indirekt die Flüchtlinge und NROs) um eine regionale Lösung bemühten. Dabei wurde stark darauf gesetzt, die Frauen instand zu setzen, für sich selber zu sorgen. In Mexiko wurde die Nichtregierungsorganisation CIAM (Zentrum für Forschung und Aktion für die Frau) unter Vertrag genommen, um in Zusammenarbeit mit den Organisationen der Flüchtlingsfrauen Bedingungen zu schaffen, die auf eine solche Selbständigkeit (empowerment) abzielen.

Die Besonderheit der Arbeit des UNHCR in Mexiko liegt darin, daß das Amt durch Projekte, die auf praktische geschlechtsspezifische Bedürfnisse ausgerichtet waren, den Rahmen zu weiteren Aktivitäten bot. Außerdem stellte es einer erfahrenen NRO die Aufgabe, die Frauen zur Selbständigkeit anzuregen. Die entstandenen Frauenorganisationen wurden nun nicht nur gefördert, sondern auch als Partnerinnen behandelt. Damit wurden sie gegenüber den anderen AkteurInnen legitimiert.

Es hat sich als sehr günstig erwiesen, Frauen dadurch größere Selbständigkeit erlangen zu lassen (empowerment), daß Projekte miteinander gekoppelt wurden, die den praktischen Bedürfnissen der Frauen galten und die Frauen eigene Projekte initiieren ließen. Diese Vorgehensweise steigerte das Selbstbewußtsein der Frauen, das vonnöten ist, wenn sie sich mit den patriarchal geprägten Organisationen auseinandersetzen sollen. Der UNHCR und die NRO regten die damals alleinige Vertretung der Flüchtlinge (CCPP) dazu an umzudenken. Dieses Umdenken ermöglichte den Frauen einen Freiraum, sich selbst zu organisieren. Wichtig erscheint in diesem Zusammenhang weniger, wie die Freiräume entstanden, sondern wie die Frauen sie aufrechterhalten und ausweiten, und wie sie dabei von UNHCR und NRO unterstützt werden.

Bei den guatemaltekischen Flüchtlingen in Mexiko bildete sich eine Allianz zwischen den organisierten Frauen, UNHCR und NRO, die die Frauendifferenzierung gegenüber den Flüchtlingen allgemein, der mexikanischen Flüchtlingsbehörde und anderen NROs durchsetzte. Nachdem die Frauen entsprechendes Bewußtsein gebildet und praktische und soziale Kompetenzen erworben hatten, hätte 1993 das Geschlechterverhältnis erneut behandelt werden müssen. Dadurch, daß mehrere von den FlüchtlingsvertreterInnen (CCPP) nach Guatemala zurückkehrten bzw. die Rückkehr planten, wurde diese Entwicklung unterbrochen. Diese Unterbrechung dauert an. Dennoch bleibt festzuhalten, daß die zurückgekehrten Frauen relativ gesehen ihren Status verbessert haben und mehr an öffentlichen Entscheidungen mitwirken, als dies in den meisten anderen Fällen von Flucht und Rückkehr der Fall ist.

Bisher ist noch unklar, wie die längerfristigen Interessen der Frauen nach ihrer Rücksiedelung in Guatemala verfolgt und etabliert werden. Die Tendenz scheint im Moment zu sein, das Erreichte zu wahren, die neuen Strukturen zu festigen und BündnispartnerInnen zu suchen, die sich mit den Rückkehrerinnen dafür einsetzen, Gleichberechtigung, wie z.B. Landtitel, festzuschreiben. Der UNHCR ist durch die Rücksiedelungen so ausgelastet, daß wenige Initiativen ergriffen werden. Er scheint aber bereit, die Geschlechterdifferenzierung zu fördern. Ein Beleg dafür ist, daß NROs, die mit dem Ansatz der Geschlechterdifferenzierung arbeiten, vertraglich gebunden werden. Es liegt also an den Frauen, ihre Forderungen einzuklagen, und an dem UNHCR, dieselben sicherzustellen. Bei den guatemaltekischen Flüchtlingen hat es sich als sehr bedeutsam erwiesen, um die Widerstände unter den Flüchtlingen zu überwinden, daß die Frauen um ihre Menschenrechte wußten und in ihren Forderungen von NROs und dem UNHCR unterstützt wurden. Der Prozeß, daß Frauen in die öffentliche Sphäre eindringen, die bislang von den Männern monopolisiert worden ist, geht zögerlich und mit Einbrüchen vonstatten. Die Diskrepanz zwischen Forderungen und Erreichtem bleibt groß. Insgesamt kann jedoch festgestellt werden, daß die guatemaltekischen Flüchtlingsfrauen, nicht zuletzt dank der vom UNHCR gestellten Rahmenbedingungen, ihre Belange stärker als bisher öffentlich artikulieren und darauf dringen, daß ihre geschlechtsspezifischen Interessen berücksichtigt werden.

Ausblick

Das Fallbeispiel der guatemaltekischen Flüchtlinge und RückkehrerInnen zeigt, wie wichtig es ist, alle Beteiligten der Flüchtlingsarbeit an einen Tisch zu bringen; es unterstreicht, wie bedeutsam die Selbstbestimmung der Flüchtlinge ist. Für die Arbeit des UNHCR heißt das: Wenn die Geschlechterdifferenzierung nicht nur bewirken soll, daß Frauen das besser tun, was sie ohnehin tun, sondern ihnen eine Perspektive auf eine selbständige persönliche Entwicklung eröffnet werden soll, so muß die Unvereinbarkeit der Diskriminierung der Frau mit den Menschenrechten in den Vordergrund gerückt werden. Eine humanitäre Organisation wie der

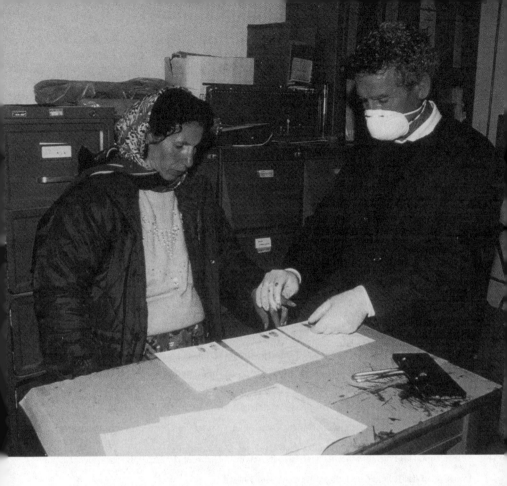

UNHCR sollte sich darauf ohnehin stützen. Das Charakteristikum „unpolitisch", das zentral im Mandat des Amtes steht, ist nicht dahingehend zu verstehen, daß die patriarchale Ordnung nicht in Frage gestellt werden darf. Fraglich ist, ob Frauen geholfen werden kann, wenn allein auf materielle Hilfe hin orientiert wird. Wenn die längerfristigen gesprächsspezifischen Interessen von Frauen berücksichtigt werden, kommt dies allen Flüchtlingen zugute. Damit nicht zuletzt dem UNHCR, der von der internationalen Gemeinschaft beauftragt ist, Flüchtlinge zu schützen und dauerhafte Lösungen anzustreben.

Wichtig ist vor allem, die Flüchtlinge nicht als Opfer und EmpfängerInnen zu sehen, sondern ihrem Recht auf Selbstbestimmung des eigenen Schicksals nachzukommen. Die international anerkannten Menschenrechte verlangen, daß jeder Mensch seine Persönlichkeit entfalten kann und die Chance haben soll, sein eigenes Leben zu bestimmen.

Literatur:

Mary B. Anderson, Ann M. Howarth (Brazeau), Catherine Overholt, A Framework for People-Oriented Planning in Refugee Situations. Taking Account of Women, Men and Children. Genf: UNHCR 1992

Genevieve-Camus-Jaques, The Forgotten Majority. In: Gil Loescher, Laila Monahan (Hg.), Refugees and International Relations. Oxford: Oxford University Press 1989: 141-157.

Susan Forbes Martin, Refugee Women. London: Women and World Development Series, Zed Books 1992.

Ana Isabel Gacia, Documento de Trabajo: Criterios metodologicos/operacionales para la incorporacion del enfoque de genero en proyectos de desarrollo en el marco CIREFCA. o.O: UNIFEM, ACNUR, PNUD1993.

Ninette Kelley, Working with Refugee Women. A Practical Guide. Genf: International NGO Working Group on Refugee Women 1989.

Sara Longwe, Gender Awareness – The Missing Element in the Third World Development Project. In: Tina Wallace, Candida March, Changing Perceptions – Writings on Gender and Development. Oxford: Oxfam 1991.

Mama Maguin, Centro de Investigacion y Accion de la Mujer Latinoamericana, De refugiadas a retornadas. Memorial de Experiencias Organizativas de las Mujeres Refugiadas en Chiapas. Comitan, Chis. 1994.

Maxine Molyneux, Mobilization without Emancipation? Women's Interests, The State, and Revolution in Nicaragua. In: Feminist Studies vol. 11, No. 2, University of Maryland 1985.

Caroline O.N. Moser, Gender planning and development, Theory, practice and training. London, New York: Routledge 1993.

Helene Moussa, Storm and Sanctuary. The Journey of Ethiopian and Eritrean Women Refugees. Dundas, Ontario: Artemis Enterprise 1993.

Lise Ostergard (Hg.), Gender and Development. A Practical Guide. London: Commission of the European Community/Routledge 1992.

Lydia Potts, Brunhilde Prasske, Frauen – Flucht – Asyl. Eine Studie zu Hintergründen, Problemlagen und Hilfen. Bielefeld: Kleine 1993.

Martina Schöttes, Fluchtgrund: weiblich. Frauenspezifische Verfolgung und Fluchtmuster. in: blätter des iz3w, Nr. 203, Freiburg, Februar 1995.

Martina Schöttes, Monika Schuckar (Hg.), Frauen auf der Flucht. Band 1: Leben unter politischen Gewaltverhältnissen. Berlin: Edition Parabolis 1994.

Kathleen Staudt, Women, Foreign Assistance, and Advocacy Administration. New York: Praeger 1985.

Kathleen Staudt (Hg.), Women, International Development, and Politics. The Bureaucratic Mire. Philadelphia, Temple University Press 1990.

Karl Steinacker, Flüchtlingskrisen – Möglichkeiten und Grenzen von Entwicklungszusammenarbeit. Köln: Schriftenreihe des BMZ, Bd. 103, 1992.

Katarina Tomasevki, Women and Human Rights, London: Zed Books 1993.

Volker Türk, Das Flüchtlingshochkommisariat der Vereinten Nationen (UNHCR). Baden-Baden: Nomos 1992

UNHCR, UNHCR Policy on Refugee Women. Genf 1990.

UNHCR, FoReFem Primer Foro Regional „Enfoque de genero en el trabajo con las mujeres refugiadas, repatriadas y desplazadas". Declaracion y Compromiso de FoReFem. Guatemala 1992.

UNHCR, Executive Committee of the High Commissioner's Programme, Sub-Committee of the Whole on International Protection, Progress Report on Implementation of the UNHCR Guidelines on the Protection of Refugee Women. Genf 1992.

UNHCR, Executive Committee of the High Commissioner's Programme, Sub-Committee on Administrative and Financial Matters and of the Whole on International Protection, Making the Linkages: Protection and Assistance Policy and Programming to Benefit Refugee Women, Mai 1993.

UNHCR, Die Lage der Flüchtlinge in der Welt. UNHCR-Report 1994. Bonn: J.H.W. Dietz 1994.

Women's Commission for Refugee Women and Children (Delegation to Central America), We Have a Voice, and We can Speak. Women and Children Refugees, Repatriates, and Displaced in El Salvador, Guatemala, Nicaragua and Mexico. New York 1992.

Jürgen Heinrichs

Export von Fertilitätsstörungen: Verletzung eines Menschenrechts

Wie viele andere Forschungsarbeiten, hat auch diese einen persönlichen Anlaß: In drei Jahrzehnten nationaler und internationaler Beteiligung an der Familienplanungsbewegung (1) habe ich mich immer dafür eingesetzt, mit einigem Erfolg, daß das Menschenrecht auf Familienplanung (weltweit gültig deklariert im Jahr 1968 in Teheran) (2) nicht eingeschränkt werden soll auf Geburtenreduzierung (durch Kontrazeptiva und/oder Abtreibung), da Beratung und Hilfen bei Fertilitätsstörungen (durch Reproduktionsmedizin, Adoptionsvermittlung und vieles andere) von Anfang an zur Familienplanungsarbeit gehörten.

Schon vor acht Jahren habe ich einen Artikel in der in diesem Themenbereich einzigen deutschsprachigen Fachzeitschrift über die komplexen Zusammenhänge von Umwelt und Fertilität veröffentlicht. Um diese besser fassen zu können, habe ich das Wort „Sexualökologie" in die Diskussion eingeführt (3). Bei diesem Begriff habe ich drei Seiten unterschieden:

1. Eine hohe Fertilität, also eine starke Geburtenrate, kann sich wegen des hohen Bedarfs an Wasser, Brennholz, Ackerboden etc. schädlich auf die Umwelt auswirken. Dieser Zusammenhang ist gut nachgewiesen, darf jedoch nicht sofort zu einer Katastrophe hochstilisiert werden: „Bevölkerungsexplosion bedeutet globale Umweltzerstörung." Besser als globale sind lokale und regionale Schäden nachweisbar.

2. Ein ebenso wichtiger Zusammenhang von Umwelt und Fertilität besteht darin, daß Umweltfaktoren Fertilitätsprobleme verursachen. Dieser Effekt ist keineswegs neu. Schon vor Jahrtausenden wurden Mittel dagegen empfohlen. (Ein Beispiel: Gaius Plinius Secundus hat im Buch 16 seines Werks „Naturalis historiae" der Pflanze Mistel die Kraft zugeschrieben, unfruchtbare Paare fruchtbar zu machen.) (4)

3. Auch zur Sexualökologie, also zu den Zusammenhängen von Umwelt und Fertilität, rechne ich die Tatsache, daß die Vermehrung der Umwelt-

schäden einen Einfluß auf den Kinderwunsch hat und viele Paare veranlaßt, keine oder wenige Kinder zu bekommen, um nicht die nächste Generation zu sehr zu belasten.

Fertilitätsstörungen

Es ist angeraten, Fertilitätsstörungen nicht gleichzusetzen mit der Unfähigkeit von Paaren, eigenen Nachwuchs zu bekommen; ebenso gehören Fehlgeburten in den verschiedenen Phasen der Schwangerschaft dazu; ob auch der Tod unmittelbar nach der Geburt und angeborene Behinderungen, die nur ein kurzes Leben ermöglichen, dazugerechnet werden sollen, möchte ich offenlassen. Auch zu Fragen der Eugenik und Euthanasie möchte ich nicht Stellung nehmen.

Zum Verständnis der Abgrenzungen kann vielleicht eine offizielle Definition dienen. Im Bundesgesundheitsblatt ist zu lesen: „‚Reproduktionstoxizität' ist in der EG-Richtlinie 93/21 folgendermaßen definiert: R. umfaßt alle Phasen des Reproduktionszyklus und schließt die Beeinträchtigung der männlichen sowie der weiblichen Reproduktionsfunktion oder Kapazität genauso ein wie die Induktion nicht-erblicher Schäden in den Nachkommen einschließlich Tod, Wachstumsverzögerung, struktureller und funktioneller Effekte." (5)

Es ist für den Zweck dieser Untersuchung nicht erforderlich, zwischen Infertilität und Subfertilität präzise zu unterscheiden. Auch sonst ist sprachliche Abgrenzung hier nicht das Thema; Wörter wie „Fertilität", „Fruchtbarkeit", „Vermehrung" und „Reproduktion" werden ununterschieden benutzt.

Seit dem Altertum gut bekannt ist die Beteiligung von Schwermetallen an Gesundheitsproblemen. Der römische Architekturtheoretiker Vitruvius hat im sechsten Kapitel des achten Buchs seines Werks „De architectura" darauf hingewiesen, daß Wasser nicht durch Bleiröhren geleitet werden soll, da Blei zweifellos der Gesundheit nicht zuträglich sei. Die Belastung des Reproduktionssystems durch Schwermetalle hat also eine lange Geschichte, bis hin zum Quecksilber im Zahnfüllstoff Amalgam (6).

Viele andere schwermetallhaltige Stoffe kommen dazu. Im Januar 1996 war in Zeitungsberichten zu lesen, daß die Bundesregierung eine Verordnung plane, „den Verkauf von fortpflanzungsschädigenden Stoffen an Privatleute zu verbieten. Dazu zählt auch der Rostschutzanstrich aus Mennige, dessen Moleküle jeweils aus zwei verschiedenen Blei-Ionen und Sauerstoff bestehen." (7) Einige dieser Stoffe werden in größeren Mengen exportiert.

Die vermutlich wichtigste Warengruppe für Fertilitätsprobleme und deren Export besteht aus Agrochemikalien; das wird auch inzwischen erkannt. Erst vor einem Jahr stand in der Zeitung: „Erstmals in der Bundesrepublik muß ein Pflanzenschutzmittel folgenden Warnhinweis tragen: ‚Irreversibler Schaden möglich. Kann möglicherweise die Fortpflanzungsfähigkeit beeinträchtigen. Kann das Kind im Mutterleib möglicherweise schädigen.' Betroffen davon ist der Wirkstoff Vinclozolin der BASF AG in Ludwigshafen, der vor allem beim Pilzbefall vom Raps, Reben und Bohnen eingesetzt wird. … Das Unternehmen betont, allein die wissenschaftliche Unbedenklichkeit und nicht wirschaftliche Gründe hätten zur Beibehaltung des Pflanzenschutzmittels geführt, dessen Umsatz in Deutschland im einstelligen Millionenbereich und insgesamt zwischen 50 und 100 Millionen DM liege." (8) Dieses geringe Risiko wird wohl so betont, damit sich nicht die Furcht verbreitet, an diesem Fungizid könnten die Deutschen aussterben, denn ein weitaus größerer Teil davon wird in Länder der „Bevölkerungsexplosion" exportiert. Diese Nachricht hat mich alarmiert und mitveranlaßt, über den Export von Fertilitätsstörungen mehr in Erfahrung zu bringen.

Auch bei der Bayer AG habe ich angefragt; in der Antwort des „Geschäftsbereichs Pflanzenschutz" vom Juni 1996 steht: „Bei den immer wieder in der Presse zitierten Pflanzenschutzmitteln sind bisher keine schlüssigen Beweise hinsichtlich Fertilitätsstörungen vorgelegt worden. Bis heute handelt es sich nach wie vor um Vermutungen, daß Pflanzenschutzmittel zu Fertilitätsstörungen führen. … Ganz besonders ist zu betonen, daß der Bayer-Konzern kein Pflanzenschutzmittel vertreibt, dessen Wirkstoff eine ‚primär reproduktionstoxikologische Potenz' aufweist. Bei diesbezüglichen reproduktionstoxikologischen Untersuchungen umfassen die Prüfungen sowohl embryotoxische, teratogene Wirkungen als auch die Beeinflussung der Reproduktionsparameter, die auch die Prüfung auf ‚Fertilität' einschließt (2-Generationenversuch). Diese Untersuchungen sind hierfür sehr geeignet, da sie die Reproduktionsparameter über mehrere Generationen in Abfolge erfassen. Generell ist festzustellen, daß Pflanzenschutzmittel weltweit Registrierverfahren unterliegen und seitens der Behörden zugelassen werden müssen."

Auch wenn man diese Erklärungen von Mitarbeitern der Bayer AG ernst nimmt, bleibt die Frage nach der Größe der Differenz zwischen Theorie und Praxis. Wer kontrolliert die Anwendung von gefährlichen Agrochemikalien, die in Europa schon lange nicht mehr benutzt werden dürfen (das bekannteste und von der Menge her vielleicht wichtigste Mittel ist DDT). In einem neuen Zeitungsbericht heißt es: „In den Entwicklungsländern rotten 100.000 Tonnen nutzlos gewordener Altpestizide vor sich hin, wie die Landwirtschaftsorganisation der Vereinten Nationen schätzt." (9)

Die Anwendung dieser und neuerer Pestizide und anderer Agrochemikalien in großen Mengen ist auch die Folge der sehr hohen Auslandsverschuldung der meisten Länder der Dritten Welt. Der starke Schuldendruck führt dazu, zu jedem Gesundheitspreis exportfähige Waren zu produzieren, seien es Obst, Gemüse, Blumen oder anderes. Die Kosten dieses Systems werden schon seit Jahren vor allem in Ländern Mittel- und Südamerikas registriert. Ein von terre des hommes Kolumbien 1990 herausgegebenes Buch hat den Titel „Las flores de la muerte". Zu den dargestellten Wirkungen dieser Todesblumen gehört auch die hohe Zahl von Totgeburten bei Landarbeiterinnen, die sich mit Pflanzenschutzmitteln vergifteten.

In einem Bericht über einen Blumenbetrieb in Mexiko heißt es: „Dreimal pro Woche werden die 27 Hektar Pflanzfläche mit Insektiziden, Fungiziden, Herbiziden und Nematoziden durchsprüht." In dem Betrieb werden 46 Geranienvarianten hergestellt für den Export, denn keine dieser Pflanzen wird jemals mexikanische Gärten oder Balkone schmücken. Es wird auch darauf hingewiesen, daß die Schutzvorschriften für die Anwendung der Agrargifte auch in Mexiko in der Praxis vernachlässigt werden. (10)

Vermutlich vergleichbar groß wie der Export von Fertilitätsstörungen in Form von Agrochemikalien ist der Export in Form von Arzneimitteln. Störungen der Sexualität durch Pharmaka gehören zu den häufigeren Nebenwirkungen auch bei Medikamenten, die für die Krankheitsbehandlung sehr wichtig sind. Die Beeinträchtigung von Potenz, Libido und Fertilität ist schon bei 65 oder mehr Medikamenten erforscht worden. (11)

Die Liste der Formen des Exports von Fertilitätsstörungen ist viel länger. Daß Strahlenbelastungen bei vielen Menschen Fertilitätsprobleme verursachen können, ist lange bekannt. Daher sollten Uran, Kernkraftwerke und Medizintechnik wie Röntgengeräte nicht bedenkenlos exportiert werden.

Immer wieder werden andere Zusammenhänge der Bedrohung der Fertilität gesehen. Vor einigen Monaten hat der Umweltbeauftragte der UNO-Wirtschaftskommission für Europa darauf hingewiesen, daß die durch Autos verursachte Luftverschmutzung zum Rückgang der Potenz bei Männern beitrage. (12)

Formen des Exports

Der direkte Export von Gütern, die möglicherweise Fertilitätsprobleme verursachen, läßt sich zu Teilen relativ einfach aufdecken, vollständig aber so gut wie nie.

Sehr viele dieser Güter, die mit zu Fertilitätsstörungen beitragen können, werden in Entwicklungsländern produziert; der Import ist dann redu-

ziert auf die Produktionstechnologie und ihre Anwendung und gelegentlich auch auf Bestandteile des Endprodukts.

Der Export von Fertilitätsproblemen ist nicht begrenzt auf den Weg von Norden nach Süden, er findet auch in umgekehrter Richtung statt. Wenn zum Beispiel Blumen, Obst, Gemüse aus Ländern wie Kolumbien und Kenia durch Pestizide belastet bei uns auf den Markt kommen, kann das zur Infertilität in Deutschland beitragen, wenn auch nicht leicht nachweisbar.

Eine andere Form des Exports von Fertilitätsstörungen besteht im Tourismus. Geschlechtskrankheiten können von einem Land zum anderen verschleppt werden, oft in Form von Bakterien der Gattung Chlamydia, die durch Entzündungen im Genitalbereich bis hin zur Prostata zur Infertilität bei Frauen und Männern führen können.

Die Auswirkungen des internationalen Handels sind so vielfältig, daß sie kaum vollständig erfaßt werden können. Wer soll und will nachweisen, in wie vielen Fällen mit dem mehr oder weniger unkontrollierten Müllexport auch Fertilitätsstörungen exportiert werden?

Auch durch Kapitalexport können Fertilitätsprobleme in den importierenden Ländern entstehen. Zum Beispiel, wenn das Kapital für den Ausbau von Uranbergwerken eingesetzt wird, um den Vorrat von Brennstoffen für die Kernkraftwerke in Europa zu erhöhen. Der Kreislauf schließt sich bei den Strahlenschäden der Bevölkerung um die Kernkraftwerke.

Rechtliche Aspekte des Exports von Fertilitätsstörungen

Bananenpflücker in Costa Rica und anderen „Bananenrepubliken" haben aufgedeckt, daß allein in Costa Rica etwa 10.000 bis 12.000 Plantagenarbeiter unfruchtbar geworden sind, weil in ihren Ländern das Nematizid DBCP noch eingesetzt wird, dessen Gefährlichkeit seit 1979 nachgewiesen ist. Sie haben, mit Unterstützung von Gewerkschaften, bei einem Gericht im US-Bundesstaat Texas Klage gegen beteiligte multinationale Chemie- und Bananen-Konzerne erhoben. Jetzt hat das Umweltinstitut der National-Universität in San José aufgedeckt, daß allein in Costa Rica in den vergangenen fünf Jahren 300 Plantagenarbeiter an Vergiftungen durch Schädlingsbekämpfungsmittel gestorben sind (13).

Das Beispiel der Bananenpflücker weist darauf hin, daß der Kampf der Betroffenen gegen den unkontrollierten Export von Fertilitätsstörungen begonnen hat. Vor Gerichten wird aber nicht viel zu erreichen sein. Menschenrechte sind nicht einklagbar, auch wenn ihre grobe Verletzung offenkundig ist. Die rechtlichen Möglichkeiten sollten durch ein Rechtsgutachten herausgearbeitet und abgewogen werden. Es ist schon absehbar, daß die Forderung nach einem gesetzlichen Exportverbot der falsche Weg wäre, weil das Verbot wirkungslos bliebe.

Perspektiven

Die Auswirkungen des Exports von Fertilitätsstörungen auf die Bevölkerungsentwicklung sind ambivalent und quantitativ nicht leicht abzuschätzen. Wenn die Zahl der Fälle von Fertilitätsproblemen in der Berufs- und Bevölkerungsgruppe zunimmt, der jemand angehört, wird versucht, den eigenen Kinderwunsch so früh wie möglich zu erfüllen; also kann die Bedrohung der späteren Fertilität zum Bevölkerungswachstum beitragen. Es besteht dann auch die Tendenz, das Angebot der Familienplanung als ein Instrument der imperialistischen Weltbevölkerungspolitik abzulehnen.

„Zurück zur Natur" kann die Forderung beschrieben werden, Pflanzenschutzmittel der chemischen Industrie durch Mittel aus einheimischen Pflanzen zu ersetzen. Daran wird in allen Weltregionen gearbeitet, damit neben Naturheilmitteln auch Biopestizide zur Verfügung stehen. Dabei sind alte Kenntnisse sehr brauchbar, die von traditionellen Medizinmännern und von Hebammen bewahrt werden. Hauptsächlich in Indien und Thailand ist mindestens seit tausend Jahren der Niembaum bekannt, von dem gesagt wird, daß er alle Probleme der Welt lösen könne. Der Hauptwirkstoff aus diesem Baum heißt Azadirachtin und läßt sich nicht synthetisch nachbilden. Wenn man die Samen des Niembaums zermahlt und mit Wasser verdünnt anwendet, sind sämtliche chemische Pestizide überflüssig. Auch in Ländern Lateinamerikas, von Chile bis Cuba, werden Pflanzenschutzmittel, „biopesticidas" aus einheimischen Pflanzen entwickelt.

Dieser Prozeß findet auch in der Industrie Interessenten, zumal es jetzt Patente auf Pflanzen geben kann und auf dem Gebiet der Gentechnologie viel geforscht wird. „Nachwachsende Rohstoffe sind für die chemische Industrie besonders dann interessant, wenn die Synthesevorleistung der Natur genutzt werden kann." (14)

Nun kann man nicht schlicht davon ausgehen, diese Biopestizide verursachten bei Menschen keine Fertilitätsstörungen. Stoffe, die sehr kleine und sehr andere Lebewesen töten oder an ihrer Vermehrung hindern, können sich auch auf das sehr störanfällige und komplexe Reproduktionssystem des Menschen auswirken. Diese Wirkung wird schon bei Pyrethrum erforscht, das gegen Fliegen und Moskitos eingesetzt wird und aus einem Gemisch der Blütenextrakte verschiedener Chrysanthemum-Arten besteht.

Abschließend sei noch darauf hingewiesen, daß Fertilitätsstörungen durch Agrochemikalien auch bei Pflanzen und Tieren nachgewiesen sind. Dieser Zusammenhang spricht auch für die Versuche, „zurück zur Natur" zu gehen.

Eine seriöse Erforschung der Zusammenhänge ist deshalb nicht einfach, weil Aspekte des Kinderwunschs, der Fruchtbarkeit und der Fertilitätsprobleme von Familienstrukturen und von kulturellen und religiösen Traditionen beeinflußt werden. Wer sich auskennt, weiß schon lange, daß bei vielen Paaren Fertilitätsstörungen von psychosomatischen Entwicklungen abhängen und bei den Therapieversuchen im Mittelpunkt stehen.

Anmerkungen:

1) Darüber sind mehr Informationen zu finden in meinem Buch: Familienplanung international. Aufgaben und Forderungen nichtstaatlicher Familienplanungsorganisationen. Herausgegeben und eingeleitet von Jürgen Heinrichs. Braunschweig 1991.
2) Mehr dazu in meinem Buch: Umwelt und Fertilität. Einführung in Aspekte der Sexualökologie. Münster 1994. Kapitel 7: Menschenrechte: Fertilität, Familienplanung, Bevölkerungspolitik, S. 76-79.
3) J. Heinrichs, „Sexualökologie – was ist denn das?" In: pro familia magazin 5/1988.
4) Dort heißt es (in der Übersetzung von Roderich König): „Die Druiden – so nennen die Gallier ihre Magier – halten nichts für heiliger als die Mistel und den Baum, auf dem sie wächst, wenn es nur eine Wintereiche ist. Sie meinen, daß die Mistel, in einem Getränk genommen, jedem unfruchtbaren Tier Fruchtbarkeit verleihe." (16. Buch, Capitel XCV)
5) Entnommen dem Bundesgesundheitsblatt 3/94, S. 114.
6) Daß zu viel Amalgam im Mund zu Unfruchtbarkeit führen kann, ist schon lange nachgewiesen. „Wissenschaftler der Universität Heidelberg hätten bestätigt, daß Quecksilber zu Fruchbarkeitsstörungen führe." In: „Rheinische Post", 3. Mai 1996.
7) Aktuelles Lexikon: Mennige. In: „Süddeutsche Zeitung", 13./14. Januar 1996.
8) Verschärfter Warnhinweis auf BASF-Fungizid. In: „Frankfurter Allgemeine Zeitung", 7. September 1995.
9) Verheizte Pestizide. In: „Die Zeit", 5. Juli 1996.
10) Justus Fenner: Blühende Vernichtung. Reportagen und Daten zur Blumenproduktion in Mexiko. (Herausgegeben von medico international) Frankfurt/Main, 1991.
11) Einen Überblick über den Forschungsstand bietet Georg Fiegel: Keine Folge des Alterns. In: „Sexualmedizin" 5/1996. Hier kann ergänzt werden, daß es auch Kontrazeptiva gibt, die auch nach ihrer Anwendung ungewollt zu Infertilität führen, gelegentlich bis zum Lebensende.
12) Ein Bericht darüber trägt den Titel: „Auto macht impotent." In: „Süddeutsche Zeitung", 14. Februar 1996. Eine Woche früher ist ein Text überschrieben: „Autofahren stört Kinderwunsch." In: „Süddeutsche Zeitung", 8. Februar 1996. Darin wird über die Wärmebelastung bei Männern berichtet, die in ihrem Beruf starker Hitze ausgesetzt sind oder „täglich länger als drei Stunden am Steuer sitzen".
13) Mehr dazu in Zeitungsberichten: „Süddeutsche Zeitung", 23. Juni 1995 und 19. Juni 1995, „Die Tageszeitung", 27. Dezember 1995.
14) Mehr Agrarprodukte für die Chemie. In: „Süddeutsche Zeitung", 29. April 1996.

Roland Roth

Greenpeace – eine neue Form menschenrechtlich-demokratisch angemessenen globalen Populismus'?

> *„Was die grüne Bewegung im weitesten Sinne bisher erreicht hat, ist das Ritual der Heuchelei, die sich hinter der möglichst üppigen Verwendung des Präfixes Öko- und der Einrichtung von Umweltbehörden verbirgt."*
> *Carl Amery (Der Marsch in den Kompromiß, in: SZ v. 22./23.6.1996)*

I. NGOs – ein Hoffnungsschimmer angesichts der Misere globaler Politik?

Globalisierung ist „in". Ein prominenter Kollege berichtete kürzlich auf einer Konferenz über „Globalisierung und ...", er habe in den letzten Jahren wohl mehrere hundert Einladungen zu ähnlichen Konferenzen weltweit erhalten. Seine Auswahl treffe er inzwischen nur noch nach dem Kriterium, ob dabei auch politische Akteure und Handlungsmöglichkeiten gegen die bedrohlichen Aspekte der gegenwärtigen Globalisierungsprozesse zur Sprache kommen. Diese Reaktion ist nur zu verständlich. Gerade weil Globalisierung überwiegend als anhaltender und übermächtiger ökonomischer Prozeß gesehen – dies, was Ursachen und Machtverhältnisse angeht, mit einigem Recht – und folglich als „Sachzwang" zum kategorischen Imperativ zeitgemäßen Regierungshandelns erhoben wird, geht es darum, nach Alternativen und Akteuren zu suchen, die gegen diesen anonymen übermächtigen Prozeß blockierend und gestaltend wirken könnten. Die Verlegenheit ist groß. Solch unterschiedliche Phänomene wie die Zapatistas in Chiapas, die japanische Aum-Sekte oder die US-

Militias werden ins Spiel gebracht, wenn es um strikt anti-globale Bewegungen geht. Die politischen Hoffnungen konzentrieren sich jedoch auf Akteure, die auf die Globalisierungsprozesse aktiv gestaltend einwirken könnten. Dies wird weder von den klassischen Institutionen der internationalen Politik – von UNO, IWF, Weltbank oder der WTO – erwartet, noch ist die schaurige Hoffnung auf einen Weltstaat allzu verbreitet. Vielmehr sind transnationale soziale Bewegungen und – insgesamt – NGOs (Non Governmental Organizations – Nicht-Regierungsorganisationen) zu zentralen Hoffnungsträgern geworden. Im Gegensatz zu der nach dem Ende des Kalten Krieges verkündeten „Neuen Weltordnung" stehen sie für die Hoffnung auf eine „grassroots world order", deren Konturen allerdings mehr als undeutlich sind (Bruckmeier 1994). Trotzdem sind NGOs aus der internationalen Politik nicht mehr wegzudenken. Weit davon entfernt, gegenwärtig eine eigene „Weltordnung" begründen zu können, haben sie doch in einigen Politikfeldern (Menschenrechte, Frauenrechte, Ökologie, Frieden, Entwicklung) Nischen schaffen und besetzen können, die von staatlicher Politik und ihren internationalen Institutionen vernachlässigt bzw. freigegeben wurden. Und sie haben viele der internationalen Organisationen, besonders die der UNO, verändert und „nach unten" geöffnet, indem Vertreterinnen und Vertreter von NGOs Erfahrungen und Perspektiven einbringen, über die Repräsentanten von Regierungen weder verfügen noch verfügen wollen (vgl. den Beitrag von Ulrich Albrecht). Bei internationalen Konferenzen und Arbeitstagungen gibt es heute mehr als nur glattes diplomatisches Parkett. Immer häufiger werden auch die Kälte des Asphalts, die Härte der Pflastersteine und die Mühsal der Staubwege spürbar. Angesichts der Last der Welt stemmen sich die nach UN-Schätzungen ca. 50.000 NGOs gegen drohende ökologische, soziale und menschenrechtliche Katastrophen, heißt es emphatisch in einem Zeit-Dossier vom August 1995. „NGOs appear to be key actors in moving societies away from current trends in environmental degradation and toward sustainable economies" (Princen/Finger 1994, 11). Nicht zuletzt ihr pilzartiges Wachstum („mushrooming") in den letzten beiden Jahrzehnten erhebt die NGOs – in den Augen erstaunter und begeisterter BeobachterInnen – zu einer „neuen Internationale" (Fetscher 1995), die nicht nur Ideen zirkuliert, Konferenzen bevölkert und für spektakuläre Aktionen mobilisiert, sondern auch enorme Transfers organisiert. Von neun bis zehn Milliarden Dollar im Jahr ist die Rede, die z.B. rund 3.000 entwicklungspolitisch aktive NGOs des Nordens in jüngster Zeit sammelten, um sie zu einem erheblichen Teil dem Süden zur Verfügung zu stellen. Die internationale Anerkennung der NGOs spiegelt sich in ihrer Akkreditierung bei der UNO – 1.800 von ihnen, wenn auch mit eingeschränktem Rederecht – und in ihrer wachsenden Präsenz bei den zahlreichen Weltgipfeln der letzten Jahre. Auch der Formwandel der Beteiligung ist interessant. Die NGO-Treffen begannen meist als Gegengipfel – weitab vom offziellen Tagungsort –, avancierten in der Folge zum Begleit- und Parallelprogramm vor Ort, bis sie schließlich zum anerkannten Teil der Konferenzen wurden. Die Weltgipfelei selbst wiederum – allen voran die Umweltkonferenz in Rio 1992, wo mehr als 2.000 NGOs akkreditiert waren – löste einen wahren NGO-Boom aus, der heute noch in Form von frisch gegründeten lokalen Klimabündnissen in bundesdeutschen Städten spürbar ist. Nach Rio lockerte die UNO zudem erstmals ihre strikten Regeln für die NGO-Teilnahme an ihren Gremien und Unterorganisationen. Heute gibt es bereits einen engen Austausch zwischen der staatlichen bzw. internationalen Diplomatie und den NGO-VertreterInnen. Ein australischer Ex-Diplomat z.B., der seinen Regierungsjob zu langweilig fand, koordiniert gegenwärtig die Arbeit der Greenpeace-Lobbyisten. Häufiger sind jedoch Karrieren in die andere Richtung. „Immer mehr Fachleute des nichtstaatlichen Non-Profit-Sektors arbeiten direkt an UNO-Dokumenten mit und sind gefragte Teilzeitmitglieder im Konferenz-Jet-set staatlicher Delegationen." (Fetscher 1995, 126) Am meisten beeindruckt der Bedeutungsgewinn der NGOs in der Entwicklungspolitik, zumal er leichter zu quantifizieren ist. „Wurden 1974 gerade mal 1,5 Prozent der Entwicklungshilfe weltweit durch Nord-NGO-Kanäle geschleust, waren es 1988 schon 35 Prozent. 1993 belief sich der Beitrag von NGOs zur Entwicklungshilfe auf 8,3 Milliarden Dollar." (Fetscher 1995, 126) Die Grenzen des Wachstums scheinen für NGOs noch nicht erreicht, wenn die letzte Meldung stimmt. Wapner (1996, 2) spricht allein von 100.000 NGOs weltweit, die in der einen oder anderen Form mit Umweltproblemen beschäftigt sind.

Angesichts dieser Dynamik kann es nicht verwundern, daß in jüngster Zeit kaum ein kritisches linkes oder liberales Buch über globale Politik geschrieben wurde, in dem nicht ein entsprechendes Kapitel über NGOs (und transnationale soziale Bewegungen) zu finden wäre. Dominiert sonst der „Kältestrom" der nüchternen Analyse, dringt aus diesen Passagen zumeist ein anheimelnder „Wärmestrom" engagierter Erwartungen. Im Zentrum steht nicht selten ein längerer Abschnitt über Greenpeace und eine seiner spektakulären globalen Kampagnen. NGOs – vor allem solche mit einer transnationalen Mitgliedschaft wie Amnesty International oder Greenpeace International – werden dabei gelegentlich zu Vorboten einer kosmopolitischen Demokratie bzw. einer transnationalen Zivilgesellschaft stilisiert, die auf der Agenda einer neuen alternativen Weltordnung einen bedeutenden Platz einnehmen sollen (statt vieler: Archibugi/Held 1995). Jenseits der beeindruckenden Wachstumszahlen gibt es strukturelle Gründe und günstige Rahmenbedingungen für den Aufmerksamkeits- und möglicherweise auch Bedeutungsgewinn von NGOs. Sie sind vor allem auf sechs Ebenen zu finden (vgl. Rucht 1996):

(1) Die Zunahme grenzüberschreitender ökologischer, sozialer u.a. Problemstellungen und Wirtschaftsverflechtungen. NGOs sind zweifelsohne

„Kinder der Globalisierung", die mit diesem Prozeß mitzuhalten versuchen und aus der vagen Ahnung globaler Zusammenhänge konkrete Handlungsfelder erschließen wollen.

(2) Die offenkundigen Strukturschwächen der nationalstaatlich geprägten internationalen Organe gegenüber globalen Problemen. Das Politikversagen der Nationalstaaten (nicht nur) angesichts globaler Probleme durch ins Nichts führende Entscheidungsketten, wechselseitige Blockaden, Lösungen auf dem kleinsten gemeinsamen Nenner etc. hat bislang keine neuen, politisch verantwortlichen und gestaltungsfähigen Institutionen hervorgebracht.

(3) Die vielen Gesichter von NGOs, ihr multifunktionaler Charakter. Nicht nur NGOs selbst – ohnehin nur ein vager Sammelbegriff – sind sehr unterschiedlich, sondern auch ihr Selbstverständnis und ihre Praxis. Als Kritiker staatlicher Politik, häufiger Nicht-Politik, können sie Probleme anzeigen, gelegentlich stellen sie sich auch als Bündnispartner zur Verfügung, als Legitimationsbeschaffer werden sie für staatliche Programme eingespannt, oder sie steigen direkt als Helfer in die Umsetzung staatlicher Programme ein.

(4) Die Verfügbarkeit weltweiter Informations- und Kommunikationsnetze. Die sichtbarste Ebene der NGO-Vernetzung, große internationale Konferenzen, wirkt zwar eher archaisch, aber ohne e-mail und Internet wäre deren Vor- und Nachbereitung sowie die Stabilisierung von weltweiter Kooperation für meist ressourcenschwache Organisationen kaum möglich.

(5) Eine zunehmend professionelle Ressourcenmobilisierung (Spendenkampagnen etc.) sorgt für eine Verstetigung der NGO-Szene und macht sie unabhängiger von staatlichem Wohlwollen oder einzelnen „big spenders".

(6) Das Wechselspiel von positiver Medienresonanz und professioneller Medienarbeit. Nicht wenige der NGOs, besonders transnationale Bewegungsorganisationen, verstehen es, durch gezielte Aktionen und die Inszenierung von Ereignissen ihren Nachrichtenwert zu steigern – Greenpeace z.B. ist hierin besonders erfolgreich.

Es gibt also gute Gründe für die Vermutung, daß die Karriere der NGOs in der transnationalen Politik längst nicht vorüber ist, sondern möglicherweise erst in den Anfängen steckt. Dennoch wäre es leicht, solche Hofferei durch einen eingehenden Vergleich der Stärke, genauer der Schwäche der alternativen Akteure mit der geballten Übermacht der etablierten Organisationen – allen voran den TNKs (Transnationalen Konzernen) – zu blamieren. Die schnell auf dem Papier zusammengefügten oder bei Weltkonferenzen versammelten, äußerst unterschiedlichen und miteinander

nur eingeschränkt kooperierenden NGOs sind weit davon entfernt, machtvolle „global players" zu sein. In die Hoffnungsträger-Rolle sind sie eher aus Mangel an Alternativen geraten. Nichts an ihnen rechtfertigt heute jenen Schwung, mit dem noch die Arbeiterbewegung in der Mitte des vorigen Jahrhunderts angetreten ist („Die Internationale erkämpft das Menschenrecht"). Es handelt sich um ein äußerst heterogenes Ensemble – von der lokalen Bürgerinitiative bis zum Roten Kreuz oder boshafter: von den Kirchen bis zur Mafia –, das zunächst nur durch das gemeinsame „Nicht" verbunden ist. In ihren jeweiligen Hemisphären nehmen sie zudem sehr unterschiedliche Aufgaben wahr (Bruckmeier 1994). Auch das Nord/Süd-Gefälle der NGOs ist überdeutlich. „Während man sich im Süden oder Osten um Projekte in der eigenen Region bemüht, finden sich im Norden vor allem NGOs und NGO-Netzwerke, die sich um den Rest der Welt, mithin vor allem um den ärmeren Süden kümmern. ... Im Norden allein finden sich die Hauptquartiere der Öko-Globalisten wie Greenpeace, World Wide Fund for Nature oder Friends of the Earth sowie jene internationalen Menschenrechtsorganisationen wie Human Rights Watch, Oxfam und Amnesty, die meisten von ihnen in Amsterdam, London oder nahe dem europäischen UNO-Sitz in Genf, einige aber auch in Washington und New York" (Fetscher 1996, 39). Die Ursprünge der NGOs sind äußerst unterschiedlich. Teils reichen sie auf Wohltätigkeitsvereine (charities) und Naturschutzgruppierungen des vorigen Jahrhunderts zurück, zum größeren Teil sind sie erst durch die Proteste der 60er Jahre und die neuen sozialen Bewegungen entstanden. „Non-governmental" meint heute in der Regel jedoch nicht systemkritische Antistaatlichkeit, sondern das stillschweigende Akzeptieren einer begrenzten Rolle neben dem Staat, im „Dritten Sektor". Sie wollen weg von den Katzentischen an die veritablen Tische der Macht und dort nach Möglichkeit Auge in Auge mit den Regierungsvertretern für ihre Alternativen streiten. „Beiden Hauptsektoren der NGO-Arbeit, dem humanitären wie dem ökologischen Sektor, geht es um Reparaturen am System oder um karitative und grüne Ziele, und implizit eher um Konformismus als um Konfrontation." (Fetscher 1996, 40)

Im Sinne der UN-Definition gilt als internationale NGO „jede Organisation, die nicht durch zwischenstaatliche Übereinkunft errichtet wurde". Mit der NGO-Blüte ist zudem ein wahrlich bunter Strauß von Ablegern entstanden: „Auf den enger werdenden Spenden- und Medienaufmerksamkeitsmärkten konkurrieren mittlerweile Quasi-NGOs (QUANGOs – Ausgliederungen aus staatlichen Organisationen), GRINGOs (Government Run/Inspired NGOs), FFUNGOs (Foreign Funded NGOs) und GONGOs (Government Organized NGOs) mit den NGOs um Ressourcen und Einfluß." (Rohde/Klein 1996, 7) Ihre jeweiligen Adjektive, wie „ökologisch", „frauenspezifisch" oder – heute in jedem entwicklungspolitischen Dokument zu finden – „nachhaltig", sind häufig zu Etiketten geworden, die auf sehr unterschiedliche Dinge und vieles Altbekannte einfach aufgeklebt werden. Was für die Staaten„gemeinschaft" gilt, läßt sich längst auch für die NGOs sagen. Zwischen ihnen gibt es Konkurrenz, eine deutliche Hierarchie und ausgeprägte Abhängigkeitsstrukturen, allerdings von komplexerer und besonderer Art als unter Nationalstaaten. Ihr Bedeutungsgewinn dürfte nicht zuletzt einem neoliberal gestimmten Rückzug nationalstaatlicher und internationaler Politik aus zentralen Politikbereichen (Bildung, Gesundheit, Ernährung, Umwelt etc.) geschuldet sein. Die zurückgelassenen Wüsteneien dürfen nun von NGOs beackert werden. So kümmern sich z.B. heute in Bangladesh einige tausend NGOs um die Schulbildung, nachdem der „Staat" aus dieser klassischen Verpflichtung faktisch ausgestiegen ist. Gleichberechtigte Beziehungen gibt es zwischen Nord- und Süd-NGOs nicht. Die Geberorganisationen des Nordens steuern vielmehr in der Regel die Entscheidungsprozesse und üben paternalistische Kontrollfunktionen aus. Wie in der „großen Politik" steht auch die Demokratisierung der internationalen NGO-Beziehungen aus. Themen, Problemlagen, Kampagnen werden von den Nord-NGOs adoptiert – oder eben auch nicht. So mobilisierte Greenpeace gegen Shell, um die Versenkung der Brent Spar-Plattform in der Nordsee zu verhindern, während die große Greenpeace-Kampagne gegen Shell anläßlich der Hinrichtung von Ogoni-Oppositionellen in Nigeria ausblieb.

Eine macht- und realpolitisch gestimmte Analyse und Kritik der NGO-Arbeit in einzelnen Themenfeldern und Weltregionen oder auch der Rolle von NGOs in bestimmten politischen Konflikten möchte ich im folgenden nicht versuchen. In der Entwicklung der NGOs zeichnen sich einige Trends ab, die wir aus der Geschichte der neuen sozialen Bewegungen auf nationaler Ebene bereits kennen. Wo noch das Wachstum ohne Grenzen vor Augen steht, kündigen sich bereits Grenzen des Wachstums an. Themen, Ressourcen, mediale Aufmerksamkeit lassen sich auch für NGOs nicht ad infinitum erweitern. Mit ihrer thematischen Ausdifferenzierung entstehen zwangsläufig Kooperationsprobleme und Konfliktlinien zwischen einzelnen NGOs, die Konkurrenz um Förderschwerpunkte und -mittel nimmt zu. Der Charme des Frischen und Neuen, des Flexiblen und Offenen geht auch bei den NGOs mit wachsendem Erfolg durch Institutionalisierung und Professionalisierung flöten. Bürokratische Verkrustung lauert um die Ecke. Die Anerkennung durch die UNO und die Einbindung in nationalstaatliche Delegationen sind Erscheinungsformen von Kooptation und Entradikalisierung, die uns aus den Milieus der neuen sozialen Bewegungen nur zu bekannt sind. Den gegenwärtig so großen Erwartungen folgt fast zwangsläufig Ernüchterung und Enttäuschung auf den Fuß. Auch diesen Entwicklungen soll hier nicht nachgespürt werden. Vielmehr geht es mir darum, am Beispiel einer prominenten NGO, ihrer Organisation, ihrer Praxis und ihrer Erfolge Probleme transnationaler Politik „von unten" aufzuzeigen. Gerade weil Greenpeace so populär ist, liegt es nahe, ihr Erfolgsrezept darauf zu überprüfen, ob es nicht nur unternehmerisch erfolgreich ist, sondern auch demokratisch-menschenrechtlichen Ansprüchen genügt. Erst dann könnten wir in den populistischen NGO-Chor einstimmen: „Schafft eins, zwei, viele Greenpeace-Organisationen."

> *„Greenpeace ist Mitte der 90er Jahre die größte und erfolgreichste internationale Umweltschutzorganisation."*
> *Thilo Bode, seit 1995 Geschäftsführer von Greenpeace International.*

> *„Verglichen mit der Macht der Multis sind wir wie eine Fliege an einem 100 Meilen langen Strand."*
> *Greenpeace-Pionier David McTaggert*

II. Greenpeace – eine ganz besondere NGO

Es ist sicherlich kein Zufall, daß der jüngste Jahresbericht von Greenpeace im Wirtschaftsteil überregionaler Zeitungen abgedruckt war. Die Umsätze sind stattlich, die Erfolgsbilanz der seit 25 Jahren bestehenden Organisation kann sich sehen lassen. Das Unternehmen Greenpeace konnte seine angegriffene finanzielle Basis konsolidieren, heißt es, eine im letzten Jahr veränderte Organisationsstruktur sorge für mehr Effizienz. „Nach den vorläufigen von der Wirtschaftsprüfungsgesellschaft KPMG geprüften Zahlen für 1995 sind die Einnahmen der Greenpeace-Büros auf der ganzen Welt um sieben Prozent auf 153 Millionen Dollar gewachsen. Damit ist freilich der bisherige Höchststand von 180 Millionen Dollar Anfang der neunziger Jahre noch nicht wieder erreicht worden, zudem hat die Zahl der Spender leicht auf knapp drei Millionen abgenommen. … Die Ertragsrechnung von Greenpeace International weist ein auf 556.000 (1994: 2,2 Millionen) Dollar verringertes Defizit aus. Dank der eingeleiteten Sparmaßnahmen will Bode (der Konzernchef – RR) in diesem Jahr Greenpeace International wieder in die Gewinnzone bringen." (Frankfurter Allgemeine Zeitung vom 2. August 1996, S. 15) Daß auch Greenpeace mit „geschönten" Geschäftsberichten arbeitet, zumindest alles allzu Problematische wegläßt, um am Image zu polieren, konnte vierzehn Tage später in der „Woche" nachgelesen werden. „Greenpeace in der Krise. Enttäuschte Helfer, sinkende Spenden, Führungsstreit und kein Konzept für die Zukunft – 25 Jahre nach seiner Gründung steht der Öko-Konzern auf der Kippe", titelte das Blatt und konnte seine Aussage immerhin mit einem Artikel von Wolfgang Sachs belegen, Sprecher des Aufsichtsrats von Greenpeace Deutschland. Die Krise gilt vor allem für die internationale Ebene. So halbierte sich in den USA in den letzten sechs Jahren das Spendenaufkommen. Die Zahl der Spender sank auf ein Viertel. Der Brent Spar-Erfolg des Jahres 1995 hat in diesem Abwärtstrend möglicherweise nur eine Verschnaufpause gebracht.

Das „Markenprodukt" des Unternehmens ist professioneller Protest, vorgebracht in Form von friedlichen, oft spektakulären und nicht selten konfrontativen Kampagnen. Wenn sie so erfolgreich sind wie die Protestkampagne gegen die Versenkung der Öllager-Plattform „Brent Spar" und so honorig wie die Aktionen gegen Frankreichs Atomtests im Pazifik, dann steigt nicht nur das Ansehen, sondern auch das Spendenaufkommen. Investitionsschwerpunkte der nächsten Zeit sind daher verbesserte Schiffe und avancierte Kommunikationstechnik. Was nützt schon die spektakulärste Aktion, wenn sie nicht entsprechend aufbereitet in die Medien kommt. Greenpeace-Aktionen finden zwar weltweit – von der Antarktis bis zur Südsee, von Mexico City bis Nowaja Semlja – statt, aber seine Einnahmen erzielt das Unternehmen zu mehr als zwei Dritteln in fünf Ländern: in der Bundesrepublik (49 Millionen im letzten Jahr, d.h. ein knappes Drittel – 1994 waren es sogar 71 Millionen), in den USA (21 Mio.), in Holland (16 Mio.), in Großbritannien (12 Mio.) und in der Schweiz (10 Mio.). Die internationale Praxis von Greenpeace „lebt" also vorrangig vom Umweltbewußtsein bzw. schlechten Gewissen in einigen reichen Industrieländern. Greenpeace Deutschland hat dabei das höchste Spendenaufkommen, trägt die Hälfte des Budgets von Greenpeace International und finanziert einen großen Teil der internationalen Kampagnenarbeit – vor allem in Lateinamerika. In welchem Maße Spendensammeln zur zentralen Aufgabe von Greenpeace geworden ist, verdeutlichen die Ausgaben des Unternehmens im letzten Jahr: 59 Millionen Dollar wurden für das Spendensammeln aufgewandt, 27 Mio. kostete die Verwaltung und 11 Mio. die Öffentlichkeitsarbeit. In der Bundesrepublik sieht die Kostenstruktur allerdings aktionsfreundlicher aus – immerhin zwei Drittel der Ausgaben flossen in die nationale und internationale Kampagnenarbeit (Greenpeace 1996, 248).

Wie sehr Greenpeace zum Markenartikler geworden ist, zeigt der Medienerfolg. „Die Regenbogenpresse ehrt die Regenbogenkrieger. Mitte Februar 1996 wird Greenpeace auf einer Gala der Springer-Zeitschrift ‚Hörzu' in Berlin mit der ‚Goldenen Kamera' bedacht. Das ZDF dokumentiert, wie im Festsaal eine internationale Umweltorganisation die aktuelle Fernseh-Ente ihrer Popularität einfährt." (Fetscher 1996, 37) Greenpeace-Aktionen haben damit den Status von Hollywood-Attraktionen erreicht. Ob nun den optimistisch gestimmten Geschäftsberichten und „Gala"-Präsentationen mehr Realität zukommt als den Krisendiagnosen kritischer Wegbegleiter, braucht in unserem Zusammenhang nicht zu interessieren. Wichtiger für die Frage nach dem politisch-menschenrechtlichen Profil ist die Selbstverständnis-Diskussion, die innerhalb und außerhalb von Greenpeace in Gang gekommen ist. Zum 25jährigen Bestehen von Greenpeace International und zum 15jährigen Bestehen von Greenpeace Deutschland hat die Organisation eine – in Maßen – selbstkritische Bestandsaufnahme vorgelegt, in der sie einen Blick hinter die Kulissen verspricht: Das Greenpeace-Buch. Auf dessen Beiträge beziehen sich die nachfolgenden Aussagen im wesentlichen. Greenpeace reagierte damit auf das seit der Brent Spar-Kampagne stark angewachsene Diskussionsinteresse über die Erfolgsaussichten und die Legitimation des Unternehmens insgesamt (vgl. eine entsprechende Serie in der FAZ und den Beitrag von Klein 1996). Es vertraut nicht mehr ausschließlich auf die Sprache der eigenen Aktionen, sondern beteiligt sich heute intensiv an den Deutungen und kritischen Reflexionen der eigenen Praxis. Dies ist auch eine Reaktion auf die negative Presse des Jahres 1992, als Greenpeace-Interna in den Medien ausgebreitet wurden, die geeignet waren, den Mythos einer effizienten, erfolgsorientierten etc. Organisation zu untergraben. Seither präsentiert sich Greenpeace offener und selbstkritischer.

„Besser als der Pessimismus der Gedanken ist der Optimismus der Tat."
Greenpeace-Motto aus der Gründerzeit

III. Zum Selbstverständnis von Greenpeace und seinen Wandlungen

Die Anfänge von Greenpeace führen zurück in das Vancouver der ausgehenden sechziger Jahre. Ein buntes Völkchen aus Vietnamkriegsgegnern, jungen US-Bürgern, die auf diese Weise den Kriegsdienst verweigerten, Hippies, Öko-Freaks und Naturschützern protestierte gegen geplante US-Atombombenversuche „vor der Haustür" auf den Aleuten. Immerhin bestand noch die akute Drohung eines Atombomben-Einsatzes in Vietnam. Vor Ort wurde eine große Flutwelle befürchtet – ein lokales „Don't make a wave"-Komitee wurde gegründet. Die Fahrt eines Schiffes in das Testgebiet sollte die Atomtests verhindern. Es erreichte zwar nicht sein Ziel, aber nach einem Test stellte die US-Regierung ihr Aleuten-Programm ein. Namen und Symbole von Greenpeace stammen aus dieser Phase, die stark von Spiritualität und Mystizismus geprägt war. Dies gilt für die Vorliebe für Regenbogen und das Bild des „rainbow warriors", das einem Indianermythos entnommen wurde, in dem die Welt durch weiße und indianische Regenbogenkrieger vor dem ökologischen Untergang gerettet wird. Dies gilt auch für ein romantisches Naturverhältnis, z.B. die Faszination, die von den Walgesängen ausging. Der Kampf gegen den kommerziellen Walfang wurde nicht von ungefähr zum nächsten Aktionsziel. Ohne Übertreibung läßt sich die Gründung von Greenpeace als anti-intellektuelles, zunächst von Hippie-Mystik geprägtes Unternehmen verstehen (s. das Gespräch mit zwei Greenpeace-Gründern in „Die Woche" vom 15. August 1996, S. 22f). Im Jahre 1971 entstanden, wollte und will die Organisation durch Aktionen – und eben nicht durch Debatten, Reflexionen etc. – wirken. Ihr populäres, aber auch denunziatorisches Motto

lautet: „Taten statt Warten". Sinn und Erfolg ihrer Aktionen sollten und sollen offensichtlich sein, d.h. keiner langwierigen Erläuterungen, keiner „Philosophie" oder Einbettung in größere Veränderungsprojekte bedürfen. In diesem Sinne war Greenpeace eine „Antwort" auf die „kopflastigen" Revolten der sechziger Jahre.

Es ist sicherlich kein Zufall, daß heute kein Hippie-Aktivist, sondern ein „cleverer Geschäftsmann und Unternehmer", der sich erst Mitte der siebziger Jahre nach Flügelkämpfen zwischen einer „Graswurzel-" und einer „Geschäftsführer-Fraktion" durchsetzen konnte, als zentrale Figur der Gründungsphase präsentiert wird (Bode 1996, 256). Es gehört zu den Grundmustern der Institutionenbildung, daß sie ihre schillernden und alternativenreichen Anfänge verwischen, um das, was aus ihnen geworden ist (ein Unternehmen und keine Graswurzelgruppe), zu befestigen. In der Bundesrepublik fällt der Aufstieg von Greenpeace mit dem Niedergang der K-Gruppen und ihren gesamtgesellschaftlichen Veränderungsprojekten zusammen. Den internationalen Durchbruch und entscheidenden Wachstumsschub hat Greenpeace – ironischerweise – der Attacke des französischen Geheimdienstes auf die „Rainbow Warrior" im Jahre 1985 zu verdanken, bei dem das Schiff im Hafen von Auckland versenkt und ein an Bord befindlicher Fotograf getötet wurde. In der Folge entstanden in allen Teilen des Nordens nationale Greenpeace-Büros. Bis zum Ende der 80er Jahre konzentrierte sich Greenpeace ökologisch rigoros auf punktuelle Ziele im Umweltbereich (Verklappung von Dünnsäure, Ausrottung der Wale, Jagd auf Robbenbabies, Atomtests etc.) nach dem Motto: „Wir kämpfen für eine Welt, in der wir leben können." Im Zentrum stand die Verhinderung oder Beseitigung eines konkreten Übels. Größere gesellschaftliche Zusammenhänge, soziale Folgen der Aktionen etc. wurden nicht zum Thema. Statt dessen begnügte man sich mit einem punktuellen, populären und politisch nicht eindeutig zu verortenden moral-unternehmerischen Vokabular, wie „Auswüchse", „Profitgier" und „Umweltschweine". Zeitgemäße Pranger wurden errichtet und Katastrophenszenarios an die Wand gepinselt. Moralischer Imperativ der Kampagnen, der im Selbstverständnis von Greenpeace keine sozialen Rücksichtnahmen erforderte, war die umweltverträgliche Nutzung der natürlichen Ressourcen, mehr noch „Frieden mit der Natur". Greenpeace steht damit für eine spezifische Variante des „ökologischen Wilhelminismus" (Wolf-Dieter Narr) nach dem Motto: „Ich kenne keine sozialen etc. Probleme mehr, sondern nur noch ökologische." Der Rückgriff auf eine politisch scheinbar indifferente Naturschutztradition und moderne Varianten der Naturmystik dominierten noch immer: „Es ist heute in der Organisation akzeptiert, daß der Erhalt der biologischen Artenvielfalt deshalb oberste Priorität hat, weil die Dynamik des Evolutionsprozesses nicht irreversibel durch menschliche Eingriffe gestört werden darf." (Bode 1996, 258) Der Rekurs auf Natur und den

Erhalt der natürlichen Lebensgrundlagen als kleinster gemeinsamer Nenner begründet bis heute die spezifische „ideologische Offenheit" von Greenpeace. Zur Popularität von Greenpeace hat sicherlich beigetragen, daß sie in ihrem Einsatz für die natürlichen Lebensgrundlagen weder radikal gesellschaftskritisch noch technologiefeindlich auftritt, sondern sich für technologische Alternativen stark macht (2,5-Liter-Auto-Kampagne 1993) und sich für unterschiedlichste Bündniskonstellationen mit Gewerkschaften, Unternehmen, Kirchen und politischen Parteien offenhält.

Seit dem Ende der 80er Jahre orientiert sich Greenpeace stärker reformpolitisch. „Die Öffentlichkeit war mit Katastrophenszenarios übersättigt und suchte nach Auswegen aus dem Umweltdilemma." (Bode 1996, 13) Diese Neuorientierung bzw. Ergänzung ist auch Ergebnis eines 1991 öffentlich im „Greenpeace Magazin" geführten Streits zwischen jenen, die weiterhin auf Konfrontation setzten, und jenen, die nach positiven „Lösungen" suchten. Das im Brundtland-Report (1987) entwickelte Modell der „nachhaltigen Entwicklung" und ein entsprechender „ökologischer Umbau der Gesellschaft" sind auch für Greenpeace zu – freilich vagen – Orientierungsmarken geworden. „Es ist offensichtlich, daß eine derartige Perspektive, wie auch immer die Kriterien im einzelnen aussehen, eine tiefgreifende Änderung der Produktions-, Konsumtions- und Lebensweise der Industrienationen und der Entwicklungspfade der noch nicht industrialisierten Länder erfordert." (Bode 1996, 14) Diese Neuorientierung hatte auch Einfluß auf die Kampagnenpolitik, die sich nicht mehr auf Boykott, Widerspruch und Widerstand beschränkt, sondern auch für positive Lösungen und machbare Optionen werben soll (wie z.B. in der Greenfreeze-Kampagne für FCKW-freie Kühlschränke, mit clean production-Kriterien für die chemische Industrie, Vorschlägen für eine nachhaltige Fischerei, dem Konzept für eine ökologische Steuerreform in Deutschland). Gleichzeitig können diese Kampagnen für positive Lösungen konfrontative Elemente enthalten. „Greenpeace kann technologische Lösungen nicht selbst ins Werk setzen, sie aber unterstützen und kritisch begleiten, indem Kriterien für eine umweltverträgliche Produktion eingefordert werden." (Krüger 1996, 205f) Mit der reformpolitischen Erweiterung des Aktionsspektrums gewannen notwendig soziale und politische Fragen an Gewicht, etwa wenn es um die sozialen Folgen einer ökologischen Steuerreform geht. Bislang ist Greenpeace allerdings seiner Tradition gesellschaftspolitischer Neutralität – etwa durch ein verteilungsneutrales Ökosteuer-Modell – treu geblieben. Dennoch wird mit dem reformpolitischen Engagement die beanspruchte parteipolitische Neutralität, eines der Erfolgsgeheimnisse von Greenpeace, schwieriger – in Ländern wie Brasilien wird z.B. das Greenpeace-Engagement für den Erhalt des Regenwalds ohnehin auf der politischen Linken verortet. Populistische Distanz zur Parteipolitik bleibt jedoch hierzulande die bislang erfolgreiche Maxime. Bei einer Emnid-Umfrage vom September 1995, „Würden Sie Greenpeace wählen, wenn Greenpeace eine Partei wäre?", antworteten immerhin 20 % der CDU/CSU-Anhänger mit ja, bei den SPD-Anhängern waren es 31 %, bei der FDP 35 %, bei den Grünen 44 %, bei der PDS 34 % und bei den „Republikanern" sogar 55 % (Spiegel Special 11/1995, 8). Aktionen und Kampagnen von Greenpeace sind also nicht nur populär, sondern auch populistisch. Sie sind so angelegt, daß sie auf breite gesellschaftliche Zustimmung stoßen können. „Frieden mit der Natur" erlaubt offensichtlich unterschiedlichste politische Deutungen.

In ökonomischer Hinsicht stellt Greenpeace vorsichtshalber eher Fragen als in Frage. Eine öko-effiziente Marktwirtschaft reicht zwar weder für die angestrebte Umstellung auf Nachhaltigkeit noch für die Reduzierung des Nord/Süd-Wohlstandsgefälles, aber Greenpeace diskutiert keine weiterreichenden Alternativen zum Bestehenden. Es bleibt bei der Frage, „wie können marktwirtschaftliche Mechanismen, die zum effizienten Einsatz von Ressourcen führen, mit Instrumenten gesteuert werden, die sowohl ein unbegrenztes Wachstum des Stoffdurchsatzes verhindern als auch dazu führen, daß es zu einer gerechteren Verteilung der Ressourcen zwischen Nord und Süd kommt" (Bode 1996, 17). Die Gewichtung der reformorientierten Greenpeace-Kampagnen fällt entsprechend moderat aus. Sie sollen „im besten Fall als dynamische Teilelemente der langfristigen Umwandlung gesamtwirtschaftlicher Sektoren wirken" (Bode 1996, 17). Die Sparmobilkampagne (2,5-Liter-Auto) und die Waldkampagne (nachhaltige Nutzungskonzepte) sind Beispiele für eine solche Politik. Trotz aller Erweiterungen will sich Greenpeace auch weiterhin als eine parteipolitisch unabhängige Organisation von Umweltexperten präsentieren. Aber die Organisation mußte – wider Willen – ihr politisches Mandat erweitern, weil ökologische Vollzugsdefizite und verkrustete politische Strukturen ihr zusätzlich die Aufgabe zuspielten, „gesellschaftlich durchführbare Lösungsstrategien zu entwickeln" (Greenpeace 1996, 25). Gleichwohl ist die Greenpeace-Organisationskultur noch immer stark aktivistisch geprägt: „Waschechte Greenpeacer manifestieren sich möglichst ausschließlich durch die Tat." (Krüger 1996, 226)

Ihre konfrontative Praxis, durch die sie berühmt geworden ist, rechtfertigt Greenpeace heute mit systematischen Grundrechtsverletzungen durch ökologische Bedrohungen. Je nach rechtlicher Situation geht es um effektiven Rechtsschutz oder um die Weiterentwicklung des Umweltvölkerrechts. „Hochrangige Umweltgüter werden durch die Umsetzung bereits vorhandener Schutzrechte und deren Weiterentwicklung verteidigt; falls ein effektiver Rechtsschutz nicht zur Verfügung steht, ist es zulässig, zur Nothilfe zu greifen und zur direkten Aktion überzugehen." (Günther 1996, 67) Besonders für ökologische Risiken besteht eine rechtliche Schieflage, die direkte Aktionen und zivilen Ungehorsam unabdingbar machen: „Der gerichtliche Rechtsschutz – und damit auch die Rechtmäßigkeitskontrolle der Verwaltung und die Durchsetzung rechtlicher Pflichten – ist fast ausschließlich an eigennützige Interessen, an subjektive, öffentliche Rechte, nicht aber an das Gemeinwohl gekoppelt. Jeder Bürger kann sein Privateigentum und seine egoistischen Interessen vor Gericht verteidigen. Rechtswidrige, vom Staat geduldete Eingriffe in Umwelt- und Naturgüter hingegen können in der Regel vor Gericht nicht mit Erfolg verhindert werden." (Günther 1996, 75f) Solange es keinen internationalen Gerichtshof für Umwelt- und Menschenrechte, keine Verbandsklage und Klagemöglichkeiten für gefährdete oder verletzte Einzelpersonen und keine effektiven Sanktionen zur Rechtsdurchsetzung gegenüber Staaten, Unternehmen und Einzelpersonen gibt, sei der „kleine Widerstand", den Greenpeace praktiziert, unabdingbar, um das Umweltrecht weiterzuentwickeln.

Von Anbeginn hatten die Kampagnen von Greenpeace eine friedenspolitische Komponente – wie z.B. die bereits erwähnten Protestfahrten gegen amerikanische Atomtests auf der Aleuten-Insel Amchitka (Alaska). Eine atomfreie Zukunft war das Ziel, wobei der enge Zusammenhang von „friedlicher" und militärischer Nutzung der Kernenergie betont wurde. Greenpeace tat sich allerdings immer dann mit seinem friedenspolitischen Engagement schwer, wenn in einem Konflikt nicht die umweltpolitische Dimension überwog. Politische Lähmung überkam Greenpeace z.B. angesichts des zweiten Golfkriegs. Die national unterschiedlichen Reaktionen reichten von der Ablehnung dieses Krieges bis zur immanenten militärpolitischen Debatte (in den USA). Die deutschen Anti-Golfkriegs-Proteste verliefen daher weitgehend ohne Greenpeace-Beteiligung. „Verunsichert durch den organisationsinternen internationalen Wirrwarr hatte die Zentrale in Hamburg den Handlungsspielraum für die Gruppen extrem beschnitten. So führte die Organisation ihre erste öffentlich weithin sichtbare Aktivität überhaupt erst nach dem Ende des Krieges durch." (Schultz-Jagow 1996, 30) – eine Forschungsreise zur Dokumentation der Umweltschäden duch die gesprengten Ölquellen. „Eine lange und eher verschämt geführte Debatte nach dem Golfkrieg und während des Balkankrieges hat bislang nur halbherzige Versuche gebracht, die grundsätzliche Selbstbeschränkung in der Friedensarbeit zu problematisieren und aufzulösen. Weite Teile der internationalen Organisation sind an einer offenen Diskussion nicht interessiert." (Schultz-Jagow 1996, 31) Greenpeace hat sich zwar in einem internen Papier pazifistisch verortet (gegen Krieg als politisches Mittel, für die vollständige Abrüstung und die Eliminierung von Rüstungshaushalten), aber in ihren Kampagnen stellte sie faktisch das naturzerstörende Potential militärischer Gewalt in den Vordergrund. Gewaltfreiheit ist zwar eine zentrale Maxime in den Aktionsformen von Greenpeace, aber die übrigen gesellschaftskritischen Dimensionen dieser Orientierung werden vernachlässigt. Im Aufgreifen friedenspolitischer Themen präventiver und konfliktvermittelnder Art wird daher auch intern eine Zukunftschance für Greenpeace gesehen (Schultz-Jagow 1996, 34ff).

Auch das demokratische Element der Greenpeace-Arbeit soll – so die Reformdebatte – deutlicher gemacht werden. Die Offenlegung von Informationen (z.B. Daten über Schadstoffeinleitungen) und die Ermutigung zu gewaltfreiem bürgerlichem Ungehorsam, mit dem gezeigt wird, wie sich Schwächere gegen Stärkere wehren können, sind zwei Demokratie fördernde Aktivposten. Hinzu kommen die Beiträge zur Weiterentwicklung des Umweltrechts (Verbandsklage, Umweltinformationsrecht). Allerdings wird an eine Demokratisierung der eigenen Verbandsstrukturen von seiten des jetzigen Vorsitzenden nicht gedacht: „Greenpeace ist als Organisation nicht demokratisch strukturiert, ihre Arbeitsweise aber ist praktizierte Demokratie." (Bode 1996, 18) Auch an der Kampagnenorientierung wird letztlich nicht gerüttelt. „Greenpeace wird den ökosozialen Umbau der Gesellschaft nicht durch trockene Modelle, sondern nur durch Kampagnen vorantreiben können, die auf eine spielerische und konfrontative Art effektive Änderungen bewirken." (Bode 1996, 19) Gegen den erwartbaren Widerstand wird man auch weiterhin mit Mitteln moralischer Kreuzzüge vorgehen: „Identifikation und Benennung von Personen und Gruppen, die die notwendigen Änderungen verhindern, sowie die Offenlegung ihrer Motive."(Bode 1996, 19)

KritikerInnen sehen in Greenpeace heute „eine populäre, systemkittende Ersatzreligion für alle Schichten der Bevölkerung" (Fetscher 1996, 41). Dies wurde durch den radikalen Verzicht auf direkte politische Aussagen möglich. Statt dessen wird „Natur" zur Berufungsinstanz, die in einem einfachen Wir/Ihr-Schema zur Projektionsfläche wird, die zusätzlich mit Indianern, Walen, Robben bevölkert ist. Lediglich die mystischen Cree-Weissagungen werden heute zunehmend durch eine moderne Unternehmensphilosophie und marktgängige Alternativen abgelöst.

„Greenpeace hat sich immer von allen anderen Verbänden
dadurch unterschieden, daß sie zwar kein Unternehmen im
klassischen Sinne ist, aber wie ein Unternehmen arbeitet
und sich wie ein Unternehmen strukturiert hat. "
Thilo Bode (Geschäftsführer von Greenpeace International)

IV. Zur Organisationsstruktur eines Öko-Unternehmens

Die Anfangsjahre von 1971 bis 1978 kannten keine klare Organisationsstruktur. Es begann mit kleinen Büros in Vancouver und San Francisco, ab 1977 auch in London und Paris. Die Arbeitsweise war geprägt von persönlichen Kontakten, einzelnen Persönlichkeiten, dynamischen Kampagnen und Erfolgen, die man sich selbst zuschreiben konnte und wollte (oberirdische Atombombenversuche der USA und Frankreichs wurden eingestellt, Protest gegen Walfang, Kampagne zum Schutz von Robben). Erst 1979 wurde in den Niederlanden die gemeinnützige Stiftung Greenpeace International unter dem Namen „Stichting Greenpeace Council" mit folgender – bis heute gültigen – Organisationsstruktur gegründet: „Die jährliche Generalversammlung, in der jedes Land mit einer beauftragten Person repräsentiert ist, beschließt die langfristige strategische Planung, die Kampagnen für das folgende Jahr, den Aufbau neuer Büros sowie die Verteilung der Finanzen und wählt den internationalen Vorstand." (Behrens 1996, 85) Allerdings sind nur 10 der Ländervertreter stimmberechtigt. Sechs Vorstandsmitglieder wählen eine siebte Person als Vorstandsvorsitzenden, sie bestellen den internationalen Geschäftsführer, der für die Umsetzung der Versammlungs- und Vorstandsbeschlüsse zuständig ist. „Die Länderbüros sind rechtlich selbständige Organisationen, überwiegend – je nach der nationalen Rechtslage – gemeinnützige Vereine oder Stiftungen. Mit Greenpeace International sind sie durch einen Lizenzvertrag verbunden, der sie bei Erfüllung einer Reihe von Anforderungen berechtigt, den Namen Greenpeace zu führen." (Behrens 1996, 85) Der sozialwissenschaftliche Blick von außen bietet eine kritischere Organisationsbeschreibung: „Greenpeace ist strikt zentralistisch aufgebaut und hat einen umfangreichen und autoritär geführten Apparat. Die Entscheidungsgewalt liegt bei wenigen Personen. Diese bestimmen, wer Greenpeace angehören darf, wie die reichlich fließenden Gelder ausgegeben oder angelegt werden, wer eingestellt und wer entlassen wird, welche Themen aufgegriffen und welche ignoriert werden, wann und wie die Kampagnen durchgeführt werden. Die Verbindung zwischen Zentrale und lokalen Gruppen ist durch ausgefeilte Verträge geregelt." (Rucht 1992, 297)

Zusammenhalt gibt dieser Organisation, die sich einmal als „lose Föderation", ein andermal als straff geführtes Unternehmen präsentiert, nicht nur das Firmenlogo, sondern eine Anzahl gemeinsamer Handlungsmaximen. Greenpeace agiert danach

– nternational, weil grundlegende Umweltprobleme nicht national zu lösen sind,

– gewaltfrei, aber durchaus konfrontativ,

– politisch und finanziell unabhängig, strikt überparteilich,

– nach dem Quäker-Prinzip „bearing witness", d.h. öffentlich Zeugnis über Umweltfrevel abzulegen,

– konzentriert an strategisch ausgewählten Schwerpunkten der Umweltkrise, um möglichst effektiv zu sein.

Gegenwärtig (1996) hat Greenpeace fast 1.000 Hauptamtliche, rund 3 Millionen Spender und 44 Büros in 32 Ländern, wobei die US-amerikanisch-westeuropäische Dominanz offensichtlich ist. Dagegen sind in Afrika, Lateinamerika, Osteuropa und Asien Greenpeace-Büros nicht oder nur spärlich vertreten. Nationale Traditionen (ziviler Ungehorsam, Spendenbereitschaft) spielen bei der geographischen Verbreitung eine große Rolle. Kulturelle Differenzen und ein starkes ökonomisches Gefälle prägen die Konfliktlinien bei Greenpeace International. Einige Büros sind völlig von der internationalen Organisation abhängig, andere verfügen über eigene Millionenetats. „Greenpeace hat dieses Problem so gelöst, daß sich die Generalversammlung jährlich im Konsens auf die finanziellen Beiträge der ‚reichen‘ Büros für die internationale Kampagnenarbeit und das Gesamtbudget sowie die Verteilung vorhandener Gelder einigt – in einem harten mehrtägigen Ringen der Vertretungen aller nationalen Büros." (Behrens 1996, 89) An offensiven, international operierenden Unternehmen möchte sich Greenpeace orientieren, um seine Spitzenstellung zu bewahren und nicht zu einer internationalen Organisation zu werden, „in der Abstimmungskoalitionen, Besitzdenken und politische Intrigen die Strategie bestimmen" (Bode 1996, 264). Zum professionellen und unternehmerischen Profil von Greenpeace passen auch ein Publikumsmagazin, ein ökologischer Versandhandel und ein Lobbybüro in Bonn.

Handlungsfelder, Konfliktstrategien und Organisationsmodell sind bei Greenpeace – so der Anspruch – genau aufeinander abgestimmt. Im Unterschied zu Bürgerinitiativen mit lokalen Protestzielen widmet sich Greenpeace jenen internationalen Umweltproblemen, für die Bürgerinitiativen kaum mobilisieren können. „Bürgerinitiativen haben dagegen ihre Stärken vor Ort – durch ihre persönlichen Kenntnisse der Lokalpolitik, der Geschichte und durch ihre Verankerung in der lokalen Bevölkerung. Wann immer es z.B. um eine lokale Mülldeponie geht, ist Greenpeace als Akteur relativ schlecht geeignet. Als ortsfremde Organisation müßte sie sich mühsam in die Materie einarbeiten und würde wohl trotzdem nicht den richtigen Ton treffen." (Wallmeyer 1996, 99) Greenpeace legt sich mit mächtigen Gegnern in gewagten Konfrontationsstrategien an, beide Dimensionen brauchen professionelle Arbeit. Schließlich bietet Greenpeace jenen eine Form des Engagements, deren aktuelle Lebensumstände keine direkte Beteiligung zulassen, von der z.B. die Arbeit von Bürgerinitiativen lebt. Gemessen an den Abstimmungs- und Beteiligungsnormen von Bürgerinitiativen ist der undemokratische Charakter von Greenpeace selbst in den eigenen Reihen unbestritten, wird aber durch den spezifischen Ort des Handelns, die Themen und Aktionsformen legitimiert.

Zentrale Produktionsvoraussetzung von Greenpeace ist heute ihre erfolgreiche Spendeneinwerbung, ohne die weder die z.T. kostspieligen Aktionen noch die dauerhafte professionelle Organisation in nationalen Büros und der internationalen Zentrale möglich wären. Geschichte und Profil der nationalen Greenpeace-Organisationen sind unterschiedlich.

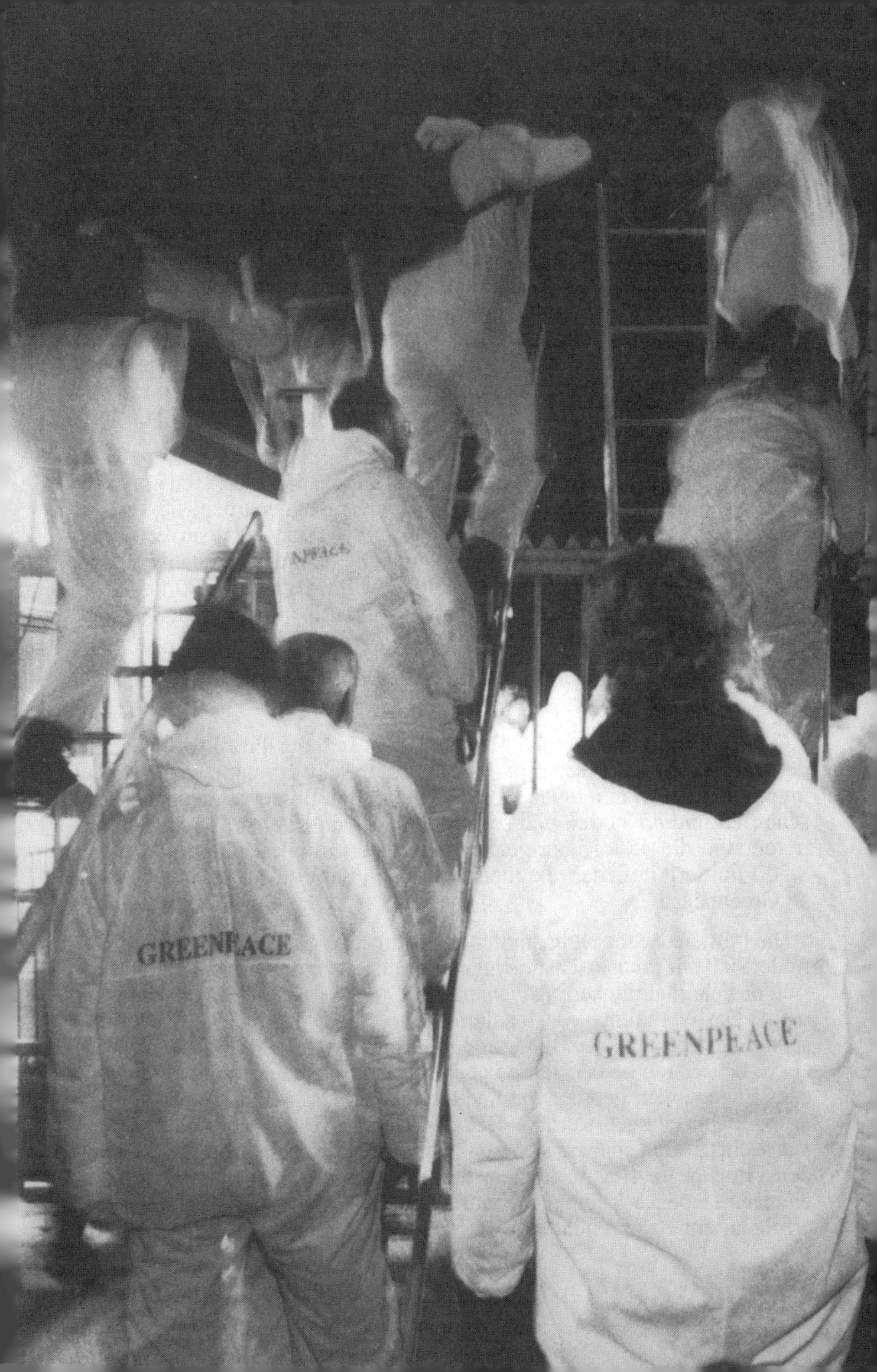
GREENPEACE
GREENPEACE

Bezogen auf die bundesdeutsche Entwicklung wird das Fundraising von Greenpeace als Zufallsfund dargestellt, als unerwarteter Begleiteffekt der Schornstein-Besetzung von Boehringer (Hamburg), der ersten spektakulären Aktion in der Bundesrepublik im Jahre 1981. Zustimmenden Briefen waren Schecks beigefügt. „Die Greenpeace-Aktivisten reagierten zunächst irritiert. Politischer Protest und nicht Fundraising war der Zweck der Boehringer-Aktion gewesen. Ihrem Selbstverständnis nach war Greenpeace bis zu diesem Zeitpunkt eine Art Bürgerinitiative. Die Mitglieder arbeiteten ohne Lohn und in ihrer Freizeit für die Organisation und ihre Ziele. Kosten wurden durch den Verkauf von Broschüren, Sweatshirts und Aufklebern sowie durch Eigenmittel der Greenpeacer beglichen." (Wallmeyer 1996, 93) Der Zufallsfund führte zu einem Wandel im Organisationsverständnis. Greenpeace Deutschland funktioniert seither durch das Zusammenspiel von drei Ebenen:

(1) Hauptberuflich für Greenpeace Tätige (Juni 1995: 138, davon 54 für Presse- und Öffentlichkeitsarbeit, 52 für Kampagnenarbeit, 32 für Verwaltung) – der Altersschnitt liegt bei 40 Jahren, das Gehaltsniveau orientiert sich am offiziellen Arbeitsmarkt, nicht an dem der alternativen Szene (stellenbezogenes zehnstufiges Gehaltsmodell zwischen 3.200 und 7.600 DM brutto plus Zuschläge für Leitungsfunktionen), die „Kampaigner" sind überwiegend Männer (18:2),

(2) in ihrer Freizeit aktive Mitglieder von Greenpeace-Gruppen (ca. 2.000),

(3) Fördermitglieder (ca. 500.000). Deren soziales Profil ist hochgebildet und nahezu geschlechterparitätisch. Altersschwerpunkte liegen bei den jungen Leuten (Studierende, SchülerInnen), den Besserverdienenden zwischen 25 und 45 Jahren und schließlich bei den Rentnern. Schwach vertreten sind die 45 - 55jährigen. In den neuen Bundesländern gibt es nur 8.500 Fördermitglieder, die meisten stießen unmittelbar nach der Wende zu Greenpeace.

Die mittlere Ebene ehrenamtlicher Greenpeace-Gruppen (90 in der BRD) findet sich nur im deutschsprachigen Bereich, in anderen Ländern reduziert sich das ehrenamtliche Engagement für Greenpeace auf das Spendensammeln. Das Verhältnis von lokalen Gruppen und Zentrale ist traditionell spannungsreich. In der Bundesrepublik gab es „unordentliche" Anfänge, als in den ersten beiden Jahren auch die Zentrale stark durch ehrenamtliches Engagement geprägt war und die lokalen Gruppen noch als Kontaktgruppen bezeichnet wurden. Bei der Durchsetzung „normaler" Greenpeace-Strukturen spaltete sich 1982 die Gruppe „Robin Wood" ab. Gemäß den Greenpeace-Regeln können heute lokale Aktionen nur im Rahmen einer Greenpeace-Kampagne stattfinden. „Als international, aktions- und erfolgsorientiert arbeitende Organisation hat Greenpeace sich schon früh für eine hierarchisch aufgebaute Arbeitsteilung entschieden. Im Interesse einer effizienten Arbeitsweise werden Entscheidungen über Inhalte und Durchführung von Kampagnen in den Greenpeace-Büros getroffen. ... Eine Einbeziehung der ehrenamtlichen Mitarbeiterinnen und Mitarbeiter über Gremien oder formale Abstimmungsmechanismen fand in der Vergangenheit nicht statt." (Fetscher 1996, 118) Wo die Gruppen sich eigenständig lokal exponieren, werden sie häufig zurückgepfiffen. Aber in der Regel wird die Organisationsstruktur akzeptiert. Der Mythos Greenpeace entschädigt für die fehlende Beteiligung. Seit 1994 gibt es einen „Beirat der Gruppen" mit Anhörungsrechten. Heute können die lokalen Gruppen ebenfalls – zeitlich und im Umfang begrenzt – professionelle Arbeit für bestimmte Kampagnen finanzieren. In der Weiterarbeit entwickeln einige Gruppen eigene Projekte („Verkehrskampagnen", „Herstellerkampagnen" im Anschluß an die FCKW-Mobilisierung etc.). In der Bundesrepublik gibt es – so die offizielle Darstellung – in den letzten Jahren für diese Art der Gruppenarbeit einen Zuwachs an Bedeutung und Anerkennung. In dieses Bild passen auch neuere Entwicklungen. Das Greenpeace-Gruppenleben besteht heute aus Kinder- und Jugendprojekten, Greenpeace-Gruppen, dem Seniorenteam „Team fünfzig plus" und dem „Postpool" (Beantwortung der Briefe an Greenpeace). Seit 1990 gibt es eine offene Kinder- und Jugendarbeit bei Greenpeace Deutschland. Fünf und mehr Kinder zwischen 10 und 14 Jahren bilden – unterstützt durch eine erwachsene Begleitperson – „Greenteams", die sich ihre Themen und Aktionen selbst aussuchen. Ein Handbuch und eine regelmäßige Info-Post bieten Anregungen. Im Jahre 1995 gab es bereits mehr als 1.600 Greenteams in Deutschland. Zusammen mit den regionalen Gruppen wirken sie auch – in altersgemäßer Form – unterstützend bei Kampagnen mit, sie beantworten Kinderbriefe, sorgen für die kindergerechte Präsentation von Themen in Broschüren etc.

Fundraising sei für Greenpeace, so der zuständige Manager der Organisation, Teil der politischen Arbeit, Spendenmaximierung nicht das Ziel. Es gehe nicht vorrangig darum, für konkrete Projekte oder Produkte zu werben. „Greenpeace-Fundraising hingegen ist in erster Linie Überzeugungsarbeit für die Ziele von Greenpeace und soll bei den Angesprochenen eine Verhaltensänderung in allen Lebensbereichen auslösen. Die Arbeit eines Greenpeace-Fundraisers besteht ganz in diesem Sinne vor allem in der Übersetzung der – angesichts der Problemlage im Umweltbereich häufig komplizierten – Kampagenenzusammenhänge für eine breite Öffentlichkeit." (Wallmeyer 1996, 94) Mit 4 - 5 „Aktionsbriefen" pro Jahr, in denen ein Umweltthema behandelt, für eine konkrete Aktion geworben und um finanzielle Unterstützung gebeten wird, wendet sich Greenpeace an seine Förderer. Der zentrale Fundraiser bestreitet, daß Greenpeace sich ausschließlich am Erfolg auf dem Spendenmarkt orientiere. Vielmehr greife man auch wenig einträgliche Themen auf (Atomteststoppabkommen als Beispiel) und führe Kampagnen durch, die sogar Spendenrückgänge erwarten ließen (Aktionen gegen den Kahlschlag von Wäldern in Kanada). „Der Zusammenhang von Spendeneinnahmen und Politik läßt sich aus Sicht der Organisation etwa so beschreiben: Über das Fundraising verfolgt Greenpeace das Ziel, mit Menschen in Kontakt zu kommen, um mit ihnen eine dauerhafte, möglichst lebenslange Beziehung zu entwickeln. Die Botschaft, die den Fördermitgliedern und den potentiellen Spendern dabei überliefert wird, ist ganz deutlich: Greenpeace ist zu öffentlich von ihr dargelegten Fragen und mit klar formulierten Forderungen aktiv. Wieviel Durchschlagskraft die Aktionen der Organisation haben, hängt wesentlich davon ab, wie sehr die Förderer sich zu den Kampagnenthemen engagieren und mit wieviel Geld sie Greenpeace unterstützen. Hat Greenpeace viel Geld, kann sie in den betreffenden Fragen mehr anpacken – hat die Organisation wenig Geld, kann sie eben weniger tun. Der Scheck fungiert quasi als Stimmzettel." (Wallmeyer 1996, 97) Kleinspenden überwiegen (2 Millionen Einzelbuchungen, 1994 lagen 91 % aller Spenden unter DM 500), aber Erbschaftsverfügungen gewinnen an Bedeutung. Zwei Drittel der Förderer haben Daueraufträge eingerichtet und bilden die solide finanzielle Grundlage der Arbeit. Für die Sicht, daß die Fördermitglieder nicht nur Finanziers, sondern auch die politische Basis von Greenpeace seien, spreche die Organisationstreue: ca. 300.000 Menschen sind seit mindestens 4 - 5 Jahren, viele von ihnen seit 6 - 8 Jahren Spender – die Kündigungsrate sei in dieser Gruppe extrem gering. An den Postkartenaktionen beteiligen sich durchschnittlich die Hälfte der Angeschriebenen. Das Gros der Greenpeace-Anzeigen seien Sachspenden der Verleger.

Greenpeace habe eine eigene Spendenethik entwickelt. Sie werbe nur mit Mitteln, die dem Organisationszweck entsprächen (Authentizität), verheimliche nicht den ökonomischen Status der Organisation und werbe nur zu Themen, in denen sie auch aktiv ist. Jährliche öffentliche Rechenschaftsberichte sorgen für Transparenz nach außen; Industriesponsoring werde grundsätzlich abgelehnt; ab 3.000 DM wird jede Spende darauf überprüft, ob sie dem Unabhängigkeits- und Unbestechlichkeitsgebot genügt. Spenden mit ausschließlichem Verwendungszweck werden zurückgewiesen, wenn der Spender darauf besteht. „Andernfalls könnte ein finanzieller Druck entstehen, nur bestimmte Themen zu behandeln und andere zu vernachlässigen" (Wallmeyer 1996, 101).

„Die Planung einer Kampagne ist die Planung
einer öffentlichen Konfrontation. "
Inoffizieller Leitsatz der Greenpeace-Strategie
„Phantasievolles Konfrontationsgestalten ist die Achse
von Greenpeace und das Geheimnis ihres Erfolgs. "
Harald Zindler, Aktionsleiter bei Greenpeace

V. Kampagnenpolitik – Erfolgsrezept und Achillesferse

Durch konfrontative Aktionen umweltpolitisch zu mobilisieren ist nicht von Greenpeace erfunden worden. Bereits 1956 organisierten Quäker eine Protestfahrt gegen die US-Atomtests auf dem Bikini-Atoll. Erst die gezielte Medien- und Öffentlichkeitsarbeit machte Greenpeace zum Markenzeichen. Im Selbstverständnis von Greenpeace dienen die Aktionen wesentlich dazu, Öffentlichkeit herzustellen und Bewußtseinsveränderungen zu bewirken. „Wenn du eine Aktion machst, dringt sie durch die Kamera in das Bewußtsein der Menschen. Dinge, die zuvor aus den Augen und aus dem Sinn waren, werden nun zum Gemeinplatz. Deshalb nutzen wir die Kamera als Waffe." (ein früher Mitstreiter von Greenpeace, zitiert nach Wapner 1996, 54) „Schon auf der ersten Fahrt der ‚Phyllis Cormack' bestand die Hälfte der Besatzung aus Journalisten. Für mich war Greenpeace ein Feldversuch, wie man die Massenkommunikation nutzen kann, um ein ökologisches Bewußtsein zu schaffen; mind bombing war mein Begriff dafür und media war. Ich hatte mich viel mit Marshall McLuhans Medientheorie und seiner These ‚The medium is the message' und der These vom ‚Global village' beschäftigt." (Greenpeace-Gründer Bob Hunter, in: Die Woche vom 15. August 1996, S. 22) Ökologische Betroffenheit erzeugen, lautet das strategische Ziel. Dazu tragen u.a. Konfrontationen mit Zerstörungen an abgelegenen Schauplätzen der Welt bei (z.B. Robbentöten in Grönland, ökologischer Raubbau in der Antarktis), die sonst außerhalb der Alltagswahrnehmung lägen. Ein weiteres Mittel ist die Offenlegung und Skandalisierung von Umweltschädigungen vor der Haustür, gerade dann, wenn von den Umwelttätern öffentlich ökologische Korrektheit reklamiert wird (Einleitung von Schadstoffen durch Industrien etc.). Ökologische Sensibilisierung und „the greening of the worlds' publics" werden von einem wissenschaftlichen Beobachter (Wapner 1996) als zentrale Leistungen der Greenpeace-Aktionen gesehen.

Dieter Rucht (1992, 287) hat sechs Faktoren identifiziert, die für den Medienerfolg von Greenpeace entscheidend sind:

– professionelle Organisation,

– autoritäre Führung,

– exakte Aktionsplanung,

– provokative und symbolträchtige Regelverletzung,

– Vermeidung einer ernsthaften politischen Einmischung,

– Konzentration auf aussichtsreiche und sympathieträchtige Kampagnen.

„Der Einsatz von Greenpeace ist vor allem dann wahrscheinlich, wenn Niederlagen unwahrscheinlich sind. Heiße Themen, bei denen Greenpeace frontal eine mächtige Lobby oder die große Bevölkerungsmehrheit herausfordern könnte, werden dagegen eher gemieden." (Rucht 1992, 291) Es bleiben Kampagnen auf einem Feld, das andere Gruppen bereits beackert haben, oder Kampagnen mit einem hohem Symbol- und Sympathiewert.

Die Verabredung zur gemeinsamen Aktion ersetzt – in der Grenpeace-Weltsicht – weitgehend die Verständigung über gemeinsame Ziele und Konzepte. Zentral ist vielmehr die Aktion selbst. „Greenpeace arbeitet in ihren Kampagnen nach nahezu militärischer Art und Weise. ‚Kampagne' erinnert an Feldzug, in der Planung ist stets von ‚Taktik' und ‚Strategie' die Rede, klare Gegner werden identifiziert und in eine (im Unterschied zum Militär allerdings gewaltfreie) ‚Konfrontation' gezwungen. Diese konfrontative, harte und durchgeplante politische Kampagnenarbeit hat den Ruf von Greenpeace begründet." (Schultz-Jagow 1996, 34) In dieses martialische Bild paßt auch die Selbstpräsentation als „Regenbogenkrieger". Viele Themen – z.B. in der Friedenspolitik – verlangen jedoch andere, langfristige und behutsame Formen der Auseinandersetzung und Vermittlung. Auf ihnen bauen Greenpeace-Kampagnen vielfach auf, denn die Auswahl der Kampagnenthemen ist letztlich abhängig vom Problem- und Unrechtsbewußtsein in der Bevölkerung. Erst wenn dieses in ausreichendem Maße vorhanden ist, können die konfrontativen Aktionen entsprechende positive Resonanz in der Öffentlichkeit finden.

In der aktuellen Greenpeace-Reformdebatte werden Zweifel angemeldet, ob diese Art der Kampagnenpolitik noch zeitgemäß ist. „Brent Spar und Mururoa waren Frevel alten Zuschnitts. Diese Art von Konflikt kommt immer seltener vor. Die Ausscheidungen der Industriegesellschaft werden zunehmend gefiltert. Nachsorgende Umwelttechnik tut ihr gutes Werk. Statt dessen wächst der feinverteilte, alltägliche Umweltverbrauch: Verkehr, Flächenfraß und Abfall sind die bekanntesten Beispiele. Doch da gibt es meist keinen offensichtlichen Schuldigen, keinen Tatort. Wen soll man stellen, was soll man besetzen?" (Wolfgang Sachs in: Die Woche vom 15. August 1996, S. 1)

„Am Ende gelang es, einen Weltkonzern, den drittgrößten
Mineralöl-Multi Shell, in die Knie zu zwingen.
Darauf läßt sich bauen!"
Harald Zindler, Aktionsleiter bei Greenpeace

„Es kann nicht sein, daß die gesellschaftliche Diskussion
bei allen Zukunftsfragen nur verkürzt wird auf
ein Spektakel, das Sieger und Besiegte haben muß."
Deutsche Shell AG, Dokumentation zu Brent Spar

Zum Beispiel Brent Spar

Am 30. April 1995 besetzten Greenpeace-Aktivisten eine ausgediente
Ölplattform in der Nordsee, die in einem Tiefseegraben des Atlantiks versenkt werden sollte. Es folgten spektakuläre Auseinandersetzungen auf
See, eine erneute Besetzung, Boykottaktionen gegen die Betreiberfirma
und schließlich am 20. Juni 1995 die Erklärung von Shell, auf die Versenkung zu verzichten. Statt dessen wurde die Plattform in einen norwegischen Fjord geschleppt, wo sie noch heute auf ihre Entsorgung wartet. Es
geht in unserem Zusammenhang nicht um die Geschichte der Ereignisse,
die haben beide Kontrahenten in eigenen Publikationen dokumentiert
(Deutsche Shell 1995, Vorfelder 1995), sondern um einen besseren Einblick in die Kampagnenpolitik von Greenpeace.

Die Brent Spar-Aktion war nicht Teil einer umfassenden Kampagne,
sondern verdankte sich einem Zufallsfund. Sie konnte zudem nur gegen
großen Widerstand nach drei Monaten innerhalb der Organisation durchgesetzt werden; für die eigentliche Aktionsvorbereitung blieben dann nur
14 Tage. Vorgebracht wurden Kostengründe (die Aktion kostete schließlich ca. 4 Millionen DM) und der Vorbehalt, eine solche Aktion sei
umweltpolitisch und organisationsstrategisch ein Auslaufmodell. Erst der
„antiquierte" Gegner sorgte so richtig für den Öffentlichkeitserfolg. „Niemand konnte so dämlich reagieren wie die britische Shell-Führung in
Sachen Brent Spar. Ihr Verhalten ist jedoch auch durch eine starke kulturelle Differenz zu erklären: In Großbritannien ist die Öffentlichkeit –
immer noch und gerade noch – bereit, eine ökologische und soziale Rück-
sichtslosigkeit zu schlucken, wie sie Shell an den Tag legte. In Deutschland hingegen sitzt die Stimmung pro Umweltschutz in der Bevölkerung
bereits viel zu tief." (Zindler 1996, 273) Zwei positive Erfahrungen heben
Greenpeace-Veröffentlichungen besonders hervor: „Die Schnelligkeit und
Durchschlagskraft der Brent Spar-Kampagne war ein erster Beweis, daß
die Organisation in 25 Jahren zu einer eigenen Art von internationalem
Multi gereift ist, dessen Macht und Rolle noch genau definiert werden
will." (Vorfelder 1995, 194) Die öffentliche Resonanz wird als größte
Stärke der Organisation beschrieben: „Sie hat das Herz der Bevölkerung
so bewegt, daß diese von sich aus Partei ergriffen hat und auf der Seite von

Greenpeace aktiv wurde." (Vorfelder 1995, 194f) Damit sind zwei zentrale Bedingungen der Kampagnenpolitik von Greenpeace in klassischer Weise erfüllt worden. Die aktivistischen „Traditionalisten" innerhalb der Organisation können sich bestätigt sehen.

Dennoch bleibt die Frage, ob es nicht besondere, vielleicht sogar einmalige Bedingungen waren, die der Brent Spar-Aktion zum Erfolg verhalfen. Die Bundesrepublik jedenfalls erwies sich als besonders günstiges Terrain. Die Brent Spar-Besetzung stieß in allen Parteien auf positive Resonanz. Als es soweit war, sagten prominente Politiker sogar ihre Beteiligung am Boykott von Shell-Tankstellen zu. Die Aktion war offensichtlich so populär, daß der „prinzipienfeste Opportunismus" zu Drängeleien in der Bonner Unterstützerszene führte (Motto: Nur der Papst fehlte!). Die etablierte Politik machte dabei vergessen, daß sie im Rahmen der üblichen Abstimmungsverfahren keine Einwände gegen die Versenkungspläne der britischen Regierung erhoben hatte. Statt dessen konkurrierten Ministerpräsidenten darum, ihr Land als geeigneten Entsorgungsstandort ins Spiel zu bringen. Die breite Unterstützung fiel um so leichter, weil nur geringe materielle Eigeninteressen negativ berührt waren. Es gibt kaum bundesdeutsche Bohrinseln und Ölanlagen; zudem handelt es sich um einen britisch-niederländischen Konzern, dort saßen zumindest die Verantwortlichen. Ob es die Herzen waren, die Greenpeace bewegte, sei dahingestellt. Immerhin traf die Kampagne auf ein entwickeltes Segment des Umweltbewußtseins in der Bundesrepublik: den Müll. Auf Getrennt-Müllsammlung durch Zero und Grünen Punkt getrimmt, mochte es niemandem einleuchten, daß ein Konzern ein Objekt dieser Größe einfach ins Meer kippen darf. Hätte Greenpeace statt dessen die Ölförderung in der Nordsee und den Öl- und Benzinverbrauch hierzulande zum Thema gemacht und gar zu autofreien Sonntagen oder Geschwindigkeitsbeschränkungen auf Autobahnen aufgerufen – anstatt die nächste Tankstelle zu empfehlen –, dann hätte sie die Erfahrung machen können, wie zerklüftet ein Umweltbewußtsein sein kann. Spätestens wenn der ADAC zu Protestaktionen vor Greenpeace-Büros aufgefordert hätte, wäre die Kampagne abgebrochen worden.

Der Brent Spar-Erfolg war also nicht nur günstigen Umständen geschuldet, sondern Ergebnis strategischer Entscheidungen. Deutschland wurde von Greenpeace als Schwerpunkt der Boykott-Kampagne auch gewählt, weil die Organisation hier auf die Unterstützung lokaler Gruppen bauen konnte, die sie sonst nicht hat, und ohne die eine flächendeckende Boykottkampagne kaum möglich gewesen wäre (Klein/Koopmans 1995, 43f). Durch die geschickte Lancierung einer von Greenpeace bestellten EMNID-Befragung über die Boykottbereitschaft in der Bevölkerung wurde indirekt die Boykottphase eingeleitet. 74 % aller Befragten und sogar 85 % der Personen, die über einen PKW verfügen, erklärten darin ihre Boykottbereitschaft. Sie wurde noch verstärkt durch Demonstrationen lokaler Greenpeace-Sympathisanten mit standardisiertem Material vor Shell-Tankstationen. Da direkte Boykott-Aufrufe bewußt vermieden wurden, sicherte sich Greenpeace gegen eventuelle Schadensersatzansprüche.

Mit der Verzichtserklärung von Shell verbuchte Greenpeace ihren „größten Öffentlichkeitserfolg" und erreichte den „Zenit ihres Ansehens" zumindest in Europa. „Die Auseinandersetzung mit Shell um die Plattform Brent Spar hat das Image der Aktivisten im Schlauchboot nach einigen in dieser Hinsicht dürren Jahren aktualisiert: Es hat Greenpeace darin Recht gegeben, Erfolg in spektakulären Aktionen zu suchen, und es hat die Außenwahrnehmung darin bestätigt, daß Greenpeace vom Schlauchboot aus agiert."(Krüger 1996, 202) Obwohl für den Tag danach bereits eine militärische Besetzung der Ölplattform durch britische Spezialeinheiten geplant war, gab es am Ende – fast – nur noch Sieger: „Die Verbraucher, ohne Zweifel, hatten gesiegt – schließlich waren sie es gewesen, die durch ihren Tankstellenboykott Shell zum Nachgeben gezwungen hatten. Die Bundesregierung gehörte zu den Siegern, denn sie hatte, als die Kampagne schon seit einiger Zeit lief, eine Entsorgung an Land gefordert. Die deutsche Shell hatte gewonnen – gegen ihre britischen Vorstandskollegen, denen sie seit Wochen signalisiert hatte, daß man so mit der deutschen Öffentlichkeit nicht umgehen könne. Die Medien hatten einen Erfolg gelandet, denn sie hatten den Verbrauchern wochenlang attraktive Bilder ins Haus geliefert und aus ihrer Sympathie für die Besetzer kaum einen Hehl gemacht. Die britische Shell hatte sich selbst besiegt und – als es gar nicht mehr anders ging – der Vernunft den Vortritt gelassen." (Jürgens 1996, 281)

Auch in rechtlicher Hinsicht gab sich Greenpeace am Ende mehr als zufrieden. Die Organisation hatte versucht, auf rechtlichem Wege die Versenkung zu stoppen, war damit aber in Großbritannien nicht durchgekommen, da Shell und die britische Regierung die vorgesehenen Genehmigungsprozeduren ohne den Widerspruch der übrigen Nordsee-Anrainer eingehalten hatten. Greenpeace hatte ihre Position u.a. auf ein Übereinkommen zur Verhütung der Meeresverschmutzung von 1972 gestützt, das ein absolutes Einbringungsverbot für einige der Stoffe vorsieht, die auf der Brent Spar vermutet wurden. Das Seerechtsübereinkommen von 1994 (UNCLOS) verlangt zwar grundsätzlich, „daß aufgegebene oder nicht mehr benutzte Anlagen so beseitigt werden, daß die Fischerei und der Schutz der Meeresumwelt gebührend berücksichtigt werden. In einem umstrittenen Zusatzprotokoll zu diesem Übereinkommen hat sich Großbritannien – anders als die Mehrzahl der anderen Staaten – allerdings eine Seebeseitigung vorbehalten." (Günther 1996, 68) Der Verzicht von Shell nährt bei Greenpeace die Hoffnung auf die Normativität des Faktischen.

Da eine Reihe von Regierungen die Position von Greenpeace einnahmen, könnten Meere künftig als gemeinsames Erbe der Menschheit betrachtet werden. „Brent Spar signalisiert eine Wende im Völkerrecht. Hochrangige Rechtsgüter, wie der nachhaltige Schutz der Meeresumwelt, werden auch auf hoher See künftig nicht mehr zur Disposition einzelner Staaten stehen – und zwar auch dann nicht, wenn die betreffenden Länder den Übereinkommen zum Schutz der Meeresumwelt nicht beigetreten sind oder Vorbehalte geäußert haben." (Günther 1996, 70)

Noch euphorischer äußerte sich eine ehemalige Greenpeace-Aktivistin über die Lobby-Erfolge: „So gelang es Greenpeace unmittelbar nach der Brent Spar-Aktion im Juli in Brüssel auf der Osparcom (Oslo-Paris-Commission), ein weltweites Verbot der Versenkung von Ölbohrplattformen durchzusetzen." (Fetscher 1995, 126) An dieser Aussage – und sie ist vermutlich nicht untypisch für zahlreiche NGO-Erfolgsmeldungen – ist fast alles falsch: Zunächst fand die Tagung Ende Juni statt. Bei Osparcom handelt es sich um eine Versammlung der Anliegerstaaten des Nordostatlantiks, die gar nicht in der Lage wäre, einen weltweiten Beschluß zu fassen. Bei der Konferenz kam es nicht zu einem einstimmigen Versenkungsverbot von Plattformen, weil sich Norwegen und Großbritannien – also die beiden Länder, die den Löwenanteil der Ölanlagen in diesem Seegebiet haben – dagegen ausgesprochen haben. Die Mehrheitsentscheidung der Konferenz ist jedoch für die beiden Länder rechtlich nicht bindend.

Bei der Frage nach dem Erfolg dieser Aktion läßt sich nur mit Gewißheit sagen, daß die Versenkung einer ausgedienten Ölanlage verhindert werden konnte. Ob damit auch Zeichen für den künftigen Umgang mit solchen Plattformen gesetzt sind, ist höchst fraglich. Zumindest die staatlichen Hauptakteure haben sich – entgegen den Erfolgsmeldungen von Greenpeace – auf der rechtlichen Ebene nicht bewegt. Dies ist nicht der einzige Schatten, der auf den Brent Spar-Sieg fällt. Knapp drei Monate nach der verhinderten Versenkung mußte sich die britische Greenpeace-Organisation dafür entschuldigen, mit weit überzogenen Schadstoffmeldungen operiert zu haben, nachdem eine unabhängige norwegische Gesellschaft Brent Spar untersucht hatte. Der von Greenpeace eingeräumte „Meßfehler" wird von der Organisation selbst als Teil einer Kultur der Selbstkritik gesehen, die darauf beruhte, daß menschliche Irrtümer nie gänzlich auszuschließen seien. Auch Greenpeace sei kein fehlerfrei arbeitendes System. Zudem bewegte sich der Meßfehler in einem Bereich, der für die Kampagne und ihr eigentliches Ziel, die Versenkung von Ölanlagen grundsätzlich zu verhindern, unerheblich gewesen wäre. Aber so einfach liegt die Sache nicht. Es geht um die Glaubwürdigkeit von Greenpeace – im Detail und en Gros. Wer sich die inzwischen veröffentlichten Unterlagen der Shell anschaut, wird erstaunt sein, in welchem Umfang das Unternehmen die verschiedenen Entsorgungsalternativen geprüft hat und wie –

vergleichsweise – solide die Angaben zu den dabei anfallenden ökologischen Risiken waren. Zumindest kommt der Eindruck auf, daß Greenpeace auf recht wackeliger Grundlage operiert und dabei eher ein Vorurteil ausgenutzt hat, dem grundsätzlich nicht zu widersprechen ist: daß Konzernen allemal Kostenersparnis vor ökologischer Verantwortung geht. Es scheint so, als sei Greenpeace in diesem Fall eher auf einer Grundstimmung geschwommen, die von den Shell-Dokumentaristen so beschrieben wird: „Das gesellschaftliche Klima in Deutschland ist heute bestimmt durch ein weitverbreitetes Mißtrauen in die Führungs- und Verantwortungskompetenz von Politik und Wirtschaft. ... Deshalb ist es auch nicht verwunderlich, daß Bürgerbewegungen, ad-hoc-Aktionsgemeinschaften oder auch institutionalisierte Vereine wie Greenpeace, BUND, Robin Wood etc. die wichtigen Interessen der einfachen Bürger wahrnehmen. Die Bürger glauben sich durch die Interessengruppen am besten und erfolgreichsten vertreten ... Die Umweltorganisationen genießen auf alle Fälle ein größeres Vorausvertrauen als die Industrie." (Deutsche Shell 1995, 224f) Darauf setzte die Medienarbeit von Greenpeace, blieb aber in diesem Fall den Nachweis schuldig.

Dies ist um so bedenklicher, wenn man die Risiko-Studien zur Landentsorgung der Brent Spar liest, die ein erhebliches Gefährdungspotential für die in der entsprechenden Region lebenden und die unmittelbar an der Demontage beteiligten Menschen aufzeigen.

Es kann hier nicht darum gehen, das Risikopotential der verschiedenen Alternativen abzuwägen. Auffällig ist nur, daß Greenpeace sich auf eine solche Debatte gar nicht einläßt. Maßstab könnte dabei nicht eine ohnehin fiktive „Unversehrtheit" des Meeres sein, sondern müßten die Gefahren sein, die für Menschen entstehen. Die Kampagnenpolitik von Greenpeace vermeidet humane Maßstäbe und reduziert das Problem auf einfache Symbole („das Meer") und Antworten („darf nicht mit diesem Sperrmüll zugeschüttet werden"). Solche Vereinfachung hat ihren Preis. Die alltägliche Verschmutzung der Nordsee durch die Ölindustrie kam kaum zur Sprache (Wichmann 1995). „Natürlich ging es, sagen jetzt alle, bei der ganzen Angelegenheit ums Prinzip. Im Meer darf überhaupt nichts versenkt werden, auch wenn die Meeresforschung nachweist, daß die Lebewesen in der Tiefsee Schwermetalle geradezu lieben. Bedenkt man, daß die Ozeane 66 Prozent unseres Globus bedecken und die Menschen auf dem Rest leben, dann bedeutet der kategorische Verzicht auf Tiefwasserversenkung den Ausschluß von 66 Prozent unserer Optionen. Am schlimmsten aber ist, daß eine Auseinandersetzung um 50,7 Tonnen biologisch abbaubarer Kohlenwasserstoffe und 56 Tonnen verschiedener Metalle im tiefen Wasser des Atlantik Europas Aufmerksamkeit vom Zustand unserer küstennahen Gewässer abgelenkt hat. Jedes Jahr werden 40 Prozent einiger marktgängiger Fischbestände wie mit dem Staubsauger herausgeholt, während Nitrate und bei weitem größere Mengen von Schwermetallen den Rest abtöten. Das ist die eigentliche Lektion der Brent Spar-Affäre." (aus einem Beitrag von Financial Times Energy Publishing, zitiert nach Deutsche Shell 1995, 272f) Greenpeace hat auf solche Kritiken reagiert und ein Jahr später eine „Stop Overfishing"-Kampagne vor der schottischen Küste mit Unterstützung der lokalen Küstenfischer und Naturschützer gegen die – überwiegend dänische – Fischmehlindustrie gestartet. Das „Wee-Bankie-Gefecht" bzw. der „Aal-krieg" blieb in der Bundesrepublik allerdings weitgehend unbeachtet (SZ vom 1.8.96, S. 3).

In strategischer und organisatorischer Hinsicht fand Greenpeace im Brent Spar-Konflikt sogar beim Kampagnengegner Anerkennung. Shell Deutschland gesteht Greenpeace International zu, flexibler und lokal vernetzter zu agieren, als dies dem eigenen Konzern möglich sei. Der Deutschen Shell sei es nicht möglich gewesen, eine den bundesdeutschen politischen Gegebenheiten angemessene Öffentlichkeitsarbeit zu entfalten. Sie mußte sich loyal zur britischen Muttergesellschaft verhalten. Diese wiederum sah aufgrund der politischen Absicherung und gesellschaftlichen Resonanz im eigenen Land lange Zeit keinen Anlaß, auf die genehmigte Versenkung der Brent Spar zu verzichten. Im Kampf NGO versus TNK konnte in diesem Fall die NGO effektiver die Chancen transnationaler Organisation und Mobilisierung nutzen.

Die „Seeschlacht um Mururoa" oder das „Debakel an der 12-Meilen-Zone"

Daß Brent Spar nicht allein auf das Konto von Greenpeace ging, sondern eher günstigen Umständen und einem verletzlichen Gegner geschuldet war, zeigte sich noch im gleichen Herbst. Als am 3. Juni 1995 die französische Regierung die Wiederaufnahme der seit 1992 ausgesetzten Atomtests ankündigte (zwischen September 1995 und Mai 1996 sollten im Gebiet des Mururoa-Atolls acht Atombomben unterirdisch gezündet werden), war Greenpeace auf einem seiner angestammten Protestfelder gefordert. Vom Brent Spar-Konflikt ausgelaugt, war die Organisation einerseits überfordert, andererseits durchzogen Erfolgsdruck, Euphorie und Größenwahn nicht nur die Medienerwartungen, sondern auch Greenpeace selbst – nach dem Motto, nach Shell gelte es nun, die französische Regierung in die Knie zu zwingen. Das klägliche Scheitern der Greenpeace-Armada in der Südsee ist bekannt. Der große „Showdown" von David und Goliath blieb aus. Die französische Regierung zog die Tests weitgehend durch, und Greenpeace bekam nicht einmal die Chance, zum auch nur symbolisch ernsthaften Gegner zu avancieren. Die Politiker-Unterstützung und der Boykott französischer Waren hielten sich auch in der Bundesrepublik in bescheidenen Grenzen.

Unter den Ursachen fällt in unserem Zusammenhang vor allem eine ins Gewicht. Internationalität, sonst besonderes Markenzeichen von Greenpeace, erwies sich als Achillesferse dieser Kampagne. Was im westeuropäischen Kontext bei der Brent Spar-Kampagne leicht möglich war, scheiterte im Nord/Süd-Verhältnis. „Der Großteil der Probleme bei der Mururoa-Kampagne war das Resultat des Mißratens der internationalen Zusammenarbeit innerhalb der Organisation. ... Die Schwierigkeit liegt darin, Formen der Zusammenarbeit anzuwenden, in der sowohl die verschiedenen Mentalitäten, Kulturen und Interessen der Beteiligten zu ihrem Recht kommen als auch jene professionellen Standards erfüllt werden, ohne die der Erfolg einer Kampagne von vornherein ausgeschlossen ist." (Schultz-Jagow 1996, 40) Internationalität ist bei Greenpeace eine des Nordens, gelegentlich auch im Namen des Südens. Als gelebte NGO-Praxis existiert sie offensichtlich auch in den Kampagnen nicht oder nur sehr eingeschränkt. Hier wirkt zudem die Organisationsgeschichte nach. „Die Internationalisierung von Greenpeace läßt sich ... als eine organisatorische Expansion auf benachbarte Länder und Kontinente beschreiben." (Lahusen 1996, 45) Trotzdem wird auch der Protest gegen die Atomwaffenexplosionen Frankreichs von Greenpeace noch positiv vermarktet. Obwohl die Tests nicht verhindert werden konnten und eine Fülle von internen Problemen und Unstimmigkeiten sichtbar wurden, bewertet der für die friedenspolitische Arbeit Zuständige die Greenpeace-Kampagne als Erfolg: die politische Isolierung der französischen Regierung habe sich verstärkt, in Frankreich sei ein Meinungswandel in Sachen Force de Frappe eingetreten, und der Weg zu einem Atomteststoppabkommen sei verkürzt worden (Schultz-Jagow 1996, 40ff).

Wie schwer es ist, im positiven, reformpolitischen Bereich spektakuläre Kampagnenerfolge zu erzielen, wurde bei der Präsentation eines Energiesparautos im August 1996 deutlich. Ein Serienkleinwagen der Firma Renault war mit Millionenaufwand technologisch so verbessert worden, daß die Halbierung des Serienverbrauchs auf 3,2 l/100 km möglich wurde. Die Präsentation des Twingo Smile (small, intelligent, light, efficient) und eine Vergleichsprobefahrt konnten dennoch die versammelte Fachwelt weder überraschen noch überzeugen. Verbrauchsarme Autos liegen nicht nur im Trend, und der Abstand zum Spritverbrauch der neueren Serienmodelle ist gering, sondern schon vor fast 30 Jahren hatte sich der 2 CV („Ente") mit 4 bis 5 Litern Sprit begnügt. Die bei der Vorstellung des Spar-Autos von den Greenpeace-Vertretern vorgetragene Kritik an der Autoindustrie, die die „neuen Zeiten verschlafen" habe, wurde eher belächelt. Greenpeace hat mit großem Aufwand ein geringfügig sparsameres Automobil präsentiert, von dem die Industrie sagt, sie sei in ihren Planungen schon längst weiter. Was als Pfahl gedacht war, endete als „ein ganz kleiner Stachel im Fleisch der Autoindustrie" (so die Überschrift des Artikels

Boykott

Wirte gegen Chirac

Wir und unsere Gäste wollen eine
gesunde Zukunft.
Im Großneumarkt-Viertel wird es keine
Produkte aus FRANKREICH geben solange
Frankreich sich nicht verabschiedet von seinen
Atom-Versuchsprogrammen.

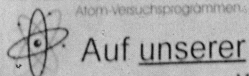

Auf <u>unserer</u> Erde

Das ist unsere Mutter

in der Frankfurter Allgemeinen Zeitung vom 20. August 1996), der Prototyp sei reif fürs PS-Museum, weil das Auto zu teuer und kaum verkehrstüchtig sei (Die Woche vom 15. August 1996, S. 9). Solch technologischer Gradualismus ist nicht nur so unspektakulär, daß er besser bei der Automobilindustrie aufgehoben ist, sondern er taugt auch nicht zu Kampagnen. Zum Leidwesen von Greenpeace lag dieses Mal der Nachrichtenwert eher auf Greenpeace-Blamage. Noch bedenklicher ist die falsche Stoßrichtung. „Fortschritte" wie das Dreiliter-Auto machen die vielfältigen ökologischen Proteste gegen die gesellschaftliche Dominanz der Automobilisierung („Fordismus") und ihre Ressourcenverschwendung („Fossilismus") lächerlich. Die beabsichtigten ökologischen Spareffekte, erinnert sei nur an den Katalysator, werden regelmäßig von den Mengeneffekten aufgefressen.

VI. Tücken des Erfolgs – demokratisch und menschenrechtlich bedenkliche Aspekte des Modells Greenpeace

Greenpeace ist zu groß und facettenreich, um der Organisation insgesamt gerecht zu werden. Daß sie mit ihrer Praxis – zumal in lokalen Gruppen und Greenteams – zur ökologischen Sensibilisierung beigetragen hat, ist unstrittig. Gleichwohl bleiben für unseren Zusammenhang zwei Fragen – mit zahlreichen Einzelaspekten – offen, denen dieses kritische Schlußkapitel gewidmet ist. Bietet die Kampagnenpolitik von Greenpeace ein Modell, wie transnationale Politik „von unten" gegenwärtig folgenreich, sogar erfolgreich möglich ist? Stellt Greenpeace als Organisation bereits ein Erfolgsmodell dar, wie global orientierte Politik verfaßt sein sollte?

(1) In der Bilanz ihrer Erfolge gibt sich die Organisation durchaus unbescheiden. So zählt sie u.a. das Walfang-Moratorium, die Londoner Dumping-Convention, den Weltpark Antarktis, das FCKW-Verbot, den Stopp der Dünnsäure-Verklappung und der Hochsee-Verbrennung und die Basel-Konvention zu ihren Kampagnenerfolgen. Welchen Beitrag sie zu diesen internationalen Abkommen durch ihre spektakulären Aktionen und Lobbypolitik jeweils wirklich geleistet hat, wird nicht ernsthaft bedacht. Daß es immer auch – mehr oder weniger viele – andere Akteure gab, die sich mit gleichem oder größerem Recht das Erfolgsfähnchen anstecken können, wird in Greenpeace-Darstellungen verschwiegen. Ihre Namen werden in der Regel nicht einmal genannt – kritische Fallanalysen zu NGO-Erfolgen im Umweltbereich und ihren Voraussetzungen bieten Princen/Finger (1994) und Junne (1993). Auch eine realistische Bewertung der Bedeutung solcher Protokolle, Konventionen und Verbote – gemessen z.B. an Problemen, wie ihre Verbindlichkeit, den Sanktionen und Sanktionsinstanzen – erfolgt in der Regel nicht. Brent Spar und die Konventionen der Nordsee-Anrainerstaaten geben ein Beispiel von der Bedeutung

und der Verbindlichkeit solcher internationaler Vereinbarungen. Im Vergleich erscheint das nationale Umweltrecht mit seinen notorischen Vollzugsdefiziten noch als harte Sanktionsinstanz.

(2) Mit der Orientierung an internationalen Problemen und der Spezialisierung auf spektakuläre Kampagnen bedient Greenpeace in Form und Inhalt einen spezifischen Ausschnitt ökologischen Protests. Aber weder die Organisation noch ihre Kampagnen bieten eine Antwort auf das Dilemma, wie transnationale Politik „von unten" in demokratischer Form praktiziert werden kann. Themen und Aktionsformen sind deutlich von einigen wenigen Ländern des Nordens geprägt, Erfahrungen des armen Südens spielen keine Rolle. Wenn z.B. die Lebensgrundlagen von Aborigines kritisch gegen die „Tränen des Nordens" ins Spiel gebracht werden, wird die Robben-Kampagne einfach abgeblasen. Und es gibt keine Kampagnen, die ökologische Gefährdungen aus der Perspektive des Südens aufgreifen. Sie ließen sich vermutlich nur schwer in für uns populärer Form einbringen. Die straffe Unternehmensführung ist nicht nur undemokratisch, sie ist auch - wenn es um mehr geht, als Kampagnen der Zentrale durchzuziehen – politisch unproduktiv. Sie läßt den neugegründeten Büros in der Peripherie keine Chance, ihre besonderen Perspektiven als Lernzumutung für die Gesamtorganisation fruchtbar werden zu lassen.

(3) Greenpeace ist – ähnlich den Grünen – eher ein Kostgänger der Ökologiebewegung, gelegentlich parasitär, häufig mit bescheidenem eigenen Beitrag. Es fällt leicht, die Greenpeace-Erfolge in einer deutlichen Abhängigkeit von der national spezifischen Stärke der Ökologiebewegung zu sehen. „Ohne das verzweigte Kommunikationsnetzwerk der Ökologiebewegung und die darauf aufbauenden Thematisierungserfolge wäre Greenpeace nicht zu der derzeit so erfolgreichen Organisation geworden." (Klein 1996, 13) Besonders für die Bundesrepublik gilt, daß Greenpeace ein Trittbrettfahrer der zahlreichen ökologischen Mobilisierungen, der unspektakulären Alltagsarbeit von Bürgerinitiativen und Selbstveränderungsgruppen ist. Als Greenpeace zu Beginn der 80er Jahre gegründet wurde, existierten bereits ausdifferenzierte lokale Bewegungssektoren, die erste große Anti-AKW-Mobilisierung lag fast ein Jahrzehnt zurück. Ohne selbst etwas von diesem Basisgruppenansatz zu übernehmen, hätte Greenpeace in der Bundesrepublik kaum Fuß fassen können.

Zweifel am Mythos effizienter und erfolgreicher Kampagnen sind auch in diesem Bereich zugelassen – eine Insiderin berichtet: „In der Kampagne gegen die zivile Nutzung der Atomenergie geht es nicht anders zu als in anderen Bereichen von Greenpeace: Die Kontinuität der Arbeit wird durch häufige personelle Wechsel beeinträchtigt. Intern herrscht ein enormer Erfolgsdruck, auch und gerade in Konkurrenz zu anderen Kampagnen; gleichzeitig erzeugt die scheinbare oder tatsächliche Wichtigkeit externer Ereignisse einen ständigen Handlungszwang. Es bleibt kaum Zeit für die notwendige Reflexion und wenig Spielraum für die Entfaltung von Kreativität." (Eitner 1996, 177) Mit Blick auf den Anti-AKW-Protest fällt die Bilanz wenig euphorisch aus. Oft spielte Greenpeace eher die letzte Geige, betätigte sich als Trittbrettfahrer. „Kalkar, Wackersdorf und Hanau wären auch ohne Greenpeace heute Atomruinen. Als die Organisation in das Thema einstieg, fand sie ein günstiges Klima für ihre Kampagne vor, geschaffen durch jahrelangen hartnäckigen Widerstand der Anti-Atom-Bürgerinitiativen." (Eitner 1996, 188) Im langfristigen und mühsamen Anti-AKW-Protest hatte Greenpeace nie die „Meinungsführerschaft". „Ein mühsames Geschäft für Greenpeace, wo man es organisationsintern gern sieht, wenn die Aktivität A das Ergebnis B, möglichst in Gestalt eines Erfolges, unmittelbar nach sich zieht." (Eitner 1996, 188) Die Solarenergie- bzw. Energiewendekampagne stellt einen Terrainwechsel dar. Ob Greenpeace sich dort leichter tun und erfolgreicher sein wird, bleibt abzuwarten.

(4) Mit Blick auf die aufgegriffenen Themen ist Greenpeace eine sehr „schlanke" Organisation. Thematische Selbstbegrenzung ist eine notwendige Tugend, um überhaupt handeln zu können. Sie wird zum Laster, zur Borniertheit, wenn sie übertrieben wird. Problematisch ist die fehlende Vermittlung zwischen den Greenpeace-Kampagnen und den übrigen Themen der neuen und alten sozialen Bewegungen. Zu deren Besonderheiten gehört, daß ihre spezifischen Themen wie Ökologie, Frieden, Frauen, Menschenrechte usw. auf der Alltagsebene, etwa den lokalen Bewegungsmilieus, miteinander vermittelt sind. Personen und Einrichtungen wechseln die Handlungsschwerpunkte und verhindern so, daß es zu extremen Bornierungen im Umgang mit einem Thema kommt. Positiv gesprochen, gesellschaftliche Zusammenhänge bleiben präsent und reflektierbar. Indem Greenpeace sich auf einen spezifischen Bereich mit einer ganz spezifischen Produktpalette kapriziert und nicht in diese lokalen und regionalen Netzwerke eingebunden ist, birgt diese thematische Selbstbegrenzung die Tendenz in sich, einseitig zu werden und den gesellschaftlichen Kontext zu vernachlässigen. Die Existenz von lokalen Gruppen mindert dieses Problem in der Bundesrepublik ein wenig, stellt aber keine Lösung dar, weil die lokalen Gruppen im hierarchischen Unternehmen Greenpeace wenig zu sagen haben und somit kein demokratisches Gegengewicht darstellen. Wo Maßverhältnisse und Zusammenhänge verlorengehen, sind instrumentelle Nutzungen kaum zu vermeiden: „Die meisten westlichen Industrienationen würden sich womöglich eine Art Greenpeace erfinden, gäbe es Greenpeace nicht. ... Denn während dieser Protest das diskursive Potential und die kreative Kraft der Dissidenz aus politischen Debatten abzieht, verhüllt er auch die Frage nach Klassen- und Einkommensunterschieden zugunsten des großen, globalen Ganzen unter einem grünen holi-

stischen Schleier. Fragen, denen vielleicht Vorrang einzuräumen wäre vor den vom Brent-Spar-Öl bedrohten Nordseefischen, nämlich jene nach Arbeits- und Obdachlosigkeit, Rassismen und Marginalisierungen, haben das Nachsehen, solange die Sympathien und Spenden auf die grünen Töpfe zurollen, der Staat das Ökotheater lobt, und bei den Sozialabgaben spart." (Fetscher 1996, 43)

(5) Gänzlich unbefriedigend steht es um die innerverbandliche Demokratie bei Greenpeace. Die beiden Rechtfertigungsmuster für diesen Zustand, die effiziente Führung eines multinationalen Unternehmens sei mit demokratischen Mitteln nicht zu bewerkstelligen, und eine professionelle Kampagnenpolitik vertrage sich nicht mit Basisdemokratie, können und dürfen nicht überzeugen. Selbst wenn Greenpeace ein normaler TNK wäre, dürften wir das Nachdenken über demokratische Binnenstrukturen und Kontrollformen nicht resigniert einstellen. Im Gegenteil, denn die enorme Machtzusammenballung in multinationalen Großunternehmen läßt die Kontrolle über die Marktkonkurrenz (oder nationale Regierungen) vollends zur Illusion werden. Nun ist Greenpeace alles andere als ein normales Unternehmen. Sie tritt gleichzeitig als transnationale Bewegungsorganisation, als NGO und als Umweltlobbyistin auf. Um so nachdrücklicher sind demokratische Maßstäbe an die innere Verfassung und das Wirken nach außen anzulegen. Indem NGOs in die politischen Lücken eingerückt sind, die der Rückzug nationalstaatlicher Politik hinterlassen hat, ist das Demokratieproblem internationaler Institutionen keineswegs gelöst, sondern stellt sich auf der NGO-Ebene in verschärfter Form. Daß sie in weit größerer Zahl auftreten als Nationen und diesen politisch in einigen Politikfeldern Konkurrenz machen, ist – wie das Beispiel Greenpeace zeigt – keine Antwort auf die demokratischen Fragen einer „global governance". Sie sind umso nachdrücklicher zu stellen, je mehr NGOs Protest und Widerspruch hinter sich lassen, staatliche und internationale Programme umsetzen oder gar zu Nebenregierungen avancieren. Wer die mangelnde Verantwortlichkeit von Regierungen in „liberalen Demokratien" beklagt, darf angesichts des bunten Mushroomings von NGOs demokratische Maßstäbe nicht fallenlassen. „NGOs sind rechtlich zu keinerlei Kontinuität ihrer Arbeit verpflichtet, ebensowenig zu Säkularität, zu interner Demokratie oder politischer Prioritätensuche. Sie bleiben ihrem Charakter nach immer freiwillige Organisationen, auf deren Hilfe, Beistand, Aufmerksamkeit kein Bürger und keine Bürgerin einen einklagbaren Rechtsanspruch hat." (Fetscher 1996, 45) Machtmißbrauch ist eine berechtigte Anfrage in der Diskussion über die Legitimation der Aktionen von Greenpeace. Die interne Machtbildung und die Machtentfaltung nach außen sind Probleme einer solchen NGO, die formeller Regelungen bedürfen und nicht einfach durch „Erfolg" gelöst sind. Das gilt selbstverständlich auch für die professionelle Orientierung der Greenpeace-Kampagnen, d.h., wie ist der Einfluß der „Profis" in der eigenen Organisation – etwa gegen-

über dem Vorstand – gestaltet, wie das Verhältnis von „Profis" und Ehrenamtlern, wie das Verhältnis von nationalen Büros und der internationalen Zentrale, und wie steht es schließlich um die Einflußchancen der Betroffenen auf eine Kampagne (z.b. der schottischen Fischer, der Südsee-Bewohner etc.). Auf keiner Ebene hat Greenpeace eine Antwort gefunden, die demokratischen Ansprüchen genügen könnte.

(6) Da Kampagnen das zentrale Produkt von Greenpeace sind, mit dem Organisationsstruktur und Arbeitsweise legitimiert werden, verdienen sie besondere Aufmerksamkeit. Einige problematische Aspekte der Kampagnenpolitik:

(a) Imagepolitik. „Es gibt wohl kaum eine Organisation, der es so gut wie Greenpeace in der Vergangenheit gelungen ist, ihr gesamtes politunternehmerisches Profil in „key-visuals" (Erkennungsbilder) umzusetzen, die sowohl die öffentliche Wahrnehmung der Organisation bestimmen als auch ihrem Selbstbild entsprechen. In Fotos erstarrte Aktionssituationen – mutige Menschen in Schlauchbooten, Schornsteine erkletternd, Abwasserrohre verstopfend oder angekettet an Schienenbarrikaden – prägen das Organisationsbild von den Gründerjahren bis heute wie ein gut gewähltes Firmenlogo." (Böttger 1996, 193) Greenpeace-Aktionen sind – über die unmittelbare Abhilfe hinaus – auf eine genau kalkulierte Öffentlichkeitswirksamkeit angelegt und entsprechend inszeniert. „Da die weitreichendste öffentliche Aufmerksamkeit über die Massenmedien zu erzielen ist und die schnellste Wahrnehmung über die Augen, wurde Fotografierbarkeit ein zentrales Gestaltungskriterium jeder Aktion." (Böttger 1996, 194) Seit 1986 treibt Greenpeace eine professionelle Fotopolitik. Sie vergibt Aufträge an professionelle Fotografen, die dafür Sorge tragen, daß Aktionen und deren mediale Präsentation eine Einheit bilden. „Galt für die Aktionspolitik: Wir inszenieren die Aktion so, daß wir im Bild erscheinen, wie wir gesehen werden wollen", gilt für die eigene Bildauswahl das Motto: „Wir zeigen nur, wie wir gesehen zu werden erwarten, und erfüllen die von uns vorgefertigte Erwartung des Publikums." (Böttger 1996, 194) Pressebilder und Selbstdarstellung waren in der Vergangenheit weitgehend identisch. Beide sind beherrscht von statischen und autoritären Bildern, die keine Fragen und keinen Deutungsspielraum offenlassen. „Auf den Fotos tauchen Greenpeacerinnen und Greenpeacer natürlich als Heldinnen und Helden auf – Bilder von müden Aktionisten, am Schreibtisch grübelnden Assistenten, streitenden Planern, Pannen und Pausen zeigt Greenpeace aus ihrem Selbstverständnis heraus nicht." (Böttger 1996, 194) Fotopolitik meint jedoch nicht nur die Imageproduktion der Organisation, sondern auch die Nutzung von Fotos als politische Waffe in der öffentlichen Auseinandersetzung. „Die Öffentlichkeitsarbeit stützt sich in der Bildsprache vor allem auf die Kombination dreier Bildtypen: des Schadensbilds, des Schönbilds und des Aktionsbilds. Das Schadensbild dokumentiert die Zerstörung von Natur und Umwelt, das Schönbild bildet das Gegengewicht in Form von intakter, zauberhafter Natur oder zeigt Alternativen, und das Aktionsbild legt Zeugnis ab für die Handlungsfähigkeit von Greenpeace innerhalb dieser Spannung." (Böttger 1996, 195)

(b) Medienorientierung. „Greenpeace – das macht gerade ihre postmoderne Schlagkraft aus – ist es gelungen, die Bilderwelt der Medien um das Genre des Umwelt-Zweikampfes zu bereichern." (Sachs 1996, 294) Das von Greenpeace reklamierte Quäker-Prinzip des „bearing witness" erfährt in deren Medienorientierung eine spezifische Veränderung. Der Anspruch, „die Greenpeace-Öffentlichkeitsarbeit ist eine Verlängerung des ‚bearing witness' mit den Mitteln moderner Medientechnik" (Radow/Krüger 1996, 213), verkennt den ursprünglich individuellen Bezug des Prinzips. „‚Bearing witness' weist auf die Verantwortlichkeit des einzelnen angesichts unduldbarer Ereignisse und Zustände: Aussprechen-was-ist, Änderung anmahnen, Einschreiten, Bekanntmachen sind die ihnen gegenüber gebotenen Handlungen – und zwar ganz unabhängig von der zu erwartenden gesellschaftlichen Resonanz." (Radow/Krüger 1996, 212) Als Erfolgsrezept einer professionellen, wesentlich an die Medien gerichteten Öffentlichkeitsarbeit verliert es seine individuelle moralische Fundierung. Bekenntnis und Zeugenschaft werden zur „strategischen Information", die sich an dem orientiert, was in den Medien Nachrichtenwert hat. Die Erzeugung von Zuschauern ist dabei die eigentliche Gefahr, Passivierung statt Mobilisierung das Ergebnis. „Es wäre mißlich, wenn sich Greenpeace vom Erfolg dazu verleiten ließe, hauptsächlich Zuschauer zu züchten, die sich die Auseinandersetzung um die Zukunft nur multimedial reinziehen." (Sachs 1996, 295)

(c) Uniformierte Helden. Die Kreation von Helden entlang des David/Goliath-Musters beherrscht auch die Bildersprache von Greenpeace. „Kleine Menschen stellen sich großen Gegnern. ... Der Greenpeace-David ist ein Held, der sowohl sich, als auch seiner Organisation und seiner Überzeugung durch dargestellten Mut und Hingabe Glaubwürdigkeit verschafft." (Böttger 1996, 195) Greenpeace operiert dabei immer wieder mit drei Typen des eingreifenden Helden (der Schlauchbootfahrer, der Taucher und der Kletterer) und mit drei Typen des passiv widerständigen Helden (der Angekettete, die Fledermaus, der Mensch im Käfig). „Die Symbolsprache der Bilder hat sich über die Jahre nur in einem wichtigen Punkt geändert: Seit 1987/88 treten nicht mehr ausschließlich Aktivistinnen und Aktivisten, die bedingt durch ihre Aufgabe beispielsweise eine Schutzkleidung tragen müssen, in spezifischer Kleidung auf, sondern alle Aktionistinnen und Aktionisten erscheinen mit einer optisch deutlichen Greenpeace-Kennung, z.B. in weißen Aktions-Anzügen mit dem Greenpeace-Schriftzug, also einer Art Parteiuniform oder Werbeaufmachung im Bild." (Böttger 1996, 196f) Gegenüber den neueren reformpolitischen

Ambitionen scheint das bis heute gepflegte Greenpeace-Bild einer „Schlauchbootcrew mit dem Marlboro-Abenteuer-Gestus" (Böttger 1996, 197) veraltet, es wird jedoch aus Image-, Sympathie- und damit Spendengründen weiter gepflegt. Positive Aktionsziele und reformpolitische Konzepte lassen sich außerdem nicht in solch medial spektakulärer Form vermarkten. Das Schlauchboot-Image täuscht spontane Aktionen vor, die in Wirklichkeit auf der mühsamen Kleinarbeit einer besonderen Abteilung für Logistik und Ausbildung der AktionsteilnehmerInnen basieren.

(d) Politik der Illusionen. „Wir sind die Traumfabrik, die ökologisch und moralisch gute Traumfabrik der Bevölkerung. ... Was der Mensch gerne sein möchte, seine Sehnsüchte, das müssen wir wirklich durch unsere Handlungen zu leben versuchen." (Zindler 1996, 269) Greenpeace lebt von Wünschen und Abspaltungen, die sich aus den alltäglichen Anpassungszwängen ergeben. Ihre Aktionen sollen jenes „Auf-den-Tisch-hauen" verkörpern, das sich die Menschen an ihrem Arbeitsplatz in der Regel nicht trauen. „Fröhlich kämpfen" lautet das Motto: „Jede Aktion ist eine Kampfansage gegen die Verzweiflung – und muß auch diesen Optimismus ausstrahlen." (Zindler 1996, 275) Ihre Mühen sollen nicht sichtbar werden, sondern sie soll eine „gewisse Leichtigkeit" ausstrahlen. Attraktiv ist die „Zorro-Moral" – wie eine neuere Studie zeigt – selbst bei professionellen Führungskräften. Weil sie weder ihre fachlichen noch ihre Gerechtigkeitsmaßstäbe im betrieblichen Alltag unterbringen können, finden sie Greenpeace anziehend, als „Wirklichkeit gewordener Traum von der Gemeinschaft kompetenter Helden" (Baethge u.a. 1996). Greenpeace entlastet gerade Intellektuelle und Experten (vgl. die soziale Zusammensetzung der SpenderInnen) von ihrer berufsmoralischen Verantwortung. Sie „zahlen bei Greenpeace ein und befolgen so die Regel des geringsten Aufwands für die Prämie, die aufs ökologische Gewissen ausgesetzt ist" (Baethge u.a. 1996). Durch die Identifikation mit den Greenpeace-Aktivisten kommt Farbe in den angepaßten Berufsalltag. „Jede Aktion ist auch ein Protest gegen die Ohnmacht und Erstarrung auf dieser Welt und ein Aufbruch aus dem Alltag, der, sich selbst überlassen, unweigerlich dazu tendiert, grau und grauer zu werden." (Zindler 1996, 275) Der Rest an Schuldgefühlen gegenüber der eigenen Untätigkeit soll mit guter Stimmung zugedeckt werden. „Es hat keinen Sinn, den Leuten mit Hiobsbotschaften und Katastrophenszenarios ihren Alltag noch grauer zu machen. ... Es muß Spaß machen, mit Greenpeace zu gewinnen!" (Zindler 1996, 278)

(e) Aktionen als Spektakel. Für das Publikum liegt der Fokus der Aufmerksamkeit auf den Aktionen. Sie sollen eigene Ohnmachtsgefühle überwinden helfen, indem der (stellvertretende) persönliche Einsatz der Greenpeacer durch Spenden unterstützt wird. Die Mobilisierung zur eigenen Beteiligung geht von Greenpeace kaum aus; der Konsumentenboykott von Shell ist eine Ausnahme. Aber auch die „kognitive Mobilisierung",

GREENPEACE

d.h. sozialökologisches und politisches Lernen, wird im Kampagnen-szenario eher verstellt als gefördert. „Das Ereignismanagement verlangt schnelle Entscheidungen. Professionalisierte Öffentlichkeitsarbeit ist die unabdingbare Voraussetzung des von Medienresonanz abhängigen Erfolgs. Die Akteure symbolischer Politik müssen sich auf Visualisierung und Dramatisierung einlassen. An Stelle komplexer Zusammenhänge kommt es auf Vereinfachung und Zuspitzung an." (Klein/Koopmans 1995, 44) Um möglichst populär zu sein und entsprechende Unterstützung zu mobilisieren, läßt Greenpeace den strategischen Rahmen unbestimmt, in dem die Aktionen als Mittel eingesetzt werden. In der Kampagnenpolitik bringt diese Vereinfachung zahlreiche Vorteile. Eindeutiger Nachteil ist jedoch, daß wichtige Fragen nach den Zielen und Wegen des Umwelt-schutzes und seiner sozialen Bedeutung bei Greenpeace im Dunkeln blei-ben bzw. durch die Konzentration auf Aktionen verdeckt werden. Selbst die größeren Kampagnen werden – zumindest von den meisten Nicht-För-derern – nicht als solche wahrgenommen, sondern in der öffentlichen Wahrnehmung bleiben isolierte Einzelaktionen haften. „Greenpeace wird über ihr spektakulärstes Mittel identifiziert, nicht über ihre Strategie, über Inhalte und Ziele der Arbeit." (Krüger 1996, 207) Dies ist ein Dilemma, aus dem Greenpeace trotz aller positiver und reformpolitischer Erweite-rungen wohl nicht herauskommt, sondern durch das Recycling des Schlauchboot-Images diesem selbst immer wieder zuarbeitet.

(f) Indezente Selbstüberschätzung. „Brent Spar, Greenfreeze, Weltpark Antarktis … Greenpeace kann auf viele Siege zurückschauen." (Zindler 1996, 269) Zu den mediengerecht inszenierten spektakulären Aktionen gehört die Illusion einfacher Erfolge. Da sie im wirklichen Leben eher selten sind und sich nicht in Zorro- oder High-Noon-Manier erzwingen lassen, überzeichnet Greenpeace notorisch den politischen Einfluß ihrer Aktionen und verdrängt die jeweiligen Erfolgsbedingungen, wie z.B. die Leistungen anderer NGOs und der lokalen Oppositionsgruppen. In den Kampagnen greift Greenpeace in das Arsenal gegenaufklärerischen Moralunternehmertums. Komplexe sozialökologische Probleme werden auf archaische Konfrontationsmuster reduziert und in ökologischen Schurkenstücken bearbeitet. „Strategische Information ist ein Mittel, das Greenpeace – also eine vergleichsweise schwache soziale Kraft – in die Lage versetzt, überproportional starke Kräfte zu entfalten." (Radow/Krü-ger 1996, 215) Strategische Information wird als aktionsbegleitende Form der Öffentlichkeitsarbeit verstanden, die für entsprechenden Druck sorgt: „Im Vordergrund stehen das Verhalten des Kontrahenten, der zur Umwelt-zerstörung beiträgt, und der Versuch, eben jene Informationen zusam-menzutragen und zu veröffentlichen, die ihn unter Rechtfertigungs- und Handlungsdruck setzen." (Radow/Krüger 1996, 215) Statt Aufklärung zu betreiben und durch Betroffenheit zu mobilisieren, bedient Greenpeace

Vorurteile und entlastet das Publikum von eigenem Handeln. Sie betreibt „postmoderne" Politik, die zentral auf Medienresonanz setzt. Eine aus den eigenen Reihen kommende Kritikerin spricht von megalomanen „Adopt-the-Globe"-Organisationen, in denen sich regressive Omnipotenz- und Grandiositätsphantasien austoben können (Fetscher 1996, 40f). Öffentlich angeprangerte Schufte helfen, von der eigenen moralischen Verstrickung abzusehen, entlasten von eigenen Aktivitäten und Verhaltensänderungen.

(g) Moderner Ablaßhandel. Daß Greenpeace, was seine Einnahmen angeht, wesentlich ein Spendenunternehmen darstellt, ist in demokratisch-menschenrechtlicher Hinsicht nicht das Problem. Auch basisdemokratisch orientierte politische Arbeit ist mehr oder weniger stark auf Spenden angewiesen, und das Streben nach staatlichen Fördertöpfen ist sicherlich nicht unproblematischer. Zweierlei fällt an der Spendenpraxis von Greenpeace negativ auf. Indem Greenpeace ihren Spendern jeden Einfluß auf die Finanzierung spezifischer Kampagnen bestreitet und ihnen statt dessen eine diffuse Organisationsunterstützung abfordert, verbaut sie auch noch den letzten Rest politischer Mitbestimmung. Dies paßt allerdings, und dies ist der gewichtigere Vorbehalt, in das Strickmuster, mit dem Greenpeace Aktions-, Medien- und Spendenkampagnen verknüpft. Überzogene Erfolgsmeldungen, Heldentum und ökologische Schurkenstücke bedienen eine mediale Scheinwelt, die das Publikum zur Regression einlädt. Im Mittelpunkt steht die Illusion, daß wir mit jeder Spendenmark am Sieg des Guten über das Böse Anteil haben. Es ist dieses politisch-moralische Entlastungskalkül, auf das das Unternehmen Greenpeace setzt. Wir können „sündig" weiterleben, denn unsere ökologischen „Strafen" werden uns erlassen, wenn wir die vorbildliche Gemeinschaft der Regenbogenkämpfer unterstützen. Die Visionen und Leidenschaften, so ein Vertreter der Gründergeneration, sind einem unternehmerischen Kalkül gewichen. „Greenpeace verkauft den Menschen ein gutes Gewissen gegen Spendenbescheinigung. Das ist reiner Ablaßhandel. Die Spender glauben dann: Ich bin Teil der Lösung, nicht Teil des Problems." (Paul Watson, in: Die Woche vom 15. August 1996, S. 23) Dieses Strickmuster erklärt auch, wieso Greenpeace in den wohlhabenden Ländern des Nordens am erfolgreichsten ist.

Von wohlwollenden Kritikern wird darauf hingewiesen, daß die Produktionsweise von Greenpeace auf ein antiquiertes Konfliktszenario zurückgreift, das dringend der Erneuerung bedürfe. Die klassische Situation der Regenbogenkämpfer, Umweltverbrecher durch Aktionen vor laufender Kamera dingfest zu machen und zu Verhaltensänderungen zu zwingen, wirke angesichts der gegenwärtigen ökologischen Entwicklungen eher antiquiert, die ruhmreichen Schlachten hätten keine Zukunft. Denn „diese Art von Konflikten gibt es immer weniger, wenigstens in unseren Breiten"

(Sachs 1996, 291). Gegen die scheibchenweise Verschlechterung ökologischer Bedingungen wirkten sie hilflos. Die globalen ökonomischen Verflechtungen machten es zudem schwerer, die Verursacher eindeutig zu benennen. Solche Argumente unterstellen eine Orientierung am aktuellen Stand der ökologischen Probleme. Sie verkennen dabei, daß Greenpeace mit ihren „antiquierten" Kampagnen gerade deshalb so „erfolgreich" ist, weil sie massenmedial und populistisch auf der Höhe der Zeit ist. „The show must go on."

Literatur

Danielle Archibugi/David Held (Hrsg.), Cosmopolitan Democracy. An Agenda for a New World Order, Cambridge 1995
Martin Baethge/Joachim Denkinger/Ulf Kadritzke, Das Führungskräfte-Dilemma. Manager und industrielle Experten zwischen Unternehmen und Lebenswelt, Frankfurt/M-New York 1996 (Die Zitate stammen aus einem Vorabdruck in der Frankfurter Rundschau vom 15.8.1996.)
Thilo Bode, Greenpeace und der Umbau der Gesellschaft, in: Greenpeace 1996, S. 13-19
Thilo Bode, Am Wendepunkt – Zur Stellung von Greenpeace in der Gesellschaft, in: Greenpeace 1996, S. 254-265
Conny Böttger, Greenpeace macht Bilder, Bilder machen Greenpeace, in: Greenpeace 1996, S. 192-199
Karl Bruckmeier, Nichtstaatliche Umweltorganisationen und die Diskussion über eine neue Weltordnung, in: Prokla 95/1994, S. 227-241
Deutsche Shell AG (Hrsg.), Die Ereignisse um Brent Spar in Deutschland, Hamburg, Dezember 1995
Kerstin Eitner, Der lange Atem des Marathonläufers – Entwicklung der Atomkampagne, in: Greenpeace 1996, S. 176-189
Caroline Fetscher, Die Zwerge auf den Schultern von Riesen. Lobbyisten der neuen Internationale verändern die Politik, in: Spiegel-Special Heft 11/1995, S. 125-127.
Caroline Fetscher, Der Mythos Greenpeace und das Lob der privaten Helfer. Brent-Spar-Politik als utopisches Zeichen?, in: Kommune 6/1996, S. 37-45
Greenpeace (Hrsg.), Der Preis der Energie. Plädoyer für eine ökologische Steuerreform, München 1995
Greenpeace (Hrsg.), Das Greenpeace Buch. Reflexionen und Aktionen, München 1996
Michael Günther, Greenpeace und das Recht, in: Greenpeace 1996, S. 65-81
Ulrich Jürgens, Sieger sehen anders aus – Brent Spar als Aufgabe, in: Greenpeace 1996, S. 280-289
Gerd Junne, Transnational Environmental Policies, in: Vakgroep Politicologie (Hrsg.), Internationalisering van Politik en Beleid. Grenzen en Perspectieven, Nijmegen 1993, S. 20-32
Ansgar Klein, Die Legitimität von Greenpeace und die Risiken symbolischer Politik. Konturen und Probleme einer medialen Stellvertreterpolitik im Bewegungssektor, in: Forschungsjournal Neue Soziale Bewegungen 1/1996, S. 11-14
Ansgar Klein/Ruud Koopmans, Boykott und symbolische Politik. Anmerkungen zu der Brent Spar-Kampagne von Greenpeace, in: links 9/10, 1995, S. 43-45
Christian Lahusen, Internationale Kampagnen. Grundmuster und Kontexterfahrungen globalen kollektiven Handelns, in: Forschungsjournal Neue Soziale Bewegungen 2/1996, S. 42-51
Thomas Princen/Matthias Finger, Environmental NGOs in World Politics. Linking the Local and the Global, London 1994
Birgit Radow/Christian Krüger, Öffentlichkeit herstellen, in: Greenpeace 1996, S. 210-221
Dieter Rucht, Greenpeace und Earth First!, in: Komitee für Grundrechte und Demokratie (Hrsg.), Ziviler Ungehorsam. Traditionen, Konzepte, Erfahrungen, Perspektiven, Sensbachtal 1992, S. 282-304
Dieter Rucht, Multinationale Bewegungsorganisationen: Bedeutung, Bedingungen, Perspektiven, in: Forschungsjournal Neue Soziale Bewegungen 2/1996, S. 30-41
Wolfgang Sachs, Liegt Greenpeace vorn im 21. Jahrhundert?, in: Greenpeace 1996, S. 290-295
Thomas Schultz-Jagow, GREENpeace oder GreenPEACE – Zur Friedensarbeit der Organisation, in: Greenpeace 1996, S. 26-43
Spiegel-Special, Die Macht der Mutigen. Politik von unten: Greenpeace, Amnesty & Co., Heft 11/1995
Jochen Vorfelder, Brent-Spar oder die Zukunft der Meere. Ein Greenpeace-Report, München 1995
Gerhard Wallmeyer, Der Scheck als Stimmzettel – Ziele und Methoden des Fundraising, in: Greenpeace 1996, S. 92-101
Paul Wapner, Environmental Activism and World Civic Politics, Albany 1996
Wolf Wichmann, Brent Spar oder der vergessene Alltag der Nordseeverschmutzung, in: Blätter für deutsche und internationale Politik, 8/1995, S. 956-962
Harald Zindler, 17 Arten, den Sinn einer Aktion zu beschreiben, in: Greenpeace 1996, S. 266-279

Andreas Buro

Die Arbeit der Helsinki Citizens' Assembly für Menschenrechte und Demokratisierung in Europa

Die Bemühungen um die Verwirklichung der Menschenrechte müssen stets sicher auf zwei Füßen stehen. Das eine Standbein ist der Kampf im eigenen Land, auch im eigenen Lebensgebiet gegen jegliche Verletzungen der Menschenrechte, aus dem Engagement seine soziale Basis und seine moralische Glaubwürdigkeit gewinnt. Denn die Einhaltung von Menschenrechten nur von anderen Gesellschaften und Staaten zu fordern, wie es oft genug im Spiel der internationalen Politik betrieben wird und im Ost-West-Konflikt gang und gäbe war, hieße, sie als taktisches Mittel für ganz andere Zwecke zu instrumentalisieren. Das andere Standbein sind die grenzüberschreitenden, transnationalen Bemühungen. Nicht nur die internationalen Bedingungen für die Entfaltung der Menschenrechte sind zu verbessern, sondern auch von der Basis her und zwischen den Gesellschaften der Staaten ist Solidarität im Kampfe um die Durchsetzung der Menschenrechte zu entwickeln. Solche Absichten haben nichts mit missionarischem Eifer westlicher Gesellschaften zu tun. Wenn Menschenrechte als die Rechte aller Menschen verstanden werden, so darf ihre Bedeutung nicht durch Grenzen blockiert werden. Menschenrechte „nur in einem Lande", das wäre eine stets gefährdete Insel!

Analoges läßt sich zu der Arbeit für Demokratisierung von Gesellschaften – nicht zu verwechseln mit bürgerlich-parlamentarischen Systemen, die allenfalls Stadien auf dem Wege der Demokratisierung sein können – aber auch in Hinblick auf Friedensarbeit mit dem Ziel, „Zivile Konfliktbearbeitung" durchzusetzen, sagen.

Ohne an dem Gesagten Abstriche zu machen, gilt es dennoch einzuschränken. Erstens sind die Bedingungen, um Menschenrechte durchzusetzen, von Demokratisierung und ziviler Konfliktbearbeitung von Land zu Land, von Region zu Region höchst unterschiedlich, was zu ungleichen und ungleichzeitigen Verlaufsformen der Durchsetzungsbemühungen führen muß. Die Bedingungen für solche Arbeit sind in Burundi, China, Belarus, den USA oder Deutschland völlig unterschiedlich, und zwar in jeder Weise: nach historischem Hintergrund, in bezug auf die sozio-ökonomische Situation, die rechtliche Lage und die psychosozialen Voraussetzungen. Notwendige Schritte, Taktiken, Bündnisse und Strategien haben sich der konkreten Situation anzupassen und werden dementsprechend international meilenweit auseinanderklaffen.

Eine zweite gewichtige Einschränkung liegt in der Handlungskapazität der Gruppierungen, welche den Kampf um Menschenrechte, Demokratisierung und Frieden/Abrüstung aufnehmen. In aller Regel sind sie nicht Teil der herrschenden Gruppierungen und Kräfte in den jeweiligen Gesellschaften. Im Gegenteil! Trotz vieler großmundiger Erklärungen der Regierenden bilden diese nicht die Avantgarde der menschenrechtlichen Emanzipation. Diese Vorhut stellen viel eher kleine Gruppen der Gesellschaften dar, die sich gegen die obrigkeitsstaatliche Repression auflehnen und in Opposition für eine neue Orientierung kämpfen. In aller Regel verfügen sie nur über eine zunächst schmale soziale Unterstützungsbasis. Ihre materiellen Mittel und Organisationskapazitäten sind meist lächerlich gering verglichen mit denen der herrschenden Kräfte. Diese Oppositionsgruppierungen müssen größte Anstrengungen auf sich nehmen, um die Basis im eigenen Lande auszuweiten oder um sie auch nur zu erhalten. Internationale Arbeit kann deshalb von ihnen nur in geringem Maße erwartet werden und übersteigt oft die vorhandenen Kräfte. Selbstverständlich erfordert diese weit stärkere Anstrengungen als vergleichbare Arbeit in der eigenen Gesellschaft: Freizeitaufwand, Reisekosten, die Überwindung von sprachlichen und kulturellen Barrieren usw. Und zusätzlich: wie schwierig ist es letztlich, das Anderssein der anderen Gesellschaften und der dort herrschenden Bedingungen für emanzipative Arbeit der eigenen Basis zu vermitteln! Am ehesten ist dies noch im Falle großer menschlicher Tragödien, wie z.B. dem Bosnien-Krieg, möglich. Dann läßt sich internationale Solidarität in großem Maßstab organisieren. In der weniger spektakulären Arbeit der Veränderung von Einstellungen, des Kampfes um rechtliche Positionen und Praktiken usw. ist dieses jedoch außerordentlich schwierig.

Die Folge der hier nur angedeuteten Schwierigkeiten inter- und transnationaler Arbeit liegt entweder in der Vernachlässigung grenzüberschreitender Bemühungen oder in einer mehr oder minder expliziten Arbeitsteilung zwischen Binnen- und Außenarbeit, die zum Teil innerhalb der jeweiligen Organisationen erfolgt oder aber zur Neugründung arbeitsteilig orientierter Organisationen führt. Diese Spezialisierung ist häufig die Praxis und oft unvermeidlich. Trotzdem bleibt das grundsätzliche Postulat

erhalten, beide „Standbeine" bei der Verfolgung arbeitsteiliger Strategien im Kalkül zu berücksichtigen, ja, notfalls über Kooperationen und Netzwerke den negativen Auswirkungen der Arbeitsteilung entgegenzuwirken.

Die 1990 zu Prag gegründete Helsinki Citizens' Assembly (HCA), die ihre Arbeit regional auf die Staaten der Helsinki Konferenz für Sicherheit und Zusammenarbeit (KSZE, heute OSZE) konzentriert, steht im Spannungsfeld der angesprochenen grundsätzlichen Probleme.

Die Ziele der HCA bei ihrer Gründung 1990

Keim der HCA war 1988 – also noch zur Zeit des Ost-West-Konflikts – ein Vorschlag der Charta '77, ein „europäisches Parlament für Frieden und Demokratie" zu gründen. Damit war die Hoffnung verbunden, Friedens- und Menschenrechtsoppositionsgruppen im Osten durch die Gemeinsamkeit mit westlichen Oppositionsgruppen vergleichbarer Zielsetzung abzusichern. Etwa 1.000 TeilnehmerInnen aus fast allen KSZE-Ländern hoben schließlich – die alte Ost-West-Konfrontation war zwischenzeitlich zusammengebrochen – 1990 im Prager Jugendstilhaus Obneci Dum die Helsinki BürgerInnenversammlung aus der Taufe. Das Schlüsselwort lautete „europäische Integration von unten als Projekt der civil society". Dabei war mit Europa nicht die EU gemeint, sondern das große, Ost und West übergreifende Gebiet der KSZE.

Der für die spätere Arbeit der HCA wichtige Begriff der Zivilgesellschaft oder eben civil society wurde nicht streng bestimmt, so daß sich unterschiedliche Vorstellungen und Hoffnungen in ihn einnisten konnten. In dem Prager Gründungsappell von 1990 heißt es:

„Die Teilung Europas zu überwinden ist in erster Linie die Aufgabe der zivilen Gesellschaft, der Bürgerinnen und Bürger, die in selbstorganisierten Vereinigungen, Bewegungen, Initiativen und Klubs über die nationalen Grenzen hinweg aktiv sind. Es geht um neue soziale Beziehungen und neue Formen des Dialoges, vermittels derer die Bürgerinnen und Bürger sich untereinander vernetzen, um einerseits mit den Regierungen zu verhandeln und Druck auf die politischen Institutionen auszuüben und um andererseits eine Reihe von Problemen auch außerhalb der staatlichen Ebene zu lösen. Es geht um die Ausweitung der gesellschaftlichen (also nicht-privaten und nicht-staatlichen) Sphären des Handelns und um die Herausbildung einer europäischen öffentlichen Meinung.

Die Verpflichtung der Politiker zu einer offenen Diplomatie muß hinausgehen über die Vorzimmer der Macht. Dabei ist mehr gefordert als Informationen für Journalisten oder die Konsultation nicht-staatlicher Organisationen. Der KSZE-Prozeß „von oben" muß ergänzt werden durch einen in gleicher Weise bedeutsamen Helsinki-Prozeß „von unten".

Laßt uns deshalb eine Helsinki-Bürgerversammlung gründen. Diese Versammlung soll ein ständiges öffentliches Forum sein, auf dem unabhängige Friedensgruppen und verschiedenartige Bürgerinitiativen sowie Individuen und Institutionen, die ein breites Spektrum von Meinungen repräsentieren, untereinander Erfahrungen austauschen, gemeinsame Angelegenheiten diskutieren und, wenn möglich, gemeinsame Kampagnen und Strategien ausarbeiten können."

Die Gründung der HCA fiel in eine Zeit der großen Hoffnungen. Im Appell heißt es dementsprechend: „Erstmals seit dem Ende des Zweiten Weltkrieges besteht eine reale Möglichkeit, auf diesem Kontinent und weltweit neue Beziehungen zu gestalten, die nicht mehr von Androhung oder dem Gebrauch militärischer Gewalt abhängen." Erwartet wurden eine beschleunigte „Bewegung zur Demokratie in allen Ländern Mittel- und Osteuropas" und zugleich: „Was bis vor kurzem undenkbar erschien, kann jetzt Wirklichkeit werden. Europa kann sich bis zum Ende des zweiten Jahrtausends zu einer Gemeinschaft des Friedens, der Gerechtigkeit, des Wohlstandes, der menschlichen Würde und der weltweiten Solidarität wandeln."

Freilich war man sich in Prag der enormen Probleme bewußt, welche im Appell selbst angesprochen wurden – dies aber eher als eine Aufzählung der anstehenden Aufgaben, denn als eine Analyse zu erwartender Schwierigkeiten. Diese appellative Eigenart ist jedoch der HCA dieser Zeit nicht vorzuwerfen, hätte doch eine tiefgreifende Analyse angesichts so heterogener Kräfte und Lebenssituationen niemals zu Gemeinsamkeit führen können. Diese Situation ist bis zur Gegenwart wirksam. Die Arbeit entfaltet sich eher konkret an Projekten. Mit ihr erhöht sich die Gemeinsamkeit der Einschätzungen. Ein ganz vordringliches Ziel ist es jedoch, den KSZE-weiten Kommunikationsprozeß zu ermöglichen und zu stimulieren.

Die Arbeit der HCA „wird auf der Verpflichtung gegenüber gemeinsam getragenen Werten beruhen. Sie sollte geprägt sein von dem Bewußtsein, daß Frieden, Demokratie und Menschenrechte untrennbar zusammengehören. Unser Ziel ist die europäische Einheit in der Vielfalt." Was in dem Appell so eindringlich formuliert wird, ist weniger erfüllte gemeinsame Wertorientierung, als noch zu erfüllende Aufgabe. Viele verbinden mit Demokratie schlicht das Muster liberaler Demokratie des Westens, das andere bereits heftig kritisieren. Wie Frieden zu erlangen ist, wurde auch innerhalb der HCA anläßlich der fürchterlichen Realität des Bosnien-Krieges kontrovers gesehen.

Die Entfaltung der Schwerpunkte der HCA-Arbeit

Seit Prag sind in fast allen KSZE-Ländern nationale Sektionen gegründet worden. Sie sind die länderspezifischen „Basisorganisationen". Diese arbeiten sehr unterschiedlich, ebenso verschieden, wie sie in ihren Gesellschaften verankert und für letztere repräsentativ sind. Sie betreiben sowohl je eigene Projekte, möglicherweise in Zusammenarbeit mit anderen nationalen Sektionen, und beteiligen sich an Projekten, die vom internationalen Sekretariat und dem Präsidium der HCA ausgehen. Personen aus den Nationalen Sektionen sind ferner Mitglieder in den 7 Internationalen Kommissionen (ihre Thematik wurde im Laufe der Zeit variiert), die nach Prag gegründet wurden: Zivile Gesellschaft/Europäische Institutionen und europäische Integration/Menschenrechte/Wirtschaft und Ökologie/Frauen/Demilitarisierung und Friedenspolitik/Kultur/Nationalismus und föderale Strukturen. Auf die vielfältige Arbeit in den Kommissionen kann hier nicht eingegangen werden. Informationen erteilt das HCA-Sekretariat in Prag (Milady Horákove 103, CZ-160 00 Prag 6, Tschechien).

Eine wichtige Rolle spielen die Jahreshauptversammlungen der HCA, um Themen gemeinsam zu diskutieren, um damit das gemeinsame Verständnis zu fördern und um persönliche Beziehungen zwischen den Aktiven in den verschiedenen Ländern zu knüpfen. Letzteres darf in seiner Bedeutung nicht unterschätzt werden, sind es doch gerade persönliche Vertrauensverhältnisse, die eine internationale Zusammenarbeit bedeutend erleichtern. Zur zweiten Hauptversammlung wurde zum März '92 nach Bratislava unter dem Thema „Neue Mauern in Europa: Nationalismus und Rassismus – Lösungsversuche von Bürgerinitiativen" eingeladen. Besonders Personen aus Mittel-, Ost- und Südost-Europa nahmen teil. Bratislava stand im Zeichen der ökonomischen, ethnischen, rassistischen und nationalistischen Spannungen in West und Ost. Rumänien, Armenien, Azerbaijan, Nord-Irland, Kurdistan und die USA standen im Rampenlicht. Bürgerrechte als Grundsäule der Demokratie wurden zu einem Hauptthema, ebenso die Suche nach Möglichkeiten der Konfliktlösung. Es gab aber auch fast „unmögliche" Treffen, wie das des Vorsitzenden des Demokratischen Forums Kuwait mit Mitgliedern der demokratischen irakischen Opposition, die nachdrücklich den Zusammenhang zwischen Demokratisierung und Entmilitarisierung herausstellten.

Weitere Hauptversammlungen fanden 1993 in Ankara, wo mit großen inneren und äußeren Spannungen – es wimmelte nur so von Geheimpolizei – u.a. auch über den Krieg in der Türkei diskutiert wurde, und 1995 in Tuzla/Bosnien statt, also in einer Stadt, die mit vielen Kräften versuchte, ihre multiethnische Eigenart aufrechtzuerhalten. Voraussichtlich wird 1997 die nächste Hauptversammlung in Rußland stattfinden.

In erstaunlicher Weise haben sich seit der HCA-Gründung die vielfältigsten Aktionsformen herausgebildet. Besonders spektakulär, wenn auch von der deutschen Medienlandschaft kaum beachtet, war die Friedenskarawane, die im Herbst 1991 durch fast alle ehemals jugoslawischen Teilstaaten zog und mit Bevölkerung, Verbänden und Regierungen sprach. Sie gab einen wesentlichen Anstoß und schuf internationale Verbindungen für die intensive spätere internationale Arbeit gegen den Krieg auf dem Balkan. Ein Jahr später gewannen die Bemühungen der HCA für Frieden in Bosnien – die HCA hat mittlerweile eigene Büros dort eröffnet – eine neue Qualität. Im November '92 veranstaltete sie in Ohrid/Mazedonien eine Konferenz mit RepräsentantInnen von Städten und Gemeinden aus vielen KSZE-Staaten mit solchen aus allen Teilstaaten des ehemaligen Jugoslawiens. Kooperationen auf der kommunalen Ebene sollten die Verfeindung unterlaufen und das Kriegselend mildern. Auf der gesellschaftlichen Ebene wurde vorgeschlagen – und z.T. verwirklicht –, unabhängige Medien zu unterstützen, um die nationalistische Ideologie aufzubrechen.

Alles, was ich bisher genannt habe, läuft Gefahr, ein zu sehr eingeengtes Bild von den „tausend Aktionsblumen" der HCA zu vermitteln. Kaum vorstellbar, was alles aufgegriffen wurde: Fact finding-missions zu den

Krim-Tataren, den baltischen Republiken, zu Referenden nach Moldova; Minderheitenfragen werden vor Ort gemeinsam mit den betroffenen Menschen erörtert; Delegationen fahren zum KSZE-Gipfel nach Paris. Man tritt in Kontakt mit OSZE, EU, NATO, Europarat und nationalen Regierungen, vermittelt in Nord-Irland und in Karabach. ... Doch ich breche lieber meine Darstellung ab; die Vielfalt der Aktivitäten ist zu groß.

Vielleicht klingt meine Beschreibung zu euphorisch. Sie ist es nur in Hinblick darauf, wieviel trotz ungünstigster Bedingungen geleistet wurde. Die Ziele des Prager Appells liegen noch in weiter Ferne. Der Kampf der „Gesellschaftswelt" um die Veränderung der „Staatenwelt" hat noch eine riesige Wegstrecke vor sich.

Die deutsche Sektion der europaweiten Bürgerrechtsbewegung

Gruppen und Personen aus der Bundesrepublik haben sich im Vorfeld und beim Zustandekommen der Gründung und des Aufbaus der HCA-International erheblich engagiert. Viele Deutsche waren in Prag dabei. Danach fanden mehrere Treffen mit gutem Echo statt; es gelang aber erst im Juni 1993, eine organisatorisch stabile deutsche HCA-Sektion zu schaffen. Die Gründungsmitglieder kamen nicht nur aus den alten und neuen Bundesländern, sondern auch aus einem breiten politischen und religiösen Spektrum sowie aus unterschiedlichen sozialen Bewegungen und Initiativen. Seit 1993 gibt die deutsche Sektion ein Bulletin heraus, das über die europaweite und die deutsche Arbeit berichtet. Das erste Projekt war die Vorbereitung der HCA-Hauptversammlung in Ankara. Dadurch wurde in langer Perspektive die Kurdenfrage und der Krieg in der Türkei zu einem Schwerpunkt der Sektionsarbeit. Dabei geht es um die Verknüpfung dieses Konfliktes mit den Handlungsmöglichkeiten der OSZE, die wir als eine mögliche Organisationsgrundform für eine gesamteuropäische Friedensordnung sehen.

Als ein zweiter Schwerpunkt hat sich die Solidaritätsarbeit mit und für die „Soldatenmütter in Rußland" herauskristallisiert. Diese Mütter wenden sich heute nicht nur gegen den Krieg in Tschetschenien, sondern werfen auch menschenrechtliche und pazifistische Fragen auf. Sie verfügten zunächst kaum über Geld für ihre Aktivitäten. Die Unterstützung von außen materiell, verbunden mit öffentlicher internationaler Anerkennung, spielte für sie eine wichtige Rolle. Die deutsche Sektion hat dabei eine Vorreiterrolle gespielt und betrachtet dies auch heute noch als ihr Projekt, um die Zusammenarbeit zu vertiefen.

Der dritte Schwerpunkt der deutschen Sektion liegt in dem Versuch, die Idee ziviler Friedensdienste im OSZE-Bereich zu verbreiten und praktisch daraufhin zu orientieren. Die Sektion organisierte zu diesem Zweck eine internationale Tagung 1995 in Frankfurt/Oder unter dem Titel „Für zivilen Friedensdienst – europaweit". In einer Schlußresolution wurde Nachdruck darauf gelegt, möglichst gleich mit der Ausbildung der Ausbilder für einen ZFD zu beginnen. Diese Arbeit soll durch den Aufbau eines Kommunikationssystems im Rahmen der OSZE-Länder weitergeführt werden.

Der vierte Schwerpunkt ist ein Frauenprojekt zur deutsch-tschechischen Aussöhnung. Frauen aus beiden Ländern wollen sich im September '96 treffen, um ihr Verständnis und ihre Perspektiven dieses noch immer nicht ausreichend bearbeiteten Konfliktes zu diskutieren und möglicherweise Handlungsvorschläge für die Zivilgesellschaft und ihre Frauengruppen auszuarbeiten. Auch hieraus wird sich eine langfristige Arbeit entwickeln.

Soweit die sich abzeichnenden gegenwärtigen Schwerpunkte der deutschen Sektionsarbeit. Viele weitere Einzelaktivitäten wären zu nennen, würden aber den Rahmen sprengen. Zu erwähnen bleibt, daß die deutsche Sektion ihr „erstes Standbein" (s.o.) durch enge Zusammenarbeit mit anderen deutschen Organisationen abzusichern sucht und sich deshalb sehr bewußt auf solche Themen konzentrieren kann, welche die Grenzen deutscher Politik im engeren Sinne überschreiten. Ihre Arbeit – auch das darf nicht verschwiegen werden – leidet unter großem materiellem Mangel und an der fehlenden Mobilisierung breiter Teile der Zivilgesellschaft für eine eher wenig spektakuläre internationale Arbeit. Die Finanzierung der Arbeit der deutschen Sektion beruht auf Mitgliedsbeiträgen einzelner Personen, auf Spenden und Unterstützungen aus Organisationen der deutschen sozialen Bewegungen. Für einzelne Projekte wie z.B. die Tagung über Zivilen Friedensdienst in Frankfurt/Oder und die deutsch-tschechische Frauentagung in Bonn werden auch Beiträge von Stiftungen eingeworben.

Europa von unten – was sind die Perspektiven?

Der HCA-Slogan „Europa von unten" suggeriert Gemeinsamkeit und Solidarität der Menschen. Es klingt, als ob die wohlverstandenen Interessen aller die Politik des Ganzen bestimmten. Ja, ein Hauch jener Verse verbindet sich mit dem Slogan „Europa von unten", in denen es heißt: „Sprechen erst die Völker selber, werden sie schnell einig sein." Gute Hoffnungen, wichtige Ermutigungen in einer Zeit, die so sehr von Skepsis geprägt ist. Doch kann man sich derartig einfache, schöne Bilder noch leisten angesichts einer zerklüfteten politischen, ökonomischen und sozialen Landschaft? Ja, angesichts der Entstehung einer Festung Europa, einer Festung der Reichen, die nicht einmal Europa umfaßt, sondern vielmehr Europa mit neuen Festungsmauern zertrennt – in Zonen der Integration und Zonen des Chaos und Absturzes, wobei das Integrationsgebiet selbst

durch die Ausgrenzung ganzer Teile der Gesellschaft ebenso gekennzeichnet ist wie durch die Angst der Eingegrenzten, aus ihrer Insel des
Wohlstands hinausfallen zu können.

Die soziale, wirtschaftliche und politische Situation der Menschen in
Gesamteuropa klafft also weit auseinander. Der anvisierte Supranationale
Staat, genannt Politische Union, gilt nur für das EU-Europa. Eine schwierige gesellschaftliche Transformation kennzeichnet die ehemals bürokra-
tisch-etatistischen Gesellschaften. Sie müssen einen eigenen demokratischen Weg finden und ausreichendes ökonomisches Wachstum
produzieren. Tendenzen der Entdemokratisierung durch Supranationali-
sierung stehen sehr vielfältige ethnisch-nationalistische Ideologisierungen
gegenüber, die nicht zuletzt als Herrschaftsinstrumente rivalisierender
alter und neuer Eliten eingesetzt und entwickelt werden.

Diese allgemeinen Aussagen lassen bereits eine wichtige Schlußfolge-
rung zu: Ein Europa von unten mit europäischer Gestaltungskraft wird es
nur geben, wenn sich in den Gesellschaften der einzelnen Staaten und
Regionen tatsächlich eine Basiskultur der BürgerInnen-Initiativen und
sozialen Bewegungen entwickelt. Nach allen Erfahrungen – vor allem im
EG-europäischen Raum – entstehen Basisaktivitäten nur aus Situationen,
welche die Menschen materiell oder psychisch stark berühren und die eine
kollektive (also nicht individuelle) Antwort begünstigen. In der Regel werden solche Situationen und daraus folgende Betroffenheiten nationalen
Charakter haben. Unmittelbarkeit und Besonderheit der Situationen wirken sich in diesem Sinne aus.

Europäische Gemeinsamkeiten von unten sind nur dort zu erwarten, wo
auch eine gemeinsam betreffende Herausforderung vorliegt, die in den
einzelnen Gesellschaften in ähnlicher Weise psychisch verstanden und
verarbeitet wird. Solche Gemeinsamkeiten müssen nicht immer gesamt-
europäischen Charakter haben. Dies ist eher unwahrscheinlich. Viel wahr-
scheinlicher sind internationale Basiskooperationen zwischen einigen
Ländern, die je nach Thema variieren können. Diese Perspektive auch für
zukünftige HCA-Arbeit mag eingeschränkt erscheinen. Sie hat jedoch den
unschätzbaren Vorteil des je konkreten Bezuges und kann für einen
abgrenzbaren Zweck motivieren. Einzelschritte können durchgesetzt und
so Erfolge, die ermutigen, erzielt werden.

Eine solche Projektorientierung vermeidet generalistische Debatten und
deren Fraktionierungen; sie folgt dem induktiven Prinzip vieler europäischer sozialer Bewegungen, die sich in Konflikte um Veränderungen begeben und dadurch in soziale und politische Lernprozesse geraten. Ganz in
diesem Sinne ist das HCA-Bemühen um europaweite Vernetzung und
Basiskommunikation von großem Wert. Dabei geht es nicht vorrangig um
„Vereinheitlichungen" von Interpretationen, Prioritäten und Forderungen;

so als ob *eine* europäische „Schlagkraft" von unten möglich wäre. Zu erreichen sind vielmehr gegenseitige Information und ein argumentativer Dialog von unten, die sich im glücklichen Falle immer wieder zu Kooperation verdichten können.

Eine Arbeit wie die der Helsinki Citizens' Assembly ist, wie es die beiden Ko-Präsidentinnen des Jahres 1994 einmal formulierten „impossibly ambitious". Die materiellen Bedingungen und die Organisationskapazitäten sind so unzureichend, daß es fast immer wieder wie ein Wunder wirkt, daß doch so viel angestoßen und erreicht werden kann. Viele der hier Engagierten haben lange Erfahrungen der Arbeit in sozialen Bewegungen. Sie wissen um die Mühsal und die Langsamkeit von Veränderungen. Sie sehen aber auch im politisch-lebensgeschichtlichen Rückblick, wie viel durch BürgerInnenbewegungen bewegt werden konnte. Das stärkt Mut und Hoffnung, sich auch bei einem solchen „unmöglichen" Projekt wie dem der HCA einzulassen, trotz aller sich hochtürmenden und immer noch anwachsenden Schwierigkeiten. Wer glaubte auch, ein sich demo-kratisierendes Europa von unten sei leicht zu schaffen?

Die Kontaktaufnahme zur HCA kann über das Sekretariat der deutschen Sektion, Augustastr. 41, 53173 Bonn, geschehen.

Dokumente

Dokumente
1. Juli 1995 - 30. Juni 1996

In diesem dokumentarischen Anhang werden – wie bereits in den früheren Jahrbüchern des Komitees – Erklärungen, Stellungnahmen, Aufrufe, Eingaben, Arbeitsberichte etc. wiedergegeben. Dabei kann bei weitem nicht alles aus den Komitee-Aktivitäten im Zeitraum von Juli 1995 bis Juni 1996 seinen Niederschlag finden. So entsteht die Merkwürdigkeit, daß diese Dokumente mancher/manchem geneigten LeserIn viel zu üppig ausgewählt erscheinen mögen und dennoch nur die „Spitze des Eisberges" dessen sichtbar werden lassen, was wir in dem angegebenen Zeitraum gleichsam „angerichtet" haben. Zu berücksichtigen ist, daß neben der Tag-zu-Tag-Arbeit, die selbstverständlich weiter lief, einige Themen sich wie ein roter Faden durch unser Tun zogen und fast unsere ganze Kraft forderten: Jugoslawienkrieg und seine Folgen, Asylrecht, Schutz des Demonstrationsrechts, Prozeßbeobachtungen, der türkisch-kurdische Krieg und unser Nein zu „out of area". In dieser Zeit zunehmender Gewalt und neuer Kriege, politischer Widersprüche etc. ist es besonders schwer, in der Tageshektik den langen menschenrechtlichen Atem zu halten, und trotz der Megaprobleme dürfen auch die „kleinen" Gefährdungen und Gefahren sowie Menschenrechtsverletzungen nicht ausgeblendet werden.

Das Petitionsrecht als Grundrecht ernster nehmen, auf Demokratisierung drängen

In einem Leserbrief, der in der „Frank-furter Rundschau" – „Freie Ausspra-che" – am 3. Juli 1995 abgedruckt war, setzt sich Klaus Vack mit der herr-schenden Praxis im Umgang mit dem Petitionsrecht auseinander.

Knapp 30 Abgeordnete sollen sich an der Parlamentssitzung beteiligt haben. Dies wird auch belegt durch ein Foto eines gähnend leeren Parlamentssaales. Wie machtlos die-ses kleine Grüppchen – setzen wir voraus interessierter – Abgeordneter ist, mag man daran ermessen, daß eine Partei zwar minde-stens fünf Prozent der Stimmen benötigt, um in den Bundestag zu kommen, daß aber knapp 2,25 Prozent der gewählten Volksver-treter an der Diskussion einer so wichtigen Sache teilnehmen wie über den Bericht des Petitionsausschusses für das Jahr 1994 (*FR vom 24. 6. 1995 »Bürgerbeschwerden nicht ganz ernst genommen«*).

Wenn sich im vergangenen Jahr knapp 20.000 Bürgerinnen und Bürger an den Peti-tionsausschuß gewandt haben, dann sollte dies – von wenigen Ausnahmen abgesehen – alle 672 Abgeordneten interessieren.

Das Petitionsrecht, Art. 17 GG „Jedermann hat das Recht, sich einzeln oder in Gemein-schaft mit anderen schriftlich mit Bitten oder Beschwerden ... an die Volksvertretung zu wenden", ist in engem Zusammenhang zu sehen zu Art. 20 Abs. 2 des Grundgesetzes „Alle Staatsgewalt geht vom Volke aus".

Wenn es für dumme Äußerungen im Bun-destag nicht nur gelegentlich Ordnungsrufe, sondern beispielsweise gesalzene Bußgeld-bescheide gäbe, dann müßte dies den FDP-Sprecher Günther Nolting treffen, der in sei-nem „Diskussionsbeitrag" „vielen Menschen" „eine Art Vollkasko-Mentalität" unterstellt.

Eine merkwürdige Differenz zu diesem Vor-wurf – der „Vollkasko-Mentalität" stellt die CDU/CSU-Behauptung in der gleichen Debatte dar, der Petitionsausschuß laufe Gefahr, eine Art „Oberasylbehörde" zu wer-den. Und weiter: „Dafür wurde er nicht geschaffen." Die deutschen Bürgerinnen und Bürger, die sich für Asylsuchende einsetzen, wollen hilflosen Menschen beistehen. Sie nehmen Arbeit, Kosten und manch anderes Unangenehme auf sich, was mit „Vollkasko-Mentalität" nichts zu tun hat.

Nachdem die neue Bundesrepublik mit der Vereinigung Deutschlands die Chance nicht genutzt hat, das alte Grundgesetz an Haupt und Gliedern zu demokratisieren, wäre ein bürgeroffenes Petitionsrecht wenigstens ein kleiner Schritt, produktive Anstöße, die von einzelnen oder von Gruppen ausgehen, posi-tiv aufzugreifen. Gewiß, dann kämen bald mehr Petitionen und es gäbe mehr Arbeit, aber ein größerer und effektiverer Petitions-ausschuß, unterstützt von kompetenten Mit-arbeitern, könnte dies nicht nur auffangen, sondern wäre ein Stachel wider eine Politik, die um der Macht willen die Gesellschaft ka-puttgehen läßt.

Der Umgang des Bundestages mit Petitionen und mit seinem eigenen Petitionsausschuß zeigt wie im Brennspiegel, wie wenig sich die meisten Parlamentarier, die Bundesregie-rung etc. um die Sorgen vieler Bürgerinnen und Bürger scheren. Ein Grund dafür ist darin zu suchen, daß viele Bürgerbewegun-gen, Teile der Friedensbewegung usw. müde geworden sind, weil es keiner aushält, immer erneut zu glauben, er habe z. B. trifti-ge Argumente, um dann erfahren zu müssen, daß Argumente nicht zählen, sondern Macht.

Eine kleine Möglichkeit, dem abzuhelfen, besteht auch darin, daß wir das Petitions-recht als Grundrecht ernster nehmen und so praktisch auf seine Demokratisierung drän-gen.

Klaus Vack, Sensbachtal

„Wir warnen vor Eskalation"
Friedensgruppen zu Bosnien

Am 22. Juli 1995 veröffentlichte die *„Frankfurter Rundschau" – „Im Wortlaut" – eine Stellungnahme des Netzwerkes Friedenskooperative, dem auch das Grundrechte-Komitee seit Jahren angehört, zum bevorstehenden Kampfeinsatz der Bundeswehr im ehemaligen Jugoslawien und den verpaßten zivilen Alternativen.*

Zahlreiche Gruppen und Persönlichkeiten der Friedensbewegung haben erneut Einspruch gegen militärische Interventionen in Bosnien erhoben. Sie fordern, vernachlässigte zivile, wirtschaftliche und politische Eingreifmöglichkeiten zu nutzen. Die Erklärung trägt den Titel: „Einspruch gegen den Kampfeinsatz der Bundeswehr im ehemaligen Jugoslawien". Wir dokumentieren sie in Auszügen:

(...) Wir wenden uns als Gruppen der Friedensbewegung weiterhin strikt gegen militärische Interventionen von außen und warnen vor weiterer militärischer Eskalation. Selbst wenn die Bereitschaft der europäischen Nato-Staaten zu dem von manchen geforderten massiven militärischen Eingreifen gegen die bosnischen Serben fehlt, kann der konzeptionslose, durch propagandistisches Säbelrasseln begleitete Einsatz der multinationalen Schnellen Eingreiftruppe leicht zu einer massiven militärischen Verstrickung führen. Dies wäre auch das vollständige Aus für die bisherigen konstruktiven Beiträge der oft gescholtenen Blauhelme zur teilweisen Eindämmung der Kampfhandlungen und für humanitäre Hilfsleistungen.

Die Beteiligung deutscher Tornados ist besonders kontraproduktiv und konflikteskalierend. Sie sind kein Mittel, um die bosnischen Serben zu stoppen, sondern rufen in Rest-Jugoslawien die Erinnerung an die Greueltaten der Wehrmacht wach. (...)

Ein ernsthafter Versuch, den Krieg durch wirtschaftlichen und politischen Druck auf Rest-Jugoslawien zu beenden, wurde nie unternommen. Waffen und Nachschub rollen weiter an alle Seiten – auch aus den Staaten der Kontaktgruppe. Vielfältige positive Eingreifmöglichkeiten, die von Gruppen der Friedensbewegung seit Jahren immer wieder eingefordert und durch eigenes Engagement vor Ort untermauert werden, sind systematisch vernachlässigt worden. Es fehlte und fehlt an politischem Willen.

Wir fordern die massive Unterstützung der Antikriegsgruppen, der demokratischen Opposition und unabhängiger Medien in allen ehemaligen jugoslawischen Teilrepubliken, um der nationalistischen Verhetzung entgegenzuwirken. „Positive" Sanktionen bis zum Angebot einer EU-Mitgliedschaft und eines wirtschaftlichen Aufbaus sollen im Austausch für Frieden, Demokratisierung und Beobachtung der Menschen- und Minderheitenrechte angeboten werden, um den Menschen eine Hoffnung und Perspektive für Frieden statt Krieg zu geben.

Gleichzeitig sollen die Waffen- und Wirtschaftssanktionen endlich konsequent durchgeführt und die davon wirtschaftlich betroffenen Anrainerstaaten durch einen Sanktionshilfefonds entschädigt werden.

Wir fordern die Abschaffung der Visumspflicht für Flüchtlinge aus Bosnien und den Stopp der Zwangsrückführungen ins Konfliktgebiet. Unter diesen Flüchtlingen sind zahlreiche Deserteure und Kriegsdienstverweigerer. Die Bundesregierung verhandelt statt dessen mit Rest-Jugoslawien über die Rückführung von Deserteuren, die dort dann in Karadzics Armee gepreßt werden.

Manche BefürworterInnen militärischen Eingreifens verwechseln Widerspruch gegen kriegerische Handlungen mit „tatenlosem Zusehen". Wir fordern das Gegenteil: entschieden handeln, entschieden helfen, politisch, diplomatisch, wirtschaftlich, juristisch, humanitär. Auf allen Ebenen müssen gewaltige

Anstrengungen gemacht werden, besonders auch, um die „Zivilgesellschaft" und die gegen den Krieg gerichteten Kräfte in allen Teilen des ehemaligen Jugoslawien zu stärken.

Vor 50 Jahren:
Atombomben auf Hiroshima und Nagasaki
Im Gedenken an die Opfer

Zusammen mit 16 anderen Friedensorganisationen veröffentlichte das Komitee in „Die Zeit" Nr. 32 vom 4. August 1995 im Rahmen der Kampagne „Atomwaffen abschaffen – bei uns anfangen" eine Anzeige zum Gedenken an die Opfer der Atombombenabwürfe über Hiroshima und Nagasaki.

Die Abwürfe der Atombomben über Hiroshima und Nagasaki am 6. und 9. August 1945 haben Hunderttausende Opfer gefordert – noch heute leiden und sterben dort Menschen an den Folgen der atomaren Verstrahlung. Es gibt keine Rechtfertigung für diesen grausamen Vernichtungsschlag.

Erinnerung verpflichtet: Nie wieder!

Die Erinnerung an Hiroshima und Nagasaki verpflichtet uns in besonderer Weise, alle Kräfte dafür einzusetzen, daß ein Einsatz von Atomwaffen nie wieder geschieht.

Mit 48.000 weltweit noch vorhandenen Atomsprengköpfen stehen wir nach wie vor am Rand der Vernichtung sämtlichen Lebens auf diesem Planeten. Und weiterhin werden Atombomben gebaut, neue entwickelt und (z.T. durch Computersimulation) getestet. Viele Menschen, meist Angehörige der indigenen Völker am Rande der Atomwaffentestgebiete, sind Opfer des unerklärten Nuklearkrieges der Atommächte zur Aufrechterhaltung ihres Machtstatus. Die Atomwaffenmächte bauen die nächste Generation von Atombomben mit kleinen Sprengladungen, die auch in „regionalen Kriegen" wie dem Golfkrieg „einsetzbar" sind. Diese bedrohen besonders die Staaten der sogenannten „3. Welt", von denen viele dadurch ihrerseits den Bau von Atombomben für unverzichtbar halten und vorantreiben.

Der militärische und zivile Atombereich sind kaum zu trennen. Solange die Waffenstoffe hochangereichertes Uran und Plutonium im zivilen Bereich produziert und genutzt werden, ist der Übergang zu Waffenprogrammen immer möglich. Ein Verzicht ist hier dringend geboten. Gleichzeitig haben viele massive Störfälle, die Beinahe-Katastrophe in Harrisburg und spätestens die verheerende Kernschmelze im Atomkraftwerk Tschernobyl gezeigt: Auch die „zivile" Nutzung der Kernenergie ist nicht beherrschbar. Wir brauchen den Ausstieg.

Erinnern heißt Konsequenzen ziehen!

In der offiziellen US-amerikanischen Liste der Atomtests werden die Abwürfe der Bomben über Hiroshima und Nagasaki als Atomtest Nr. 2 und 3 geführt. 50 Jahre danach setzen China und Frankreich ihre Tests von Atomsprengköpfen ungeachtet der Risiken und weltweiter Proteste fort. Die brüchige Übereinkunft zwischen Atomwaffenbesitzern und Nichtbesitzern bei der gerade erfolgten unbefristeten Verlängerung des Nichtverbreitungsvertrages („Atomwaffensperrvertrag"), der die Beendigung des Rüstungswettlaufs und das Versprechen zur nuklearen Abrüstung zur Geschäftsgrundlage hat, wird in flagranter Weise torpediert.

Im Gedenken an die Abwürfe der Atombomben über Hiroshima und Nagasaki fordern wir:

Stoppt alle Atomtests!

avec Les Verts

NON

aux essais nucléaires

Les Verts 107 avenue Parmentier 75011 Paris Tél 43.55.10.01

Atomtests sind keine „nationale Angelegenheit". Die Bundesregierung muß ihren gesamten Einfluß auf die französische Regierung geltend machen, um eine Beendigung aller Atomwaffenversuche Frankreichs zu erreichen. Sie muß für den schnellen Abschluß eines Atomteststoppvertrages eintreten, der alle Formen der Tests und der Forschung für Atomwaffen verbietet.

Schafft alle Atomwaffen ab!

Wir fordern von allen Staaten, die Atomwaffen besitzen, diese Waffen zu vernichten und eine weltweite Konvention zur Ächtung und Abschaffung aller Atomwaffen auszuhandeln. Alle Staaten, die als sogenannte Schwellenländer den Bau von Atomwaffen planen, sollen diese Bestrebungen einstellen. Wir fordern die Bundesregierung auf, einen Verzicht auf Atomwaffen ins Grundgesetz aufzunehmen und sich in der internationalen Politik aktiv für das Zustandekommen einer Konvention zur Ächtung und Abschaffung aller Atomwaffen einzusetzen.

Atomwaffen abschaffen – bei uns anfangen!

(Liste der unterzeichnenden Organisationen und Einzelpersonen)

„... und schließt von innen fest zu"
Die Nationalstaaten und das Recht auf Asyl

Für die Zeitschrift "baugerüst" hat Elke Steven auf der Grundlage der Broschüre "Flüchtlinge in einer Welt voll Mauern". Ortsbestimmung menschenrechtlich-demokratischer Politik inmitten einer mobilen Welt" des Komitees und unter Bezug auf das Buch von Gérard Noiriel "Die Tyrannei des Nationalen. Sozialgeschichte des Asylrechts in Europa" einen Aufsatz über die Politik der Abschottung der Bundesrepublik Deutschlands und Europas insgesamt gegenüber allen Flüchtlingen geschrieben.

Richtet man seinen Blick auf die Grenzsicherungen der Bundesrepublik und der westmitteleuropäischen Staaten insgesamt, so wird nicht umsonst von der Festung Europa gesprochen. Im Inneren dieses Teils Europas fallen die Grenzen, an den Rändern aber werden sie technisch und personell mit Infrarotstrahlen, Stacheldraht und überwachenden Beamten hochgerüstet. Denjenigen, die aus dem Elend anderer Teile dieser Welt flüchten, soll möglichst jeder Zutritt in diese verhältnismäßig wohlständischen Regionen verwehrt werden. Gelingt ihnen dennoch der Zutritt, so wird immer schneller und leichtfertiger abgeschoben in angeblich sichere Herkunftsländer oder Drittstaaten.

In der französischen Verfassung vom 24.6.1793 hieß es in Art.120 noch: „Das französische Volk gewährt allen um der Freiheit willen aus ihrem Vaterland vertriebenen Ausländern Asyl. Es verweigert es den Tyrannen." (vgl. Noiriel). In Artikel 14 der Allgemeinen Erklärung der Menschenrechte vom 10.12.1948 heißt es nur noch: „Jedermann hat das Recht, in anderen Ländern vor Verfolgung Asyl zu suchen und zu genießen." Bis zum 1.7.1993 hieß es im Grundgesetz der Bundesrepublik „Politisch Verfolgte genießen Asylrecht". Mit der am 26.5.1993 beschlossenen Verfassungsänderung ist dieses Grundrecht auf Asyl praktisch abgeschafft worden.

Die Geschichte des Asylrechts steht in engem Kontext zur Entwicklung der Nationalstaaten, die in ihren Verfassungen ihre BürgerInnen ab- und ausgrenzend definieren. Begonnen hat die Nationalisierung der Staaten mit der französischen Revolution. Und hier ist auch ein wesentlicher Ausgangspunkt der Abgrenzung gegenüber allem Fremden und der Ausgrenzung von Flüchtlingen zu suchen. Die Einschränkung des Asylrechts hat hier begonnen und nimmt immer erschreckendere Formen an. Fragen um die Definition von Fluchtgründen, die „anerkannt" werden, um den Nachweis der Anerkennungsgründe spielen seitdem in allen Nationalstaaten eine bedeutende Rolle. Immer weitergehender müssen diejenigen, die die Flucht ergreifen, nachweisen, daß sie dies aus „berechtigten" Gründen tun. Die Vermutung steht zunächst gegen sie.

Auf vierfache Weise wurde das Grundrecht auf Asyl durch die Grundgesetzänderung von 1993 über das schon vorher begrenzte Maß hinaus eingeschränkt:

1. Kommen Flüchtlinge aus angeblich sicheren Herkunftsländern, haben sie im verkürzten Verfahren kaum eine Chance, anerkannt zu werden. Kommen Flüchtlinge über Drittstaaten, die pauschal als „sicher" behauptet werden, werden sie abgefangen und abgeschoben. Inzwischen ist Deutschland von einem lückenlosen Gürtel solcher Drittstaaten umgeben. Keine Chance für einen Flüchtling durchzukommen. Die unsichtbare Mauer gegen den Osten wird mit allen Mitteln des ausgebauten Bundesgrenzschutzes dicht gemacht. Gejagt wird nach Menschen, die „illegal" die Grenze überschreiten wollen.

2. Gelingt Asylsuchenden die Flucht auf dem Luftweg, wird versucht, sie in „fliegendem Wechsel" zurückzuweisen. Oder sie werden auf dem Flughafen in abgeschirmten Räumen eingepfercht. Den Asylsuchenden wird keine Zeit zum Ankommen und Erholen gelassen. Sie werden sofort nach Ankunft vom Bundesgrenzschutz und anschließend von einem Vertreter des Bundesamtes verhört. Das Bundesamt soll möglichst innerhalb von 48 Stunden entscheiden. Jeder ausreichende Rechtsbeistand wird verhindert.

3. Das Asylbewerberleistungsgesetz setzt den Gleichheitsgrundsatz für Asylbewerber außer Kraft. Sie werden wie unmündige Menschen mit Gutscheinen und Essenspaketen versorgt. Unter entwürdigenden Umständen wird nur das bare Überleben gesichert. Systematisch festgeschrieben ist auch eine medizinische Unterversorgung.

4. Seitdem das neue Asylrecht gilt, wird die durch das Ausländergesetz eingeführte Abschiebehaft verstärkt angewandt. Eigene Abschiebegefängnisse wurden eingerichtet. Tausende von Asylsuchenden werden wie Kriminelle behandelt. Manche sehen unter diesen Umständen keinen anderen Ausweg mehr, als sich selbst zu töten.

Mobilität ist das Stichwort der Moderne

Mit der Entwicklung der Nationalstaaten hat diese Abschottung nach außen begonnen. Gleichzeitig aber nimmt auch die Mobilität hier ihren Ausgangspunkt. Innerhalb unserer westlich-wohlständischen Gesellschaft hat die Mobilität ständig zugenommen: die herkömmlichen gesellschaftlichen Zusammenhänge verlieren ihren zentralen Stellenwert. Räumliche Gebundenheit wird aufgehoben und soziale Stellung flexibel. Jeder scheint selbst seines Glückes Schmied sein zu können. Die gewonnene Unabhängigkeit beinhaltet aber auch die Vereinzelung und den Verlust sozialer Beziehungen. Die gewonnenen Freiheiten führen in neue Abhängigkeiten, Entscheidungsspielräume werden aufgrund wirtschaftlicher Interessen nicht genutzt.

Des weiteren überschreiten sowohl Waren, Geld, Arbeit als auch Information jede nationale Grenze. Diese eine Welt ist näher zusammengerückt. Die weltweit agierenden Konzerne lassen sich nicht in Nationalstaaten einsperren, von ihnen aber nimmt die Ungerechtigkeit ihren Anfang. Reichtum und Wohlstand der einen wird ausgebaut auf Kosten der anderen.

Grenzen zählen weder für wirtschaftliche Interessen noch für die ökologischen Probleme, die dadurch produziert werden. Die immer schneller rotierenden Schwungräder der konkurrierenden Freizügigkeiten von Kapital, Ware und abhängiger, Leben bedeutender Arbeit verbrauchen soziale *und* natürliche Umwelt. Als Folge der ungerechten Weltwirtschaftsordnung steigt die Zahl der Armuts-, Umwelt- und Kriegsflüchtlinge. Gegen diese versuchen die wohlständischen Gesellschaften sich abzuschotten. Vor den ökologischen Gefahren, die sie selbst produzieren, aber können sich auch diese Gesellschaften immer weniger schützen. Die Giftstoffe, die überall produziert werden, machen vor keiner nationalstaatlichen Grenze halt. Gerade haben wir des 9. Jahrestages der Katastrophe von Tschernobyl gedacht. Spätestens damals ist jedem klar geworden, daß das Gift, das „irgendwo" produziert wird, alle bedroht. Der Dreck, den wir erzeugen und der die Erdatmosphäre zerstört, der Atommüll, den wir lagern und der noch Jahrtausende diese Welt bedroht – sie kennen keine Grenzen. Jedoch gilt auch in diesem Zusammenhang: von den größten Problemen sind zunächst die armen Länder betroffen. Der soziale und ökologische Raubbau, der hier betrieben wird, fällt jedoch zurück auf die wohlständischen Gesellschaften. Nur wenn die sozialen Probleme gelöst würden, dem sozialen Raubbau im Inneren der wohlständischen Gesellschaften abgeholfen würde, könnten auch die ökologischen Probleme gelöst werden.

Die Gipfeltreffen (Rio, Kairo, Kopenhagen, Berlin), die in den letzten Jahren stattgefunden haben, erzeugen den Eindruck, als ob sich alle der Internationalität der Probleme sowie der internationalen Verantwortung bewußt wären. Betrachtet man allerdings die Ergebnisse, so schwindet jede Hoffnung auf eine Lösung der Probleme durch die politisch Verantwortlichen.

Die „weltweite Verantwortung" der BRD

Überall auf diesem Globus entstehen neue Konflikte und kriegerische Auseinandersetzungen. Machtpolitische Interessen werden getarnt unter ethnischen Konflikten. Die Berufung auf den Nationalstaat, das Recht der ethnischen Gruppe, einen eigenen Nationalstaat zu bilden, feiert überall fröhlich Urständ.

Die Art und Weise, wie die Bundesrepublik und die meisten westmitteleuropäischen Staaten für diese von ihnen miterzeugten Katastrophen „Verantwortung" übernehmen, besteht aber in einer Doppelstrategie und macht die Verantwortungslosigkeit erst richtig deutlich:

Statt tatsächlich Verantwortung zu übernehmen für diese weltweiten Entwicklungen, die

eigene Mitschuld an Konflikten und Elend einzugestehen und dementsprechend zu handeln, wird das Asylrecht bis hin zu seiner faktischen Abschaffung eingeschränkt, die Grenzen werden geschlossen. Die Menschen, die vor Kriegen, Katastrophen und Elend flüchten, werden ausgegrenzt. Selbst Deserteuren, die sich nicht länger an den Kriegen ihrer Nationen oder „Ethnien" beteiligen wollen, wird Asyl verweigert, oder sie werden abgeschoben. Gleichzeitig wird mit den Stichworten der „neuen Souveränität" und der „weltweiten Verantwortung" begründet, daß sich deutsche Soldaten weltweit in out-of-area-Einsätzen an den kriegerischen Auseinandersetzungen beteiligen. Bereits 1993 legte der Bundesverteidigungsminister Richtlinien vor, die die neue Außen- und Militärpolitik auf die speziellen „vitalen Sicherheitsinteressen Deutschlands", wie z.B. „Aufrechterhaltung des freien Welthandels" und „ungehinderter Zugang zu Märkten und Rohstoffen" festlegte. Das Urteil des Bundesverfassungsgerichts vom Juli 1994 erklärte dann den Einsatz deutscher Soldaten in aller Welt für verfassungskonform.

Grundrechte und Demokratie sind in Gefahr

Grundrechte und Demokratie aber sind gefährdet durch diese nationalstaatliche Borniertheit. Nicht nur die Grundrechte der Menschen, die vor Not und Elend fliehen, werden mit Füßen getreten, auch die demokratischen Kosten im Inneren sind beträchtlich. Die Grundrechte derer, die sich vermeintlich im Wohlstand gut einrichten können, werden schleichend ausgehöhlt mit den Überwachungs- und Überprüfungsmaßnahmen, die den Zufluchtsuchenden gelten. Die Abgrenzung gegen die „Fremden" macht die Kontrolle im Innern erforderlich und erzeugt Angst.

Diejenigen, die hier nicht gewünscht sind, werden als „illegal" bezeichnet, so als ob es illegale Menschen geben könnte. Die Suche nach diesen „Illegalen" macht eine umfassende Kontrolle erst richtig notwendig. Dabei aber wird jeder anders oder fremd Aussehende potentiell verdächtig. Zunächst jeder fremdländisch Aussehende, dann jeder nur „anders" Aussehende.

Im Verlauf der Nationalisierung der Staaten wurde immer systematischer versucht, die Flüchtlinge zu kontrollieren, ihre Einreise, ihre Bewegungsfreiheit innerhalb der Nationalstaaten einzuschränken. Ein wichtiges Instrument zur Kontrolle – sowohl der Zufluchtsuchenden als auch der Bürger und Bürgerinnen des Nationalstaates selbst – war die Einführung von Pässen und Personalausweisen. Die scheinbar friedlichen Technologien zur Persönlichkeitsfeststellung werden somit ein entscheidender Schritt auf dem Weg zur Ausgrenzung und Abstraktion von der individuellen und konkreten Person. Die technischen Möglichkeiten der Überprüfung und Überwachung werden immer besser. Neue Formen werden eingeführt, um die Flüchtenden fernzuhalten oder zumindest kontrollieren zu können. Mit der Einführung von Visabestimmungen wird versucht, den Zustrom von Flüchtlingen zu stoppen, wie kürzlich erst sichtbar an der Einführung von Visa gegenüber Togo durch die BRD, da angeblich zu viele Menschen aus Togo Asyl in der Bundesrepublik suchten. Die Tatsache, daß nun kaum noch Menschen aus diesem Staat fliehen können, wurde zynischerweise als Erfolg ausgegeben. Die Diskussion um die Asyl-Card, mit der die Sozialleistungen an Asylbewerber kontrolliert werden sollen, ist ein weiteres Zeichen für die zunehmende Kontrolle.

Diejenigen, die dennoch hier Asyl und Schutz suchen, werden immer weniger als einzelne und konkrete Personen mit einem individuellen Schicksal wahrgenommen. Von der Berücksichtigung des Einzelfalls, der Ansehung der individuellen Person wurde zunehmend übergegangen zu immer weiter verallgemeinerten Einschätzungen. Der einzelne Mensch mit seinem individuellen Schicksal tritt in den Hintergrund gegenüber der Verwaltung von allgemeinen Regeln und Dossiers. Dies wird deutlich in den generellen Regeln über sichere Drittstaaten und sichere Herkunftsländer. Das tatsächliche Schicksal der Menschen, ihre Situation nach einer Ausweisung wird angesichts dieser generellen Regelungen nicht mehr berücksichtigt.

Die Beweispflicht hat sich im Verlauf der geschichtlichen Entwicklung immer weiter umgekehrt. Statt einem Flüchtenden zu glauben, daß er aus Gründen der Verfolgung Schutz sucht und die Pflicht des Gegenbeweises dem aufnehmenden Staat aufzuerlegen, steht inzwischen jede Vermutung gegen ihn. Der Flüchtende selbst muß nachweisen, daß er politisch verfolgt wurde, und die Ansprüche an die Beweise werden immer höher geschraubt. Entgegen jeder Erfahrung wird so getan, als ob politische Fluchtgründe eindeutig von anderen – z.B. Katastrophen, Armut – zu trennen wären.

Die Gefährdungen nach innen aber hängen mit diesen Entwicklungen zusammen. Der Bau der unsichtbaren Mauern staut Angst und Aggressionen im Innern. Fixiert aufs Eigentum und auf die vertrauten sozialen Umstände wächst die Angst vor dem Verlust. Die Folge sind immer bessere Sicherungen. Der Druck auf das Innen wächst mit der Grenzsicherung und der gleichzeitigen Erhöhung der Ungleichheiten. Aktuelle Diskussionen machen auch dies deutlich: die Einschränkung der Sozialleistungen für Asylbewerber, die nicht länger als ein Jahr in der Bundesrepublik leben, soll ausgedehnt werden auf andere Gruppen; immer neue Möglichkeiten der Überprüfung und Überwachung (von telefonischen Abhörmöglichkeiten bis zu Veränderungen des Polizeirechts) werden diskutiert. Notwendig aber wäre es, die Ungleichheiten, die aus der Weltwirtschaftsordnung resultieren, wahrzunehmen, zu erkennen, daß wir nicht wie auf einer Insel leben können. Selbst vom Wohlstand profitierend, mit dem wir zugleich das Elend produzieren, können wir dieses nie wirklich von uns fernhalten. Die Mauern müssen immer höher gezogen werden, mit denen wir uns gleichzeitig selbst eingrenzen. Blind festhaltend am Eigenen und Althergebrachten, kann das Andere nur als bedrohlich wahrgenommen werden.

Fremdenfeindlichkeit, ja Fremdenhaß, die Diskriminierung alles anderen setzen die universale Gültigkeit der Menschenrechte außer Kraft. Freiheit ist nur dort, wo sie die Freiheit der Andersdenkenden und der anders und anderwärts Mitlebenden einschließt.

Offene Grenzen?

Die Fülle der Probleme darf nicht zu Resignation führen. Nur mit Phantasie können die vielfältigen Probleme gelöst werden. Umdenken und Umorientieren en gros und en detail sind notwendig. Von Menschenrechten darf nicht länger geredet werden, wenn nicht gleiche Lebenschancen für alle das Ziel unseres Handelns werden.

Vonnöten wäre ein neues Verhältnis zwischen Ökonomie und Politik, die Institutionen beider Bereiche müßten den Bedürfnissen einer wirklich demokratischen Ordnung entsprechend umorganisiert werden. Eine gestufte Demokratie wäre notwendig, an der die Bürger und Bürgerinnen handelnd und mitentscheidend beteiligt sind. Regionale, länderweite, bundesstaatliche und transstaatliche Stufen der Organisation sind hierfür erforderlich.

Anzufangen aber ist auch und vor allem mit einem veränderten Umgang mit den Flüchtenden, die in unserem Land Schutz suchen. Kurz sollen hier nur die wichtigsten Forderungen aufgezählt werden, die erste Schritte darstellen würden zu einem menschenrechtlichen Umgang mit einem Teil der anstehenden Probleme (vgl. Komitee für Grundrechte und Demokratie):

– Deutschland und Westmitteleuropa müssen sich als Einwanderungsland bzw. -kontinent begreifen und sich entsprechend rechtlich und institutionell umgestalten.

– Die Staatsbürger-, Aufenthalts-, Arbeits- und Minderheitenrechte müssen endlich ausgeweitet werden. Selbstverständlich muß zu allererst das blut- und bodenhafte, darum menschenrechtswidrige deutsche Staatsbürgerrecht „entblutet (,,entarisiert") werden (ius loci statt ius sanguinis).

– Zugleich ist es erforderlich, das Kontinuum zwischen (Arbeits-)Migranten, Flüchtlingen und Asylsuchenden zu sehen. Arbeitsmigration muß im Prinzip zugelassen

werden. Erst der von ihr ausgehende soziale und institutionelle Druck wird zu politisch-ökonomischen Formen der Hilfe und des internationalen Ausgleichs führen, die strukturelle Ungleichheit abbauen helfen. Einwanderungsgesetze sind unzulässig, weil sie qualitativ diskriminieren. Sie sind i.S. der Festsetzung einer zeitlich begrenzten Zuwanderungsquote allenfalls vorübergehend und als immer neu zu legitimierende Notmaßnahme zulässig. Davon unbetroffen muß der Begriff des Flüchtlings, wie ihn die Genfer Konvention gefaßt hat, ausgeweitet und differenziert werden. Kriegs- und Katastrophenflüchtlingen ist kollektiv, sprich ohne jegliche individuelle Überprüfung, so lange Aufenthalt zu gewähren, wie Krieg und Katastrophe und ihre unmittelbaren Folgen währen. Der Aufenthalt dieser Flüchtlinge darf ansonsten nicht restringiert werden. Das Recht auf politisches Asyl ist als subjektives Recht wiederherzustellen. Zusätzlich ist es geboten, zum einen die kollektive Gefährdung wahrzunehmen, die den einzelnen, der einem Kollektiv zugerechnet wird, unmittelbar bedrohen kann (vgl. Kurden oder je nach Land Sinti und Roma). Zum anderen ist der Begriff des politischen Asylrechts gefährdungsgemäß auszuweiten. In keinem Fall ist es zulässig, sich auf bestehende menschenrechtswidrige Landesgesetze zu berufen, um das Recht auf Asyl zu verweigern.

– Um mit den Migrations- und Flüchtlingsproblemen angemessen umgehen zu können, sind nationalstaatliche Institutionen allein unzureichend. Das, was nationalstaatliche Souveränität bedeutet, ist ohnehin gründlich zu relativieren. Auf der europäischen und der übereuropäischen Ebene bis hin zur UNO sind kooperative Institutionen zu schaffen, die national oder regional entstehende Probleme, z.B. der Flüchtlingsaufnahme u.a., gemeinschaftlich zu lösen angehen. Die Prozeduren dieser kooperativen Institutionen sind nicht nur offenzulegen, sie müssen dauernd einsichtig sein. Beschwerdewege und eigene Kontrollinstanzen sind vorzusehen.

Priester kann mit seiner Verurteilung leben
Hubertus Janssens Protest
gegen Abschiebegefängnisse

Die „Frankfurter Rundschau" berichtete am 5. August 1995 über die Verurteilung von Pfarrer Hubertus Janssen, Vorstandsmitglied des Komitees, im Rahmen der Aktion „Ziviler Ungehorsam für Asylrecht".

Eschhofen – Mit der Verurteilung kann er leben („damit muß man rechnen"), mit der Begründung nicht: Wegen „gemeinschaftlicher erfolgloser öffentlicher Aufforderung zu einer Straftat" ist der 57 Jahre alte Priester Hubertus Janssen aus dem Limburger Stadtteil Eschhofen vor wenigen Wochen vom Bonner Amtsgericht zu einer Geldstrafe von 3000 Mark verdonnert worden. Als Mitglied des elfköpfigen Aktionskreises „Ziviler Ungehorsam für Asylrecht" hatte der Seelsorger für den Tag der Menschenrechte am 10. Dezember 1994 zu einer „gewaltfreien symbolischen Entzäunung der Abschiebehaftanstalt in Worms" aufgerufen.

Es sei „vielleicht nicht alltäglich", versuchte Janssen dem Amtsrichter zu erklären, daß ein früherer Gefängnisseelsorger, der 17 Jahre Menschen begleitet habe, nun selber wegen einer strafbaren Handlung angeklagt werde. Während seiner Tätigkeit in der JVA Diez in Rheinland-Pfalz habe er „hautnah miterleben und mitansehen" müssen, wie Personen im Gefängnis seelisch kaputtgegangen seien und wie vieles an Würde und Menschenrechten „mit Füßen getreten wurde".

Er wolle gar nicht verhehlen, sagte er dem Richter, daß dieses Wissen für ihn mit ein Grund gewesen sei, gerade zu solch einer Aktion aufzurufen. „Einspruch erheben gegen die Verstümmelung des Asylrechts", nennt Pfarrer Janssen als eines seiner Ziele. Die Abschiebehaft stelle nach seiner Überzeugung einen „Skandal besonderer Art in der Asylpraxis" dar. Die Inhaftierung von Leuten,

die Zuflucht suchten, sei nicht zu rechtfertigen. Das Risiko des Abtauchens einzelner in die Illegalität sei leichter hinzunehmen als die massive Verletzung verbürgter Grundrechte.

Er zitierte Stellungnahmen der Deutschen Bischofskonferenz, der Evangelischen Kirche in Deutschland, der Wohlfahrtsverbände und Pro Asyls. Er ging auf die komplizierte Materie des Asylverfahrensrechts ein, warb für politische, für menschliche Lösungen. Er begründete, warum er die Form zivilen Ungehorsams bei dieser Aktion für angemessen hält, daß „außergewöhnliches staatliches Unrecht" auch eine „außergewöhnliche Form des Protests" erfordere.

Der Richter aber vermochte solche Motivation nicht nachzuvollziehen: Janssen und andere Gleichgesinnte stünden im „versponnenen Abseits". Und er sprach die Worte, die von Initiativen und Kommentatoren mit einiger Berechtigung als „skandalös" kritisiert werden: Nach wie vor kämen, so der Richter, Asylbewerber massenhaft nach Deutschland, um bessere Lebensbedingungen zu erlangen. „Unsere nationale Identität würde vernichtet, wenn wir alle hierließen." Nicht nur Minderheiten, sondern auch eine Mehrheit müsse ein Recht auf Schutz haben.

„Die Begründung verschlägt einem die Sprache", sagt Pfarrer Janssen in einem Gespräch mit der FR. Er wolle „abwarten, was passiert". Das Urteil liege ihm schriftlich noch nicht vor. Natürlich wird er Berufung einlegen. Janssen gehört nicht zu jenen, die Konflikten aus dem Weg gehen. „Wir Niederländer haben nicht so ein erschreckendes Autoritätsdenken gegenüber Institutionen wie Knast und Kirche."

Als Mitglied einer Ordensgemeinschaft war er 1973 nach Frankfurt gekommen, 17 Jahre arbeitete er von da an in der größten rheinland-pfälzischen Haftanstalt in Diez als

HAFENSTR. 44

**Vorläufige Gewahrsamseinrichtung
für Abschiebungshäftlinge**

**Aufnahmeeinrichtung
für Asylbegehrende
Ingelheim-Außenstelle Worms**

Gefängnispfarrer, seit 1977 ist er zudem Seelsorger in der Pfarrei „St. Antonius" in dem kleinen Limburger Stadtteil Eschhofen. Vor fünf Jahren stand Janssen schon einmal im Mittelpunkt öffentlichen Interesses: Damals wurde ihm von der Anstaltsleitung trotz bundesweiter Proteste fristlos gekündigt. Von „unheilbarer Zerrüttung des Vertrauensverhältnisses zwischen der Anstaltsleitung und dem Pater" war die Rede.

Der Gefängnisleiter selbst kritisierte in einem Schreiben an das Limburger Generalvikariat den Seelsorger als „prominentengeil" und unterstellte ihm, er wolle Menschen mit nicht durchschaubaren Methoden für sich einnehmen, damit er sie für sein Machtbedürfnis und seine Selbstdarstellung benutzen könne.

Vor allem die Kontakte zu RAF-Terroristen und die Gesprächskreise über die Realität des Strafvollzugs seien ihm „übelgenommen worden", sagt Janssen heute. In Diez saßen seinerzeit Klaus Jünschke und Manfred Grashoff ein. Schnell habe man sich da verdächtig gemacht. Er sympathisiere mit Menschen, nicht mit ihren Taten, betont er. „Egal, was Menschen getan haben, sie haben ihre Menschlichkeit nicht abgelegt." Die Tat einer Person werde zum Wesensmerkmal gemacht, da geschehe schon ein schlimmes Unrecht, sagt er. Immer wieder wurde er mit dem Vorwurf konfrontiert, er kümmere sich nur um die Täter, nicht um die Opfer.

„Mein Gott", kontert Janssen, „ich war nun einmal als Gefängnisseelsorger tätig, das war meine Arbeit." Nein, Janssen ist keiner, der den Leuten einfach was vom lieben Gott erzählt. Christliches Engagement ist für ihn eng verknüpft mit politischem Engagement. Gegen eine „schöne Liturgie" sei nichts einzuwenden, sagt er. Dies dürfe den Blick auf die Wirklichkeit allerdings nicht verstellen. Natürlich haben ihn die 17 Jahre als Gefängnispfarrer geprägt. „Ich weiß, was in den Anstalten passiert, wie da mitunter mit Recht und Gerechtigkeit umgegangen wird." Dies sei mit ein Grund, warum er sich politisch unter anderem für die Abschaffung der lebenslangen Freiheitsstrafe einsetze.

Hubertus Janssen räumt ein, daß es „seine" Gemeinde nicht immer leicht mit ihm hat. Er nehme die Leute „total ernst", sagt er, deswegen mute er ihnen auch ziemlich viel zu. „Klar haben jetzt einige Schwierigkeiten, daß ihr Pfarrer verurteilt worden ist." Die Auseinandersetzung erfährt nach dem Prozeß eine Fortsetzung in den Leserbriefspalten der Zeitungen: „Vielleicht", so mutmaßte die Limburger Junge Union, „läßt dieses Urteil den selbsternannten Kämpfer gegen das staatliche Unrecht in der Bundesrepublik auf den Boden der Tatsachen und damit in den Kreis der gesetzestreuen Bürger zurückkehren." Janssen, schimpfte der CDU-Nachwuchs, sei nicht in der Lage, sich in eine demokratische Gemeinschaft einzufügen. Den so Gescholtenen ficht das wenig an: „Ich habe ein gutes Gewissen."

Volker Trunk

Krieg in der Türkei:
Die Zeit ist reif für eine politische Lösung

Eine Initiative für eine dialogisch-politische Lösung des türkisch-kurdischen Konfliktes, die vom friedenspolitischen Sprecher des Komitees, Andreas Buro, koordiniert wird, veröffentlichte im August 1995 einen „Aufruf zur Eröffnung eines europäischen Friedensdialoges" mit folgendem Wortlaut.

Lange sagte man, Weiße und Schwarze könnten niemals gleichberechtigt miteinander leben. Man mordete, folterte, zerstörte und grenzte aus. Dennoch wurde eine politische Lösung gefunden. In Südafrika zieht wieder Hoffnung ein.

Jahrzehnte hörten wir nur von Drohung und Gegendrohung, von Attentaten und militärischer Vergeltung zwischen Israelis und Palästinensern. Endlich hat man begonnen, gemeinsam nach Lösungen zu suchen. Nach langem Haß ist der Weg schwierig. Doch Hoffnung auf Frieden und Entwicklung hat sich ermutigend entfaltet.

Terror und Gegenterror haben sich in Irland hochgeschaukelt. Mütter wehrten sich mit viel Mut dagegen. Lange versperrten die Schießwütigen auf beiden Seiten den Weg aus der Sackgasse. Nun hat man das Schießen eingestellt und sucht nach politischen Lösungen. Bald wird keiner mehr wissen, warum man so bitter anachronistisch kämpfte.

Die westeuropäischen Staaten haben sich Jahrhunderte bekriegt. Heute verhandeln sie ihre Konflikte. Im Vielvölker-Kontinent Europa ist es sinnlos, die Vielfalt von Kulturen und Völkern zu leugnen. Ethnischer Nationalismus wie im ehemaligen Jugoslawien ist wie ein Rückfall in schlimmste Barbarei.

In der Türkei herrscht seit Jahren Krieg unter einst befreundeten Völkern. Hunderttausende, ja, Millionen Kurden wurden aus ihren Lebensgebieten vertrieben, Dörfer und Landstriche zerstört. Folter und Mord sind an der Tagesordnung. Menschen sterben auf beiden Seiten. Auch Wirtschaft, Recht, Liberalität und Kultur fallen dem Krieg zum Opfer. Eine Gesellschaft zerstört sich selbst, statt die Vielfalt der in ihr lebenden Völker und Kulturen als unschätzbare Bereicherung anzunehmen und alle Kräfte für ein freundschaftlich gleichberechtigtes Zusammenleben zu mobilisieren.

Freundschaft zur Türkei kann in dieser historischen Situation nur heißen, ihrer großen Gesellschaft aus Türken, Kurden, Armeniern, aus Moslems, Christen und vielen anderen Völkern und Religionen beizustehen, um Gespräche und Verhandlungen für das zukünftige friedliche Zusammenleben endlich beginnen zu lassen.

Helfen wir alle, damit die Vernunft siegt, damit die seit Jahrhunderten bestehende Freundschaftsbrücke zwischen Kurden und Türken nicht weiter zerstört wird, die zivilen Kräfte sich stärken und Frieden, der Wunsch der großen Mehrheit dieser Völker, Wirklichkeit werden kann.

Im türkisch-kurdischen Krieg ist es höchste Zeit für eine politische Lösung.

Die NATO bombardiert sich in den Sumpf des Krieges

Aus Anlaß des militärischen Eingreifens der NATO in den Krieg im ehemaligen Jugoslawien hat das Komitee, das immer wieder vor einem kriegerischen Eingriff in die Konflikte gewarnt und eine zivile Konfliktbearbeitung gefordert hat, folgende Pressemitteilung herausgegeben.

Köln, 1. September 1995 – Die NATO-Luftangriffe und das Eingreifen der Schnellen Eingreiftruppen in das Kriegsgeschehen machen die NATO-Staaten zur Kriegspartei. Die weiträumigen Angriffe können nicht als Reaktion auf die grausame jüngste Beschießung von Sarajewo gewertet werden. Der Westen, der die Massensäuberung in der Krajina fast billigend hinnahm, ist nun mit Luft- und Landstreitkräften zum Bündnispartner der muslimischen und kroatischen Kräfte in Bosnien geworden.

Die Verhandlungsangebote aus Belgrad/Pale lagen bereits vorher auf dem Tisch. Sollen die Bomben gefügiger machen? Im Gegenteil dürfte die Eskalationsgefahr gestiegen sein:

– Was geschieht, wenn die bosnischen Serben nicht klein beigeben? Wird dann die NATO in den Sumpf des Krieges eingesogen?

– Wird die serbisch-bosnische Seite soweit geschwächt und die bosnische so gestärkt, bis dann der Krieg erst richtig losgeht, der dann mit Belgrads und indirekter russischer Hilfe geführt wird?

– Die Angriffe stärken jene Kräfte, die den Krieg fortführen wollen, weil dieser für sie mehr und mehr zur eigenen Lebensgrundlage geworden ist. Die revanchistischen Bedürfnisse und der Mythos, Serbien müsse gegen die ganze Welt kämpfen, werden genährt.

– Welche Perspektive hat die Intervention, wenn möglicherweise im Herbst das UNPROFOR-Mandat für Bosnien nicht weiter verlängert wird und diese abzieht? Welche Katastrophe für die Menschen! Geht dann der Krieg nicht erst richtig los!?

Diese und andere Risiken geht die NATO ein angesichts der offensichtlichen Bereitschaft des Westens, die von den serbischen und kroatischen Nationalisten angestrebte Teilung Bosniens zu akzeptieren. Kann der serbisch-bosnische Teil sich mit Belgrad konföderieren, so wird das zwar formal verbleibende Bosnien mit seinem muslimischen Teil zum Spielball Zagrebs. Das ist die De-Facto-Teilung.

Mit der NATO-Intervention wird ferner die für Europa zentrale Beziehung zu Moskau, wie schon durch die geplante NATO-Erweiterung, schwer belastet. Die reaktionären Kräfte in Moskau werden gestärkt. Fatale Auswirkungen auf den europäischen Integrationsprozeß! Zukünftige Opfer sind vorprogrammiert.

Vonnöten sind ein sofortiger Stopp, Beendigung militärischer Drohungen, Rückkehr zu einer gemeinsam mit Rußland getragenen Politik der Vermittlung. Deutsche Streitkräfte, die Gefahr laufen, in den Krieg hineingezogen zu werden, sind schnellstens zurückzuziehen. Sie verschärfen nur den Haß.

Es ist höchste Zeit, daß nicht länger amerikanische Innenpolitik, NATO-Profilierungswünsche und nationale Sonderinteressen die westliche Politik im ehemaligen Jugoslawien bestimmen. Eine übergreifende Konzeption ziviler Konfliktbearbeitung ist zur Grundlage der Vermittlungspolitik zu machen. Sie setzt auf die Stärkung der Anti-Kriegskräfte, auf Öffentlichkeitsinterventionen, um die Bevölkerung von der nationalistischen Verhetzung zu befreien, auf ein striktes Embargo, das wirklich den Krieg und nicht nur die Menschen trifft, auf positive Angebote, die den verhetzten Gesellschaften eine neue Perspektive geben.

Das Ziel kann nicht heißen, Niederlage „der Serben". Notwendig ist es, mit dem Friedensprozeß Kooperationsfähigkeit und Versöhnung in diesem schwierigen Gebiet wieder herzustellen. Die Politik der Militärintervention führt nicht zum Frieden, sondern in die Sackgasse.

gez. Prof. Dr. Andreas Buro
(Friedenspolitischer Sprecher des Komitees)

Europäische Sicherheit ohne nukleare Komponente nicht vorstellbar?

Zu den Gefahren, die von einem Ausbau der EU zu einer Atommacht ausgehen, nahm Andreas Buro, friedenspolitischer Sprecher des Komitees, in einem Leserbrief Stellung, der am 12. September 1995 in der „Frankfurter Rundschau" – „Freie Aussprache" veröffentlicht war.

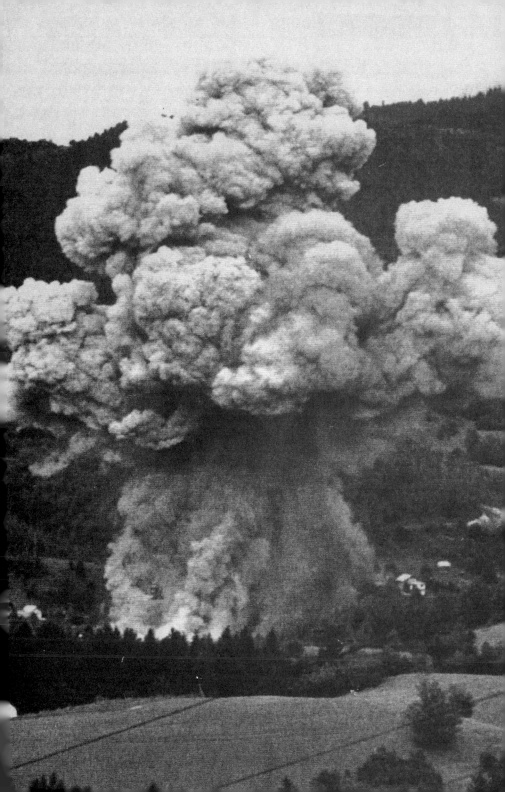

Das Verhalten erscheint paradox. Der Kanzler ermahnt angeblich den französischen Präsidenten, die Tests noch einmal zu überdenken, aber die Koalition kann sich nicht auf eine Protesterklärung einlassen, sondern lehnt diese im Bundestag ab (*FR vom 7.9. 1995: „Kohl betont Freundschaft zu Paris"*). Trotzdem ist das Verhalten durchaus logisch. Die Bevölkerung ist empört, also tritt der Kanzler mahnend gegenüber Paris auf. Andererseits will auch Bonn eine eigenständige EU-Atommacht, deren nukleare Komponenten Paris, wie gerade eben angeboten, zur Verfügung stellen muß, also muß man im Grunde auch für die Tests sein. Sie sind nämlich die Voraussetzung für die weitere Miniaturisierung und Entwicklung von Atomwaffen.

Rüstung, Rüstungsentwicklung und Strategiekonzepte der Nuklearwaffenstaaten lassen – trotz Verpflichtungen aus dem gerade verlängerten Sperrvertrag – keine genuine Orientierung auf Abrüstung erkennen. Vielmehr werden neue Doktrinen der Counterproliferation entwickelt. In ihrem Rahmen sollen taktische Atomwaffen vorwiegend Staaten des Südens davon abhalten, eigene ABC-Waffen zu entwickeln. In Europa verbindet sich damit die Absicht, die EU als Atommacht auszubauen. Die Tests dienen so auch, burschikos gesagt, dem Ziel, das nächste zu erwartende Atomteststoppabkommen wirksam unterlaufen zu können. Der Protest von EU-Politikern dürfte deshalb mehr ihr schauspielerisches Talent aufzeigen als ihre wahre Haltung. Die Option auf eine EU-Atommachtrolle und die dann unumgängliche Beteiligung Deutschlands spiegelt sich weniger spektakulär in einem anderen Sachverhalt wider. Nach wie vor sind in den alten Bundesländern US-Atomwaffen stationiert, so daß auch die „nukleare Teilhabe im Bündnis" für die Bundesrepublik weiter gültig bleibt. Sie ist die wichtige Grundlage für die Legitimierung der deutschen Trägersysteme für Atomwaffen. Sie sind kostenmäßig weit höher zu bewerten als die nukleare Komponente.

Diese ganz wesentliche Komponente für eine EU-Atommacht soll der deutsche Beitrag sein. Die Bundesrepublik kann sich daher nicht nur als stärkste konventionelle Militärmacht, sondern auch als eine bedeutende Macht in bezug auf die nukleare Komponente in der EU einbringen. Damit gewinnt der Begriff der „Bündnisfähigkeit", der bei dem Streit um die Zulässigkeit des Out-of-area-Einsatzes eine so große Rolle spielte, eine neue Dimension, nämlich im Sinne einer nun nahezu gleichberechtigten deutschen Bündnis- und Mitbestimmungsfähigkeit mit der Nuklearmacht Frankreich.

Ganz in diesem Sinne kann sich Wolfgang Schäuble „europäische Sicherheit nicht ohne nukleare Komponente vorstellen". Warum also sollten dann er, Kohl und die Koalition gegen die französischen Tests protestieren?

Andreas Buro,
Komitee für Grundrechte und Demokratie,
Grävenwiesbach

In Fischbach kehrt Frieden ein
Die letzten Prozesse gegen Sitzblockierer sind zu Ende

Die „Frankfurter Rundschau" – „Im Hintergrund" – berichtete am 4. September 1995 über die Wiederaufnahmeverfahren von Sitzblockade-Prozessen in Rheinland-Pfalz. Das Bundesverfassungsgericht hatte im März 1995 den Gewaltbegriff des Nötigungsparagraphen 240 des Strafgesetzbuches neu interpretiert, so daß die ursprünglichen Verurteilungen keinen Bestand mehr haben.

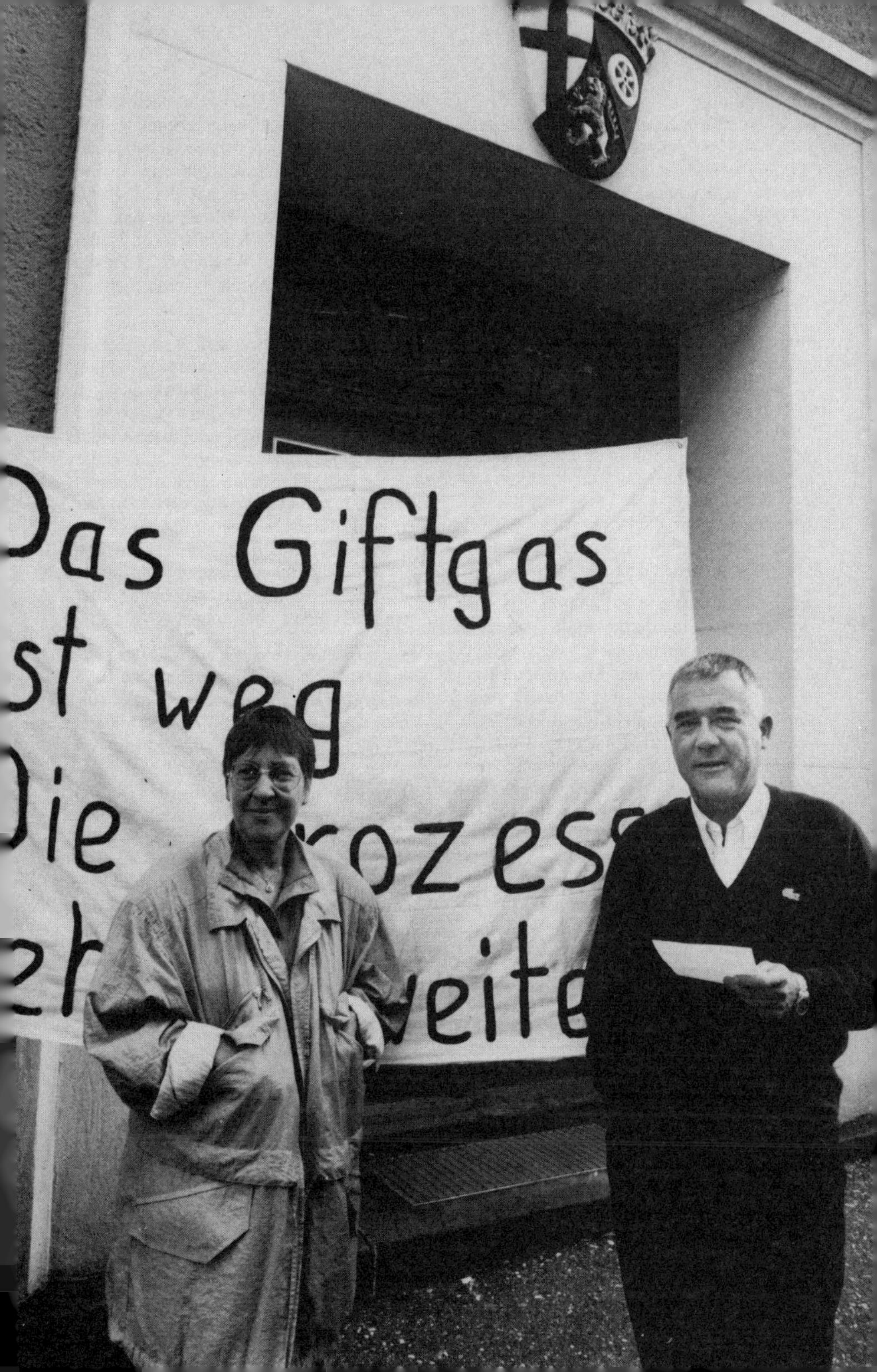
as Giftgas
st weg
ie rozess
weite

Das geräumte US-Munitionsdepot Fischbach, ein Hochsicherheitslager in der Südpfalz nahe der französischen Grenze, war wie Mutlangen Ende der 80er Jahre einer der Orte, die zum Symbol der Friedensbewegung beim Protest gegen den Rüstungswahn geworden sind. Sieben Jahre nach der Sitzblockade vor dem Depot endete nun der letzte von 131 Fischbach-Prozessen mit Freispruch.

Fischbach war für die Friedensbewegung jahrelang das „Giftgaslager". Dort, im Sicherheitsbereich innerhalb des riesigen Depots, wurden die Giftgasgranaten vermutet, die die US-Armee für das Kampffeld Europa bereithielt. Auch wenn die Giftgasproblematik zeitweise hinter den Diskussionen um die atomare Nachrüstung mit Pershing-Raketen (Mutlangen) und Cruise missiles (Hasselbach) zurücktrat, blieb Fischbach Kristallisationspunkt für die Friedensbewegung.

Vom 27. Juni bis zum 1. Juli 1988 hatte das „Komitee für Grundrechte und Demokratie" die Aktion „Sitzenbleiben für den Frieden" gestartet. Danach wurden 131 Nötigungsverfahren eingeleitet, die sich teilweise durch alle Instanzen schleppten. Ein Beispiel: das Verfahren gegen Hans Ripper. Er wurde im Sommer 1988 durch Polizeibeamte vom blockierten Fischbach-Tor weggetragen. Das Amtsgericht Pirmasens verurteilte ihn in erster Instanz im Mai 1989 wegen „Nötigung" zu 15 Tagessätzen à 40 Mark (600 Mark Geldstrafe). Das Landgericht Zweibrücken milderte im Februar 1992 in der Berufung die Strafe auf fünf Tagessätze ab. Die Revision, das erste Blockadeverfahren nach der Entscheidung des Bundesverfassungsgerichtes zum Nötigungs- und Gewaltbegriff, endete im Mai 1995 vor dem Oberlandesgericht Zweibrücken mit Freispruch. Inzwischen sind die letzten zehn Revisionsverfahren mit Freispruch abgeschlossen – zuletzt der Prozeß gegen die 81jährige Mechthild Demel. Die betagte Aktivistin war in erster Instanz zu 20 Tagessätzen à 30 Mark verurteilt worden.

Für Klaus Vack, Initiator der Aktion, war es das letzte Fischbach-Verfahren im normalen Instanzenzug. Die Aktion kann nach sieben Jahren als juristisch aufgearbeitet gelten. Dabei macht es nichts, daß die Demonstranten vor dem falschen Lager saßen. Die 102.000 Giftgasgranaten mit den todbringenden Nervengiften, 1990 abgezogen, hatten die USA rund 30 Kilometer von Fischbach entfernt im Walddepot Clausen gebunkert. In Fischbach lagerten jedoch Atomsprengköpfe.

Insgesamt sind in Rheinland-Pfalz 818 Personen wegen des Nötigungsparagraphen verurteilt worden. Sitzdemonstrationen in dem mit Militäreinrichtungen gespickten Land gab es auch in Fürfeld, Baumholder und Hasselbach. Dabei seien, so heißt es im Mainzer Justizministerium, Geldstrafen von bis zu 80 Tagessätzen verhängt worden. Der rheinland-pfälzische Justizminister Peter Caesar (FDP) hatte die Staatsanwaltschaften nach der Karlsruher Entscheidung Ende März 1995 beauftragt, die Aufhebung aller Blockade-Urteile zu beantragen.

Das sieht dann so aus wie im Fall des Heidelbergers Hermann Theisen: Der hatte 1988 einen Aufruf zur Sitzblockade vor der Cruise-Missile-Station Pydna in Hasselbach unterzeichnet und war, von mehreren Instanzen bestätigt, dafür wegen „Beihilfe zur erfolglosen öffentlichen Aufforderung zu Straftaten" verurteilt worden. Weil er seine Strafe aber nicht zahlte, saß Theisen 30 Tage in Mainz in „Erzwingungshaft". Nun wurde er ohne Verhandlung durch Beschluß des Landgerichtes Bad Kreuznach „im Wege der Wiederaufnahme" freigesprochen. Eine Entschädigung sei zu zahlen.

Doch hat Theisen bereits den nächsten Strafbefehl (1200 Mark) des Amtsgerichts Bonn auf dem Tisch, weil er „öffentlich durch Verbreiten von Schriften zu rechtswidrigen Taten, Landfriedensbruch und gemeinschädlicher Sachbeschädigung" aufgerufen hat. Diesmal hatte er einen Appell zur „Entzäunung des Abschiebegefängnisses Worms" unterzeichnet. Ein weiteres Kapitel zivilen Ungehorsams.

Michael Grabenströer (Mainz)

Das Loch im Gefängniszaun

In der September-Ausgabe der Jugend-Zeitschrift „'ran" war aus Anlaß der Aktion zur symbolischen und gewaltfreien Entzäunung des Wormser Abschiebegefängnisses ein Interview mit Martin Singe zu Fragen des Zivilen Ungehorsams veröffentlicht.

Interview mit Martin Singe, Sekretär des Komitees für Grundrechte und Demokratie, über Aktionen des Zivilen Ungehorsams:

'ran: Was war die letzte größere Aktion Zivilen Ungehorsams?

Singe: Im Dezember letzten Jahres haben wir zu einer „Entzäunungsaktion" aufgerufen. Ziel der Aktion war das Abschiebegefängnis in Worms. Dort wollten wir ein Stück aus dem Gefängniszaun schneiden. Leider kamen wir nicht dazu, da die Polizei das Gelände großräumig abgeriegelt hatte.

'ran: Also außer Spesen nichts gewesen?

Singe: Die Aktion war trotzdem ein Erfolg. 800 Leute zogen mit uns durch die Wormser Innenstadt und sorgten so für ein ausreichendes Medienecho. Damit haben wir die Diskussion über die Zustände in den Abschiebegefängnissen in die Bevölkerung getragen.

'ran: Hatte die ganze Aktion ein Nachspiel?

Singe: Ja. Die Staatsanwaltschaft wirft den 11 Mitgliedern des Aktionskreises vor, zu einer Straftat aufgerufen zu haben. Jeder von uns muß damit rechnen, bald vor Gericht zu stehen. Gefängnispfarrer Janssen, der unserem Kreis angehört, wurde vor kurzem zu einer Geldstrafe von 3000 Mark verurteilt.

'ran: Begeht jeder Vandale, der ein Telefonhäuschen spontan aus Frust über die staatliche Repressionspolitik demoliert, eine Aktion Zivilen Ungehorsams?

Singe: Nein. Für Aktionen Zivilen Ungehorsams gibt es einheitliche Kriterien: Erstens muß es sich um eine Aktion handeln, die zur Verteidigung der Grund- und Menschenrechte unternommen wird. Zweitens müssen alle legalen Mittel erschöpft sein. Drittens muß die Aktion über die Medien in die Öffentlichkeit transportiert werden. Viertens muß gewährleistet sein, daß die Aktion für die Bevölkerung durchschaubar ist.

'ran: Um den Transport von Atommüll nach Gorleben zu verhindern, haben einzelne Oberleitungen der Bahn zerstört. Hier müßten doch alle Kriterien des Zivilen Ungehorsams erfüllt sein?

Singe: Wieder nein! Aktionen zivilen Ungehorsams geschehen nicht in aller Heimlichkeit, sondern in aller Öffentlichkeit. Die Sache muß, wie schon erwähnt, für die Bevölkerung transparent sein. Außerdem schaden solche Aktionen der guten Sache. Das Echo in der Bevölkerung war eher negativ.

'ran: Spontaneität ist bei solchen Aktionen nicht gefragt?

Singe: Eher im Gegenteil. Aktionen Zivilen Ungehorsams müssen von langer Hand geplant sein und von schlagkräftigen Organisationen umgesetzt werden. Nur so kann eine Breitenwirkung in der Öffentlichkeit erzielt werden, auf die es ankommt. Außerdem sollte sich jeder überlegen, ob er an solchen Aktionen teilnimmt. Oft wirkt es sich negativ auf das berufliche Fortkommen aus.

'ran: Zum Schluß: Wie ist die Erfolgsbilanz des Zivilen Ungehorsams? Hat sich durch ihn grundsätzlich etwas verändert?

Singe: Ja! Ich nenne hier nur Namen wie Martin Luther King, Gandhi und Nelson Mandela. Sie alle haben durch Aktionen Zivilen Ungehorsams grundlegend Dinge verändert. Auch die Friedensbewegung möchte ich hier nennen. Letztendlich ist es ihr zu verdanken, daß das Wettrüsten ein Ende genommen hat.

Interview: Stefan Rechberger

Ein Entzäunungsaufruf und seine Folgen.
Über eine Prozeßserie in Bonn

In der WDR-Reihe „Kritisches Tagebuch" wurde am 7. September 1995 ein Beitrag von Hans-Detlev von Kirchbach gesendet, der sich mit den Bonner Prozessen wegen des Aufrufes zu Zivilem Ungehorsam gegen Abschiebehaft auseinandersetzt.

Mit Verurteilung der Darmstädter Lehrerin Ursula Ganßauge zu einer Geldstrafe von 3000 Mark endete heute im Bonner Amtsgericht der zweite Termin einer Prozeßserie, mit der sich die Justiz sicher noch eine ganze Weile zu befassen haben wird.

Und wäre die Staatsanwaltschaft Bonn bei ihren ursprünglichen Plänen geblieben, so stünde jetzt ein gigantisches Gerichtsspektakel gegen fast achthundert Angeklagte ins Haus.

Übriggeblieben sind davon nach besserer Besinnung der Anklagebehörde noch gerade ein Dutzend Beschuldigte, denen vorgeworfen wird, öffentlich zu Straftaten aufgefordert zu haben.

Im vergangenen Herbst hatte ein sogenannter „Aktionskreis Ziviler Ungehorsam für Asylrecht" mit Unterstützung des „Komitees für Grundrechte und Demokratie" für das „Menschenrecht auf Asyl" und „für die Abschaffung der Abschiebehaft" mobilisiert. Dazu verbreitete man bundesweit einen „Aufruf zur Entzäunung des Abschiebegefängnisses in Worms am Tag der Menschenrechte, Samstag, den 10. Dezember 1994" und informierte auch gleich die zuständigen Behörden detailliert über die geplante Aktion.

Im Anschluß an eine „normale" Kundgebung sollten die Teilnehmer, so „empfahl" der Aufruf, als Protest gegen die „menschenverachtende, grundrechtsverletzende Praxis" der Abschiebehaft „symbolische Lücken" in den Zaun um die Wormser Haftanstalt schneiden. Genau diese „Empfehlung" im Sinne des „Zivilen Ungehorsams" ist nun

Grundlage der Strafverfahren gegen den Initiatorenkreis.

Zwar verlief die Veranstaltung am 10. Dezember in Worms tatsächlich völlig friedlich – und auch der staatliche Drahtzaun blieb unbeschadet. Unter massiver Polizeipräsenz begnügte man sich damit, praktischerweise gleich selbst mitgebrachten „NATO-Draht" zeremoniell zu zerstückeln, um damit ein Zeichen gegen „Trennung und Gewalt" zu setzen.

Was faktisch folgenlos war, zog aber bald juristische Konsequenzen nach. Die Initiatoren hatten die Staatsmacht durchaus gezielt schon mit ihrer Ankündigung provoziert, ließ sie sich doch, worauf auch der Aufruf selbst hinwies, als Aufforderung zu Gesetzesbrüchen wie Sachbeschädigung oder gar Landfriedensbruch auslegen, die an sich schon strafbar sein kann. Daher, so erklärte der Bonner Oberstaatsanwalt Iwand im Januar, habe man schon „wegen des Legalitätsprinzips" – unabhängig also von einer Selbstanzeige des bekannten Friedensaktivisten Klaus Vack – gegen alle Unterzeichner des Aufrufs, über 700 an der Zahl, Strafverfahren einleiten müssen.

Dieses juristische Mammutunternehmen wuchs aber den Staatsanwälten wohl selbst über den Kopf, und so stellte man die Ermittlungsverfahren nach und nach wieder ein und hält sich seitdem vorerst an die zwölf sogenannten Rädelsführer des Initiatorenkreises. So stand am 30. Juni als erster der 58jährige Hubertus Janssen, ein katholischer Ordensgeistlicher aus Limburg an der Lahn mit siebzehnjähriger Erfahrung als Gefängnispfarrer, vor dem Bonner Amtsgericht. Dort judizierte Amtsrichter Hertz-Eichenrode, der seine Unvoreingenommenheit und richterliche Neutralität durch eine politische Ansprache von patriotischer Gesinnungsfestigkeit bewies. Leute wie Pfarrer Janssen, so dekretierte Richter Hertz-Eichenrode, stünden mit ihrer Ablehnung der herrschen-

ABSCHIEBEHAFT
IST EINE SCHANDE!

WIR TRAUERN
UM DIE OPFER
DER ABSCHIEBEHAFT

...AFT
...NDE!

den Asylpraxis und der Abschiebehaft in einem, so wörtlich, „versponnenen Abseits". Und überhaupt: Wer „hier alle reinlassen" wolle, der, so wörtlich, „vernichtet unsere nationale Identität".

Mitinitiatorin Ursula Ganßauge mußte heute vor dem Bonner Amtsgericht durch die junge Richterin Krumrey zwar keine politische Belehrung und auch keine abschätzige persönliche Bewertung nach dem Muster Hertz-Eichenrode hinnehmen. Bei aller Freundlichkeit aber hielt sich die Richterin an den Strafrahmen des Kollegen und verurteilte, ohne sich auf das Vorbringen höherwertiger Rechtsgüter im Sinne des Zivilen Ungehorsams einzulassen, die Angeklagte zu 3000 Mark Geldstrafe.

Juristisches „business as usual" also, obwohl sich die Bonner Prozeßserie vor einer interessanten rechtspolitischen Kulisse abspielt. Immerhin hatte das Bundesverfassungsgericht im Januar die bisherige Rechtsprechung gegen die sogenannten „Sitzblockaden" korrigiert. Die Strafgerichte hatten den Nötigungsparagraphen 240 des Strafgesetzbuches bisher weitgreifend ausgelegt und Sitzblockaden als „verwerfliche Gewalt" verurteilt. Das Odium der „Gewalt" nahm das Verfassungsgericht von den Sitzblockaden und räumte diesem Protestinstrument eine gewisse Legitimität innerhalb der demokratischen Verfassungsordnung ein.

Wenn also Aktionen des „Zivilen Ungehorsams" selten etwas an den Zuständen ändern, die sie angreifen, so erreichen sie doch anscheinend immerhin, daß das Repertoire des Protestes gegen diese Zustände mit der Zeit stückweise ins System der Legitimität integriert wird.

So sind die Verfahren um den „Entzäunungsaufruf" mithin ein erster Test seit dem Karlsruher Spruch, ob eine veränderte Judikatur zu den Sitzblockaden auch eine rechtspolitische Umorientierung im Hinblick auf den „Zivilen Ungehorsam" insgesamt anstoßen könnte.

Das Bonner Amtsgericht wollte oder konnte solches Neuland nicht betreten. So wird die Beantwortung der rechtspolitisch spannenden Frage einer im weitesten Sinne höheren richterlichen Erkenntnis vorbehalten bleiben müssen.

Der Pfarrer als Sympathisant

Am 9. Oktober 1995 berichtete „die tageszeitung" über die Auseinandersetzungen um einen Seelsorge-Besuch von Komitee-Vorstandsmitglied Pfarrer Hubertus Janssen bei der in Frankfurt inhaftierten Birgit Hogefeld.

Wie das Oberlandesgericht Frankfurt am Main im Prozeß gegen Birgit Hogefeld die siebziger Jahre aufleben läßt und einen Pfarrer für einen geheimen Briefträger der RAF hält.

Berlin (taz) – Der Vorgang, darüber herrscht Einigkeit, ist juristisch nicht zu beanstanden. Und trotzdem wirft er ein grelles Licht auf die Umstände eines Prozesses, der schon lange keine Schlagzeilen mehr macht. Birgit Hogefeld, vor dem Oberlandesgericht Frankfurt/Main wegen mehrfachen Mordes und Mordversuchs angeklagte ehemalige RAF-Aktivistin, bat Pfarrer Hubertus Janssen um ein „seelsorgerisches Gespräch". Der stellte bei Gericht einen Antrag auf Besuchserlaubnis. Das war Anfang Juni.

Man tritt der Angeklagten wohl nicht zu nahe, wenn man unterstellt, daß es kein unvermittelter Anfall von Frömmigkeit war, der die Revolutionärin um Beistand an höherer Stelle bitten ließ. Und man tut Hubertus Janssen nicht unrecht, wenn man ihn als nicht ganz durchschnittlichen Pfarrer tituliert. 18 lange Berufsjahre übte Janssen sei-

346

nen Beruf als Gefängnisseelsorger aus. Länger als eine Dekade betreute er Gefangene, die Haftstrafen wegen terroristischer Straftaten verbüßen. Auch nachdem ihm der Bischof von Limburg 1990 die Pfarrei St. Antonius im Limburger Stadtteil Eschhofen übertrug, blieb Janssen ein engagierter, seelsorgerischer Anwalt der RAF-Gefangenen. Gleichzeitig wurde er Vorstandsmitglied des angesehenen Komitees für Grundrechte und Demokratie.

Seit November 1994, als der Prozeß gegen Birgit Hogefeld in Frankfurt eröffnet wurde, gehört Janssen zu den wenigen Personen, die das Mammutverfahren beharrlich und freiwillig (für das Grundrechtekomitee) verfolgen. Gelegentlich versucht er, die Öffentlichkeit für Besonderheiten und Merkwürdigkeiten dieses Prozesses zu interessieren. So etwa im März, als das Gericht Birgit Hogefeld mit körperlicher Gewalt zu einer Zeugengegenüberstellung zwingen ließ. Damit, echauffierte sich Janssen damals gegenüber dem Gerichtsvorsitzenden, habe der Senat einem fairen, rechtsstaatlichen Verfahren „gröblich zuwidergehandelt" und gegen „Menschenrechte und Menschenwürde" der Angeklagten verstoßen.

Pfarrer als zweifelhafte Figur
aus der Terrorszene

Am 18. Juli entschied der 5. Strafsenat des Oberlandesgerichts über den Antrag, den Janssen in freundlicher, fast unterwürfiger Diktion sieben Wochen zuvor formuliert hatte. Tenor des Beschlusses: Der „Sonderbesuch ohne Trennscheibe" wird abgelehnt, „eine Besuchserlaubnis der üblichen Art erlaubt". Das hätte als etwas kleinliche Retourkutsche des Gerichts gegen einen Mann durchgehen können, der sich öffentlich unfreundlich über den Senat geäußert hatte. Doch schon der erste Satz der Beschlußgründe straft eine solche Interpretation Lügen. Folgendes glaubte der Beisitzende Richter Dr. Klein dem Pfarrer Janssen, der um ein „seelsorgerisches Gespräch" nachgesucht hatte, ins Stammbuch schreiben zu müssen: „Da der Antragsteller, der sich als 'Pfarrer' bezeichnet, nicht als solcher in der

Haftanstalt tätig ist, gehört er zum Kreis der anstaltsfremden Personen."
So geht es weiter. Fröhlich outet das Gericht den „Antragsteller" als zweifelhafte Figur aus der Terrorszene. Seelsorge könne der angebliche Pfarrer im übrigen auch durch die zentimeterdicke Trennscheibe und im Beisein eines Beamten des Landeskriminalamts betreiben. Andernfalls sei zu befürchten, daß Janssen „einen nicht überwachten Besuch bei der Angeklagten dazu mißbrauchen würde, sie gegen den Senat aufzubringen und ggf. auch einen Nachrichtenaustausch zwischen ihr und anderen RAF-Mitgliedern zu betreiben".

Der Beschluß samt Begründung blieb einem breiten Publikum zunächst verborgen. Inzwischen allerdings verfaßte der Berliner Politologe und derzeitige Sprecher des Komitees für Grundrechte und Demokratie, Wolf-Dieter Narr, eine geharnischte öffentliche Antwort. „Schlicht und einfach unverschämt" nennt Narr darin die Beschlußbegründung des Gerichts. „Sie haben nicht nur offenkundig Frau Hogefeld schon vorverurteilt, sie vorverurteilen auch diejenigen sozusagen qua Kontaktschuld, die sich (…) um in U-Haft genommene Menschen kümmern und mit darauf achten wollen, daß politisch getönte Strafverfahren demokratisch-rechtsstaatlichen Prinzipien strikt entsprechen." Damit komme Dr. Klein „als zuständiger Richter in diesem Verfahren (…) nicht mehr in Frage".

Bischöfliches Ordinariat
protestiert gegen Gericht

Anfang der Woche protestierte auch das Bischöfliche Ordinariat Limburg „mit Entschiedenheit" gegen die ungewöhnlichen Einlassungen des hohen Gerichts. Der Protest richtete sich insbesondere gegen die „Unterstellung", Janssen fungiere in Wirklichkeit als geheimer Briefträger der abgetauchten Untergrundtruppe. Der Verfasser der Ehrenerklärung ist der persönliche Referent des Limburger Bischofs Franz Kamphaus, Hanno Heil.

Birgit Hogefelds Anwältin Ursula Seifert rief die Öffentlichkeit nach der Janssen-Entscheidung des Oberlandesgerichts Frankfurt eindringlich auf, „das Verfahren kontinuierlich und aufmerksam kritisch zu begleiten". Der derzeit unterbrochene Prozeß soll am 6. November fortgesetzt werden. Verhandelt wird der Sprengstoffanschlag der RAF auf den Gefängnisneubau Weiterstadt – unter Anwesenheit eines Dr. Klein, der sich als „Richter am Oberlandesgericht" bezeichnet.

Gerd Rosenkranz

Erklärung von Pfarrer Janssen und Gisela Wiese zum Hungerstreik von Christian Klar

Gisela Wiese, Mitglied des Geschäftsführenden Vorstands von Pax Christi, und Komitee-Vorstandsmitglied Hubertus Janssen veröffentlichten Anfang September 1995 eine Erklärung zum Hungerstreik von Christian Klar. Beide waren mehrfach als BeobachterInnen bei Prozessen gegen (ehemalige) RAF-Mitglieder präsent. Die nachfolgend dokumentierte Erklärung war in der September-Ausgabe des „Angehörigen-Info" veröffentlicht.

Durch diese Pressemitteilung wollen wir uns ganz bewußt für Herrn Christian Klar, der sich seit dem 1. September 1995 im Hungerstreik befindet und inzwischen ins JVA-Krankenhaus Asperg verlegt wurde, verwenden. Herr Christian Klar wurde im November 1982 festgenommen und ist seitdem in Haft. Uns sind die psychischen und physischen Beschwerden als Folgen der Haft und Isolation wohlbekannt. Wir wissen auch, daß die „Rechtsregeln", mit denen die Gefangenen im Strafvollzug leben müssen, nicht dazu beitragen, ihr Leben positiv einzurichten, und auch keine Hilfe sind bei der Verbesserung der zwischenmenschlichen Kontakte, die gerade für Menschen in Haft lebensnotwendig sind. Auch Menschen in Haft haben ein Grundrecht auf Kontakt und Kommunikation. Dieses Grundrecht wurde, wie uns glaubhaft mitgeteilt wurde, für Herrn Christian Klar drastisch eingeschränkt. Konkret bezieht sich das auf seine Kontakte nach draußen. Hinzu kommt, daß Besuche generell nur für Einzelpersonen stattfinden dürfen. Für ihn besteht eine verschärfte Postzensur und ein Verbot des Telefonierens. Christian Klar fühlt sich so stark in seiner Entfaltungsmöglichkeit eingeschränkt, daß er sich genötigt gefühlt hat, in Hungerstreik zu treten. Seit 1. September verweigert er die Nahrungsaufnahme. Heute sind das 24 Tage. Ein Hungerstreik ist kein Erpressungsmittel, vielmehr oft das einzige Mittel eines Gefangenen, sich mit dem Staat, der oft übermächtig ist, auseinanderzusetzen. Wir verstehen diesen Hungerstreik als einen legitimen Appell an die Öffentlichkeit und als einen Appell an die Humanität.

Wir appellieren an den zuständigen Justizminister Dr. Thomas Schäuble und ersuchen ihn, das menschlich und schon längst politisch Richtige zu tun. Heben Sie die verschärfte und aus unserer Sicht absolut überflüssige und unnötige Maßnahme auf. Scheuen Sie sich nicht, sich bei Ihrer Entscheidung an den Menschenrechten und der Menschenwürde des Betroffenen zu orientieren. Tragen Sie zur Deeskalation bei und setzen Sie sich ein für eine kreative Konfliktbewältigung. Die Zeit drängt.

Menschenrechte und Demokratie
in ost-westdeutscher Perspektive

Ende September veranstaltete das Komitee eine Tagung zum Thema „Menschenrechte und Demokratie in ost-westdeutscher Perspektive", an der sich rund einhundert Menschen beteiligten. Elke Steven hat einen zusammenfassenden Bericht geschrieben, der sowohl über die Hauptreferate und Arbeitsgruppen informiert als auch einen Gesamteindruck vermittelt. Der Text war in leicht gekürzter Form im FriedensFORUM 6/95 (6 x im Jahr erscheinende Zeitschrift des Netzwerkes Friedenskooperative) veröffentlicht.

Kurz bevor die sich zum fünften Mal jährende „Wiedervereinigung" staatlicherseits entsprechend gefeiert wurde, über Erfolge spekuliert oder kurzerhand festgestellt wurde: „Noch sind die Mauern in den Köpfen nicht gefallen" (Tagesthemen, 2.10.1995), hatte das Komitee für Grundrechte und Demokratie in Zusammenarbeit mit dem Bildungswerk Weiterdenken zu einer Tagung unter dem Thema „Menschenrechte und Demokratie in ost-westdeutscher Perspektive" vom 29.9. bis 1.10.1995 nach Chemnitz eingeladen. Statt der politischen Ehrung der Bürgerbewegung, die im Verhältnis zu ihrer nachhaltigen Marginalisierung nach der Wende gesehen werden muß, sollte der Dialog zwischen engagierten Menschen und Gruppen im Bereich der Bürgerbewegung und der neuen sozialen Bewegungen dort gesucht und ermöglicht werden. Anknüpfend an die Kontakte zu oppositionellen Gruppen aus einer Zeit, als die DDR noch bestand, hatte das Komitee bereits 1991, kurz nach der „Wende", eine erste „Ost-West-Tagung" in Hannover veranstaltet. Diesmal sollte der Blick vorrangig nach vorne gerichtet werden. Ausgehend von einem Austausch über vergangene Erfahrungen, Formen der Arbeit und des Widerstands sollte die Frage nach gegenwärtigen Zielen und den Utopien, an die diese rückgebunden

sind, im Mittelpunkt der gemeinsamen Arbeit stehen.

„Grundlage der Kooperation waren und sind
– die wechselseitige Anerkennung der spezifischen Traditionen, Praxisformen und Besonderheiten, d.h. des Eigensinns oppositioneller Praxis in Ost und West,
– die Auseinandersetzung mit zunehmend gemeinsamen gesellschaftlichen Realitäten und ihren ost/west-spezifischen Brechungen,
– die durchaus kontroverse Diskussion über Ziele und Wege einer menschenrechtlich und demokratisch ausgewiesenen Politik und
– die Suche nach Formen der Zusammenarbeit, die Bevormundung und das Überstülpen westlicher „Erfolgsmodelle" verhindern."
So wurde die Zielsetzung der Tagung im vorhinein beschrieben.

Knapp 100 Menschen waren der Einladung gefolgt, zu fast gleichen Teilen kamen sie aus den alten und den neuen Bundesländern. Im Zentrum der Tagung stand die Arbeit in drei parallelen Arbeitsgruppen. Den ganzen Samstag hatten diese Gruppen Zeit zum Austausch von Erfahrungen und zur Diskussion von gegenwärtigen und zukünftigen Strategien.

Thema der Arbeitsgruppe 1 war *„Demokratisierung"*. Gruppen und Initiativen, die zu den Themenbereichen „Frieden", „Umwelt", „Frauen" und „Kommunalpolitik" arbeiten, stellten sich vor und diskutierten über ihre Arbeit. Im Zentrum der Diskussion stand das gemeinsame Problemfeld der Demokratisierung, da soziale Bewegungen durch die Nutzung politischer Rechte, Verfahren und Institutionen, in der Auseinandersetzung mit den etablierten politischen Institutionen oder in der Konfrontation mit dem repressiven Staatsapparat immer auch um mehr Demokratie kämpfen. Deutlich wurde die Kontinuität der Arbeit der „alten" Initiativen der westdeutschen neuen sozialen Bewegungen, wie z.B. der BI Umweltschutz in Lüchow-Dannenberg oder der „Kampagne gegen Wehrpflicht, Zwangsdienste und Militär". „Erfolge" können sie auch heute, in härter werdenden Zeiten, verzeichnen. Eine Zusammenarbeit mit Gruppen in den neuen Bundesländern gelingt jedoch z.T. nur langsam. Auf der anderen Seite sind auch in den neuen Bundesländern längst Netzwerke entstanden, wie z.b. die Grüne Liga oder der Unabhängige Frauenverband, die sich mit entsprechenden Problemen beschäftigen und eindrucksvoll von ihrer bisherigen Arbeit berichten konnten. Trotz erfolgreicher ostdeutscher Selbstbehauptung erfreuen diese Verbände sich jedoch besonders im Westen nachhaltiger öffentlicher Nicht-Beachtung. Bei Aktionen gegen das „Bombodrom Wittstock" ist jedoch bereits eine intensive Zusammenarbeit von alten „westlichen" Gruppen mit neu entstandenen Initiativen rund um Wittstock gelungen.

Zum Thema *„Demokratische Teilhabe an gesellschaftlich sinnvoller Arbeit und sozialer Sicherung"* arbeitete die zweite Arbeitsgruppe. Die Themen Arbeit und soziale Sicherung sind besonders bedeutsame und drängende Themen in den neuen Bundesländern. Deutlich wurde die Notwendigkeit der Verknüpfung des Themas Arbeit mit den Themen Arbeitslosigkeit und Obdachlosigkeit. In letzteren beiden Themenfeldern bestehen Initiativen, mit denen diejenigen zusammenarbeiten müßten, die sich mit Forderungen nach Arbeit und gerechter Arbeitsverteilung auseinandersetzen. Ohne eine neue Perspektive in bezug auf die Forderung nach einer gerechten Verteilung von Arbeit bleibt das Thema auch in den alten Bundesländern unbefriedigend. Erst wenn diese Konflikte im Zusammenhang deutlich werden, werden sie für die sozialen Bewegungen und die Bürgerbewegung bearbeitbar, und erst dann wird das Ausmaß der Problematik verstehbar.

„MigrantInnen- und Flüchtlingspolitik – Die wiedervereinigte Menschenrechtsverletzung", war das Thema der dritten Arbeitsgruppe. Hierbei handelt es sich um ein Thema, das vielleicht am stärksten in beiden Teilen der neuen Bundesrepublik aufgegriffen und bearbeitet wird, da die einschneidendste Veränderung des Asylrechts erst nach der „Vereinigung" stattgefunden hat. Themen waren sowohl Fragen nach dem eigenen Rassismus als auch nach den Auswirkungen des immer rigider gehandhabten Grundrechts auf Asyl, das faktisch nicht mehr besteht. Berichtet wurde z.B. von einer Radtour entlang der neuen Ostgrenze Deutschlands, die den dortigen Umgang mit Flüchtlingen recherchieren helfen sollte. Ein Sozialamtsleiter aus Zwickau referierte über Spielräume der kommunalen Verwaltungen bei der Interpretation ausländerrechtlicher Bestimmungen. Kirchenasyl, Betreuung von Abschiebehäftlingen und Aktionen gegen das bestehende Asylunrecht waren gemeinsame Themen.

Am Abend dieses Tages hat das „Schauspiel-*Ensemble*R*undum*O*renstein*" – SERO – unter Leitung von Edmund Elschner auf seine Weise die Teilnehmer und Teilnehmerinnen mit der deutschen Vergangenheit konfrontiert. In einer unterhaltsamen, jedoch auch nachdenklich stimmenden Inszenierung von Texten aus der deutschen Geschichte, im Wechselspiel mit Musik und Gesang, konnte so ein anderer Zugang zu dem Thema gewonnen werden.

Zu Beginn und zum Ende der Tagung haben ReferentInnen aus den alten und den neuen Bundesländern referiert. Schon zu Beginn wurde deutlich, daß es Unterschiede in den Orientierungen, in den Fragen und Themen gibt, die für die in den Bewegungen Aktiven anstehen. Vor allem aber beeindruckte das Interesse an den Überlegungen der anderen, die Bereitschaft zuzuhören und nachzufragen, der Wunsch, die Erfahrungen und Fragen anderer nachzuvollziehen.

Die Bürgerrechtlerin Karla Fahr eröffnete die Tagung mit einem Referat zum Thema „Vom bürgerbewegten Aufbruch zur Randständigkeit? Entwicklungen, Erfahrungen und aktuelle Situation von Bürgerrechtsgruppen und -initiativen in den neuen Bundesländern". Sie berichtete von den neuen

WIR SIND UNSCHULDIG

BEIM NÄCHSTEN MAL WIRD ALLES BESSER

Wegen, die sie im Rahmen der damaligen Möglichkeiten bereits innerhalb der DDR mit anderen gegangen sind, von den Perspektiven und Wünschen, von denen sie sich leiten ließen und die die Hoffnung in der Wende bestärkten. Inzwischen aber ist deutlich geworden, daß die alte Herrschaft zwar abgeschafft ist, die Gegenwart aber nichts mit ihren ursprünglichen Utopien zu tun hat. Sie hatten noch kurz nach der Wende auf eine ausführliche öffentliche Verfassungsdiskussion gehofft, die eine Aufarbeitung der Vergangenheit ermöglicht hätte. Diese Chance aber wurde herrschaftlich abgewürgt. Sie regte an, sich in Gruppen auch um eine Trauerarbeit zu bemühen. Trauer um etwas, das vorhanden war und verloren gegangen ist, nicht im Sinne der Verabschiedung von den eigenen Zielen, Träumen und Utopien, sondern Trauer um den kurzen Augenblick, in dem für einen Moment die Verwirklichung der Träume unmittelbar möglich erschien – wissend jedoch, daß alle Beteiligten in diesem Moment des Aufbruchs Täuschungen erlegen waren, da die Veränderungen, die sie wollten, unendlich weitreichender sind, als daß sie kurzfristig verwirklichbar wären. Karla Fahr betonte, wie wichtig es damals wie heute ist, das, was Ziel für die Gesellschaft ist, vorweg in Gruppen zu leben und zu verwirklichen. Um einen solidarischen, kommunitären Lebensstil, in dem Authentizität möglich wird, müsse man sich bemühen, um sich gegen die verordneten Mythen der Marktwirtschaft zur Wehr setzen zu können.

Der Politikwissenschaftler Roland Roth sprach danach zum Thema „Bürgerinitiativen und neue soziale Bewegungen in den alten Bundesländern – viel bewegt und nichts verändert?". Er betonte, daß es auf dieser Tagung einen in die Zukunft gerichteten Ausblick geben muß, auch oder gerade weil die Zeiten rauher werden. Hoffnungsvoll stimmte sein Rückblick auf das, was die neuen sozialen Bewegungen im Westen an Veränderungen erreicht haben. Er erinnerte an die Kriterien, an denen sich die Initiativen orientiert haben und die sie als Maßstab an ihre Arbeit anlegen. Stichwort-

artig sollen hier nur einige herausgegriffen werden: Aufwertung des Partikularen, Aufwertung subjektiver Betroffenheiten und individueller Erfahrungen, unparteiliche Kooperation auf eigenständiger Grundlage, hohes Maß an innerer Demokratie, Gewaltverzicht, phantasie- und lustvolles Handlungsrepertoire. Nicht auf einen kurzfristigen „Erfolg", die Erreichung einer einzelnen Veränderung käme es an, sondern langfristig auf die Einhaltung der Grundrechte und die Verwirklichung von Demokratie. Wichtig seien in diesem Zusammenhang eben nicht nur die Ziele, sondern auch die Mittel, mit denen sie erreicht werden sollten. Nach diesem aufmunternden Einstieg machte er aber auch deutlich, wie weit das Erreichte von dem entfernt ist, was die neuen sozialen Bewegungen „eigentlich" erreichen wollen. Hinzu kommt, daß ihnen der Wind immer stärker entgegenweht, die Zeiten schlechter geworden sind und – so seine Prognose – durch die Zunahme sozialer Klüfte und von Zonen neuer Ungleichheiten noch rauher werden. Dessen sollten sich die TeilnehmerInnen in ihrer Arbeit bewußt sein und dennoch nicht aufgeben oder resignieren.

Am Ende faßten der Pfarrer und Bürgerrechtler Hans-Jochen Vogel und der Politikwissenschaftler Wolf-Dieter Narr die Erfahrungen der Tagung unter dem Thema „Kapitalismus ohne Alternative? – Perspektivische Überlegungen für West und Ost" zusammen. Hans-Jochen Vogel stellte die Notwendigkeit heraus, Utopien zu behalten und an der Möglichkeit der Veränder- und Gestaltbarkeit der Zukunft festzuhalten. Folge des weltweiten Wirtschaftskrieges sei die Verfeindung der Menschen mit sich selbst, zwischeneinander und gegenüber der Natur. Statt dessen aber gelte es, aus den vorgegebenen Wahrnehmungsmustern auszubrechen und ihnen Visionen entgegenzusetzen mit dem Ziel, ein Mehr an Menschenwürde, Selbstbestimmung und Emanzipation zu erreichen.

Wolf-Dieter Narr erinnerte daran, daß die neuen sozialen Bewegungen und die Bürgerbewegung nie nach der Macht greifen wollten und daß sie korrumpierbar würden, wenn sie diesen Wunsch hätten. Das Machbare müßte im Mittelpunkt ihrer Arbeit stehen, nicht das Streben nach Macht. Statt sich an den Regierenden abzuarbeiten, sollte selbstbestimmt-außerparlamentarisch Politik von unten betrieben werden. Viele lebendige Bewegungen und Projekte würden zwar von der medialen Standard-Wahrnehmung gar nicht erfaßt, aber ihre Bedeutung könne und dürfe nicht daran gemessen werden. Vergessen werden dürfe bei all der Arbeit nicht, daß diese Spaß macht, machen kann und soll, da daraus die notwendige Energie bezogen würde, um den aufrechten Gang fortzusetzen.

Elke Steven

Heftige Kritik am erstinstanzlichen Richter Asylrecht: Pfarrer wurde auch in zweiter Instanz verurteilt

Am 20. Oktober 1995 fand in Bonn der erste Berufungsprozeß gegen ein Mitglied des Aktionskreises „Ziviler Ungehorsam für Asylrecht" statt. Das Landgericht bestätigte das Strafmaß der ersten Instanz (30 Tagessätze zu 100,– DM), im Tenor der Begründung blieb es jedoch deutlich moderater als das Amtsgericht. Die „Bonner Rundschau" berichtete am 21. Oktober 1995 über den Landgerichtsprozeß.

ril Bonn. „In einem Rechtsstaat heiligt der Zweck nicht die Mittel", gab der Vorsitzende der 5. Kleinen Bonner Berufungsstrafkammer gestern dem 57jährigen Pfarrer Hubertus Janssen aus Limburg zu bedenken. Der ehemalige Gefängnisgeistliche war Ende Juni in einem emotionsgeladenen Prozeß vor dem Bonner Amtsgericht zu 3000 Mark Geldstrafe verurteilt worden. Er hatte zusammen mit zehn weiteren Mitgliedern des Aktionskreises „Ziviler Ungehorsam für Asylrecht" öffentlich dazu aufgerufen, sich an einer „gewaltfreien Entzäunungsaktion" der Abschiebehaftanstalt in Worms am 10. Dezember 1994 zu beteiligen.

Der Bitte des früheren Gefängnisgeistlichen, ihn aufgrund seiner moralisch und ethisch motivierten Beweggründe freizusprechen, folgte aber auch die Berufungskammer nicht. Nach langer Beweisaufnahme wurde die Berufung verworfen, und es bleibt bei 3000 Mark Geldstrafe wegen öffentlichen erfolglosen Aufrufs zur Sachbeschädigung. Der Pfarrer kündigte Revision an.

Vorsitzender Richter Paul-Hermann Wagner: „Es ist zu strafbarem Tun aufgefordert worden, auch wenn es sich hier um Kleinigkeiten handelt." Tatsächlich war der Widerhall damals bei Sympathisanten ausgesprochen groß, denn 800 hatten den in Bonn verfaßten Aufruf unterzeichnet, und 750 Demonstranten waren dem Aufruf gefolgt und nach Worms gefahren. Den um das Abschiebegefängnis gezogenen Zaun erreichten sie jedoch nicht, da das Gelände durch die Polizei weiträumig abgesperrt worden war.

Brisant war der Fall in der Folgezeit eher durch die Spannungen zwischen dem Richter in erster Instanz und dem Angeklagten geworden. Richter Michael Hertz-Eichenrode hatte dem Aktionskreis unter anderem „versponnene Ansichten" vorgeworfen und erklärt: „Unsere nationale Identität würde vernichtet, wenn wir alle (abgelehnten Asylbewerber, d. Red.) hierließen."

Noch heftiger entrüstete sich der Angeklagte gestern über die schriftliche Urteilsbegründung von Richter Michael Hertz-Eichenrode. Darin warf der Jurist dem Theologen Realitätsverlust vor, er habe sich in Ideen versponnen und sei in seiner Einsichtsfähigkeit bei der Tat beeinträchtigt gewesen. Auf besonders heftige Kritik aber stieß die abschließende Passage der Urteilsbegründung. Darin formulierte Michael Hertz-Eichenrode, er hielte eine Geldstrafe im unteren Bereich für angebracht, „aber doch eine solche, wie sie bei Trunkenheit am Steuer verhängt zu werden pflegt". Dazu Richter Wagner gestern in seiner Urteilsbegründung diplomatisch: „Es steht uns nicht an, die Urteilsbegründung des ersten Richters zu kommentieren oder dazu Stellung zu beziehen."

Erst im Jahr 2035 kalt genug für die Endlagerung

Während eines Hintergrundgespräches mit Journalisten behauptete ein Vertreter der deutschen Atomlobby, daß man sich keine Sorgen um ein noch fehlendes Atommüll-Endlager zu machen brauche, da das Problem Endlagerung noch lange nicht konkret anstehe. Die „Frankfurter Rundschau" – „Freie Aussprache" – druckte hierzu am 10. November 1995 folgenden Leserbrief ab.

Die FR berichtete am 27. Oktober 1995 („Atomindustrie: Derzeit kein Bedarf für nationale Endlager") über ein Gespräch, das der Vorsitzende des Deutschen Atomforums, Wilfried Steuer, mit Journalisten in Bonn geführt hatte. Dabei hatte dieser behauptet, die deutsche Atomindustrie brauche auf Jahrzehnte hinaus kein Endlager für hochradioaktiven Müll. Es gehe darum, „die Probleme von heute zu lösen, nicht die von übermorgen" (Zitat lt. FR). Es lohne nicht, sich über die Fragen zu entzweien, die erst nach der Jahrtausendwende auf dem Tisch lägen. In solchen Bemerkungen spiegelt sich die arrogante Herrschaftsmacht der Atomlobby wider. Das Problem der ungelösten Endlagerproblematik soll bewußt verharmlost werden.

Natürlich ist bekannt, daß der hochradioaktive Atommüll wegen seiner Hitzeentwicklung in Zwischenlagern ca. 40 Jahre vorkühlen muß, da er sonst die Gesteinsformation eines etwaigen Endlagers – und damit die Endlagerung selbst – extrem gefährden würde. Nun ist im April 1995 der erste Castor-Behälter in Gorleben zwischengelagert worden. Er ist also im Jahr 2035 kalt genug, um irgendwo in einem Gestein oder Salzstock versenkt zu werden.

Nun gibt es aber weltweit noch kein einziges Endlager. Ein solches müßte für Jahrtausende in unbewegtem Untergrund den Atommüll von der Biosphäre abschotten. Doch der Erduntergrund ist generell unruhig, Bodenschichten heben, reiben, verändern sich. Niemand kennt die langfristigen Auswirkungen der auch nach der Abkühlung sich fortsetzenden Hitzeentwicklung, und niemand weiß, welche chemischen Reaktionen im Untergrund eines Atommüllagers langfristig möglich sind.

1993 hatte ein internationales Endlager-Hearing stattgefunden. Dabei kamen die meisten Teilnehmer zu dem Ergebnis, daß eine hinreichend sichere Lösung des Endlagerproblems in absehbarer Zeit nicht gefunden werden kann. Daher sei der Atomausstieg vonnöten. Statt Verharmlosung des Endlagerproblems ist also Widerspruch gegen die Atomlobby und ihre grundrechte- und lebensgefährdende Interessensdurchsetzung gefordert.

Das Plädoyer des Atomforum-Chefs für bewußte Kurzsichtigkeit disqualifiziert sich selbst. Es soll beruhigen, wo Unruhe erste Bürgerpflicht ist. Nur der sofortige Ausstieg aus der Atomenergie könnte die weitere Anhäufung des Atommüllberges – für dessen Entsorgung niemand ein umwelt- und menschenverträgliches Konzept hat – stoppen.

Martin Singe,
Komitee für Grundrechte
und Demokratie, Köln

Grelle Pfiffe schon vor der Gegen-Demo
„Wenn Du Frieden willst, bereite den Frieden vor"

Am 26. Oktober 1995 ließ die Bundesregierung im Bonner Hofgarten aus Anlaß des vierzigjährigen Bestehens der Bundeswehr einen Großen Zapfenstreich veranstalten. Die Bonner Friedensgruppen riefen zu einer Gegenkundgebung auf den Kaiserplatz. Vor den ca. 1000 Demonstrierenden sprach u.a. auch der friedenspolitische Sprecher des Komitees, Andreas Buro. Der „Kölner Stadt-Anzeiger" berichtete am 27. Oktober 1995 über diese Veranstaltung.

Bonn. Die Wiese inmitten des Kaiserplatzes, zu Zeiten der großen Friedensdemonstrationen Ausweich-Areal für die vielen Demonstranten, die auf dem Hofgarten keinen Platz mehr fanden, lädt am Abend des Großen Zapfenstreichs wahrlich nicht die Freunde des militärischen Zeremoniells zum Verweilen ein. Hier sammeln sich die paar hundert protestbereite Bürger, die dem Aufruf der Kirchen und des Friedensbüros gefolgt sind. Schon vor Beginn der einstündigen Kundgebung machen sie ihrem Widerwillen gegen den Staatsakt mit einem gellenden Pfeifkonzert Luft.

Eingekreist von einem übermächtigen Polizeiaufgebot, lauschen sie den vier Rednern – neben der Bonner Bürgermeisterin Doro Paß-Weingartz (Bündnis 90/Die Grünen) und dem PDS-Abgeordneten und Schriftsteller Gerhard Zwerenz der Pfarrer der Bonner Lukaskirchengemeinde sowie für das „Komitee für Grundrechte und Demokratie" Professor Andreas Buro. Er stellt heraus, was an diesem Abend aus der Sicht der Militärgegner im Hofgarten vorbereitet werde: Da habe der Kampf um die Herzen der Bundesbürger begonnen, die wieder bereit gemacht werden sollten für militärische Abenteuer. Buro: „Hier geht es um eine Weichenstellung nach dem Motto: Wenn Du den Frieden willst, dann mußt Du den Krieg vorbereiten."

Das müsse der Bürger erst einmal erkennen und den wahren Spruch beherzigen: „Wenn Du den Frieden willst, dann mußt Du den Frieden vorbereiten."

Thomas Agthe

Helfen statt schießen

In einem Leserbrief, den die „Kölnische Rundschau" am 18. November 1995 veröffentlicht hat, trat Klaus Vack, der Komitee-Beauftragte für humanitäre Hilfe im ehemaligen Jugoslawien, dem Eindruck entgegen, daß die Friedensbewegung sich nicht um den Bosnien-Krieg kümmere.

Im Zusammenhang mit den Protesten gegen den Großen Zapfenstreich der Bundeswehr in Bonn hatte ein Leser kritisiert, daß die Friedensbewegung nicht gegen den bosnischen Bürgerkrieg demonstriert hat.

Der Autor des Briefes weiß nichts von den Hunderten Friedensgruppen im ehemaligen Jugoslawien, die tatkräftig humanitäre, friedenspolitische und menschenrechtliche Unterstützung leisten. Ihm ist sicher auch unbekannt, daß etwa 30 Prozent der humanitären Hilfe im Balkankrieg, soweit sie aus der Bundesrepublik stammt, von kleinen Hilfsorganisationen, darunter mit maßgeblichem Anteil die Friedensbewegung, kommt.

Der Leser irrt aber auch mit den Anschuldigungen gegen die Friedensbewegung bezüglich Afghanistan und Tschetschenien. Die Friedensbewegung hat immer gegen das

Eingreifen der Sowjetarmee in Afghanistan protestiert und demonstriert. Dies trifft auch im Falle von Tschetschenien zu, wenngleich die Demonstrationen wegen allgemeiner Müdigkeits- und Ohnmachtserfahrungen nicht gerade groß ausgefallen sind.

Warum unterschlägt der Brief, daß die Bundesregierung, um die Wirtschaftsbeziehungen mit Rußland nicht zu gefährden, extrem zurückhaltend auf die russische Aggression in Tschetschenien reagiert hat? So wie jetzt der Kotau des Bundeskanzlers bei seinem Besuch in China.

Ich habe in Bosnien, und nicht nur dort, die Erfahrung gemacht, daß es in einem solchen verworrenen Bürgerkrieg keinen Sinn macht zu protestieren. Besser ist es, zwei zumindest der Friedensbewegung angemessene Bezugspunkte vorbildhaft zu verknüpfen: Helfen statt schießen!

Klaus Vack,
64759 Sensbachtal

Die Würde des Menschen ist unantastbar – Lebenslange Freiheitsstrafe abschaffen!

Im Mai 1995 hatte das Komitee dem Deutschen Bundestag eine Petition zur Abschaffung der lebenslangen Freiheitsstrafe überreicht. Gleichzeitig war Justizministerin Leutheusser-Schnarrenberger um eine Stellungnahme angefragt worden. Auf ihre enttäuschende Antwort vom 21. Juni 1995 hin argumentierten Wolf-Dieter Narr, Geschäftsführender Vorstand des Komitees, und Hartmut Weber, Projektgruppe „Wider die lebenslange Freiheitsstrafe", in einem erneuten Brief noch einmal für die Abschaffungs-Forderung. Das Schreiben an die damalige Ministerin hat folgenden Wortlaut.

Sehr geehrte Frau Ministerin Leutheusser-Schnarrenberger,

für Ihr Antwortschreiben vom 21. Juni 1995 an Herrn Singe, den Sekretär unseres Komitees, danken wir Ihnen. Ihr Schreiben veranlaßt uns freilich, uns noch einmal grundsätzlich zu Ihren Argumenten zu äußern:

1. Enttäuscht sind wir, daß Sie als Reaktion auf den Ihnen von Herrn Singe am 12.5. 1995 zugesandten Vorabdruck unserer Petition zur Abschaffung der lebenslangen Freiheitsstrafe – abgesehen von Ihrem Bekenntnis, daß eine Neuformulierung des Paragraphen 211 StGB notwendig sei – keine neuen Argumente vorbringen. Die Gründe, die Sie für die Beibehaltung der lebenslangen Freiheitsstrafe anführen, sind fast identisch mit einer Stellungnahme des Bundesministers für Justiz vom 22. 8. 1986, der sich seinerzeit zu einer früheren Petition, die der Abschaffung der lebenslangen Freiheitsstrafe galt, geäußert hat (Az. Pet 4-10-07-450-37077, Abdruck in Weber, H./Projektgruppe Fulda, Hrsg.: Lebenslang – wie lang? Weinheim 1987, S. 198 ff.). Größtenteils greifen Sie in Ihren Argumenten auf die Entscheidung des Bundesverfassungsgerichts von 1977 (BVerfGE 45, 187 ff.) zurück. Die neue Entscheidung aus dem Jahre 1992 (BVerfGE 86, 288 ff.) streifen Sie nur am Rande. Beide Entscheidungen nehmen Sie in ihren Widersprüchen und den daraus zu ziehenden Konsequenzen in Sachen lebenslange Freiheitsstrafe nicht zur Kenntnis.

2. Wir verzichten darauf, die menschenrechtlich-normativ eindeutigen Gebote und die Fülle der empirischen Evidenz, die beide Ihre Auffassungen als demokratisch-rechtsstaatlich unhaltbar belegen, erneut anzuführen. Wir erlauben uns jedoch anzumerken, daß seit Mitte der 80er Jahre, ausgehend von der Problematik des § 57a StGB, der die Strafrestaussetzung bei denjenigen regelt,

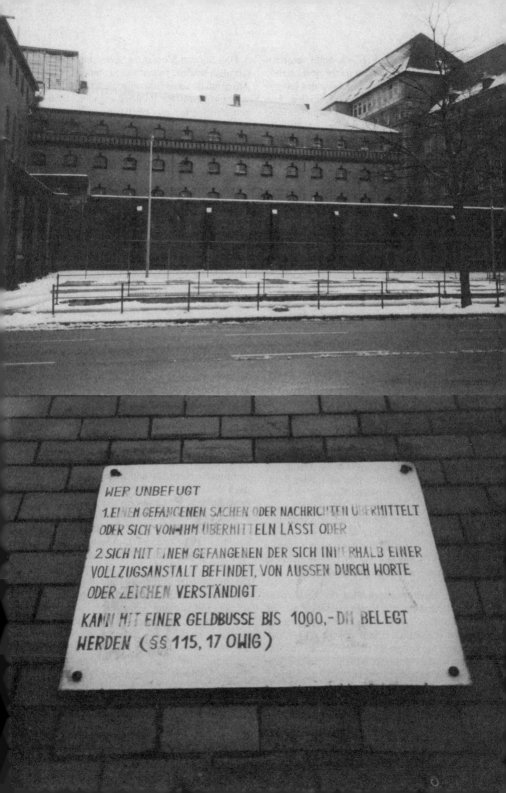

WER UNBEFUGT

1. EINEM GEFANGENEN SACHEN ODER NACHRICHTEN ÜBERMITTELT
ODER SICH VON IHM ÜBERMITTELN LÄSST ODER

2. SICH MIT EINEM GEFANGENEN DER SICH INNERHALB EINER
VOLLZUGSANSTALT BEFINDET, VON AUSSEN DURCH WORTE
ODER ZEICHEN VERSTÄNDIGT.

KANN MIT EINER GELDBUSSE BIS 1000,-DM BELEGT
WERDEN (§§ 115, 17 OWIG)

die zu lebenslanger Freiheitsstrafe verurteilt worden sind, eine an Intensität zunehmende Diskussion um die Abschaffung der lebenslangen Freiheitsstrafe stattgefunden hat. Zahlreiche kompetente Organisationen und Gruppierungen, insbesondere auch das Komitee für Grundrechte und Demokratie, haben aus dieser Diskussion und ihren Erträgen ohne Wenn und Aber gefolgert: Die lebenslange Freiheitsstrafe ist im Rahmen eines demokratischen Rechtsstaats abzuschaffen. Die Veröffentlichungen des Komitees, vor allem die beiden Dokumentationen über unsere beiden öffentlichen Anhörungen aus den Jahren 1993 und 1994, liegen Ihnen vor. Auch die einschlägigen Veröffentlichungen anderer Organisationen und einzelner namhafter Expertinnen und Experten sind öffentlich greifbar, so etwa die Stellungnahme der Neuen Richterinnen- und Richtervereinigung und anderer Organisationen mehr. Auf all diese Argumente und Evidenzen gründet sich unsere Petition.

3. Wir sind insbesondere darüber irritiert, daß Sie die Grundlagen einer liberalen Rechtspolitik, zu der Sie sich mehrfach öffentlich bekannt haben, wenn es darauf ankommt, so wenig beachten. Wir erlauben uns in diesem Zusammenhang, Sie daran zu erinnern, daß die FDP im Jahr 1981 den Verzicht auf die lebenslange Inhaftierung als ein Gebot der Menschenwürde bezeichnet und unter Berufung auf die „liberalen Thesen" und das Wahlprogramm 1980 die Abschaffung der lebenslangen Freiheitsstrafe gefordert hat. Nach einem Schreiben des Referats „Innen und Recht" der FDP-Bundesgeschäftsstelle an unser Komitee vom 25.1.1994 ist diese Auffassung weiterhin gültig.

4. Die Bestimmungen über die Verhängung der lebenslangen Freiheitsstrafe und die Strafrestaussetzung derselben widersprechen jeder freiheitlich-demokratischen Kriminalpolitik. Sie zeigen wie kaum eine andere Vorschrift, wie wenig das Willkürverbot des Artikel 3 GG geachtet wird, obwohl, und wenn es substantiell stimmt, zu Recht die Rechtsstaatlichkeit wie ein Palladium freiheitlicher Demokratie öffentlich gehandhabt wird.

5. Daß Sie den Mordparagraphen mit seinen moralisierenden, individualisierenden, ja im Anschluß an seine nationalsozialistische Entstehungsgeschichte biologisierenden Blankettbegriffen für reformbedürftig halten, deuten Sie mit Ihrem Vorhaben an, die Straftatbestände der §§ 211, 212 StGB neu zu regeln. Abgesehen davon, daß diese neue Regelung dringlich ansteht und nicht mittelfristig auf die lange Bank geschoben werden darf, sind solche Bemühungen, soll die lebenslange Freiheitsstrafe beibehalten werden, zur Erfolglosigkeit verdammt. Sie kommen dann der Quadratur des Kreises gleich. Berechenbarkeit, Bestimmtheit, Kalkulierbarkeit, die den Bürger der Bundesrepublik Deutschland als mündigen Bürger ernstnehmen, bleiben so lange Worthülsen, als die lebenslange Strafdrohung und ihre prinzipiell unmögliche grund- und menschenrechtliche Begründung bestehen bleiben. Dann muß man in der Tat, wie dies die Nationalsozialisten getan haben, qua Führerbefehl notabene, zu pauschalen Subjektivierungen Zuflucht nehmen. Auch zu diesem Themenkreis finden Sie im übrigen reichhaltige Literatur in den Dokumentationen des Komitees.

6. Summa summarum: Die von Ihnen wiederholt aufgetischten Argumente für die lebenslange Freiheitsstrafe sind normativ, sprich ausgerichtet an grund- und menschenrechtlichen Normen, und empirisch, sprich nach Maßgabe einschlägiger Wirkungsuntersuchungen der lebenslangen Freiheitsstrafe und auch ihres angeblich generalpräventiven Effekts nicht zu halten. „Daß das Rechtsgut Leben" dadurch in seinem „obersten Rang in unserer Werteordnung" bestätigt werde, wie Sie schreiben, daß allen die lebenslange Freiheitsstrafe drohe, die sich wider das Leben anderer vergehen, eine solche Behauptung geht nicht nur auf unhaltbare Rechtfertigungen eines modernisierten „ius talionis" zurück, eine solche Behauptung widerspricht nicht nur im Mittel eindeutig dem behaupteten Ziel, eine solche Behauptung verkennt vielmehr in grundsätzlicher Weise, wie menschenrechtlich-demokratisches Wertbewußtsein in der Bevölkerung und bei seinen Abgeordneten allein zu

entstehen vermag, nämlich durch positive Orientierung an der „Ehrfurcht vor dem Leben" (Albert Schweitzer) und nicht durch menschenrechtswidrige und dazuhin noch spezial- und generalpräventiv unwirksame, der Chance nach lebenslange Inkarzerierung. Wie steht es hier mit dem ersten Satz des Grundgesetzes: „Die Würde des Menschen ist unantastbar"?

Abschließend möchten wir an Sie persönlich appellieren, Ihr Amt als höchste Repräsentantin der Kriminalpolitik so auszuüben, daß die Minima moralia einer liberalen Rechtspolitik, ganz jenseits aller parteipolitischen Erwägungen, respektiert werden. Hierzu gehört die Abschaffung der lebenslangen Freiheitsstrafe. Gerade im Rahmen der europäischen Einigung könnte es im übrigen hilfreich für Sie sein, darauf hinzuweisen, daß mehrere europäische Staaten den menschenrechtlichen Bedenken gegen die lebenslange Freiheitsstrafe dadurch Rechnung zu tragen versucht haben, daß sie diese menschenunwürdige Sanktion de lege oder de facto abgeschafft haben.

Mit freundlichen Grüßen
Ihre
Wolf-Dieter Narr
Hartmut Weber

Wer über Bosnien empört ist, darf zum Krieg in der Türkei nicht schweigen

Der friedenspolitische Sprecher des Komitees, Andreas Buro, veröffentlichte im FriedensFORUM 6/95 einen Aufsatz über die Problematik und Chance einer politischen Lösung des türkisch-kurdischen Konfliktes. Zugleich bedauerte er, daß dieser Krieg angesichts der Kämpfe im ehemaligen Jugoslawien von der Friedensbewegung, aber auch von der politischen Öffentlichkeit insgesamt nur am Rande wahrgenommen wird.

Der Krieg in Bosnien bewegt sehr viele Menschen zu Recht. Dort offenbart sich die ganze Scheußlichkeit und Menschenverachtung des militärischen Konfliktaustrages. Im Krieg in der Türkei ist es jedoch nicht anders. Ethnische Vertreibung in großem Ausmaß, die Zerstörung von über 2000 kurdischen Dörfern, Mord und Folter gehören zum Alltag.

Trotzdem wird von diesem Krieg in Deutschland und in der internationalen Öffentlichkeit nur am Rande Kenntnis genommen. Aber nicht nur dies. Überall wird den Versuchen, Kriege durch eine politische Lösung zu beenden, große Aufmerksamkeit und viel Beifall gespendet. Nach dem Mord am israelischen Premierminister Yitzhak Rabin haben sich noch einmal sehr viele Staatsmänner und Politiker für dessen Friedenspolitik und sein Bemühen, den gewaltsamen Konfliktaustrag zu überwinden, ausgesprochen.

Die gleichen Staatsmänner und Mächte, welche sie repräsentieren, sind jedoch zur selben Zeit kaum bereit, die Türkei – Ankara – zu drängen, endlich konstruktive Schritte in Richtung auf eine Beendigung des Krieges und zur Suche nach einer politischen Lösung zu tun. Vielmehr werden Ankara nach wie vor Waffen geliefert, die selbstverständlich im Krieg gegen die kurdische Guerilla eingesetzt werden, und der Krieg wird durch finanzielle Hilfen gefördert. Obwohl dieser furchtbare Krieg voller Menschenrechtsverletzungen, unter Mißachtung eingegangener internationaler Verpflichtungen durch Ankara und unter ständigen Verstößen gegen bürgerrechtliche und demokratische Normen fortgeführt wird, beabsichtigt der Ministerrat der Europäischen Union zum 1.1.1996, die Türkei in eine Zollunion mit der EU aufzunehmen. Dabei geben sich die EU-Staaten – erfreulicherweise und hoffentlich nicht das Europäische Parlament – mit kosmetischen Verfassungs- und Rechtsreformen in der Türkei zufrieden, durch die berüchtigte Verfolgungs- und Maulkorbparagraphen zwar abgeschafft, aber die gleichen Tatbestände durch andere Gesetze weiterhin verfolgt werden können. Folter und politischer Mord bleiben darüber hinaus auf der Tagesordnung.

Ein so gleichgültig-fahrlässiges Verhalten der NATO-Staaten ist kaum verständlich und macht die gängige Argumentation, man müsse weiter rüsten, um für Friedenssicherung militärisch-humanitär intervenieren zu können, gänzlich unglaubwürdig. Die NATO-Staaten betonen immer wieder, sie wollten die Türkei als stabilen Pfeiler ihres Militärbündnisses sichern. Stabiler Pfeiler mit Bürgerkrieg im eigenen Lande? Die Kriegskosten des hochverschuldeten Landes gehen zu Lasten von Gesellschaft und Ökonomie. Die Wirtschaft kann sich nicht entwickeln. Nationalistische Propaganda und Verhetzung sollen die Misere überspielen. Zur Bündelung der Kräfte für den Krieg werden diejenigen vorrangig bekämpft, die vermitteln wollen. Das soziale Elend begünstigt rechtsextreme und fundamentalistische Strömungen. Die ohnehin schwach ausgebildete türkische Demokratie wird weiter unterhöhlt. Die einzig mögliche Stabilisierung der türkisch-kurdischen Gesellschaft liegt in der sofortigen Beendigung des Krieges und in einer politischen Lösung für den Konflikt.

Nun wird der Forderung nach einer politischen Lösung entgegengehalten, erst müsse der Terror der PKK, also der kurdischen Guerilla, gebrochen sein. Dies ist, wie wir aus vielen historischen Beispielen wissen, eine unrealistische Forderung, die in Wirklichkeit nur der Verlängerung des Krieges dient. Vielmehr führen erst die Aufnahme des Dialogs und durchaus auch einseitige vertrauensbildende Schritte dazu, Verfeindung zu überwinden. Die Fortdauer des militärischen Schreckens (Terror) verstärkt

nur Feindbilder und treibt in Irrationalität, wie es im ehemaligen Jugoslawien gegenwärtig geschieht.

Das Militär hat in der Geschichte des türkischen, kemalistischen Nationalstaates, der aus dem osmanischen Reich hervorgegangen ist, eine überragende Rolle gespielt. Durch zwei Putsche hat es in den vergangenen 25 Jahren seine Dominanz gesichert. Es ist auch gegenwärtig die „letzte Instanz" und Überregierung in Ankara. Es ist mehr als alle anderen politischen Kräfte für den militärischen Konfliktaustrag gegen die Kurden und für die konzessionslose Politik ihnen gegenüber verantwortlich. Es wird seine Politik nur ändern, wenn NATO-Staaten mit Nachdruck auf einer Wende zu einer politischen Lösung bestehen.

Für eine Beendigung des Krieges setzen sich gegenwärtig vor allem viele türkische und kurdische Intellektuelle, Schriftsteller und Künstler ein, die sich den Werten der Demokratisierung und der Menschenrechte verbunden wissen. Sie stehen nach wie vor unter ständiger Bedrohung durch Verhaftung, Folter und Mord. Trotz so bedrückender Bedingungen wenden sich immer mehr mutige Menschen gegen den Krieg. Über 1.000 Intellektuelle haben sich selbst beim Staatssicherheitsgericht angezeigt. Vor Gericht steht gegenwärtig einer der bekanntesten Schriftsteller der Türkei, Yasar Kemal. Der Industrielle und Parteiführer Cem Boyner tritt offen für eine politische Lösung ein. In einer Untersuchung der Handels- und Börsenkammer der Türkei (TOBB) wurde ermittelt, daß sich die überwältigende Mehrheit in den kurdischen Siedlungsgebieten für Reformen im Rahmen der Türkei und damit gegen jeglichen Separatismus ausspricht. Die kurdische kulturelle Identität solle anerkannt werden. Meinungsfreiheit und die Einführung föderativer, demokratischer Strukturen werden gefordert. Das Komitee für Frieden, Brüderlichkeit und Solidarität verbreitet einen Aufruf mit konkreten Vorschlägen. Unter anderem wird ein mindestens dreimonatiger Waffenstillstand gefordert, eine Beendigung der Entvölkerung kurdischer Dörfer und der Deportationen, eine neue Verfassung, die Aufhebung des Ausnahmezustandes und eine Amnestie für politische Gefangene. Die kulturelle und ethnische Vielfalt sei anzuerkennen, und die Bevölkerung solle in „Friedensmonaten" Vorschläge, Meinungen und Projekte ausarbeiten. Viele andere Aktivitäten und Stellungnahmen kommen hinzu. Solche zivilen Ansätze für Frieden benötigen die Unterstützung auch aus dem Ausland.

In Deutschland haben in diesem Jahr etwa 140 bekannte Persönlichkeiten aus Wissenschaft, Politik, Literatur und Kultur, aus Publizistik, Friedensbewegung und Kirchen unter der Überschrift „Krieg in der Türkei – Die Zeit ist reif für eine politische Lösung" einen Appell verbreitet (vgl. FriedensForum 3/95, Seite 16). Aus diesem Appell hat sich ein Dialog-Kreis gebildet, der sich die folgenden vier Aufgaben gesetzt hat:

– Das in der Türkei nach wie vor herrschende Tabu gegenüber einer offenen Diskussion über eine politische Lösung zu überwinden und die Menschen dort, die solche Vorschläge vortragen, durch internationale Öffentlichkeit zu schützen;

– Den Appell auf andere Länder auszuweiten, so daß es sich nicht allein um eine deutsch-türkische Angelegenheit handelt;

– Die NATO-Regierungen immer wieder auf eine politische Lösung hin anzusprechen und sie aufzufordern, dafür tätig zu werden;

– Schließlich soll dazu beigetragen werden, daß in Deutschland mehr Runde Tische zwischen Deutschen, Türken und Kurden entstehen, von denen die gemeinsame Forderung nach einer politischen Lösung ausgehen soll.

Der Dialog-Kreis ist offen für Zusammenarbeit bei der Gestaltung des von ihm geforderten und beförderten europäischen Friedensdialogs. Er tritt für Versöhnungs- und Friedensarbeit auch hier in Deutschland ein. Das früher meist gute Verhältnis zwischen Türken und Kurden darf nicht durch Gewalt gegen Personen und Sachen belastet werden. Wer den Dialog will, wer für eine politische

Lösung ist, darf selbst nicht Gewalt anwenden. Er macht sich sonst unglaubwürdig. Vertrauen zu bilden, diese schwierige Aufgabe, ist aber von allergrößter Bedeutung.

Für den offenen Dialog ist das Verbot der PKK in Deutschland ausgesprochen schädlich, wird doch dadurch eine argumentative Auseinandersetzung mit deren Position geradezu kriminalisiert. Statt sich auf die Verfolgung von Verstößen gegen das geltende Strafrecht zu konzentrieren, stellt sich die deutsche Innenpolitik mit diesem Verbot auf die Seite Ankaras und seiner repressiven Politik. Dringend nötig wäre es dagegen, hier in Deutschland ein Zeichen dafür zu setzen, daß die Kurden eine eigene kulturelle Identität haben, und ihnen die gleichen Rechte und Möglichkeiten einzuräumen, die z.B. auch den Türken in Deutschland gewährt werden. Offensichtlich hat die deutsche Politik noch viel zu lernen, um hilfreich zur Überwindung eines solchen Konfliktes in einem befreundeten Land agieren zu können.

In dem in der Türkei zum 1. September herausgegebenen Friedensmanifest heißt es: „Die Hoffnung der Völker liegt nicht im Krieg, sondern in einer wahren Demokratie. Wir versprechen, daß wir diesen Schrei so lange erschallen lassen, bis der Friede erreicht ist. Wir rufen alle auf, sich diesem Schrei nach Frieden anzuschließen." In der Tat, die Zeit dafür ist reif.

Friedensdekade: Prof. Andreas Buro
über zivile Konfliktbearbeitung.
Denen helfen, die für Versöhnung eintreten

Auch im Rahmen der Friedensdekaden 1995 fanden bundesweit wieder Diskussionen, Aktionen, Gottesdienste und vieles mehr statt. Andreas Buro referierte im Rahmen der Lüchower Friedensdekade über den alternativen Weg der zivilen Konfliktbearbeitung am Beispiel des Krieges auf dem Balkan. Die „Elbe-Jeetzel-Zeitung" berichtete am 15. November 1995 von der Diskussionsveranstaltung.

by Lüchow. – Er mag sich nicht einreden lassen, im ehemaligen Jugoslawien bekriegten sich Völker, die sich nicht mehr leiden können. Für den Frankfurter Politologen und Friedensforscher Prof. Andreas Buro stecken vielmehr knallharte Machtinteressen hinter dem Gemetzel auf dem Balkan. Für ihn ist der Krieg systematisch herbeigeführt worden von jenen, die sich nach dem 89er Zusammenbruch der alten Gesellschaften die Herrschaft sichern wollten, und zwar durch das Instrument Nationalismus. Die Instrumentalisierung solcher ethnischer Angehörigkeiten funktioniere immer gut in Perioden der Unsicherheit, sagte Buro am Montagabend auf einer Veranstaltung der Friedensdekade im Lüchower Gemeindehaus. Mit dem Argument, es gehe ums Vaterland, lasse sich auch die Demokratisierung zurückdrängen.

Eine Bestätigung seiner These ist für Prof. Buro auch die Tatsache, daß im ehemaligen Jugoslawien diejenigen Menschen relativ systematisch verfolgt werden, die auf Versöhnung aus sind. Der Konflikt werde nicht von der Bevölkerung getragen, die wolle vielmehr ihre multikulturelle Lebensweise fortsetzen. Gleichzeitig befördere aber der Terror die Verfeindung untereinander.

Buro setzt auf „Helfen statt schießen". Geholfen werden sollte in erster Linie den Menschen, die für Versöhnung und Demokratie eintreten. Tatsächlich kommen aber die Kriegstreiber und Mörder ständig in den Medien zu Wort. Dort werde nichts über den Kampf der Menschen gegen den Krieg gezeigt, die – weil sie keine Öffentlichkeit haben – nur um so stärker der Repression ausgesetzt seien. Buro sprach sich auch für Zwangsmittel wie Embargos gegen das Militär aus. Die Bevölkerung dürfe unter solchen Embargos nicht leiden. Ihr müsse vielmehr eine gesellschaftliche Perspektive für das Leben nach dem Krieg eröffnet und gezeigt werden, daß sie als Volk akzeptiert ist. Wichtig sei auch, die Bürgerkriegsflüchtlinge hier aufzunehmen und sie nicht mit Abschiebung zu bedrohen. Und schließlich sei humanitäre Hilfe auch politische Hilfe, weil sie den Menschen der Kriegsgebiete zeige, daß sie nicht vergessen seien und ihnen Vertrauen in die Zukunft geben könne.

Prof. Buro plädierte dafür, die Konfliktbearbeitung nicht allein der Staatenwelt zu überlassen, sondern auch die Gesellschaftswelt zu beteiligen. Für alle gelte, glaubwürdig zu sein: Wer Menschenrechte schützen wolle, dürfe nicht Pläne vorlegen, die zu ethnischen Säuberungen führen.

Buro wollte die Strategie ziviler Konfliktbearbeitung nicht bloß auf Bosnien bezogen wissen. Auch in Europa gebe es Tendenzen, die EU als eigenständige Militärmacht zu entwickeln. Die Franzosen, so Buro, testeten nukleare Bewaffnung für eine EU von morgen. Er kritisierte, wie wenig sich unsere Gesellschaft auf zivile Mittel einlasse. Für eine gesamteuropäische Friedensordnung gebe die Bundesrepublik gerade einmal soviel aus, wie ein dreiviertel Panzer koste. „Wir brauchen eine Kultur der Konfliktbewältigung", forderte Buro, nötig sei die Wiederherstellung der Kooperationsfähigkeit zur Lösung der Menschheitsprobleme.

Ermutigend findet er die sehr langsam wachsende Erkenntnis bei Militärs und Politikern, daß viele Probleme heute nicht mehr militärisch gelöst werden können. Und daß sich zweitens die Bemühungen mehren, so etwas wie einen zivilen Friedensdienst aufzubauen, der viele Menschen einbeziehe und über den andere Formen der Konfliktbearbeitung gelernt werden können. Dieser Dienst sollte unabhängig von einzelnen Staaten agieren und international eingesetzt werden können.

„Ziviler Ungehorsam ist keine Straftat. "

„Die Rheinpfalz" veröffentlichte am 18. November 1995 ein Interview mit Albert Scherr, Komitee-Vorstandsmitglied, der sich am 20. November vor dem Bonner Amtsgericht wegen seiner Beteiligung an dem Aufruf zur symbolischen Entzäunung des Wormser Abschiebegefängnisses verantworten mußte.

Würden Sie es wieder tun?

Der Landauer Soziologie-Professor Dr. Albert Scherr muß wegen einer Aktion gegen die Asylrechtsänderung vor den Kadi. Scherr, Professor an der Fachhochschule Darmstadt, befaßt sich auch beruflich viel mit Einwanderung und Fremdenfeindlichkeit. Er fühlt sich nicht im Unrecht.

Herr Prof. Scherr, Sie müssen sich am Montag wegen einer Demonstration vor Gericht verantworten. Wie kam es dazu?

Ich habe als Mitglied des Aktionskreises „Ziviler Ungehorsam gegen das Asylunrecht" am Tag der Menschenrechte (10. Dezember 1994) zu einer Protestaktion gegen das geänderte Asylrecht aufgerufen. Unser Protest richtete sich insbesondere gegen die Abschiebehaft. Wir haben dazu aufgerufen, die Abschiebehaftanstalt in Worms symbolisch zu „entzäunen", also ein Loch in den Zaun zu schneiden, der das Gelände umgibt. Denn in der Abschiebehaft werden Menschen unter unwürdigen Bedingungen festgehalten. In den vergangenen Jahren haben aus Angst vor der Abschiebung über 20 Menschen in den Abschiebegefängnissen Selbstmord begangen.

Was werden Sie dem Richter sagen?

Durch das herrschende Asylrecht werden elementare Menschenrechte und Prinzipien der Rechtsstaatlichkeit verletzt. Alle, die sich näher mit der Realität des Asylrechts befassen, z.B. amnesty international oder die katholische Bischofskonferenz, haben auf dieses Problem hingewiesen. Diese Kritik wurde aber politisch ignoriert. Deshalb ist es notwendig und gerechtfertigt, Formen des Protests zu praktizieren, die den Skandal des herrschenden Asylrechts öffentlich machen. Ziviler Ungehorsam gegen die faktische Abschaffung des Menschenrechts auf Asyl ist keine Straftat.

Würden Sie sich wieder an einer ähnlichen Aktion beteiligen?

Ich erwarte, im Verlauf des Verfahrens von den erhobenen Vorwürfen des Landfriedensbruchs und der gemeinschädlichen Sachbeschädigung freigesprochen zu werden. Mit meinen Mitangeklagten, Professor Wolf-Dieter Narr oder Pfarrer Hubertus Janssen, werde ich alle rechtlichen Möglichkeiten ausschöpfen. Moralisch und politisch ist es geboten, auch in Zukunft gegen das geltende Asylrecht anzugehen, und ich werde mich auch weiterhin an gewaltfreien Formen des Protests beteiligen. (kwi)

An einem alten Zaun endet für Justitia
der Kampf um Menschenrechte

Am 20. November 1995 fand vor dem Bonner Amtsgericht ein Prozeß gegen fünf Mitglieder des Aktionskreises „Ziviler Ungehorsam für Asylrecht" statt. Albert Scherr, Martin Singe, Wolfgang Sternstein, Elke Steven und Klaus Vack waren angeklagt, öffentlich zu Straftaten aufgerufen zu haben. Die „Frankfurter Rundschau" veröffentlichte am 21. November 1995 nachfolgend dokumentierten Artikel zum Prozeßverlauf.

Klaus Vack und vier weitere „Überzeugungstäter" von Bonner Amtsgericht wegen Sachbeschädigung verurteilt

„Zweifellos ist der Angeklagte Idealist und Überzeugungstäter, und er wird seine Einstellung auch nicht ändern ..." So urteilte schon vor über 30 Jahren, im Januar 1962, ein Bonner Richter über den damals 26jährigen Klaus Vack, als er ihn wegen einer aus Protest gegen Atomwaffenversuche inszenierten Sitzblockade vor der sowjetischen Botschaft zu 100 Mark Geldstrafe verurteilte.

Vor einer Bonner Amtsrichterin trat Vack, langjähriger Vorsitzender des Komitees für Grundrechte und Demokratie, am Montag den Beweis an, daß die damalige Beschreibung seiner Person richtig ist, wenn es um Menschenrechte geht.

Gemeinschaftlich angeklagt mit vier weiteren „Überzeugungstätern" war der inzwischen fast 60jährige Vack, weil er öffentlich zu Sachbeschädigung und Landfriedensbruch aufgerufen haben soll. Die Vorgeschichte dieser Anklage ging seinerzeit durch die Medien: Hatte doch ein „Aktionskreis Ziviler Ungehorsam für Asylrecht" im Dezember 1994 aus Protest gegen die Asylpolitik und die Abschiebepraxis der Bundesregierung zu einer symbolischen „Entzäunungsaktion" vor dem Abschiebegefängnis in Worms aufgerufen. Über 700 Menschen

hatten damals den Aufruf mitunterzeichnet, ein gutes Dutzend hatte sich die Staatsanwaltschaft „willkürlich", wie die fünf Angeklagten am Montag monierten, aus der großen Schar herausgepickt und vor Gericht gestellt.

Sieben von ihnen sind schon verurteilt worden, allesamt vor Bonner Amts- oder Landgerichten, nicht alle aus gleichen Gründen: mal einer wegen Landfriedensbruchs, der andere lediglich wegen gemeinschädlicher Sachbeschädigung. Denn eindeutig strafrechtlich zu packen war das nicht, was an jenem Tag vor dem Wormser Gefängnis geschah. Der Zaun, der mit symbolischer Protestgeste durchschnitten werden sollte, war, so Vack vor Gericht, derart „altersschwach und nutzlos", daß er sowieso niemanden mehr am Eindringen noch am Verlassen des Abschiebeknastes hätte hindern können.

So wollten die Demonstranten denn durch ihren Akt zivilen Ungehorsams lediglich öffentlich darauf aufmerksam machen, was hinter den Knastmauern mit den Inhaftierten geschehe. Sie wollten, wie sie es am Montag im Gericht erneut taten, die bedrückenden Haftumstände, unter denen Asylsuchende eingekerkert werden, darlegen, die für mehr als 25 Selbstmorde verantwortlich seien.

Und um zu belegen, wie menschenverachtend die derzeitige Asylpolitik ist, erinnerten sie an die 26 Flüchtlinge, die laut Bundesgrenzschutz in der Neiße ertranken.

Gleichzeitig bekamen Richterin und Staatsanwalt Nachhilfeunterricht in zivilem Ungehorsam: Daß der nämlich gerechtfertigt sei, wenn man nur auf diese Weise gegen massives Unrecht protestieren könne. Die Richterin wurde gebeten, doch abzuwägen zwischen der geringfügigen Beschädigung des Zaunes an jenem Demonstrationstag und der Verletzung an Leib und Seele, die Asylbewerbern durch die Abschiebehaft zugefügt werde.

Am Staatsanwalt prallten alle Argumente ab, er bestand auf harter Strafe. Die Verteidiger sahen eine legitime Gewissensentscheidung. Schließlich meinte die Richterin, daß, wie man es auch drehe und wende, die Sachbe-schädigung des Zaunes übrigbleibe. Dafür verhängte sie eine Strafe in Höhe von 15 Tagessätzen.

Ingrid Müller-Münch, Bonn

Strafbar: Ziviler Ungehorsam gegen Abschiebung

Am 4. Dezember 1995 stand erneut eine Mitunterzeichnerin des Aufrufes zum Zivilen Ungehorsam gegen Abschiebehaft vor dem Bonner Amtsgericht. Die Ärztin Erika Drees aus Stendal wurde zu 1.050,– DM Geldstrafe verurteilt. Mit diesem Prozeß war die Reihe der erstinstanzlichen Prozesse beendet. Am 5. Dezember 1995 berichtete „die tageszeitung" über diese Gerichtsverhandlung.

Das Bonner Amtsgericht sprach gestern das letzte Urteil in Prozessen gegen Unterzeichner eines Aufrufs zur Entzäunung eines Abschiebeknasts: 15 Tagessätze

Bonn (taz). – Wegen der Aufforderung zur Sachbeschädigung verurteilte das Bonner Amtsgericht gestern die Stendaler Ärztin Erika Drees zu einer Geldstrafe von 15 Tagessätzen à 70 Mark. Ihr Vergehen: Sie hat im vergangenen Jahr gemeinsam mit rund 600 weiteren Personen einen Appell des „Aktionskreis Ziviler Ungehorsam für Asylrecht" unterzeichnet. In diesem wurde aufgerufen zur „gewaltfreien Entzäunungsaktion der Abschiebehaftanstalt am Tag der Menschenrechte, dem 10. Dezember 1994" in Worms.

Mehrere Hundertschaften Polizei hatten die Entzäunung damals vor Ort verhindert. Drees, die sich selber verteidigte, verwies in der Verhandlung auf die menschenfeindliche Behandlung von Asylsuchenden. Exemplarisch nannte sie sechs Ausländer, die sich seit der Änderung des Asylrechts 1993 aus Furcht vor ihrer Abschiebung umgebracht haben: „Kein einziges Todesopfer ist durch Ihre Argumentation, Herr Richter, gerechtfertigt."

Der Amtsrichter Hertz-Eichenrode hatte bereits im Juli für Furore gesorgt: Da belehrte er im Gerichtssaal einen anderen Unterzeichner des Aufrufes, daß Asylsuchende „die nationale Identität zerstören". Als gestern Drees ihr Schlußwort hielt, hatte Hertz-Eichenrode schon das Urteil gesprochen, „die Verhandlung ist beendet" gemurmelt und als einziger den Sitzungssaal schleunigst verlassen. Die Angeklagte hatte vergebens darauf gewartet, daß der Richter ihr vor Verkündung des Urteils ausdrücklich „das letzte Wort" erteilt.

In der mit dem gestrigen Verhandlungstag beendeten Prozeßreihe behandelte die deutsche Justiz erstmals zivilen Ungehorsam gegen Abschiebeknäste. Vor zwei Wochen waren fünf Mitglieder des neunköpfigen Aktionskreises ebenfalls zu fünfzehn Tagessätzen verurteilt worden, unter ihnen Martin Singe und Klaus Vack, die Initiatoren des Protestes.

Mit diesem Urteil war Amtsrichterin Wuttke unter dem Strafmaß ihrer Kollegen geblieben, die in Prozessen zuvor schon sieben weitere UnterzeichnerInnen zu je 30 Tagessätzen verurteilt hatten, mal wegen Aufforderung zur Sachbeschädigung, mal zur gemeinschädlichen Sachbeschädigung und auch zum Landfriedensbruch. Alle sieben gingen in Berufung, welche das Bonner Landgericht in einem Fall bereits verwarf.

Ursprünglich hatte die Staatsanwaltschaft gegen alle 600 UnterzeichnerInnen des Appells Ermittlungsverfahren eingeleitet. In den meisten Fällen boten die Strafverfolger später an, die Ermittlungen gegen 300 Mark Geldbuße einzustellen. Wer das Sonderangebot nicht wahrnahm und statt dessen Wider-

spruch einlegte, erhielt kurz darauf statt
eines Strafbefehls den Bescheid über das
Ende des Verfahrens.

Bernd Neubacher

Das Zukunftsloch –
Loccumer Manifest für eine Politik
im Interesse von Jugendlichen

*In Kooperation mit der Evangelischen
Akademie Loccum veranstaltete das
Komitee vom 24.-26. November 1995
eine Fachtagung zum Thema „Jugend,
Politik und Demokratie – Perspektiven
einer neuen Jugenddebatte und Jugendpolitik". Im Rahmen dieser Veranstaltung wurde auch über den Entwurf
eines Manifestes zur Situation der Jugendlichen in der gegenwärtigen gesellschaftlichen Situation debattiert.
Dieses Manifest wurde kurz nach der
Tagung veröffentlicht.*

I. Leitsätze

1. Politik ist daran zu messen, ob sie Kindern und Jugendlichen eine ihnen gemäße
Gegenwart sowie eine offene und gestaltbare Zukunft ermöglicht. Ob Politik ihre Verpflichtung auf die Grund- und Menschenrechte einlöst, ist nicht zuletzt danach zu
beurteilen, wie mit den Bedürfnissen und Interessen von Kindern und Jugendlichen in
allen Politikbereichen umgegangen wird.

2. Politik wird von Erwachsenen gemacht.
Und doch lebt die Politik der Erwachsenen
davon, daß Kinder und Jugendliche nachdrängen und kraft ihrer noch nicht gefesselten Phantasie Konventionen in Frage stellen,
daß sie neue Wege im Umgang mit alten und
neuen Problemen entdecken. Sollen Kinder
und Jugendliche für eine demokratische Politik, für den Prozeß einer notwendigen Demokratisierung der bundesdeutschen Gesellschaft gewonnen werden, dann genügt es
nicht, ihnen bloß formale Beteiligungschan-

cen anzubieten. Vielmehr muß eine Situation
herbeigeführt werden, in der eine substantielle Gestaltbarkeit der Gegenwart und Zukunft möglich ist.

3. Von Politik kann man nur dann sprechen,
wenn eine Gesellschaft sich der diskontinu-
ierlichen Kontinuität aus Vergangenheit, Gegenwart und Zukunft jederzeit bewußt ist.
Politik hat sich nicht nur im Verhältnis zu
den jeweils aktuellen Erfordernissen, sondern auch im Verhältnis zur Vergangenheit
und zur Zukunft zu verantworten. In diesem
Sinne gilt ein anderer kategorischer Imperativ: Handele jederzeit so, daß du deine
Handlungen vor den Kindern und Enkeln
ausweisen könntest.

4. Gegenwärtige Politik zeichnet sich
dadurch aus, daß sie schon die Forderungen
des Tages versäumt. Bedenklicher noch: Sie
wird den aus der Gegenwart erwachsenen
zukünftigen Erfordernissen nicht gerecht.
Zwar lautet das Schlüsselwort der Gegenwart „Innovation". Aber das, was unter Innovation verstanden und praktiziert wird, läuft
vor allem darauf hinaus, alle zukünftigen
Gestaltungschancen durch die Folgeproble-
me dieser Innovationen zu erdrücken. Lem-
mingsgleich dankt Politik gegenüber den
vermeintlichen Sachzwängen einer am Prinzip „Wachstum und Wettbewerbsfähigkeit
über alles" orientierten Wirtschaft ab. Deren
Anforderungen versuchen auch eine Wissenschaft und Technologie gerecht zu werden,
die auf die restlose Eroberung der Natur und
des menschlichen Körpers sowie auf die
Beherrschbarkeit von Gesellschaft und

menschlicher Psyche ausgerichtet sind. Die Fixierung auf einseitiges Wirtschaftswachstum zerstört die Natur. Menschliches Arbeitsvermögen wird überflüssig gemacht. Eine auf solchen Wachstumsfetischismus ausgerichtete Politik ist emphatisch zukunftslos.

5. Soll Politik an gegenwärtiger und zugleich zukünftiger Gestaltungsfähigkeit gewinnen, dann muß sie sowohl ihre Ziele als auch ihre Verfahren ändern. Sie muß vor allem in der Tat mehr Demokratie wagen. Und dies ist prinzipiell in allen gesellschaftlichen Bereichen, auch in den Bereichen Ökonomie und Entwicklung neuer Technologien notwendig. Mehr Demokratie wagen heißt auch: Politik muß sich Kindern und Jugendlichen gegenüber öffnen. Diesbezüglich genügen symbolische Akte wie die Vorverlagerung des Wahlalters nicht. Vielmehr muß der gesamte Prozeß des Heranwachsens auf jeweils größtmögliche Selbständigkeit, auf die besten Chancen, selbstbewußt handlungsfähig zu werden, angelegt werden.' Die Menschen- und Bürgerrechte von Kindern und Jugendlichen sind endlich ernst zu nehmen.

II. Widersprüche kennzeichnen die gegenwärtige Situation Jugendlicher

1. Oberflächlich betrachtet geht es der Mehrzahl aller Jugendlichen gut. Der materielle Reichtum der bundesdeutschen Gesellschaft ermöglicht ein hohes Konsumniveau. Familiäre und schulische Erziehung sind liberaler geworden. Jugendliche erfahren gegenwärtig weniger muffig-miefige Schranken als früher. Eine Mehrheit der Heranwachsenden bekunden in Meinungsumfragen ihr subjektives Wohlbefinden. Zwar sind Skepsis bezüglich der Zukunftsfähigkeit unserer Gesellschaft und Angst vor ökologischen Katastrophen verbreitet. Im Hinblick auf die eigene persönliche Existenz jedoch gilt für die meisten das Ziel, pragmatische Überlebensfähigkeit zu entwickeln. Leben und Erleben hier und heute, eine in der Angst vor der Zukunft begründete, in bezug auf das eigene individuelle Leben bei vielen trotzig-optimistische, bei anderen verzweifelt-pessimistische Gegenwartsorientierung sind zu beobachten.

Daß es um die Gegenwart und Zukunft eines erheblichen Teils der Kinder und Jugendlichen jedoch schlecht bestellt ist, verdeutlichen die folgenden Zahlen und Fakten:

● Armut: Jedes zehnte Kind in der BRD ist auf Sozialhilfeleistungen angewiesen. Jedes achte Kind in Westdeutschland, jedes fünfte in Ostdeutschland wächst in Haushalten auf, die von Armut (nach der EG-Definition) betroffen sind. 50.000 Jugendliche sind nach vorliegenden Schätzungen obdachlos.

● Arbeitslosigkeit: Eine halbe Million junger Menschen im Alter von 18-25 Jahren ist arbeitslos gemeldet; ca. 8% aller 20-25jährigen sind offiziell als Arbeitslose registriert, und ein Viertel aller Arbeitslosen ist jünger als 30. Gegenwärtig wird knapp ein Fünftel aller Auszubildenden nach der Lehre arbeitslos. Das Institut für Arbeitsmarkt- und Berufsforschung prognostiziert einen anhaltenden Arbeitsplatzabbau im Umfang von 50.000 Arbeitsplätzen pro Jahr allein im verarbeitenden Gewerbe.

● Lehrstellenmangel: Seit 1985 hat sich die Zahl der abgeschlossenen Ausbildungsverträge kontinuierlich verringert. Über 200.000 Ausbildungsverträge sind seitdem weggefallen. Von den 455.000 Lehrstellensuchenden im Ausbildungsjahr 1993/1994 konnte nach Angaben des DGB nur ca. 240.000 eine betriebliche Ausbildungsstelle vermittelt werden. Aktuell fehlen ca. 80.000 Lehrstellen.

● Bildungsdefizite: Schulen und Hochschulen sind – trotz aller Beschwörungen ihrer wachsenden Bedeutung für die Zukunftsfähigkeit des Wirtschaftsstandortes Deutschland – Objekte einer rigiden Sparpolitik. Klassenmeßzahlen werden erhöht, Stellen für das Lehrpersonal an Hochschulen gestrichen. 7% aller deutschen, 21% aller ausländischen Jugendlichen verlassen die Schule ohne Abschluß.

● Verschuldung: Immer größer wird der Schuldenberg, auf dessen Grundlage die Erwachsenengeneration ihr gegenwärtiges Leben und Wirtschaften organisiert. Dies gilt nicht nur für das Finanzdefizit der öf-

fentlichen Haushalte. Auch wachsende Naturzerstörung wird den Heranwachsenden als ein Erbe überlassen, das sie nicht ablehnen können. Unsere Gesellschaft lebt auf Kosten der Zukunft. Sie hat den ungeschriebenen Generationenvertrag aufgekündigt.

● Gewalt: Mädchen und Jungen werden zu Opfern von Gewalthandlungen, vor allem von sexueller Gewalt. Seriöse Schätzungen gehen von ca. 150.000 Fällen jährlich aus, wobei nicht nur körperliche, sondern auch anhaltende schwere seelische Schäden angerichtet werden.

2. Jugendlichkeit wird gleichwohl als gesellschaftliches Ideal propagiert. In einer Gesellschaft, in der Innovation im Interesse der Wettbewerbsfähigkeit zur umfassenden Devise von Politik und Ökonomie geworden ist, sind leistungsfähige, flexible, allzeit anpassungswillige, lernbereite und mobile Menschen gefordert. So gesehen ist „Jugendlichkeit" Trumpf. Wer könnte im Mobilitäts- und Flexibilitätswettbewerb anders mithalten als junge, noch unverbrauchte Menschen. Der professionelle Sport ist ein deutliches Beispiel: Hier gilt das Prinzip des „survival of the fittest" in seiner reinsten Form. 30jährige gelten dort bereits als alt, und jeder wundert sich, wenn sie noch mithalten können. Tradition, Statik und die Kunst der Langsamkeit sind ohnehin verpönt.

Zugleich werden Kinder und Jugendliche aber ohne substantielle Orientierungen jenseits der marktorientierten Konkurrenzfähigkeit sowie ohne für Selbstgestaltung offene, von der Gegenwart noch nicht verbrauchte Chancen gelassen.

3. Das erwachsene Interesse gilt allein den spektakulären Aktionen Jugendlicher, die sich massenmedial vermarkten lassen, sowie der Kreativität ihrer Kleidungs-, Tanz- und Musikstile, die als Anregungspotential für die Konsumgüterindustrie aufmerksam beobachtet werden. Gleichzeitig findet das ganz normale Alltagsleben Jugendlicher wenig öffentliche Beachtung. Jugendpolitik ist ein personell und finanziell schlecht ausgestatteter Randbereich des staatlichen und parteipolitischen Handelns. Die Kreativität Jugendlicher interessiert zwar den Markt, nicht aber die in Zielen und Verfahren erstarrten politischen Institutionen.

4. Auch als Gewalttäter und Drogenkonsumenten sind Jugendliche Gegenstand des öffentlichen Interesses. Die Faszinosa „Jugendgewalt" und „Drogen" werden in den Massenmedien spektakulär inszeniert und dramatisiert. Die strukturellen Gewaltverhältnisse, denen Jugendliche unterworfen sind, finden dagegen wenig Beachtung. Der fürsorgliche Ruf nach präventiven Maßnahmen wird immer erst dann laut, wenn es für Vorsorge zu spät ist. Dann werden hastig vorzeigbare, aber nicht immer auch wirksame Maßnahmen und Projekte auf den Weg gebracht. Zugleich wird die jugendpädagogische Infrastruktur stillschweigend abgebaut.

5. Die sogenannte Politikverdrossenheit Jugendlicher wird allerorten beklagt. Wenn Jugendliche aber, etwa zur Verhinderung von Atomtransporten, politisch aktiv werden, dann wird repressiv mit Polizeieinsätzen und strafrechtlichen Maßnahmen reagiert. Kommunalpolitische Initiativen Jugendlicher werden, wenn sie in Forderungen nach Geld und Räumen münden, bürokratisch kleingearbeitet. Bürokratisierte politische Institutionen blockieren das Bedürfnis nach eigener Beteiligung und Mitarbeit. Politikverdrossenheit wird auf diese Weise systematisch erzeugt und Jugendlichen zugleich vorgeworfen.

III. Der Ausverkauf der Zukunft ist das zentrale Problem

Dieses Verhalten etablierter Gesellschaft und Politik verstößt gegen die Menschenrechte von Kindern und Jugendlichen.

Die erwachsene Abgestumpftheit und der erwachsene Mangel an Vorstellungskraft, an Urteil und entsprechendem Handeln gefährden den Bestand einer demokratisch-menschenrechtlich verpflichteten Zivilisation. Denn eine Gesellschaft und Politik, die Chancen, die sich aus den neu und neu nach-

370

wachsenden Generationen ergeben, verstopfen und enteignen, vergeben sich auch ihre Fähigkeit, sich zu erneuern. Deshalb gilt es, die Bestandsbedingungen einer solchen Politik, Ökonomie und Gesellschaft in Frage zu stellen, die verstockt kurzsichtigen Interessen folgen.

Der gegenwärtige Ausverkauf der Zukunft ist das zentrale Problem. Er äußert sich in der schlechten Mischung einer konventionellen Politik, die die anstehenden Probleme versäumt und zugleich ein nationalistisches Wohlstandsstreben propagiert und praktiziert.

Das knapp Skizzierte läßt sich bundesrepublikanisch am Umgang mit den Jugendlichen ablesen. Sie werden weithin politisch und wissenschaftlich nur betulich-besorgt umschwätzt, wenn die Modethemen „Jugend und Gewalt", „Jugend und Medien", „Jugend und Drogen" o.ä.m. aufs Tapet kommen. Dann beugen sich die besorgten Erwachsenen über die jugendlichen Objekte, reden von Individualisierungsproblemen usw. Nur sie selbst, die „Erwachsenengesellschaft", ihre Strukturen und Funktionen, geraten allenfalls am Rande in den Blick.

IV. Jugend in einer
zukunftsunfähigen Gesellschaft.
Einige analytische Beobachtungen

1. Banal, aber in den beliebten repräsentativen Jugendstudien wiederkehrend vergessen: „Die Jugendlichen" gibt es nicht. Die hauptsächlichen Differenzen zwischen Jugendlichen werden ihnen von den gesellschaftlich etablierten Institutionen und Verfahren aufgeherrscht. Arbeitsmarkt und Bildungssystem erzeugen eine Ungleichheit der Lebensbedingungen und Lebenschancen, die fundamentaler ist als die wissenschaftlich und massenmedial gerne vorgezeigten Unterschiede der Jugendstile und Jugendkulturen. Ein exotisierender Blick auf die Jugend verstellt die Wahrnehmung der zentralen Problemlagen.

2. Diese negative Differenzierung der Jugendlichen wird heute – in Zeiten der Erosionen von Bildungs-, Arbeitsmarkt- und Sozialpolitik – systematisch verstärkt. Man kann geradezu davon sprechen, daß neue Klassenschranken zwischen Jugendlichen bewußt und gewollt, zumindest aber wissentlich errichtet werden. Eine verstärkte gesellschaftliche Polarisierung zwischen arm und reich führt zu ausgeprägten Armutsfolgen für Kinder und Jugendliche.

Die erschreckenden Zahlen zur Armut und zur Arbeitslosigkeit sowie zu den Defiziten des Bildungssystems müßten die bundesdeutsche Gesellschaft – wäre sie nicht längst daran gewöhnt und moralisch abgestumpft – aufrütteln. Denn diese Probleme werden gesellschaftlich, politisch und ökonomisch produziert. Sie sind keine einfach hinzunehmende Naturkatastrophe.

3. Besonders sensibel nehmen Jugendliche die Zerstörung der Umwelt, den ökologischen Raubbau und damit die fortschreitende Vernichtung ihrer natürlichen Lebensgrundlagen wahr. Dem Ökologieproblem gleichrangig ist die Tatsache, daß die Wirtschaftspolitik der Industrieländer des reichen Nordens rücksichtslos gegen die sogenannten Entwicklungsländer durchgesetzt wird. Jugendlichen wird eine Welt zugemutet, in der absolute Armut, Verelendung und Hunger von Millionen Menschen als „normal" in Kauf genommen werden. Dies ist ein Skandal und beleidigt das moralische Empfinden von Jugendlichen und Erwachsenen.

4. Familienpolitik: Die grundgesetzlich, christdemokratisch verursachte Lebenslüge, wie sie in Art. 6 GG grundrechtliche Norm geworden ist, lohnt kaum noch erwähnt zu werden. Der „besondere Schutz" von „Ehe und Familie" zeichnet sich vor allem dadurch aus, daß andere Lebensformen immer noch diskriminiert werden und daß nur die „deutsche" Familie zählt. Im Asylverfahren werden familiale Zusammenhänge dagegen rücksichtslos ignoriert, Mütter und Väter in Abschiebeknäste, ihre Kinder in Heime eingewiesen. Die politisch postulierte Vereinbarkeit von Beruf, Familie und Erziehung bleibt so lange eine Illusion, wie Kindergartenplätze und qualifizierte Teil-

zeitarbeitsplätze für Frauen und Männer fehlen.

5. Schule: Was die schulischen Institutionen angeht, so zeichnen sich dieselben – unbeschadet beachtenswerter Unterschiede – prinzipiell dadurch aus, daß sie auf die alten und neuen gesellschaftlichen Probleme, nicht zuletzt auf die Probleme der wachsenden „Entgesellschaftung der Gesellschaft", ihre innere A-Sozialität, nicht angemessen antworten. „Leistung muß sich wieder lohnen" und „Jeder ist sich selbst der Nächste", lauten die gesellschaftlichen Prinzipien, die bereits in der Schule gelernt werden sollen. Jugendliche werden in Gewinner und Verlierer sortiert.

Die gegenwärtige Politik gefällt sich darin, die Reformdevise „Bildung ist Bürgerrecht" durch einen neuen, arbeitsmarktorientierten Analphabetismus zu ersetzen. Selbst die „innovationsträchtigen" Eliten sollen zweck- und berufsrational getrimmt werden: im smarten Habitus künftiger Manager und Professoren. Gefragt sind praktisch orientierte Natur- und SozialingenieurInnen, die in der Lage sind, technische Prozesse und Menschen zu beherrschen. „Trimm dich" für den Arbeitsmarkt, lautet das Motto.

Ansonsten geht es darum, die diversen „Massen" von Jugendlichen rasch und kostengünstig durch die Bildungsinstitutionen zu schleusen, sie mit gestuften „Fertigkeiten" (Skills) auszustatten und den „Drang" nach umfassender Bildung möglichst abzuschrecken. Selektion, ein Begriff aus dem Wörterbuch des Unmenschen, wird zum Schlüsselvorgang. Strukturell Arbeitslose sollen aufgrund mangelhafter Bildung selbst daran schuld sein, daß sie es in „unserer Leistungsgesellschaft" nicht weit gebracht haben. Jeder ist sich selbst der Nächste und hatte seine Chance. Das erspart auch Unruhe. Demokratie muß schon in den Köpfen blockiert werden.

6. Das Desaster des Arbeitsmarkts ist bekannt. Und dennoch werden seine Wirkungen auf Jugendliche bestenfalls randständig wahrgenommen. Zahlen können nie für sich selbst sprechen. Aber diese Zahlen sind eine einzige Anklage gegen die gegenwärtige Wirtschafts-, Sozial-, Arbeitsmarkt- und Bildungspolitik. Zukunft ist für viele schon in dem schlichten Sinne blockiert, daß ihre ganz persönliche, an Erwerbsarbeit gebundene Lebensperspektive unsicher und gefährdet ist.

Wie blind und unfähig müssen eine Gesellschaft und eine Politik sein, die ihre Nachfolger zur abhängigen Variablen des weithin von globalen Konkurrenzerwägungen bestimmten Arbeitsmarktes machen, der gesellschaftlich-antigesellschaftlichen Schlüsselgröße schlechthin? Wenn nur ein wenig Erinnerungen an die Weimarer Republik und ihren gleitenden Übergang in den Nationalsozialismus vorhanden wären! Die Nazis schufen – auch international bewundert – in vorweg praktiziertem „Keynesianismus" Arbeitsplätze. Der Krieg fungierte, wie sich versteht, als bester Arbeitsplatzbeschaffer.

Gegenwärtig bedeutet das, was „Sozialisation" genannt wird, nichts anderes, als den Teil der Jugendlichen, die „gebraucht" werden, möglichst gedankenarm „innovatorisch" und flexibel zu päppeln. Die übrigen aber werden nach Strich und Faden an den Rand gedrängt und an den diversen Rändern bildungs- und arbeitsmarktpolitisch fixiert.

In offiziellem Zynismus wird auch noch das sozialpolitische Budget gekürzt, um diese Jugendlichen zu motivieren, alle angebotene Arbeit und möglichst auch sonst alles zu akzeptieren, was ihnen in diesem Land unbegrenzter Zumutbarkeiten angedient wird.

7. Kommunale Jugendpolitik führt nurmehr ein Schattendasein. Längst ist sie zum ersten Opfer der kommunalen Finanzmisere geworden. Da gerade die Jugendbildungsarbeit, die offene Jugendarbeit und die Jugendsozialarbeit keine Pflichtbereiche lokalpolitischen Handelns darstellen, wird ihnen die finanzielle Grundlage entzogen. Auch alte Rechnungen mit einst unbotmäßigen und unwillkommenen Initiativen und selbstverwalteten Projekten können auf diesem Wege gleich mitbeglichen werden.

Kein Zufall, daß eine der ersten „basisdemo-kratischen" Initiativen, nach der erfolgrei-chen Durchsetzung direkt-demokratischer Verfahren via Bürgerbegehren in Bayern, auf die Abschaffung des Nürnberger Jugend-zentrums „Komm" zielt, das durch die „Nürnberger Massenverhaftungen" zu Be-ginn der 80er Jahre eine traurige überregio-nale Publizität erhielt. Modisch inszenierte Modellprogramme des Bundes und einiger Länder helfen – mehr als dürftig –, die Scham zu verhüllen, die die jugendpolitisch entblößten Kommunen gegenwärtig aus-zeichnet.

8. Auch Jugendverbandsarbeit hat gegen-wärtig, von einigen Ausnahmen abgesehen, keine Konjunktur. Auch sie wird zum Opfer der Finanzmisere. Jugendverbandsarbeit kann in der Regel weder faszinierende Sub-kulturen noch spektakuläre Praxisformen vorweisen. Gemessen an den gesellschaftli-chen Anforderungen scheint gerade die ver-bandliche Jugendarbeit versagt zu haben. Wo die Pflege der persönlichen Ego-Interes-sen und das Streben nach dem ganz indivi-duellen Glück zeitgeistiges Programm ist, wirkt Verbandsarbeit wie ein Relikt aus ver-gangenen Zeiten.

Es fehlt, so die gängige Zeitdiagnose, an ge-meinsamen Interessen und der Bereitschaft zu dauerhaftem Engagement, ohne das Ver-bandsarbeit nicht auskommt: Fitness-Studio statt Sportverein lautet die Tendenz. Und manche Verbandsstrukturen sind nur noch eine Organisationshülse, die wesentlich von Hauptamtlichen getragen wird. Sie sind Statthalter einer längst vergangenen Epoche, in der Jugendarbeit und Jugendbildung ins-gesamt Konjunktur hatten. Zugleich fungie-ren hauptamtliche Jugendfunktionäre als Ansprechpartner einer Jugendpolitik, die von einem wirklichen „Dialog mit der Jugend" weit entfernt ist.

Dieses zweifellos einseitige und verkürzte Negativbild ist in Teilen durchaus zutref-fend. Aber es vernachlässigt die internen Veränderungen in der Verbandsarbeit ebenso wie deren Eigensinn. Die Mehrzahl der Ver-bände hat sich gegenüber den Themen der neuen sozialen Bewegungen als relativ offen erwiesen und auf die Emanzipationsan-sprüche der Jugendlichen mit innerverband-licher Demokratisierung reagiert. Tendenzi-ell progressive Regelungen und Gesetze (KJHG, Bildungsurlaubsgesetze etc.) konn-ten an vielen Orten Angebote und Vertre-tungsstrukturen (Jugendringe, Jugendaus-schüsse) sichern, die den Interessen von Jugendlichen ein Forum boten.

Mit der Kritik und Entwertung der Jugend-verbände droht ihnen nunmehr ein Öffent-lichkeitsentzug, der um so nachteiliger wirkt, wie unter dem gegenwärtigen Spar-diktat ein Großteil der Jugendpolitik eines der ersten Rotstiftopfer wird.

9. Kaum mehr zur Kenntnis genommen wird, daß das Militär nach wie vor eine außerordentlich bedeutsame Sozialisations-instanz für männliche Jugendliche ist. Das fundamentale Paradox lautet: Junge Männer sollen zur Gewaltfreiheit erzogen werden, aber zugleich als Soldaten fähig und bereit sein zu töten. Kriegsdienstverweigerer wer-den erneut als egoistische Drückeberger abgekanzelt. Totalverweigerer, die mit dem Prinzip der Gewaltfreiheit ernst machen, werden kriminalisiert.

Von der aktuellen Militarisierung der Außenpolitik sind Jugendliche am ärgsten betroffen. Sie sollen künftig ihre Knochen hinhalten. Dies ist der schlimmste Raubzug gegen die Jugend, dürftig schmackhaft gemacht mit der Bundeswehrwerbung von „Freiheit und Abenteuer". Glücklicherweise geht die Rechnung (noch) nicht auf. Nie zuvor haben mehr junge Männer den Kriegs-dienst verweigert, auch die Zahl der Total-verweigerer steigt an.

10. Auch die Ansätze, Mädchen und jungen Frauen eigene Räume und Entwicklungs-möglichkeiten zu eröffnen, sowie die nach wie vor bescheidenen Versuche einer eman-zipatorischen Jungenarbeit sind gegenwärtig bedroht. „Männliche" Werte wie Durchset-zungsfähigkeit, Härte gegen sich selbst und andere, Konkurrenzorientierung bleiben trotz aller Kritik vorherrschend, von einem

Aufbrechen der tradierten Geschlechterrollen sind wir noch weit entfernt.

11. Wie im Brennglas bündelt sich das jugendpolitische Versagen im Umgang mit den Eingewanderten, den sogenannten „ausländischen" Jugendlichen und ihrer vielfachen zusätzlichen Diskriminierung. Sie werden in den Institutionen des Bildungssystems und auf dem Arbeitsmarkt systematisch benachteiligt. Ihnen werden elementare politische Rechte vorenthalten. Werden sie in Folge ihrer Ausgrenzung und Benachteiligung straffällig, droht ihnen gegebenenfalls die Abschiebung in ein „Herkunftsland", das manche bestenfalls aus Urlaubsreisen kennen. Zudem werden sie zum Objekt direkter fremdenfeindlicher Diskriminierung und Gewalt, die aus einem Meinungsklima resultieren, das von der etablierten Politik massiv, direkt und indirekt, befördert wurde.

V. Verantwortliche Jugendpolitik – einige Forderungen

Eine neue öffentliche Jugenddebatte ist geboten. Diese muß sich von der gängigen Fixierung auf das falsche Bild einer angeblich „immer gewalttätigeren", „brutaleren" und „fremdenfeindlichen" Generation lösen. Ihre zentrale Frage muß vielmehr lauten: Was ist zu tun, damit allen Kindern und Jugendlichen eine lebbare Gegenwart und eine gestaltbare Zukunft ermöglicht wird?

Die Erwachsenen sind der erste Adressat dieser Debatte, denn sie verspielen die Zukunft der Jugendlichen. Eine solche Jugenddebatte ist aber nicht nur im Kreis der Jugendexperten, sondern auch dort anzuregen, wo sie Jugendliche erreicht: In Jugendzeitschriften, Jugendtreffpunkten, Jugendsendungen des Hörfunks und Fernsehens. Wir vertrauen auf die Bereitschaft von Jugendlichen, sich auf eine Debatte über ihre gesellschaftlich-persönliche Zukunft einzulassen, wenn diese mit ihnen und in ihnen angemessenen Formen geführt wird.

Jugendpolitisch kommt es gegenwärtig darauf an, längst erkannte Notwendigkeiten endlich in politisches Handeln umzusetzen. In diesem Sinne sind die folgenden Forderungen vorrangig:

1. Angesichts komplexer werdender Verhältnisse und tiefgreifender Veränderungen in der Arbeitsgesellschaft müssen Schulen grundlegend verändert werden. Schulen sind als demokratisch organisierte Lebens- und Lernorte eigener Qualität zu entdecken und zu gestalten. Anders können angemessene schulische Sozialisationsprozesse heute nicht mehr stattfinden. Anders drohen liberale Demokratien ohne Bürgerinnen und Bürger zu bleiben, die mitwirken können. Entbürokratisierte Ganztagsschulen bezeichnen ein sinnvolles Ziel. Aus der berechtigten Kritik der Gesamtschulen, ihrer unübersichtlichen Größe und den fehlenden Sozialräumen sind Konsequenzen zu ziehen. Künftiger Maßstab ist eine sozial nicht selektive schulische Sozialisation, die sich zugleich der individuellen Förderung jeder Schülerin und jedes Schülers verpflichtet weiß. Ihr oberstes Lernziel sind verhaltenssichere, selbstbewußte Kinder und Jugendliche. Nur eine Schule, die als demokratisches Gemeinwesen verfaßt ist, taugt hierfür. Gefordert sind Schulen ohne bevormundende Schulbürokratie, Schulen als teilautonome Einrichtungen ohne das Gängelband der Bürokratie.

Auch das System der Berufsausbildung, dessen duale Struktur zunehmend fiktiv geworden ist, wäre in diesem Sinne zu erneuern.

2. Im Unterschied zur herrschenden Tendenz, Hochschulbildung möglichst einzuengen und mit neuen sozialen Barrieren zu versehen, halten wir daran fest, daß möglichst viele Jugendliche die Chance zum Studieren erhalten sollten – unabhängig von konjunkturellen Arbeitsmarktargumenten. Dies setzt eine entsprechend egalitäre soziale Sicherung der Studierenden voraus.

Prinzipiell sind alle Einrichtungen des tertiären Bildungswesens gleichzustellen. Ihr gemeinsames Bildungsziel ist bei allen Unterschieden die kompetente Teilhabe am gesellschaftlichen Leben. Universitäre Autonomie, die heute nur noch symbolisch existiert, gilt es neu und demokratisch zu begründen. Nach den ernüchternden Erfahrungen mit der Gruppenuniversität ist die Entrümpelung der Kul-

tus- und Hochschulbürokratie vorrangig. Erst Globaletats und eine beschränkte rechtliche Kontrolle sorgen für die notwendigen Handlungsspielräume. Umgekehrt sind die Universitäten gehalten, durch effiziente und durchsichtige Selbstverwaltung, fortwährende Selbstevaluation, demokratische Formen der Selbstverwaltung in Forschung und Lehre ihrer gesellschaftlichen Verantwortung gerecht zu werden. Hinzu kommt – analog zu den Schulen – , daß Hochschulen überschaubare soziale Einheiten bilden sollten. Erst sie ermöglichen Interdisziplinarität. D.h. die Zahl der Hochschulen müßte erheblich zunehmen – bei gemeinsamer Nutzung kostspieliger Infrastruktur. Solche Maßstäbe berücksichtigend, könnte auch das Konzept der Gesamthochschule sinnvoll belebt werden.

Eine Gesellschaft, die am Ende des 20. Jahrhunderts die Forderung „Bildung ist Menschenrecht" nicht verwirklicht, hat ihre Chance vertan.

3. Die Wiederherstellung der vertrauten Arbeitsgesellschaft des 19. und 20. Jahrhunderts ist weder realistisch noch wünschbar. Die Entkoppelung von gesellschaftlich sinnvoller Arbeit und kapitalistischem Arbeitsmarkt steht auf der Tagesordnung. Da individuelles Selbstbewußtsein und gesellschaftliche Wertschätzung an gesellschaftliche Tätigkeit geknüpft sind, ist diese prinzipiell allen zu gewähren. Angesichts der Fülle notwendiger sozialer und politischer Aktivitäten dürfte dies in komplexen Gesellschaften kein Problem – es sei denn ein Verteilungsproblem – darstellen. Wenn aber, wie wir fordern, alle Tätigkeiten in einer Gesellschaft prinzipiell demokratisch zu organisieren und zu verteilen sind, nimmt die Zahl der notwendigen Tätigkeiten zu und erhalten diese eine besondere Qualität. Die Differenz von einflußstarken und einflußlosen Tätigkeiten darf es in einer demokratisch organisierten Arbeitsgesellschaft nicht geben. Soziale Sicherung wird unter diesen Umständen nicht zur passiven Sicherung, sondern zur aktiven Gestaltungschance.

Programme, die Massenarbeitslosigkeit und Abhängigkeit von Sozialhilfe bei Jugendli-

chen abbauen könnten, sind nach dem Strukturprinzip zu entwickeln, daß gesellschaftlich sinnvolle Arbeit auch gesellschaftlich finanziert werden sollte: Öffentliche Mittel wären in einem hohen Maß an selbstdefinierte Arbeitsplätze zu binden, die tatsächlich Arbeitsplätze jenseits von Macht und Staat ermöglichen. Der „Arbeitsmarkt von unten" ist das Gebot in der Not und ein unkonventioneller Ausweg aus der arbeitsmarktpolitischen Phantasielosigkeit.

4. Alle Probleme dieser Welt lassen sich militärisch nur verschärfen, aber nicht lösen. Darum ist es kein „deutscher Sonderweg", eine Bundesrepublik ohne Armee anzustreben und die „Schule der Nation" so bald wie möglich zu schließen. Vernünftige und verantwortungsvolle Aufgaben für Jugendliche könnten statt dessen im Bereich der internationalen Friedensdienste liegen. Hierbei ist allerdings darauf zu achten, daß die Länder, die solche Hilfen benötigen, selbst definieren, was sie brauchen.

5. Allen „ausländischen" Jugendlichen, die hier geboren oder aufgewachsen sind, ist vorbehaltlos die volle Staatsbürgerschaft einschließlich aller politischen Rechte zu gewähren. Ihre politische und rechtliche Diskriminierung ist zu beenden.

6. Im Bereich der außerschulischen Jugendarbeit es ist erforderlich, die bestehenden Jugendtreffs und Jugendbildungsstätten zu erhalten sowie Jugendverbände und Jugendinitiativen unbürokratisch zu unterstützen. Ebenso wie im Bereich der Bildungspolitik gilt es hier, Sparmaßnahmen zurückzunehmen und Bedingungen dafür zu schaffen, daß in Richtung auf Selbsthilfe und Selbstorganisation zielende Projekte entstehen und sich entwickeln können.

Diese Forderungen, die konkreter ausgestaltet werden können und müssen, wirken zum Teil unvermeidlich utopisch, d.h. sie werden auf absehbare Zeit aller Wahrscheinlichkeit nach in dieser Gesellschaft nicht verwirklicht. Wem jedoch an der so oft pathetisch beschworenen „Zukunft unserer Kinder und Kindeskinder" im demokratischen und friedenspolitischen Sinne gelegen ist, sollte alles dafür tun, daß diese Utopien wirklich werden.

Es genügt nicht, bloß an die etablierte Politik zu appellieren. Denn daß eine qualitativ andere und nicht auf das Ressort eines Ministeriums begrenzte Jugendpolitik erforderlich ist, ist seit langem bekannt. Eine Veränderung ist nur in Sicht, wenn Jugendliche und Erwachsene sich organisatorisch, inhaltlich und konfliktstrategisch neu formieren, um eine provozierende und konstruktive Auseinandersetzung herbeizuführen. Die in den Institutionen der Politik, Bildung, Ökonomie, Medien und Kultur etablierten Erwachsenen werden so lange wenig Glaubwürdigkeit entwickeln, wie sie nicht bereit sind, aus ihren privilegierten Situationen heraus ihre Privilegien in Frage zu stellen. Ein vermutlich neuralgischer Punkt ist, ob sie bereit sind, glaubwürdig eigene eingefahrene Bahnen und Lebensstile, die zukunftsgefährdende Auswirkungen haben, zu verändern. Erwachsene selbst müssen ihren Protest und Widerstand gegen den ökonomischen und politischen Raubbau an der Zukunft authentisch leben. Dringend und ernsthaft erwogen werden sollten unterschiedliche Formen von Regelverletzungen und Zivilem Ungehorsam, um mit Jugendlichen zusammen Pro-

testformen zu entwickeln. Dabei sind die Politikbereiche zu bestimmen, in denen der analysierte Druck besonders groß ist. Schulen, betriebliche und überbetriebliche Ausbildungsstätten sowie die Hochschulen gehören zu diesen Bereichen. Arbeitsniederlegungen für eine solidarische Arbeitsumverteilung, Streiks von ProfessorInnen und StudentInnen für bessere Studienbedingungen, Besetzungen von Jugendeinrichtungen, die von Schließung bedroht sind, können solche Aktionsformen sein, aber auch der politische Protest gegen die lebens- und zukunftsbedrohenden Entwicklungen im Bereich von Ökologie, Militarismus und der Gerechtigkeitsfrage ist vonnöten. Daß einige Jugendliche Produkte und Dienstleistungen im Ansatz boykottieren, wo essentielle Verstöße gegen Demokratie und Ökologie vorhanden sind (Mururoa, Scientology-Sekte), ist ein hoffnungsvolles Konfliktsignal. Zugleich gilt es, möglichst mit Jugendlichen zusammen, zukunftsträchtige und exemplarische Projekte zu entwickeln und zu realisieren, die in den genannten Politikbereichen erfolgreiche Veränderungen anstoßen können. Inhaltliche Forderungen sollten mit Konfliktstrategien kombiniert werden – sonst bleibt es ein papierner Protest.

Es sind die Totalverweigerer im Sinne des großen Altliberalen Richard Schmid als Andersdenkende zu betrachten

Das Komitee engagiert sich bereits seit langem für die Rechte der Totalverweigerer, deren radikale Absage an jede Form der Mitwirkung an Kriegsvorbereitungen eigentlich vom Grundrecht der Gewissensfreiheit gedeckt sein müßte. Jedoch werden Totalverweigerer nach wie vor durch Arrest, Geld- und Haftstrafen durch die staatlichen Instanzen kriminalisiert. Klaus Vack tritt mit einem Leserbrief, der in der „Frankfurter Rundschau" – „Freie Aussprache" – vom 7. Dezember 1995

veröffentlicht war, der Diskriminierung und Kriminalisierung von Totalverweigerern entgegen.

Der große Altliberale Richard Schmid (1889-1985), 1940 vom Volksgerichtshof wegen Vorbereitung zum Hochverrat verurteilt, wie ein Wunder die Nazizeit überlebend, von 1945 bis 1964 Generalstaatsanwalt und später Präsident des Oberlandesgerichts in Stuttgart, hat Anfang der achtziger Jahre im Zusammenhang Ausländerfeindlichkeit etwas gesagt, was über dieses Problem hinaus wichtig und richtig ist – ich zitiere aus meiner Erinnerung:

Staat, sage mir, wie du mit Fremden, Minderheiten und Andersdenkenden umgehst, und ich sage dir, ob du ein demokratischer Rechtsstaat bist oder nicht. Dieses Zitat ist mir eingefallen bei der Lektüre von zwei FR-Meldungen („Wiederholter Arrest wirkt wie Beugehaft", FR vom 14. 11. 1995 und „Bundeswehr-Totalverweigerer muß erneut in Arrest", FR vom 15. 11. 1995).

Als Koordinator eines Rechtshilfefonds für totale Kriegsdienstverweigerer und Mitherausgeber der von dem Totalverweigerer Christian Herz verfaßten Streitschrift für die totale Kriegsdienstverweigerung bin ich mit dieser Problematik seit vielen Jahren befaßt. Nach der deutsch-deutschen „Wende", ineins mit dem Zusammenbruch des „Ostblocks" und der Beendigung des Kalten Krieges in seiner vorangegangenen Form, konnte ich feststellen, daß sich der Umgang von Bundeswehr und von befaßten Gerichten „moderater" gestaltete.

Nun hat sich, erst langsam, aber inzwischen wieder erschreckend deutlich, eine Verschiebung in Richtung drastischer Disziplinararreste und Verurteilungen durch Gerichte von totalen Kriegsdienstverweigerern ergeben. Das in der FR-Meldung vom 15. 11. 1995 geschilderte Verfahren der Bundeswehr gegen den Totalverweigerer Daniel Arndt, der nun wegen „Gehorsamsverweigerung" zum dritten Mal, und diesmal für 21 Tage, in Kasernenarrest genommen wurde, ist nur die Spitze des Eisbergs einer neuen Kampagne gegen konsequente Friedensaktivisten.

In einem Brief vom 23. 10. 1995 schreibt Daniel Arndt an mich: „... Als radikaler gewaltfreier Antimilitarist verbieten mir mein Gewissen und meine soziale und politische Verantwortung, einen Wehrdienst zu leisten sowie die Unterstützung jedweder Kriegsvorbereitung. Der Zivile Ersatzdienst als einzige ‚Alternative' zum Wehrdienst ist jedoch ... in seiner ausdrücklichen Einbeziehung in das Konzept der ‚Gesamtverteidigung' nichts anderes als bequeme Stütze der Militärräson,

die in Deutschland wieder Schritt für Schritt Boden gewinnt (‚out of area'...) ... Fünfzig Jahre, nachdem von deutschen Truppen der grausamste Krieg der Menschheitsgeschichte geführt wurde, und in einer Zeit, in der Krieg und militärische Intervention als ‚Lösung' für die Probleme der Menschheit zunehmend populär werden, entziehe ich mich der staatlichen Verplanung ..."

Nach meiner Auffassung hat der 21jährige Totalverweigerer Daniel Arndt mit dem vorstehend Zitierten den Nagel auf den Kopf getroffen. Der Deutsche Bundestag legitimiert Zug um Zug die Beteiligung deutscher Soldaten an militärischen Eingreiftruppen (siehe Somalia, Ex-Jugoslawien bzw. Bosnien). Der Bundeskanzler sorgt auf der propagandistischen Ebene für Begleitmusiken, zum Beispiel durch den Großen Zapfenstreich bzw. durch seine wiederholte öffentliche Kritik an dem verbrieften Recht auf Kriegsdienstverweigerung.

Zugleich hat der deutsche Verteidigungsminister Volker Rühe schon längst damit begonnen, die Bundeswehr strukturell umzuformieren. Obwohl der sogenannte Verteidigungshaushalt angesichts der Finanzmisere in den letzten Jahren einigermaßen „stabil" bleibt, werden innerhalb dieses Haushaltes Unsummen umgewidmet, und zwar weg von der „Landesverteidigung" und hin zu einer angriffsfähigen Bundeswehr.

Um abschließend auf Richard Schmid zurückzukommen: Gemessen an dem, was uns im allgemeinen an staatsoffizieller Propaganda und an veröffentlichter Meinung entgegentritt, sind die Totalverweigerer im Sinne von Richard Schmids Erkenntnis als Andersdenkende zu betrachten. Sie zu diskreditieren und zu kriminalisieren, paßt nicht zu einem demokratischen Rechtsstaat und widerspricht – unabhängig von meiner hier gegebenen politischen Interpretation – nicht nur Artikel 4 Abs. 3 Grundgesetz („Niemand darf gegen sein Gewissen zum Kriegsdienst mit der Waffe gezwungen werden"), sondern mehr noch Artikel 4 Abs. 1 GG („Die Freiheit ... des Gewissens ... ist unverletzlich.").

Klaus Vack, Sensbachtal

Dayton – Ein Friedensprozeß in Bosnien?

Klaus Vack und Wolf-Dieter Narr haben Anfang Dezember 1995 einen Aufsatz verfaßt, der eine erste politische Bewertung des im November 1995 ausgehandelten „Friedensabkommens" von Dayton versucht. Der Text wurde in der Zeitschriften-Reihe „Probleme des Friedens" 1/2 1996, „Jenseits der Gewalt – Arbeit für den Frieden in Ex-Jugoslawien", Anfang 1996 veröffentlicht. „Dayton" – so das Resümee der Autoren – hat radikalpazifistische Politik nicht widerlegt, sondern fordert dieselbe für die Zukunft erst recht heraus.

I. Ja zum wirklichen Frieden

Wenn das im November 1995 in Dayton/USA ausgehandelte „Friedensabkommen" in Bosnien (und letztlich auch in Kroatien und Serbien) einen wirklichen Friedensprozeß in Gang setzen sollte, ist ein solcher Prozeß rundum zu begrüßen.

Um des Friedens, vorab um des Überlebens willen muß man sich realistisch zuerst auf die aktuellen Gegebenheiten und die in ihnen liegenden Möglichkeiten konzentrieren. Dies muß im Vordergrund stehen, ehe die notwendige Kritik ansetzt, ob die Art und Weise, wie diese Gegebenheiten zustande gekommen sind, friedenspolitisch positiv oder negativ bewertet werden.

II. An erster Stelle: Humanitäre Hilfe!

Auf das Augenmaß, die Dauer und die Qualität humanitärer Hilfe kommt es zentral an. Richtig gegeben, ist humanitäre Hilfe das Wichtigste, das politisch geleistet werden kann:

● zum ersten kann humanitäre Hilfe das schiere Überleben sichern helfen. Dieses Überleben ist in Bosnien und dort, wo der Krieg um Bosnien Zerstörung und Vertreibung erzeugte, nicht gesichert;

● zum zweiten: Nur ausreichende humanitäre Hilfe kann dazu beitragen, daß für alle Gruppen tragfähige Lebensverhältnisse geschaffen werden. Humanitäre Hilfe bildet deshalb die Voraussetzung aller angemessenen wirtschaftlichen Unterstützung;

● das bedeutet zum dritten, daß es nicht darum gehen darf, so rasch wie möglich eine sozial rabiate, sprich Ungleichheit vermehrende „Marktwirtschaft" in Bosnien zu errichten, denn dies hieße zunächst nichts anderes, als Investitionschancen für multinationale, beispielsweise amerikanisch und bundesdeutsch geführte, Unternehmen zu schaffen und eine kleine (korrupte) Elite von Profiteuren in Bosnien selbst zu befördern;

● daraus resultiert zum vierten, daß, wer helfen will, in und um Bosnien Frieden zu schaffen, darauf achten muß, überall annehmbare und vergleichsweise gleiche Lebensbedingungen in allen wie immer ethnisch besiedelten und von wem immer regierten Regionen zu schaffen;

● sonst werden in der Konsequenz, und das gilt zum fünften, die vorhandenen Ansatzpunkte für Ausgrenzungen und Aggressionen gestärkt und fortgesetzt, mit der zu befürchtenden Folge, daß bald wieder das Motto „Schießen statt helfen" triumphiert, anstatt der menschenrechtlich gebotenen Alternative „Helfen statt schießen!"

Unter diesen Prämissen ist es also entscheidend, daß die Hilfe „richtig" gegeben wird. Nur humanitäre Hilfe ist friedenspolitisch qualifiziert, die so erfolgt, daß sie das Selbstbewußtsein, ja die Selbständigkeit und das eigene Handeln der Bürgerinnen und Bürger Bosniens (und Kroatiens und Serbiens) stärkt. Das heißt auch, es ist alles denkbar Mögliche zu tun, damit die eigenen bosnischen, kroatischen und serbischen Organisationen in den diversen Regionen arbeitsfähig werden. Gerade in Sachen humanitärer Hilfe gilt (und konsequenterweise auch bei der Wiederaufbau-Unterstützung): die Bürgerinnen und Bürger in Serbien, Kroatien und ihre jeweiligen Lebensbedingungen sind gleicherweise zu beachten und in die unterstützenden Aktionen einzubeziehen. Der Frieden in Bosnien setzt den Frieden in Kroatien und Serbien voraus; er macht ihn in jedem Falle gleichzeitig erforderlich.

III. Prekäre Ausgangslage für einen wirklichen Frieden

Gerade weil wir einem Friedensprozeß Chancen einräumen möchten, können wir nicht übersehen, daß die Ergebnisse, die in Dayton ausgehandelt wurden, überaus prekär sind beziehungsweise auf einer politisch verworrenen Geschichte Ex-Jugoslawiens und einem mörderischen „Bruderkrieg" basieren:

● Was jetzt in Dayton ausgehandelt wurde, offenbart vor allem die aktuelle Erschöpfung aller Kriegsparteien: Der (Ver-)Führer der Serben, der Kroaten, der Muslime, der bosnischen Kroaten, der bosnischen Serben.

Das im letzten Winter angehäufte Waffenarsenal wurde in großem Umfang verpulvert, die Ökonomien liegen darnieder, Not herrscht fast allerorten. Bedenkt man den durch die wechselseitigen Vernichtungsaktionen erzeugten Haß, wird einsichtig, daß die Erschöpfung allein noch keine positiven Bedingungen für friedlichen Konfliktaustrag schafft.

● Der genannte Zustand der Erschöpfung ermöglichte den raschen militärischen Erfolg der Nato Ende August/Anfang September. Dieser Erfolg erlaubt es den Großmächten, an ihrer Spitze den USA, den „friedlichen" Start, samt der Vertragsverfassung, den kriegerischen Parteien im ehemaligen Jugoslawien aufzuzwingen. Ein von außen aufgenötigter Zwangsfrieden jedoch droht allemal schnell zu faulen, und zwar gerade dann, wenn er an erster Stelle militärisch „gesichert" werden soll und die zivilen, den Wiederaufbau befördernden Aktivitäten als nachrangig gelten und möglicherweise aufgrund der Zahlungsunwilligkeit der reichen Westmächte schon bald ins Stocken geraten.

● Die geplante Konstruktion des neuen Bosnien à la Dayton, die ethnischen Ein- und Ausgrenzungen, verbunden mit dem Anspruch, Gesamtbosnien als Einheit zu erhalten beziehungsweise erst zu schaffen, wirkt wie eine Brücke auf hohlen, mit leicht entzündlichen Sprengladungen gefüllten Pfeilern. Die bosnischen Serben stellen nur einen Unruheherd dar. Der andere wird von der fragwürdigen „Föderation" aus bosnischen Muslimen und bosnischen Kroaten gebildet. Gerade weil die zivile Hilfe oktroyiert und auf einige wenige Zentren orientiert wird – zuvörderst auf Sarajewo, Tuzla und Mostar –, kann sie nur schwerlich friedensstiftend in die Provinz wirken. Dort aber liegen Hunderte von Dörfern und kleinen Städten zerstört darnieder. Dort biwakieren in größter Not die Mehrzahl der 1,2 Millionen Flüchtlinge, die nicht ins Ausland gegangen sind. Bleiben sie ohne Aussicht auf nennenswerte Hilfe und werden sie statt dessen willkürlich und aufgrund nicht vermittelter Entscheidungen wie auf einem Schachbrett hin und her geschoben, dann schlägt die Stunde der jeweiligen „Schachkönige". Sie können die unmündig im Elend gelassenen Flüchtlinge leicht verführen und die ethnischen Unterschiede erneut zum Vorurteil dogmatisieren und politisch populistisch ausbeuten. Neue kriegerische Konflikte wären zwangsläufig die Folge.

● Der Friedensprozeß unter den „Bosniern" soll vor allem durch Kampftruppen der Nato durchgesetzt und überwacht werden. Abgesehen vom Widerspruch im Sinne eines bereits militärisch erzwungenen Friedens widerspricht die hausgemachte Eile der Nato-Länder den Anforderungen, die vernünftigerweise an einen langen Friedensprozeß zu stellen sind. Die Nato befiehlt. Sie gibt ein Jahr Zeit. Danach hat Frieden zu herrschen. Nicht die humane Lösung der schwierigen und schrecklichen Bedingungen in Bosnien soll den Friedensprozeß bestimmen, sondern die Interessen der führenden Nato-Länder, allen voran die USA und die BRD. Hinzu kommt, daß die sozio-ökonomischen Voraussetzungen des Friedensprozesses zwar bis hin zu Berechnungen der Weltbank bedacht werden. Wie indes konkret geholfen werden soll, bleibt dunkel. Die

Gefahr ist groß, daß zunächst nur die schwer bewaffneten Sicherungstruppen, die den Frieden, wie es im Jargon heißt, implementieren sollen, in Bosnien und rund darum einmarschieren und die A-Normalität der Situation garantieren werden. Im weiten Land aber mangelt dann humanitäre Hilfe. Noch weniger findet Hilfe zur Selbsthilfe statt.

● Das Flüchtlingsproblem innerhalb Bosnien-Herzegowinas, die Not und Perspektivlosigkeit von etwa 1,2 Millionen Menschen wurden angedeutet. Darüber hinaus wollen die europäischen Nato-Länder die bosnischen Flüchtlinge so rasch wie möglich loswerden; allein in der Bundesrepublik Deutschland sind dies etwa 320.000 Menschen. Eine solche Abschiebungswelle aus dem Ausland würde die Zahl der Flüchtlinge in Bosnien in wenigen Monaten verdoppeln. Um jedoch die jetzt schon fast unlösbaren Schwierigkeiten zu erleichtern, einen wirksamen zivilen Friedensprozeß in Gang zu bringen, müßten im Gegensatz zu den geplanten Abschiebungen alle europäischen Länder in den nächsten Jahren eine großzügige Aufenthalts- und Unterstützungspolitik betreiben. Es ist nicht nur Hohn wider das Dayton-Abkommen, sondern Brandstiftung wider einen Friedensprozeß, wenn Innenminister Kanther und die Länderinnenministerkonferenz verkünden, die bosnischen Bürgerkriegsflüchtlinge hätten ein „Gastrecht auf Zeit" genossen und würden ab 1. April 1996 „gestaffelt" zurückgeführt werden, denn dieses „Gastrecht" laufe nach dem Abkommen von Dayton aus. Man will also regierungsamtlich „Frieden" mit der eigenen Ausländerfeindlichkeit schließen.

● Ein weiterer Widerspruch des in Dayton ausgehandelten Vertrags besteht darin, daß die großmächtigen Erzwinger ihrerseits friedenspolitisch allenfalls am Rande engagiert sind. Eigene innenpolitische Interessen herrschen vor. Wie sehr dies der Fall ist, wird durch einen schlechterdings zynischen Umstand belegt: So soll zum einen das seither ohnehin schlecht überwachte Waffenembargo aufgehoben werden. Zum anderen aber sollen – o heilige Symbolik – umge-

hend Abrüstungsverhandlungen mit den Kriegsparteien gepflogen werden. Also, wenn sich die Nato schon in Bosnien engagiert, dann muß unsere lobbymächtige Rüstungsindustrie daran ordentlich verdienen, schon um des „Standorts Deutschland" und der Arbeitsplätze willen und nach dem zuerst geklauten und dann herrschaftsgewitzt ins Gegenteil verfälschten Motto: „Frieden schaffen mit immer mehr Waffen."

IV. Die Faktoren, die zu Dayton führten

Damit nicht morgen neue militaristische Scheinrechtfertigungen aus möglichem Versagen der heutigen Verträge wachsen, müssen detailliert die Faktoren bedacht werden, die Dayton möglich machten und diesen Vertrag zugleich mit so darniederziehenden Gewichten versahen.

● Das Nato-Bombardement (Ende August/Anfang September 1995) wird weithin als Beleg dafür gehandelt, daß Frieden ohne kriegerische Gewalt in Situationen wie in Bosnien nicht möglich sei. Es wird so argumentiert, als hätten die Luftschläge der Nato Dayton und die damit verbundenen Versprechen möglich gemacht. Tatsächlich jedoch zeigen Entwicklungen und Informationen, die erst in den letzten Wochen erkennbar wurden, den bereits erwähnten zeitweiligen Erschöpfungszustand bei allen Kriegsparteien. Träfe der militärische Effekt des Nato-Bombardements unabhängig von den Faktoren im Kontext Ex-Jugoslawiens zu, dann hätte er, früher eingesetzt, noch deutlicher gewirkt. Die Militärs (in diesem Falle sind die der Nato gemeint, aber es gilt dies für Militärs generell) sind in aller Regel mit der Wahl ihrer Mittel nicht zimperlich. Ihre weitgehende über dreijährige Zurückhaltung in Bosnien hatte also in ihrem eigenen Selbstverständnis gute Gründe. Der Erschöpfungsvorgang war demgemäß die Voraussetzung für einen „militärischen Erfolg". Gerade die letzten Monate belegen: Nicht die militärischen Mittel, sondern der politische und der diplomatisch-ökonomische Druck sind es, die die Kriegsgegner dazu drängen, ja umständegemäß zwingen

können, endlich den Frieden, sprich zivile Formen der Lösung ihrer Konflikte zu riskieren. Wenn der Krieg keine Vorteile mehr verspricht, auch im eigenen scheuklappenartig kalkulierten Herrschaftsinteresse, dann wird zunächst negativer Frieden möglich. Mit der Chance, daß allmählich die positiven Voraussetzungen friedlichen Umgangs geschaffen werden.

● Die jetzige „Lösung" hat, noch mehr als dies bei anderen Aktionen seit dem zweiten Golfkrieg der Fall ist, die UNO ins Schlepptau der US-geführten Nato genommen. Dieser Umstand bedeutet keine Kleinigkeit. Er besagt nämlich, daß die Interessen eines bestimmenden militärischen Sicherheits- und Wohlstandsverbundes die „Lösungen" dominieren, die im Namen der universellen Werte Frieden und Menschenrechte durchgesetzt werden. Die Konsequenzen sind fatal. Zum einen wird die UNO in ihrer potentiellen friedensichernden Rolle noch weiter geschwächt. Zum anderen werden neue Formen „gerechter" Kriege von den hauptsächlichen Nato-Partnern definiert.

Letzterer Interessen entscheiden: ob interveniert wird; wie und wann interveniert wird; wie man Konflikte so kleinarbeitet, daß sie den eigenen Interessen nicht mehr gefährlich werden, selbst wenn sie weitere Gewaltopfer fordern. In diesem Sinne bilden Dayton und seine Folgen möglicherweise den schlimmen Auftakt zukünftiger Konflikte und west-, sprich natowärts ausgewählter Definitions- und Lösungsformen.

● Dayton und sein luftkämpferisches Vorspiel im Herbst 1995 hat die Ouvertüre der neuen Weltmachtrolle Bundesrepublik Deutschland intoniert. „Endlich" können deutsche Truppen außerhalb der ursprünglich im Nato-Vertrag vorgesehenen Verteidigungsziele agieren. Die Nato und die Bundeswehr haben sich von den Grenzen des Kalten Krieges und den Grenzen, die die deutsche Vergangenheit auferlegte, „emanzipiert". Die historisch normativ unhaltbare Entscheidung des Bundesverfassungsgerichts vom Juli 1994 ist nun erstmals neue deutsche „Wahrheit" geworden: Das Ende

aller Nachkriegszeit; Deutschland militärisch auf der Höhe seiner ökonomischen Bedeutung; „Normalität" im Sinne des Krieges als des Vaters aller friedlich-politischen Dinge; deutsche Kampftruppen an die Front – Generalinspekteur Naumann hat entgegen dem verharmlosenden Verteidigungsminister Rühe recht; potentiell an alle Fronten, die die Nato und die in ihr verkörperten Weltmacht- und Weltmarktinteressen eröffnen.

● Die moralische Entlastung gehört mit zum größten Gepäck, das Dayton und seine militärischen Voraussetzungen und Begleiterscheinungen mit sich führen. Bekanntlich ist nicht nur regierungsamtlich immer erneut behauptet worden, allein kriegerische Intervention schaffe die Voraussetzungen des Friedens. Sogar gegen die in der Vergangenheit zögerlichen UN-Militärs und ihre Regierungen sind Tausende von moralisch integren Personen an die Öffentlichkeit getreten und haben ein militärisches „Halt", sprich eine kriegerische Intervention, als Bedingung des Friedens verlangt. Sie werden sich durch die Entwicklung der letzten Monate in dieser Forderung bestätigt sehen. Damit können sie sich zum einen zurücklehnen und die weiteren Entwicklungen getrost der Nato überlassen. Zum anderen müssen sie nun nicht mehr an den friedlichen Bedingungen des Friedens arbeiten, die gerade in den Nato-Ländern zu schaffen wären. Der Krieg als der große Entlaster und Moralzerstörer im Namen der Moral hat ein weiteres Mal und, genau betrachtet hier, seinen folgenreichsten Pyrrhussieg errungen.

V. Kurzes Resümee

Zum ersten: Dayton, seine Voraussetzungen und seine absehbaren Folgen haben die pazifistische Politik nicht widerlegt. Sie haben dieselbe bestätigt und werden dies leider zukünftig in verstärktem Maße tun. In der Art, wie weltweit Konflikturachen aufgehäuft werden; in der Art, wie gerade die Nato-Mächte wegschauen, wenn ihre Interessen von mörderischen Konflikten von Osttimor bis Ruanda, Burundi, Nigeria u.ä.m. nicht stärker berührt werden; in der öffentlich medial überaus wirksamen Definitionsmacht dessen, was eine menschenrechtlich angemessene militärische Intervention sei; kurzum im Aufrechterhalten der konventionellen These, für die Krieg die Fortsetzung der Politik mit anderen Mitteln ist.

Zum zweiten: Eine nüchterne pazifistische Option am Ende des 20. Jahrhunderts, die um die Konflikte in dieser Welt und ihrer Ursachen auch und gerade mitten in der „westlich-zivilisierten" Welt weiß, stellt sich bei etwas genauerem Hinsehen als die einzig realistische Politik dar. Sie lügt sich und andere nicht an. Sie zerstört die Menschenrechte nicht. Sie achtet die Unversehrtheit des Lebens und der menschlichen Würde. Sie setzt auf Solidarität. Und: Solche pazifistische Politik äußert sich nicht in edler „Gesinnung" (ein geläufiger, aber falscher Vorwurf), sondern im ungebrochenen friedenspolitischen menschenrechtlich-humanitären Handeln, das zugleich aufklärerisch wirkt. Durchaus nicht im abgehobenen „blauen Himmel", sondern sehr konkret an der Basis; also bei aktiven Bürgerinnen und Bürgern ebenso wie bei den Opfern. Pazifistische Politik verbindet fundamentale Kritik an herrschender Politik mit dauerndem rastlosen Tun und der Phantasie fordernden Arbeit an einer Welt friedlicher Konfliktlösungen. Dennoch ist zu befürchten, daß Dayton, seine militärischen Voraussetzungen, seine militärischen Begleiterscheinungen und seine militärischen Folgen es mit sich bringen werden, daß pazifistische Politik es noch schwerer haben wird, als dies zuvor schon der Fall gewesen ist.

Zum dritten: Dem ist entgegenzuwirken. Kritik und Handeln hier in der Bundesrepublik müssen jenseits aller nötigen Aktivitä-ten nach „außen" gerade in Richtung Bosnien vor allem dem eigenen Land gelten: der Rolle der Bundesrepublik im Kontext einer kapitalistischen Ökonomie zuerst, die Ungleichheiten international und national verstärkt; und nicht zuletzt der Umrüstung und Umfunktionierung der Bundeswehr als prinzipiell globalem Einsatzmittel für die Interessen der in diesem Lande dominierenden Herrschafts-, Macht-, Wirtschafts- und Medieneliten, die sich arglistig mit dem Tarnhelm der Friedensstiftung versehen. Der Rüstungsproduktion und dem Rüstungsexport ist mit unversöhnlichem gewaltfreiem Widerstand entgegenzutreten usw. usf.

VI. Summa summarum

Mag die aktuelle Entwicklung auch nicht zum besten stehen, so hört mit Dayton das pazifistisch-menschenrechtliche Engagement in Sachen Bosnien und anderwärts nicht auf. Es wird noch nötiger als zuvor. Auch und gerade, um aus Dayton das friedenspolitisch und für die geschundenen Menschen Bestmögliche herauszuholen. Auch und gerade, um neue militärische Legitimationen, die aus möglichem Scheitern erwachsen, mit den Argumenten der Wahrheit strikt nichtmilitärisch zu bekämpfen.

Gegen unsere eigenen Ohnmachtsgefühle lohnt es sich, die Risiken pazifistischen Engagements auf uns zu nehmen. Um des Friedens, um der von Kriegen in Not und Elend getriebenen Menschen, aber auch um unser selbst hier und heute willen. Das friedenspolitische Ziel zahlt sich nicht erst dann aus, wenn es am Ende voll und ganz erreicht wäre. Um Gandhi zu zitieren: „Es gibt keinen Weg zum Frieden, Frieden ist der Weg."

Kinder sollen Sitzblockaden üben

Nachdem ein Vertreter der Polizeigewerkschaft die unklaren Verhältnisse in bezug auf den politischen und juristischen Umgang mit Sitzblockaden kriti- *siert hatte, reagierte Klaus Vack mit einem Leserbrief, der im Bonner „General-Anzeiger" am 6. Januar 1996 wiedergegeben war. Klaus Vack begrüßt die Klarheit, die das Bundesverfassungsgericht in seiner Entscheidung zum Nötigungsparagraphen 240 des Strafgesetzbuches geschaffen hat, indem es dem Gebrauch des „vergeistigten Gewaltbegriffes" einen Riegel vorgeschoben hat.*

Betr.: Sitzblockaden

Dem Vertreter der Polizeigewerkschaft im Deutschen Beamtenbund, Gerhard Vogler, kann ich nur in einem Punkt zustimmen, und zwar an der Stelle, an der er die Politik rügt, in Sachen „Sitzblockaden", also in bezug auf den sogenannten Nötigungsparagraphen über die Jahre hinweg keine klaren Verhältnisse geschaffen zu haben. Ich befürchte allerdings – und da trennt sich meine Auffassung schon von dem, was Vogler sonst noch ausführt –, daß er und seine Gewerkschaft eigentlich möchten, daß der Gesetzgeber entgegen dem Bundesverfassungsgericht festschreibt, daß die „bloße körperliche Anwesenheit an einer Stelle, die ein anderer passieren möchte, als Gewalt gekennzeichnet" wird.

Genau diesem unsinnigen „vergeistigten Gewaltbegriff" hat das Bundesverfassungsgericht durch seine Entscheidung einen Riegel vorgeschoben, nachdem es fast zehn Jahre lang den Gesetzgeber gemahnte, den Paragraphen 240 Strafgesetzbuch „Nötigung" verfassungsgemäß umzuformulieren. Irgendwann hatte man dann beim Bundesverfassungsgericht die Nase voll davon, daß Bürgerinnen und Bürger, die mit friedlichen Sitzdemonstrationen uneigennützig gegen eine potentiell existentielle Gefahr demonstrierten, als Gewalttäter kriminalisiert werden. So gesehen kann auch davon ausgegangen werden, daß, wenn es denn zu einer Neufassung des Paragraphen 240 „Nötigung" im Strafgesetzbuch käme, dieser vor dem Bundesverfassungsgericht nur Bestand hätte, wenn er die demokratischen Grundrechte respektierte.

Als jemand, der schon sehr oft an „Sitzblockaden" teilgenommen hat, der mehrfach

rechtskräftig verurteilt war (inzwischen sind alle Urteile in Wiederaufnahmeverfahren in Freisprüche umgewandelt worden), kann ich das Szenario einer hilflosen Polizei, das Gerhard Vogler suggeriert, nicht nachvollziehen. Die Entscheidung des Bundesverfassungsgerichts bezieht sich einzig und allein auf die Feststellung, daß friedliche „Sitzblockaden" keine Gewalt darstellen. Das Verfassungsgericht läßt jedoch offen, bzw. es weist indirekt darauf hin, daß solche Sitzdemonstrationen gegebenenfalls einen Verstoß gegen das Versammlungsgesetz darstellen können. In diesen Fällen kann dann die Polizei, wenn sie es für gerechtfertigt hält, tätig werden wie früher, also eine eventuell von friedlichen Demonstranten besetzte Fahrbahn auch mit friedlichen Polizeimitteln freimachen. Zudem besteht die Möglichkeit, gegen die Demonstranten einen Bußgeldbescheid zu erlassen. Der gravierende Unterschied ist also der, daß das Bundesverfassungsgericht die Kriminalisierung der Demonstranten aus der Welt geschafft hat, aber in den Fällen, in denen die Polizei dies für angemessen hält, die Sanktionierung als Ordnungswidrigkeit nicht beanstanden würde. Das bedeutet im Prinzip, daß sich für die Verhaltensmöglichkeiten der Polizei überhaupt nichts geändert hat.

Der gewaltfreie „zivile Ungehorsam" ist oft das letzte Mittel von Bürgerinnen und Bürgern, um gegen von ihnen als gefährlich oder falsch eingeschätzte Politik anzugehen. Sie streben dieses aber stets mit friedlichen Mitteln an. Gewaltförmige Konflikte, die es leider allzuoft auch zwischen Polizei und Demonstranten gibt, sind eine ganz andere Sache und fallen auch nicht unter die Entscheidung des Bundesverfassungsgerichts gegen den vergeistigten Gewaltbegriff.

Insofern finde ich es im Gegensatz zu Gerhard Vogler auch völlig in Ordnung, wenn bereits mit Kindern Sitzblockaden geübt werden. Ich weiß nämlich zufällig, daß es sich bei diesen von Vogler als „rechtlich fragwürdiges Verhalten" diffamierten Übungen um das Lernen von gewaltfreiem Verhalten und von gewaltfreier Konfliktlösung handelt. Das sollte meines Erachtens in allen Schulen so gehandhabt werden, denn es würde der sich ausbreitenden Gewalt unter Schülern und, wenn sie etwas älter sind, gewaltförmigen Demonstrationen auf der Straße vorbeugen. Es wäre gewiß besser gewesen, wenn sich Gewerkschaftsvertreter Vogler, bevor er sich öffentlich geäußert hat, die Rechtslage genau angeschaut und zudem bei einem Polizeipsychologen, der für polizeiliches Verhalten bei Demonstrationen zuständig ist, sachkundig gemacht hätte.

Klaus Vack, Sensbachtal

Grundrechte-Komitee hat mit Beobachtung des Prozesses gegen Monika Haas begonnen

Die Beobachtung von Strafgerichtsprozessen gehört seit langem zu einer zentralen Aufgabe des Komitees, insbesondere im Falle von Prozessen mit großer politischer Bedeutung. So hat der Komitee-Vorstand beschlossen, den Anfang 1996 eröffneten Prozeß gegen Monika Haas beobachtend zu begleiten. Mit folgender Presseerklärung wurde das Vorhaben öffentlich angekündigt.

Am 18. Januar hat das Strafverfahren gegen Monika Haas in Frankfurt/Main begonnen. Es wird am Donnerstag, dem 25. 1. 1996 fortgesetzt. Der Prozeß wird sich mindestens über das ganze Jahr hinwegziehen.

Monika Haas ist angeklagt, sich 1977 aktiv an der Entführung der Lufthansa-Maschine „Landshut" beteiligt zu haben. Sie soll laut Anklage der Bundesanwaltschaft die von den palästinensischen Entführern benutzten Waffen und den Sprengstoff ins Flugzeug geschmuggelt haben. Die Insassen der Lufthansa-Maschine wurden seinerzeit durch eine spektakuläre Aktion der GSG 9 befreit. Flugkapitän Jürgen Schumann war zuvor von den Entführern in Aden ermordet worden.

Das Verfahren gegen Frau Haas findet aufgrund einer Reihe demokratisch-rechtsstaatlich fragwürdiger Voraussetzungen statt:

– Frau Haas hat seit Anfang der 80er Jahre in Frankfurt mit ihren Kindern gelebt und ist unbescholten ihrem Beruf in der Universität nachgegangen. Es gab und gibt keinerlei feste Indizien dafür, daß Frau Haas die ihr durch die Anklage der Bundesanwaltschaft zugeschriebene Rolle gespielt hat.

– Die Anklage der Bundesanwaltschaft wurde erst möglich mit Hilfe zweier unwahrscheinlicher Quellen: einer Stasiquelle und einer Aussage der seinerzeit beteiligten Souhaila Andrawes. Das Erkenntniswasser beider Quellen ist von Anfang an mit Dreck bis zur Unkenntlichkeit vermischt. Die Stasiquelle entbehrt aller Verläßlichkeit. Die Quelle Frau Andrawes wurde u.a. mittels der grundrechtlich und strafrechtlich unhaltbaren Kronzeugenregelung und zusätzlicher Drohungen geradezu erpreßt.

– Die Kronzeugenregelung, in deren demokratisch-rechtsstaatliche Falle auch Frau Haas gelockt werden sollte, macht den Evidenzgrund dieses Prozesses von vornherein morastig. Auch andere Zeugen wurden entsprechend bundesanwaltlich zu Aussagen verführt.

Das mangelhafte Fundament, auf dem dieses Verfahren steht, das es strafrechtlich-rechtsstaatlich zum Einsturz bringen müßte, veranlaßt das Komitee für Grundrechte und Demokratie, dieses Verfahren genau durch regelmäßige Prozeßbeobachtung zu verfolgen und je und je zu kommentieren. Regelmäßig wird Frau Helga Dieter, Supervisorin aus Frankfurt/M. und Mitglied des Arbeitsausschusses des Komitees, den Prozeß verfolgen, ab und an ergänzt durch Mitglieder des Komitee-Vorstandes. Ein weiteres Motiv veranlaßt das Komitee, sich in diesem Prozeß menschenrechtlich-demokratisch argusäugig einzuschalten. Auch in der Anklage gegen Monika Haas, ihrer unnötigen Untersuchungshaft lange vor Prozeßbeginn und nun der Art des polizeilich schwergeschützten Verfahrensbeginns zeigt sich die geradezu systematische Unverhältnismäßigkeit, die nahezu alle Verfahren auszeichnet, die gegen Personen geführt wurden, denen die Teilnahme an Aktionen der RAF zur Last gelegt worden ist. Nicht, daß mögliche Straftäter angeklagt werden, ist hierbei zu monieren, sondern wie und aufgrund welch grundrechtlich-rechtsstaatswidriger, mit heißer Nadel vor allem in den siebziger Jahren genähter (unmöglicher) Strafrechtsparagraphen diese Prozesse staatsanwaltlich und in der Regel auch gerichtlich betrieben werden. Nicht nur die Angeklagten, die Institution der Verteidigung insgesamt leiden Schaden. Vielmehr wird die grundrechtliche Substanz des Strafrechts, des Strafprozeßrechts und des Strafvollzugs angegriffen und aufgezehrt. Allein die Art und Weise, wie Frau Haas in abgedunkeltem Wagen mit auf den Rücken kettenstark gefesselten Händen, gegen Art. 1 und Art. 2 des Grundgesetzes verstoßend und ihre Würde und Integrität verletzend, zum ersten Verfahrenstag gekarrt worden ist, läßt auch für diesen Prozeß Schlimmeres befürchten.

Darum werden wir und andere und hoffentlich die seriöse Presse und ihre kompetenten Berichterstatterinnen und Berichterstatter dieses Verfahren keine Sekunde mehr aus dem Auge lassen.

Wir werden die Öffentlichkeit grundrechtsgenau informieren.

gez. Prof. Dr. Wolf-Dieter Narr
(Geschäftsführender Vorstand des Komitees)

Aufruf zum Prozeß gegen Birgit Hogefeld

„die tageszeitung" veröffentlichte am 27. Januar 1996 einen von vielen Bürgerinnen und Bürgern sowie verschiedenen politischen Organisationen unterzeichneten Aufruf zum Prozeß gegen Birgit Hogefeld. Die UnterzeichnerInnen fordern, daß Birgit Hogefeld nicht zu einer lebenslangen Freiheitsstrafe verurteilt werden dürfe. Es sei an der Zeit, den Automatismus „lebenslänglich für RAF-Gefangene" zu durchbrechen. Das Komitee hatte den Aufruf mitunterzeichnet.

Birgit Hogefeld wurde am 27. Juni 1993 bei einer groß angelegten Polizeiaktion in Bad Kleinen festgenommen. Ihr Lebensgefährte Wolfgang Grams kam dabei ums Leben. Der Bundesminister des Innern mußte zurücktreten. Der Generalbundesanwalt wurde entlassen. Zu viele Fragen, insbesondere danach, wie Wolfgang Grams zu Tode kam, blieben unbeantwortet.

Seit dem 15. November 1994 wird gegen Birgit Hogefeld vor dem 5. Staatsschutzsenat des Oberlandesgerichts Frankfurt verhandelt.

Bei ihrer Festnahme war ihr vorgeworfen worden, Mitglied der RAF gewesen zu sein und sich an einem versuchten Anschlag auf den früheren Staatssekretär Tietmeyer beteiligt zu haben.

Im Januar 1994 änderte sich das: Der Haftbefehl gegen Birgit Hogefeld wurde wegen der Sprengung der JVA Weiterstadt und Mord und sechsfachem Mordversuch an Polizeibeamten in Bad Kleinen erweitert, obwohl Birgit Hogefeld die einzige war, die in Bad Kleinen nachweislich nicht geschossen hat. Ziel dieser in der Öffentlichkeit vielfach kritisierten juristischen Konstruktion ist es, die staatliche Version der Ereignisse in Bad Kleinen, daß nämlich Wolfgang Grams Selbstmord begangen hat und die eingesetzten Beamten vom Mordvorwurf freizusprechen sind, festzuschreiben und mit der Legitimation gerichtlich festgestellter Tatsachen zu versehen.

Zu Bad Kleinen soll es trotz der Zeugenaussagen, die dieser Version widersprechen, keine Fragen mehr geben. Allein Birgit Hogefeld soll für die Toten in Bad Kleinen verantwortlich sein. Nachdem sie mit dem Vorwurf des Mordes und Mordversuchs in Bad Kleinen überzogen worden war, wurde ihren Verteidigern zur selben Zeit signalisiert, dieser Anklagepunkt – und damit das lebenslängliche Urteil – könne wieder zurückgenommen werden, wenn sie zu einer Zusammenarbeit mit den Sicherheitsbehörden bereit sei. Als der Bundesanwaltschaft klar war, daß Birgit Hogefeld auf dieses Kronzeugenangebot nicht eingehen wird, tauchte dann in der Anklageschrift im März 1994 ein weiterer Mordvorwurf auf, der das Urteil mit lebenslänglicher Haft unumgänglich machen soll: Der Generalbundesanwalt warf ihr nun – fast 9 Jahre nach Abschluß der Ermittlungen – erstmals vor, 1985 an einem Anschlag auf die US-Air-Base in Frankfurt und der damit im Zusammenhang stehenden Erschießung des US-Soldaten Pimental beteiligt gewesen zu sein. Bis zu diesem Zeitpunkt war in diesem Verfahren nicht Birgit Hogefeld, sondern waren andere von der Bundesanwaltschaft als Beschuldigte geführt worden.

Dementsprechend wurden und werden die bisherigen Ermittlungsergebnisse nun auf Birgit Hogefeld zugespitzt: alte Gutachten werden durch neue abgelöst, die im Gegensatz zu den vorherigen jetzt zu dem Ergebnis kommen, daß Birgit Hogefeld „wahrscheinlich" Käuferin eines PKW sei; tendenziöse Videofilme werden erstellt und Zeugen zur Wiedererkennung vorgeführt; die Verteidigung wird seit Beginn des Verfahrens durch offensichtlich unvollständige Akten behindert.

Birgit Hogefeld, die sich in einer Prozeßerklärung sehr kritisch mit dem Anschlag auf die US-Air-Base und der Ermordung des US-Soldaten auseinandergesetzt hat, soll gerade mit diesem Anklagepunkt die politisch-moralische Integrität abgesprochen werden.

Es hat lange Tradition, daß Angeklagte, die der RAF zugerechnet werden oder sich ihr zurechnen, von seiten der Justiz nur eine Antwort bekommen: lebenslänglich. Nicht erst seit der sogenannten Deeskalationserklärung der RAF vom April 1992 ist es aber an der Zeit, daß der Automatismus „lebenslänglich für RAF-Gefangene" durchbrochen wird.

Birgit Hogefeld darf nicht zu einer lebenslangen Freiheitsstrafe verurteilt werden.

Fritz-Bauer-Preis der Humanistischen Union für die Bürgerrechtler Hanne und Klaus Vack

In einer Pressemitteilung vom 26. Januar 1996 teilte die Humanistische Union mit, daß der Fritz-Bauer-Preis am 30. August 1996 in Mutlangen an Hanne und Klaus Vack verliehen werden soll. Mit der Preisverleihung solle das unermüdliche Eintreten beider für Bürger- und Menschenrechte geehrt werden. Die Pressemitteilung hat folgenden Wortlaut.

Die Humanistische Union, älteste deutsche Bürgerrechtsorganisation, verleiht ihren diesjährigen Fritz-Bauer-Preis an das Ehepaar Klaus und Hanne Vack für dessen herausragende Verdienste bei der Verteidigung der Bürgerrechte.

Seit den 50er Jahren sind beide politisch aktiv, überwiegend in Gruppen, Initiativen und Bewegungen der „außerparlamentarischen Opposition". Dies führte 1980 zur Gründung des „Komitees für Grundrechte und Demokratie". Hanne und Klaus Vack sind ihren Zielen und Idealen seit Beginn ihrer Arbeit immer treu geblieben: das Eintreten für Bürger- und Menschenrechte – insbesondere für Minderheiten –, für Abrüstungs- und Friedenspolitik, für basisdemokratische Demokratie und für das unverkürzte Asylrecht.

Die unermüdliche Arbeit von Klaus und Hanne Vack hat die Geschichte dieser Republik mitgeprägt. Die Anti-Atom-Bewegung der 50er Jahre und die Ostermarschbewegung der 60er Jahre waren die ersten großen sozialen Bewegungen der frühen Bundesrepublik. Hanne und Klaus Vack gehörten zu den ersten, die erkannt haben, daß Politik viel zu wichtig ist, um sie Kanzlern und Kabinetten zu überlassen. Die Friedensbewegung der 70er und 80er Jahre markiert eine Zäsur in der Nachkriegsgeschichte. Erstmals organisierten sich Hunderttausende zu Protestmärschen und Friedensaktionen, die breite Schichten der Bevölkerung erreichten und zu einem tiefgreifenden politischen Bewußtseinswandel in der Gesellschaft führten.

Klaus und Hanne Vack haben diese Entwicklung maßgeblich angestoßen und mit ihrem unnachahmlichen Organisationstalent begleitet. Ob bei der Organisation von Menschenketten, der Prominentenblockade am 30. August 1983 vor dem Atomwaffendepot in Mutlangen, bei ihrer unermüdlichen Arbeit für das Komitee für Grundrechte und Demokratie oder bei ihrer rastlosen Hilfe für die Menschen im früheren Jugoslawien – stets waren die Vacks unentbehrlich.

Die Humanistische Union überreicht ihnen den Bürgerrechtspreis – benannt nach ihrem Mitbegründer, dem früheren Hessischen Generalstaatsanwalt Fritz Bauer – am 30. August 1996 in Mutlangen.

Humanistische Union e.V.
Jürgen Roth, Pressesprecher

Trotz Gewissensnot am Ende schuldig
Nach Demo am Abschiebegefängnis
Klage vor Gericht

In Zusammenhang mit der gewaltfreien Protestaktion gegen das Abschiebegefängnis Worms hatte eine Bezugsgruppe eine polizeiliche Absperrung, eine NATO-Drahtrolle, durchzuschneiden versucht, um an den eigentlichen Zaun der Abschiebehaftanstalt gelangen zu können. Gegen drei Personen aus dieser Gruppe wurden Prozesse vor dem Wormser Amtsgericht eingeleitet. Ingo Laubenthal stand deshalb als erster am 26. Januar 1996 vor Gericht. Die „Wormser Zeitung" berichtete am 27. Januar über die Gerichtsverhandlung.

mj. – Wegen Sachbeschädigung und Mitführens eines zur Beschädigung von Sachen geeigneten Gegenstandes mußte sich ein 37jähriger Mann aus Heilbronn vor dem Wormser Amtsgericht verantworten. Er hatte am 10. Dezember 1994 an der symbolischen Entzäunung des Abschiebegefängnisses für Asylsuchende in der Hafenstraße teilgenommen. Im Verlauf dieser Aktion, an der sich über 800 Menschen beteiligt hatten (wir berichteten), versuchte er jedoch, zusammen mit noch etwa zehn anderen Aktionisten, eine zusätzliche Absperrung aus Nato-Draht zu überwinden.

Diese hatte die Polizei errichtet, um eine Annäherung der Demonstranten an das Abschiebegefängnis zu verhindern. Während der Rest der Gruppe den Zaun beiseite zu schieben versuchte, schnitt der Angeklagte den Nato-Draht mit einem Bolzenschneider durch, den er sich vor Ort ausgeliehen hatte. Der Seitenschneider, den er sich mitgebracht hatte, erwies sich als zu schwach für den Stacheldraht. Die Polizei bezifferte später den Schaden an ihrer Umzäunung auf rund 750 Mark.

Dafür forderte der Staatsanwalt eine Geldstrafe von 30 Tagessätzen à 50 Mark, der Seitenschneider in des Angeklagten Hosentasche war ihm dagegen schon 60 Tagessätze wert. Insgesamt fand er, der Mann aus Heilbronn sei zu einer Geldstrafe von 3750 Mark, ersatzweise 75 Tage Haft, zu verurteilen. Seine kurze und knappe Begründung: Der zivile Ungehorsam, auf den sich der Angeklagte berufe, sei im deutschen Strafrecht als Rechtfertigungsgrund nicht vorgesehen.

Trotz der teilweise nachvollziehbaren Motivation des Täters müsse man sich in einer Demokratie an die bestehenden Spielregeln halten. Billige man außerdem einer wie hier friedlichen und gewaltlosen Gruppe eine solche Rechtfertigung einer Straftat zu, nähmen dies vielleicht in Zukunft andere, dann auch gewaltbereite Täter für sich in Anspruch.

Der Angeklagte hingegen sieht in dem von dem amerikanischen Schriftsteller Henry David Thoreau bereits 1849 geprägten Begriff des Zivilen Ungehorsams die einzige Möglichkeit, gegen das aus seiner Sicht unrechtmäßige Handeln des Staates vorzugehen. Der von der Bundesregierung 1993 gefundene „Asylkompromiß" bedeutet für ihn die faktische Abschaffung des Asylrechts. Das neue Asylverfahrensgesetz verstoße gegen die Menschen- und Völkerrechte, die Abschiebehaft gegen die Würde des Menschen.

Der Richter erkannte dennoch auf schuldig. Allerdings ließ er es bei einer Geldstrafe von 2000 Mark bewenden. Er hielt dem Angeklagten zugute, durch Dialog mit der Polizei eine Eskalation vermieden zu haben und aus einem Gewissenskonflikt heraus gehandelt zu haben. Nach mehr als zweistündiger Verhandlung stand aber doch fest, daß auch in noch so großer Gewissensnot die Gesetze beachtet werden müssen.

Öffentliche Debatte soll sich nicht nur auf Gewalttätigkeit junger Menschen beschränken
„Unvermeidlich utopische" Jugendpolitik

Die „Evangelische Zeitung" berichtete in ihrer Sonntags-Ausgabe Nr. 6 vom 11. Februar 1996 über das im Kontext der Komitee-Tagung zu „Jugend und Politik" entstandene Manifest „Das Zukunftsloch" (vgl. Dokumentationsteil S. 367 ff.).

Vor allem als Gewalttäter und Drogenkonsumenten sind Jugendliche Gegenstand des öffentlichen Interesses. Während diese Themen in den Medien spektakulär inszeniert und oft übertrieben werden, finden die strukturellen Gewaltverhältnisse, in denen Jugendliche leben, kaum Beachtung. Das ist die Kernaussage des jetzt vom Komitee für Grundrechte und Demokratie veröffentlich-

ten „Loccumer Manifestes für eine Politik im Interesse von Jugendlichen".

Oberflächlich betrachtet, so die bei einer Fachtagung der Evangelischen Akademie Loccum erarbeitete Studie, gehe es den meisten Jugendlichen in Deutschland gut. Der materielle Reichtum unserer Gesellschaft ermögliche ein hohes Konsum-Niveau. Familiäre und schulische Erziehung seien toleranter geworden, junge Menschen „erfahren gegenwärtig weniger muffig-miefige Schranken als früher".

Die harten Fakten relativieren diesen Eindruck allerdings erheblich: Jedes zehnte Kind in der Bundesrepublik ist mittlerweile auf Sozialhilfeleistungen angewiesen. Jedes

391

achte Kind in Westdeutschland, jedes fünfte in Ostdeutschland wächst in Haushalten auf, die als arm definiert sind. 50.000 Jugendliche sind nach vorliegenden Schätzungen obdachlos.

Arbeitslos gemeldet sind nach der Statistik der Nürnberger Bundesanstalt eine halbe Million junger Leute zwischen 18 und 25 Jahren. Zwanzig Prozent aller Auszubildenden finden nach der Lehre keinen Job, aktuell fehlen mehr als 80.000 Lehrstellen.

„Der Ausverkauf der Zukunft ist das zentrale Problem", konstatieren die Autoren der Studie und listen hier Umweltverschmutzung und ökologischen Raubbau auf, Hunger und die Verelendung von weltweit Millionen Menschen sowie das nur vordergründig den Sparzwängen geschuldete „Schattendasein" kommunaler Jugendpolitik.

Das Grundrechte-Komitee will mit dem Loccumer Manifest eine neue öffentliche Jugenddebatte anstoßen. Diese müsse sich von der gängigen Fixierung auf das falsche Bild einer angeblich immer gewalttätigeren Generation lösen und statt dessen die Frage stellen: „Was ist zu tun, damit allen Kindern und Jugendlichen eine lebbare Gegenwart und eine gestaltbare Zukunft ermöglicht wird?"

Einige Antworten liefert das Dokument mit: Gefordert wird etwa eine grundlegende Veränderung der Schulen, hin zu Einrichtungen, die „sozial nicht selektieren", sich aber zugleich der individuellen Förderung jedes Schülers und jeder Schülerin verpflichtet fühlen. Auch sollten – im Gegensatz zur „herrschenden Tendenz, Hochschulbildung mit neuen sozialen Barrieren zu versehen", und unabhängig von konjunkturellen Arbeitsmarktargumenten – möglichst viele Jugendliche die Chance zum Studieren erhalten.

Programme, die Massenarbeitslosigkeit und Abhängigkeit von Sozialhilfe bei Jugendlichen abbauen können, seien „nach dem Prinzip zu entwickeln, daß „gesellschaftlich sinnvolle Arbeit auch gesellschaftlich finanziert wird." „Der Arbeitsmarkt von unten ist das Gebot in der Not und ein unkonventioneller Ausweg aus der arbeitsmarktpolitischen Phantasielosigkeit."

Auch sei es, weil sich die globalen Probleme militärisch nur verschärfen, nicht aber lösen ließen, richtig, eine Bundesrepublik ohne Armee anzustreben und die „Schule der Nation" so bald wie möglich zu schließen. „Junge Männer sollen zur Gewaltfreiheit erzogen werden, aber zugleich als Soldaten fähig und bereit sein zu töten" – dies sei paradox. „Vernünftige und verantwortungsvolle Aufgaben" für Jugendliche werden statt dessen im Bereich der internationalen Friedensdienste gesehen.

Wem jedoch an der so oft beschworenen „Zukunft unserer Kinder und Kindeskinder" tatsächlich gelegen sei, der solle „alles dafür tun, daß diese Utopien wirklich werden".

Reimar Paul

Grundrechte spielen, wenn Ruhe die erste Bürgerpflicht ist, keine Rolle

Am 14. Februar 1996 veröffentlichte das Komitee eine Pressemitteilung zur anstehenden Novellierung des niedersächsischen Gefahrenabwehrgesetzes, die erhebliche Verschärfungen für das Demonstrationsrecht mit sich bringt. Die Novellierung ist schließlich genau während der Demonstrationen gegen den 2. Castor-Transport, am 8. Mai 1996, vom niedersächsischen Landtag verabschiedet worden.

Gemäß einem Entwurf der SPD-Fraktion soll demnächst das niedersächsische Gefahrenabwehrgesetz verändert werden.

Verwundert reiben sich Bürgerin und Bürger die Augen. Erst am 13. April 1994 ist ein paragraphenreiches niedersächsisches Gefahrenabwehrgesetz verabschiedet worden. Dasselbe ist seinerzeit ausführlich beraten und besprochen worden. Worin besteht der Sinn einer solchen asthmatischen Neufassung? Leidet das niedersächsische Parlament an Arbeitsmangel? Sind neue Erfahrungen gemacht worden, die zeigen, daß das gerade verabschiedete Gesetz keine wirksame, bürgerrechtsbewußte Abwehr der Gefahren für die Sicherheit in Niedersachsen zuläßt?

Der Sinn der sozialdemokratisch angestrebten Korrektur des Gesetzes ist eindeutig und klar. Er besteht knapp gesagt darin, die niedersächsische Gefahrenabwehr von den Grund- und Menschenrechten zu „emanzipieren", älteste Rechtsgrundsätze im bürokratisch-polizeilichen Slalom zu umkurven und selbstredend ohnehin rechtsarme Flüchtlinge vollends des Schutzes ihrer dürftigen Behausungen zu berauben.

Um des Grundgesetzes und der niedersächsischen Verfassung willen, ist denn Gefahr im Verzuge? Ja! Die Gefahr, daß die Polizei öffentliche Kundgebungen nicht sofort in den Griff bekommen könnte; ja, daß die Bürgerinnen und Bürger sich weiterhin um ihrer verfaßten Rechte willen wehren würden; ja, daß Abschiebungen und dergleichen nicht vollkommen stromlinienförmig gleitend vorgenommen werden könnten. Darum soll das Demonstrationsrecht mit großzügig-willkürlichen Allgemeinverboten strikt „rechtsstaatlich" gelähmt werden können; darum soll einer festgenommenen Person mühelos, erneut strikt „rechtsstaatlich", die Freiheit über 8 Stunden hinaus ohne richterliche Überprüfung entzogen werden können; darum sollen aufmüpfige Verdächtige 4 Tage lang ohne behördliches Risiko, nämlich strikt „rechtsstaatlich", aus dem Verkehr gezogen werden können, von den Ausländern und Ausländerinnen, die doch ohnehin keine Integrität mehr besitzen, ganz zu schweigen. Würden sie etwa sonst den deutschen Behörden, weil sie just in Niedersachsen bleiben wollen, zur Last fallen? Also laßt uns nie-

dersächsisch ein Urrecht aller Menschenrechte, erneut strikt „rechtsstaatlich", aufheben im Sinne einer Regelung, die der Polizei einzudringen erlaubt, wann's ihr gefällt.

Bei diesen dem ersten Anscheine nach nur einige wenige Paragraphen und Sätze, ja Worte umfassenden Änderung wird eine Tendenz fortgesetzt, die bundesdeutsch allgemein zu beobachten ist. Die Staats-, genauer die exekutivische Sicherheit wird bürokratisch-polizeilich perfektioniert. Die Grund- und Menschenrechte werden glattgehobelt: Art. 2 GG (die Integrität des Menschen und seinen ureigenen Raum betreffend, also auch Art. 13 GG); Art. 8 II GG, das Recht aller Bürgerinnen und Bürger zu demonstrieren; Art. 11 GG, das die Freizügigkeit aller Bürgerinnen und Bürger garantiert; und nicht zuletzt uralte Rechtsgarantien, wenn Bürgern ihr schlechthinniges bürgerliches Recht, ihre Freiheit vorübergehend entzogen wird (Art. 104 GG). Das, was dem Schein nach als demokratisch-rechtsstaatliches Verfahren ausgegeben wird, widerspricht demselben in der Substanz und in der Form. Ein Vorkommnis in jüngster Vergangenheit, die sog. Chaos-Tage, und ein Ereignis, das bevorsteht, neue Castor-Transporte, stellen die hauptsächlichen Beweggründe dar, allgemeine und auf vorläufige Dauer geltende Gesetzesänderungen durchzupauken. Eine rechtsstaatswidrige Gesetzesveränderung. Bürgerinnen und Bürger können noch weniger als zuvor ausrechnen, was ihnen geschieht, wenn sie z.B. an einer Demonstration teilnehmen. Wieder einmal wird die Stunde der Exekutive eingeläutet. Nicht die Sicherheit der Bürgerinnen und Bürger, aller in Niedersachsen lebenden Menschen wird vorwärts zu gewährleisten versucht. Das Gegenteil ist der Fall. Die exekutivische Sicherheit vor den Bürgern und gegen die Bürger ist das Ziel. Und das niedersächsische Parlament ist dabei, sich selbst zu entmündigen.

Ob sich das Parlament zu später Stunde seiner demokratisch-menschenrechtlichen und in diesem Sinne rechtsstaatlichen Aufgaben erinnern wird? Die neuen Vorschläge sind außer jedem Verhältnis zu den Grundrechten und zur demokratischen Verfassung insgesamt. Darum werden sich auch hoffentlich Bürgerinnen und Bürger in ihrem aktiven Willen, auf das öffentliche Geschehen einzuwirken, nicht verwirren und abschrecken lassen, sollte dieser grundrechtlich-rechts-staatswidrige Vorschlag schlechte Gesetzeskraft erringen – als dann verfassungswidriges Gesetz.

gez. Prof. Dr. Wolf-Dieter Narr
(Geschäftsführender Vorstand des Komitees)

Einspruch gegen die Zwangsverlegung von Monika Haas in ein JVA-Krankenhaus

In einem Offenen Brief vom 4. März 1996 protestierte Wolf-Dieter Narr gegen die zwangsweise Verlegung von Monika Haas in das Krankenhaus der Justizvollzugsanstalt Kassel. Das Schreiben an Richter Dr. Klein am OLG Frankfurt hat nachstehenden Wortlaut.

Herrn
Dr. Klein
Richter am OLG, 5. Strafsenat
Zeil 42
60256 Frankfurt am Main

Betr.: 5.2 StE 4/95–8/95
A 11
Hier Beschluß in der Strafsache Frau Monika Haas vom 28. 2. 1996 und Beschluß vom 1. 3. 1996 in derselben Strafsache

Sehr geehrter Herr Dr. Klein!

In atemloser Folge haben Sie zwei Beschlüsse des Oberverwaltungsgerichts Frankfurt am Main unterzeichnet, die jedem billig und gerecht Denkenden die Haare sträuben machen.

Monika Haas wird diesen wiederholten, gegen alle human und damit auch demokratisch-rechtsstaatlichen Einwände immunisierten Beschlüssen zufolge zwangsweise ins Krankenhaus der Justizvollzugsanstalt zu Kassel verbracht – und zwar, wenn Frau Haas sich nicht beugt, mit „unmittelbarem Zwang".

Der doppelte Bandscheibenvorfall, den Frau Haas in der Haft und nicht zuletzt infolge der Haft erlitten hat, soll diesen Beschlüssen zufolge durch noch ungünstigere Haft- und Pflegebedingungen als zuvor sozusagen zurückgetrieben werden. Die Gründe, die in den von Ihnen unterzeichneten Beschlüssen für diese zwangsweise Verlegung wider den klaren und eindeutigen Willen von Frau Haas angeführt werden, können nur als kalter, verächtlicher Hohn und als blasierte Borniertheit qualifiziert werden.

„Die Verlegung der Angeklagten", so heißt es in dem zweiten Grund des zuletzt erfolgten Beschlusses, „soll allein in deren Interesse mit Rücksicht auf deren Gesundheitszustand erfolgen". Daß Frau Haas sich bei vollem Bewußtsein exakt gegenteilig geäußert hat, zählt selbstverständlich nicht, wenn Rechthaberei statt humanes Recht den Ausschlag gibt. Daß Sie mit einer solchen Stellvertreterentscheidung für Frau Haas entscheiden, indem Sie deren eigenen Willen schlicht negieren, verstößt, sehr geehrter Herr Vorsitzender Richter, schlicht und einfach u.a. gegen Art. 1 Satz 1 GG. Dort heißt es, sollte Ihnen dieser Satz entgangen sein: „Die Würde des Menschen ist unantastbar." Außerdem verstößt Ihre angemaßte Stellvertreterentscheidung gegen Art. 2 GG, der die Integrität des Menschen schützt, die prinzipiell auch für eine Angeklagte gilt, für eine solche sogar mehr als für Menschen, die sich frei bewegen können. Jedoch: Da schon Strafrecht, Strafprozeß- und Strafvollzugsrecht so wunderbar biegsam sind, wenn sie in demokratisch-rechtsstaatlich fremde, aber positionsstarke Richterhände geraten, gilt dies selbstredend für die Grundrechte noch mehr.

Schmale Borniertheit aber äußert sich später im gleichen Pseudobegründungszusammenhang, wenn es dort heißt:

„Die Weigerung der Angeklagten, sich in die Justizvollzugsanstalt Kassel verlegen zu lassen, ist unter den dargestellten Umständen (die, nota bene, nur Ihre wahrgenommenen Umstände sind, WDN) nicht nachzuvollziehen."

Nachvollziehen können Sie nur, wenn Sie sich auch nur einen Moment in die Situation der Angeklagten zu versetzen vermöchten. Diese befand sich nicht nur übermäßig lange und ohne ersichtliche „nachvollziehbare" (!) Notwendigkeit schon vor der Eröffnung des Verfahrens und befindet sich seit dessen Eröffnung in U-Haft, die sie nicht zuletzt von ihren Kindern, ihrem Beruf, von jeglicher Normalität abschneidet. Sie sieht sich auch einer Anklage ausgesetzt, deren Fundament so brüchig ist, daß jedes Gericht, das etwas auf sich hielte, das Verfahren niederschlagen müßte. Nachvollziehen könnten Sie, sehr geehrter Herr Dr. Klein, nur, wenn Sie einen angemessenen Begriff von Krankheit und den Erfordernissen hätten, deren es bedarf, daß Menschen mit einem doppelten Bandscheibenvorfall wieder gesund werden. „Der Mensch", Herr Vorsitzender Richter, „lebt nicht nur vom Brot allein." Er wird nicht nur aufgrund physisch gesicherter medizinischer Behandlung gesund, sondern erst, wenn ihm eine psychisch-geistige Umgebung gewährt wird, die ihn gesund werden läßt. Selbst wenn Sie von der Adäquanz des Verfahrens wider Frau Haas überzeugt sein sollten, was ich unterstelle, selbst und gerade dann müßten Sie einsehen, daß verhandelt nur werden kann, wenn die Angeklagte rundum gesund ist. Warum also beharren Sie auf der Ungesundbehandlung mit Zwang in Kassel, im übrigen einer unzulässigen Vorwegnahme einer nicht begründeten Strafe? Aus Angeklagten-Verachtung? Das wäre der schlimmste Vorwurf, der gegen einen Richter in einem demokratisch-rechtsstaatlichen

Gemeinwesen erhoben werden könnte. Mir scheint, er muß an Ihre Adresse erhoben werden.

In der Regel schreibe ich selbst offene Briefe so, daß ich sie zuerst an den direkten Adressaten schicke und mir von ihm eine Antwort erbete, weil ich alle Adressaten, so auch Sie, achte. In diesem Fall bin ich gezwungen, diesen Brief sogleich als offenen zu behandeln, weil der Skandal so groß ist, den Sie sich verantwortlich mit den beiden Beschlüssen geleistet haben. In diesem Verfahren, bei dieser zwangsweisen Verlegung geht es nicht mehr um Fragen demokratischen Rechtsstaats, die aus verschiedener Perspektive unterschiedlich beurteilt werden könn(t)en. Hier handelt es sich nur noch um einen herrschaftsstarken, demokratisch rechtswidrigen Befehl eines Richters, der seine richterliche Kompetenz preisgegeben hat. Sie müßten, Herr Richter Dr. Klein, zurücktreten, wenn Sie Ihre Aufgabe und Ihr Versäumnis gegenüber derselben einsähen. In keinem Fall dürften Sie sich, wenn alles mit rechten Dingen zuginge, weiter an dem Verfahren gegen Monika Haas beteiligen. Ich kann nur hoffen, daß sich im Rahmen desselben bald Richter finden, die ihrem schweren und verantwortlichen Beruf im vollen Sinne des Worts genügen.

Dennoch mit freundlichen Grüßen

Prof. Dr. W. D. Narr

Wünsche zum bevorstehenden
Newroz-Fest der Kurden

*Führende Persönlichkeiten aus Orga-
nisationszusammenhängen, die sich in
der Versöhnungs-, Verständigungs- und
Zusammenarbeit von BürgerInnen
unterschiedlicher Herkunft in der Bundesrepublik engagieren, haben – auf
Initiative des von Andreas Buro koordi-
nierten Dialog-Kreises hin – den folgenden offenen Brief anläßlich des
bevorstehenden kurdischen Newroz-
Festes verfaßt, der Anfang März 1996
veröffentlicht wurde.*

*Ein offener Brief an eine hoffentlich offene
Gesellschaft*

Wir wünschen allen Kurdinnen und Kurden
in unserem Lande ein gutes Newroz-Fest
voller Harmonie untereinander und in
Freundschaft mit Deutschen und den Menschen aus anderen hiesigen Volksgruppen,
vor allem mit ihrem Nachbarvolk aus vielen
Jahrhunderten, den Türken.

Für Kurden ist das Newroz-Fest nicht nur der
Beginn des neuen Jahres mit der Zeit des
Frühlings. Es ist auch ein Fest, um die eigenständige kurdische Kultur lebendig werden zu
lassen. Für ein so traditionsreiches Volk wie
die Kurden hat das Fest große Bedeutung,
und zwar sowohl in ihrer Heimat, in der sie
unter ständiger Gefährdung leben, wie auch
in der fremden Umgebung der Emigration.

Seit über 10 Jahren kämpft die türkische
Armee gegen die kurdische Guerilla, die als
PKK in Deutschland bekannt und vom
Innenminister verboten ist. Der Grund des
Krieges ist die jahrzehntelange Unterdrückung und Benachteiligung der kurdischen Bevölkerung. Der Krieg, vornehmlich
im kurdisch bewohnten Südosten der Türkei
geführt, hat ein ähnlich furchtbares Schicksal über sie gebracht, wie der Krieg in Bosnien über die Bosnier. Viele Kurden, Türken
und Menschen in vielen Ländern der Welt
fordern deshalb statt Krieg eine politische
Lösung. Mit dieser Absicht hat die PKK

Ende 1995 wiederum einen einseitigen Waffenstillstand ausgerufen, der jedoch von
Ankara nicht mit einem Schweigen der Waffen beantwortet wird. Die türkische Regierung und die machtvollen Militärs verweigern noch immer eine politische Lösung und
eine gleichberechtigte Behandlung der Kurden. Die gegen Unterdrückung revoltieren-
den Kurden diffamieren sie als Terroristen.
Kann es da nicht hilfreich sein, den Dialog
über eine politische Lösung in einem Land
wie Deutschland, in dem viele Emigranten
aus der Türkei leben, zu beginnen und den
Kurden hier wenigstens gleiche und gerechte Behandlung zu gewähren, die sie in ihrer
Heimat nicht erfahren, Vorgeschmack einer
ersehnten menschenrechtlichen Lösung?

*Deshalb bitten wir angesichts des symbol-
trächtigen Newroz-Festes*

*– alle BürgermeisterInnen und Polizeipräsi-
dentInnen* der Städte und Kommunen, tun
Sie alles mögliche, damit die Kurden hier ihr
Fest in aller Freiheit feiern können;

– die Medien und alle JournalistInnen, treten Sie allen Versuchen entgegen, die hier lebende kurdischstämmige Bevölkerung als
terroristisch zu diffamieren und sie zum
neuen Feindbild zu machen;

– die Innenminister und -politikerInnen, ihr
Verhalten gegenüber den Kurden und ihren
Vereinen danach auszurichten, daß der für
eine friedliche Lösung unabdingbare politische Dialog nicht behindert wird. Selbstverständlich müssen die Stellungnahmen der
PKK ebenso wie die der türkischen Regierung in unserem Lande abgedruckt, analy-
siert und kommentiert, wie auch auf Versammlungen diskutiert werden dürfen;

– die KulturpolitikerInnen aller Richtungen,
endlich den kurdischen BürgerInnen in unserem Lande die gleichen kulturellen und
medienpolitischen Rechte einzuräumen wie
etwa der türkischen Gemeinde in Deutschland. Man darf nicht die kulturelle und politi-

sche Unterdrückung der Kurden in ihrer Heimat nach Deutschland verlängern, sonst läuft man Gefahr, selbst zu Kriegsverlängerung und -ausweitung beizutragen;

– *die kurdischen Gruppen,* sich bewußt zu sein, Sie feiern ihr Newroz-Fest in einer Gesellschaft, die Sie aufgenommen hat und von der Sie angenommen sein wollen. Deren Gesetze und Regeln sind zu achten. Es geht nicht an, hier die eigenen Streitigkeiten gewaltsam auszutragen. Wir erinnern: Wer für eine politische Lösung eintritt, macht sich durch gewaltsamen Konfliktaustrag unglaubwürdig;

– *die türkischen Gruppierungen,* zum Wohle ihres Landes und ihres Lebens hier, sich offen dem Dialog über die Bearbeitung der Streitigkeiten zuzuwenden. Dabei geht es immer nicht um Beschuldigung der anderen und eigene Rechtfertigung, sondern um die Frage, was der einzelne selbst, was die Gruppe zum Frieden beitragen kann.

Wir kehren zum Ausgangspunkt unseres offenen Briefes zurück. Wir wünschen uns allen ein gutes Newroz-Fest, und daß wir die Chancen zum Frieden zu nutzen wissen.

Das Verbot der PKK ist dumm und bringt nichts. Arbeit am Feindbild

Kurz vor dem kurdischen Newroz-Fest kam es bei Demonstrationen in Dortmund und in Bonn zu Ausschreitungen und massiven Polizeieinsätzen. Statt auf die eigentlichen, hinter den Protesten stehenden Probleme einzugehen, wurde seitens der Politik nur die Forderung nach härteren Strafen und nach der Ausweitung der Möglichkeiten zum schnelleren Abschieben von ausländischen Straftätern laut. „die tageszeitung" veröffentlichte im Zusammenhang mit diesen Auseinandersetzungen am 18. März 1996 einen Kommentar von Andreas Buro.

Prügeleien, Verwundete, Festnahmen bei einer Demonstration von Kurden in Dortmund, vorige Woche gab es ähnliche Szenen in Bonn – das alles passiert kurz vor dem kurdischen Newroz-Fest am Donnerstag. Und gerade hat der Anti-Terror-Gipfel getagt. Im Bewußtsein vieler schieben sich die Bilder ineinander.

Es ist höchste Zeit, sich zu erinnern. Einer großen nationalen Minderheit in der Türkei wird seit Jahrzehnten ihre kulturelle Identität abgesprochen. Sie wird benachteiligt und unterdrückt. Wie immer in solchen Situationen greifen die Unterdrückten irgendwann zur Waffe. Wie alle sozialrevolutionären Bewegungen werden sie nun als Terroristen diffamiert und mit Kriegsterror überzogen. Das Newroz-Fest in der Türkei wird alljährlich zum Ort von blutigen Massakern an Kurden.

Während sich die internationale Friedensbewegung vor Ort zum Schutze der Menschen einmischt, reden die westlichen Regierungen von der Durchsetzung der Menschenrechte und liefern, wie die Bundesregierung, der türkischen Armee die Waffen zu ihrem Terror-Krieg, der dem in Bosnien nicht nachsteht. Der deutsche Innenminister geht noch weiter und verbietet die PKK, die wichtigste Organisation der kurdischen Guerilla. Damit sind die Weichen für eine internationale Ausweitung des Konfliktes gestellt. Was für eine Dummheit, die Polizei zu zwingen, hinter PKK-Fahnen und Öcalan-Bildern herzulaufen.

Längst hört man aus Kommunen, Polizeipräsidien, ja selbst von Verfassungsschützern, wie töricht das PKK-Verbot ist, das im Kern nur märtyrerhafte Solidarisierung mit den verbotenen Emblemen bewirkt. Erforderlich ist es vielmehr, den Dialog mit den hiesigen kurdischen Gruppen aufzunehmen, ihnen endlich die gleichen Rechte einzuräumen wie etwa der türkischen Gemeinde. Selbstverständlich muß es auch möglich sein, in Deutschland die Stellungnahmen der PKK wie auch die Ankaras offen zu diskutieren. Selbstverständlich ist allerdings auch, daß Straftaten strafrechtlich verfolgt werden.

Die Forderung nach einer politischen Lösung des Krieges in der Türkei wird von allen kurdischen Verbänden erhoben. Wer für eine politische Lösung eintritt, macht sich jedoch durch gewaltsame Austragung des Konfliktes unglaubwürdig. Er leistet denen Hilfsdienste, die so eifrig an dem Feindbild der terroristischen Kurden arbeiten.

Andreas Buro
Emeritierter Professor für Internationale Politik, Koordinator eines Dialog-Kreises, der sich für eine politische Lösung des Kurdistankonfliktes einsetzt

Abschiebung in Folter und Tod verstößt gegen die Menschenrechte – Politische Verständigung ist die aktuelle Aufgabe

In einer Pressemitteilung vom 19. März 1996 nahm das Komitee zu den Ausschreitungen bei den vorangegangenen Demonstrationen von Kurden Stellung. Insbesondere wird gegen die Forderungen von Kanther, Kinkel und anderen, „kurdische Rädelsführer" sofort abzuschieben, Stellung bezogen. Statt Strafverschärfungen und beschleunigter Ausweisungen bedürfe es vielmehr des beharrlichen Eintretens für eine politische Lösung der Probleme.

An dem Wochenende, an dem der Weltspiegel die Folterpraxis an Jugendlichen in türkischen Gefängnissen dokumentiert, fordern Bundespolitiker, unter ihnen die Bundesminister Kanther und Kinkel, die „kurdischen Rädelsführer" der gewalttätigen Ausschreitungen der Dortmunder Demonstration abzuschieben, obwohl sie wissen, dies bedeutet Folter und möglicherweise Ermordung für diejenigen, die nach deutschen Gesetzen straffällig geworden sind.

Die Todesstrafe ist in der Bundesrepublik abgeschafft, Folter international geächtet, Mord ohnehin ein Kapitalverbrechen. Wir fragen uns, wollen diese Politiker Beihelfer zu solchen Verbrechen werden? Die Ankündigungen Kanthers und Kinkels befördern zudem das seit dem politisch so falschen PKK-Verbot langsam entstehende Feindbild der „terroristischen Kurden" – eine Stimulanz für Ausländerfeindlichkeit.

Wir verurteilen die Forderung nach solcher Abschiebung, die Rechtsstaatlichkeit und Menschenrechte mißachtet. Wir verurteilen ebenfalls die gewaltsamen Handlungen von DemonstrantInnen der vergangenen Tage. Wir sagen zusätzlich: Wer eine politische Lösung will, darf nicht selbst auf Gewalt setzen, ohne gegen die Grund- und Menschenrechte zu verstoßen.

In der Türkei wird der großen Volksgruppe der Kurden ihre Eigenheit abgesprochen. Sie werden vieler Rechte beraubt, unterdrückt und aus ihrer Heimat zu Millionen gewaltsam vertrieben – ein Krieg so furchtbar wie in Bosnien. Menschenrechtlich orientierte Politik muß deshalb:
● Ankara entschieden zu einer politischen Lösung drängen und darf nicht, wie Bonn es tut, Waffen und Gelder für den Krieg gegen die Kurden liefern;
● vermeiden, wie durch das PKK-Verbot geschehen, zum Parteigänger Ankaras zu werden, sondern muß in Deutschland den

399

Dialog zwischen allen Streitenden fördern. Dabei müssen selbstverständlich die Aussagen der PKK, Ankaras und vieler anderer öffentlich verbreitet und diskutiert werden können;

● den hier lebenden Kurden die gleichen kulturellen und politischen Rechte zugestehen wie anderen Gruppen und wie der türkischen Gemeinde, damit die Entrechtung der Kurden in der Türkei nicht nach Deutschland verlängert wird.

Eine menschenrechtlich orientierte Politik darf selbstverständlich nicht mit Abschiebung zu Folter und Tod drohen.

Zu den Bürgern und Bürgerinnen kurdischer Herkunft gewandt sagen wir: Sie müssen wissen, wie sehr gewalttätige Straßenkämpfe ihrem berechtigtem politischen Anliegen schaden. Gewalt arbeitet all denjenigen in die Hände, die ihre Suppe an dem Feuer der Ausländerfeindlichkeit kochen wollen. Das gilt auch für die gewaltsamen Konflikte zwischen Kurden und Türken, und zwar für beide Seiten. Kämpfe mit Polizisten füllen zwar Schlagzeilen, untergraben aber die Solidarität mit den Menschen in Deutschland, die für ihre Rechte hier und für eine politische Lösung des Krieges in der Türkei eintreten.

Nicht Steigerung der Konfrontation durch immer neue Drohungen, sondern ihr Abbau durch Aufnahme des Dialogs ist die aktuelle Aufgabe.

gez. Prof. Dr. Wolf-Dieter Narr
(Geschäftsführender Vorstand des Komitees)
gez. Prof. Dr. Andreas Buro
(Friedens- und außenpolitischer Sprecher des Komitees)

Einspruch gegen ein Gesetz zur Abschiebe-Beschleunigung von „Gewalttätern"

Wolf-Dieter Narr und Klaus Vack nahmen in einem Leserbrief, der am 1. April 1996 in der „Frankfurter Rundschau" – „Freie Aussprache" – wiedergegeben war, zu einem Leitartikel Karl Grobes zur Politik der PKK Stellung. Sie kritisieren dabei die Hast, mit der ein neues Gesetz zur Vereinfachung von Abschiebungen „gewalttätiger" ausländischer Demonstranten geschaffen werden soll.

Mit der heißen Nadel des Vorurteils gestochen

Karl Grobes Leitartikel ist instruktiv und trifft eine zentrale Ursache des „Kurden-Problems" auf den Kopf. „Sie ist", nämlich autoritäre Macht und teilweise Gewaltpolitik der PKK, „ein Produkt der modernen Tür-kei" (*FR vom 23. März 1996 „Das Kurden-Dilemma"*).

Sprich, die repressiv, auf einen nicht pluralen Nationalstaat fixierte türkische Politik, die alle Minderheiten systematisch unterdrückt und Menschenrechte mit vollen Füßen tritt, ist daran schuld, daß Kurdinnen und Kurden sich zu einem Teil in der PKK organisiert haben und daß diese PKK sich mit Gewalt gegen die gewaltsame Unterdrückung der Kurden wehrt.

Damit ist die zeitweise und punktuelle Gewalt der PKK selbstredend nicht zu rechtfertigen.

Es ist jedoch klar und deutlich, daß an der offiziellen türkischen Politik anzusetzen ist, daß dieselbe qualitativ zu verändern ist, will man Gewalt, die von Kurden auch in der Bundesrepublik ausgeht, an ihrer Quelle ver-

hindern. Gewalt und auch Terror der türkischen Regierung und ihre Herrschaftsinteressen sind die Quelle. Sie ist das Problem.

Karl Grobe versäumt es aber leider, in gleicher Klarheit darauf hinzuweisen, daß sich die Bundesregierung und ihre parteilichen Trabanten genauso verhalten wie die türkische Regierung, auf die sie angeblich in Richtung der einzig möglichen politischen, die Kurden endlich anerkennenden Lösung drängt. Denn diese Bundesregierung tut ihrerseits nichts anderes, als nötige Innen- und Außenpolitik durch Repression zu ersetzen. Sie hat die PKK verboten und in den Untergrund gedrängt.

Sie verbietet damit samt den ihr normalerweise folgenden Landesregierungen Demonstrationen und setzt, wenn doch demonstriert wird, Polizei in einer Weise ein, daß Gewaltsamkeit geradezu produziert wird.

Und nun, nach einem durchaus noch nicht zureichend aufgeklärten Gewaltvorfall in Köln, bei dem wie üblich allein die Polizei die „Wahrheit" sagt, folgert die unheilige Dreieinigkeit, die Kohls, Kanthers, Kinkels, selbst von den Grünen kaum widersprochen, hinfort müßten alle kurdischen „Gewalttäter" ohne weiteres rechtliches Verfahren in die Türkei abgeschoben werden.

Dazu soll – wie schon in früheren politischen Konflikten mit außerparlamentarischer Opposition – quickfix ein neues Gesetz her. Mit der heißen Nadel des Vorurteils und einer bornierten illiberalen Politik gestochen.

Kurden sollen abgeschoben werden können, wenn sie dem polizeilichen Eindruck nicht genügen. Sie werden von diesen Kohls, Kanthers und Kinkels, dieser inhumanen Trias, mit dem ganzen Pathos des Rechtsstaats in den möglichen Tod geschickt.

Wolf-Dieter Narr, Berlin,
und Klaus Vack, Sensbachtal

Mit Ostermärschen Frieden schaffen?

Seit den 60er Jahren finden an den Ostertagen immer wieder die traditionellen Ostermärsche der Friedensbewegung statt. Auch wenn die Zahl der Teilnehmenden in den letzten Jahren eher rückläufig war, haben auch in diesem Jahr an sehr vielen Orten Ostermärsche und kreative Aktionen der Friedensbewegung stattgefunden. Aus diesem Anlaß brachte die Zeitung „Neues Deutschland" ein Interview mit Andreas Buro, der selbst auf einem Ostermarsch in Bochum eine Ansprache hielt.

Prof. Dr. Andreas Buro:
„Die alten Feindbilder gegen
die Friedensbewegung
werden beibehalten"

Gegen Atomwaffen, Sozialabbau, für Frieden – unter diesem Motto stehen vom 6. bis

8. April die Ostermärsche, Friedensinitiativen, die VVN/Bund der Antifaschisten, DKP, PDS und Gewerkschaften vom Ruhrgebiet bis Sachsen, von Hamburg bis Berlin haben dazu aufgerufen. Der erste Ostermarsch übrigens führte 1960 von Braunschweig und Hamburg nach Bergen-Hohne in der Lüneburger Heide. Ziel war ein Raketenstützpunkt. Prof. Dr. Andreas Buro ist seit damals dabei. In diesem Jahr wird er in Bochum reden. Maik Günther sprach mit ihm.

Der Friedensbewegung in Deutschland wird oft der Vorwurf gemacht, sie engagiere sich nur noch für den Frieden, wenn ein unmittelbares Feindbild, insbesondere die USA, aufgebaut werden kann. Wie stehen Sie dazu?

Die Ostermarschbewegung hat nicht die US-Amerikaner zum Feindbild, sondern die Bomben. Ereignisse wie der Vietnamkrieg begünstigten allerdings eine Haltung, zu

Recht die Politik der USA zu verurteilen. Viele Menschen, gerade in den sechziger Jahren, hatten noch die „Reeducation" der USA erlebt und hatten eine idealisierte Vorstellung von Demokratie, Öffentlichkeit und Menschenrechtsorientierung auf seiten der Westmächte. Mit dem Vietnamkrieg wurden all diese Grundsätze, die ihnen selbst wichtig geworden waren, jetzt mit Füßen getreten.

Viele Medien vermitteln ein Bild, als ob der Krieg in Ex-Jugoslawien von der Friedensbewegung nicht wahrgenommen wird. Warum stehen denn die Menschen in Deutschland nicht auf der Straße und demonstrieren gegen diesen Krieg?

Ich glaube nicht, daß es etwas nützt, gegen diesen Krieg zu protestieren. Alle Menschen sind gegen diesen Krieg. Auch die Bundesregierung ist keine Befürworterin. Die Friedensbewegung engagiert sich stark beim Aufbau und der Unterstützung der Friedensarbeit in Ex-Jugoslawien direkt. Viele Medien haben leider die alten Feindbilder gegen die Friedensbewegung beibehalten und kaum über die internationale Friedensarbeit berichtet. Nicht zur Kenntnis genommen wurden auch die Anstrengungen der dortigen Bürger, die sich für eine Beendigung des Krieges eingesetzt haben.

Deutsche Außenpolitik legitimiert die staatliche Gewalt als Konfliktlösungsmittel. Kann dadurch auch eine zunehmende Gewaltbereitschaft im Inneren aufkommen? Militarisiert sich die Gesellschaft?

Die Bundeswehr wird nicht mehr zu Verteidigungszwecken eingesetzt, sondern, wie es der Herr Rühe ausdrückt, zur Absicherung von Risiken, zur Verfolgung wichtiger Interessen Deutschlands. Was immer das auch heißen mag. Ich glaube nicht, daß die Bundesregierung eine Politik Kaiser Wilhelms oder Hitlers wieder aufnehmen will. Es geht darum, daß die reichen Länder meinen, militärische Überlegenheit organisieren zu müssen, um ihre ökonomische Vorrangstellung abzusichern. Das Wort „Festung Europa" spielt hierbei eine wichtige Rolle. Wird eine solche Politik unterstützt, dann kann durch die militärische Außenpolitik auch eine Militarisierung der Bevölkerung erfolgen.

Welche Alternativen sehen Sie zur militärischen Intervention in Ex-Jugoslawien?

Die Friedensbewegung arbeitet an einem Gegenbild zu der Vorstellung, daß Aggressionen nur mit Gewalt gestoppt werden können. Eine zivile Konfliktbearbeitung sieht sowohl vorbeugende, deeskalierende, als auch nachsorgende Elemente vor. Eine wichtige Rolle in Ex-Jugoslawien spielen dabei die Gruppen, die sich für Demokratisierung und gegen den Krieg eingesetzt haben. Wir müssen diesen Gesellschaften eine Perspektive aufzeigen. Deutlich machen, daß wir diese Gesellschaften akzeptieren, aber auch zeigen, daß wir die Politik der kriegstreibenden Herrscher verurteilen.

Bündnis 90/Die Grünen stimmen zum großen Teil den neuen Militäreinsätzen der Bundeswehr zu. Potentielle Bündnispartner der Friedensbewegung gehen immer mehr verloren. Steht die Friedensbewegung alleine?

Die Friedensbewegung stand immer alleine da. Die politischen Parteien haben sie nie unterstützt. Das trifft insbesondere für die Sozialdemokratie zu, die, sobald sie an der Regierung war, sich auf die etablierte Politik gestützt hat. Große Ausnahme war hier die Ostpolitik Willy Brandts.

Werden sich Ihre Alternativen zur militärischen Intervention durchsetzen können?

Es ist sehr schwer. Uns fehlen die Massenmedien, um unsere Ideen vielen Menschen zu vermitteln. Trotzdem denke ich, daß die Bevölkerung ein großes Friedensbewußtsein hat. Wir müssen klarmachen, daß hier eine Möglichkeit besteht, eine Art Weichenstellung, ab vom Militär, hin zu gewaltfreier Konfliktregulierung. Ich hoffe, daß in naher Zukunft so etwas wie ein ziviler Friedensdienst aufgebaut werden kann, vielleicht schon in Bosnien.

Der Befreiungskampf der Bundeswehr von lex zu lex bis zur „humanitären" Intervention

Nachdem das Bundesverfassungsgericht 1994 die Ermächtigung zu „out-of-area"-Einsätzen der Bundeswehr gegeben hat, wurde von seiten der Friedensbewegung verstärkt Kritik am Soldatenhandwerk öffentlich vorgetragen, so zuletzt beim Großen Zapfenstreich im Bonner Hofgarten aus Anlaß des 40. Jahrestages der Bundeswehr-Gründung. Um radikale Militärkritik – etwa unter Gebrauch des bekannten Tucholsky-Zitates – zu verhindern, soll nun ein eigener Gesetzesparapraph zum angeblichen Ehrenschutz der Soldaten geschaffen werden. Andreas Buro, friedenspolitischer Sprecher des Komitees, hat sich mit den jüngsten Entwicklungen um die Bundeswehr in einer Veröffentlichung auseinandergesetzt. Der Aufsatz war in der Zeitschrift „FriedensFORUM" 3/96 (Mai/Juni 1996) des Netzwerkes Friedenskooperative veröffentlicht.

Die Bundeswehr kämpft für die Freiheit. Dabei waren und sind sie und ihre politisch-militärische Führung sehr erfolgreich. Die Bundeswehr befreite sich in langem und hartnäckigem Kampf von den Zwängen des Grundgesetzes, das sie auf die Aufgabe der Verteidigung im Rahmen des NATO-Vertragsgebietes einschränken wollte. In enger Zusammenarbeit mit Justiz und Rechtsgelehrten gelang der Durchbruch zu weltweiten Einsatzmöglichkeiten. AWACS- und Somalia-Entscheidungen waren vorausgegangen, bis schließlich der strategische Schlag zur 180°-Wende des Grundgesetzes gelang.

Der Sieg für die Freiheit der Bundeswehr war jedoch noch nicht gesichert, denn noch immer bestand die „Akzeptanz-Krise" des Militärs gegenüber der Bevölkerung. Die defätistische Frage „Wozu brauchen wir noch die teure Bundeswehr?" wurde allerorten angesichts mangelnder Bedrohung gestellt. Also war es notwendig, sich von dem Negativ-Image der Overkill-Strategien und -Rüstungen zu befreien. So wurde der lange Marsch zum humanitären Krieg, durch welchen die Menschenrechte zu schützen seien, eingeschlagen. In der Tat ein langer Weg von den Feldlazaretten in Kambodscha über die humanitäre Hilfe in Irakisch-Kurdistan und die Wüstenlandschaft Somalias, bis die Bundeswehr schließlich „mit Kampfauftrag" in Kroatien und Bosnien für den Frieden wirken durfte. Der Lange Marsch zum „guten Militär" ist nicht ohne Eindruck geblieben. Am Wegesrand wurden die Samen ausgelegt, aus denen erneut und komplementär die ideologischen Argumente für einen dennoch „gerechten Krieg" – versteht sich, in humanitärer Absicht geführt – erblühen sollen. Denn natürlich ist es gerecht, die europäischen Mittelmeerküsten gegen eindringende Afrikaner und andere zu schützen, welche zweifellos entweder fundamentalistisch oder terroristisch, wahrscheinlich aber beides sein dürften. Gerecht ist es auch, sich vorbeugend auf Angriffe aus der „Dritten Welt" durch zielgenaue, notfalls auch nukleare Schläge, vorzubereiten, für den Fall, daß wir – die Guten und Reichen – uns von dort so bedroht fühlten, wie wir jene mit unseren viel besseren Waffen potentiell bedrohen. Gerecht ist dann sicher auch das, was die Verteidigungspolitischen Richtlinien bereits 1992 formulierten: „Zu den vitalen Sicherheitsinteressen der deutschen Politik gehört deshalb auch die Aufrechterhaltung des freien Welthandels und ungehinderten Zugangs zu Märkten und Rohstoffen im Rahmen einer gerechten (!) Weltwirtschaftsordnung."

Trotz so großer Humanität und Gerechtigkeit der Bundeswehr – Rühe und Kinkel wollen sogar auf Antipersonen-Minen verzichten und lassen daher flächendeckende High-Tech-Minen entwickeln – gibt es dann immer noch Leute in der deutschen Gesellschaft, die ein anstößiges Tucholsky-Zitat über die mörderischen Eigenschaften von Soldaten öffentlich vortragen. Das Bundesverfassungsgericht gibt solchem Tun auch noch den Segen der Meinungsfreiheit, solange nur die Allgemeinheit der Soldaten und nicht spezielle gemeint sind. Damit ist die nächste Schlacht der Bundeswehr zur Befreiung von der Meinungsfreiheit angesagt. Das Abwehrschild gegen die Kritiker des Militärs und seiner mörderischen Eigenschaften heißt „Ehrenschutz" für die Soldaten, die ihr Leben für uns alle einzusetzen bereit sind, wenngleich in modernen Kriegen 90% der Toten Zivilisten sind. Diese aber setzen ihr Leben nicht ein, sondern verlieren es nur. Sie bedürfen deshalb nicht des besonderen Ehrenschutzes, wie man auch leicht aus den nach wie vor rechtskräftigen Todesurteilen gegen Kriegsdienstverweigerer des Zweiten Weltkrieges ersehen kann.

Soldaten – und da macht die Bundeswehr keine Ausnahme – erhalten die Lizenz zum Töten von Menschen, die von ihren Führern als Gegner gekennzeichnet worden sind. Das Töten von Menschen verstößt gegen die öffentliche Moral. Der Auftrag zum Töten muß deshalb durch seine Überhöhung und Tabuisierung vor jeglicher Kritik geschützt werden. Den Menschen könnten ja die ideologischen Schuppen von den Augen fallen, wie es in einem anderen Zusammenhang in dem Märchen von des Kaisers neuen Kleidern berichtet wird. Ein Kind ruft, der Kaiser ist ja nackt. Viele Kinder wissen heute aus bitteren Kriegserfahrungen, daß Soldaten Mörder sind.

Im Befreiungskampf der Bundeswehr von ihren Kritikern tritt der neue FDP-Justizminister Schmidt-Jortzing erstaunlich strategisch orientiert mit Schützenhilfe auf. Denn in seinem Entwurf „lex Bundeswehr" geht es nun der Substanz nach nicht mehr um bloßen Ehrenschutz. Die neue Vorschrift soll dort ins Strafgesetzbuch geschrieben werden, wo die Staatsschutzdelikte stehen, und zwar neben der „Störpropaganda gegen die Bundeswehr". Dann handelt es sich um ein „Gefährdungsdelikt". Ein etwaiger Angeklagter könnte sich nun nicht mehr auf die Meinungsfreiheit berufen. Denkt man auf dieser juristischen Schiene weiter, so wird man, ohne allzuviel Phantasie aufwenden zu müssen, sich bald türkischen Verhältnissen annähern, bei denen Kritik am Militär Landesverrat gleichkommt. Noch liegt die „lex Bundeswehr" bei den parlamentarischen Ausschüssen.

Dort liegt derzeit auch ein bislang in der Öffentlichkeit weitgehend unbekannter Gesetzentwurf:

Das Verkehrsvorsorge-Gesetz. Federführend ist selbstverständlich der Verkehrsausschuß des Bundestages. Doch Ziel des Gesetzes ist die „Sicherung der Versorgung der Bevölkerung und die Unterstützung der Streitkräfte mit Verkehrsleistungen ...". Das Gesetz ist eine Ermächtigungsgrundlage, die für den Krisenfall gilt. „Es ergänzt das Verkehrssicherstellungsgesetz, das nur für Zwecke der Verteidigung Regeln enthält." Aha! Aus dem Verkehrsministerium war zu hören, man arbeite schon seit 20 Jahren auf diese Krisenregelung hin, die an die früheren Notstandsgesetze anknüpft. Die erste Lesung fand bereits im vereinfachten Verfahren, also klammheimlich ohne parlamentarische Debatte statt. Der Sinn des Gesetzes ist eindeutig: Nun müssen die Rechtsgrundlagen geschaffen werden, um notstandsmäßige Schritte zu tun, auch wenn es sich nicht um Verteidigung, sondern um einen Einsatz der Bundeswehr irgendwo in der Welt „zur Erfüllung internationaler Verpflichtungen" (1, [1]) handelt. Im Hinblick auf die entstehenden EU-integrierten schnellen Eingreiftruppen heißt es in 1, (2) „Eine Unterstützung verbündeter Streitkräfte mit Verkehrsleistungen ist nur zulässig bei gemeinsamen Maßnahmen mit deutschen Streitkräften." Angesichts fehlender militärischer Bedrohung stellt sich die Frage, ob es sich bei diesem Gesetzesvorhaben um einen weiteren Befreiungskampf der Bundeswehr handelt. Diesmal ein Stück Befreiung von der parlamentarischen Kontrolle, die unter Notstandsregimen leichter zurückgedrängt werden kann.

Der Kampf der Bundeswehr um die große Freiheit, zu der selbstverständlich viele andere Aspekte der Aufrüstungspolitik, der militärischen Integration in die WEU und der rüstungsindustriellen EU-bezogenen Konzentration gehören, wird sehr systematisch und mit langer Perspektive betrieben. Das Ziel ist, nicht nur eine feste institutionelle und juristische Verankerung der out-of-area-Option der Bundeswehr zu erreichen, sondern auch Herz und Bewußtsein der Menschen unserer Gesellschaft wieder für das Militär zu vereinnahmen. Vom großen Zapfenstreich im Bonner Hofgarten über die Schilderung des Alltags „unserer Jungs" im Einsatz bis zum besonderen Ehrenschutz für den „Ehrendienst der Soldaten" ist alles sorgfältig, auch psychologisch kalkuliert. Gelänge es der Bundeswehr, die roßtäuscherische Ideologie von der humanitären Intervention des Militärs zum nicht mehr hinterfragbaren Mythos aufzublasen, dann bekäme sie wieder gesellschaftlich sicheren Boden unter die Füße. Dies wäre eine wichtige Voraussetzung dafür, um im Rahmen der EU-Integration den militärischen Faktor zur Stärkung der hegemonialen Position Deutschlands voll einbringen zu können. Für diejenigen, die sich für die Weichenstellung vom militärischen Konfliktaustrag zur zivilen Konfliktbearbeitung einsetzen, ist es deshalb entscheidend wichtig, den Mythos der „humanitären" militärischen Intervention als Fortsetzung von Aufrüstung und potentieller Gewaltpolitik zu entblößen. Gegen die große Freiheit des Militärs gilt es, die Solidarität der Menschen für Frieden über europäische Grenzen hinweg zu organisieren!

Nigerianerin an ihre Folterer abgeschoben

Am 9. April 1996, dem Dienstag nach Ostern, wurde die Nigerianerin Jennifer Emeka aus dem Abschiebegefängnis Neuss heraus in ihr Heimatland zurückgeschoben, obwohl dort ihr Mann ermordet worden ist und sie selbst gefoltert worden war. Verschiedene Gruppen hatten kurz vor Ostern noch versucht, alle möglichen Hebel in Bewegung zu setzen, um diese menschenrechtswidrige Abschiebung zu verhindern. Auch das Komitee hatte einen entsprechenden Appell an die politisch Verantwortlichen gerichtet und eine Presseerklärung veröffentlicht. Günter Haverkamp, der die Aktivitäten koordiniert hat, verfaßte direkt nach der Abschiebung von Frau Emeka einen Aufsatz, der den „Fall" zusammenhängend beschreibt.

Sexuelle Gewalt als Fluchtgrund
nicht anerkannt

In einem schmalen, kahlen Raum des Abschiebegefängnisses Neuss sitzt mir Jennifer Emeka gegenüber. Ihre Worte stolpern schnell und tonlos in mein Mikrophon. Im März 1994 sei ihr Mann verhaftet worden, weil er für die SDP, die sozialdemokratische Partei Nigerias, Öffentlichkeitsarbeit machte. Ohne jede Gerichtsverhandlung sei er umgebracht worden. Sie stockt und beschreibt dann, was ihr selbst zustieß. Drei Monate nach ihrem Mann wird auch sie verhaftet, kommt ins Gefängnis. Nachts kommen Beamte und holen sie zum Verhör. Doch die Männer haben keine Fragen, sie vergewaltigen Jennifer. Sie wird ohnmächtig, kommt schwer verletzt in ein Krankenhaus. Von dort kann sie entkommen. Ein Freund ihres Mannes verhilft ihr zur Flucht auf dem Seewege nach Deutschland.

Im Juli 1994 stellt sie ihren Antrag auf Asyl. Bei der Anhörung gibt sie ihre Fluchtgeschichte sehr detailliert zu Protokoll. Doch frauenspezifische Fluchtgründe werden nicht anerkannt in Deutschland. Trotz ihrer Bitte um ärztliche Betreuung, da sie immer noch Blut im Urin habe und die Verletzungen im Unterleib nicht geheilt seien, wird sie nicht untersucht. Auch nicht in Lüdenscheid, wohin sie umverteilt wird. Ihr Rechtsanwalt

Justizvollzugsanstalt Düsseldorf
· Hafthaus Neuss ·
Grünstraße 2
41460 Neuss
Telefon (02131) 27000 und 27009

KEINE AUS-
LIEFERUNG
VON J. EMEKA
AN IHRE
FOLTERER

KEINE AUSLIEFER
VON J. EMEKA
AN IHRE FOLTER

ASYL ist MENSCHENRECHT

klagt, das Verwaltungsgericht entscheidet negativ, was nicht nachvollziehbar ist: der Rechtsanwalt legt keine weiteren Mittel ein.

Als der Abschiebebescheid kommt, taucht sie unter bei einem Freund, der in Düren lebt. Ein Jahr bleibt den beiden, dann wird sie gefaßt, und sie kommt ins Abschiebegefängnis Neuss. Das war vor zwei Monaten.

Als eine ehrenamtliche Betreuerin auf sie aufmerksam wird, ihre Geschichte erfährt, ist es schon zu spät. Mitte März wird ein Antrag an die Härtefallkommission Nordrhein-Westfalens gerichtet. Diese bittet die Zentrale Ausländerbehörde Köln, die Abschiebung auszusetzen, bis über den Antrag entschieden ist. Doch die Kölner Behörde vollzieht. Sie läßt sich auch nicht vom Protest zahlreicher Organisationen und Prominenter aufhalten. Der Bundesvorstand des DGB, der Hauptvorstand der ÖTV, PRO ASYL und das Komitee für Grundrechte und Demokratie – um nur einige zu nennen – faxten an den Bundesinnenminister, das Bundesamt für die Anerkennung ausländischer Flüchtlinge und den Innenminister von NRW. Alles vergebens?

Der Sprecher von PRO ASYL, Heiko Kauffmann, wendet sich per Fax an das Innenministerium. Er stellt nochmals die völlige Ignorierung sexueller Gewalt als Asylgrund heraus und fordert ein neues Asylfolgeverfahren für Jennifer Emeka.

Am Ostersamstag findet vor dem Abschiebegefängnis eine Demonstration statt, angezettelt vom Komitee für Grundrechte und Demokratie und der Telefonkette Neuss. Trotz Zeitnot und Ostern kommen immerhin 50 Menschen.

Die „Lindenstraße" wirbelt: seit längerem ist eine junge Nigerianerin in ihrer Serie, die gerade vor der Polizei versteckt wird. Hans W. Geißendörfer agiert aus Rhodos, seine Mitarbeiter schreiben an den Kölner Oberstadtdirektor Ruschmeier. Der antwortet: „Aus dem Verfahren weiß ich, daß diese Tatsachenbehauptungen von den zuständigen Behörden und Gerichten überprüft und übereinstimmend als ‚völlig unglaubhaft' abge-

wiesen wurden." Wie, fragt sich, wurden die Angaben von Jennifer Emeka überprüft? Und „Lindenstraße" geht noch weiter und bietet in einem Fax NRW-Innenminister Kniola an, Jennifer Emeka Wohnung und Arbeit zu geben. Aber die Entscheidungsträger berührt auch dies nicht mehr. Zitat aus diesem Fax: „Versetzen Sie sich nur für eine Minute in Frau Emeka, lassen Sie sich nach Ermordung Ihres Ehepartners einsperren, demütigen und vergewaltigen. Fliehen Sie unter gefährlichsten und entmutigendsten Umständen und lassen Sie sich als ‚Schübling' wieder zu ihren Folterern zurücktransportieren."

Der Dienstag nach Ostern beginnt mit Hiobsbotschaften. Noch vor acht Uhr muß Stefan Thönnessen von der Telefonkette Neuss vor dem Abschiebegefängnis mit ansehen, wie Jennifer Emeka abgeholt wird. Die Aktion zur Verhinderung der Abschiebung, für neun Uhr angesetzt, geht dadurch ins Leere.

Unendlich viele Telefonanrufe – ebenso viele abweisende Antworten. Der Erste Beigeordnete der Stadt Köln, Kapius, kühl: „Schön, wenn jemand Freunde hat, die sich für einen einsetzen, aber hier muß Bundesrecht vollzogen werden. Es gibt keine Möglichkeit, die Abschiebung zu verzögern." Als ob im Asylrecht steht, daß Jennifer am 9. 4. abgeschoben werden muß.

Am Flughafen dann der Versuch, die Passagiere zur Mitarbeit zu bewegen. Sie sollen sich weigern, an Bord zu gehen. Auch das funktioniert nicht. Zum Schluß blieb nur noch die bittere letzte Möglichkeit. Alle sammelten Geld – es kommen 500 Dollar zusammen, die in letzter Sekunde an Jennifer Emeka ausgehändigt werden, damit sie sich in Nigeria wenigstens aus dem Flughafen freikaufen, die Beamten bestechen kann. Für alle Beteiligten bleibt diese Abschiebung ein Ansporn: Frauenspezifische Fluchtgründe müssen in Deutschland anerkannt werden, jetzt!

Abschaffung lebenslanger Gefängnisstrafen gefordert

Die Komitee-Projektgruppe „Wider die lebenslange Freiheitsstrafe" hat im Rahmen einer Klausurtagung vom 22.-24.3.1996 in Köln über die Alternativen zu Gefängnisstrafen diskutiert. Als Referent war Hermann Bianchi aus Amsterdam, Autor eines Buches über Alternativen zur Strafjustiz, anwesend. Auf der Grundlage einer Pressemitteilung veröffentlichte die „Katholische Nachrichtenagentur" am 26. März 1996 nachstehende Meldung.

Köln, 25. 3. 96 (KNA) – Der niederländische Kriminologe Hermann Bianchi aus Amsterdam hat bei einer Tagung des Komitees für Grundrechte und Demokratie am Wochenende in Köln eine radikale Abkehr von den Prinzipien der traditionellen Strafjustiz gefordert. Durch das Modell der Strafjustiz verhindere der Staat eine selbständige Konfliktbearbeitung und -bereinigung durch die Betroffenen. Der Staat setze sich an die Stelle des betroffenen Geschädigten, um den Täter einer Strafe zuzuführen, die dem Geschädigten nichts nütze, erläuterte Bianchi. Mit der Vollstreckung von Gefängnisstrafen an Tätern würden diese Menschen für eine staatliche Generalprävention instrumentalisiert, die jedoch keinerlei kriminalitätsmindernde Wirkungen zeige. Das Komitee fordert die Abschaffung der lebenslangen Freiheitsstrafe, die Kürzung sämtlicher Langzeit-Freiheitsstrafen und tritt für die Förderung von alternativen Konfliktbearbeitungsmodellen ein.

Eine Petition des Komitees gegen die lebenslange Freiheitsstrafe mit über 4000 Unterschriften war im vergangenen Jahr dem Deutschen Bundestag übergeben worden, der jedoch noch nicht behandelt hat. Bianchi sprach sich für die Möglichkeit aus, daß die Geschädigten mit den Tätern in selbständigen beziehungsweise außerstaatlich unterstützten Kommunikationsprozessen zu Wiedergutmachungsregelungen finden. Solche Streitschlichtungsverfahren unter Zuhilfenahme von Vermittlern seien jahrhundertelang die Form der innergesellschaftlichen Konfliktbewältigung gewesen, bevor der moderne Staat in Anlehnung an die Inquisition selbst – in Form einer im Strafprozeß übermächtigen Staatsanwaltschaft – in die Rolle des Geschädigten bei Konflikten getreten sei. Gefängnis sei als eine grundsätzlich menschenunwürdige Strafform nach diesem Modell abzuschaffen. Für die sehr geringe Zahl von im Einzelfall als gefährlich prognostizierten Tätern müsse ein Behandlungsvollzug geschaffen werden. Insbesondere für Täter von Gewalttaten fordert Bianchi die Einrichtung staatlich anerkannter Freistätten, von denen aus diese längerfristig Wiedergutmachungsverträge mit den von ihnen Geschädigten oder deren Verwandten aushandeln könnten.

Wie kann irgendein Mensch Schuld in Haftjahre umrechnen?

Der scheidende Kieler Justizminister Klaus Klingner forderte Ende März im Rahmen einer Pressekonferenz die Abschaffung der lebenslangen Freiheitsstrafe. Dabei stützte er sich u.a. auf ein europäische Staaten vergleichendes Rechtsgutachten von Prof. Dr. Hartmut Weber, der seit Jahren in der Komitee-Projektgruppe „Wider die lebenslange Freiheitsstrafe" aktiv ist. Martin Singe verfaßte für die Projektgruppe einen Leserbrief zu der Kling-

ner-Initiative, über die bundesweit berichtet worden war. In der „Frankfurter Rundschau" – „Freie Aussprache" – vom 15. 4. 1996 wurde dieser Leserbrief mit folgendem Wortlaut veröffentlicht.

Die FR berichtet in ihrer Ausgabe vom 29.3.96 („Klingner will ‚lebenslang' streichen") über die Forderung des scheidenden Kieler Justizministers, Klaus Klingner (SPD), die lebenslange Freiheitsstrafe abzuschaffen. Diese Initiative ist sehr zu begrüßen, da sich die SPD bislang noch nie für diese Forderung eingesetzt hat. Allerdings ist das von Klingner geforderte Höchstmaß der Ersatzzeitstrafe von bis zu 25 Jahren als entschieden zu hoch abzulehnen. Fragwürdig bleibt auch, warum er die Forderung ausgerechnet zu dem Zeitpunkt erhebt, an dem er aus seinem Amt scheidet und gerade mal wieder Wahlen vorbei sind. Wovor fürchten sich SPD-Justizminister, die im Amt sind, wenn sie den sachlichen Argumenten gegen die lebenslange Freiheitsstrafe auch öffentlich recht geben würden?

Verschiedenste Menschenrechtsgruppen, die in der Straffälligenarbeit engagiert sind, setzen sich seit Jahren für die Abschaffung der lebenslangen Freiheitsstrafe ein. Sie versuchen damit, zum einen gegen die oft medial geschürte irreale Kriminalitätsfurcht in der Bevölkerung anzugehen, zum anderen außerparlamentarischen Druck auf die Politik zu entfalten. So hat im Mai 1995 ein Bündnis von 13 bundesweit tätigen Gruppierungen (u.a. die evangelische und katholische Gefängnisseelsorge, die Bundesarbeitsgemeinschaft für Straffälligenhilfe, der Republikanische Anwältinnen- und Anwälteverein und die Humanistische Union) auf Initiative des Komitees für Grundrechte und Demokratie hin eine von über 4300 UnterzeichnerInnen getragene Petition zur Abschaffung der lebenslangen Freiheitsstrafe dem Deutschen Bundestag übergeben. Dankenswerterweise berichtete die Frankfurter Rundschau ausführlich über diese Petition.

Im Vorlauf zu dieser Aktion hatte das Grundrechte-Komitee in den Jahren 1993 und 1994

jeweils eine Expertenanhörung zu dieser Frage veranstaltet. Dabei hatten Kriminologen, Politologen, Theologen und Praktiker wie Haftanstaltsleiter die lebenslange Freiheitsstrafe als eine sinnlose und menschenrechtswidrige Strafform entlarvt. Als Strafform nützt diese weder den Tätern noch den Opfern. Opferhilfe wird lediglich vorgetäuscht, die Täter jedoch werden stigmatisiert und entwürdigt, perspektivlos ihrer Freiheit beraubt sowie einem dauerhaft schädigenden Desozialisierungsprozeß ausgesetzt. Damit widerspricht diese Strafe dem Grundgesetz (Menschenwürde und Freiheit der Person) sowie ausdrücklich auch dem Ziel des Strafvollzugsgesetzes, das die Resozialisierung – zumindest auf dem Papier – als Vollzugsziel angibt.

Auch eine präventive Wirkung, das meistgebrauchte Argument für die Beibehaltung dieser Strafe, ist nicht nachweisbar. Die Einführung des § 57 a in das Strafgesetzbuch, dem gemäß nach 15 Jahren eine Entlassung vorgenommen werden kann, wenn keine Gefährlichkeit prognostiziert und keine „besondere Schwere der Schuld" angenommen wird, hat real – im Verhältnis zur früher umfangreicher praktizierten Gnadenregelung – zu einer Verlängerung der durchschnittlichen Strafverbüßungszeiten auf ca. 21 Jahre geführt. Für etwa jeden fünften Lebenslänglichen bedeutet diese Strafform auch in der Wirklichkeit lebenslange Strafe, da er im Gefängnis stirbt.

Vor kurzem noch wies das Oberlandesgericht (OLG) Karlsruhe ein Gesuch auf Aussetzung der lebenslangen Freiheitsstrafe eines krebskranken 58jährigen Mannes zurück, der bereits 34 Jahre Haft verbüßt hat. Das OLG „korrigierte" damit ein Urteil des Landgerichts, das eine Mindestverbüßungsdauer von 50 Jahren für schuldangemessen hielt, auf eine Mindestverbüßungsdauer von 42 Jahren. Der 58jährige hat laut Aussagen seiner Ärzte noch eine Lebenserwartung von maximal fünf Jahren. Hierin zeigt sich der Unsinn der sog. Schuldschwereklausel. Wie kann irgendein Mensch Schuld in Haftjahre umrechnen? Es bleibt also dabei: Die le-

benslange Freiheitsstrafe muß abgeschafft werden! Hoffentlich haben immer mehr Politiker den Mut, sich dieser Forderung von Menschenrechtsgruppen und Gefangeneninitiativen anzuschließen.

Martin Singe,
Projektgruppe „Wider die lebenslange Freiheitsstrafe" im Komitee für Grundrechte und Demokratie, Köln

Ausschuß votiert für „Lebenslang"
Petition zugunsten einer Änderung
in Bonn gescheitert

Über 4.300 Personen unterstützten die Petition des Komitees für die Abschaffung der lebenslangen Freiheitsstrafe, die im Mai 1995 an den Deutschen Bundestag übergeben worden war. Im April 1996 erfolgte die Ablehnung durch den Petitionsausschuß. (Die Begründung der Ablehnung ist bis zum Redaktionsschluß dieses Jahrbuches, Juli 1996, noch nicht mitgeteilt worden.) Aus diesem Anlaß berichtete die „Frankfurter Rundschau" – „Im Blickpunkt" – über den Vorgang.

Der Petitionsausschuß des Deutschen Bundestages hat der Initiative des Komitees für Grundrechte und Demokratie für die Abschaffung der lebenslangen Haftstrafe jetzt eine Absage erteilt. Im Mai vergangenen Jahres hatte sich das Komitee an das Parlament gewandt, um Artikel 102 des Grundgesetzes, der die Abschaffung der Todesstrafe festschreibt, in diesem Sinne zu ergänzen.

Unterstützt wurde die Petition von 13 weiteren Organisationen, darunter die Humanistische Union, die Strafverteidigervereinigungen und die Bundesarbeitsgemeinschaft für Straffälligenhilfe. Unter den insgesamt 4.351 Einzelpersonen, die die Petition unterzeichneten, sind zahlreiche Gefangene aus verschiedenen Justizvollzugsanstalten.

Mit den Stimmen von CDU/CSU, FDP und SPD lehnte der Ausschuß den Antrag von Bündnis 90/Die Grünen ab, die Petition zur

Berücksichtigung an die Bundesregierung weiterzuleiten. Die Mehrheit argumentierte: Dadurch, daß die Androhung der lebenslangen Freiheitsstrafe herausgehoben werde, werde besonders deutlich, daß das Rechtsgut Leben den obersten Rang einnehme. Eine generelle Höchstgrenze von zehn Jahren Freiheitsstrafe für Tötungsdelikte sei unvertretbar und würde dem Ausmaß der Gewaltkriminalität nicht gerecht.

„Hier kommen Ur-Instinkte wie Rache und Sühne zum Tragen. Mit aufgeklärtem Strafmaß hat das nichts zu tun", kommentierte Martin Singe vom Komitee die Entscheidung. Wert und Würde des Lebens würden nicht durch das Strafrecht vermittelt, auch die immer wieder angeführte These von einer Generalprävention sei längst widerlegt.

Erst kürzlich hatte der scheidende schleswig-holsteinische Justizminister Klaus Klingner (SPD) gefordert, die lebenslange durch eine zeitlich begrenzte Freiheitsstrafe zu ersetzen. Er berief sich unter anderem auf ein Gutachten des Fuldaer Kriminologen Hartmut Michael Weber. Der war bei einem Vergleich der Rechtspraxis in verschiedenen Ländern zu dem Ergebnis gekommen, daß die Androhung der lebenslangen Haft keinen Abschreckungseffekt habe.

Klingners Parteifreundin im Petitionsausschuß, Hildegard Vester, überzeugt die Studie nicht. Die Androhung der lebenslangen Freiheitsstrafe sei wesentlich für die „gesellschaftliche Normbildung", meinte sie. Für

Klingners Vorstoß sei „derzeit keine Unterstützung zu erwarten".

Nach Auffassung von Singe wäre die Abschaffung der lebenslangen Haft ein Bekenntnis zu den Menschenrechten. Bei einer durchschnittlichen Haftdauer von etwa 21 Jahren liege Deutschland weit über dem europäischen Durchschnitt. Jeder fünfte „Lebenslängliche" sterbe in der Haft.

Nach den Erfahrungen des Komitees, das sich seit Ende der 80er Jahre intensiv mit dem Thema beschäftigt, kennzeichnen der Verlust aller sozialen Kontakte und totale Perspektivlosigkeit die Situation der rund 1.200 „Lebenslänglichen" in Deutschland. „Nach zehn Jahren Haft sind diese Menschen körperlich und seelisch am Ende", sagt Singe. Von Resozialisierung könne keine Rede sein. Nach Auffassung des Ausschusses ist jedoch der Auftrag, „Gefangene zu befähigen, künftig ein Leben in sozialer Verantwortung zu führen", unabhängig von der Dauer der zu vollstreckenden Freiheitsstrafe.

Volker Beck, rechtspolitischer Sprecher von Bündnis 90/Die Grünen, will die Ablehnung durch den Petitionsausschuß nicht hinnehmen. Seine Fraktion wird jetzt einen Änderungsantrag zur Beschlußempfehlung des Ausschusses im Plenum einbringen. Beck kündigte ferner an, noch in dieser Wahlperiode parlamentarisch initiativ zu werden. „Es muß ein Bewußtsein dafür geschaffen werden, daß die lebenslange Freiheitsstrafe mit einer zivilisierten Gesellschaft unvereinbar ist."

Marion Mück-Raab (Mainz)

Der politische und polizeiliche Umgang mit gewaltfreiem Widerstand bei der Aktion „Ausrangiert!" ist einer Demokratie völlig unangemessen

Aus Anlaß der Aktion „Ausrangiert!" am 14. April 1996 in Dannenberg /Wendland hat das Komitee eine Demonstrationsbeobachtung vorgenommen. Im Rahmen einer gewaltfreien Aktion wollten Bürgerinnen und Bürger offenen Zivilen Ungehorsam praktizieren und ansatzweise eine Schienendemontage auf der Strecke zwischen dem Bahnhof Dannenberg-Ost und dem Verladekran für Castor-Behälter vornehmen. Ein politisches Resümee der komiteelichen Demonstrationsbeobachtung wurde als Pressemitteilung am 17. April 1996 veröffentlicht.

Wendländische Initiativen kündigten seit Wochen an, daß sie sich am Sonntag, dem 14. Mai 1996, mit UnterstützerInnen aus der ganzen Bundesrepublik zu einer öffentlichen Schienendemontage am Castor-Kran in Dannenberg treffen würden. Unter dem Motto „Ausrangiert!" sollte eine gewaltfreie Aktion Zivilen Ungehorsams auf den Schienen stattfinden, da die Atomindustrie die Grundrechte auf Leben und körperliche Unversehrtheit sowie das Recht der Nachgeborenen auf eine menschenwürdige Zukunft unerträglich schädige. Ein gewaltfreies Vorgehen wurde als unbedingter Konsens aller Beteiligten im Aufruf hervorgehoben.

Auf diese angekündigte Aktion Zivilen Ungehorsams reagierten sowohl Politik als auch Polizei völlig unangemessen.

Zunächst wurden in einer am Samstag, dem 13. Mai, veröffentlichten Allgemeinverfügung „öffentliche Versammlungen unter freiem Himmel und Aufzüge im Landkreis Lüchow-Dannenberg" von 8.00-17.00 Uhr

413

entlang einer 800 m langen Bahnstrecke und im Umfeld des Verladekrans verboten. Damit wurde die Demonstrationsfreiheit erneut in einer nicht hinzunehmenden Weise eingeschränkt und fälschlicherweise auch bei einigen BürgerInnen der Eindruck erweckt, als bestünde im gesamten Landkreis ein Demonstrationsverbot. Insbesondere wurden wieder einmal Gefahrenvermutungen als Verbotsbegründung angeführt und der ganzen Aktion eine „kollektive Unfriedlichkeit und Gewalt" unterstellt. Beide „Annahmen" stehen in keinem Verhältnis zu dieser angekündigten Aktion Zivilen Ungehorsams. Ein solches Verbot ist gegenüber einer Aktion Zivilen Ungehorsams auch deshalb unsinnig, weil zu ihrem Prinzip eine gewaltlose Gesetzesübertretung gehört, die eben deshalb nicht offiziell genehmigt sein kann. Ein Verbot der der Schienendemontage vorausgehenden Kundgebung aber verletzt das Grundrecht auf Versammlungsfreiheit. Es ist zu vermuten, daß mit dieser umfassenden Amtlichen Bekanntmachung Bürger und Bürgerinnen von einer Beteiligung an den Anti-Castor-Demonstrationen abgeschreckt und der größer und vielfältiger gewordene Widerstand kriminalisiert werden sollten.

Am Sonntag beobachtete das Komitee für Grundrechte und Demokratie mit einigen DemonstrationsbeobachterInnen das Geschehen während dieser Aktion. Bereits das ungeheure Polizeiaufgebot von ca. 1.000 BeamtInnen mit ihren unzähligen Fahrzeugen, Spezialräumgeräten, drei Wasserwerfern und ca. 30 Polizeihunden, die die nur ca. 800 m lange Strecke zwischen dem Dannenberger Bahnhof und dem Verladekran für hochradioaktiven atomaren Müll bewachten, machte deutlich, daß auch von polizeilicher Seite vorrangig abgeschreckt und eingeschüchtert werden sollte. Schon durch das Hundegebell und die Ganzkörperpanzerung eines großen Teils der eingesetzten BeamtInnen wurden Macht und Gewalt demonstriert. So wurde von Ausrüstung und Auftreten der Polizei her keinesfalls zur Deeskalation beigetragen.

Auf das Betreten der Gleise durch die DemonstrationsteilnehmerInnen reagierten

Polizei und Bundesgrenzschutz (BGS) sofort mit äußerster Härte: viertelstündiger Dauereinsatz eines Wasserwerfers, z.T. menschenverachtender Einsatz von Spezialschlagstöcken, menschenunwürdige Festnahmen und vor allem der Einsatz von Hunden, die – wie wir beobachten konnten – z.T. ohne vorausgehende Aufforderungen durch die Hundeführer einzelne, einige Meter neben den Gleisen gehende oder sitzende Personen ansprangen und z.T. diesen auch Bißverletzungen beibrachten.

Der völlig unverhältnismäßige Einsatz eines der drei bereitgestellten Wasserwerfer des BGS führte zeitweilig zu einer Eskalation, in deren Zusammenhang ein Farbbeutel und einige Schottersteine gegen den Wasserwerfer geschleudert wurden. Diese aus Wut und Verzweiflung entstehenden Reaktionen sind sehr zu bedauern, jedoch kam es auch in dieser Situation nicht zu einer Gefährdung von Menschen, soweit wir dies beobachten konnten.

Über diese gewaltfördernde Einsatzplanung hinaus mußten wir auch einige unverhältnismäßige Übergriffe von einzelnen PolizeibeamtInnen gegenüber DemonstrationsteilnehmerInnen beobachten: Treten und Würgen von Wehrlosen oder am Boden liegenden Verletzten. Deutlich wurde hier, daß auch viele BeamtInnen nicht ausreichend und angemessen auf den Umgang mit gewaltfreien Aktionen Zivilen Ungehorsams vorbereitet sind. Während sich die DemonstrationsteilnehmerInnen weitgehend konsequent gewaltfrei verhielten und sich durch den Polizeieinsatz nicht provozieren ließen, war die Polizei zum Teil damit überfordert, einem so breiten gewaltfreien Widerstand – mit seinen vielen kreativen und spielerischen Elementen – mit der geforderten Verhältnismäßigkeit zu begegnen. In der Geschichte der Friedensbewegung hat es Zeiten und Orte gegeben, an denen ein verhältnismäßiger Umgang mit z.B. SitzblockiererInnen sehr viel selbstverständlicher war, als wir dies am Sonntag in Dannenberg beobachten konnten. Dem gewaltfreien, öffentlich angekündigten Protest angemessen können nur polizeiliche

Maßnahmen sein, die die beteiligten Menschen respektieren und keine Verletzungen in Kauf nehmen.

Wir haben in Gesprächen jedoch auch erfahren können, daß innerhalb der Polizei eine kritische Haltung gegen Einsätze, die die Verhältnismäßigkeit nicht erkennen lassen, entstanden ist. Auch von einigen PolizeibeamtInnen und auch von denjenigen, die für einzelne Einsätze verantwortlich waren, wurde die Vorgehensweise der Polizei z.T. bedauert und die Notwendigkeit einer deeskalierenden Strategie betont. Auch wurde unsere Demonstrationsbeobachtung von der Polizei toleriert, und wir konnten uns ungehindert auf dem Gelände bewegen.

Wenn diese, im Wendland schon transparente politische Kultur mit neuen Formen eines gewaltfreien Widerstandes weiterhin ansteckend wirkt, dient sie dem Schutz der Demokratie und der Grundrechte und erfordert zugleich eine Neubesinnung der Polizei auf ihre einer Demokratie angemessenen Aufgaben.

Wir hoffen, daß der nur 800 m lange Schienenstrang, der bereits als Symbol einer in der Sackgasse steckenden Atompolitik angesehen werden kann, aufgrund und trotz der Ereignisse künftig auch als ein Lernort einer neuen politischen Kultur des Umgangs mit Formen gewaltfreien Widerstandes verstanden werden kann.

gez. Ingrid Link-Lowin,
Mitglied des Arbeitsausschusses
des Komitees
gez. Werner Lowin
Dr. Elke Steven, Kölner Sekretariat
des Komitees

Bürger nicht wie Kriminelle behandeln

Über die Aktion „Ausrangiert!" (vgl. vorstehende Pressemitteilung über die Demonstrationsbeobachtung) berichtete die Elbe-Jeetzel-Zeitung am 15. April 1996. Ingrid Link-Lowin, Mitglied des Arbeitsausschusses des Komitees, verfaßte zu diesem Artikel einen Leserbrief, der am 17. April 1996 in der „Elbe-Jeetzel-Zeitung" veröffentlicht wurde.

Betrifft: Demonstration „Ausrangiert" in Dannenberg (EJZ vom 15. April)

Als Demonstrationsbeobachterinnen und -beobachter des Komitees für Grundrechte und Demokratie können wir den Bericht in der EJZ über „Ausrangiert" und vor allem über die eskalierende Wirkung des völlig unverhältnismäßigen Einsatzes des Wasserwerfers (leider) nur bestätigen. Während die für die sonstigen Einsätze Verantwortlichen sich bemüht haben, dem Prinzip der Verhältnismäßigkeit zu entsprechen, haben eine Reihe von Polizei- bzw. BGS-Beamten den Boden der Rechtsstaatlichkeit nach unserem Eindruck verlassen.

So waren zwei von uns unmittelbar Zeugen des brutalen Polizeiübergriffs auf einen am Boden liegenden Verletzten, von dem ja auch in der EJZ ein Foto abgedruckt ist. Das Vorgehen der drei bzw. vier Beamten aus – nach eigenen Angaben – Braunschweig gegen einen völlig Wehrlosen hatte in keiner Weise etwas mit einer Festnahme zu tun, sondern war ganz offensichtlich von Rache- und/oder Allmachtsgefühlen geprägt. Anders können wir uns den Stiefeltritt gegen den Kopf, die Stockhiebe in die Nierengegend und den vor die Kehle gedrückten Polizeiknüppel nicht erklären. Wir haben versucht, bis wir daran gehindert worden sind, dies in einer Fotosequenz festzuhalten.

Darüber hinaus möchten wir klarstellen, daß der geworfene Farbbeutel und einige Schottersteine ausschließlich die ungeschützte Seite des Wasserwerfers zum Ziel hatten, also zu keiner Zeit eine Gefährdung von Einsatzkräften bedeutet haben. Allerdings ist ein

Polizist durch einen Biß eines Polizeihundes, dessen Einsatz bei einer gewaltfreien Aktion sowieso unangebracht gewesen ist, verletzt worden.

Zusammenfassend – ohne einem offiziellen Bericht des Komitees vorzugreifen – stellen wir fest, daß die besondere Art des gewaltfreien Widerstandes im Wendland große Defizite in der Aus- bzw. Fortbildung der Polizeikräfte erkennen läßt. Die protestierenden Bürgerinnen und Bürger können eben nicht wie Schwerstkriminelle behandelt werden, wenn wir unsere Demokratie und die Grundrechte nicht einem „Atom-" und damit „Polizeistaat" opfern wollen.

Ingrid Link-Lowin, Düsseldorf

Ein Jahr nach der ersten Einlagerung eines Castor-Behälters in Gorleben steht es schlecht um die Grundrechte

Aus Anlaß des 1. Jahrestages des Castor-Transportes von Philippsburg nach Gorleben veröffentlichte das Komitee am 22. April 1996 eine Pressemitteilung, in der vor allem auf den fortschreitenden Abbau von Grundrechten eingegangen wird. Einschüchterung von BürgerInnen durch Kriminalisierung, die Verschärfung des niedersächsischen Gefahrenabwehrgesetzes und die Beschleunigungsgesetze sind demokratiegefährdende Begleiterscheinungen des „Atomstaates".

Am 25. April jährt sich der Tag der Einlagerung des ersten Castor-Behälters in Gorleben, die mit polizeilicher Gewalt gegen den Protest eines großen Teils der Bevölkerung durchgesetzt worden ist. „Castor eingelagert – Grundrechte und Demokratie ausgelagert" – so titelte das Komitee für Grundrechte und Demokratie die Ergebnisse einer umfangreichen Demonstrationsbeobachtung während des Castor-Transportes von Philippsburg nach Gorleben in der Zeit vom 22. bis 25. 4. 95. Das Komitee fungierte hier als allein den Grundrechten verpflichtete „Partei". Ein Jahr später steht nun ein neuer Transport an, und die Gefahr wächst, daß die Grundrechte stärker beschnitten werden. Schon Robert Jungk hat vor dem „Atomstaat" gewarnt. Er hat die Gefahren beschrieben, die – neben all den Risiken, die von der Atomtechnologie

selbst ausgehen – den Bürgern und Bürgerinnen aufgrund der Einschränkung ihrer bürgerlichen Freiheitsrechte drohen.

In verschiedenen Bereichen werden Grundrechte verschärft eingeschränkt:

● Bürger und Bürgerinnen, die sich an dem Protest beteiligen, werden eingeschüchtert und mit Maßnahmen überzogen, die sie in ihrer Existenz treffen. Indem einzelne herausgegriffen werden, soll generalpräventiv allen Bürgern und Bürgerinnen Angst eingejagt werden, sich am Protest zu beteiligen. Mit Hausdurchsuchungen in privaten und geschäftlichen Räumen und Strafverfahren sollen diejenigen, die den gewaltfreien Widerstand im Wendland mitorganisieren, kriminalisiert und eingeschüchtert werden. Zwei Bauern der „Bäuerlichen Notgemeinschaft", die an einer gewaltfreien Protestaktion teilgenommen haben, sind ihre Führerscheine – und damit die Grundlage ihrer Berufsausübung – entzogen worden, ohne die letztinstanzliche richterliche Entscheidung abzuwarten.

● Die niedersächsische Regierung plant eine Novellierung des niedersächsischen Gefahrenabwehrgesetzes. In bezug auf die Einschränkungen des Versammlungsrechtes sieht der SPD-Entwurf vor, daß Aufenthaltsverbote verhängt werden können, um Straftaten zu verhüten; daß der sogenannte Unterbindungsgewahrsam (Vorbeugehaft)

416

Volzendorf
Republik
Freies Wendland

BS: 3561

von bislang höchstens 48 Stunden auf maximal 4 Tage ausgedehnt werden kann; daß eine richterliche Überprüfung bei einer über 8 Stunden dauernden Haft nicht mehr unbedingt erforderlich ist. Das ist ein verfassungswidriger Gesetzentwurf, mit dessen Hilfe der Protest der Bürger und Bürgerinnen weiter kriminalisiert werden soll und der fast willkürliche polizeiliche Maßnahmen erlauben würde.

● Die Mitwirkungsmöglichkeiten der Bürger und Bürgerinnen bei Genehmigungsverfahren für umweltgefährdende Industrieanlagen sollen abgebaut werden. Die geplante Beschleunigung der Planungs- und Genehmigungsverfahren für umweltschädigende und -gefährdende Anlagen und eine Einschränkung der gerichtlichen Möglichkeiten, Schutzansprüche geltend zu machen, verstoßen gegen alle umweltpolitische und demokratische Vernunft. Vorgesehen sind u.a. Eingriffe beim Bundes-Immissionsschutzgesetz, dem Verwaltungsverfahrensgesetz und in der Verwaltungsgerichtsordnung (Änderungsvorhaben Bundestagsdrucksachen 29–30/96).

Trotz all dieser Entwicklungen hat der demokratische und gewaltfreie Widerstand im Wendland zugenommen. Zu befürchten ist angesichts des bevorstehenden zweiten Castor-Transportes, daß erneut ein umfassendes Demonstrationsverbot aufgrund pauschaler Gefahrenvermutungen verhängt wird, durch das das Recht der Versammlungsfreiheit einschneidend beschränkt werden soll. Zu befürchten ist weiterhin, daß erneut gegen das Verfassungsgebot der Verhältnismäßigkeit verstoßen und die Polizei ohne Not mit Gewaltmitteln eingesetzt wird. Vor einem Jahr hatte es schlimme Verletzungen auf seiten der DemonstrationsteilnehmerInnen durch Wasserwerfer- und Schlagstockeinsätze gegeben. Ungeklärt ist bis heute, ob Gewalttätigkeiten auch durch in Zivilkleidung eingesetzte Beamte provoziert wurden oder provoziert werden sollten. Immerhin waren 238 Beamtinnen und Beamte der Länderpolizeien und 30 Beamtinnen und Beamte des BGS in ziviler Kleidung eingesetzt

(Antwort der Landesregierung auf eine Anfrage zum Polizeieinsatz, Landtags-Drucksache 13/1313). Unverhältnismäßig hoch war auch die Zahl der Personen, die durch Polizeimaßnahmen in ihrem Protest behindert wurden: 35 vorläufige Festnahmen, 253 Ingewahrsamnahmen, 228 Platzverweise, 131 Verbringungsgewahrsamnahmen, 92 Strafverfahren, 165 Ordnungswidrigkeitsverfahren (Antwort der Landesregierung, a.a.O.).

Das Komitee für Grundrechte und Demokratie hofft, daß die Bürger und Bürgerinnen sich in ihrem aktiven Willen, gewaltfrei auf das öffentliche Geschehen einzuwirken (vgl. Art. 8 Abs. 2 Grundgesetz), trotz all dieser Maßnahmen nicht verwirren und abschrecken lassen.

Bei dem erneuten Versuch eines Transportes von Castor-Behältern nach Gorleben wird das Komitee für Grundrechte und Demokratie wiederum mit DemonstrationsbeobachterInnen am Ort sein. Alle Vorgänge werden beobachtet, protokolliert, dokumentiert und publiziert.

gez. Prof. Dr. Wolf-Dieter Narr
gez. Prof. Dr. Roland Roth, Berlin
(Geschäftsführender Vorstand des Komitees für Grundrechte und Demokratie)

Prozeß um Versammlungsverbote von 1994 und 1995
Wurde ein Grundrecht zu Unrecht beschränkt?

Während des ersten Castor-Transportes im April 1995 war im Wendland ein Demonstrationsverbot von bislang unerreichter zeitlicher und örtlicher Ausdehnung per Allgemeinverfügung erlassen worden. BürgerInnen hatten dagegen Einspruch erhoben und geklagt. Die „Elbe-Jeetzel-Zeitung" berichtete am 2. Mai 1996 über die öffentliche Verhandlung vor dem Verwaltungsgericht Lüneburg, in der Wolf-Dieter Narr als Sachverständiger das Demonstrationsrecht verteidigte.

fk Gorleben. – Was hat ein Anschlag auf eine Bahnlinie mit einer Demonstration gegen den Castor-Behälter zu tun? Nach Ansicht der hiesigen Kreisverwaltung und der Bezirksregierung in Lüneburg sehr viel. In mehreren Verfügungen erließen sie 1994 und 1995 jeweils mehrtägige Versammlungsverbote entlang den Castor-Transportstrecken und am Zwischenlager. Zu Unrecht, finden zwei verhinderte Demonstrationsteilnehmer und die Bürgerinitiative Umweltschutz (BI). Das Verwaltungsgericht in Lüneburg muß nun entscheiden, ob die Verbote dem Grundrecht auf Versammlungsfreiheit Genüge taten. Nach der Verhandlung am Dienstag kündigte die 7. Kammer Bedenkzeit an. Am Montag soll die Entscheidung bekanntgegeben werden.

„Ein Lebenselixier der Demokratie"

Die Behörden hatten ihre Verbote mit einer langen Liste von Straftaten begründet, die im Vorfeld des Castor-Transportes verübt worden waren. Dazu zählten Anschläge auf Bahnlinien, Sabotage an Schienen und Straßen, Sachbeschädigungen und anderes mehr. Aber die Versammlungsfreiheit ist ein hohes Gut. Zusammen mit der Meinungsfreiheit gehöre sie zu den Lebenselixieren der Demokratie, wie Professor Wolf-Dieter

Narr als Gutachter ausführte. Es könne sein, daß kleinere Gesetzesverstöße in Abwägung zu diesem Grundrecht vernachlässigenswert seien.

Zwar werde keine Form der Gewalt vom Recht der Versammlungsfreiheit gedeckt, meinte Narr. Aber es reiche eben nicht aus, ein Gesetz parat zu haben und sich dann nicht mehr um die Inhalte zu kümmern. Es müsse immer abgewogen werden. So sei der Castor-Transport nicht existentiell notwendig für die Energieversorgung der Bevölkerung. Er diene ausschließlich den ökonomischen Motiven der beteiligten Firmen. Den Transport durchzusetzen, halte er für demokratiepolitisch fragwürdig, erklärte Narr.

Noch nie ein Verbot über mehrere Tage

Die Verfügungen von Bezirksregierung und Landkreis können für sich in Anspruch nehmen, eine Premiere in der Bundesrepublik Deutschland zu sein. Eine räumliche Eingrenzung der Versammlungsfreiheit hat es zwar zuvor schon gegeben, etwa in Brokdorf. Doch noch nie vorher galt dieses Verbot über mehrere Tage.

Das A und O zur Beurteilung, ob das Versammlungsverbot in dem erlassenen Ausmaß berechtigt war, wird die Beurteilung der sogenannten „Gefahrenprognose" sein. Aber worauf bezieht sie sich? Darauf, daß bei einer Demo etwas passiert? Oder darauf, daß überhaupt etwas passiert? Gehen von künftigen Demonstrationen Gefahren aus? Die Behörden hatten daran keinerlei Zweifel. Es sei eben unklar, wer sich alles an solchen Versammlungen beteiligen werde, erklärte ein Vertreter der Bezirksregierung vor Gericht. Da sei es besser, von vornherein klare Verhältnisse zu schaffen.

Die BI fühlt sich von der Straftatenliste der Behörden diskriminiert. So, als ob alle diese Straftaten im Zusammenhang mit Demonstrationen stünden. Oder gar mit Demos, die von der BI angemeldet worden seien. In der Liste seien all jene Manifestationen nicht enthalten, bei denen es völlig friedlich zugegangen sei, erläuterten die BI-Anwälte.

Der Eingriff in das Grundrecht der Versammlungsfreiheit muß noch einem weiteren Anspruch genügen. Er muß geeignet sein, die befürchteten Gefahren auch tatsächlich abzuwenden. Oder anders gefragt, wie es eine Richterin tat: Was könnte ein Versammlungsverbot dazu beitragen, daß keine Anschläge geschehen? Die sind ohnehin verboten.

Dabei hält die Kreisverwaltung ihr Verbot schon für den geringstmöglichen Eingriff. Die Anwälte der BI sehen darin jedoch ein „Breitband-Antibiotikum zur Freihaltung

der Wunde". Die Szene in Lüchow-Dannenberg halte Gewalt gegen Sachen für ein Kavaliersdelikt, klagte ein Vertreter der Bezirksregierung.

Warum wurde nicht mit der BI geredet?

Richter Bode vermißte es, daß die Behörden im Vorfeld des Transportes auf die BI zugegangen wären, um mit ihr zu reden. Da sei das Problem, daß sich niemand zu erkennen gebe, meinte der Justitiar des Landkreises. Nun ja, sagte Richter Bode, die BI gebe es ja nun schon etwas länger. Und außerdem enthielt die Allgemeinverfügung keinerlei Regelung, wie etwa mit angemeldeten Demonstrationen zu verfahren sei, fiel dem Richter auf. Er habe den Verdacht, daß da etwas viel Polizeirecht im Spiel war. Doch die Entscheidung fällt erst am Montag.

Über 2000 demonstrierten in Dannenberg – Anerkennung für den Widerstand im Kreisgebiet „Lernort neuer politischer Kultur"

Vom 4.-8. Mai 1996 nahm das Komitee für Grundrechte und Demokratie aus Anlaß des 2. Castor-Transportes erneut eine Demonstrationsbeobachtung im Wendland vor. Nachdem am Samstag, dem 4. Mai, bereits 10.000 BürgerInnen auf dem Marktplatz von Dannenberg demonstriert hatten, fanden sich am Vorabend des Transportes erneut rund 3.000 BürgerInnen am selben Ort ein, um ihren Protest zum Ausdruck zu bringen. Ingrid Link-Lowin, Mitglied des Arbeitsausschusses des Komitees, hielt bei dieser Kundgebung eine Ansprache. Die „Elbe-Jeetzel-Zeitung" berichtete am 8. Mai 1996 über die Demonstration.

jg Dannenberg. – Mit kriegsähnlichen Bedingungen werde der aus La Hague erwartete hoch radioaktive Müll nach Gorleben gebracht. Diese Feststellung traf Heike Mahl-

ke von den Gorlebenfrauen Montag abend vor über 2.000 Atomkraftgegnerinnen und -gegnern, die sich auf dem Dannenberger Marktplatz zu einer Kundgebung versammelt hatten. Viele von ihnen waren mit Fackeln und Kerzen erschienen, „um Lichter der Hoffnung ins Dunkel atomarer Gefahr zu bringen", wie eine Demonstrantin der EJZ erläuterte.

Dieser Tage erlebe man im Kreisgebiet den Atomstaat, bedauerte Heike Mahlke und sprach von einer „belagerten Provinz" angesichts der immensen Polizeipräsenz, die derzeit in Lüchow-Dannenberg herrscht. Und rückblickend auf Aktionen des Widerstandes in den vergangenen Tagen meinte Heike Mahlke: Durch rüde Polizeieinsätze bleibe ein Stück Demokratie auf der Strecke. Ermutigend sei es dagegen, daß so viele Menschen aus Ost und West ihre Verbundenheit mit dem Widerstand in Lüchow-Dannenberg kundtun und zeigen, daß sie keine Atommülltransporte wollen.

Von einem Besuch in Weißrußland berichtete Heike Mahlke und davon, wie sich Frauen dort – trotz aller Repressalien – offen über die Folgen der Tschernobyl-Katastrophe und die damit verbundenen Ängste äußern. Tschernobyl, so lassen sich die weiteren Ausführungen der Rednerin sinngemäß zusammenfassen, habe gezeigt, was für eine tödliche Technologie die Atomkraft ist. Es sei diese tödliche Bedrohung, gegen die sich die Menschen am Tag des Atommüll-Transportes in Lüchow-Dannenberg querstellen.

Ingrid Link-Lowin vom Komitee für Grundrechte und Demokratie konstatierte: Sie beobachte mit größter Sorge, wie die bevorstehende Einlagerung des Atommülls einhergehe mit der „Auslagerung von Grundrechten". „Ein Atomstaat muß ein Polizeistaat sein", so kommentierte Ingrid Link-Lowin das Polizeiaufgebot im Kreis. Das Vorgehen der Ordnungshüter habe bei vielen Menschen Wut ausgelöst, „doch aus Wut ist Mut geworden". Dies beweise die Vielzahl derer, die ihren Widerstand als Demonstrantinnen und Demonstranten nach draußen brächten. Der lebendige Widerstand habe das Wendland zu einem „Lernort neuer politischer Kultur" gemacht, so würdigte die Rednerin die Aktivitäten der Atomkraftgegner. Gelernt werden könne hier zum Beispiel, „daß man Grundrechte am besten schützt, indem man sie wahrnimmt". Ein Lernort sei Lüchow-Dannenberg auch für Polizei und BGS. Hier könnten die Beamtinnen und Beamten lernen, daß die Polizei in einer Demokratie nicht Wirtschaftsinteressen zu schützen habe, sondern das Wohl der Bürgerinnen und Bürger. In diesem Zusammenhang erwähnte Ingrid Link-Lowin, daß das Komitee für Grundrechte eine Reihe von unverhältnismäßigen Polizei- und BGS-Einsätzen dokumentiert habe.

Der Protest in Lüchow-Dannenberg sei getragen von Ehrfurcht für das Leben, betonte Ingrid Link-Lowin und forderte die Anwesenden auf: „Setzt Euch für das Leben ein." Der Protest möge gewaltig sein – aber gewaltfrei.

Die von der Politik mißbrauchte Polizei blockiert gewaltsam Bürgerrechte

Am 14. Mai 1996 veröffentlichte das Komitee in einer Pressemitteilung ein erstes politisches Resümee zu den Demonstrationen aus Anlaß des 2. Castor-Transportes durch das Wendland auf der Grundlage der vorgenommenen eigenen Beobachtungen.

Zum zweiten Mal hat das Komitee für Grundrechte und Demokratie die Demonstrationen im Kreis Lüchow-Dannenberg beobachtet. Deren Protest richtete sich gegen den Castor-Transport mit hochradioaktivem Atommüll in das Zwischenlager in Gorleben. In der Zeit vom 4. bis 8. Mai 1996 waren ständig 10 Komitee-Mitglieder im Wendland bei allen größeren und vielen kleineren Protestaktionen zugegen. Sie haben das Verhalten von Teilnehmenden an den Demonstrationen und von Polizeikräften wiederum sorgfältig beobachtet und protokolliert. Ein detaillierter Bericht wird in Kürze veröffentlicht.

Das Komitee beobachtet Demonstrationen und beurteilt deren Ablauf ausschließlich unter grundrechtlicher Perspektive. Wie weit wird das demokratisch-zentrale Grundrecht auf Freiheit der Demonstration (Art. 8 Abs. 2 GG) gewährleistet? Welche Faktoren und Handlungen sind gegebenenfalls dafür namhaft zu machen, wenn es zu Verletzungen des Grundrechts kommt?

Erstes Fazit der Demonstrations-beobachtung

1. Wiederum standen alle Demonstrationen im Schatten des Streits um ein Demonstrati-

onsverbot. Per Allgemeinverfügung war ein zeitlich und räumlich weit ausgedehntes Versammlungsverbot erlassen worden. Vom 3. bis 11. Mai, also fünf Tage vor dem tatsächlichen Transport des Castorbehälters durch das Wendland beginnend, sollten alle Demonstrationen im Umkreis von 50 Metern entlang der Transportstrecke und im Umkreis von 500 Metern um die Entsorgungsanlagen verboten sein. Begründet wurde dieses Verbot mit pauschalen Gefahrenvermutungen, in denen sowohl viele Aktionen und Proteste der letzten Jahre als auch Anschläge, die in keinem Zusammenhang mit Demonstrationen stehen, aufgezählt wurden. Die namentlich unterzeichneten Bekundungen von Bürgern und Bürgerinnen, von Geschäftsleuten und Unternehmen, daß sie sich am Tag des Castortransportes „quer stellen" und ihre Geschäfte schließen würden, wurden mit den anonymen nächtlichen Beschädigungen der Bahngleise und Oberleitungen gleichgesetzt. Das Verwaltungsgericht Lüneburg stellte in einer Eilentscheidung bereits am Freitag, dem 3. Mai, fest, daß dieses Verbot in seiner zeitlichen Ausdehnung nicht rechtmäßig und in seiner Begründung nicht stichhaltig sei. Erst ab dem Tag des Transportes, also ab Mittwoch, dem 8. Mai, könne das Versammlungsverbot in Kraft treten. Am Montag, dem 6. Mai, entschied das Verwaltungsgericht darüber hinaus abschließend, daß das Versammlungsverbot, das im Jahr vorher aus Anlaß des ersten Castor-Transportes ausgesprochen worden war, nicht rechtmäßig war. Über das diesjährige Versammlungsverbot, bzw. dessen Aufhebung durch das VG Lüneburg, entschied das Oberverwaltungsgericht am Montag, dem 6. Mai. Zwar setzte es die Allgemeinverfügung wieder in Kraft, beurteilte die Begründung allerdings ebenfalls als zu pauschal und unzulässig. Nach diesem Beschluß muß über jede angemeldete Demonstration eigens entschieden werden.

2. Schon der Beginn der Demonstrationen am Samstag, dem 4. Mai, machte deutlich, daß der Protest gegen diesen Transport und damit gegen die weitere Nutzung von Atomenergie zugenommen hatte. Mehr als 10.000 Menschen brachten ihren Protest im Rahmen einer Auftaktkundgebung auf dem Marktplatz in Dannenberg zum Ausdruck, zogen dann, angeführt von mehr als 140 Treckern, auf die Straße und bildeten ein riesiges „Menschenbild" mit dem Schriftzug „Wir stellen uns quer!". Bereits diese Versammlung wurde durch das Anhalten und Durchsuchen von Bussen von der Polizei behindert. Drei Hamburger Busse wurden über 2 Stunden kurz vor Dannenberg festgehalten. Auf unsere Nachfrage nach der rechtlichen Grundlage der Durchsuchung konnten uns die Beamten zunächst keine Auskunft geben. Schließlich wurde gesagt, daß diese Maßnahme mit dem niedersächsischen Gefahrenabwehrgesetz begründet werden könne und Gefahr im Verzuge sei. Das Ergebnis der Durchsuchungen waren 2 Pfadfindermesser und 1 Tüte Feuerwerkskörper bei 160 durchsuchten Menschen.

3. Immer wieder wurde in diesen Tagen darauf verwiesen, daß es nicht darum gehe, einen Castor-Transport noch aufzuhalten, nachdem er losgefahren ist, sondern darum, den Transport im vorhinein zu verhindern. Die Proteste gegen die Castor-Transporte ins Wendland drücken den generellen Protest gegen die Nutzung von Atomenergie und die weitere Produktion von Atommüll aus.

4. Während der ganzen Zeit, also auch am Tag des Transportes des Castor-Behälters von Dannenberg ins Zwischenlager in Gorleben, konnten wir vorwiegend gewaltfreien Protest beobachten. Kreativ, phantasievoll und konsequent brachten die Bürger und Bürgerinnen ihren Protest zum Ausdruck. Mit angemeldeten Demonstrationen wie „Stricken für das Leben – gegen den Tod", „Baumperformance" der Gorleben-Frauen, Sonnenblumenkerne säen vor dem Zwischenlager, „Lichterkundgebung", „Rock-Nacht", „Feuer und Flamme für den Verladekran" (Verbrennen eines Nachbaus des Verladekrans auf einer Wiese), Fußballspielen und Mahnwachen brachten große und kleine Gruppen ihren Protest und ihre Lebensfreude zum Ausdruck.

5. Deutlich wurde in diesen Tagen, daß viele Bürger und Bürgerinnen bereit sind, Zivilen

Ungehorsam zu praktizieren. Um ihren Widerstand auszudrücken, sind sie bereit, deutliche Zeichen zu setzen und symbolische Sachbeschädigungen vorzunehmen, wenn durch ihre Aktionen keine Menschen gefährdet werden. Besetzen von Gleisen, Unterhöhlen und Demontieren von Schienen, die (nur) dem Castor-Transport dienen, Abbrennen von Strohballen und der Bau von Holzbarrikaden auf der Straßentransportstrecke waren Aktionsformen, die in diesem Zusammenhang standen, von Gruppen geplant wurden und keine Menschen gefährdeten. Daneben kam es in diesen Tagen jedoch auch zu Übergriffen auf PolizeibeamtInnen und zu Demolierungen an Polizeifahrzeugen. Am Samstagnachmittag in Karwitz und am Mittwoch auf dem ersten Teil der Straßentransportstrecke wurden von einzelnen auch Steine und Flaschen auf PolizeibeamtInnen geworfen und Fahrzeuge der Polizei beschädigt. Diesen Eskalationen gingen immer harte und gewaltsame Einsätze der Polizei voraus.

6. Von Anfang an begegneten wir einer Polizei, die gemäß der Devise der Innenminister Glogowski und Kanther „hart durchgriff". Nicht Deeskalation war die Strategie der obersten Einsatzleitung, sondern Eskalation. Bürger und Bürgerinnen wurden als Feinde behandelt, die es zu bekämpfen und aus dem Weg zu räumen galt, nicht als Bürger und Bürgerinnen, deren Protest durch die Polizei zu schützen ist. Bereits Samstagnachmittag kam es am Bahnhof Karwitz zu einem Polizeieinsatz, der unnötig und unverhältnismäßig war. Dieser Einsatz provozierte eine Eskalation, die allerdings durch das besonnene Einwirken vieler DemonstrationsteilnehmerInnen gemäßigt wurde. Nachdem ca. 150 Menschen die Gleise besetzt hatten, wurden sie von der Polizei aufgefordert, die Bahnanlagen zu verlassen, da sonst polizeiliche Maßnahmen ergriffen werden müßten. Als daraufhin die DemonstrationsteilnehmerInnen die Gleise verließen, wurden sie sofort eingekesselt und ihre Ingewahrsamnahme angeordnet. Angeblich befanden sich – so die Aussage der Polizei – unter den 150 Menschen ca. 10 Personen, die 16 Schrau-

ben an den Gleisen gelöst hätten. Ein Teil dieser Gruppe war letztlich über sechseinhalb Stunden auf dem Platz eingekesselt, der Teil, der zuerst mit dem Gefangenenbus abtransportiert worden war, wurde erst nach mehr als acht Stunden freigelassen.

Nachkommende DemonstrationsteilnehmerInnen versuchten dieses polizeiliche Vorgehen zu verhindern. Trotz Vermittlung durch eine Gruppe von Pastoren und Einschaltung von Rechtsanwälten wich die Polizei, vermutlich auf oberste Anweisung, nicht von ihrem Konzept ab. Noch während verhandelt wurde und bereits ein Richter eingeschaltet war, der über die Ingewahrsamnahmen befinden sollte, wurden Wasserwerfer gegen die nicht eingekesselten Demonstrationsteilnehmer eingesetzt, die die Abfahrt der Gefangenenbusse durch Sitzblockaden behinderten. Deutlich wurde, daß sich Bürger und Bürgerinnen nicht auf die Aufforderungen der Polizei verlassen konnten. Die Anwesenden wurden zwar aufgefordert, auf das freie Feld neben der Straße abzuziehen, eingesetzt wurde der Wasserwerfer dann genau gegen diejenigen, die sich dorthin zurückgezogen hatten. Die Möglichkeit einer Räumung der Sitzblockade durch Wegtragen wurde offensichtlich gar nicht erst in Erwägung gezogen. Wenn selbst ein Polizeipressesprecher nach dem ersten Einsatz des Wasserwerfers uns gegenüber nur noch sagt: „Es gibt Momente, da möchte man im Erdboden versinken", ein anderer, daß er zwar da sei, um die polizeilichen Maßnahmen zu „verkaufen", es aber Maßnahmen gäbe, die man einfach nicht verkaufen könne, so sprechen diese Aussagen für sich.

7. Bei der Polizei fehlte jede Bereitschaft, mit den DemonstrationsteilnehmerInnen zu kommunizieren. Während letztes Jahr bei den Protesten gegen den ersten Castor-Transport immer wieder Verhandlungen über die Form der Beendigung einer Aktion zwischen den Teilnehmern an Sitzblockaden und der Polizei geführt wurden, kam es diesmal bei fast keiner Aktion zu solchen Gesprächen und Verhandlungen. Die Polizei verlängerte ihre eigene hierarchische und

auf Befehl und Gehorsam aufgebaute Struktur hin zum Umgang mit Bürgern und Bürgerinnen. Es wurden nur noch Befehle erteilt, bei „Ungehorsam" wurde sofort eingekesselt, geschlagen oder mit Wasserwerfern reagiert. Dieses autoritär-repressive polizeiliche Verfahren wird ihr vom Text der Allgemeinverfügung vorgegeben. In dieser wird behauptet, daß ein Dialog mit Bürgern und Bürgerinnen, die protestieren, in Anzeigen ankündigen, daß sie sich „quer stellen" werden und zu Zivilem Ungehorsam aufrufen, nicht möglich sei.

8. Am Mittwoch wurden ca. 150 Traktoren im Wald, weit vor dem Gebiet, in dem die Demonstrationen verboten waren, von der Polizei beschädigt (Einschlagen der Scheiben, Zerschlagen der Ventile, Zerschneiden von Reifen).

9. Besonders kraß wurde das unverhältnismäßige Vorgehen der Polizei deutlich, als einige Bürger und Bürgerinnen den leeren Tieflader blockieren wollten, der zum Transport des Castorbehälters notwendig ist und Dienstagmittag von Lüchow nach Dannenberg fuhr. Ohne jede Not wurde dieser leere Wagen durch den Landkreis geprügelt. Über eines der Opfer dieses Einsatzes, den Bauern Adi Lambke, ist in den Medien berichtet worden. Andere blieben unbenannt. Von einem Beamten wurde in dieser Situation geäußert: „Jetzt kann auf Einzelschicksale keine Rücksicht mehr genommen werden." Selbst unbeteiligte BürgerInnen, die in den Orten auf der Straße waren, wurden von Schlagstöcken getroffen und beiseite gedrängt.

10. Mittwoch, am Tag des Transportes selbst, hatten sich morgens um 4.00 Uhr ca. 4.000 Demonstrierende in Richtung Verladekran auf den Weg gemacht. Einigen gelang es, die Straße zu betreten, auf der der Transport beginnen sollte. Mit Einsätzen von mindestens drei Wasserwerfern an der Zugspitze und schlagenden und tretenden Polizeieinheiten setzte sich der Castor-Zug in Bewegung. Die Auseinandersetzungen waren extrem hart, Aggressivität schaukelte sich ständig höher. Auch bei einem Teil der Demonstrierenden. Einzelne warfen in die-

ser Situation mit Steinen oder Flaschen, wurden jedoch von der Mehrheit der gewaltlos Demonstrierenden gemahnt und zur Zurückhaltung aufgerufen. In dieser Situation kam es zu zahlreichen Verletzungen auf seiten der Demonstrierenden.

11. Auf der letzten Strecke des Transportes zwischen Gorleben und der Einfahrt zum Zwischenlager haben wir zum erstenmal in den fünf Tagen gesehen, wie Sitzblockaden „ordentlich", d.h. durch Wegtragen ohne Treten, Schlagen und Verdrehen von Gliedmaßen, aufgelöst wurden. Während vorher Wasserwerfer, oft ohne jedwede Ankündigung, gegen die Teilnehmenden an Sitzblockaden eingesetzt worden waren, wurde auf diesem allerletzten Teil der Strecke dieses Zwangsmittel nicht mehr eingesetzt. Hier wurde zum ersten Mal in diesen Tagen deutlich, daß auch mit einem verhältnismäßigen polizeilichen Vorgehen der Transport gesichert werden konnte.

12. Die Eskalationsstrategie der Polizei ging manchmal insofern auf, als wir auch beobachteten, daß sich einzelne DemonstrationsteilnehmerInnen dazu verleiten ließen, auf das gewaltsame Vorgehen der Polizei mit Steinwürfen und Demolierungen von Polizeifahrzeugen zu reagieren. Allerdings konnten wir noch häufiger beobachten, daß die Bürger und Bürgerinnen selbst auf die heftigsten Schlagstock- und Wasserwerfereinsätze besonnen reagierten, ohne von ihrem Protest abzulassen. Der Aufforderung von Wolfgang Ehmke (Sprecher der BI) am Abend vor der Ankunft des Castorbehälters, besonnen zu reagieren und nicht in jede Gewaltfalle zu laufen, wurde von dem weitaus größten Teil entsprochen. Immer wieder liefen einige auf die wenigen zu, die Steine warfen, forderten sie auf, dies zu unterlassen, und hinderten sie daran, dies weiterhin zu tun. Nicht jede Gewalt auf seiten der DemonstrationsteilnehmerInnen konnte so verhindert werden.

Erste politische Schlußfolgerungen

1. Die Demonstrationen vom 4.-8. Mai 1996 im Wendland gegen den Castor-Transport

belegen in ihrem Verlauf, daß das Verbot derselben durch Allgemeinverfügung dem Grundrecht auf Demonstration, wie es vom Bundesverfassungsgericht in seinem Brokdorf-Urteil von 1985 noch einmal unterstrichen worden ist, widerspricht.

2. Diese Allgemeinverfügung und die Art des Polizeieinsatzes waren insgesamt darauf ausgerichtet, einseitig den Castor-Transport durchzusetzen und Bürgerinnen und Bürger in der Ausübung ihres Grundrechtes zu behindern, ja zu verletzen.

3. Allgemeinverfügung und der Einsatz der Polizei verstießen insgesamt gegen den Grundsatz der Verhältnismäßigkeit. Das Gut Freiheit bürgerlicher Demonstration einerseits wurde mit dem Gut Durchsetzung einer rechtlich abgesicherten Aktion unzureichend abgewogen, zum Schaden des Grundrechts, zum Schaden grundrechtlicher Demokratie.

4. Der in den Protesten enthaltene Aufruf zum Dialog und zum Suchen nach politischen Lösungen ist nicht aufgenommen worden, im Gegenteil, „hartes Durchgreifen", Niederknüppeln jedweden Protestes und polizeistaatliche Maßnahmen sind die Antwort von Politik und Polizei auf den Protest der Bürger und Bürgerinnen gewesen.

5. Immer wieder wurde in den Medien der Vergleich mit Krieg oder Bürgerkrieg hergestellt. Diese Analogie ist unzutreffend. Im wesentlichen handelte es sich um einen breit getragenen, im Landkreis verwurzelten und lange gewachsenen Protest einschließlich vielfältiger Formen Zivilen Ungehorsams, gegen den der Staat mit extremer Härte und Gewalt vorging. Von einem ständigen Dauerbeschuß der Polizei mit Steinen, Flaschen und Leuchtkugeln – wie es in vielen Zeitungsberichten zu lesen war – kann keine Rede sein. Es gab diese Übergriffe, aber sie blieben die Minderheit. Die offizielle Statistik spricht von zehn leicht verletzten PolizeibeamtInnen, schwere Verletzungen und Verletzungen in weitaus größerer Zahl gab es allerdings auf seiten der Demonstrierenden. Die meisten dieser Verletzungen rührten vom Einsatz der Schlagstöcke und der Hochdruck-Wasserwerfer.

6. Ein Transport, der von 7 Wasserwerfern, 9.000 Polizisten, mehreren Räumfahrzeugen, unter Einsatz von CS-Gas und Polizeihunden usw. gegen die Demonstrationsfreiheit von Bürgerinnen und Bürgern durchgesetzt werden muß, ist demokratisch-rechtsstaatlich nicht legitim, selbst wenn er formell legal sein sollte. Statt die Auseinandersetzung über die hoch umstrittene Endlagerung von Atommüll gewaltförmig zu betreiben, ist es höchste Zeit, daß die zuständigen Politikerinnen und Politiker zur Politik zurückkehren. Es geht nicht an, formell legale Beschlüsse allen Einwänden zum Trotz entgegen einer starken Minderheit, wenn nicht Mehrheit einer ganzen Region undemokratisch durchzusetzen. Die Polizei wird mißbraucht, die PolizeibeamtInnen werden ihrerseits nicht als Bürgerinnen und Bürger behandelt. Gewalttätige Auseinandersetzungen sind in keinem Fall und im Hinblick auf keine Seite zu rechtfertigen. Diese Aussage gilt selbstverständlich auch für Bürgerinnen und Bürger und schließt prinzipiell Zerstörung von Sachen, so sie nicht rein symbolische Bedeutung besitzen, ein. Allerdings ist das Schiefgleichgewicht in Sachen Gewalt zu beachten. Das durch die Polizei vertretene überlegene staatliche Gewaltmonopol bestimmt in hohem Maße, ob es und in welcher Weise es zu gewaltförmigen Auseinandersetzungen kommt. Darum ist die Polizei grundgesetzgemäß strikt daran gehalten bzw. politisch und von der Einsatzleitung daran zu halten, ihre Gewaltmittel mit äußerster Zurückhaltung zu präsentieren und nur im Notfall und so gering wie möglich einzusetzen. Letzteres ist bei den Mai-Demonstrationen nicht der Fall gewesen.

gez. Prof. Dr. Wolf-Dieter Narr
(Geschäftsführender Vorstand des Komitees)
Martin Singe
Dr. Elke Steven

BESATZER RAUS

IHRE POLIZEI

Für diese Verfassungsrichter kein Asyl!
Staatstreue statt Verteidigung der Grundrechte

Als erste Reaktion auf die Asyl-Urteile des Bundesverfassungsgerichtes veröffentlichte das Komitee am 15. Mai 1996 eine Pressemitteilung auf der Grundlage der zu diesem Zeitpunkt vorliegenden, die Urteilsinhalte zusammenfassenden Presseerklärung des Bundesverfassungsgerichts.

Der Urteilstext liegt noch nicht vor. So werden wir uns eine ausführliche und detailliert argumentierende Kritik bis demnächst aufheben müssen. Das jedoch, was die Pressestelle des Bundesverfassungsgerichts als Pressemitteilung Nr. 27/96 zehnseitig als Zusammenfassung des Urteils am 14.5.1996 in Sachen Art. 16 a GG herausgegeben hat, ist ungeheuerlich, nimmt man das Grundgesetz ernst und geht nicht herrschaftszynisch mit demselben um. Die Mehrheit der Verfassungsrichter stattet den sog. Asylkompromiß von 1993 mit der verfassungsgerichtlichen Aura aus. Damit hat sie nicht nur der Institution Verfassungsgerichtsbarkeit systematisch Schaden zugefügt, sie hat der freiheitlichen Demokratie einen Bärendienst erwiesen. Diese Entscheidung untergräbt die Verfassung des Grundgesetzes als normierende Grundlage aller Politik. Diese Entscheidung gibt verfassungskonforme Politik dem herrschenden Zynismus preis. Diese Entscheidung schadet Tausenden von notleidenden verfolgten Menschen. Diese Entscheidung droht Hunderte von Gruppen zu entmutigen, die aktiv für den Schutz zentraler Grundrechte, nicht zuletzt des Menschenrechts auf Asyl eingetreten sind. Wir können nur hoffen, diese Gruppen und einzelnen tun dies weiter und lassen sich von diesem verfassungswidrigen Spruch des Verfassungsgerichts, auch das kommt vor, nicht irritieren. Der Kampf um die Grundrechte, das Menschenrecht auf Asyl in ihrem Herzen, muß noch engagierter, noch bewußter, in der Sache noch kompromißloser geführt werden. Nicht primär um der Asylsuchenden willen, primär um unserer selbst und unserer freien Würde willen.

Daß das Verfassungsgericht nicht die einzig angemessene Entscheidung fällen würde, war zu befürchten. Einzig grundrechtlich richtig wäre gewesen, klar und deutlich festzustellen, der neue Art. 16 a GG widerspricht in Form und Inhalt der Verfassung. Es handelt sich, wie der verfassungsrichterlich nicht erwähnte Art. 19 II GG statuiert, um einen Verstoß gegen den „Wesensgehalt" des Grundrechtes. Der vom Verfassungsgericht erwähnte Bezug auf Art. 79 III GG ist in diesem Zusammenhang zunächst irrelevant. Daß jedoch das Verfassungsgericht so weit gehen würde, den grundrechtlich faulen Asylkompromiß pauschal und in jedem bedeutsamen Aspekt regelrecht abzusegnen – das konnte niemand vermuten, der das Verfassungsgericht trotz allem als wichtige Instanz ernst nahm. Nun haben sie also gekniffen, die Herren, mit etwas Widerspruch einer Dame immerhin und zweier Herren. Sie haben verfassungsrichterlich Proskynese vor der Bonner herrschaftlichen, populistisch zielenden Borniertheit geübt. Der offizielle Kreuzzug wider das Kreuzurteil des Bundesverfassungsgerichtes ist erfolgreich gewesen. Das Gericht ist öffentlichkeitsbeflissen nicht einmal in der Lage, seine eigenen, im Kern (nicht in jeder Formulierung) goldrichtigen Urteile durchzuhalten. Es duckt sich spätestens beim nächsten Mal. Somit verliert es seine eigene Funktion, seinen Eigensinn und seine eigene Legitimationsbasis.

Wir werden auf dieses Urteil ausführlich zurückkommen. Wir werden dasselbe zusammen mit vielen anderen verfassungsbewußten Bürgerinnen und Bürgern nicht hinnehmen. Der Kampf ums Asylrecht ist nicht schwieriger, er ist noch notwendiger geworden. Karlsruhe hat gesprochen. Die Sache ist nicht erledigt. Sie fängt nun in einer zweiten Runde neu an. Hierbei wird auch eine Klage beim Europäischen Menschenrechtsgerichtshof zu bedenken sein.

gez. Prof. Dr. Wolf-Dieter Narr
(Geschäftsführender Vorstand des Komitees)

428

Komitee für Grundrechte zum Polizeieinsatz Kokillentransport: Bürger als Feinde behandelt

Am 21. Mai 1996 berichtete die „Elbe-Jeetzel-Zeitung" über die ersten Ergebnisse der Demonstrationsbeobachtung des Komitees aus Anlaß des 2. Castor-Transportes durch das Wendland.

lr Lüchow. Zehn Mitglieder des Komitees für Grundrechte und Demokratie haben die Protestaktionen gegen den Kokillentransport beobachtet und ziehen nun ein erstes Resümee. Es sei deutlich geworden, daß viele Bürger und Bürgerinnen bereit sind, zivilen Ungehorsam zu praktizieren und symbolische Sachbeschädigungen vorzunehmen, wenn durch ihre Aktionen keine Menschen gefährdet werden. Daneben sei es auch zu Übergriffen auf Polizeibeamte und zu Demolierungen an Polizeifahrzeugen gekommen. „Diesen Eskalationen gingen immer harte und gewaltsame Einsätze der Polizei voraus", gibt das Komitee zu bedenken.

Von Anfang an seien die Beobachter einer Polizei begegnet, die gemäß der Devise der Innenminister Glogowski und Kanther „hart durchgriff". Nicht Deeskalation sei die Strategie der obersten Einsatzleitung gewesen, sondern Eskalation. „Bürger und Bürgerinnen wurden als Feinde behandelt, die es zu bekämpfen und aus dem Weg zu räumen galt, nicht als Bürger und Bürgerinnen, deren Protest durch die Polizei zu schützen ist."

Während 1995 bei den Protesten gegen den ersten Castor-Transport immer wieder Verhandlungen über die Form der Beendigung einer Aktion zwischen den Teilnehmern von Sitzblockaden und der Polizei geführt wurden, sei es diesmal bei fast keiner Aktion zu solchen Gesprächen und Verhandlungen gekommen, bemängelt das Komitee.

Besonders kraß sei das unverhältnismäßige Vorgehen der Polizei deutlich geworden, als einige Bürger den leeren Atommüll-Tieflader blockieren wollten. Selbst unbeteiligte Menschen, die in den Orten auf der Straße waren, seien von Schlagstöcken getroffen und beiseite gedrängt worden.

Am Tage des Transportes habe sich Aggressivität aufgeschaukelt, stellen die Beobachter fest. Das gelte auch für einen Teil der Demonstranten. Einzelne hätten mit Steinen oder Flaschen geworfen, seien aber von der Mehrheit der gewaltlosen Demonstranten zur Zurückhaltung aufgerufen worden.

„Auf der letzten Strecke des Transportes zwischen Gorleben und der Einfahrt zum Zwischenlager haben wir zum ersten Mal in den fünf Tagen gesehen, wie Sitzblockaden 'ordentlich', also durch Wegtragen ohne Treten, Schlagen und Verdrehen von Gliedmaßen, aufgelöst wurden", berichtet das Komitee. Während vorher Wasserwerfer gegen die Teilnehmer von Sitzblockaden eingesetzt worden seien, habe die Polizei auf dem allerletzten Teil der Strecke dieses Zwangsmittel nicht mehr verwendet. Hier sei zum ersten Mal in jenen Tagen deutlich geworden, daß der Transport auch mit einem verhältnismäßigen polizeilichen Vorgehen gesichert werden konnte.

Die Allgemeinverfügung und die Art des Polizeieinsatzes waren nach Ansicht der Beobachter insgesamt darauf ausgerichtet, einseitig den Castor-Transport durchzusetzen und Bürger in der Ausübung ihres Grundrechtes zu behindern, ja zu verletzen. „Allgemeinverfügung und der Einsatz der Polizei verstießen insgesamt gegen den Grundsatz der Verhältnismäßigkeit." Der in den Protesten enthaltene Aufruf zum Dialog und zum Suchen nach politischen Lösungen sei nicht aufgenommen worden, im Gegenteil. „Hartes Durchgreifen", Niederknüppeln jedweden Protestes und polizeistaatliche Maßnahmen seien die Antwort von Politik und Polizei auf den Protest der Bürger und Bürgerinnen gewesen.

Grundrechte-Komitee fordert Verlängerung des Abschiebestopps für bosnische Flüchtlinge

Anfang Mai hatte die Innenminister-konferenz über das Problem der Rück-führung bosnischer Flüchtlinge debat-tiert, jedoch den konkreten Termin des 1. Juli 1996, an dem die Duldungen auslaufen sollten, nicht aufgehoben. Aus diesem Grund protestierte das Komitee bei den Innenministern der Länder und veröffentlichte am 31. Mai 1996 eine Pressemitteilung.

Bonner Ausländerbehörde verfügt bereits jetzt Ausweisungen für bosnische Flüchtlinge und droht Abschiebungen ab 1.7.96 an

Das Komitee für Grundrechte und Demokratie fordert von der Innenministerkonferenz, umgehend den Rückführungstermin für bosnische Flüchtlinge, 1.7.1996, auszusetzen. Bislang fehlt eine Reaktion des Bundesinnenministeriums auf diese von vielen Flüchtlingshilfsorganisationen, einigen deutschen Bundesländern und nicht zuletzt von der UN-Flüchtlingshilfe (UNHCR) erhobene Forderung.

Unterdessen werden jedoch die betroffenen Flüchtlinge der ersten „Rückführungskategorie" (alleinstehend und volljährig) bereits in Angst und Schrecken versetzt. Z.B. werden bosnische Flüchtlinge von der Bonner Ausländerbehörde vorgeladen. Dort müssen sie ein Formular unterschreiben, das folgenden Wortlaut hat:

„Ich wurde darauf hingewiesen, daß die mir erteilte Duldung über den 30.06.1996 nicht mehr verlängert werden kann und die Erteilung einer Aufenthaltsgenehmigung ebenfalls nicht in Betracht kommt.

Sofern ich das Bundesgebiet nicht freiwillig verlasse, muß ich entsprechend § 56 Abs. 6 Satz 2 AuslG nach Ablauf dieser Ausreise-frist mit meiner Abschiebung rechnen.

Hinsichtlich der Beendigung meines Aufent-haltes im Bundesgebiet wird mir außerdem

eine 14tägige Frist zur Äußerung eingeräumt (§ 28 Verwaltungsverfahrensgesetz). Der Lauf beider Fristen beginnt bereits am heuti-gen Tage."

Das Verfahren der Behörden mit den betrof-fenen bosnischen Flüchtlingen ist ein men-schenrechtlicher Skandal. Allen mit der Si-tuation ernsthaft Befaßten ist eindeutig klar, daß eine Zwangsrückführung zum 1.7.96 angesichts der herrschenden Verhältnisse in Bosnien unverantwortbar wäre.

Das Komitee für Grundrechte und Demokra-tie hat seit Beginn des harten Winters 1995/96 27 Flüchtlingslager in Bosnien mit insgesamt etwa 13.000 Flüchtlingen mit Hilfsaktionen bedacht und überall größte Not vorgefunden. Die Lage in diesen vom Komitee unterstützten Flüchtlingslagern ent-spricht der allgemeinen Situation der z.Zt. auf etwa 1,2 Millionen geschätzten Flücht-linge in Bosnien-Herzegowina. D.h. diese Hilfsaktionen des Komitees kamen lediglich einem Prozent der Flüchtlinge zugute. In dieses Flüchtlingschaos in Bosnien-Herze-gowina hinein nun auch noch die Flüchtlin-ge aus Deutschland zwangsweise zurück-schicken zu wollen, ist menschenverachtend.

Wir appellieren daher an die Innenminister aller Länder, dafür zu sorgen, daß die Aus-länderbehörden sämtliche Abschiebevor-reitungen für den 1.7.96 umgehend einstel-len. Bosnische Flüchtlinge sollten sich weigern, Erklärungen zur Ausreisepflicht zu unterschreiben.

Martin Singe

Das „Signal von Berlin":
NATO-Interventionsmacht
statt europäischer Friedensordnung

Am 3. Juni 1996 tagte der NATO-Rat auf Außenministerebene in Berlin. Selbstlobend sprach die NATO in den offiziellen Verlautbarungen von einem zukunftsweisenden Signal von Berlin. In Wirklichkeit aber wurden die Weichen weiter in Richtung künftigen „out-of-area"-Engagements gestellt. Aus diesem Anlaß gab das Komitee am 7. Juni 1996 eine Pressemitteilung heraus.

Berlin hat in der Tat, wie Außenminister Kinkel es wünschte, ein Signal gesetzt. Aber der Zug fährt in die falsche Richtung. Die NATO hat in Berlin mit aller Deutlichkeit ihren Anspruch bekräftigt, die Ordnungsmacht für Europa und die Weltgegend drumherum zu sein. Was die NATO hier vorexerziert, hat seine Parallele im japanisch-US-amerikanischen Pakt, nämlich die „Neue Weltordnung" militärisch durchzusetzen.

Daß man sich (vorerst) auch scheinbar selbstlos in den „Dienst" von UNO und OSZE zu stellen bereit ist, muß als Blendwerk gewertet werden. Die entscheidenden Faktoren der militärischen Umsetzung eines Einsatzes – wer hat faktisch das Kommando und die Kontrolle – läßt sich die NATO von keiner UNO oder OSZE nehmen, ebensowenig wie die Entscheidung, ob sie sich überhaupt zur Verfügung stellt. Zudem legt sie sich die Mittel und Fähigkeiten zu, auch ohne UN- oder OSZE-Mandat militärisch nach ihren Interessen eingreifen zu können. So sind in Berlin die Weichen in Richtung einer Interventionsmacht NATO gestellt worden.

Die wiederholten Bekenntnisse zu einer „europäischen Sicherheitsarchitektur" dürfen uns nicht täuschen. Gemeint ist der Anspruch, die NATO sei bereits diese „europäische Sicherheitsstruktur" – eine deutliche Absage an eine gesamteuropäische Friedensordnung! Transatlantisch-gesamteuropäische Ansätze wie die OSZE als Kern einer Friedensordnung sollen sich dem Militärpakt der reichen Industrieländer unterordnen. NATO-Strukturreform und NATO-Osterweiterung sind das Gegenprojekt zu einer gesamteuropäisch-transatlantischen Friedensordnung.

Die NATO-Osterweiterung folgt der Logik der Bündelung militärischer Macht und grenzt nach Osten ab. Die Ausgrenzung Rußlands führt nicht zu gemeinsamer Sicherheit für alle, sondern zu Unsicherheit in Europa.

Mit der in Berlin auch lancierten stärkeren „Europäisierung" der NATO, die eigenständige westeuropäische Einsätze nun ermöglichen soll, ist friedenspolitisch ebenfalls nichts gewonnen. Eine der verhängnisvollen Folgen wird die weitere Aufrüstung mit immer vernichtenderen und, genauer, tötenden Waffen sein, sowie das Festhalten an einer eigenständigen EU-Rüstungspolitik und -industrie. Die für Offensive und Intervention aufgerüsteten besonderen Militäreinheiten sollen weit bis nach Afrika und Asien hinein der NATO unliebsame Ziele attackieren können, und zwar auch nuklear. Dies als Friedenspolitik auszugeben, ist die Ideologie der Mächtigen, die noch immer nicht gelernt haben: Wer den Frieden will, muß den Frieden vorbereiten.

gez. Volker Böge
gez. Andreas Buro
(Friedenspolitische Sprecher des Komitees für Grundrechte und Demokratie)

Bürgerrechtsorganisationen werden das Projekt Grundrechtsabbau nicht hinnehmen

Auf Initiative der Humanistischen Union haben verschiedene Bürgerrechtsorganisationen, u.a. auch das Komitee, eine Presseerklärung verfaßt, die den Regierungsentwurf zur Einführung des „Großen Lauschangriffs" kritisiert.

Zum Regierungsentwurf zur Einführung des Großen Lauschangriffs erklären die Bürgerrechtsvereinigungen

– Bürgerrechte und Polizei/CILIP
– Bundesarbeitskreis kritischer Juragruppen (BAKJ)
– Gustav-Heinemann-Initiative
– Humanistische Union e.V.
– Institut für Bürgerrechte & öffentliche Sicherheit e.V.
– Komitee für Grundrechte und Demokratie e.V.
– RichterInnen und StaatsanwältInnen in der ÖTV
– Strafverteidigervereinigungen:

Durch die Einführung des „Großen Lauschangriffs" auf Privatwohnungen wird erneut ein unantastbarer privater Bereich preisgegeben. Alle rechtliche Kosmetik kann nicht darüber hinwegtäuschen, daß künftig die Räume abgehört werden dürfen, in denen

sich eben nicht nur der beschuldigte „Täter" aufhält, sondern auch gänzlich unbeteiligte Bürgerinnen und Bürger. Dies steht im Widerspruch zu verfassungsmäßig garantierten Rechten.

Der Koalitionsentwurf verkennt, daß der Mensch nur dann Täter ist, wenn er von einem ordentlichen Gericht rechtskräftig verurteilt worden ist. Die Strafverfolgung hat es von daher nur mit Verdächtigen zu tun.

Die oben genannten Bürgerrechtsvereinigungen werden ohne Wenn und Aber die verfassungsmäßigen Rechte der Bürgerinnen und Bürger verteidigen. Die Bundesregierung sollte bedenken, daß sie mit dem Vorstoß in einem wichtigen Bereich wieder einmal den Verfassungskonsens aufkündigt. Wir werden uns mit dieser Entwicklung nicht abfinden, sondern uns mit allen uns zur Verfügung stehenden demokratischen Mitteln für die verfassungsmäßige Ordnung einsetzen. Wir appellieren an die Abgeordneten des Deutschen Bundestages, dem Gesetzentwurf die für die Grundgesetzänderung erforderliche Zweidrittelmehrheit zu verweigern. Wir fordern zugleich die Landesregierungen auf, über den Bundesrat das Projekt Grundrechtsabbau zu stoppen.

Anschlag der Bundesregierung auf Bürgerrechte und Umweltschutz: Die Deregulierungsgesetze

Zusammen mit verschiedenen Umwelt-Organisationen wie BUND und BBU veröffentlichte das Komitee einen Aufruf gegen die Deregulierungsgesetze, durch die u.a. Genehmigungsverfahren für großtechnische Anlagen beschleunigt und Bürgerbeteiligungen beschnitten werden sollen. Der Text war als

Anzeige u.a. am 24. Juni 1996 in der „Frankfurter Rundschau" abgedruckt.

Unter dem Vorwand einer Beschleunigung von Planungs- und Genehmigungsverfahren sollen die im Grundgesetz verankerten Rechtsansprüche der Bevölkerung auf Gesundheit und damit der Schutz vor Umwelt-

risiken noch stärker mißachtet werden. Begründet wird dies mit der Absicht, die „standortbedingten Nachteile" Deutschlands im weltweiten Wettbewerb ausgleichen zu müssen.

Die drei von der Bundesregierung am 11.1. 1996 eingebrachten Artikelgesetze sehen u.a. vor:

● Die Errichtung umweltbelastender Vorhaben ohne spezielle Genehmigung. Umweltverträglichkeitsprüfungen werden weitgehend wegfallen.

● Eine Mißachtung des Grundrechts auf Leben und Gesundheit sowie des Gebots der Verfahrensfairneß gegenüber den betroffenen Anwohnern z.B. von Chemieanlagen und Atomkraftwerken durch eine massive Bevorteilung von Investoren und Behörden im Verfahren und vor Gericht, u.a. durch Wegfall der aufschiebenden Wirkung von Klagen.

● Eine Umfunktionierung der Genehmigungsbehörde zu einseitigen „Dienstleistern" für Investoren, so daß sie ihrer Pflicht zum Schutz der Bevölkerung nicht mehr nachkommen können. Die Verpflichtung auf das Allgemeinwohl und den Rechtsstaat fällt weg.

● Neuartige Müllverbrennungsanlagen (deklariert als Forschungs- oder Entwicklungsanlagen) ohne spezielle Genehmigung zu betreiben.

Im Klartext heißt dies: Die Bundesregierung beabsichtigt einen allmählichen Abbau der Umweltstandards bis zum Niveau anderer weltweit konkurrierender Länder.

Jedem Mitbürger müßte angesichts der parallel laufenden Auseinandersetzung um die Demontage sozialer Standards klar sein: Widerstand ist nicht nur wegen des Abbaus weiterer ökologischer Bürgerrechte nötig, sondern wegen der bedrohlichen Rückentwicklung des demokratischen und sozialen Rechtsstaates!

Wir fordern von Bundesrat und Bundestag:
● die Gesetzesvorhaben der Bundesregierung zu Fall zu bringen,
● den grundgesetzlichen Rechtsanspruch

der Bevölkerung auf Schutz vor Umweltrisiken zu respektieren,

● einen ökologischen, zukunftsfähigen und sozialverträglichen Umbau unserer Wirtschaft in Angriff zu nehmen. Damit werden eher Arbeitsplätze geschaffen als mit dem vordergründigen Aktionismus der Bundesregierung, der von den eigentlichen Problemen ablenken soll.

Mitgliederbrief: 10. September 1996
Humanitäre, friedenspolitische und menschenrechtliche Hilfe des Komitees für Grundrechte und Demokratie im ehemaligen Jugoslawien

Der Aktualität halber schließen wir diesen Dokumententeil mit einem zusammengefaßten Bericht über die Hilfe, die das Komitee seit 1991, speziell aber im Zeitraum Juli 1995 bis Anfang September 1996, in drei Nachfolgerepubliken des ehemaligen Jugoslawien geleistet hat: in Kroatien, Bosnien-Herzegowina (Föderation und Serbische Republik) und in Rest-Jugoslawien (Serbien und Montenegro). Diese Zusammenfassung bezieht sich nicht auf politische Analysen und Einschätzungen, sondern weitgehend auf den Hilfeaspekt.
Verwiesen wird jedoch auf Dokumente in diesem Komitee-Jahrbuch '95/96, auf Dokumente früherer Jahrbücher seit 1991 und auf das vom Komitee herausgegebene Buch „Friedenspolitik mitten im Krieg – Das Exempel Ex-Jugoslawien" (März 1996; Bezug – bitte Verrechnungsscheck über 20 DM beilegen: Komitee für Grundrechte und Demokratie, An der Gasse 1, 64759 Sensbachtal). Dieses von Klaus Vack, dem Komitee-Koordinator für humanitäre, friedenspolitische und menschenrechtliche Hilfe im ehemaligen Jugoslawien, mit Unterstützung von Roland Roth und Wolf-Dieter Narr herausgegebene Buch informiert ausführlich über die friedenspolitische Perspektive des Komitees und darüber, was das Komitee zur Verwirklichung dieser Perspektive in Ex-Jugoslawien bisher getan hat.
Mit dem nachfolgenden Übersichtsbericht von Klaus Vack sind wir über den Redaktionsschlußtermin für die Jahrbuch-Dokumentation (30. Juni 1996) hinausgegangen, um die bisher größte

Einzelhilfsaktion des Komitees, die Erholungsfreizeiten für Kriegs- und Flüchtlingskinder vom 30. Juni bis 9. September 1996, noch einbeziehen zu können (siehe Seiten 441 ff.).

Liebe Freundinnen,
liebe Freunde!

Zunächst summa summarum: Die Dokumentation im Komitee-Jahrbuch '94/95 weist darauf hin, daß das Komitee für Grundrechte und Demokratie seit Sommer 1991 bis 31. Juli 1995 für humanitäre, menschenrechtliche und friedenspolitische Hilfe im ehemaligen Jugoslawien ca. 8,1 Millionen DM eingesetzt hat. Bis damals hatte ich, in aller Regel gemeinsam mit weiteren Helferinnen und Helfern aus dem Komitee-Zusammenhang, 50 Reisen ins ex-jugoslawische Kriegsgebiet unternommen. Es galt von Anfang an und hat sich sowohl politisch als auch, damit keine Hilfsgüter in schwarze Kanäle verschwinden, als richtig erwiesen, bei jeder Unterstützungsaktion dabei zu sein und die Hilfe persönlich dort abzugeben, wo sie hin soll, direkt bei denjenigen, für die sie vorgesehen ist.

Heute, da ich diesen Bericht schreibe, kann ich, von der letzten Kinderfreizeit (197 muslimische Kinder aus Sanski Most) zurückgekehrt, auf 72 Reisen beziehungsweise Hilfaktionen in Kroatien, Bosnien-Herzegowina und der Bundesrepublik Jugoslawien zurückblicken. Dabei wurde Hilfe (seit November 1991) im Wert von 11,8 Millionen DM geleistet. Das heißt, daß der Zeitraum zweites Halbjahr 1995 bis September 1996 (also vierzehn Monate) bisher das größte Spendenaufkommen unserer Hilfaktion erbrachte.

Dies ist meines Erachtens vor allem der strikt menschenrechtlich-pazifistischen Politik des Komitees im Jugoslawien-Konflikt zu verdanken. Hinzu kommt die Art unserer Hilfe, die die humanitäre Unterstützung stets argumentativ und praktisch mit dem friedenspolitischen Anspruch verbindet. Unsere Partner in Jugoslawien sind Antikriegsgruppen, Menschenrechtsinitiativen u.a., die wie wir nach dem Motto arbeiten: „Verständigung statt Krieg".

Persönlich möchte ich erwähnen, daß ich nach meinen Aufzeichnungen bei den 72 Hilfsaktionen ca. 170.000 Kilometer (in Lkw-Konvois, mit dem Pkw, aber auch per Flugzeug) zurückgelegt und mich seit November 1991 bis zum 9. September 1996 711 Tage im ehemaligen Jugoslawien aufgehalten habe. Damit will ich nicht unbedingt den Kraft- und Arbeitsaufwand, also die Quantität hervorheben, sondern die Qualität dieser Art von Hilfsaktionen betonen.

● Der Juli 1995 begann mit den Erholungsfreizeiten für etwa 1.650 kroatische und bosnische Kriegs- und Flüchtlingskinder an der kroatischen Adria (Makarska) beziehungsweise vorgelagerten Inseln. Um diese Freizeiten zu ermöglichen, hatten 1.650 Bürgerinnen und Bürger (zu 90 Prozent aus unserem politischen Umfeld), aber auch Schulklassen, Kirchengemeinden, Jugend- und Friedensgruppen, jeweils 220 DM gespendet. Hier haben wir zum erstenmal den Wert dieser Freizeiten für die Kinder praktisch erfahren, was uns zu solchen Kinderfreizeiten auch für das Jahr 1996 anregte.

● Die Freizeiten 1995 wurden überschattet durch den „Sturm"-Krieg der kroatischen Armee auf die Krajina, der etwa 200.000 Serben, die seit Menschengedenken dort ortsansässig waren, vertrieben hat.

● Im September 1995 wurden fünf verschiedenartige Hilfsaktionen verwirklicht.
– Zum einen wurde im Flüchtlingslager „Medena", etwa dreißig Kilometer nördlich von Split, an 1.100 kroatische Flüchtlinge aus Vukovar, die seit vier Jahren in „Medena" festsitzen, Bettwäsche verteilt. Für alle

Flüchtlinge eine neue Garnitur, hergestellt von einer Textilfabrik in Zagreb, finanziert vom Komitee. Die Flüchtlinge erhielten auch wichtige Basismedikamente, darunter Vitamine, 400 antiquarisch eingekaufte Bücher für die Hausbibliothek. Außerdem wurde Schulmaterial an etwa 350 Erstklässler in Split verteilt.
– Zum zweiten mußte sich unsere Hilfsdelegation bei einer mehrtägigen Fahrt durch die Krajina mit den erneut unvorstellbaren Schrecken des Krieges konfrontieren lassen. 1992 hatte die serbische Armee fast alle Besitztümer von Kroaten zerstört. Am meisten verschont wurde damals die Bezirksstadt Knin. Nunmehr plünderten und brandschatzten kroatische Bürger – meist keine Flüchtlinge, sondern Leute aus anderen Gebieten, die vom direkten Krieg verschont geblieben waren – Besitztümer von Serben. Die schätzungsweise 3.000 zurückgebliebenen, also nicht geflüchteten Serben lebten weitgehend unter dem Schutz der Blauhelme. Unsere Partnerorganisation in Split, das „Dalmatinische Solidaritätskomitee" (DOS), hatte außerdem 270 allein lebende Serben (alte und kranke Leute) aufgespürt. Sie alle wurden für einen vorerst zwei Monate ausreichenden Zeitraum mit Lebensmitteln und Hygieneartikeln versorgt.
– Zum dritten wurden nach Tuzla (Bosnien) umfangreiche Hilfsgüter (Nahrungsmittel, Hygieneartikel, Arznei, neue Kleiderstoffe und die dazugehörigen Wirkwaren sowie 2.000 Lesebrillen) für Flüchtlinge überwiegend aus Srebrenica gebracht.
– Zum vierten wurden in das jahrelang umkämpfte und nun wieder zugängliche Bihac (Nordwest-Bosnien) zwei Lkw Obst und Frischgemüse gebracht (Paprika und Karotten, weil sie roh gegessen werden können). Diese Hilfsgüter haben wir auf dem Großmarkt in Zagreb gekauft.
– Zum fünften war eine Delegation in Serbien und in der Vojvodina, um ausschließlich Baby- und Kleinkindernahrung sowie Geräte zur Verabreichung von Babynahrung zu den Flüchtlingen aus der Krajina zu bringen. Mehr Geld und Transportmöglichkeiten, um auch die erwachsenen Krajina-Vertriebenen

zu versorgen, standen dem Komitee im September 1995 leider nicht zur Verfügung.

● Ständig versorgten wir in Zusammenarbeit mit der von internationalen Freiwilligen gebildeten Gruppe NEXUS monatlich im Wert von ca. 30.000 DM Flüchtlingslager in Zagreb und im Umland der Stadt mit Obst und Gemüse. (Ab November/Dezember 1995 begann die kroatische Regierung, die Flüchtlingslager aufzulösen, und zwar durch Abschiebung der bosnischen Flüchtlinge nach Bosnien-Herzegowina und durch Verlagerung der kroatischen Flüchtlinge aus dem von Serbien gehaltenen Ostslawonien in den Großbezirk Kroatisch-Slawonien. Heute gibt es in Zagreb und Umgebung keine Flüchtlingslager mehr, allerdings noch Flüchtlinge, die privat, bei Verwandten u.ä. untergekommen sind. Damit ist die Aufgabe, die sich NEXUS gestellt hatte, entfallen. Die Gruppe dieser internationalen Freiwilligen, die sowieso nach jahrelanger Überforderung zusammengeschrumpft und erschöpft war, hat sich nach etwa vierjähriger Tätigkeit am 30. Juni 1996 aufgelöst.)

● Im Herbst und Frühwinter 1995 gab es noch verschiedene Hilfsaktionen, beispielsweise die Verteilung von 1.650 Geschenkpaketen mit Nahrungsmitteln und Hygieneartikeln für die Ärmsten der Armen unter den Flüchtlingen und Vertriebenen in Slawonien, eine erneute Baby-Kleinkinder-Nahrungs- und Impfstoff-Aktion gegen Kinderkrankheiten, sowie Obst und frisches Gemüse für Krajina-Flüchtlinge in Serbien …

● Bereits im November 1995 erreichten uns zahlreiche Hilfsappelle über die zunehmend bedrohlicher werdende Versorgungssituation bei den Flüchtlingen, denn der bis in den April während härteste Winter während der gesamten Kriegsjahre hatte begonnen. Wir starteten mit Großanzeigen, Presseberichten und vor allem einer Aussendung an all unsere Spenderinnen und Spender den Aufruf „Winterhilfe jetzt!" Das Spendenergebnis von knapp 1,2 Millionen DM versetzte uns in die Lage, von Januar bis Ostern 1996 Hilfsaktionen zu den von uns ermittelten Brennpunkten größter Not zu verwirklichen.

Auch diesmal ging es überwiegend um Lebensmittel, Hygieneartikel, Arznei, aber auch Schulmaterialien. Um einige Hilfsstationen zu nennen: Pakrac, Osijek, Vinkovci, Zupanja, Slavonski Brod, Knin, Split (Kroatien), Sanski Most, Gornji Vakuf, Tuzla (Bosnien-Herzegowina/Föderation), Banja Luka (Bosnien-Herzegowina/Serbische Republik), Belgrad, Novi Sad, Uzice, Banija Basta (BR Jugoslawien).

● Gleichzeitig, in der Regel mit diesen Hilfsaktionen verbunden, gaben wir Unterstützung für die Antikriegs- und Menschenrechtsarbeit. Insbesondere wurde und wird noch das Projekt „Friedliche Lösung in Ostslawonien" der kroatischen und serbischen Antikriegsgruppen unterstützt. Materielle Hilfe gaben wir auch für Antikriegszeitungen.

● Während diese Winterhilfsaktionen noch liefen, haben wir am 20. Februar 1996 den Spendenaufruf zur „Aktion Ferienpatenschaften 1996 für Flüchtlings- und Kriegskinder im ehemaligen Jugoslawien" verbreitet. Eine Patenschaft war mit 250 DM beziffert. Durch Preissteigerung mußten wir später feststellen, daß die Kosten für die Erholungsfreizeit eines Kindes im Schnitt 300 DM ausmachten. Allerdings haben wir für diese Aktion insgesamt 900.000 DM an Spenden erhalten.

● Nach einer kurzen Verschnaufpause von einem Monat begann erneut das Reisen. Unter den schwierigen bürokratischen Bedingungen, aber auch, weil wir nicht mit allen Partnergruppen über die Auswahl der Kinder für die Sommerfreizeiten zufrieden sein konnten, war es nötig, mehrmals Besprechungen, und zwar dort, vor Ort, abzuhalten und auch Verträge abzuschließen. Diese Reisen wurden zugleich genutzt, um erneut humanitäre Hilfsgüter zur Verfügung zu stellen. Dabei lag die Konzentration auf Kindern: Kindergärten, Schulklassen, Waisenheime, Kinder in Flüchtlingslagern, Heime für behinderte Kinder, Kinderstationen in Krankenhäusern.

● Zuvor hatten wir noch eine groß angelegte Aktion „Samen für den Garten", denn die kriegsberuhigte Situation ermöglichte es, wieder Gärten zu bestellen. Ich erinnere mich zum Beispiel an eine Reise im Mai, wo in Sanski Most und in Banja Luka fleißig in den Gärten gearbeitet wurde beziehungsweise schon manche Saat aufgegangen war. Für nicht wenige Menschen brachte dies für den Sommer und den Herbst 1996 vitaminreiche Nahrung auf den Speiseplan.

* * *

Ich schließe diese Zusammenfassung mit einem ganz großen Dankeschön! Ich glaube, viele der Spenderinnen und Spender können nur zum Teil ahnen, welche Wohltat sie mit ihrer Hilfe unterstützt haben. Immer mehr hat sich unser Konzept bewährt, nicht Sachspenden einzusammeln, auszusortieren, bei Medikamenten auf Verfallsdatum oder Gebrauchswert zu achten, sondern ausschließlich zu Geldspenden aufzurufen und dann bedarfsgemäß einzukaufen. In Kroatien kaufen wir nun bereits seit fast zwei Jahren mit Ausnahme einiger Medikamente sämtliche Hilfsgüter im Land selbst ein. Das gleiche gilt inzwischen für Bosnien-Herzegowina und für Rest-Jugoslawien. Dies erspart uns Transportkosten, Zeit und schont die Nerven bei den ansonsten unsäglichen Grenz- und Zollkontrollen.

Ich denke, wir sollten so weitermachen und uns bereits darauf einstellen, daß es vor allem in Bosnien-Herzegowina erneut einer Aktion Winterhilfe bedarf. Das große Geld fließt vor allem in Prestige-Projekte, und die Sarajewo-Mafia mischt feste mit.

Gewiß, unsere kleine Hilfe bleibt, selbst wenn wir sie steigern könnten, ein Tropfen auf den heißen Stein. Aber dafür kommt unsere konkrete Unterstützung direkt an und hilft immerhin tausenden Menschen. Keine Mark versickert in den sich überall ausbreitenden Mafiastrukturen.

So möchte ich die Schlußworte des Buches „Friedenspolitik mitten im Krieg" zu dem Punkt „nur ein Tropfen auf den heißen Stein" wiederholen: Die politische Philosophie und Strategie des Tropfens umschließt im Kern das Wissen, daß solche Tropfen über die Jahrzehnte, ja die Jahrhunderte hinweg eine Art menschenrechtlich-pazifistische Zeichensprache bilden. Diese spricht immer wieder zu neuen Menschen, die sich daran scharen und ihre eigenen Symbole damit verknüpfen. Eine solche politische Philosophie des Tropfens lebt von der Gewißheit, daß Frieden nur dann möglich wird, wenn man ihn praktiziert. Gewalt ist kein Weg. Sie bezeichnet gerade in ihrer Wirkungsmächtigkeit eine Illusion. Eine solche Philosophie des Tropfens wird dadurch immer erneut belebt, daß die Erfahrungen von Menschen, denen geholfen, die vielleicht sogar gerettet werden konnten, mehr ist, als wir alle erwarten dürfen. Daß erst die Erkenntnis um die Zerbrechlichkeit des verletzbaren sterblichen Menschen, erst die Erkenntnis der Zerbrechlichkeit alles Guten frei macht, dafür zu kämpfen, ohne den Wahn, jemals etwas Perfektes, den perfekten Frieden gar, erreichen zu können. Diese Erkenntnis macht auch frei, die eigene Geselligkeit und Lust bei voll ausgelebter menschenrechtlich-pazifistischer Politik bestätigend zu erleben. Insofern verdichtet sich im Tropfen eine konkrete Utopie. Der Tropfen ist ein Meer, das die schlechte kriegerische Politik aufhebt. Ein Mehr."

Mit freundlichen Friedensgrüßen
Euer gez. Klaus Vack

438

Im Zusammenhang mit seinen humanitären, friedenspolitischen und menschenrechtlichen Hilfsaktivitäten in Ex-Jugoslawien veranstaltete das Komitee für Grundrechte und Demokratie, gemeinsam mit Partnerorganisationen vor Ort, im Sommer 1996 (vom 1. Juli bis zum 9. September 1996) Erholungsfreizeiten für 10- bis 14jährige Kriegskinder im ehemaligen Jugoslawien an der Adriaküste und auf vorgelagerten Inseln. Die Kinder aus den Schichten der Ärmsten der Armen kamen aus Kroatien, Bosnien-Herzegowina (Föderation und Serbische Republik) sowie aus Rest-Jugoslawien. Am 20. Februar 1996 startete das Komitee durch Aussendung an etwa 8.500 einzelne und Gruppen aus der deutschen Friedens- und Menschenrechtsbewegung den Spendenaufruf zur „Aktion Ferienpatenschaften 1996 für Flüchtlings- und Kriegskinder im ehemaligen Jugoslawien". Eine Patenschaft war mit 250 DM beziffert. Durch Preissteigerungen mußte später festgestellt werden, daß die Kosten für die Erholungsfreizeit eines Kindes im Schnitt 300 DM ausmachten. Die Patenschaften erbrachten jedoch insgesamt 900.000 DM, so daß es möglich war, 2.992 Kindern aller drei großen Volksgruppen die Teilnahme an einer 14tägigen Freizeit zu ermöglichen. Klaus Vack, der an acht der dreizehn Freizeiten im Verlaufszeitraum 53 Tage beteiligt war und am 9. September 1996 von der letzten Freizeit dieser Gesamtaktion zurückgekehrt ist, versucht einen ersten Eindruck, nicht zuletzt über die friedenspolitische Bedeutung dieser Kinderfreizeiten, zu vermitteln.

Klaus Vack

Ein Sonnenstrahl im lange abgedunkelten Keller

Vorgeschichte

Bevor ich zu Details und einer abschließenden friedenspolitischen Bewertung der Kinderfreizeiten komme, will ich einige Informationen vorausschicken.

Bereits im Sommer 1994 haben wir eine derartige Freizeit für 200 Flüchtlingskinder aus Slavonski Brod (Kroatien) ermöglicht und erste Erfahrungen gesammelt. 1995 haben wir die erste groß angelegte Patenschaftsaktion für solche Kinderfreizeiten gestartet und konnten 1.650 muslimischen und kroatischen Flüchtlingskindern eine Freizeit ermöglichen.

An diesen vorangegangenen Kinderfreizeiten haben teilweise auch dreizehn engere Mitarbeiterinnen und Mitarbeiter des Komitees teilgenommen. Wir waren nicht mit allem, was unsere Partnerorganisationen arrangiert hatten, zufrieden, konnten aber letztendlich zweifelsfrei erkennen, daß diese Freizeiten den Kindern, die allesamt zwei bis vier Jahre ein Flüchtlingsdasein fristeten, eine fast unvorstellbare Freiheits- und Lebensfreudedimension gaben. Deshalb waren wir uns gewiß, diesen ersten Urlaub mitten im Krieg werden diese Kinder ihr ganzes Leben lang nicht vergessen.

Diese Erkenntnis war für uns Ansporn, im Rahmen unserer ansonsten für eine kleine Organisation enormen humanitären, friedenspolitischen und menschenrechtlichen Hilfsaktionen im ehemaligen Jugoslawien, 1996 erneut zusätzlich auch Erholungsfreizeiten für Kriegskinder vorzusehen.

Dabei ging es u.a. darum, daß die Freizeiten in erheblicher Proportion Kindern zugute kamen, die vorher nicht berücksichtigt werden konnten (nur etwa knapp 200 Kinder waren bereits 1995 dabei), und die Freizeiten – soweit man das bei etwa 230.000 Kriegskindern im Alter von 10 bis 14 Jahren überhaupt sagen kann – breiter zu streuen. Konkret bedeutete dies: Erholungsfreizeiten auch für Kriegskinder aus Bosnien-Herzegowina und aus Rest-Jugoslawien.

Von den etwa 3.000 Ferienkindern kamen letztlich rund 1.400 aus Kroatien (was auf unsere dort am weitesten entwickelten Kontakte zurückzuführen ist), 1.300 aus Bosnien-Herzegowina (wo nach wie vor die größte Bedürftigkeit besteht) und 300 aus der Bundesrepublik Jugoslawien (die wir, sollte es auch 1997 zu Freizeiten kommen, unbedingt besser dotieren sollten).

Der größte Teil der Kinder verbrachte den Erholungsurlaub in Kroatien. Sowohl die kroatischen als auch die muslimischen Kinder, und zwar an der Makarska Riviera und auf vorgelagerten Inseln. 300 Kinder aus Banja Luka (Bosnien-Herzegowina/Serbische Republik) und 300 Flüchtlingskinder aus verschiedenen Flüchtlingslagern in Serbien verbrachten den Erholungsurlaub in Ulcinj/Montenegro.

Probleme

Überall arbeiteten wir bei der Vorbereitung der Freizeiten mit Partnergruppen zusammen, mit denen wir seit mindestens einem Jahr, meist jedoch länger verbunden sind.

Dennoch gab es zum Teil erhebliche Probleme. Sie sollen der Leserin und dem Leser und vor allem auch den Spenderinnen und Spendern von Patenschaften nicht vorenthalten bleiben. Mit Ausnahme der Freizeit Osijek/Pakrac/Knin, geleitet von einer vorzüglichen Friedensinitiative, hatten wir nicht unerhebliche Schwierigkeiten mit den Freizeiten aus Vinkovci, Zupanja und Slavonski Brod. Die dortigen Gruppen brachten entgegen unseren Absprachen ganze Familien mit, also zum Beispiel die Frauen oder Männer der Betreuerinnen und Betreuer und gleichzeitig auch die eigenen Kinder.

Das hatte zur Folge, daß viele der Betreuerinnen und Betreuer vorrangig Familienurlaub machten und sich weniger um die der Freizeit bedürftigen Kinder bemühten.

Auch gab es bei diesen Gruppen erhebliche Abweichungen von der bewußt vereinbarten Altersstaffelung, also ausschließlich Kinder im Alter von 10 bis 14 Jahren. Die bis zu zwanzig Prozent 16- und 17jährigen (denen ich zwar prinzipiell einen Urlaub am Meer gönne) waren erhebliche Störfaktoren für die Homogenität zu Lasten der eigentlich angestrebten Kindergeneration. Die Gruppen aus Zupanja und Vinkovci überzogen zudem das zugestandene Kontingent von 200 (inklusive Betreuerinnen und Betreuer) erheblich, aber natürlich konnten wir sie nicht einfach zurückschicken. Gerade bei diesen Freizeiten waren die kleinen Gruppen von je vier deutschen Betreuerinnen und Betreuern extrem belastet, weil sie all das gutmachen mußten, was die einheimischen Betreuer vernachlässigten. Was Slavonski Brod betrifft, so wurden bedürftige, von uns finanzierte Kinder gemixt mit „Selbstzahlerkindern", so daß es beispielsweise Diskrepanzen beim Taschengeld zwischen zehn bis zwanzig Mark (Bedürftige) und mehr als hundert Mark (Selbstzahler) gab. Da wir diese unprofessionelle Vorgehensweise unserer Partnerorganisation nicht den Kindern anlasten konnten (auch nicht den begüterten Selbstzahlerkindern), war die Betreuung oft ein Drahtseilakt.

Positive Erfahrungen

Ganz anders war es bei der kroatischen Freizeit Osijek/Pakrac/Knin (wohl eine der besten Freizeiten). Besonders beeindruckend war hier die Tatsache, daß sich unter den 250 Kindern außer der Mehrzahl kroatischer Kinder auch 75 serbische Kinder sowie eine Reihe Kinder slowenischer, slowakischer, ungarischer Herkunft, aber auch jüdische und Roma-Kinder

444

beteiligen konnten. Nach anfänglicher Distanz insbesondere der serbischen Betreuerinnen und Betreuer zur kroatischen „Mehrheit", hat sich bereits innerhalb weniger Tage eine Gruppengemeinschaft entwickelt, die, wie ich weiß (es war die erste Freizeit vom 1. bis 14. Juli) bereits in Kontakten ihre Fortführung findet. Das hat wohl auch damit zu tun, daß wie in nur wenigen Freizeiten die Betreuerinnen und Betreuer dieser Gruppe rund um die Uhr für die Kinder da waren und nicht auf einen persönlichen Urlaub spekuliert hatten.

Ebenfalls hervorhebbar gut lief die Freizeit mit den 300 Kindern aus Banja Luka. Dies ist von wenigen Ausnahmen abgesehen nicht den lokalen Betreuern (meist Lehrerinnen und Lehrern) zu verdanken, die sich überwiegend dem lang ersehnten Urlaub am Meer widmeten. Die Kinder waren untergebracht in einer großzügigen Freizeiteinrichtung, die dem Kindergarten in Cacak (Zentralserbien) gehört. Diese Einrichtung bot ausgezeichnete Voraussetzungen und hatte neben dem Küchen- und sonstigen Hilfspersonal auch sieben eigene Betreuer, die sich engagiert um die Kinder bemühten und so die Trägheit der Betreuerinnen und Betreuer aus Banja Luka wiedergutmachten. Die Freizeiteinrichtung selbst umfaßt ein tiptop sauber gehaltenes Areal von etwa 3.000 Quadratmetern, u.a. mit einem kleinen Fußballplatz, einem Volleyball- und einem Baseballfeld sowie weiteren Sport- und Spieleinrichtungen.

Besonders zu erwähnen ist auch bei dieser Freizeit, daß neben der Mehrzahl der serbischen Flüchtlingskinder etwa 60 Kinder muslimischer, kroatischer und slowenischer Herkunft sowie aus gemischten Ehen teilnehmen konnten. Sie wurden eigens ausgewählt, weil sie Banja Luka nie verlassen haben und während des Krieges mit ihren Familien unter ständiger Bedrohung sowie in großer Not lebten. Ihre Eltern hatten allesamt ihre Arbeitsplätze aus ethnischen Gründen verloren. Wie bei der Gruppe Osijek/Pakrac/Knin dargestellt, gab es unter den Kindern nach ein, zwei Tagen der Anfangsschwierigkeiten keine ernstzunehmenden Streitereien. Vielmehr entstanden neue Freundschaften und wie bei anderen Freizeiten auch gelegentliche Romanzen. Wie bei jeder dieser Freizeiten schlugen Strand, Meer und Sonne sowie vielfältige anderweitige Beschäftigungen die Kinder in ihren Bann, machten sie glücklich und froh. Viele Kinder waren gerade uns Deutschen gegenüber sehr anhänglich, nahmen unsere Spielangebote an, und nicht selten kam es auf Anregung durch die Kinder selbst zu Gesprächen über ihre schrecklichen Kriegserfahrungen.

In der Freizeitstätte Ulcinj ist am 9. September auch die Freizeit serbischer Flüchtlingskinder aus der BR Jugoslawien zu Ende gegangen. An dieser Freizeit konnte niemand vom Komitee teilnehmen, aber sie soll ebenso gut gelaufen sein wie die Freizeit für die Kinder aus Banja Luka.

Eigens erwähnt werden sollte auch die bei der Planung problematischste Freizeit für 200 Kinder aus Gornji Vakuf. Ich pflege Gornji Vakuf Klein-Mostar zu nennen, obwohl nicht ein Fluß, sondern die Hauptstraße die muslimische Seite von der kroatischen trennt. Es ist absolutes Tabu, diese imaginäre Grenze in die eine oder andere Richtung zu überqueren. Hinzugefügt werden muß, daß die Mehrheit der Bevölkerung ein normales Zusammenleben herbeisehnt, sich aber kaum jemand traut, dies offen auszusprechen beziehungsweise das Begegnungstabu zu brechen (es sei denn, zu dunkler Nachtzeit).

In Gornji Vakuf arbeitet seit gut einem Jahr eine Gruppe internationaler Freiwilliger (u.a. auch vom Komitee finanziell unterstützt) mit einem vielfältigen Programm, das von sozialer Betreuung über Lernhilfe für Kinder bis zur Mithilfe beim Wiederaufbau zerstörter Häuser geht. Diese Freiwilligengruppe konnte sich auf beiden Seiten Anerkennung verschaffen, allerdings unter der Voraussetzung, daß sie mit den herzegowinischen Kroaten und den bosnischen Muslimen immer nur getrennt verhandelten.

Es würde zu weit führen, das unsägliche Gerangel in der Vorbereitungsphase dieser Kinderfreizeit detailliert darzustellen. Die kroatische Stadtobrigkeit wollte gar die Freizeit zu Fall bringen. Sozialer Druck von unten, nämlich von den Eltern, erreichte, daß die Freizeit dann doch zustande kam. Von Gornji Vakuf zum Hotel Nimfa in Zivogosce an der dalmatinischen Adria fuhren die Kinder mit ihren Betreuerinnen und Betreuern in getrennten Bussen. Bei der Zuteilung der Zimmer für die Kinder gab es gewissermaßen einen kroatischen und einen muslimischen Block. Das gleiche galt beim Essen im großen Speiseraum. Die Betreuerinnen und Betreuer konnten jedoch ihre beinharte Trennungsstrategie nicht länger als zwei Tage durchhalten.

Das besondere Ambiente dieser Freizeiten – wie bereits oben im Zusammenhang mit der Gruppe Banja Luka angedeutet – verführte einfach zu Geselligkeit, so daß es sehr schnell keine Trennungen mehr nach „Nationalitäten", sondern nach Interessen gab. Letzteres ist normal. Im Meer baden oder schwimmen oder schwimmen lernen wollen zwar alle Kinder, aber ob nun Tischtennis oder Singen, Fußball oder Malen usw., da haben die Kinder zum Teil unterschiedliche Prioritäten. Das Zusammengehen der Kinder, dem sich am Ende auch nicht mehr die Betreuerinnen und Betreuer entziehen konnten, wurde außerdem besonders durch die Disco an jedem zweiten Abend gefördert. Da tanzten, hopsten und sangen sie alle miteinander und begannen zu erkennen, daß es zwar Merkmale unterschiedlichen Verhaltens gibt, wie z.B. schüchtern oder lebhaft sein, gutmütig oder auf Rauferei aus, daß dies aber nicht davon abhängt, ob man ein kroatisches oder ein muslimisches Kind ist. Jedenfalls höre ich jetzt aus Gornji Vakuf, nachdem die Kinder seit etwa zwei Wochen zurück sind, daß die imaginäre Grenze in der Stadt zunehmend, anfangs von Kindern und inzwischen auch von einigen Erwachsenen, ganz öffentlich überschritten wird. Die internationale Freiwilligen-Projektgruppe geht bereits daran, einige Programme beziehungsweise Veranstaltungen gemeinsam für und mit kroatischen und muslimischen Kindern vorzubereiten.

Ich kann nicht alle Gruppen detailliert beschreiben. Wichtig scheint mir noch, auf die Gruppe aus Tuzla einzugehen. Hier hatten wir wirklich die Allerärmsten der Armen. Das galt auch für die durchweg 20- bis 30jährigen Betreuerinnen und Betreuer, ebenfalls allesamt Flüchtlinge. Zwei Betreuerinnen hatten keinen Pfennig Geld dabei. Einige Dutzend Kinder waren ebenfalls absolut mittellos. Zehn DM Taschengeld war der höchste Betrag, den ein Kind dabei hatte. Viele Städtenamen, die im Laufe des grausamen Krieges in Bosnien-Herzegowina auch in Deutschland bekannt wurden, waren bei den Kindern und den Betreuerinnen und Betreuern als frühere Wohnorte vertreten: Srebrenica, Zvornik, Sarajewo, Zepa, Vlasenica ...

Helga Dieter (Mitglied im Arbeitsausschuß des Komitees und aktiv in einer Stadtteilgruppe in Frankfurt, die regelmäßige Patenschaften für Flüchtlinge in Tuzla übernommen hat) mußte für die Hälfte der Kinder Badeanzüge, für viele ein zweites T-Shirt, eine Hose usw. besorgen, damit diese Kinder überhaupt etwas anzuziehen hatten.

Wir glauben, richtig festgestellt zu haben, daß fast alle Kinder unterernährt waren und viele unter Vitaminmangel litten. Helga Dieter, die diese Freizeit von Anfang bis Ende begleitete (Hanne Vack und ich kamen etwas später hinzu), hat sofort mit dem Küchenchef vereinbart, daß die Kinder bei jedem Essen mit Salat und Gemüse und zum Nachtisch mit frischem Obst verköstigt wurden.

Als Hanne und ich im Hotel Nimfa zur Gruppe Tuzla stießen, waren die blassen und schmalen Kinder zwar nicht wohlgenährt, aber frisch und gebräunt, denn Helga und die Betreuerinnen und Betreuer haben strikt darauf geachtet, daß an Sonnenmilch mit Lichtfaktor 20 nicht gespart wird.

Maximal 20 Prozent der Kinder konnten schwimmen. Am Ende der Freizeit waren gewiß 80 bis 100 Kinder hinzugekommen, die bereits passabel schwimmen gelernt hatten oder sich wenigstens einigermaßen über Wasser halten und kurze Schwimmstrecken auch in tiefem Wasser zurücklegen konnten. Auch bei diesen Kindern spielte neben Schwimmen und Sport die Disco eine große befreiende und Geselligkeit stiftende Rolle. Oft haben wir uns gefragt, wo sie überhaupt die Kraft hernehmen, dies durchzuhalten, von morgens halb acht bis abends 22 Uhr ständig auf Achse zu sein. Hanne, Helga und ich haben uns vorgenommen, darüber zu sprechen, wie die Flüchtlingskinder von Tuzla und die Arbeit der dortigen deutschen Betreuer der Gruppe „Amica" materiell noch besser unterstützt werden können, wenn wir wieder genügend Spenden auf unser Konto „Helfen statt schießen!" bekommen haben.

Helga hat so ein zusätzliches Patenkind, die kleine Edina gefunden (siehe Kasten). Hanne und ich haben ein Kind in unsere private Betreuung aufgenommen, die 12jährige Amela mit der auf den ersten Anschein stattlichen Adresse: Hotel Tehnograd in Tuzla. Bei genauerem Nachfragen stellte sich jedoch heraus, daß Amela vor etwa vier Jahren mit ihren Eltern aus Zvornik vertrieben wurde und die mehrköpfige Familie seitdem in besagtem Hotel in einem vierzehn Quadratmeter großen Zimmer lebt (das ganze Hotel ist voll mit Flüchtlingen).

Edina – Ein bosnisches Kinderschicksal
Interview am 14.8.1996 während der Freizeit
für Flüchtlingskinder aus Tuzla

Ich heiße Edina und bin 1984 in Zvornik geboren. Zu Beginn des Krieges in Bosnien flüchteten meine Eltern, mein Bruder, meine Schwester und ich, um uns zu retten. In Rojsici stieg ein Mann in den Autobus und fragte, ob wir bei ihm untergebracht werden wollen, bis wir etwas zum Wohnen finden. Er hat uns sowohl Nahrung als auch Kleidung gegeben und alles andere, was man braucht. Wir lebten dort etwa drei Monate. Es war eng, und die fremden Leute mußten sich wegen uns sehr einschränken.

Mein Vater konnte es nicht aushalten, anderen Menschen zur Last zu fallen. Er wollte etwas arbeiten und Geld verdienen und uns ein Zimmer suchen. Deshalb gingen wir los, bis wir in der Dunkelheit an eine Schule kamen. Dort waren schon andere Flüchtlinge, und auch wir konnten in der Schule übernachten. Am nächsten Tag wurde von einer humanitären Organisation Essen verteilt, und wir haben uns in der Schlange angestellt. Von den Bergen in der Gegend konnte man Granatdetonationen hören, aber wir hatten großen Hunger und blieben in der Schlange.

Ich wachte in einem Krankenhaus wieder auf. Der Arzt sagte mir, daß ich an beiden Beinen, beiden Armen und am Bauch verletzt bin. Auch meine Schwester lag in diesem Krankenhaus. Ich habe nach meinen Eltern und meinem Bruder gefragt, und sie haben gesagt, sie lägen in einem anderen Krankenhaus.

Nach zwei Monaten wurde ich mit meiner Schwester nach Tuzla in ein Kinderheim gebracht, bis meine Eltern wieder gesund wären. Als ich die anderen Kinder dort gefragt habe, warum sie in dem Heim sind, sagten sie mir, daß es ein Waisenhaus ist und die Eltern getötet worden sind oder vermißt werden. Da ahnten wir, daß auch unsere Eltern und der Bruder tot sind.

Später kam meine Oma, die aus der Gefangenschaft in einem Lager entlassen war und uns gesucht hatte, und nahm uns mit. Nach einiger Zeit sagte sie uns, daß die Eltern und unser Bruder von der Granate getötet worden sind.

Seit 1992 leben wir bei der Oma. Jetzt gehe ich oft zum Haus von „Amica". Sie haben mich auch für die Ferien am Meer angemeldet. Es ist sehr schön hier in Zivogosce. Ich möchte mich bei allen bedanken, die mir diese Erholung ermöglicht haben. Noch einmal: Vielen Dank!

Die meisten dieser Flüchtlingskinder aus Tuzla (und selbstverständlich auch ihre Familien) werden auch auf absehbare Zeit keine Perspektive haben. Die humanitäre Hilfe, die dort Zehntausende von Flüchtlingen aus den großen Töpfen erhalten, ist so minimal, daß ein großer Teil dieser Kinder und der Erwachsenen neben der Kriegstraumatisierung auch gesundheitliche Dauerschäden davontragen werden. Ohne die kleine Hilfe, die eine solche Gruppe wie „Amica", aber auch das Komitee beisteuert, wäre für viele Menschen die Lebenssituation noch verzweifelter.

Die Rolle des Komitees bei den Kinderfreizeiten

Die erste Aufgabe bestand selbstredend darin, möglichst viele Patenschaften, das heißt Geld einzuwerben, um für eine große Zahl von bedürftigen Kindern eine solche Freizeit finanzieren zu können. Hier sei noch einmal an die bereits genannten Zahlen erinnert: Es wurden etwa 3.600 Patenschaften à 250 DM, also rund 900.000 DM, eingeworben. Unser ursprüngliches Ziel waren 3.000 Patenschaften. Auf diese Zahl waren die ingesamt dreizehn Freizeiten ausgelegt, und heute, am Ende der Aktion, ist es selbstverständlich ein Glück, daß mehr gespendet wurde, denn, wie ebenfalls bereits erwähnt, hat es Preissteigerungen und vor allem erhebliche Nebenkosten (Bustransporte, Visagebühren und Versicherung für die Kinder aus Bosnien-Herzegowina) gegeben, so daß im Schnitt ein zweiwöchiger Ferienplatz 300 DM gekostet hat.

Um so viele Menschen aus unserem nicht gerade großen Umfeld zu derartigen Spenden zu bewegen, war es erfoderlich (und das ist ja eigentlich auch selbstverständlich), die Notwendigkeit solcher Freizeiten plausibel zu machen. So ist neben dem finanziellen Aspekt auch der humanitär-politische zu sehen, der gleichsam einer erheblichen Zahl von Menschen die Möglichkeit bot, etwas Gutes zu tun, von dem sie rundum überzeugt waren.

Das wird u.a. auch dadurch belegt, daß neben der überwiegenden Zahl von Einzelspenden 73 Schulklassen Geldsammlungen veranstaltet haben, um 250 DM für ein Kriegskind oder auch 500 DM für zwei Kinder zusammenzubekommen. Das gleiche gilt für 23 Kindergärten, für Jugend- und Kindergruppen, für Friedensinitiativen, für Konfirmanden- oder Kommuniongruppen, für Kirchenkollekten und vieles andere mehr.

Darüber hinaus haben viele Gruppen in ihrer lokalen Presse ihr Engagement für die Kinderfreizeiten bekanntgegeben und damit zumindest die Information über die Situation der Kriegskinder hautnah verbreitet. Nicht wenige Initiativen haben Straßensammlungen gemacht. In Schulen, Jugendgruppen und andernorts wurde der ZDF-Film „Ferien vom Krieg" über die Kinderfreizeiten des vergangenen Jahres vorgeführt.

Einige Gruppen sind animiert worden, selbst kleinere Freizeiten für 30 oder 40 Kinder zu organisieren und zu finanzieren.

Das einzig Bedauerliche ist die geschlossene Schweigsamkeit der großen Medien über diese Freizeiten. Obwohl immer ausreichend mit Informationen versorgt, wurde so gut wie nichts veröffentlicht. Angebote an Journalistinnen und Journalisten oder an Redaktionen „progressiver" Zeitungen, an einer dieser Freizeiten ein paar Tage teilzunehmen und eine Reportage zu schreiben, wurden ausgeschlagen.

Allerdings offenbart diese Medienselbstzensur, die bekannterweise fast allen außerparlamentarischen und nicht-institutionellen Aktivitäten gilt, solange diese nicht mit großen Polizeieinsätzen o.ä. verbunden sind, allein anhand des beachtlichen Spendenergebnisses aus eigener Kraft, daß die Friedens- und Menschenrechtsgruppen nicht zu einer kleinen Minderheit zusammengeschrumpft sind. Man muß hinzudenken, was wir als Komitee in den letzten Jahren insgesamt an Hilfe im ehemaligen Jugoslawien geleistet haben, was wir anderweitig, zum Beispiel im Zusammenhang mit Asyl- und Flüchtlingspolitik oder der Atommüllagerung in Gorleben oder der deutschen Kurdenpolitik … tun. Man muß hinzudenken, daß das Komitee für Grundrechte und Demokratie, was das Friedensengagement im ehemaligen Jugoslawien betrifft, eine Gruppe unter vielen ist, und daß es eine Vielfalt außerparlamentarischer Gruppen und Organisationen gibt, die sich nicht im ehemaligen Jugoslawien engagieren, aber gleich Nützliches in der Bundesrepublik Deutschland oder anderswo im Ausland tun, sei es antimilitaristische Arbeit, seien es Bürgerinitiativen aller Art, Bürgerinitiativen speziell gegen die Atompolitik und allgemein für Umweltschutz und den Erhalt der natürlichen Lebensgrundlagen, seien es Engagement für mißhandelte Frauen oder Kinder, für Minderheiten, für Gefangene, gegen Ausländerfeindlichkeit …

Ich möchte gerade diesen Punkt, den Punkt Medienpolitik, an dieser Stelle in einem Aufsatz über die Kinderfreizeiten im ehemaligen Jugoslawien besonders hervorheben, weil ich anhand all der mir zugänglichen Basisinformationen weiß, daß es die sozialen Bewegungen durchaus noch als ansehnlichen Faktor gibt, auch wenn sie von der Presse weitgehend totgeschwiegen und dann in sich selbst erfüllender Prophetie als nicht mehr existent „abgeschrieben" werden.

Und wenn das Geld für die Kinderfreizeiten da ist …

Weiter vorne wurde bereits auf einige Schwierigkeiten und vor allem auf Besonderheiten und Unterschiede bei diesen Freizeiten hingewiesen. Es soll hier nicht ausgewalzt werden, aber eine außerordentlich wichtige Aufgabe war es, mit unseren Partnern klare Kriterien für die Auswahl der Kinder

festzulegen, sowohl unter sozialen Gesichtspunkten als auch über die Gründe für die Altersbegrenzung nach unten und oben oder daß von den Partnergruppen keine tendenzielle „Verbandspolitik" zuungunsten anderer bedürftiger Kinder betrieben wird. Wie erwähnt, hat dies nicht bei allen 13 Gruppen hundertprozentig funktioniert. Dennoch, ohne diese Vorabsprachen wäre es wahrscheinlich schlimmer gekommen. Dies hängt auch zusammen mit dem, was der Krieg in vielen Menschen kaputt gemacht hat, also auch bei den Erwachsenen, sprich unseren dortigen Partnern. Auf diesem Humus gedeiht sehr leicht eine Mentalität des Selbstbedauerns und ein Anspruchsdenken etwa nach dem Motto: Ich habe mich so sehr engagiert, ich habe so viel erduldet, jetzt bin ich bei einer Hilfsaktion dabei, und da muß auch für mich selbst etwas herausspringen. Wer so lange wie ich humanitäre Arbeit im ehemaligen Jugoslawien gemacht hat, bringt für diese Haltung sogar ein gewisses Verständnis auf. Dennoch mußte gegengesteuert werden, damit diese Freizeiten nicht ihren eigentlichen Sinn einbüßten.

Das alles war in der Vorbereitungsphase ein hartes Stück Arbeit. Aber schlußendlich will ich auch feststellen, daß die Pannen, die es durch Nichteinhaltung von Absprachen durch einige unserer Partner gegeben hat, im gesamten gesehen vernachlässigbar sind. Fast alle Kinder haben meines Erachtens optimal das bekommen, was wir ihnen geben wollten und geben konnten.

Tagebuchaufzeichnung 3. Juli 1996:

Um acht Uhr ist Frühstück angesetzt. Ich komme fünf Minuten nach acht in den Speiseraum, er ist fast schon wieder leer. Die Kinder drängeln bereits ab halb acht vor der Tür zum Speiseraum, so daß die Kellner fünfzehn Minuten früher öffnen. Die Küche geizt an nichts, aber die stets hungrigen Kinder schlagen sich in fünfzehn Minuten den Magen voll.

8.30 Uhr, wir Betreuerinnen und Betreuer sitzen zu einer Tasse Kaffee beisammen und besprechen, was heute so alles laufen könnte. Es ist noch morgendlich kühl, aber der Tag ist sonnenklar, und in zwei Stunden werden wir die hundert Meter zum Strand gehen.

Neun Uhr: Amalia und Spasa machen einen Workshop mit etwa 30 Kindern mit Anfassen, Erzählen, Malen, das gemalte Bild sich gegenseitig erklären, etwa unter dem Titel „Konflikte freundschaftlich lösen". Einige Betreuerinnen sitzen mit einer Gruppe von Kindern in der Disco, in der jetzt selbstverständlich keine Musik ist, und malen. Ich gehe mit drei Untergruppen und ihren Betreuerinnen (wir haben in dieser Gruppe nur zwei männliche Betreuer) an die kleine Strandmole, um dort Polaroidbilder zu knipsen, die sich in fünf Minuten selbst entwickeln und den Kin-

1.

Es weht ein Wind,
um unser' steinalt' Haus.
Es weht ein Wind,
und er bläst im Dorf
die Lichter aus.
Kinder all', Kinder all',
gute Nacht!
Kinder all', Kinder all',
gute Nacht!

2.

Es scheint der Mond
auf unser schiefes Dach.
Es scheint der Mond,
und im Dorf ist längst
kein Mensch mehr wach.
Kinder all', Kinder all',
gute Nacht!
Kinder all', Kinder all',
gute Nacht!

3.

Im kleinen Dorf die Glocke schlug
schon 10.
Die Zeit vergeht,
und so wollen wir auch schlafen
geh'n.
Kinder all', Kinder all', gute Nacht!
Kinder all', Kinder all, gute Nacht!

WIR SINGEN EIN
DEUTSCHES LIED
MIT SPASA UND KLAUS
HEUTE UM 20UHR AM
STRAND

U 9 sati
učimo
njemački
jezik !!

dern mit nach Hause gegeben werden. Das Fotografieren fördert Spaß und gegenseitige Neckereien unter den Kindern. Eine größere Gruppe spaziert den Strand entlang, um die „heilige" Nimfa-Quelle aufzusuchen, der seit Jahrhunderten geheime Heilkräfte nachgesagt werden. Dann tut sich schon viel Sportliches (es ist noch nicht so heiß) wie Fußball-, Tischtennis- und Minigolfspielen.

Elf Uhr: Die Betreuer und die Kinder gehen an den Strand. Sie gruppieren sich dort in gewissen Abständen voneinander mit ihrer jeweiligen Gruppe. So haben die Betreuerinnen und Betreuer eine gute Übersicht über die Kinder. Unter den Kindern der Gruppe Osijek/Pakrac/Knin sind viele, die bereits gut schwimmen können. So ist die sechs mal sechs Meter große Badeinsel, die wir haben bauen lassen und die 100 Meter draußen, wo das Meer bereits ca. fünf Meter tief ist, verankert wurde, ein beliebter Anlaufpunkt für diejenigen, die schwimmen können. Ich halte mich ausnahmsweise vom Schwimmen fern und sitze auf der Terrasse und male ungestört drei Bilder, die die drei Strophen des Liedes „Es weht ein Wind …" darstellen. Heute abend will ich anfangen, mit den Kindern, die mögen, das Lied in deutscher Sprache zu lernen. Außerdem habe ich eine gute Auswahl Orffscher Instrumente mitgebracht. Mit Igor, der so wie ich eine Gitarre dabei hat, habe ich die Melodie bereits geübt. Als kurz vor eins die Kinder vom Strand zurückkommen, hängen meine Gemälde mit der jeweiligen Liederstrophe bereits an der Glaswand am Eingang zur Disco, nebendran ein viertes DIN A 3 Blatt mit der Übersetzung des Textes ins Kroatische. Die ersten Kinder begutachten die Sache, und ihre Neugier wird geweckt.

13 Uhr: Mittagessen. Es gibt Gemüsesuppe, Nudeln mit Rührei, grünen Salat und zum Nachtisch Schokoladenpudding. Die Kinder haben ihre festen Plätze mit Tischkärtchen. Das Essen wird von Kellnern aufgetragen. Wem die erste Portion nicht ausreicht, der kann auch mehr bekommen. Bevor wir jedoch mit dem Essen beginnen, gilt es ein Ereignis zu feiern. Marija hat heute ihren 13. Geburtstag. Die Hotelküche hat eine wunderschöne Sahnetorte gemacht (das gilt später für alle Geburtstagskinder), die mit 13 Kerzen geziert ist. Ich bin gebeten worden, die Kerzen anzuzünden und denke, du kannst ja mal versuchen, ob es klappt und beginne kräftig zu singen „Happy birthday to you …". Siehe da, fast alle singen mit. Marija sagt überglücklich: „Einen so schönen Geburtstag hatte ich noch nie."

Nach dem Essen ist für zwei Stunden Ruhepause. Die Kinder müssen nicht unbedingt schlafen, aber sie sollen sich in ihren Zimmern aufhalten. Es ist dies auch die Zeit, in der die Sonne so erbarmungslos brennt, daß man sie besser meidet. Spasa, die Betreuerinnen von zwei Gruppen und ich gehen mit etwa 40 Kindern während der Ruhepause in die hintere

Ecke der Disco, um Postkarten an Patinnen und Paten zu schreiben. Alle Kinder wollen schreiben, und gegen Ende der Freizeit werden die Adressen für diese Gruppe ausgehen. Weil nicht alle Spenderinnen und Spender einen Postkartengruß haben wollten, gibt es bei vielen Kindern traurige Gesichter. Bei diesem Postkartenschreiben oder auch Bildermalen und auf die Rückseite des Bildes einen Brief schreiben, erzähle ich vorher immer etwas von unserem Friedensengagement im ehemaligen Jugoslawien und auch darüber, woher das Geld kommt, das es nun ermöglicht, daß die Kinder da sein können. Spasa übersetzt.

15 Uhr: Wahrscheinlich schon etwas vor der Zeit haben sich die Kinder wieder am Strand in ihren Gruppen eingefunden. Nachmittags gebe ich für die Kleineren immer eine Stunde Schwimmunterricht, und am Ende dieser Freizeit, die ich von Anfang bis Ende mitmachen werde, haben 40 Kinder schwimmen gelernt und können mit mir und einigen weiteren trainierten und guten Schwimmern bis zur Badeinsel schwimmen und auch ihre ersten Mutsprünge ins Wasser machen. Wir schwimmen immer mit zehn Neulingen, bleiben zehn Minuten, schwimmen zurück, dann kommen die nächsten zehn dran usw. Nach dem Schwimmen gehe ich mit Spasa zu der Gruppe aus Knin. Die Gruppe hat sich von Anfang an etwas abgesondert. Ich war gestern nachmittag schon bei ihnen. Wir unterhalten uns mit den Betreuerinnen Gordana und Anka. Ich schwimme mit einigen Kindern der Knin-Gruppe zur Plattform. So führen wir die Gruppe Schritt für Schritt mit den anderen Gruppen der Freizeit zusammen.

Zwischendurch gibt es um vier Uhr großes Freudengeschrei, denn jedes Kind erhält eine Zwischenmahlzeit in Form eines Käsesandwiches und eines Apfels.

Um 18 Uhr verlassen wir den Strand, die Kinder verstreuen sich überall hin. Sie malen, basteln, spielen „Mensch ärgere dich nicht" o.ä., hüpfen Gummitwist, lassen die Hullahupp-Reifen kreisen, springen mit Hüpfseilen (das gesamte Material hatte Boris schon vor einigen Tagen per Lkw von Obersensbach aus zum Nimfa gefahren). Selbstverständlich sind andere Kinder auf dem Fußballplatz, beim Tischtennisspielen oder Minigolfen.

19 Uhr. Zum Abendessen gibt es Gulasch mit Reis, Tomatensalat und ganze Berge des labbrigen Weißbrotes, das ich überhaupt nicht mag, die Kinder aber mit größter Begeisterung in sich hineinmampfen. Der Nachtisch besteht aus einer dicken Scheibe Wassermelone.

20 Uhr: Ich habe an den Strand zum Singen eingeladen. Etwa 50 Kinder sind gekommen. Wir sitzen auf der großen Treppe, die nach oben zum Hotel führt. Die Sonne steht noch am Himmel. Wir haben meine „Gemälde" mit dem Liedtext mitgebracht. Ich lese langsam Zeile für Zeile vor.

Spasa übersetzt und spricht die Zeilen dann auch selbst in deutsch. Es zeigt sich, daß mindestens 20 Kinder recht passabel deutsch sprechen können. So können wir schon bei dieser ersten Übung mit dem Singen beginnen. Zwar klappt es noch nicht so richtig mit den Orffschen Instrumenten, aber das bessert sich bald, denn die Singstunde wird für diese Freizeit zur Institution und bis zum Ende auch mit weiteren Liedern durchgehalten. Gordana berichtet mir von einer Entdeckung. Ein elfjähriger Junge ihrer Gruppe, der völlig verschüchtert ist und oft weint, der keinen Anschluß findet, hat sich aus dem Orffschen Instrumentarium die Trommel herausgegriffen, und nun läßt er fragen, ob er, solange die Freizeit geht, die Trommel behalten darf. Er werde gut auf sie aufpassen. Der Junge trommelt bei jeder Gelegenheit. Übt Rhythmen. Weint nicht mehr. Spricht wieder mit den anderen Kindern. Zwei oder drei Tage vor der Abreise erzählt er mir, von Maja übersetzt, die traurige Geschichte seiner Vertreibung und des Verlustes des Vaters und des älteren Bruders. Die Trommel schenke ich ihm.

21 Uhr: Heute ist Discoabend. Bis 22.30 Uhr. Ich alter Esel hüpfe mittendrin mit herum, wo ich doch noch Muskelkater vom ersten Tag habe. Und obwohl meine Ohren nicht mehr an diese Lautstärke gewöhnt sind, machen mich das Glück und die Freude der Kinder glücklich.

22.30 Uhr: Auf die Minute genau macht der Discjockey Schluß. Die Kinder verschwinden ohne besondere Aufforderung in ihre Zimmer. Was für ein Tag? Wie erschöpft müssen sie sein? Jedenfalls sind lediglich noch zwei „Kontrollgänge" nötig. Dann schlafen sie alle. Ich telefoniere noch mit Hanne. Sie wird in vier Tagen zusammen mit Harald und Boris kommen. Dadurch werden weitere Ideen und Spielelemente in die Freizeit gebracht werden. Durch die täglichen Fallwinde aus den etwa 2.000 Meter hohen Bergen hat es etwas abgekühlt, und so sitzen wir Erwachsenen noch bis etwa 24 Uhr zusammen. Wir tauschen unsere Erfahrungen aus, wachsen zu einer Gemeinschaft zusammen, die sich angesichts dieser Aufgabe, die kaum Ruhe gönnt, so richtig wohl miteinander fühlt.

In meinem Zimmer trage ich die Notizen dieses Tages in eine Kladde ein. Dann ab ins Bett. Und schon schlafe ich.

Wir und die Kinder

Das vorstehend Geschilderte klingt fast wie ein Märchen. Aber so war es. Und obwohl es Qualitätsunterschiede in den Freizeiten gab, dominierten auch in den Freizeiten, die nicht in allem in unserem Sinne und im Sinne der Spenderinnen und Spender verliefen, für die meisten Kinder die genannten und zusätzlichen Elemente.

Außer meiner Fast-Dauerpräsenz waren von uns bei den Freizeiten zugegen: Harald Manske 8.–21.7., Boris Frentzel 8.–29.7. und 12.8.–2.9.,

Hanne Vack 8.–21.7., 12.–18.8. und 20.–25.8., Hubertus Janssen 13.–21.7., Ingrid Röseler 13.–21.7., Inge Löw 12.–29.7., Thilo Vack 15.–29.7., Helga Dieter 6.–20.8., Gisela Junge 12.8.–2.9. und Vilim Mergl 18.–28.8.1996.

Harald und Thilo waren vor allem unsere Fotografen. So tauchten sie überall auf (wenn es ging klammheimlich), so daß wir wohl alle Beteiligten auf Zelluloid haben.

Hubertus tat ein Gleiches, aber mit der Videokamera.

Hanne und Inge fanden wohl die breiteste Aufmerksamkeit insgesamt. Baumwolle im Wert von ca. 1.200 DM wurde von den Kindern für Freundschaftsbändchen oder für Wollzöpfchen in den Haaren verknüpft. Die beiden hatten ein hartes Stück Arbeit zu tun, denn viele Kinder mußten das Knüpfen erst lernen. Zwar ging dies meistens schnell, und wenn sie gut waren, gaben sie ihr Können weiter, aber gewissermaßen den ganzen Tag in Bereitschaft zu sein, um die sechs bis acht etwa einen Meter langen Fäden an weit über 2.000 interessierte Kinder zu verteilen, das ist schon, wie Inge es formulierte, ein „gut florierender Wolladen".

Während ihrer Anwesenheit war Inge zudem „Postmeisterin" für das Schreiben der Kinder an die Patinnen und Paten.

Boris war mit seinen Jongliersachen angereist. Immer von 16 bis 18 Uhr und oft auch abends übte er mit den interessierten und oft recht begabten Kids. Am Ende jeder Freizeit, an der Boris teilnahm, machte er eine Show, u.a. mit Feuereffekten, und wurde mit Beifall überschüttet. Später unterstützte ihn Gisela bei den Jonglierübungen mit den Kindern und übernahm zugleich für die Gruppe aus Gornji Vakuf den „Wolladen" und die Polaroidkamera.

Ingrid hatte sich auf das Bemalen von Meeressteinen spezialisiert, studierte Kindertänze ein und brachte immer wieder große Begeisterung auf den Plan, wenn sie ihr buntes Fallschirmtuch auspackte, das die Kinder am Rand anpackten und durch Schwingbewegungen niedergehen und aufsteigen ließen.

Helga war die gute Mutter der Freizeit für die Tuzla-Kinder und gleichsam zuständig für alles, was diese Gruppe betraf. Wie Hubertus hatte sie eine Videokamera, so daß vielleicht zuguterletzt noch ein schöner Film entsteht mit einem Querschnitt durch die Freizeiten von Slavonski Brod, Zupanja, Tuzla und Gornji Vakuf.

Vilim, last but not least, war der Architekt für die Freizeit von Gornji Vakuf und, ähnlich wie Helga für Tuzla, „Mädchen" für alles bei den Gornji Vakuf-Kindern.

Nicht alles ist aufgezählt. Es würde vielleicht auch langweilig, damit fortzufahren. Ich bitte um Verzeihung bei den deutschen mitwirkenden Unterstützern, die dabei waren, wenn ich etwas Wichtiges vergessen habe.

Friedenspolitische Bedeutung solcher Kinderfreizeiten

Bei der Freizeit der muslimischen Flüchtlingskinder aus Tuzla war der etwa 25jährige Discjockey über die Tanzerei und Freude der Kinder so gerührt, daß er zu Helga sagte, ihm sei nun endgültig klar geworden, welcher Irrsinn es war, daß er auf kroatischer Seite gegen die Väter dieser muslimischen Kinder gekämpft hätte, und er habe davon endgültig die Schnauze voll, wie die meisten seiner Freunde.

Das ist, prosaisch ausgedrückt, was auch meine (ich denke unsere) Hoffnung ausmacht. Diese besteht darin, daß solche Kinderfreizeiten ein Stück anderen Raum jenseits allen Kriegsgetümmels und aller zerstörten Landschaft erzeugen, also wie ein Sonnenstrahl im lange abgedunkelten Keller, wie ein Lichtfleck, wie eine Oase in der Wüste wirken. Sind es auch nur vierzehn Tage für das einzelne Kind, so bringen diese doch Erlebnisse, an die sich die Kinder ein Leben lang erinnern werden, die sie selbst vielleicht zu einem humanen Verhalten später als Erwachsene orientieren.

Politisch ist zu bedenken, was allem voran grundsätzlich zutrifft, daß das zukunftsorientierte friedenspolitische Engagement mit den Kindern dem entgegensteht, was von den jeweiligen Regierungen und herrschenden Gruppen mit Kindern gemacht wird.

Wenn man sie nicht achtlos links liegen ließ oder gar umbrachte, wurden sie vom jeweiligen Feind der oberflächlich moralisierenden Öffentlichkeit gegenüber zu Propagandazwecken eingesetzt.

Wir dagegen meinen, daß diese Kinder nur dann eine neue und möglichst friedensreiche Zukunft mitschaffen können, wenn ihnen dazu verholfen wird, das lähmend-schockierende Gehäuse vergangener Erfahrungen, denen sie während des Krieges ausgesetzt worden sind, zu verlassen und sich im besten Sinne des Wortes von diesen schrecklichen Erlebnissen teilweise zu emanzipieren.

Das wird nur dann möglich sein, wenn sie jetzt und in Zukunft unter Bedingungen aufwachsen, die einen solchen langsamen Heilungs- und Emanzipationsprozeß ermöglichen, wenn sie außerdem über Bilder – und sei es nur schlaglichtartig – und über Erfahrungen verfügen, die ihnen eine Welt ohne Krieg, eine Welt spaßvollen Zusammenseins eröffnen.

Nur dann wird ein Weg ins Freie möglich sein.

Also kommt, zugespitzt gesagt, in diesen Kinderfreizeiten das Beste all unserer friedenspolitischen Aktivitäten wie in einem Kristall zum Ausdruck.

Zwar können die Kinderfreizeiten nicht die allgemeine schreckliche Situation ändern. Sie vermögen den getretenen, beleidigten, verletzten Kindern, denen fürs erste ihre Zukunft frontal verstellt worden ist, nicht wie auf einer Drehbühne vom Krieg zum Frieden zu verhelfen. Auch sie, diese Kinderfreizeiten, sind gemessen am gesamten Elend viel zu wenig an Hilfe.

Aber dürfen wir, nur weil unsere Möglichkeiten nicht ausreichen, resignieren? Geht es menschenrechtlich gesehen mitten in der unübersehbaren Masse der Verhetzten, der seelisch Verletzten, der in Not und Elend Geworfenen nicht auch um jeden einzelnen Menschen? Und um wieviel mehr gilt dies für die Kinder, die ebenso unschuldigen wie verletzbarsten Opfer dieses Krieges?

Noch erwärmt von dem milden Adriawasser und der Sommersonne, in Gedanken bei den Kindern und noch nicht richtig zu Hause, gehen mir immer wieder die Bilder durch den Kopf: Sonne, Meer, Freiheit, gutes Essen, kleine Schleckereien, Zuneigung, Sport, Singen, Tanzen, Basteln, Spielen ... Das alles für Kinder, deren Erfahrungen mit zivilem Leben oft Jahre zurückliegen.

Und nun: ein geöffneter Vorhang. Ein fernes Erinnern an frühere bessere Zeiten. Ein Blick in eine erhoffte bessere Zukunft.

Offene, fröhliche Gesichter. Freundschaften zwischen Kindern verschiedener Volksgruppen, die man – wie es heißt – ethnisch getrennt hat und die sich nun plötzlich, zumindest zum Teil, begegnen und Freundschaften schließen. Freundschaften aber auch mit uns. Und letztlich, immer erneut: Tränenreiche Abschiede.

Und so meine ich, daß sich menschenrechtlich und demokratisch unser Tun in diesem Sommer gelohnt hat, um dieser Sonnenstrahlen und der möglichen Wirkungen willen, die aus der Ahnung friedlicher Normalität sich entwickeln mögen.

Ereigniskalender

Ereigniskalender
1. Juli 1995 – 30. Juni 1996

Der Ereigniskalender im Jahrbuch des Komitees für Grundrechte und Demokratie spiegelt am konsequentesten den Anspruch des Jahrbuchs wider: Gedächtnis sein in einer Zeit, die auf Zerstreuung und Erinnerungsschwund programmiert ist, Seismograph und Merkblatt für menschenrechtliche Gefährdungen. Während der Monatskalender und das jeweilige Schwerpunktthema im Jahrbuch zwangsläufig thematisch erheblich selektieren müssen (selbstverständlich zugunsten ausführlicher Darstellungen), hält der Ereigniskalender in chronologischer Folge der Daten und Ereignisse gleichsam schlagwortartig so vielfältig wie möglich fest, was für den jeweils beobachteten Jahreszeitraum bedeutsam war. Dadurch gewinnt auch in diesem Falle der Zeitraum 1. Juli 1995 bis 30. Juni 1996 im Rückblick ein ihm von uns gegebenes menschenrechtliches Profil. Der Ereigniskalender zeigt also am Beispiel eines Jahres das ganze Ausmaß von Menschenrechtsverletzungen und Unerträglichkeiten im gepriesenen Zeitalter von Frieden, Gerechtigkeit und Demokratie. Er macht zugleich deutlich, daß nicht nachlassende Proteste, gewaltfreier Widerstand und Ziviler Ungehorsam den verkürzten Menschenrechten immer erneut eine Gasse schlagen. Dies wird u.a. deutlich, wenn wir nicht lediglich den Ereigniskalender in diesem Jahrbuch lesen beziehungsweise überfliegen, sondern wenn wir uns den Zusammenhang der Ereigniskalender seit Beginn der Komitee-Jahrbücher 1983 vor Augen führen. So gibt es nun einen ununterbrochenen menschenrechtlichen Ereigniskalender über den Zeitraum von dreizehn Jahren. – Der Ereigniskalender für dieses Jahrbuch '95/96 wurde von Sonja und Hanne Vack zusammengestellt.

Juli 1995:

3.7.: (ap, afp, FR, taz) In der von der bosnisch-serbischen Armee belagerten UN-Schutzzone Bihac in Bosnien sterben zwei Menschen an Hunger. – (FR, ap, afp, taz) Weltweit verstärken sich die Proteste gegen die Wiederaufnahme der französischen Atomwaffentests auf Mururoa. – (dpa, FR, taz) In Halle finden Passanten auf der Straße Akten aus der Polizeidirektion, die u.a. Namen und Adressen von Zeugen und Tätern enthalten.

4.7.: (FR, taz) Eine von den Gesundheitsministern der Bundesländer beauftragte Arbeitsgruppe spricht sich für eine teilweise Legalisierung von Haschisch und Marihuana und deren Verkauf über Apotheken aus. – (dpa, FR, taz) Mit einer Besetzung des Truppendienstgerichts Nord der Bundeswehr in Potsdam protestieren Wehrpflichtgegner gegen die vorgesehene fünfte Arreststrafe gegen einen Totalverweigerer. Die Bundeswehr verzichtet nach der Besetzung auf die Verhängung der Strafe.

5.7.: (dpa, FR) Die Türkei will die Zulassung von ausländischen Journalisten von deren „Objektivität in ihrer Berichterstattung" abhängig machen und damit gegen die „ständige gezielte Vergiftung der Atmosphäre im Ausland gegen uns" vorgehen. – (ap, epd, dpa) Die deutsche Sektion der Internationalen Ärzte für die Verhütung eines Atomkrieges ruft wegen der geplanten französischen Atomwaffenversuche zum Boykott von Waren aus Frankreich auf. – (FR) Ein Kurde entfacht aus Protest gegen seine drohende Abschiebung ein Feuer in einer Polizeizelle und liegt nun mit schwersten Brandverletzungen im Krankenhaus. – (taz) Seit zwei Wochen befinden sich palästinensische Häftlinge in israelischen Gefängnissen in Hungerstreik, um einen Zeitplan für die Freilassung der politischen palästinensischen Gefangenen zu erzwingen.

6.7.: (dpa, FR, taz) In Tokio werden innerhalb weniger Stunden zwei Giftgasanschläge auf Bahnhöfe nur knapp vereitelt. – (ap, FR) Menschenrechtsgruppen und Sozialverbände fordern zu Beginn der UN-Konferenz über Tretminen deren weltweite Ächtung und Maßnahmen zur Beseitigung. Jährlich fallen etwa 30.000 Menschen Tretminen zum Opfer. – (taz) Ein Entwurf aus dem Gesundheitsministerium zur Sozialhilfereform sieht vor, daß künftig auch Personen, die in Wohngemeinschaften zusammenleben, für den Unterhalt von Mitbewohnern aufkommen sollen, bevor diese Sozialhilfe beziehen können.

7.7.: (dpa, taz) Datenschutzbeauftragte kritisieren die umfangreichen Fragebögen auf den Antragsformularen von Bahn und Citybank für die BahnCard, weil die abgefragten persönlichen Daten wertvolle Hinweise über das Reise- und Konsumverhalten der Kunden geben. – (afp, taz) Die türkische Armee marschiert erneut in den Norden Iraks ein und tötet dort nach eigenen Angaben 48 Kurden. – (taz) Das Amtsgericht Salzgitter verurteilt einen Leserbriefschreiber und einen Redakteur wegen Beleidigung von Bundeswehrsoldaten. In dem Leserbrief waren Soldaten als „im wahrsten Sinne des Wortes bezahlte Killer" bezeichnet worden. – (FR) Das Bundesinnenministerium stuft die PDS als Beobachtungsobjekt ein und läßt sie vom Verfassungsschutz vollständig und systematisch observieren.

8.7.: (afp, ap, FR) Nach Luftangriffen der türkischen Armee gegen kurdische Rebellen im Nordirak fliehen Tausende Zivilisten aus dem Kampfgebiet. – (FR, taz) Siemens gibt die Fertigstellung seines Brennelementewerkes in Hanau auf. – (ap, FR, taz) Die hessische Umweltministerin ordnet die einstweilige Stillegung des Atomkraftwerks Biblis A an, nachdem ein Leck am Notkühlsystem aufgetreten war. – (afp, FR) In Birmingham wird ein gestohlener Lastwagen mit gefährlicher Atomfracht von der Polizei gefunden. – (FR, taz) In verschiedenen Bundesländern wird Ozonalarm ausgerufen.

10.7.: (dpa, ap, FR) Truppen der bosnischen Serben dringen in die UN-Schutzzone Srebrenica in Bosnien ein. – (rtr, afp, FR, taz) Die französische Marine bringt das Greenpeace-Schiff „Rainbow Warrior" auf, nachdem dieses in die Sperrzone um das Atomtestgelände des Mururoa-Atolls eingedrungen war. – (afp, FR, taz) In Sri Lanka startet die Armee eine Offensive gegen tamilische Rebellen, nachdem diese zuvor die vereinbarte Waffenruhe einseitig gebrochen hatten. – (FR) Dem früheren Präsidenten Nigerias und seinen Mitangeklagten wird unter Ausschluß jeglicher Öffentlichkeit der Prozeß gemacht. Menschenrechtsgruppen warnen davor, daß die Urteile vollstreckt werden könnten, bevor sie überhaupt bekannt werden. – (dpa, taz) Bei der Drogerie-Kette Schlecker werden nach monatelangen Auseinandersetzungen erstmals Betriebsräte gewählt.

11.7.: (ap, FR, taz) Nach knapp sechs Jahren hebt die burmesische Regierung den Hausarrest gegen die Friedensnobelpreisträgerin Aung San Suu Kyi auf. – (ap, FR, taz) Gegen den atomaren Forschungsreaktor in Garching bei München werden mehr als 27.000 Einwendungen zur Umweltverträglichkeitsprüfung eingereicht. – (afp, taz) Polizisten nehmen im israelisch besetzten Westjordanland zwei Kameramänner und eine Journalistin fest, als diese über Auseinandersetzungen anläßlich einer Demonstration der israelischen Friedensbewegung berichten wollen.

12.7.: (ap, afp, dpa) Truppen der bosnischen Serben erobern die bosnische Stadt Srebrenica und lösen eine Massenflucht der rund 40.000 Einwohner aus. – (afp, dpa, FR, taz) Zwei hohe Beamte des Bundesnachrichtendienstes, die an illegalen Rüstungstransporten beteiligt waren, werden vor Gericht freigesprochen. – (taz) Serbische Flüchtlinge aus Bosnien und Kroatien, die vor dem Krieg nach Serbien geflüchtet waren, werden von der Polizei aufgegriffen und der Armee der bosnischen Serben zur Zwangsrekrutierung übergeben.

13.7.: (afp, dpa, FR, taz) Nach der Eroberung der UN-Schutzzone Srebrenica beginnen die Soldaten mit dem Abtransport der Flüchtlinge, die sich in die UN-Lager geflüchtet hatten. – (dpa, rtr, FR) Bundesaußenminister Kinkel erklärt, er wolle beim bevorstehenden Besuch des chinesischen Staatschefs das Thema Menschenrechte nicht ins Zentrum stellen. Geplant sind Gespräche mit deutschen Unternehmen.

14.7.: (afp, dpa, FR) Die neuseeländische Regierung unterstützt die Proteste gegen die französischen Atomtests in Mururoa und will die geplante Fahrt von Jachten zum Testgelände mit einem Marineschiff begleiten lassen. – (FR, taz) Das Bundesverfassungsgericht beschränkt mit einer Eilentscheidung die Aufzeichnung internationaler Telefon- und Faxkontakte durch den Bundesnachrichtendienst. Aufzeichnungen dürfen danach nur gemacht werden, wenn sich konkrete Verdachtsmomente für eine geplante Straftat ergeben. – (dpa taz) In der ukrainischen Millionenstadt Charkow ist das Trinkwasser seit Wochen verseucht, was eine Cholera-Epidemie auslöst.

15.7.: (rtr, taz) Nach der Evakuierung der UN-Schutzzone Srebrenica werden mehrere tausend Flüchtlinge vermißt. Die wehrfähigen Männer wurden vermutlich interniert, viele junge Mädchen aus den Flüchtlingsbussen geholt.

17.7.: (dpa, FR) Die Bundesrepublik und die Türkei vereinbaren, in Sicherheitsfragen künftig enger zusammenzuarbeiten. Die Türkei sichert dabei zu, den „Terrorismus der PKK auf deutschem Boden einzudämmen". – (rtr, dpa, FR, taz) In einem in Ungarn abgestellten LKW-Anhänger ersticken 18 Flüchtlinge aus Sri

Lanka, weil die Lüftung ausgefallen war. – (FR, taz) 400 deutsche Physiker wenden sich in einem Brief an den französischen Staatspräsidenten Chirac und rufen zum Verzicht auf die geplanten Atomwaffenversuche auf Mururoa auf.

18.7.: (ap, FR) Die USA wollen die Opfer medizinischer Versuche mit radioaktiver Strahlung entschädigen, die ab Mitte der 40er Jahre bis 1974 vermutlich ohne eigene Zustimmung zu solchen Versuchen benutzt wurden. – (FR) Die zuständige Referentin der niedersächsischen Datenschutzbehörde äußert sich schockiert darüber, in welchem Umfang bei der niedersächsischen Polizei abgehört wird. – (taz) Ein Arbeitsgericht entscheidet, daß ausländerfeindliche und antisemitische Äußerungen im Betrieb ein Grund für fristlose Kündigung sein können.

19.7.: (FR, taz) Der niedersächsische Landtag diskutiert einen Gesetzentwurf für ein Kommunalwahlgesetz, das das aktive und passive Wahlrecht für in Niedersachsen lebende EU-Bürger und die Herabsetzung des Wahlalters auf 16 Jahre vorsieht. – (FR) Das Verwaltungsgericht Braunschweig lehnt es ab, einem Sozialhilfeempfänger eine Beihilfe zum Kauf von je einer Hose und einem Pullover zu bewilligen, und begründet dies damit, daß der Mann bereits im Besitz von drei Hosen und drei Pullovern sei.

20.7.: (ap, afp, dpa) Die USA sprechen sich für Luftangriffe auf Truppen der bosnischen Serben auch ohne UN-Zustimmung aus. – (FR, taz) Ein zwangsweise neun Jahre zu Unrecht in der Psychiatrie untergebrachter Patient erhält vom Marburger Landgericht DM 500.000 Schmerzensgeld zugesprochen. – (FR) Der in den USA zum Tode verurteilte schwarze Journalist Mumia Abu Jamal versucht, eine Wiederaufnahme seines Verfahrens zu erreichen. Die Entscheidung über eine Wiederaufnahme trifft genau der Richter, der bereits 1982 das Todesurteil gegen Abu Jamal ausgesprochen hatte.

21.7.: (FR) Die hessische Umweltministerin will das Atomkraftwerk Biblis wegen eines Genehmigungsfehlers endgültig stillegen. – (taz) In der Ortschaft Rübke in Niedersachsen wird ein Brandanschlag auf das Haus einer makedonischen Familie verübt und die Ruine mit einem Hakenkreuz und SS-Runen beschmiert. – (ap, taz) Eine australische Versicherungsgesellschaft muß nach dem Beschluß eines Gerichts in Sydney ein schwules Paar als Familie anerkennen und ihm eine gemeinsame Krankenversicherung zugestehen.

22.7.: (FR) Brandstifter stecken eine kleine Moschee in Bohmte bei Osnabrück in Brand und beschädigen sie schwer. – (afp, dpa) Auf nachdrücklichen Wunsch Chinas beschließen die Vereinten Nationen, keine tibetischen Frauengruppen zur Teilnahme an der Weltfrauenkonferenz in Peking zuzulassen. – (afp, FR) In der australischen Hauptstadt besetzen Demonstranten das Gelände der französischen Botschaft aus Protest gegen die geplante Wiederaufnahme der Atomtests auf Mururoa.

24.7.: (ap, afp, dpa, FR, taz) Die Nato arbeitet Pläne für einen möglichen Luftkrieg gegen die Armee der bosnischen Serben aus. – (FR) Vor der US-Botschaft in Berlin demonstrieren rund 5.000 Menschen für die Freilassung des in den USA zum Tode verurteilten schwarzen Journalisten Mumia Abu Jamal. – (ap, FR) Der irakische Staatspräsident Saddam Hussein erläßt eine Amnestie für Tausende von Häftlingen, unter anderem auch für alle Deserteure. – (afp, taz) Ein französischer Staatssekretär und Bürgermeister eines Pariser Vorortes wird wegen diffamierender Äußerungen gegen Juden, Afrikaner und Araber wegen Anstachelung zum Rassenhaß angeklagt. – (afp, taz) In einem Hochsicherheitsgefängnis in Nigeria werden 43 Menschen öffentlich hingerichtet.

25.7.: (afp, ap, dpa, FR) Bei einem Attentat auf einen Bus werden in Tel Aviv sechs Menschen getötet und zahlreiche weitere verletzt. Die israelische Regierung unterbricht daraufhin die Gespräche über die Ausweitung der Autonomie der Palästinenser im Westjordanland.

26.7.: (FR) In Frankfurt und Berlin beginnen 500 Kurden mit einem Hungerstreik, der den Protest von 10.000 in der Türkei inhaftierten Kurden unterstützen soll. – (dpa, ap, FR) Truppen der bosnischen Serben dringen in die UN-Schutzzone Zepa ein. – (ap, FR) Neben ausländischen fahren auch drei deutsche ParlamentarierInnen mit der Protest-Flotte nach Mururoa. – (taz) Das UN-Kriegsverbrecher-Tribunal in Den Haag klagt den Führer der bosnischen Serben, Karadzic, des Völkermordes an.

27.7.: (ap, FR, taz) Die Polizei löst die Protestversammlung hungerstreikender Kurden in Berlin auf. – (afp, taz) Die Stadt Köln will einen schwerkranken Flüchtling nach Algerien abschieben. Wegen des schlechten Gesundheitszustandes soll die Abschiebung mit einem Rettungsflug unter ärztlicher Aufsicht durchgeführt werden. – (taz) Wegen drohender Abschiebung haben sich in der Bundesrepublik

seit Oktober 1993 zwanzig Menschen das Leben genommen.

28.7.: (afp, FR, taz) Der Hessische Verwaltungsgerichtshof erklärt den Abschiebestopp für Kurden in die Türkei für gesetzwidrig und hebt ihn auf. – (apf, FR) Beim Hungerstreik von Kurden in Berlin stirbt eine Teilnehmerin an Herzversagen. – (afp, taz) Das Regierungspräsidium in Kassel untersagt der Stadt Fulda, das Betteln auf öffentlichen Straßen und Plätzen zu verbieten.

29.7.: (ap, afp, dpa) In Berlin schließen sich weitere Kurden dem Hungerstreik an. – (epd, FR) Brasiliens Regierung will die Angehörigen von politischen Häftlingen entschädigen, die während der Militärdiktatur ermordet wurden. – (ap, FR) Häftlinge im US-Bundesstaat Alabama müssen künftig Zwangsarbeit verrichten und mit Fußfesseln aneinandergekettet Unkraut an Straßenrändern jäten oder Mülleimer leeren. – (taz) Innenminister Kanther will die deutschen Grenzen für Flüchtlinge aus Bosnien schließen.

31.7.: (rtr, ap, dpa) Kroatiens Präsident Tudjman fordert die Wiedereingliederung der Krajina in Kroatien. Andernfalls werde man das Gebiet zurückerobern. – (ap, FR, taz) Rußland und Tschetschenien stellen ihre Kampfhandlungen formell ein, können sich jedoch nicht über den Status Tschetscheniens einigen. – (rtr, ap, taz) Mit umfangreichen Absperrungen und Kontrollen verhindert die Polizei in Frankfurt weitere kurdische Protestaktionen. Im ganzen Stadtgebiet werden etwa 180 Menschen festgenommen. – (taz) Das UN-Flüchtlingswerk sucht Aufnahmeländer für Tausende von Flüchtlingen aus dem ehemaligen Jugoslawien.

August 1995:

1.8.: (FR) Die Umweltministerin untersagt dem Bundesumweltamt, weiterhin Ozonwert-Prognosen an die Öffentlichkeit zu geben. – (afp, FR) Die türkische Polizei nimmt bei einer kurdischen Demonstration in Istanbul mehrere hundert Demonstranten fest. – (SZ, Reuter) Israelische Soldaten räumen ein Zeltlager jüdischer Siedler im Westjordanland, mit dem die Siedler gegen die geplante Ausweitung der Palästinenser-Autonomie protestierten. – (taz) Nach Angaben des Internationalen Komitees des Roten Kreuzes werden noch mindestens 5.000 Männer seit ihrer Flucht aus Srebrenica und Zepa vermißt.

2.8.: (rtr, afp) Vor der Insel Rügen werden 71 afghanische Flüchtlinge geborgen, die dort auf

Gummiflößen hilflos in der Ostsee getrieben waren. – (ap, FR) Das Militär tötet bei einer Offensive gegen tamilische Rebellen 234 Zivilisten. – (dpa, taz) Eine Verfassungsänderung in Birma verbietet es Menschen, die mit einem Ausländer oder einer Ausländerin verheiratet sind, für ein politisches Amt zu kandidieren. Das Gesetz richtet sich insbesondere gegen die Friedensnobelpreisträgerin Aung San Suu Kyi.

3.8.: (FR) Der Niedersächsische Flüchtlingsrat widerspricht der Darstellung der Bundesregierung, daß kurdische Flüchtlinge in der Westtürkei unbehelligt leben könnten.

4.8.: (afp, FR, SZ) Angesichts der erneut drohenden Kriegsgefahr in Kroatien stimmt Bundesinnenminister Kanther einem einmonatigen Abschiebestopp für Flüchtlinge aus Kroatien zu. – (afp) Der für die Versenkung des Greenpeace-Schiffes „Rainbow Warrior" verantwortliche französische General wird mit der Verleihung eines hochrangigen Ordens geehrt. – (epd, SZ) Bislang haben sich bereits 60.000 Menschen in Briefen an den Gouverneur von Pennsylvania für die Begnadigung des US-Journalisten Abu-Jamal eingesetzt. – (ap, taz) Amnesty international wirft Algeriens Regierung und Militär vor, Menschenrechtsverletzungen durch Polizei und Armee zu tolerieren und nicht aufzuklären.

5.8.: (dpa, FR) Der Hannoveraner Polizeipräsident läßt die Stadt für Punks sperren, die sich zu den „Chaos-Tagen" in Hannover versammeln. – (afp, dpa, FR, SZ) Kroatien führt einen Großangriff gegen die serbisch beherrschte Krajina.

7.8.: (dpa, ap) Nach dem Großangriff der kroatischen Armee auf die Krajina flüchten Tausende SerbInnen Richtung Bosnien. – (dpa) In einem offenen Brief an Joschka Fischer nehmen Andreas Buro, Wolf-Dieter Narr und Klaus Vack Stellung zu den Forderungen nach militärischer Intervention im Krieg in Bosnien. – (epd, dpa, FR) Weltweit wird auf Gedenkfeiern zum 50. Jahrestag des Atombombenabwurfs auf Hiroshima um die Toten getrauert und gleichzeitig gegen die geplanten französischen Atombombentests protestiert. – (FR, SZ, taz) Die „Chaostage" führen in Hannover zu mehrstündigen Straßenschlachten zwischen 2.000 Punks und der Polizei. Es werden 350 Menschen verletzt und mehr als 1.300 Punks festgenommen.

8.8.: (dpa, SZ) Drei Gefangene der JVA Schwalmstadt klagen gegen den hessischen Justizminister, weil sie die mangelnde Perso-

nalausstattung der Anstalt für verfassungswidrig halten. – (afp, SZ) Aus Protest gegen die geplante Wiederaufnahme der Atombombenversuche Frankreichs im Pazifik schließt Australien französische Firmen von der Vergabe von Aufträgen in Millionenhöhe aus. – (dpa, SZ) Die Hinrichtung des Journalisten Abu Jamal in den USA wird aufgeschoben. – (dpa, taz) In Südkorea beginnen 465 Häftlinge einen Hungerstreik, um ihre Freilassung und die Aufhebung des nationalen Sicherheitsgesetzes zu erreichen.

9.8.: (epd, dpa, FR) Das UN-Flüchtlingskommissariat fordert die kroatische Regierung auf, die Angriffe auf serbische Flüchtlinge aus der Krajina einzustellen und ihre sichere Flucht zu gewährleisten. Nach der Eroberung der Krajina sind in Kroatien und Nordbosnien 200.000 Menschen auf der Flucht. – (afp, rtr) Die israelische Regierung einigt sich mit PLO-Chef Arafat über den Abzug der israelischen Armee aus den palästinensischen Städten im Westjordanland. – (FR, SZ) In den USA sitzen zur Zeit 3.000 Männer und Frauen in Todeszellen und warten auf ihre Hinrichtung.

10.8.: (dpa, afp) In Gera werden zwei Mosambikaner von zwei ausländerfeindliche Parolen grölenden Männern niedergeschlagen. – (dpa, ap, FR, taz) In Australien wird eine Kommission eingesetzt, die die seit der Jahrhundertwende bis 1969 übliche Praxis untersuchen soll, Kinder von Ureinwohnern von ihrer Familie zu trennen und zur Adoption durch Weiße freizugeben.

11.8.: (dpa, ap, FR, SZ) Nach einer Entscheidung des Bundesverfassungsgerichts verstößt das Anbringen von Kruzifixen in Klassenzimmern staatlicher Schulen gegen die Religionsfreiheit. – (ap, FR, SZ) Zwei Skinheads beschimpfen in einer Magdeburger Straßenbahn eine Gruppe von sieben Behinderten und greifen diese an. – (dpa, afp, ap) Kroatische Zivilisten attackieren serbische Flüchtlingstrecks. Im bosnischen Banja Luka werden währenddessen Hunderte von Kroaten und Moslems von Serben vertrieben. – (kna) Bei der gewaltsamen Räumung eines von armen Bauern besetzten Landgutes in Brasilien töten Sicherheitskräfte 40 BesetzerInnen und verletzen mehr als 200 Menschen, überwiegend Frauen und Kinder.

12.8.: (epd, FR, taz) Das Amtsgericht Augsburg erläßt Haftbefehle gegen alle abgelehnten Asylbewerber, die sich in den evangelischen und katholischen Kirchengemeinden der Stadt im „Kirchenasyl" befinden. – (rtr, FR) Österreich erkennt Vergewaltigung als Asylgrund für Frauen und Mädchen aus dem ehemaligen Jugoslawien an. – (dpa) Die belgische Polizei beschlagnahmt rund 100 völlig hormonverseuchte Rinder. – (taz) In Peking werden elf Dissidenten hingerichtet. – (taz) Auf dem Frankfurter Flughafen befinden sich neun sudanesische Flüchtlinge seit einer Woche im Hungerstreik.

14.8.: (afp) Drei französische Polizeibeamte werden wegen Mißhandlung eines Franzosen nordafrikanischer Abstammung festgenommen und vom Dienst suspendiert. – (afp, taz) In Gambia wird die seit 1993 abgeschaffte Todesstrafe wieder eingeführt. – (dpa, SZ) Politiker der CDU/CSU üben heftige Kritik an dem Urteil des Bundesverfassungsgerichts über die Verfassungswidrigkeit von Kruzifixen in bayerischen Klassenzimmern.

15.8.: (dpa, FR) Die bayerische Regierung erklärt nach dem Urteil des Bundesverfassungsgerichts, sie werde die Kruzifixe in Klassenräumen nicht abhängen, sondern das Urteil ignorieren. – (dpa, FR, taz) Die Post muß einen schwarzen Briefträger aus einem thüringischen Dorf versetzen, da Einwohner des Dorfes ihn bei seiner Arbeit behindert, ihn in die falsche Richtung geschickt und sich anschließend über ihn beschwert haben. – (ap, taz) Die rund 140 hungerstreikenden Kurden beenden in Berlin ihre Protestaktion. – (FR) Fünf Greenpeace-Aktivisten entrollen auf dem Pekinger Platz des Himmlischen Friedens ein Spruchband mit der Aufschrift „Stoppt alle Atomtests". Sie werden nach einer Minute von der Polizei festgenommen.

16.8.: (ap, dpa, FR) Die südkoreanische Regierung begnadigt aus Anlaß des 50. Jahrestages der Befreiung Koreas von der japanischen Besatzung 3.169 Häftlinge, unter ihnen einen 71jährigen Kommunisten, der seit 44 Jahren inhaftiert ist und als der weltweit am längsten inhaftierte politische Gefangene gilt. – (FR, taz) Eine halbe Stunde vor der Abschiebung von neun Sudanesen stoppt das Bundesverfassungsgericht die Abschiebeaktion, da sieben von ihnen Verfassungsbeschwerde eingelegt haben, deren Ergebnis sie nun hier abwarten können.

17.8.: (FR, taz) Ein in Abschiebehaft genommener Nigerianer erhängt sich in seiner Zelle. – (SZ) In Peking werden sechs Menschen hingerichtet. Die Hinrichtungen werden damit begründet, daß man für die in Peking stattfindende Weltfrauenkonferenz „ein gutes soziales Umfeld" schaffen wolle.

18.8.: (ap, dpa, FR, SZ) China führt zum zweitenmal in diesem Jahr einen Atombombentest

durch. – (ap, FR, SZ, taz) In Bremen stirbt ein kurdischer Asylbewerber, weil die Sozialbehörde die Kostenübernahme für eine Lebertransplantation monatelang verzögert hat. – (afp, SZ) Die UNO wirft der kroatischen Armee vor, nach der Eroberung der Krajina Häuser von Serben zu plündern und in Brand zu stecken, um ganze Dörfer unbewohnbar zu machen. – (ap, afp, FR, taz) In der Türkei wird eine prokurdische Tageszeitung verboten, da in ihr „Separatismus-Propaganda" betrieben werde.

19.8.: (dpa, FR) Die Münchener Polizei bestätigt, daß in der Vergangenheit bei Polizeikontrollen Vermerke wie „Homo-Strich" und „Homo-Szene" in die Pässe von Ausländern eingetragen wurden. – (taz) China blockiert die Einreise von ca. 10.000 Frauen, die an der Konferenz der Nichtregierungsorganisationen teilnehmen wollen, die parallel zur Weltfrauenkonferenz stattfinden soll.

21.8.: (FR, taz) Bei den Punk-„Chaostagen" in Oldenburg bleiben die befürchteten Krawalle aus. – (FR) Ein 17jähriger afrikanischer Flüchtling, der seit sechs Monaten in Abschiebehaft sitzt, darf nach einer Entscheidung des Amtsgerichts Goslar weitere 12 Monate in Haft gehalten werden.

22.8.: (dpa) Neuseeland beantragt beim Internationalen Gerichtshof in Den Haag das Verbot der geplanten französischen Atomtests im Pazifik. – (afp, ap, FR) Bei einem Bombenattentat auf einen Bus, für das die palästinensische Untergrundorganisation Hamas die Verantwortung übernimmt, werden in Jerusalem fünf Menschen getötet. Die Verhandlungen über eine erweiterte Autonomie der Palästinenser im Westjordanland werden daraufhin ausgesetzt.

23.8.: (ap, FR, taz) Das zairische Militär treibt 11.000 ruandische Flüchtlinge zu einem ruandischen Grenzort, um sie abzuschieben. Nach Aussage der Menschenrechtsorganisation Human Rights Watch werden die Flüchtlinge von den Truppen mißhandelt, ihre Zelte verbrannt und die Habseligkeiten weggenommen. – (dpa, FR) Der Dachverband der deutschen Umweltverbände protestiert gegen die geplante Vereinfachung von Genehmigungsverfahren für Industrieprojekte.

24.8.: (dpa, taz) Die bayerische Regierung plant ein neues Gesetz, um sicherzustellen, daß Kruzifixe entgegen dem Urteil des Bundesverfassungsgerichts in den Klassenzimmern hängenbleiben können. – (taz) In der Türkei beginnt der Prozeß gegen 99 türkische Autoren, die gemeinsam das Buch „Freiheit dem Gedanken" herausgegeben haben. In dem Sammelband sind Texte von Autoren abgedruckt, die polizeilicher und gerichtlicher Verfolgung ausgesetzt sind. – (OHZ) Die Aktion des Komitees „Ferien vom Krieg", durch die 1.663 bosnische und kroatische Flüchtlings- und Kriegskinder die Möglichkeit hatten, 14 Tage Urlaub an der Adria zu machen, geht für 1995 zu Ende und wird als großer Erfolg eingeschätzt.

25.8.: (dpa, FR, taz) Israelische Minister beraten darüber, ob dem Geheimdienst der Einsatz von Folter gegen radikale Palästinenser erlaubt werden soll, wenn diese möglicherweise in Anschläge verwickelt sind. – (ap, afp) Die Regierung von Zaire stoppt nach internationalen Protesten die Abschiebung von ruandischen Flüchtlingen. – (FR, taz, SZ) Der US-Menschenrechtler Harry Wu wird von einem chinesischen Gericht zu 15 Jahren Haft wegen Spionage verurteilt, aber unmittelbar nach dem Urteilsspruch ausgewiesen.

26.8.: (ap, afp, dpa) Drei Wochen nach den „Chaos-Tagen" tritt der Polizeipräsident von Hannover zurück. – (kna, FR) Nach der Räumung einer besetzten Großfarm in Brasilien töten Militärpolizisten mehrere der gefangengenommenen Landbesetzer, darunter ein siebenjähriges Mädchen. – (SZ) Die niederländische Polizei legt einem amerikanischen Fluggast zwei Bomben in dessen Koffer, um damit die Wachsamkeit des Sicherheitspersonals am Flughafen Schiphol zu testen.

28.8.: (ap, afp, FR, SZ) Der kroatische Präsident droht den Serben in Ostslawonien mit der Rückeroberung des Grenzgebietes, wenn dieses nicht ohne Kämpfe wieder an Kroatien angegliedert werde. – (FR, taz) Verurteilte Deserteure, Kriegsdienstverweigerer und „Wehrkraftzersetzer" erhalten künftig ihre Militärhaftzeiten während der Nazi-Zeit für die Rente anerkannt.

29.8.: (ap, dpa, SZ, FR) Bei einem Artillerieangriff auf die Innenstadt von Sarajewo schlägt eine Granate auf einem Marktplatz ein. Mindestens 34 Menschen werden getötet und viele weitere verletzt. – (afp, FR) Bei einer Demonstration in Bangladesch erschießen Polizisten sieben Menschen und verletzen mehr als hundert weitere. Die Demonstration richtet sich gegen die Polizei, die für den Tod eines 14jährigen Mädchens verantwortlich gemacht wird, das sich an die Polizei um Hilfe gewandt hatte und später tot aufgefunden worden war.

30.8.: (taz) Drei armenische Flüchtlinge, deren Asylantrag in der Bundesrepublik abge-

lehnt worden war, weil sie über den „sicheren Drittstaat" Polen eingereist waren, werden nach ihrer Abschiebung nach Polen von dort weiter nach Weißrußland zurückgeschoben. – (FR) Anstelle der in der Türkei vor kurzem verbotenen prokurdischen Tageszeitung Yeni Politika entsteht eine neue Tageszeitung, die jedoch in der Türkei wegen Gewalttaten gegen Zeitungsverkäufer, Kioske und Redaktionsräume nicht vertrieben werden kann.

31.8.: (dpa, FR) Nato-Kampfbomber bombardieren serbische Stellungen in Bosnien als Reaktion auf den Artillerie-Angriff auf Sarajewo zwei Tage zuvor. – (FR, SZ) Das Frauenforum nichtstaatlicher Organisationen in China wird durch ein Demonstrationsverbot und die Nichtzulassung verschiedener Delegationen behindert. – (taz) Ein kurdischer Journalist, der für die verbotene Zeitung Yeni Politika gearbeitet hatte und dann von der Polizei festgenommen worden war, wird tot in seiner Zelle aufgefunden.

September 1995:

1.9.: (dpa, FR) Französische Behörden verbieten eine Menschenkette in Paris gegen die Atomtests im Pazifik. – (FR) Eine kurdische Menschenrechtlerin, die in der Türkei eine 15jährige Haftstrafe verbüßt, sowie ein ehemaliger Wehrmachtsdeserteur werden mit dem Aachener Friedenspreis ausgezeichnet. – (FR) Demonstranten verhindern die Aussaat von genmanipuliertem Raps auf einem Versuchsfeld in Hessen. – (FR, taz, SZ) Trotz Verboten und Behinderungen kommt es anläßlich des Frauenforums der nichtstaatlichen Organisationen bei der Weltfrauenkonferenz in Peking zu einer Demonstration von amnesty international für die Freilassung politischer Gefangener.

2.9.: (afp, dpa) Der US-Bundesstaat New York führt 22 Jahre nach der Abschaffung die Todesstrafe wieder ein. – (dpa, afp, ap) Nach dem Eindringen in die 12-Meilen-Zone um Mururoa wird das Greenpeace-Schiff „Rainbow Warrior" von französischen Marinesoldaten gestürmt, und die Greenpeace-Aktivisten werden festgenommen. – (dpa, FR) Zwei indonesische Journalisten werden zu 32 Monaten Haft wegen „Beleidigung der Regierung" verurteilt, weil sie die Korruption in der Regierung in einer Zeitschrift kritisierten.

4.9.: (FR) Ein türkischer Kriegsdienstgegner verbrennt in Izmir öffentlich seinen Wehrpaß, um sich für das Recht auf Kriegsdienstverweigerung einzusetzen, das es in der Türkei nicht gibt. – (taz) Einen Tag vor Beginn der Weltfrauenkonferenz sagt China zu, die massiven Behinderungen des Frauenforums der Nichtregierungsorganisationen sofort einzustellen, damit es nicht zu einem Boykott kommt. – (FR) Sieben Jahre nach der Sitzblockade vor dem US-Giftgaslager Fischbach endet der letzte Prozeß im Wiederaufnahmeverfahren mit einem Freispruch.

5.9.: (ap, afp, FR) Die französische Marine bringt zwei weitere Schiffe der Protestbewegung gegen die geplanten Atomtests im Sperrgebiet um das Mururoa-Atoll auf.

6.9.: (FR, taz) Zahlreiche Schriftsteller und Verlage sprechen sich gegen die Verleihung des Friedenspreises des Deutschen Buchhandels an die Orientalistin Annemarie Schimmel aus, da diese Verständnis für die „Todesurteile" gegen Salman Rushdie und Talima Nasrin zeige.

7.9.: (afp, dpa, FR, SZ, taz) Frankreich zündet trotz weltweiter Proteste die erste Atombombe seiner geplanten Versuchsreihe unter dem Mururoa-Atoll. – (FR) Die von NS-Gerichten verurteilten Wehrmachtsdeserteure, Kriegsdienstverweigerer und „Wehrkraftzersetzer" lehnen eine nur materielle Entschädigung ab, sie wollen auch rehabilitiert werden und erreichen, daß die gegen sie ergangenen Urteile als Unrecht anerkannt werden.

8.9.: (afp, dpa, SZ) Die Wiederaufnahme der französischen Atomtestversuche im Pazifik löst in Tahiti schwere Unruhen aus. Mindestens 20 Menschen werden verletzt, zahlreiche Gebäude werden in Brand gesteckt, Geschäfte geplündert und der Flughafen zerstört. – (rtr, SZ) Die CDU/CSU-FDP-Koalition verhindert eine Bundestagsdebatte über die französischen Atomtests, da dies die deutsch-französische Freundschaft belaste.

9.9.: (rtr, FR) Indianer vom Volk der Chippewa besetzen einen Park und eine Durchgangsstraße in der kanadischen Provinz Ontario, weil dort eine den Indianern heilige Begräbnisstätte liegt. – (FR) Menschenrechtsorganisationen fordern anläßlich der Weltfrauenkonferenz in Peking die Anerkennung geschlechtsspezifischer Verfolgung, insbesondere von Vergewaltigungen, als Asylgrund.

11.9.: (ap, dpa, FR) Die Nato setzt ihre Luftangriffe gegen Stellungen der bosnischen Serben fort. Bei den Angriffen werden, möglicherweise versehentlich, ein Krankenhaus in Sarajewo getroffen und Zivilisten getötet. – (dpa) Unbekannte verwüsten auf dem jüdischen Friedhof von Porta Westfalica zahlreiche Gräber.

12.9.: (afp) Trotz heftiger Proteste hält der Stiftungsrat für den Friedenspreis des Deutschen Buchhandels an der Vergabe des Preises an die Orientalistin Annemarie Schimmel fest. – (afp, SZ) Rechtsradikale stören in zwei thüringischen Städten Kranzniederlegungen für die Opfer des Faschismus. – (rtr) Aus Protest gegen Anschläge militanter islamischer Fundamentalisten auf Pressevertreter beginnen ZeitungsjournalistInnen in Algerien einen dreitägigen Streik. Seit 1993 wurden etwa 50 Journalisten getötet.

13.9.: (dpa, FR, taz) Die Abschiebung von sieben sudanesischen Asylbewerbern, die seit Wochen im Transitbereich des Frankfurter Flughafens festsitzen, scheitert aus Gründen der Flugsicherheit. Der Flugkapitän weigert sich, die um sich schlagenden Männer mitzunehmen. – (afp) Mehr als 44.000 Griechen stellen Anträge auf Entschädigungen für das Unrecht, das sie oder ihre Familienangehörigen im Zweiten Weltkrieg unter deutscher Besatzung erlitten.

14.9.: (FR) Mehrere hundert Indianer protestieren in Washington mit Kundgebungen, Mahnwachen und einem Zeltlager vor dem Kapitol gegen geplante Haushaltskürzungen, die auch die Mittel für die Selbstverwaltung in den Reservationen betreffen. – (rtr, FR) Die Abschiebung der sieben sudanesischen Asylbewerber wird im zweiten Anlauf durchgeführt, und die Männer werden nach Sudan geflogen. Die evangelische Kirche hatte um einen 48stündigen Aufschub gebeten, da möglicherweise die Erteilung einer Einreiseerlaubnis nach Eritrea unmittelbar bevorstand. – (FR) Bei einem Gerichtsverfahren wird bekannt, daß die Betreiber eines Atomkraftwerkes in Wales vor zwei Jahren einen GAU riskierten, indem sie den defekten Reaktor trotz Kenntnis des Defektes fast neun Stunden weiterlaufen ließen. – (SZ) Das Bundesverwaltungsgericht weist Einsprüche gegen Freilandversuche mit genveränderten Pflanzen zurück.

15.9.: (dpa, afp) Die militärische Offensive der bosnischen Regierungsarmee und der kroatischen Verbände in West- und Mittelbosnien löst eine Massenflucht bosnischer Serben aus. Etwa 50.000 ZivilistInnen flüchten in Richtung auf die serbisch kontrollierte Stadt Banja Luka.

16.9.: (kna, SZ) Kirchliche Basisgruppen starten das „Kirchenvolksbegehren", mit dem Unterschriften zur Abschaffung des Zwangszölibats, für mehr Demokratie und die volle Gleichberechtigung von Frauen in der Kirche gesammelt werden sollen. – (dpa, afp, SZ) Kirchenvertreter werfen Bundesinnenminister

Kanther bewußte Wahrheitsfälschung vor. Entgegen allen anderslautenden Behauptungen habe der Minister von der Aufnahmebereitschaft Eritreas gewußt, die Asylbewerber aber trotzdem in den Sudan abschieben lassen.

18.9.: (ap, taz, SZ) Zwei der sieben Sudanesen, die vor wenigen Tagen vom Frankfurter Flughafen in den Sudan abgeschoben wurden, sind nach Aussage von Pro Asyl im Sudan verhaftet worden. – (afp, taz) Eine evangelische Pfarrgemeinde in Erlangen nimmt eine sechsköpfige kurdische Familie ins Kirchenasyl auf, da nur so die drohende Abschiebung verhindert werden könne. – (FR, taz, SZ) In den Vereinigten Arabischen Emiraten wird ein 16jähriges philippinisches Hausmädchen zum Tode verurteilt, weil sie ihren Arbeitgeber nach einer Vergewaltigung getötet hat. Das Gericht glaubt die Vergewaltigung nicht.

19.9.: (FR) Nach Hunderten von Strafverfahren gegen heimische Journalisten und Schriftsteller wird in der Türkei erstmals Anklage gegen eine ausländische Journalistin wegen „Volksverhetzung" erhoben. – (ap, FR) Ägyptische Menschenrechtler üben heftige Kritik an der Behandlung politischer Häftlinge in den Gefängnissen des Landes, da seit Februar 20 Gefangene an den Folgen von Mißhandlungen und mangelnder medizinischer Hilfe gestorben sind.

20.9.: (afp, FR) In der Türkei sind derzeit nach Angaben des Innenministers etwa 9.000 Anhänger der PKK inhaftiert, während es vor zwei Jahren erst 900 gewesen seien.

21.9.: (rtr, dpa, FR) Zwei Greenpeace-Aktivisten, die sich an eine Bohrplattform im französischen Atomtestgebiet im Pazifik anketten wollten, werden von der Marine festgenommen. – (SZ) Pakistans Regierung beschließt die Einführung der Todesstrafe für illegalen Waffenhandel.

22.9.: (FR) Zwei Ärzte beantragen beim schleswig-holsteinischen Energieministerium die einstweilige Abschaltung des AKW Krümmel. Nach ihrer Einschätzung ist eine auffällige Häufung von Leukämiefällen bei Kindern in der unmittelbaren Umgebung auf die Freisetzung von Radioaktivität zurückzuführen. – (FR, taz) Acht Ausländer und eine Deutsche reichen eine Verfassungsbeschwerde gegen das Ausländerzentralregistergesetz ein, das Ausländer zur am besten erfaßten und kontrollierten Bevölkerungsgruppe mache, was gegen das Diskriminierungsverbot und das Recht auf informationelle Selbstbestimmung verstoße.

23.9.: (FR, SZ, taz) In Klassenzimmern zweier bayerischer Schulen werden nach einer Eilentscheidung des Bayerischen Verwaltungsgerichtshofes die Kruzifixe entfernt. – (ap, FR) Nach Angaben von amnesty international sterben in Burma Hunderte von Gefangenen während der Zwangsarbeit an öffentlichen Bauprojekten. Auch in burmesischen Arbeitslagern beträgt die Sterberate mehr als 50 Prozent.

25.9.: (afp, taz) Ein Regierungsbeschluß in Rumänien sieht vor, daß Bettler künftig mit einer Gefängnisstrafe von bis zu sechs Monaten bestraft werden sollen.

26.9.: (SZ, taz) Die Bundesregierung plant für das kommende Haushaltsjahr 300 Millionen Mark für die Entwicklung sogenannter High-Tech-Minen ein. Gleichzeitig werden 10 Millionen Mark für die Minenräumung und die Hilfe für Minenopfer vorgesehen.

27.9.: (FR) In einem Gutachten für die Vereinigung Demokratischer Juristen und Juristinnen halten zwei Verfassungsrechtler die Abschiebehaft für verfassungsrechtlich bedenklich. – (FR) DGB-Gewerkschaftler, Politiker und Menschenrechtler protestieren in Bremen gegen die drohende Abschiebung eines nigerianischen Flüchtlings, der nicht als politischer Flüchtling anerkannt wurde, obwohl er einen Streik gegen das Militärregime unterstützt und einen Volksaufstand angeführt hat.

28.9.: (SZ, taz) Der Europäische Gerichtshof für Menschenrechte wertet in einem Urteil das Berufsverbot für eine niedersächsische Lehrerin als Verstoß gegen das Recht auf Meinungs- und Vereinigungsfreiheit.

29.9.: (ap, rtr, dpa, FR, SZ) Israel und die PLO unterzeichnen ein Abkommen über die Ausdehnung der palästinensischen Autonomie im Westjordanland. – (FR) Ein Beamter des UN-Welternährungsprogramms berichtet nach einer Reise durch den Irak, daß ein Fünftel der irakischen Bevölkerung unter schwerem Lebensmittelmangel leide, darunter 2,4 Millionen Kinder unter fünf Jahren. Das Ausmaß des Hungers sei unvorstellbar. – (taz) Im südbrandenburgischen Friedrichshain werden drei indische Besucher einer Diskothek von vier Rechtsradikalen zusammengeschlagen und schwer verletzt. Die Staatsanwaltschaft ermittelt wegen versuchten Mordes.

30.9.: (FR, SZ) Der Schriftsteller Stefan Heym legt aus Protest gegen die Diätenerhöhung sein Bundestagsmandat nieder. – (ap, SZ) Eine malayische Frauenrechtsorganisation berichtet von Mißhandlungen in Internierungslagern, in denen illegal eingereiste Ausländer untergebracht sind. In den Lagern sind nach Angaben der Organisation zahlreiche illegale Einwanderer ums Leben gekommen.

Oktober 1995:

2.10.: (afp, ap, FR, taz) Amnesty international wirft der kroatischen Armee vor, bei ihrer Offensive gegen die Krajina-Serben im August willkürlich getötet, Ortschaften zerstört und Zivilisten vertrieben zu haben. – (afp, FR) Mehrere hundert Mitglieder von Obdachlosenorganisationen besetzen in Paris ein sechsstöckiges Bürohaus aus Protest gegen Schiebereien bei der Vergabe von Sozialwohnungen. – (rtr, afp, ap) Jüdische Siedler protestieren in Hebron gegen die Ausweitung der Palästinenser-Autonomie im Westjordanland. Dabei werfen sie gezielt Steine auf Autos und Häuser von Palästinensern. – (ap, taz, SZ) Die nigerianische Militärregierung hebt auf internationalen Protest die Todesurteile gegen dreizehn Regimegegner auf, die wegen Verschwörung verurteilt worden waren.

4.10.: (afp, ap, FR, SZ) Frankreich führt trotz anhaltender Proteste den zweiten Atomtest dieses Jahres im Südpazifik durch. – (FR) Eine Geschäftsfrau aus Ghana, die in Berlin einen Laden betreibt, wird nach eigenen Angaben von Berliner Polizisten anläßlich einer Ausweiskontrolle schwer mißhandelt. – (SZ) Die bayerische Staatsregierung verabschiedet als Reaktion auf das Kruzifixurteil des Bundesverfassungsgerichts ein Gesetz, das Kreuze in Klassenzimmern verbindlich vorschreibt. Bei Widerspruch von Eltern gegen das Kruzifix soll der Schulleiter entscheiden, ob ein Kreuz hängenbleiben darf oder abgenommen wird.

5.10.: (epd, FR, SZ) Nach einer Studie der Kriminologischen Forschungsstelle der Uni Köln werden Ausländer schneller einer Straftat verdächtigt als Deutsche, besonders dann, wenn sie äußerlich leicht als Ausländer zu erkennen und der deutschen Sprache nicht ganz mächtig sind. – (FR, taz, SZ) Der Serbische Bürgerrat Bosniens, der trotz des Krieges in Bosnien für ein humanes, multikulturelles und demokratisches Bosnien-Herzegowina eintritt, erhält den Alternativen Nobelpreis.

6.10.: (afp, ap, FR, taz) Die frühere DDR-Bürgerrechtlerin Ingrid Köppe lehnt die Auszeichnung mit dem Bundesverdienstorden ab, den Bundespräsident Herzog zum sechsten Jahrestag der Montagsdemonstration an sie und andere ehemalige DDR-Bürgerrechtler verleiht. – (epd, FR) Nach Berichten von Flüchtlingsorganisationen bombardiert die guatemaltekische Armee ein Dorf, in dem sich Bürgerkriegsflüchtlinge nach ihrer Rückkehr aus dem Exil in Mexiko niedergelassen hatten. – (FR, SZ) Die Kriegsparteien in Bosnien-Herzegowina einigen sich auf einen Waffenstillstand. – (dpa, SZ) Ein australischer Jurist, der für amnesty international an einer internationalen Konferenz in Peking teilnehmen will, erhält kein Visum, da China keine Mitarbeiter dieser Organisation im Land dulden will.

7.10.: (afp, ap, dpa, FR, SZ) Das israelische Parlament stimmt dem Autonomieabkommen, das eine Woche zuvor mit der PLO unterzeichnet wurde, mit knapper Mehrheit zu. – (afp, FR, taz) Bei der Vorbereitung eines Festes zum ersten Jahrestag ihrer Rückkehr aus dem mexikanischen Exil werden guatemaltekische IndianerInnen von Soldaten beschossen. Zehn Menschen werden getötet und 18 schwer verletzt.

9.10.: (afp, dpa) Eine Gruppe rechtsradikaler jugendlicher Skinheads verletzt zwei Vietnamesen bei einem Überfall auf offener Straße in Berlin. – (dpa, FR) Die Stuttgarter Staatsanwaltschaft leitet ein Ermittlungsverfahren gegen einen Demonstranten ein, der anläßlich des Besuchs des chinesischen Staatsoberhauptes Jiang Zemin ein Transparent mit der Aufschrift „An Jiang Zemins Händen klebt Blut" getragen hatte. Dem Demonstranten wird Beleidigung von Organen und Vertretern eines ausländischen Staates vorgeworfen.

10.10.: (FR, taz) Nach einer Panne im BASF-Werk in Ludwigshafen entweichen 2.000 Kilogramm gesundheitsschädlichen Diphyls. Die Bevölkerung wird aufgefordert, Türen und Fenster geschlossen zu halten und kein Obst und Gemüse aus den umliegenden Gärten zu essen. – (ap, SZ) Die Zahl der Petitionen an den Bundestag hat sich seit der deutschen Einheit von etwas über 10.000 auf 20.000 jährlich fast verdoppelt.

11.10.: (FR) Ein 27jähriger Grieche wird zu vier Jahren Haft verurteilt, weil er den Kriegsdienst aus Gewissensgründen ablehnt. Griechenland kennt als einziges Land der EU keinen Zivildienst.

12.10.: (FR) Die Wiener Konferenz zur Beschränkung des Einsatzes von Landminen kann sich nicht auf ein Totalverbot heimtückischer Killerminen einigen. Zwar soll im Prinzip die UN-Konvention über besonders grausame Waffen, die auch den Einsatz von Landminen betrifft, von internationalen Kriegen auf interne Konflikte ausgedehnt werden, jedoch soll „Aufruhr" davon ausgenommen bleiben. So kann jeder Bürgerkrieg als „Aufruhr" bezeichnet werden, bei dem der Einsatz besonders grausamer Waffen keiner Einschränkung unterliegt.

13.10.: (FR) Die EU kürzt ihre finanzielle Unterstützung für die Arbeit von Spezialkliniken zur Behandlung von Folteropfern. Zahlreiche dieser Kliniken sind deshalb von Schließung bedroht. – (FR) Afrikanische Journalisten, die ihren Beruf ernst nehmen, müssen nach Aussage eines kenianischen Publizisten, der sich auf Einladung der Organisation „Reporter ohne Grenzen" auf der Frankfurter Buchmesse aufhält, in fast allen afrikanischen Ländern mit Zensur, Zeitungsverboten, Folter und Mord rechnen. – (afp, dpa, SZ) Nach Inkrafttreten des Waffenstillstands in Bosnien-Herzegowina werfen sich die Kriegsparteien gegenseitig Verstöße gegen das Abkommen vor.

14.10.: (afp, FR) Das Berliner Amtsgericht verurteilt einen Polizisten wegen Mißhandlung eines Vietnamesen zu einer sechsmonatigen Freiheitsstrafe, seinen Kollegen wegen Strafvereitelung im Amt zu einer Geldstrafe. – (FR, SZ, taz) Die vier Angeklagten im Prozeß um den Brandanschlag auf eine türkische Familie in Solingen im Mai 1993 werden vom Oberlandesgericht Düsseldorf zu Höchststrafen von 10 und 15 Jahren Freiheitsstrafe wegen Mordes und versuchten Mordes verurteilt.

16.10.: (dpa, SZ) Ein kurdischer Politiker, der trotz Verurteilung in seiner Abwesenheit aus der Bundesrepublik in die Türkei zurückkehrt, wird bei seiner Ankunft in Ankara festgenommen.

17.10.: (afp) Amnesty international kritisiert die zögerlichen Verhandlungen über eine UN-Deklaration, die mehr moralische Unterstützung und Schutz für Menschenrechtler bieten soll. In vielen Staaten würden Menschenrechtsaktivisten verfolgt und müßten um ihr Leben bangen. – (dpa, afp, FR, SZ, taz) Über eine halbe Million schwarzer Menschen nehmen am „Marsch auf Washington" teil und fordern ein Ende der weißen Unterdrückung in den USA. – (dpa, FR, SZ, taz) Nach Demonstrationen für die Unabhängigkeit Ost-Timors stürmen indonesische Polizei und Militärs eine katholische Schwesternschule und nehmen 69 Jugendliche fest.

18.10.: (FR, taz) Ein sudanesischer Flüchtling wird vom Bundesgrenzschutz in den Sudan und nicht, wie vorgesehen, in den Libanon abge-

schoben, obwohl das Verwaltungsgericht die Abschiebung in den Sudan nicht erlaubt hatte. – (FR, SZ, taz) Nach einer Entscheidung des Europäischen Gerichtshofes verstoßen deutsche Gleichstellungsgesetze, die die bevorzugte Einstellung und Beförderung von gleich geeigneten Frauen vorschreiben, gegen europäisches Recht. – (dpa, SZ) Das Bundesverwaltungsgericht legt in einem Grundsatzurteil fest, daß Bürgerkriegsflüchtlinge in ihr Heimatland abgeschoben werden dürfen, da die „allgemeinen Gefahren und Folgen eines Bürgerkrieges" die Behörden nicht an der Abschiebung hindern.

19.10.: (epd) Gegen den Totalverweigerer Tino Sowada wird zum vierten Mal ein Disziplinararrest von 14 Tagen verhängt. – (dpa, afp) In Kenia sind dieses Jahr 819 Menschen in völlig überfüllten Gefängnissen an Krankheiten gestorben, da sie nicht ausreichend ernährt und ärztlich versorgt wurden. – (AP, FR, taz) Auf Autobahnparkplätzen in Bayern werden Behälter mit mindestens 1,5 Tonnen hochgiftiger Chemikalien entdeckt. – (rtr, SZ) Als erster GUS-Staat setzt die Ukraine die Vollstreckung der Todesstrafe aus und erklärt, in den nächsten zwei Jahren diese Strafe ganz abschaffen zu wollen.

20.10.: (ap, FR, SZ) In Aserbaidschan werden fünf Journalisten zu Haftstrafen verurteilt, weil sie den Präsidenten des Landes mit Karikaturen in einem Satiremagazin beleidigt haben sollen. – (FR) In Sri Lanka sind nach Angaben von Hilfsorganisationen mehr als 500.000 Menschen auf der Flucht. – (ap, FR) In Bayern werden weitere Fässer mit hochgiftigen Blausäurechemikalien auf Autobahnparkplätzen gefunden. – (ap, taz) Die Menschenrechtsgruppe Human Rights Watch beschuldigt niederländische Blauhelmsoldaten, den Kriegsverbrechen in Srebrenica tatenlos zugeschaut zu haben. – (FR) Das Landgericht Bonn verurteilt ein Vorstandsmitglied des Komitees, Pfarrer Janssen, wegen Aufrufs zur Sachbeschädigung, weil er dazu aufgerufen hatte, den Zaun des Abschiebegefängnisses in Worms symbolisch zu zerschneiden; es bestätigt damit das Urteil des Amtsgerichts Bonn.

21.10.: (afp, dpa) Das Kriegsverbrecher-Tribunal der UN für das ehemalige Jugoslawien erläßt erstmals einen Haft- und Fahndungsbefehl. Er richtet sich gegen einen bosnischen Serben, dem Morde und Folterungen als ehemaliger Lagerkommandant vorgeworfen werden. – (dpa, kna, afp) In Sarajewo gibt es erstmals seit Mai wieder fließendes Wasser.

23.10.: (ap, taz) Mittellose Todeskandidaten werden in den USA durch Pflichtverteidiger oft dilettantisch verteidigt. Der Kongreß will jetzt auch die Berufungsmöglichkeit gegen Todesurteile beschneiden. – (FR) Spanien errichtet einen 8,5 km langen Schutzzaun um seine nordafrikanische Enklave Ceuta, um Flüchtlinge aus Schwarzafrika von der illegalen Einreise nach Spanien abzuhalten.

24.10.: (ap, FR, taz) BürgerrechtlerInnen aus allen Teilen des früheren Jugoslawien treffen sich zum Gedankenaustausch im bosnischen Tuzla. – (afp, SZ) Amnesty international kritisiert, daß in israelischen Gefängnissen palästinensische Häftlinge gefoltert werden. Durch einen Gesetzentwurf, der die Anwendung „gemäßigter Gewalt" bei Verhören gestattet, soll diese Praxis jetzt legalisiert werden.

25.10.: (dpa, taz) Zwei Iraner, die aus der Türkei abgeschoben wurden, weil sie ihren Asylantrag einige Stunden zu spät gestellt hatten, werden kurz nach der Abschiebung im Iran hingerichtet. – (FR) Die Ausländerbeauftragten der Bundesländer halten die Zustände in vielen deutschen Abschiebegefängnissen für unverantwortlich.

26.10.: (rtr, dpa, FR) Aus einem Bericht französischer Wissenschaftler geht hervor, daß die unterirdischen Atomtests erhebliche Schäden an einem der betroffenen Atolle verursacht haben. – (taz) Der kürzlich zum wiederholten Mal aus China ausgewiesene Menschenrechtler Harry Wu beschuldigt die Weltbank, mit einem Agrarkredit Arbeitslager in China zu unterstützen.

27.10.: (FR) Das Amtsgericht Hannover rügt in rund 500 Fällen die Festnahme von Punks während der „Chaos-Tage" Anfang August, da die Polizei die Festgenommenen ohne richterliche Entscheidung in Gewahrsam genommen habe. – (dpa, SZ) Mit einem Schweigemarsch vor dem Regierungssitz in Prag protestieren rund vierzig Roma gegen die zunehmenden rassistisch motivierten Übergriffe in der Tschechischen Republik.

28.10.: (afp, dpa, FR) Der Große Zapfenstreich zum 40jährigen Bestehen der Bundeswehr wird von Protesten von Friedensgruppen und einem Großaufgebot der Polizei begleitet. Die Organisatoren werfen der Polizei vor, mehr als 100 Demonstranten eine Stunde lang in einem Polizeikessel eingeschlossen zu haben. – (afp, FR) In einem Bericht des Europarates finden sich nach Ansicht des Zentralrates der Sinti und Roma Deutschlands hetzerische, diffamie-

rende und rassistische Formulierungen wie „Zigeuner in Europa sind Träger von Krankheiten, die man in anderen Bevölkerungsgruppen kaum mehr antrifft".

30.10.: (ap, afp, FR, SZ, taz) Frankreich zündet eine dritte Atombombe im Südpazifik und löst damit erneut weltweite Proteste aus. – (dpa, FR, SZ) Die moslemische Organisation Islamischer Heiliger Krieg kündigt weltweite Rache und Vergeltung für den Mord an ihrem Führer Schakaki an, der eine Woche zuvor vermutlich von Agenten des israelischen Geheimdienstes erschossen worden war.

31.10.: (afp, FR) Das ursprüngliche Todesurteil gegen eine philippinische Hausangestellte in den Vereinigten Arabischen Emiraten wegen Tötung ihres Dienstherrn, der sie vergewaltigt hatte, wird in eine Verurteilung zu einem Jahr Gefängnis und hundert Stockschlägen abgeändert. – (afp, dpa, taz) Der Internationale Gerichtshof in Den Haag beginnt mit der öffentlichen Anhörung zur Rechtmäßigkeit des Gebrauchs von Atomwaffen.

November 1995:

1.11.: (afp, FR, taz) Ein nigerianisches Sondergericht verurteilt den Oppositionellen Ken Saro-Wiwa und drei seiner Mitstreiter zum Tode. – (afp, dpa) Eine Gruppe von etwa 20 Deutschen überfällt ein von bosnischen Kriegsdienstverweigerern bewohntes Asylbewerberheim in Blankenburg im Harz. – (FR, taz) Eine Offensive der Armee gegen tamilische Rebellen im Norden Sri Lankas löst eine Massenflucht von 150.000 Menschen aus.

2.11.: (taz) Im Verfahren um die Zulässigkeit des Einsatzes von Atomwaffen vor dem Internationalen Gerichtshof erklärt der Vertreter Frankreichs, der Einsatz von Atomwaffen unterscheide sich nicht wesentlich vom Einsatz anderer Waffen und es sei unmöglich, einfach so einzelne Waffen zu verbieten. – (dpa, FR) In Bangladesch wird eine Witwe und Mutter zweier Kinder zu achtzig Peitschenhieben verurteilt, weil sie eine Affäre mit einem Nachbarn hatte. Nach der öffentlichen Auspeitschung nimmt sich die Frau das Leben.

3.11.: (FR) Die Bonner Staatsanwaltschaft ermittelt gegen 40 Polizisten, die im Verdacht stehen, ausländische Diskotheken-Besucherinnen bei einer Razzia durch sexistische und rassistische Übergriffe eingeschüchtert und gedemütigt zu haben. – (taz) Bundesinnenministerium und Schweizer Justizministerium vereinbaren, daß die Fingerabdrücke von 3000 deutschen AsylbewerberInnen samt zugehörigen Personendaten mit Daten der schweizerischen Fingerabdruckdatei abgeglichen werden sollen, und versichern, der Abgleich solle nur statistische Kenntnisse liefern.

4.11.: (rtr, dpa, ap) Ein rechtsextremer jüdischer Student erschießt den israelischen Ministerpräsidenten Rabin während einer Friedensdemonstration. – (FR) Die Frankfurter Staatsanwaltschaft erhebt Anklage wegen unterlassener Hilfeleistung gegen den Arzt, der bei der gewaltsamen und tödlich geendeten Abschiebung des Nigerianers Kola Bankole, anwesend war. Das Verfahren gegen die Grenzschutzbeamten, die Bankole geknebelt und gefesselt hatten, wird eingestellt. – (dpa) Der nigerianische Literaturnobelpreisträger Soyinka fordert eine scharfe internationale Reaktion auf die gegen Saro-Wiwa und seine Mitangeklagten verhängten Todesurteile, um deren Vollstreckung zu verhindern.

6.11.: (dpa, FR) Überlebende Flüchtlinge aus der ehemaligen UN-Schutzzone Srebrenica beschuldigen die während der Eroberung durch die Armee der bosnischen Serben dort stationierten niederländischen Blauhelm-Soldaten, sie hätten die Notlage der Bevölkerung ausgenutzt und Lebensmittel, Zigaretten, Schuhe und Kleidung zu Wucherpreisen verkauft sowie junge Mädchen zur Prostitution überredet.

7.11.: (rtr, FR) In Sri Lanka droht 70.000 Tamilen, die vor den Regierungstruppen in die Stadt Kilinochchi geflüchtet sind, der Hungertod. – (dpa, SZ) Die frühere Mitgliedschaft in der SED schließt die Übernahme von DDR-Richtern in den gesamtdeutschen Staatsdienst nach einem Urteil des Bundesverwaltungsgerichts nicht aus. Maßgeblich sei die Gesamtwürdigung des einzelnen Bewerbers.

8.11.: (FR, SZ) Das Bundesverfassungsgericht entscheidet, daß das Tucholsky-Zitat „Soldaten sind Mörder" ohne Strafe geäußert werden darf, solange nicht einzelne Soldaten oder die Bundeswehr speziell gemeint sind. Damit bestätigt es eine bereits letztes Jahr getroffene Entscheidung. – (FR, SZ, taz) Flüchtlinge, die auf dem Landweg in die Bundesrepublik einreisen, haben nach einem Grundsatzurteil des Bundesverwaltungsgerichts keinen Anspruch auf Asyl, weil die Bundesrepublik ausschließlich von sicheren Drittländern umgeben sei.

9.11.: (afp, dpa, FR) Einer UN-Studie zufolge sind im vergangenen Jahr rund eine halbe Million Kinder in Afrika an den Folgen von Kriegen gestorben. – (FR) Niedersachsen verabschiedet ein geändertes Kommunalwahlgesetz, nach dem künftig die Altersgrenze bei Kommunalwahlen auf 16 Jahre gesenkt wird. Auch erhalten in Niedersachsen lebende Bürger anderer Mitgliedsstaaten der Europäischen Union das aktive und passive Wahlrecht. – (AP, taz) Nigerias Militärregime bestätigt trotz weltweiter Proteste das Todesurteil gegen den Schriftsteller und Oppositionellen Ken Saro-Wiwa. – (SZ) Das spanische Parlament verabschiedet ein neues Strafgesetzbuch, in dem u.a. die lebenslange Freiheitsstrafe abgeschafft ist.

10.11.: (FR, taz) An etwa 70 deutschen Hochschulen organisieren Studenten vielfältige Aktionen gegen die geplante Einführung von Bafög-Verzinsung und Studiengebühren. – (FR) Die dänische Regierung entschädigt mit insgesamt nur rund 13.000 Mark 1.650 Arbeiter, die 1968 auf der US-Militärbasis in Thule in Grönland nach dem Absturz eines mit vier Atombomben beladenen Flugzeuges den radioaktiven Schrott beseitigt haben. Die Arbeiter arbeiteten ohne jede Form von Schutz, da man ihnen gesagt hatte, die Arbeit sei ungefährlich. – (taz) Die in der Türkei angeklagte Korrespondentin der Nachrichtenagentur Reuter wird vom Staatssicherheitsgericht in Istanbul freigesprochen.

11.11.: (dpa, rtr, ap) Der nigerianische Oppositionelle Ken Saro-Wiwa und acht seiner Mitstreiter werden hingerichtet. – (dpa, SZ) Das Europaparlament verleiht den Sacharow-Preis für Meinungsfreiheit an die zu 15 Jahren Haft verurteilte Abgeordnete der kurdischen Demokratie-Partei Leyla Zana.

13.11.: (dpa, FR, taz, SZ) Ein Rückzug des Ölkonsortiums Shell, Agip und Elf aus Nigeria kommt nach eigenen Aussagen für die Konzerne trotz der Hinrichtung von Ken Saro-Wiwa nicht in Betracht. Saro-Wiwa hatte mit der Bewegung für das Überleben des Ogoni-Volkes gewaltfrei gegen die Umweltzerstörung im Niger-Delta durch die Ölkonzerne gekämpft.

14.11.: (FR) Die türkische Regierung verweigert einer Parlamentarier-Delegation aus Nordrhein-Westfalen die Einreise in die Türkei. Die Parlamentarier wollten sich über die Lage der Kurden in der Osttürkei informieren. – (FR) In Köln verbietet die Polizei eine Demonstration für eine politische Lösung in Kurdistan von mehr als 100 deutschen Gruppen, darunter medico international, mit der Begründung, es handele sich um eine Kurden-Demonstration mit Kontakt zur verbotenen PKK.

15.11.: (ap, FR, taz) Bundeskanzler Kohl besucht als erster westlicher Regierungschef seit dem Massaker auf dem Platz des Himmlischen Friedens in Peking 1989 eine chinesische Armee-Einheit. – (taz) Erst nach der Hinrichtung von Ken Saro-Wiwa in Nigeria stoppen verschiedene Bundesländer die anstehenden Abschiebungen abgelehnter nigerianischer Asylbewerber. – (dpa, SZ) Die Kriegsparteien in Ex-Jugoslawien beginnen mit der Zwangsansiedlung von Menschen, strikt getrennt nach ethnischer Zugehörigkeit.

16.11.: (FR) Südafrikas Präsident Mandela fordert ein Öl-Embargo gegen Nigeria, um Druck auf das Militärregime auszuüben und als Reaktion auf die Hinrichtung nigerianischer Bürgerrechtler. – (ap, rtr, taz) In einem Athener Hochsicherheitsgefängnis revoltieren über 1.000 Gefangene. Sie fordern unter anderem die Verlegung der an Aids und Hepatitis erkrankten Gefangenen in Kliniken.

17.11.: (afp, dpa, FR) Auch das Europaparlament fordert einen Öl-Boykott gegen Nigeria als Protest gegen die Hinrichtung Ken Saro-Wiwas und seiner Mitstreiter. – (taz, SZ) Amnesty international berichtet über kontinuierliche und systematische Mißachtung der Menschenrechte in ganz Mexiko. So könnten gewaltsam erpreßte schriftliche Geständnisse vor Gericht verwertet werden, und für Polizei und Justiz gelte faktische Straffreiheit.

18.11.: (FR) Italiens Regierung beschließt eine Notverordnung, nach der straffällig gewordene Ausländer leichter und schneller aus Italien abgeschoben werden können. Bis zur Unterzeichnung der Verordnung durch den Staatspräsidenten wird sie geheimgehalten. – (FR) Trotz geplanter Heirat mit einer Deutschen wird ein Algerier abgeschoben. Erst nach einem Selbstmordversuch im Flugzeug darf er zurückkehren.

20.11.: (ap, FR) Die pakistanische Polizei befreit 77 Landarbeiter, die aufgrund ihrer Verschuldung von Großgrundbesitzern in Ketten zur Feldarbeit geschickt und nach Feierabend in private Gefängnisse gesteckt wurden. – (dpa, FR, taz, SZ) Mehr als eine Million Katholiken fordern mit einem Kirchenvolksbegehren eine Reform ihrer Kirche. – (FR) CDU und CSU laden zu einer Anhörung über die Wiedergutmachung für Opfer der NS-Militärjustiz Gutachter ein, die die Verurteilung von Deserteuren zu Todes- oder hohen Haftstrafen für nicht grundsätzlich unrechtmäßig halten. – (afp, taz, FR, SZ) Der Bruder des in Nigeria hingerichteten Ken Saro-Wiwa wirft dem Shell-Konzern

vor, dieser habe letztes Jahr angeboten, sich für eine Begnadigung einzusetzen, wenn die Proteste gegen die Geschäfte des Öl-Konzerns mit Nigeria gestoppt würden.

21.11.: (taz) Der Vorsitzende der katholischen Deutschen Bischofskonferenz sieht trotz des Erfolgs des Kirchenvolksbegehrens keine Notwendigkeit, über Veränderungen in der katholischen Kirche nachzudenken. – (afp, dpa, SZ) Vor dem Bundesverfassungsgericht beginnt die Verhandlung über das seit dem 1.7.1993 geltende neue Asylrecht. – (FR) Vom Amtsgericht Bonn werden fünf der Initiatoren des Aktionskreises „Ziviler Ungehorsam für Asylrecht", darunter die Komitee-Arbeitsausschußmitglieder und Komitee-SekretärInnen Elke Steven, Martin Singe, Albert Scherr, Klaus Vack und der Friedensforscher Wolfgang Sternstein, wegen Aufrufs zur Sachbeschädigung verurteilt, weil sie dazu aufgerufen hatten, den Zaun des Abschiebegefängnisses in Worms als symbolische Entzäunung an einigen Stellen durchzuschneiden.

22.11.: (FR, taz) Das Oberverwaltungsgericht Koblenz versagt endgültig die Genehmigung des stillgelegten Atomkraftwerks Mülheim-Kärlich, da diese durch die Landesregierung nicht hätte erteilt werden dürfen. – (FR, taz) Chinas Regierung gibt zu, den seit anderthalb Jahren verschwundenen bekannten Bürgerrechtler Wei verhaftet zu haben. Wei hat bereits über 14 Jahre in Gefängnissen und Arbeitslagern verbracht, ihm drohen jetzt eine erneute Anklage und lange Haftstrafe. – (ap, afp, FR) Die Friedensverhandlungen für Bosnien führen zu einem Friedensabkommen, das einen einheitlichen Staat und eine ungeteilte Hauptstadt Sarajewo vorsieht.

23.11.: (afp, dpa, FR, taz, SZ) Frankreich zündet im Rahmen der Atomtestserie ungeachtet aller Proteste eine vierte Atombombe im Südpazifik. – (ap, FR) Der Petitionsausschuß lehnt die Eingaben zahlreicher Bürger ab, die sich gegen militärische Tiefflüge und vor allem gegen auch nachts davon ausgehenden Lärm wenden.

24.11.: (FR) Insassen des Berliner Abschiebegefängnisses protestieren mit einem Hungerstreik gegen die Haftbedingungen und die lange Dauer der Abschiebehaft. – (FR, taz) Die Innenminister der EU einigen sich auf eine gemeinsame Definition für Flüchtlinge. Danach haben nur die Flüchtlinge ein Recht auf Asyl, die von einer staatlichen Organisation verfolgt werden. Auch Verfolgung als Wehrdienstverweigerer stellt danach keinen Asylgrund dar.

25.11.: (afp, SZ) Nach Alabama und Arizona führt auch der US-Bundesstaat Florida die Zwangsarbeit in Ketten und gestreifter Häftlingskleidung für Gefangene wieder ein.

27.11.: (FR) Der Ausschuß des Europarates stellt den neuen Entwurf für eine Bioethik-Konvention vor. Der Entwurf erlaubt den Embryonenverbrauch, die Forschung an kranken Menschen, die dem nicht mehr zustimmen können, und die Möglichkeit der Weitergabe von genetischen Tests. – (FR) Ein türkisches Gericht verurteilt einen Soziologen zu sechs Jahren Haft, weil er eine wissenschaftliche Studie über das Kurdenproblem veröffentlicht hat. – (SZ, taz) Bei einem Referendum in Irland stimmen die IrInnen mit einer knappen Mehrheit für die Möglichkeit einer Scheidung von Paaren, die mindestens vier Jahre getrennt gelebt haben.

28.11.: (ap, dpa, FR, taz) Das Urteil gegen einen Schweizer Polizisten, der während der Herrschaft der Nazis in Deutschland Hunderte jüdischer Flüchtlinge gerettet hatte und dafür 1940 in der Schweiz verurteilt wurde, wird in einen Freispruch umgewandelt.

29.11.: (FR) Der Bundesgrenzschutz bestätigt, daß Abschiebehäftlinge auf dem Frankfurter Flughafen nicht nur an den Händen gefesselt, sondern in einzelnen Fällen auch mit von den Fußknöcheln bis zu den Knien mit Klettband umwickelten Beinen ins Flugzeug getragen würden. – (SZ) Der chinesische Menschenrechtler Wu fordert zu einem Boykott von Billigwaren aus China auf, da ein großer Teil dieser Produkte, vor allem Plastikspielzeug und Weihnachtsschmuck, in chinesischen Straflagern in Zwangsarbeit hergestellt würde.

30.11.: (FR, taz) Bei der Bundestagsanhörung über die Wiedergutmachung für Opfer der NS-Militärjustiz kommt es zu einem Eklat, als ein früherer Wehrmachtsrichter die einschlägigen Kriegsstrafbestimmungen als „ohne Zweifel rechtsstaatliche Verfahren" und für die Angeklagten „segensreich" bezeichnet. – (taz) Nach Aussage eines Betroffenen werden aus Deutschland abgeschobene Vietnamesen nach ihrer Rückkehr nach Vietnam von den dortigen Behörden tagelang festgenommen und insbesondere nach ihren politischen Aktivitäten im Ausland befragt und verhört.

Dezember 1995:

1.12.: (rtr, FR) Nach einer Studie der Welternährungsorganisation sind die Handelssanktionen gegen den Irak seit Ende des Golf-Krie-

ges 1991 für den Tod von mehr als einer halben Million Kinder verantwortlich. – (ap, FR) Die Staatsanwaltschaft Neubrandenburg ermittelt wegen ausländerfeindlicher Vorfälle an der Landespolizeischule Mecklenburg-Vorpommern, wo Polizisten während einer privaten Feier ausländerfeindliche Parolen gerufen haben sollen.

2.12.: (rtr, dpa, FR, taz) Der Bundestag spricht sich für einen Boykott von Nigeria aus und fordert die Bundesregierung auf, sich international für ein Importverbot nigerianischen Öls einzusetzen. Ein deutscher Alleingang wird jedoch nicht in Erwägung gezogen. – (FR) Das Staatssicherheitsgericht in Istanbul spricht den türkischen Schriftsteller Yasar Kemal vom Vorwurf der Aufhetzung zum Rassenhaß frei. Kemal hatte im Nachrichtenmagazin „DER SPIEGEL" einen Artikel veröffentlicht, mit dem er die Kurdenpolitik der türkischen Regierung hart kritisierte, und war dafür angeklagt worden.

4.12.: (dpa, FR, taz, SZ) In Südkorea wird der ehemalige Staatspräsident verhaftet, der nach einem Militärputsch 1979 mit uneingeschränkter Macht regiert hatte und für Mord, Folter und Massaker an Demonstranten verantwortlich war.

5.12.: (SZ, FR, taz) Das OLG Frankfurt hebt das Urteil gegen die vor neun Jahren zu einer lebenslangen Haftstrafe verurteilte Monika Weimar auf und entläßt diese aus der Haft. Eine Wiederaufnahme des Verfahrens soll nun ergeben, ob Frau Weimar neun Jahre zu Unrecht inhaftiert war. – (dpa, taz) Deutsche und russische Flüchtlings- und Menschenrechtsorganisationen fordern, daß Deserteure aus den Armeen Rußlands und anderer Staaten der früheren Sowjetunion in der Bundesrepublik politisches Asyl bekommen sollen, da Deserteure Mißhandlungen und bei Verhandlungen vor Militärgerichten die Todesstrafe zu befürchten hätten.

6.12.: (rtr, FR) Fünf Jahre nach der Wiedervereinigung wird an der früheren innerdeutschen Grenze die Minenräumung beendet und das letzte geräumte Minenfeld freigegeben. – (afp, FR, SZ) Eine Streikwelle, mit der die Beschäftigten des Öffentlichen Dienstes und zunehmend auch von Privatunternehmen gegen die Sparpläne der Regierung im Sozialversicherungswesen protestieren, legt große Bereiche Frankreichs lahm.

7.12.: (afp, rtr, FR) Nach dem Friedensabkommen für Bosnien-Herzegowina fliehen

483

bosnische Serben aus den Gebieten, die an die kroatisch-moslemische Föderation fallen sollen, in serbisch kontrollierte Städte. Gleichzeitig plündern Einheiten der bosnischen Kroaten Häuser, die an Serben zurückgegeben werden sollen und setzen sie in Brand. – (afp, rtr, SZ, taz) Mehrere tausend Menschen demonstrieren in Nigeria gegen die Hinrichtung von Ken Saro-Wiwa und weiterer acht Bürgerrechtler und fordern den Übergang zur Demokratie.

8.12.: (rtr, FR) Am 20. Jahrestag der indonesischen Besetzung Osttimors demonstrieren Osttimoresen mit einer Besetzung der russischen und der niederländischen Botschaft in der indonesischen Hauptstadt Jakarta.

9.12.: (afp, SZ) Rußland und die prorussische Regierung in Tschetschenien schließen ein Abkommen über den künftigen Status Tschetscheniens, das jedoch vom tschetschenischen Präsidenten nicht unterzeichnet wird. Darin wird Tschetschenien zwar ein besonderer Status zugebilligt, es wird aber zur Annahme der russischen Gesetzgebung verpflichtet.

11.12.: (FR, SZ, taz) Bei einem Störfall in einem japanischen Forschungsreaktor steigt die Temperatur im Reaktor drastisch an, während der Austritt giftiger Dämpfe die Reparatur fast unmöglich macht und einer Atomkatastrophe nur knapp entgangen werden kann. – (dpa, FR, SZ) Der britische Physiker Rotblat und die von ihm mitbegründete Pugwash-Bewegung, die sich seit 40 Jahren für die Abschaffung aller Atomwaffen einsetzen, erhalten den Friedensnobelpreis.

12.12.: (dpa, afp, FR) Obwohl der Störfall im japanischen Atomreaktor möglicherweise gefährlicher war, als bisher bekannt wurde, erklärt die japanische Regierung, sie wolle an ihrem Atomprogramm festhalten. – (rtr, FR) Am Jahrestag des russischen Einmarsches in Tschetschenien demonstrieren 3.000 Tschetschenen gegen die Besetzung. – (FR) Der niedersächsische Flüchtlingsrat wirft deutschen Behörden, insbesondere Sozialämtern, vor, Flüchtlingen Leistungen zu verwehren, die ihnen gesetzlich zustünden. So sei z.B. einem Flüchtling, der wegen eines zerstörten Gebisses nicht abbeißen konnte, die Finanzierung des Zahnersatzes mit der Begründung verweigert worden, die Maßnahme dulde Aufschub.

13.12.: (afp, rtr, FR, SZ, taz) Der chinesische Dissident Wei wird wegen angeblichen Umsturzversuchs vom chinesischen Volksgerichtshof unter Ausschluß ausländischer Medien und Diplomaten zu 14 Jahren Haft verurteilt. – (afp,

FR) Der bayerische Landtag beschließt trotz des anderslautenden Urteils des Bundesverfassungsgerichts ein „Kruzifix-Gesetz", das das Anbringen von Christus-Kreuzen in bayerischen Grund- und Hauptschulen anordnet.

14.12.: (afp, ap, FR, taz, SZ) In Paris wird das Friedensabkommen für Bosnien-Herzegowina unterzeichnet. Es sieht einen einheitlichen Staat Bosnien-Herzegowina vor, der aber aus einer muslimisch-kroatischen Föderation und einer serbischen Republik besteht. – (FR, SZ, taz) Bei einer Mitgliederbefragung sprechen sich fast zwei Drittel der FDP-Mitglieder für den Großen Lauschangriff aus. Justizministerin Leutheusser-Schnarrenberger und der innenpolitische Sprecher der Fraktion treten daraufhin zurück.

15.12.: (FR, SZ) In Tschetschenien brechen erneut heftige Kämpfe zwischen russischen Truppen und Rebellen, die für die Unabhängigkeit Tschetscheniens kämpfen, aus.

16.12.: (FR) Die Konferenz der Innenminister der Länder einigt sich darauf, daß der Abschiebestopp für Flüchtlinge aus Bosnien-Herzegowina wegen des Friedensabkommens Ende März 1996 auslaufen soll. Danach soll eine „gestaffelte Rückführung" beginnen.

18.12.: (dpa, ap, FR, SZ, taz) Bei den Präsidentenwahlen in Tschetschenien erhält der von Moskau eingesetzte Regierungschef Sawgajew die meisten Stimmen. Gleichzeitig kommt es jedoch auch zu heftigen Gefechten zwischen russischen Truppen und tschetschenischen Rebellen. – (FR, taz) In Hamburg nehmen fast fünftausend Menschen an einer Demonstration für die Freilassung der seit Juni verhafteten Redakteure der linken Zeitschrift „radikal" teil. Die Demonstranten werden von fast ebenso vielen Polizisten begleitet. – (taz) Nach einer polizeilichen Durchsuchung eines von basisdemokratischen Gruppen eingerichteten Infoladens in Dresden ermittelt die Staatsanwaltschaft wegen des Verdachts der Unterstützung einer terroristischen Vereinigung, weil in dem Laden zwei Exemplare der Zeitschrift „radikal" verbreitet worden sein sollen. – (rtr, SZ) Die ersten der insgesamt 60.000 Soldaten unter NATO-Kommando, die als „multinationale Friedenstruppe" die Umsetzung des Friedensabkommens für Bosnien begleiten sollen, treffen in Bosnien ein.

19.12.: (FR, taz, SZ) China weist den Korrespondenten der Frankfurter Rundschau wegen kritischer Berichterstattung aus dem Land aus. – (afp, SZ, taz) Gegner der Castor-Atomtransporte legen mit Anschlägen auf mehrere Bahnstrecken den Zugverkehr in Hessen und Rheinland-Pfalz für mehrere Stunden lahm.

20.12.: (FR) Das Verwaltungsgericht Göttingen erkennt den Asylanspruch von Kurden aus der Türkei an, da ihnen in allen Teilen der Türkei wegen ihrer kurdischen Volkszugehörigkeit Verfolgung drohe. Das Gericht weicht mit diesem Urteil von der Ansicht des zuständigen Oberverwaltungsgerichts ab. – (taz) Nach dem Protest von mehr als 20.000 Ärzten gegen die geplante Codierung von Patientendaten einigen sich Krankenkassen und die Kassenärztliche Vereinigung darauf, diese nicht ab 1.1.1996 verbindlich vorzuschreiben. Die Ärzte befürchten, durch die Codierung zur verfassungswidrigen Weitergabe hochsensibler Patientendaten gezwungen zu sein.

21.12.: (dpa, FR) In der südafrikanischen Provinz KwaZulu/Natal werden acht Frauen und Kinder, deren Familien mit dem Afrikanischen Nationalkongreß von Präsident Mandela sympathisieren, von Unbekannten getötet. – (FR, taz) Nach fast acht Monaten Kirchenasyl bei einer Augsburger Kirchengemeinde sucht eine Kurdin mit ihren Kindern Zuflucht im Ausland, weil sie sich keine Hoffnungen mehr auf eine juristische oder humanitäre Lösung in der Bundesrepublik macht. Der Ehemann ist bereits im Frühjahr aus Angst vor der Abschiebung untergetaucht.

22.12.: (dpa, FR, SZ) Die sieben führenden Industrienationen und die Ukraine vereinbaren die Stillegung des Atomkraftwerks in Tschernobyl bis zum Jahr 2000. – (afp, SZ) Die Weltbank dementiert Vorwürfe des chinesischen Dissidenten Harry Wu, mit Krediten der Weltbank würden Projekte gefördert, bei denen Zwangsarbeiter eingesetzt würden.

23.12.: (FR, SZ) Die ersten 175 Bundeswehrsoldaten, die der NATO-Friedenstruppe in Bosnien beteiligt sind, fliegen nach Split ab. – (FR, SZ) Die palästinensische Autonomiebehörde übernimmt die Kontrolle der Stadt Bethlehem, nachdem das israelische Militär die Stadt geräumt hat.

27.12.: (ap, afp, FR, taz, SZ) Russische Truppen erobern die tschetschenische Stadt Gudermes, die sich seit Mitte Dezember in der Hand tschetschenischer Rebellen befunden hatte. Dabei kommen mindestens 250 Zivilisten ums Leben. – (FR, taz) In der südafrikanischen Provinz KwaZulu/Natal werden bei einem Überfall durch 600 Anhänger der Inkatha-Partei 14 dem ANC nahestehende Menschen ermordet und zahlreiche verletzt.

28.12.: (afp, FR, SZ) Nach Störfällen werden in Japan zwei Atomreaktoren abgeschaltet.

29.12.: (afp, rtr, FR, taz, SZ) Frankreich zündet erneut eine Atombombe unter dem Mururoa-Atoll. – (dpa, FR, taz, SZ) Das Oberste Volksgericht in China weist den Revisionsantrag des chinesischen Bürgerrechtlers Wei zurück. Die Verurteilung zu 14 Jahren Haft wird in der nur wenige Minuten dauernden Verhandlung als rechtmäßig und angemessen bezeichnet.

30.12.: (rtr, FR, SZ, taz) Der Computer-Onlinedienst CompuServe sperrt den Zugang zu 200 Internet-Dateigruppen, denen von der Staatsanwaltschaft München vorgeworfen wird, sie enthielten kinderpornographische oder sonstige illegale pornographische Inhalte. Neben Bilddateien pornographischen Inhalts werden auch Diskussionsforen und Informationsdienste gesperrt, in denen sich Homosexuelle über Selbsthilfeinitiativen und Beratungsangebote informieren konnten.

Januar 1996:

2.1.: (afp, FR) Mehrere hundert Menschen protestieren in Honkong vor dem Gebäude der chinesischen Nachrichtenagentur Xinhua, um die Freilassung des chinesischen Regimekritikers Wei zu fordern, nachdem ein Gericht in China die Berufung Weis gegen seine Verurteilung zu 14 Jahren Haft abgelehnt hat. – (dpa, FR) Im Jahr 1995 haben erstmals mehr junge Männer den Kriegsdienst verweigert, als Rekruten den Grundwehrdienst absolvierten.

3.1.: (afp, ap, rtr) In Sarajewo verschwinden mindestens zehn moslemische Zivilisten beim Durchqueren eines serbisch kontrollierten Vorortes. Die bosnische Regierung geht davon aus, daß sie von bosnischen Serben aus ihren Fahrzeugen geholt und an einen unbekannten Ort gebracht worden sind. – (FR) Die seit 3. Juli 1992 existierende Luftbrücke nach Sarajewo wird mit einem letzten Hilfsflug eingestellt. – (ap, SZ) In Nigeria wird ein Brandanschlag auf das Verlagsgebäude von regierungskritischen Presseorganen verübt. – (dpa) In Frankreich tritt zum Jahresbeginn ein Gesetz in Kraft, nach dem französische Rundfunksender 40 % ihres Programms mit französischsprachiger Musik gestalten müssen, um dem als zu stark erachteten englischsprachigen Einfluß vorzubeugen.

4.1.: (SZ) In einem Bericht der Organisation Human Rights Watch werden den russischen Polizei rassistische Übergriffe vorgeworfen. Danach hänge die Behandlung eines Menschen davon ab, wie dunkel seine Hautfarbe sei und wie wenig slawisch er aussehe. – (taz) Aufgrund des anhaltenden Streits um den US-Haushalt stellt der Bundesstaat Kansas die Zahlung von Arbeitslosenunterstützung ein, da die Bundesmittel zur Verwaltung der Arbeitsämter aufgebraucht sind und die Ämter geschlossen werden mußten.

5.1.: (FR, SZ) In einem erneuten Prozeß um den Ausspruch „Soldaten sind potentielle Mörder" spricht das Mainzer Landgericht den Angeklagten vom Vorwurf der Beleidigung frei, übt jedoch gleichzeitig scharfe Kritik an der entsprechenden Vorgabe des Bundesverfassungsgerichts. – (FR) Die Bundesregierung sagt die Einzahlung eines hohen Millionenbetrages in einen Fonds zu, aus dem die noch lebenden baltischen NS-Opfer künftig monatlich 50 Mark erhalten können. Sie bezeichnet dies als humanitäre Geste ohne Rechtsanspruch. – (ap, dpa) Mehr als eine halbe Million Menschen sind bisher vor dem Krieg in Tschetschenien geflohen, was etwa die Hälfte der früheren Bevölkerung ist. – (FR, taz) Ein privater Detektiv- und Wachdienst bespitzelt rechtlich unzulässig Flüchtlinge im Flüchtlingsheim Landsberg, da der Leiter des Heimes sie der Schwarzarbeit verdächtigt. Dabei wird u.a. genau Buch geführt, wer wann und wie lange das Heim verläßt.

6.1.: (FR, taz) Bei der Niederschlagung einer Häftlingsrevolte in einem Istanbuler Gefängnis, die sich gegen die harten Haftbedingungen richtet, werden drei Gefangene getötet und 68 weitere verletzt. Auch in weiteren Gefängnissen brechen Unruhen aus. – (FR) Großbritannien will einen führenden saudischen Dissidenten abschieben, der in Großbritannien Asyl beantragt hat. Die von dem Dissidenten geäußerte Kritik an Saudi-Arabien belastet nach Ansicht des Innenministeriums die guten Handelsbeziehungen zwischen den beiden Ländern.

8.1.: (FR) Die Stadt Oakland kündigt aus Protest gegen das Militärregime in Nigeria den Beratervertrag mit einer Washingtoner Firma, weil diese Firma von der nigerianischen Regierung jährlich 2 Mio. Dollar für PR-Aktionen in den USA erhält. – (rtr, SZ, taz) Die Menschenrechtsorganisation Human Rights Watch legt eine Untersuchung vor, wonach in China 1995 mehr als 70 % aller in staatliche Waisenhäuser eingelieferten Kinder dort an Unterernährung und Mißhandlung umkamen. Die Organisation wirft China vor, dies sei das Ergebnis einer vorsätzlichen Politik zur Verringerung der Kinderzahl.

9.1.: (taz) Bei der Beerdigung zweier politischer Häftlinge, die vergangene Woche bei der Niederschlagung eines Gefangenenaufstandes in einem Istanbuler Gefängnis zu Tode geprügelt worden waren, nimmt die Polizei alle fast tausend Trauergäste fest.

10.1.: (afp, dpa, FR, SZ) Tschetschenische Rebellen nehmen in der benachbarten Republik Dagestan mehr als 2.000 Geiseln und verschanzen sich mit ihnen in einem Krankenhaus. Sie drohen mit der Erschießung der Geiseln, wenn ihre Forderung nach sofortigem Abzug der russischen Truppen aus Tschetschenien nicht erfüllt wird. – (FR, SZ) In Istanbul stirbt ein Journalist, der am Rande der Beerdigung der zwei Opfer der Niederschlagung des Gefangenenaufstandes festgenommen worden war, im Polizeigewahrsam. – (dpa, taz) Der britische Korrespondent der Financial Times wird in Nigeria bei einem Besuch der Ogoni, deren Führer Ken Saro-Wiwa im November hingerichtet worden war, vom staatlichen Sicherheitsdienst in Gewahrsam genommen.

11.1.: (afp, ap, FR, SZ) Indien erläßt ein Gesetz, das Ultraschalluntersuchungen zur Geschlechtsbestimmung des Fötus unter Strafe stellt, da aufgrund dieser Untersuchungen gezielt nur weibliche Föten abgetrieben werden. – (SZ) Funktionäre des Verbandes niedergelassener Ärzte erheben vor dem Verwaltungsgericht Köln und beim Bundesverfassungsgericht Klage gegen die seit Jahresbeginn gesetzlich vorgeschriebene Codierung ärztlicher Diagnosedaten. – (FR, SZ) Die tschetschenischen Rebellen lassen einen Großteil der Geiseln frei und versuchen, sich mit den verbleibenden Geiseln über die Grenze nach Tschetschenien zurückzuziehen.

12.1.: (afp, ap, dpa, FR, SZ, taz) Die tschetschenischen Rebellen, die mit 160 Geiseln an der Grenze Dagestans zu Tschetschenien in einem Dorf festsitzen, nehmen weitere neue Geiseln, während die russische Armee sich rund um das Dorf sammelt. – (taz) Dreißig in israelischen Gefängnissen inhaftierte Palästinenserinnen, deren Freilassung bereits vor drei Monaten vorgesehen war, beginnen einen Hungerstreik. Sie fordern die Freilassung aller in israelischen Gefängnissen inhaftierten palästinensischen Frauen.

13.1.: (FR) Nur eine Woche nach der Tat hat das Mainzer Amtsgericht im „beschleunigten Verfahren" 13 türkische Staatsangehörige wegen Hausfriedensbruch, Freiheitsberaubung und Körperverletzung zu Haftstrafen zwischen 6 und 10 Monaten verurteilt. Die Angeklagten hatten das Büro des türkischen Arbeitsattachés in Mainz zwölf Stunden lang besetzt und den Attaché gefangengehalten.

15.1.: (FR, taz) In Zentralbosnien kommt es trotz Friedensabkommen wieder zu Kämpfen zwischen kroatischen und bosnischen Truppenverbänden.

16.1.: (afp, dpa, FR, taz, SZ) Russische Spezialeinheiten beenden die Geiselnahme tschetschenischer Kämpfer in Dagestan durch einen Sturmangriff, bei dem auf das Schicksal der Geiseln keine Rücksicht genommen wird. – (ap, FR) In Massachusetts verstirbt Red Thunder Cloud, ein indianischer Sänger und Geschichtenerzähler, der als einziger die Sprache seines Stammes, der Catawba-Indianer, noch sprechen konnte. – (afp, FR) Der Schwulenverband Deutschlands protestiert gegen den umstrittenen Diagnoseschlüssel ICD 10. Die computergesteuerte Diagnoseverschlüsselung enthalte im Bereich Nervenheilkunde auch Codes für Homosexualität.

17.1.: (FR, SZ) Der geplante Austausch von muslimischen, serbischen und kroatischen Kriegsgefangenen in Bosnien kann nicht stattfinden. Die bosnische Regierung blockiert den Austausch, weil die Serben sich weigern, Auskunft über das Schicksal von 24.000 Vermißten zu geben. – (taz) Eine britische Strafgefangene erhebt Klage gegen den Innenminister, weil sie während ihrer Entbindung in der Haft an das Krankenhausbett angekettet worden war, was der gängigen Praxis der Gefängnisbehörde entspricht.

18.1.: (SZ) Eine interne Studie der Innenminister kommt zu dem Ergebnis, daß Übergriffe der Polizei gegen Ausländer keine „bloßen Einzelfälle" darstellen. – (taz, SZ) Vor dem Oberlandesgericht Frankfurt beginnt der Prozeß gegen die frühere RAF-Sympathisantin Monika Haas. Ihr wird vorgeworfen, 1977 die bei der Entführung der Lufthansa-Maschine Landshut benutzten Waffen an die Entführer überbracht zu haben und damit an der Ermordung des Piloten mitschuldig zu sein. Das Komitee begleitet den Prozeß mit einer kontiniuierlichen Prozeßbeobachtung.

19.1.: (FR) Die kenianische Regierung legt einen Gesetzesentwurf für ein neues Pressegesetz vor, das ein Zulassungsverfahren für Journalisten vorsieht. Damit wäre es der Regierung möglich, unliebsame Journalisten auszuschalten. – (FR, SZ, taz) Bei einem Brandanschlag auf ein Lübecker Asylbewerberheim kommen neun Menschen ums Leben und werden fünfzig weitere verletzt.

20.1.: (afp, SZ) Einen Tag vor den Wahlen zum palästinensischen Autonomierat riegelt Israel die Grenzen zu den palästinensischen Autonomiegebieten aus Sorge vor möglichen Anschlägen ab. Nur Wahlbeobachtern und Journalisten wird Bewegungsfreiheit zugesagt. – (dpa, rtr, FR) Der Bundestag stimmt einem Rentenabkommen für die etwa 35.000 deutschstämmigen Juden in Israel und den USA zu. Nach dem Abkommen können die ausgewanderten Juden Rentenansprüche auch dann geltend machen, wenn sie nicht in der Bundesrepublik leben.

22.1.: (FR, SZ, taz) Drei Tage nach einem Brandanschlag auf ein Flüchtlingsheim in Lübeck verhaftet die Polizei einen Libanesen, der selbst Bewohner des Heimes war, als Tatverdächtigen, nachdem sie bis dahin von einem ausländerfeindlichen Anschlag ausgegangen war.

23.1.: (FR) Die Genfer Abrüstungskonferenz der Vereinten Nationen beginnt ihre neue Sitzungsrunde mit Verhandlungen über einen völligen Atomtest-Stopp. Ob eine entsprechende Vereinbarung zustande kommt, ist aber noch ungeklärt.

24.1.: (FR, taz) Bundesaußenminister Kinkel beruft den deutschen Botschafter in Haiti ab, dem abfällige und rassistische Aussagen über sein Gastland vorgeworfen werden. – (afp, FR, SZ) Der US-Verteidigungsminister kündigt an, die USA wolle innerhalb der nächsten acht Jahre ihren gesamten Bestand an Chemiewaffen vernichten. – (dpa) Die Polizei räumt ein Hüttendorf im niedersächsischen Dissen, mit dem die Bewohner seit Juni 1994 gegen den Weiterbau der Autobahn A 33 protestiert hatten. – (SZ) Berlin verschickt als erstes Bundesland Bescheide an bosnische Flüchtlinge, in denen zur Ausreise nach dem 15. Juli aufgefordert und für den Fall der Weigerung die zwangsweise Abschiebung angedroht wird.

25.1.: (taz) Der israelische Inlandsgeheimdienst unterbreitet dem Parlament einen Gesetzesvorschlag, mit dem die Anwendung physischer Gewalt bei Verhören legalisiert werden soll. – (FR, taz, SZ) Im Atommüll-Endlager in Morsleben, das nur für schwache und mittelaktive Abfälle genehmigt ist, lagern illegal auch hochradioaktive Stoffe.

26.1.: (dpa, FR, taz) Polizisten entdecken auf einem Sattelschlepper 39 illegal eingeschleuste Tamilen, die sechs Tage in eisiger Kälte unter einer Plane versteckt zugebracht haben und unter schweren Erfrierungen leiden.

27.1.: (FR, SZ, taz) Die Innenminister von Bund und Ländern einigen sich auf einen Plan, nach dem ab Juli Alleinstehende und kinderlose Paare als erste Kriegsflüchtlinge nach Bosnien zurückkehren müssen, während Familien voraussichtlich noch bis Mitte 1997 geduldet werden. – (ap, FR) Einen Tag vor seiner geplanten Abschiebung legt ein Abschiebehäftling Feuer in seiner Zelle und wird mit Rauchverletzungen in ein Krankenhaus eingeliefert. – (dpa, SZ) Fast zwei Jahre nach dem Krieg in Ruanda suchen nach Angaben des Internationalen Roten Kreuzes noch über 80.000 Kinder nach ihren Familien. – (FR, OHZ) Die Humanistische Union vergibt ihren Fritz-Bauer-Preis im Jahr 1996 an Hanne und Klaus Vack, langjährige Sekretärin und Sekretär des Komitees.

29.1.: (ap, rtr, FR, taz, SZ) Frankreich zündet die sechste und bisher stärkste Atombombe der Versuchsreihe im Südpazifik. – (afp, FR) Trotz eisiger Kälte vertreiben Beschäftigte rumänischer Sicherheitsdienste Straßenkinder und Bettler aus U-Bahn-Schächten und öffentlichen Gebäuden, so daß diese im Freien überwintern müssen. – (SZ, taz) Bei einem Störfall der Hoechst AG in Frankfurt treten große Mengen eines giftigen Pflanzenschutzmittels aus und verteilen sich als weißes Pulver über mehrere Frankfurter Stadtteile. – (dpa, SZ, taz) Der Erdöl-Multi Shell gibt zu, Handfeuerwaffen für die Ausrüstung der nigerianischen Polizei gekauft zu haben, um damit Shell-Standorte in Nigeria zu sichern.

30.1.: (FR, SZ, taz) Bei der Hoechst AG in Frankfurt kommt es erneut zu einem Störfall, bei dem 1,5 Tonnen einer unerforschten Chemikalie in den Main fließen. Der Störfall wird erst nach mehr als 24 Stunden bemerkt und gemeldet. – (rtr, FR) Vier Jugendliche aus Ost-Timor suchen Zuflucht in der französischen Botschaft in Jakarta und verlangen politisches Asyl in Portugal. – (afp, ap) Im bosnischen Tuzla stürmen Flüchtlinge das Hauptquartier des Internationalen Roten Kreuzes und zertrümmern Türen und Fenster. Sie werfen dem IRK vor, nichts zu tun, um ihre vermißten Verwandten aus Srebrenica zu finden.

31.1.: (FR) Das Berliner Landeseinwohneramt bezeichnet in einem Bescheid die Ausweisung eines türkischen Mannes als „Maßnahme der Sozialhygiene". – (FR) Das Göttinger Amtsgericht spricht einen Angeklagten, der sich mit weiteren Demonstranten auf die Bahngleise gesetzt hatte, um gegen die angekündigte Durchfahrt des Castor-Transportes

zu protestieren, vom Vorwurf der Nötigung frei.

Februar 1996:

1.2.: (ap, FR, SZ) Der Innenausschuß des Bundestages beschließt einen Gesetzentwurf, der vorsieht, Aussiedlern, die sich nicht an den ihnen zugewiesenen Wohnort halten, künftig Sozialhilfe und Leistungen der Arbeitslosenversicherung zu streichen. – (afp, FR) 55 französische Abgeordnete fordern die Wiedereinführung der 1981 abgeschafften Todesstrafe für terroristische Anschläge.

2.2.: (dpa, FR) Aus dem Atomreaktor einer Forschungsanlage in Zentralrußland tritt radioaktives Gas aus. – (dpa, FR) Nach Demonstrationen für eine freie Mongolei in der zu China gehörenden Inneren Mongolei nehmen chinesische Behörden zwölf Demonstranten fest.

3.2.: (ap, FR, SZ) Amnesty international fordert die sofortige Freilassung von sechs festgenommenen Oppositionellen in Burma, denen vorgeworfen wird, ein Gedicht auf einen 1991 im Gefängnis umgekommenen Gefährten geschrieben zu haben. – (dpa, taz) Das Bundesinnenministerium gestattet einem siebenjährigen kurdischen Mädchen, das an Heiligabend 1995 allein nach Istanbul abgeschoben worden war, die Wiedereinreise nach Deutschland, wo Eltern und Geschwister leben. – (SZ, taz) Ein Hamburger Gericht verurteilt einen Polizeibeamten wegen Körperverletzung im Amt zu einer Geldstrafe, weil es als erwiesen ansieht, daß der Polizist einen Afrikaner mit Desinfektionsspray eingesprüht hat.

5.2.: (afp, dpa, FR, taz) Die UN-Sonderberichterstatterin für Menschenrechte im ehemaligen Jugoslawien erklärt nach einem Besuch in Srebrenica, die seit der Eroberung der UN-Schutzzone vermißten Tausende Moslems seien getötet und in der Umgebung von Srebrenica begraben worden. – (epd, FR, taz) Amnesty international wirft deutschen Polizisten und Justizbeamten Übergriffe bis hin zu Mißhandlungen, die Folter gleichkommen, vor allem gegen Ausländer vor. – (afp, FR) Mehrere zehntausend Menschen demonstrieren in Tschetschenien für den Abzug der russischen Armee.

6.2.: (rtr, ap, afp, FR, SZ) Eine Studie der Polizeiführungsakademie zum Thema „Polizei und Fremdenfeindlichkeit" erweist, daß Übergriffe der Polizei auf Ausländer nicht bloße Einzelfälle sind. – (taz) Ein iranisches Gericht verbietet die Literaturzeitschrift Gardun und verurteilt den Herausgeber zu sechs Monaten Haft und 20 Peitschenhieben sowie zwei Jahren Berufsverbot für die „Veröffentlichung von Lügen und unmoralischen Gedichten" sowie Beleidigung des Ajatollah Chamenei.

7.2.: (FR) In der jüngsten Ausgabe der Gefangenenzeitschrift der JVA Werl wurden von der Gefängnisleitung knapp die Hälfte der Artikel aus Zensurgründen gestrichen, unter anderem Auszüge aus dem Koalitionsvertrag zwischen SPD und Grünen in Nordrhein-Westfalen sowie Dokumente über den Strafvollzug in deutschen Haftanstalten. – (FR, taz) Die vom russischen Präsidenten Jelzin gebildete Menschenrechtskommission beklagt in ihrem Bericht für die Jahre 1994 und 1995 eine vielfache Verschlechterung auf dem Gebiet der Bürger- und politischen Rechte und kritisiert die schleichende Militarisierung der Gesellschaft, Behördenwillkür und miserable Zustände in Armee und Gefängnissen.

8.2.: (afp, SZ) Angesichts von Großdemonstrationen gegen die russische Militärpräsenz in Tschetschenien droht der dortige Kommandeur der russischen Truppen, bei „Provokationen" auf die Demonstrationen schießen zu lassen.

9.2.: (rtr, ap, dpa, FR) Das Internationale Rote Kreuz gibt bekannt, die Nachforschungen der Organisation hätten ergeben, daß man davon ausgehen muß, daß 3.000 vermißte Menschen aus Srebrenica nach der Eroberung der Moslem-Enklave durch die bosnischen Serben ermordet worden sind.

10.2.: (dpa, FR, taz) Der Ölkonzern Shell droht dem Rowohlt-Verlag mit rechtlichen Schritten, wenn dieser das letzte Buch des hingerichteten nigerianischen Menschenrechtlers Saro-Wiwa wie geplant unter dem Titel „Flammen der Hölle - Nigeria und Shell: Der schmutzige Krieg gegen die Ogoni" veröffentlicht. – (FR) Nach heftigen Protesten von Menschenrechtsgruppen, Gewerkschaftern und Politikern entläßt Bremen zwei abgelehnte Asylbewerber aus der Abschiebehaft. Beide dürfen vorerst in Bremen bleiben. – (afp, SZ) Die israelische Armee verbietet allen Palästinensern unter 30 Jahren die Einreise nach Jerusalem, da sie anläßlich des 40. Tages nach der Tötung des Hamas-Führers Ayache einen Anschlag befürchtet.

12.2.: (FR, taz, SZ) Nach siebzehn Monaten Waffenstillstand verübt die IRA einen Bombenanschlag auf ein Londoner Bürogebäude.

13.2.: (afp, FR, SZ, taz) Im Betriebsratsbüro eines Dortmunder Warenhauses wird bei Repa-

raturarbeiten ein verstecktes Abhörgerät entdeckt. – (dpa, afp, SZ) In Belfast demonstrieren nach dem Bombenanschlag der IRA mehrere tausend Menschen für Frieden in Nordirland und ein Ende der Gewalt.

14.2.: (FR) Sechzehn Jahre nach dem Entzug der Lehrerlaubnis bekundet die Katholisch-Theologische Fakultät der Universität Tübingen förmlich ihr Bedauern über den Ausschluß des Theologen Küng und fordert die volle Rehabilitierung Küngs durch den Vatikan. – (ap, rtr, SZ) Die litauische Polizei nimmt sieben Personen bei dem Versuch fest, 100 Kilogramm radioaktives Material illegal zu verkaufen. – (SZ) Die bosnische Regierung liefert zwei serbische Offiziere an das UNO-Kriegsverbrechertribunal in Den Haag aus. Die bosnisch-serbische Regierung droht deshalb, das Friedensabkommen von Dayton scheitern zu lassen.

15.2.: (dpa, taz) Das Amtsgericht Günzburg verurteilt vier Atomkraftgegner wegen Sachbeschädigung zu Geldstrafen, weil sie versucht hatten, das Werkgleis zum AKW Gundremmingen zu demontieren. – (dpa, afp, SZ) 10 Jahre nach der Reaktorkatastrophe von Tschernobyl steigt die Zahl der Opfer von Schilddrüsenkrebs stärker an, als Mediziner bisher angenommen hatten.

16.2.: (FR, taz) Die mexikanische Regierung und die aufständischen Indio-Rebellen in Chiapas einigen sich auf ein erstes Abkommen, mit dem eine gewisse Autonomie für die eingeborenen Völker Mexikos anerkannt wird. – (afp, FR, SZ) Eine unabhängige Kommission stellt in der Umgebung der französischen Wiederaufbereitungsanlage La Hague Rückstände von Jod-129 in Muscheln, Pflanzen und in der Luft fest.

17.2.: (ap, FR, SZ, taz) Vor einem Naturschutzgebiet an der walisischen Küste läuft ein Öltanker auf Grund und wird leckgeschlagen. Dabei laufen 4,5 Millionen Liter Rohöl aus. – (FR, SZ, taz) Das Oberste Gericht Südafrikas entscheidet, daß Schulen nicht für weiße Kinder reserviert bleiben dürfen, sondern auch Schwarze aufnehmen müssen.

19.2.: (ap, FR, taz) Atomkraftgegner und Greenpeace-Aktivisten blockieren Bahngleise im abgeschalteten AKW Lubmin bei Greifswald, um gegen den erwarteten Abtransport von teilabgebrannten Brennelementen nach Ungarn zu protestieren. – (afp, ap, FR, SZ) In der tschetschenischen Hauptstadt Grosny verbieten die Behörden eine Demonstration zur Erinnerung an die Deportationen von Tschetschenen nach Kasachstan, die vor 52 Jahren unter Stalin begonnen worden waren.

20.2.: (FR, SZ, taz) Die IRA verübt einen Bombenanschlag auf einen Londoner Linienbus, bei dem ein Mensch getötet und acht weitere verletzt werden. – (epd, FR) Die Türkei verweigert einer Schweizer Abgeordneten, die die inhaftierte kurdische Politikerin Leyla Zana besuchen will, die Einreise. – (FR, SZ, taz) Trotz der Proteste von Atomkraftgegnern verläßt ein Transport mit gebrauchten Brennelementen das stillgelegte AKW Lubmin bei Greifswald.

21.2.: (dpa, ap, SZ) Behörden der bosnischen Serben ordnen die Räumung der serbisch kontrollierten Bezirke Sarajewos an. Vor der Übergabe an die muslimisch-kroatische Föderation sollen die rund 50.000 Einwohner in serbisch kontrollierte Gebiete Bosniens umgesiedelt werden.

22.2.: (afp, SZ, taz) Amnesty international wirft Kuwait vor, seit dem Ende der irakischen Invasion 1991 Hunderte schwerer Menschenrechtsverletzungen begangen zu haben. So seien viele Menschen, die kurz nach dem Ende der Besatzung inhaftiert worden waren, seither verschwunden. – (dpa, SZ, taz) Das tschechische Parlament lehnt mit großer Mehrheit einen Gesetzentwurf ab, mit dem Tschechisch zur Staatssprache und damit zur einzigen Verhandlungssprache öffentlicher Institutionen erklärt werden sollte.

23.2.: (ap, FR, SZ, taz) In Südafrika nehmen sechzehn schwarze Schüler unter Polizeischutz erstmals am Unterricht einer privaten Grundschule teil, die bisher nur weißen Kindern vorbehalten war. Die meisten der bisherigen 700 Schüler boykottieren den Unterricht. – (dpa, FR) In Köln befreit die Polizei 16 völlig durchgefrorene Inder aus einem geparkten, verschlossenen Kleinlaster. – (afp, rtr, SZ) Der Nationale Verteidigungsrat Frankreichs beschließt die Abschaffung der Wehrpflicht bis zum Jahre 2002.

24.2.: (afp, FR) Die Menschenrechtskommission des Europarates in Straßburg läßt 32 Klagen von Bewohnern eines kurdischen Dorfes zu, das 1993 von der türkischen Armee angegriffen worden war. Die Bewohner werfen den Soldaten den Tod von zwei Kindern vor, außerdem seien zahlreiche Dorfbewohner mißhandelt, aus ihren Häusern vertrieben und diese in Brand gesteckt worden.

26.2.: (FR) Bei einer Anhörung der Grünen-Landtagsfraktion Niedersachsens zu den „Chaos-Tagen" in Hannover berichten AnwohnerInnen als Zeugen von wahllosen Übergriffen der Polizei auf Unbeteiligte.

27.2.: (dpa, SZ) Der Präsident des Bundesamtes für Verfassungsschutz fordert eine schärfere Beobachtung der PDS, weil diese die freiheitlich-demokratische Grundordnung nicht akzeptiere, sondern letztlich überwinden wolle.

28.2.: (taz) Russische Atom-Experten berichten, daß die Risse im Sarkophag des Reaktors von Tschernobyl größer sind, als man vermutet hatte. Durch die Risse gelangen noch immer strahlende Teilchen in die Umwelt.

29.2.: (ap, rtr, FR, SZ) Die Bosnien-Friedenstruppe Ifor wirft nach der Übergabe der von Serben bewohnten Stadtbezirke Sarajewos den zurückkehrenden Muslimen vor, zurückgebliebene Serben zu schikanieren und damit erst recht zur Flucht zu zwingen. – (afp, FR) Der türkische Schriftsteller Yasar Kemal muß sich wegen eines kritischen Artikels zur Kurdenpolitik der Türkei erneut vor Gericht verantworten.

März 1996:

1.3.: (afp, FR, taz) Der Bundestag verabschiedet einen Gesetzentwurf zur Sozialhilfereform, der starke Kürzungen der Sozialhilfe vorsieht. So soll die Sozialhilfe um 25 % gekürzt werden, wenn ein Betroffener eine ihm zumutbare Beschäftigung ablehnt. – (rtr, FR) In Bangkok beginnt der erste Europa-Asien-Gipfel. Vertreter der nichtstaatlichen Organisationen kritisieren die rein wirtschaftliche Ausrichtung des Gipfels, bei dem das Thema Menschenrechte vollkommen ausgeklammert werde. – (dpa, SZ) Während einer Debatte vor der türkischen Nationalversammlung räumt der Justizminister des Landes ein, daß es in der Türkei weiterhin Fälle von Folter durch Polizeibeamte gebe, bei denen es sich jedoch um Einzelfälle handle. – (ap, SZ) Die bosnische Regierung übernimmt offiziell die Kontrolle über die ehemals serbisch kontrollierten Stadtteile von Sarajewo, nachdem zuvor 90 % der serbischen Einwohner geflohen waren.

2.3.: (afp, FR) Ein französisches Gericht verurteilt den Chef eines Reiseveranstalters wegen Rassendiskriminierung, weil das Unternehmen verbilligte Flüge nur für Weiße verkauft hatte. – (SZ) Das Internationale Kriegsverbrecher-Tribunal in Den Haag klagt den serbischen General Djukic wegen Kriegsverbrechen und Verbrechen gegen die Menschlichkeit an, da dieser an der Bombardierung ziviler Ziele in Sarajewo beteiligt gewesen sein soll.

4.3.: (rtr, FR, SZ, taz) Die radikale Palästinenser-Bewegung Hamas verübt einen Bombenanschlag auf einen Bus in Jerusalem, bei dem 19 Menschen getötet werden. – (FR) Beschäftigte werfen dem Präsidenten des Asyl-Bundesamtes vor, sie massiv unter Druck zu setzen, um eine Beschleunigung der Asylverfahren ohne Rücksicht auf ihre Qualität zu erreichen.

5.3.: (dpa, FR, SZ, taz) In Israel wird erneut ein Bombenanschlag durch die Hamas verübt, bei dem 20 Menschen sterben. Israel legt eine zwei Kilometer breite Sicherheitszone um das Westjordanland, die auch teilweise mit einem elektronischen Zaun gesichert ist. – (taz) Das portugiesische Parlament amnestiert den früheren Revolutionshelden Otelo de Carvalho, der 1983 wegen Gründung einer terroristischen Vereinigung zu 18 Jahren Haft verurteilt worden war.

6.3.: (FR, SZ) Aus Protest gegen die bevorstehende Präsidentschaftswahl in Taiwan kündigt China Raketentests und Manöver unmittelbar vor der taiwanesischen Küste an. – (FR, SZ, taz) Das Komitee des Europarates zur Verhinderung von Folterungen veröffentlicht in einem Bericht zahlreiche Fälle von Folterungen und Mißhandlungen in Spanien in den Jahren 1991 bis 1994, vor allem durch die Guardia Civil. – (epd, SZ) Der frühere Staatschef von Nigeria, seit März 1995 in Haft, erhält den Menschenrechtspreis der Friedrich-Ebert-Stiftung verliehen. Als bisher einziger Militärführer hatte Obasanjo 1979 die Macht freiwillig an eine gewählte Zivilregierung abgegeben.

7.3.: (FR) Die algerische Regierung beschlagnahmt die Ausgabe eines Oppositionsblattes, in dem ein Dossier über Menschenrechtsverletzungen abgedruckt worden war. – (taz) Israelische Menschenrechtsorganisationen warnen davor, nach den Terroranschlägen der letzten Tage verstärkt Kollektivstrafen gegen die palästinensische Bevölkerung zu verhängen, da massive, gesetzwidrige und unmoralische Kollektivstrafen immer auch friedliebende Palästinenser träfen und den Terror nicht reduzierten. – (afp, SZ) Der NATO-Rat beschließt eine Erweiterung des Mandats für die NATO-Friedenstruppe in Bosnien. Die Soldaten sollen künftig auch die Beweissicherung an Massengräbern schützen sowie die für September geplanten Wahlen vorbereiten.

8.3.: (dpa, FR) In Bangladesch schießen während der Nachwahlen zum Parlament Polizei und paramilitärische Truppen auf Oppositionsanhänger, die den Wahlgang behindern wollten, und töten neun Menschen. – (dpa, SZ,

taz) Ein amerikanisches Bundesgericht hebt das absolute Verbot der Sterbehilfe im US-Staat Washington auf, da dies dem Menschen das Recht auf einen Tod in Würde abspricht.

9.3.: (afp, FR) Das ukrainische Umweltministerium informiert erst jetzt über einen Störfall im AKW Tschernobyl, der sich bereits im November 1995 ereignet hat und bei dem mindestens zwei Arbeiter stark verstrahlt worden waren.

11.3.: (SZ) In Rußland befinden sich fast 800.000 Kinder wegen Folgen der Atomkatastrophe in Tschernobyl unter ärztlicher Aufsicht. – (rtr, SZ) Israel beschließt die Anwerbung von 16.000 ausländischen Arbeitern, die die Palästinenser ersetzen sollen, die wegen der Absperrung der Palästinenser-Gebiete nicht mehr in Israel arbeiten können.

12.3.: (FR) In Südafrika beginnt der Prozeß gegen den ehemaligen Verteidigungsminister Malan, dem vorgeworfen wird, Todesschwadronen gegen Apartheidgegner gegründet zu haben. – (afp, SZ) Serbische Extremisten und jugendliche Randalierer zerstören einen Tag vor der Übergabe einiger Vororte Sarajewos an die muslimisch-kroatische Polizei zahlreiche Häuser und legen Brände in den fast verlassenen Vororten.

13.3.: (rtr, ap, FR, SZ) Das Internationale Rote Kreuz kritisiert fehlenden Respekt für humanitäre Regeln und die Behinderung seiner Arbeit in Tschetschenien durch die Kriegsparteien. So sei es nicht möglich, kurze Feuerpausen zur Evakuierung der Zivilbevölkerung zu vereinbaren oder Kontakt zu Kriegsgefangenen aufzunehmen. – (ap, SZ) Das Verwaltungsgericht Frankfurt/Oder stoppt die geplante Abschiebung eines Asylbewerbers, weil es Zweifel an der Verfassungsmäßigkeit der Drittstaatenregelung hat.

14.3.: (afp, taz) Frankreich gestattet zwei chinesischen Dissidenten, die als Hauptinformanten über die verheerende Lage in Chinas Waisenhäusern gelten, die Einreise erst beim zweiten Versuch und nach Protesten von Menschenrechtsgruppen. Zwei Tage zuvor waren die beiden wegen fehlender Visa an der Grenze abgewiesen worden. – (rtr, SZ) Nach der Übergabe der ehemals serbischen Vororte Sarajewos an die muslimisch-kroatische Föderation kommt es zu Übergriffen der Muslime und Kroaten gegen die wenigen verbliebenen Serben.

15.3.: (dpa, FR) Der US-Kongreß streicht die Finanzhilfen für Zentren, die zum Tode Verurteilten mit kostenloser Rechtsberatung zur Seite stehen, so daß die 20 existierenden Zentren dieser Art schließen müssen.

16.3.: (epd, FR, SZ) Das Landgericht Berlin nimmt das Verfahren gegen den 1945 zum Tode verurteilten und hingerichteten evangelischen Theologen Bonhoeffer wieder auf, um die damalige Verurteilung zu überprüfen. Das Urteil war bereits 1956 vom Bundesgerichtshof als rechtsgültig anerkannt worden. – (dpa, taz) US-Präsident Clinton sagt der Regierung in Sarajewo die Lieferung von Militärausrüstung im Wert von 100 Millionen Dollar zu, um die Armee der Bosnischen Föderation aufzurüsten. – (SZ) Der russische Präsident Jelzin unterzeichnet einen Erlaß, mit dem Priester und Gläubige in Rußland, die Opfer unbegründeter Repressionen geworden waren, rehabilitiert werden sollen.

18.3.: (FR, taz) Mehrere tausend Palästinenser demonstrieren in Gaza-Stadt für ihr Recht auf Arbeit und Reisefreiheit, das durch die Abriegelung der autonomen Gebiete durch Israel unmöglich gemacht wird. – (FR) Nach Bombenangriffen und der Eroberung eines tschetschenischen Dorfes durch die russische Armee fliehen 6.500 Zivilisten, vor allem Frauen und Kinder, über die Grenze nach Inguschien. – (ap, SZ) Mehrere tausend Kurden beteiligen sich in ganz Deutschland an Kundgebungen und Autobahnblockaden anläßlich des bevorstehenden kurdischen Neujahrsfestes, bei denen es auch zu Gewalttätigkeiten kommt. Hunderte von Kurden werden festgenommen, 40 Polizisten und 300 Demonstranten verletzt. – (taz) Das Komitee kritisiert das Verbot der PKK, da es nur märtyrerhafte Solidarisierung statt Auseinandersetzung mit politischen Positionen erzeuge.

19.3.: (FR) Die türkische Polizei nimmt nach Berichten von internationalen Delegationen, die sich anläßlich des kurdischen Neujahrsfestes in der Türkei und Kurdistan aufhalten, sieben Journalisten und Herausgeber von Zeitungen fest. – (afp, SZ) In Taiwan fliehen mehrere hundert Menschen, die in der Nähe des Zielgebietes der chinesischen Raketenmanöver leben, aus Furcht vor fehlgehenden Raketen.

20.3.: (ap, afp, FR, taz) Jugendliche der rechtsradikalen Szene überfallen in Magdeburg einen Afrikaner und verletzen ihn schwer. – (afp, FR) Der Oberste Gerichtshof Israels genehmigt den Abriß von sieben Häusern im Westjordanland, in denen Angehörige radikaler Palästinenser wohnen.

21.3.: (ap, FR, taz) Die baden-württembergische Polizei nimmt 77 mutmaßliche Anführer der PKK vorbeugend in Gewahrsam. Außerdem verbieten die Behörden viele geplante Kundgebungen und Demonstrationen zum kurdischen Neujahrsfest. – (afp, SZ) Die israelische Armee sprengt im Westjordanland das Haus der Angehörigen eines palästinensischen Selbstmordattentäters.

22.3.: (ap, dpa, FR, SZ) Im Norden Bosniens wird ein Massengrab mit den Leichen von etwa 210 Menschen entdeckt, die vermutlich in dem von Serben errichteten Internierungslager Omarska ums Leben gekommen waren. – (rtr, FR, SZ, taz) In Guatemala beschließen die Bürgerkriegsparteien erstmals nach 35 Jahren eine unbefristete Waffenruhe. – (taz) In Paris besetzen mehrere hundert Afrikaner ohne Aufenthaltsgenehmigung eine Kirche, um gegen ihre Situation als illegale Ausländer zu protestieren.

23.3.: (afp, rtr, FR) Ein britischer Wissenschaftler wirft der Regierung Großbritanniens vor, die von ihm bereits vor Jahren vorgelegten Beweise für die Übertragbarkeit des Rinderwahnsinns auf Menschen mit Rücksicht auf die Viehzucht mißachtet und bis jetzt zurückgehalten zu haben.

25.3.: (afp, FR, taz) Die französische Polizei räumt eine von illegal eingewanderten Afrikanern besetzte Kirche in Paris. Die vorgesehene sofortige Abschiebung wird von einem Gericht wegen eines Formfehlers jedoch gestoppt.

26.3.: (epd, FR) Ein konfessionsloser Berufsschullehrer aus Nördlingen klagt beim Verwaltungsgericht gegen das Kruzifix in den Klassenzimmern, in denen er unterrichtet. – (rtr, FR, SZ) Der Europäische Gerichtshof für Menschenrechte verurteilt die Türkei zur Zahlung einer Entschädigung für zwei zu lebenslanger Haft verurteilte Gefangene, weil die überlange Verfahrensdauer von 15 Jahren einen Verstoß gegen die Menschenrechte darstelle. – (taz) Die Umweltschutzorganisation Greenpeace legt interne Dokumente des Shell-Konzerns vor, aus denen hervorgeht, daß die türkische Tochtergesellschaft des Ölkonzerns über 20 Jahre lang ölige Abwässer in ein Trinkwasserreservoir nahe der türkischen Millionenstadt Diyarbakir eingeleitet hat, die nun die Trinkwasserversorgung gefährden.

27.3.: (dpa, FR) In der brasilianischen Hauptstadt protestieren 300 Vertreter brasilianischer Indianervölker gegen ein neues Regierungsdekret, mit dem bereits geschaffene oder geplante Schutzzonen für die rund 300.000 Ureinwohner Brasiliens abgeschafft oder verkleinert werden sollen. – (dpa, ap, FR, SZ) Die indische Atomenergieaufsichtsbehörde überprüft erstmals seit 40 Jahren die Atomanlagen des Landes auf ihre Sicherheit und stellt dabei 150 schwerwiegende Mängel fest.

28.3.: (FR, SZ, taz) Die Bundesregierung beschließt als Reaktion auf die teilweise gewalttätigen Kurdendemonstrationen eine Verschärfung des Ausländergesetzes, wonach straffällig gewordene Ausländer noch häufiger als bisher ausgewiesen werden sollen.

29.3.: (dpa, SZ) Ein russischer Soldat stirbt an akutem Herzversagen aufgrund von starkem Untergewicht, weil er wegen der schlechten Versorgungslage der Armee nach sechs Monaten seines Wehrdienstes stark unterernährt war.

30.3.: (afp, FR) Frankreich schiebt trotz der Proteste von Hilfsorganisationen 52 illegale Einwanderer nach Mali ab. Einige der Abgeschobenen hatten sich an der Besetzung einer Kirche und einer Turnhalle in Paris beteiligt, um eine Aufenthaltsgenehmigung zu bekommen. – (ap, SZ) Amnesty international wirft der australischen Justiz vor, gegen Ureinwohner des Kontinents, die Aborigines, überdurchschnittlich viele Haftstrafen zu verhängen, die häufig mit dem Tod enden.

April 1996:

1.4.: (afp, FR, SZ) In Hongkong stehen Zehntausende Menschen Schlange, um noch einen Antrag für einen britischen Paß stellen zu können, bevor die Antragsfrist ausläuft. Wegen des großen Andrangs wird die Antragsstelle in ein Sportstadion verlegt. – (ap, rtr) Nach dem Skandal um die Vertuschung von Untersuchungen über die Rinderkrankheit BSE in Großbritannien geht der Verbrauch von Rindfleisch in Deutschland um die Hälfte zurück.

2.4.: (FR) Das Landgericht Kassel spricht einen Vollzugsbeamten frei, der wegen Mißhandlung von zwei algerischen Gefangenen nach einer Gefangenenmeuterei angeklagt war. – (afp, SZ, taz) Kriegsdienstgegner protestieren mit einer Gleisblockade in Berlin gegen die Wehrpflicht und verzögern damit die Abfahrt von zwei Zügen, in denen mehrere hundert Rekruten sitzen.

3.4.: (FR) Die algerische Regierung entzieht einem der letzten westlichen Journalisten, dem Korrespondenten der spanischen Tageszeitung „El Pais", die Arbeitserlaubnis, da dieser negativ über Algerien berichtet habe. – (FR) In mehreren Gefängnissen Argentiniens und Brasiliens brechen Aufstände und Häftlingsrevolten aus, mit denen eine Milderung der Haftbedingungen, Beschleunigung der Untersuchungsverfahren und Maßnahmen gegen die chronische Überbelegung der Haftanstalten gefordert werden.

4.4.: (epd, afp, FR) In Bosnien und Kroatien gelten noch immer rund 30.000 Menschen als vermißt, über deren Schicksal nichts bekannt ist. – (FR) Die Stadt Hildesheim wehrt sich dagegen, Flüchtlingen für Einkäufe Wertgutscheine statt Bargeld zu geben und will für den Fall, daß das Land die Stadt dazu zwingen wird, ein Rücktauschsystem der Gutscheine in Bargeld organisieren. – (dpa, SZ) Die russische Luftwaffe bombardiert trotz eines vom Präsidenten verkündeten Waffenstillstandes erneut ein tschetschenisches Dorf. Dutzende von Zivilisten werden verletzt und die Bewohner zur Flucht getrieben. – (afp, FR, SZ, taz) Amerikanische Polizisten schlagen zwei illegale mexikanische Einwanderer nahe der Grenze brutal zusammen und verletzen sie schwer.

6.4.: (FR) Die katholischen und die evangelische Kirchengemeinden von Lüdinghausen in Nordrhein-Westfalen gewähren einer kurdischen Familie Kirchenasyl, um sie vor der angedrohten Abschiebung zu bewahren. – (afp, SZ) In der Bundesrepublik beginnen die Ostermärsche mit einem Fahrradkorso von Leipzig nach Erfurt.

9.4.: (dpa, FR) Menschenrechtler befreien in Pakistan 140 als Sklaven gehaltene LandarbeiterInnen aus den Privatgefängnissen zweier Großgrundbesitzer. – (FR, taz) Im niedersächsischen Dannenberg demonstrieren 3.000 Atomkraftgegner gegen die geplanten weiteren Atommüll-Transporte und deren Einlagerung in Gorleben. – (FR, taz, SZ) Rund 6.000 Teilnehmer des größten diesjährigen Ostermarsches protestieren in der Wittstock-Ruppiner Heide gegen die Pläne der Bundeswehr, dort den größten Bombenabwurfplatz Europas einzurichten.

10.4.: (FR, taz) Das OLG Rostock lehnt den Antrag ab, Anklage gegen Beamte der GSG-9 wegen Mordes an dem mutmaßlichen RAF-Mitglied Wolfgang Grams zu erheben. – (FR, taz) Die Stadt Köln schiebt die Frau eines von den Militärs in Nigeria getöteten Oppositionspolitikers nach Nigeria ab, da sie, obwohl sie selbst vor ihrer Flucht gefoltert und vergewaltigt worden war, nicht als Flüchtling anerkannt worden war. – (ap, SZ) Nigerianische Regierungstruppen riegeln ein Hotel ab, in dem eine Delegation der UN nigerianische Aktivists über die Lage der Menschenrechte in dem afrikanischen Staat befragen will, und behindern damit die Ermittlungen.

11.4.: (afp, FR) Der Leiter der Gefängnisbehörde in Honduras fordert das Parlament auf, eine Möglichkeit zur Beschleunigung der Justizverfahren zu finden, da von den 9.342 Häftlingen des Landes nur 835 in einem ordentlichen Gerichtsverfahren verurteilt worden seien, die anderen aber seit Jahren ohne Verurteilung inhaftiert würden. – (dpa, SZ) Die französische Polizei löst eine Demonstration gegen den chinesischen Ministerpräsidenten Li Peng auf, der sich zu einem Staatsbesuch in Frankreich befindet.

12.4.: (FR, taz) Der französische Premierminister verzichtet auf seine vorbereitete Rede, die Kritik an den Menschenrechtsverletzungen in China enthält, nachdem der chinesische Ministerpräsident Li Peng damit gedroht hat, bereits ausgehandelte Wirtschaftsverträge nicht zu unterschreiben. – (ap, taz) Die Bundesregierung erteilt eine Ausfuhrgenehmigung für den Export von sieben Kleinpanzern nach Indonesien. Die Zustimmungserteilung wird damit begründet, daß die Panzer für die Bekämpfung von Aufständischen nicht geeignet seien.

13.4.: (ap, FR, taz) Das niedersächsische Innenministerium kündigt ein massives Aufgebot von Polizei und Bundesgrenzschutz für die von Atomkraftgegnern geplante Schienendemontage am Bahnhof in Dannenberg an. Gleichzeitig verbietet der Landkreis jegliche Demonstrationen in der Nähe des Bahnhofs. – (dpa) Das Komitee führt eine Beobachtung der Demonstrationen anläßlich des Castor-Transportes durch. – (dpa, SZ) Die internationale Konferenz „Zehn Jahre nach Tschernobyl" kommt in Wien zu dem Ergebnis, die Reaktorkatastrophe habe keine langfristigen Auswirkungen gehabt.

15.4.: (FR) Polizei und Bundesgrenzschutz verhindern durch Einsatz von Hochdruckwasserwerfern, Hunden und Schlagstöcken die geplante Demontage von Schienen vor dem „Castor-Bahnhof" in Dannenberg. – (dpa, FR) Die Untersuchungen der UN-Kommission in Nigeria ergeben, daß die Menschenrechte in dem afrikanischen Land laufend schwerstens verletzt werden. – (afp, dpa, SZ) Die israelische Luftwaffe bombardiert Ziele im Süden und Osten Libanons und treibt dadurch rund 400.000 Menschen in die Flucht.

16.4.: (dpa, FR, taz) Bürgerinitiativen und Lokalpolitiker protestieren gegen Tiefstflüge in

nur 60 Metern Höhe über dem Bayerischen und Oberpfälzer Wald, mit denen die Bundeswehr ein neues Triebwerk für Tornado-Maschinen testet. – (afp, SZ) Rußland beginnt mit dem Rückzug seiner Truppen aus Tschetschenien.

17.4.: (dpa, FR) Das niederländische Parlament beschließt eine Gesetzesvorlage, die die Heirat von Homosexuellen zuläßt. – (FR) Bayern will mit einem eigenen Landesgesetz die Bestimmungen des Abtreibungsparagraphen 218 Strafgesetzbuch verschärfen. Das Gesetz sieht u.a. vor, daß Frauen verpflichtet werden, in der Konfliktberatung die Gründe für einen Abbruch darzulegen, während aufgrund des § 218 dies nicht erzwungen werden kann. – (ap, SZ) In den USA werden zwei Gefängnisaufseher wegen der Scheinhinrichtung eines schwarzen Häftlings entlassen.

18.4.: (ap, FR) 60 Atomkraftgegner beginnen in Strahlenschutzanzügen einen Marsch von Kiew durch die Ukraine nach Tschernobyl, um an die Reaktorkatastrophe vor zehn Jahren zu erinnern. – (rtr, dpa, taz) Die Deutsche Botschaft in Jakarta vertreibt neun Flüchtlinge aus Osttimor vom Grundstück, die dort Asyl beantragen wollten. – (SZ) Die Bundesregierung erkennt die aus Serbien und Montenegro bestehende Republik Jugoslawien diplomatisch an.

19.4.: (afp, dpa, FR, SZ) Israel greift einen Stützpunkt der im Libanon stationierten Truppe der Vereinten Nationen an und tötet dabei 94 libanesische Flüchtlinge, die im UN-Quartier untergebracht waren. – (afp, FR, SZ, taz) In Brasilien schießen Militärpolizisten in eine Demonstration von 1.500 Unterstützern der Landlosenbewegung. Dabei sterben mindestens 23 Demonstranten, darunter ein dreijähriges Kind.

20.4.: (FR) Die Hilfsorganisation „Ärzte ohne Grenzen" wirft den russischen Truppen in Tschetschenien zunehmende Brutalisierung des Krieges vor. Die russische Armee erpresse Geld von fliehenden Zivilisten, mißbrauche Frauen und Kinder als lebende Schutzschilde und zerstöre und plündere Dörfer.

22.4.: (dpa, FR) Vier Jugendliche greifen in Erfurt einen Angolaner an und verletzen ihn so, daß er ärztlich versorgt werden muß. – (FR, taz) Atomkraftgegner blockieren eine Eisenbahnbrücke im niedersächsischen Dahlenburg, die nach Ansicht von Gutachtern nicht mehr tragfähig ist, über die jedoch der nächste Castor-Transport rollen soll. – (FR) Der Petitionsausschuß des Deutschen Bundestages lehnt die Weiterleitung einer Petition des

Komitees für Grundrechte und Demokratie und anderer Organisationen zur Abschaffung der lebenslangen Freiheitsstrafe an die Bundesregierung ab.

23.4.: (afp, FR) Auf einer Müllkippe in der Nähe von Moskau werden 50 Kilogramm radioaktiv verseuchten Abfalls in alten, teilweise beschädigten Fässern entdeckt. – (dpa, FR, taz) Russische Truppen schließen in der tschetschenischen Stadt Schali etwa 50.000 Menschen ein, die kaum noch über Trinkwasser und Medikamente verfügen. – (taz) Weißrußland stellt einen Plan zur Wiederbesiedlung der nach der Reaktorkatastrophe von Tschernobyl noch immer stark verstrahlten und deshalb unbewohnbaren Regionen des Landes vor.

24.4.: (dpa, FR) Etwa 10.000 albanische Frauen demonstrieren in der südserbischen Provinz Kosovo gegen die Ermordung eines albanischen Studenten, der während eines friedlichen Protestes von einem nationalistischen Serben erschossen wurde. – (afp, taz) Mehrere hundert Kurden aus Frankreich demonstrieren vor dem Europarat in Straßburg gegen die Unterdrückung der Kurden in der Türkei, während die Menschenrechtskommission erstmals zwei über 400 Klagen von Kurden gegen die Türkei behandelt.

25.4.: (ap, FR, SZ, taz) In der verseuchten Sperrzone um das Atomkraftwerk Tschernobyl bricht ein großer Waldbrand aus, dessen radioaktive Asche durch starken Wind weiträumig verweht wird und vor allem die 2,6 Millionen Einwohner von Kiew bedroht. – (dpa, SZ) Das britische Oberhaus weist die vom Unterhaus gebilligte Verschärfung der Asylgesetze zurück und erzwingt so eine erneute Diskussion des Gesetzentwurfes.

26.4.: (dpa, taz) Die Berliner Staatsanwaltschaft ermittelt gegen einen Polizisten, der mit der Weitergabe von internen Polizeifotos auf menschenunwürdige Zustände in der Berliner Abschiebehaft aufmerksam machen wollte. – (taz) Die Proteste gegen die Ermordung eines albanischen Studenten durch einen serbischen Nationalisten in Kosovo eskalieren in gewaltsamen Auseinandersetzungen, die fünf Tote und viele Verletzte fordern.

27.4.: (rtr, FR, SZ, taz) In vielen deutschen Städten gedenken die Menschen mit Protestaktionen, Konzerten und Gottesdiensten der Reaktorkatastrophe von Tschernobyl vor zehn Jahren und fordern den Ausstieg aus der Atomenergie. In der Ukraine, Weißrußland und Rußland wird der Jahrestag mit Trauerfeiern und

Protestaktionen begangen. – (dpa, SZ) In Kalifornien wird ein sechsjähriger Junge wegen versuchten Mordes an einem vier Wochen alten Baby angeklagt.

29.4.: (rtr, SZ) Das niedersächsische Oberverwaltungsgericht weist einen Eilantrag zurück, mit dem die Einlagerung von hochradioaktiven Abfällen aus der französischen Wiederaufbereitungsanlage La Hague in Gorleben verhindert werden sollte.

30.4.: (ap, FR, SZ) Die Innenpolitiker der Koalitionsfraktionen stellen eine Neuregelung des Ausländerrechts vor, nach welcher straffällig gewordene Ausländer künftig bei mindestens dreijähriger Haftstrafe auch dann abgeschoben werden sollen, wenn ihnen im Herkunftsland politische Verfolgung droht.

Mai 1996:

2.5.: (FR, SZ, taz) Ein brasilianisches Schöffengericht verurteilt einen Militärpolizisten wegen der Beteiligung an der Ermordung von Straßenkindern zu einer symbolischen Freiheitsstrafe von 309 Jahren. – (ap, FR, SZ, taz) Das Bundesverwaltungsgericht verneint einen generellen Anspruch auf Asyl wegen Verfolgung als Gruppe für kurdische Flüchtlinge und hebt damit zwei anderslautende Urteile eines Oberverwaltungsgerichts auf. – (ap, FR, taz) Ein Flüchtling aus Togo nimmt sich aus Verzweiflung über die Ablehnung seines Asylantrages in Landshut das Leben.

3.5.: (SZ) Flüchtlingsorganisationen, Kirchenvertreter und Ausländerbeauftragte appellieren an den Innenminister, den geplanten Beginn der Abschiebung bosnischer Flüchtlinge nach Bosnien ab 1.7.1996 aufzuschieben, da deren Sicherheit nicht gewährleistet sei. – (rtr, SZ) Die kroatischen Behörden schließen eine unabhängige Zeitung mit der Begründung, sie sei nicht registriert und mißachte Umweltauflagen. Mitarbeiter der Zeitung vermuten jedoch, die Schließung erfolge wegen ihrer kritischen Berichterstattung über Präsident Tudjman. – (afp, dpa, SZ) Bundesverteidigungsminister Rühe eröffnet ein Luftwaffen-Ausbildungszentrum in den USA, in welchem künftig die gesamte Grundausbildung der Tornado-Piloten erfolgen soll, und kündigt an, daß damit die Fluglärmbelastung in Deutschland abnehmen werde.

4.5.: (SZ, taz) Ein führender chinesischer Dissident flieht in die USA, weil er auch nach seiner Haftentlassung 1995 ständig von der Polizei schikaniert und verfolgt wurde. – (SZ)

Die Teilnehmerstaaten der Genfer Landminen-konferenz einigen sich auf ein endgültiges Verbot sämtlicher Anti-Personen-Minen.

6.5.: (FR, taz) Im niedersächsischen Dannenberg demonstrieren 10.000 Menschen gegen den Castor-Transport, der in wenigen Tagen Atommüll aus der französischen Wiederaufarbeitungsanlage La Hague nach Gorleben bringen soll. Nach der Demonstration kommt es zu Blockaden von Bahntrassen, die vom Bundesgrenzschutz mit Wasserwerfern und Schlagstöcken aufgelöst werden. – (FR) Die Bundesregierung lehnt es ab, ein von Kirchen, Entwicklungshilfe- und Friedensgruppen geplantes ziviles Hilfsprojekt für Ex-Jugoslawien finanziell zu unterstützen, da über die Kosten für das militärische Engagement hinaus keine Gelder vorhanden seien.

7.5.: (dpa, FR, taz) Nach Zusammenstößen zwischen Demonstranten und der Polizei an der Bahnstrecke Lüneburg-Dannenberg setzt das OVG Lüneburg das umfassende Demonstrationsverbot im Raum Gorleben wieder in Kraft. – (SZ) Das internationale Kriegsverbrecher-Tribunal in Den Haag eröffnet seinen ersten Prozeß. Angeklagt ist der bosnische Serbe Tadic. – (rtr, SZ) In Australien wird erstmals in der Geschichte des Kontinents ein Aborigine zum Richter ernannt.

8.5.: (dpa, ap, FR, SZ, taz) Begleitet von heftigen Protesten und unter massiven Sicherheitsvorkehrungen rollt der Castor-Transport vom französischen La Hague nach Gorleben. – (FR) In Guatemala unterzeichnen Regierung und Guerilla eine Vereinbarung über eine Land- und Sozialreform. – (afp, SZ, taz) Im Prozeß gegen den bosnischen Serben Tadic vor dem Haager Kriegsverbrechertribunal läßt die Staatsanwaltschaft den Anklagepunkt Vergewaltigung fallen, nachdem das Opfer der Vergewaltigung und sechs Zeuginnen sich wegen Einschüchterungsversuchen und Drohungen weigern, persönlich vor dem Tribunal zu erscheinen.

9.5.: (rtr, FR) In Berlin versuchen vier junge Männer, einen Obdachlosen zu steinigen. Sie bewerfen den auf einer Bank liegenden Mann mit Pflastersteinen und verletzen ihn am Kopf. – (ap, SZ) In Indonesien wird ein ehemaliger Abgeordneter zu 34 Monaten Gefängnis verurteilt, weil er Präsident Suharto während eines Besuches in Deutschland als Diktator bezeichnet hatte. Das Gericht sieht darin eine Beleidigung des Präsidenten.

10.5.: (FR, SZ) Der nigerianische Menschenrechtsanwalt Agbakoba, der auch den hinge-richteten Ken Saro-Wiwa verteidigt hatte, sowie das „Internationale Deserteurnetzwerk Connection" aus Offenbach erhalten den Aachener Friedenspreis 1996. – (ap, SZ) Das Amtsgericht Köln verurteilt einen Beamten des Ausländeramtes wegen Bestechlichkeit, weil er an 36 Ausländer aus dem ehemaligen Jugoslawien Aufenthaltsgenehmigungen für je DM 3.000 verkauft hatte.

11.5.: (FR) Das Parlament Großbritanniens beschließt, daß Homosexuelle auch in Zukunft nicht Soldaten der britischen Armee sein dürfen, da der Zugang von Homosexuellen zum Militär die Moral der Truppe untergrabe und deren Einsatzfähigkeit beeinträchtige. – (ap, FR) Die Behörden des westafrikanischen Staates Elfenbeinküste zwingen einen beschädigten, mit 4.000 liberianischen Flüchtlingen überladenen Frachter zur Rückkehr auf das offene Meer. – (taz) Das selbstverwaltete Nürnberger Jugendzentrum KOMM sagt eine Veranstaltung zum Todestag von Ulrike Meinhof ab, nachdem die Stadt mit der fristlosen Kündigung der Nutzungsverträge des Jugendzentrums gedroht hatte. – (afp, SZ) Hanna Krabbe, ehemaliges Mitglied der RAF, wird nach 21 Jahren Haft entlassen.

13.5.: (dpa, FR) China droht mit dem Ausstieg aus den für Juni geplanten Chinesischen Kulturwochen in München, falls eine dort geplante Menschenrechtsdiskussion stattfinden sollte. – (SZ) In Gundremmingen ketten sich aus Protest gegen einen Atommülltransport aus dem Kernkraftwerk in die britische Wiederaufbereitungsanlage Sellafield Demonstranten an Gleisanlagen und legen sich auf die Schienen. Sie werden von der Polizei von den Gleisen getragen, damit der Castor-Zug starten kann.

14.5.: (taz) Nach der Elfenbeinküste lehnt auch Ghana es ab, die 4.000 liberianischen Flüchtlinge aufzunehmen, die seit Tagen auf einem überladenen und lecken Schiff vor der westafrikanischen Küste treiben. – (dpa, rtr, SZ) Bei den Genfer Verhandlungen über ein internationales Verbot von Atomtests weigert sich China als einzige Atomwaffenmacht, auf Nukleartests zu verzichten.

15.5.: (FR, SZ, taz) Das Bundesverfassungsgericht erklärt alle 1993 beschlossenen Einschränkungen des Asylrechts, insbesondere die Drittstaatenregelung, die Liste sicherer Herkunftsländer und die Flughafenregelung, für verfassungsgemäß. – (FR) In Bonn nimmt die Polizei mindestens 25 Demonstranten fest, die mit einer Sitzblockade gegen eine Messe für Rüstungselektronik protestieren. – (SZ) Der sächsische Verfassungsgerichtshof erklärt mehrere Paragraphen des Polizeigesetzes, insbesondere Regelungen zum „Lauschangriff" und zum Einsatz verdeckter Ermittler, für verfassungswidrig.

17.5.: (rtr, dpa, FR) Israel riegelt zwei Wochen vor den Parlamentswahlen erneut die Palästinensergebiete ab und läßt nur Palästinenser mit Sondergenehmigung aus dem Westjordanland nach Israel. Betroffen von der Absperrung sind auch palästinensische Journalisten, die über den israelischen Wahlkampf berichten wollten.

18.5.: (FR) Nach einer Mordserie an vietnamesischen Zigarettenhändlern in Berlin fordert die Bundesregierung Vietnam auf, die vereinbarte, aber bisher nicht in Gang gekommene Rückführung von vietnamesischen Staatsangehörigen nun endlich stärker als bisher zu unterstützen.

20.5.: (ap, SZ) Die „Gesellschaft für bedrohte Völker", Pro Asyl und andere Flüchtlingshilfeorganisationen protestieren gegen die angekündigte Rückführung der in Deutschland lebenden Kosovo-Albaner nach Rest-Jugoslawien. Eine Abschiebung sei unverantwortlich, da es sich meist um Kriegsdienstverweigerer oder Deserteure handle, für die es noch keine Amnestie gebe.

21.5.: (afp, ap, FR, SZ) Erstmals seit dem Golfkrieg erlaubt eine vorläufige Übereinkunft zwischen UN und Irak den Export von irakischem Öl, mit dessen Einkünften Lebensmittel und Medikamente beschafft werden sollen. – (SZ) In Lubmin bei Greifsfeld beginnt die atomrechtliche Anhörung wegen des dort geplanten Zwischenlagers für abgebrannte Kernbrennstäbe. Die 200 Menschen, deren Einwendungen bei der Anhörung behandelt werden sollen, klagen über schlechte Arbeitsbedingungen am Verhandlungsort und die Nichtzulassung von Fernsehkameras.

22.5.: (FR, SZ) Flüchtlinge aus Somalia haben nach einem Urteil des Hessischen Verwaltungsgerichtshofs keinen Anspruch auf Asyl, da es in Somalia keine Staatsgewalt gebe, die staatliche und damit politische Verfolgung ausüben könne. – (FR) Vor dem Westberliner Verwaltungsgericht wird ein Mahnmal eingeweiht, das an den Tod des Flüchtlings Cemal Altun vor 13 Jahren erinnern soll. Altun hatte sich nach 13 Monaten Abschiebehaft aus dem sechsten Stock dieses Gerichtsgebäudes gestürzt.

23.5.: (afp, taz) 200 Guarani-Indianer drohen in Brasilien mit kollektivem Selbstmord, falls

die Polizei sie gewaltsam von einem besetzten Stück Land vertreiben sollte. – (ap, SZ) Das ungarische Parlament verabschiedet ein Gesetz, mit dem gleichgeschlechtliche Partnerschaften gesetzlich anerkannt werden, so daß jetzt Homosexuelle das Vermögen ihres Partners erben und Hinterbliebenenrente erhalten können.

24.5.: (FR) Der Rat der Stadt Münster beschließt, Deserteuren, die sich dem Kriegsdienst in ihren Heimatländern verweigern, die Einreise nach Münster anzubieten und für ihren Lebensunterhalt zu sorgen. – (FR) Ein bekannter palästinensischer Menschenrechtler und Kinderpsychiater wird in Gaza-Stadt inhaftiert, nachdem er sich kritisch über den Führungsstil von Yassir Arafat geäußert hatte.

25.5.: (FR) Ehemalige Staats- und Regierungschefs aus Ländern in aller Welt fordern den Sicherheitsrat der Vereinten Nationen auf, verbindliche Sanktionen gegen Nigeria zu verhängen und sich für die sofortige Freilassung des früheren nigerianischen Staatschefs Obasanjo einzusetzen. – (epd, FR) Das Verwaltungsgericht Augsburg weist den Antrag eines Berufsschullehrers ab, der Bayern verpflichten wollte, alle Kruzifixe aus Räumen zu entfernen, in denen er unterrichtet. – (SZ) China kündigt die Zusammenarbeit mit den Veranstaltern der für Juni in München geplanten Chinesischen Wochen auf, weil sie dort auch Diskussionsforen mit chinesischen Dissidenten stattfinden sollten. Das Festival fällt deshalb mangels chinesischer Teilnehmer aus.

28.5.: (afp, FR) Mit Blick auf die bevorstehenden Parlamentswahlen verschärft Israel die Abriegelung der Palästinensergebiete und unterbindet jegliche Warenein- bzw. -ausfuhr. – (dpa, FR) Etwa 3.000 Menschen demonstrieren vor der größten Abschiebehaftanstalt Nordrhein-Westfalens in Büren gegen die Abschiebehaft. – (taz) Im bosnischen Tuzla gedenken 20.000 Menschen der Opfer eines Granatangriffes vor einem Jahr. Bei dem Angriff waren 71 Menschen getötet und 124 verletzt worden, meist Jugendliche, die sich auf dem Platz getroffen hatten.

29.5.: (afp, FR, SZ) Ein kanadisches Militärgericht verurteilt einen Offizier zu einer Haftstrafe und suspendiert ihn vom Dienst, weil er während des UN-Einsatzes in Somalia 1993 für den Foltertod eines Somaliers mitverantwortlich war.

30.5.: (dpa, ap, FR, taz) Vor dem Hamburger Landgericht beginnt der Prozeß gegen zwei

Polizisten, denen vorgeworfen wird, einen Journalisten, der wiederholt kritisch über die Arbeit der Polizei berichtet hatte, während eines Einsatzes am Rande einer Demonstration so schwer verletzt zu haben, daß er ein Jahr arbeitsunfähig war.

31.5.: (ap, FR, taz) Das Verwaltungsgericht bestätigt die Anordnung der Münchener Ausländerbehörde, wonach ein fünfjähriges Mädchen in die Türkei ausreisen muß, obwohl sein zum Vormund bestellter Großvater in München lebt. Das Kind war 1991 ohne Visum eingereist, was zwingend dazu führt, daß keine Aufenthaltserlaubnis erteilt werden kann. – (ap, SZ) Das US-Justizministerium prüft den Entwurf einer Bundesrichtlinie, die ein nächtliches Ausgehverbot für Jugendliche in Städten vorsieht. Damit soll die Jugendkriminalität eingedämmt werden. – (dpa) Das Komitee protestiert bei den Innenministern der Länder gegen die geplante Ausweisung bosnischer Flüchtlinge ab 1.7.1996.

Juni 1996:

1.6.: (FR, SZ, taz) In Berlin protestieren mehrere hundert Menschen gegen das erste öffentliche Gelöbnis von Bundeswehrrekruten in Berlin. Die Polizei setzt Wasserwerfer ein und nimmt mehrere Personen fest. – (afp, rtr, SZ) China schließt wegen angeblicher separatistischer Bestrebungen einen tibetischen Politiker aus dem Politischen Volksrat Chinas aus und setzt ihn als Vize-Präsidenten des Volksrates Tibets ab. – (dpa, SZ) Bosnische Serben vertreiben Kroaten und Roma, Einwohner der zentralbosnischen Stadt Teslic, aus der jetzt von ihnen kontrollierten Stadt.

3.6.: (FR) Ein junger Kroate, der als Zeuge Jehovas den Kriegsdienst verweigert hat, wird von der Militärpolizei abgeholt und so lange geschlagen, bis er bewußtlos ist. Ihm droht eine Gefängnisstrafe. – (dpa, taz) Die Flüchtlingskommissarin der Vereinten Nationen in Deutschland fordert für ihr Amt ein eigenes Kontingent zur Aufnahme von Flüchtlingen in der Bundesrepublik bei besonderen, auf dem normalen Rechtsweg nicht lösbaren Härtefällen.

4.6.: (FR) Etwa 180 in Deutschland lebende Chinesen demonstrieren in Frankfurt anläßlich des 7. Jahrestages des Massakers auf dem Platz des Himmlischen Friedens in Peking für eine Demokratisierung in China. – (FR) 24 PastorInnen aus Lüchow-Dannenberg stellen eine Dokumentation ihrer Erfahrungen beim letzten Castor-Transport nach Gorleben vor und war-

nen vor weiteren Atommüll-Transporten, da diese zu viele Risiken bergen würden. – (taz) Obwohl die geplante Rückführung bosnischer Flüchtlinge vorerst verschoben worden ist, fordern die Ausländerbehörden Bonn und Berlin alleinstehende Flüchtlinge auf, eine Erklärung zu unterschreiben, daß ihre Duldung am 30.6.96 abläuft und sie mit einer Abschiebung rechnen müssen, wenn sie dann nicht freiwillig ausreisen. – (dpa, SZ) Eine Hamburger Privatversicherung bietet erstmals eine Krankenversicherung auch für Prostituierte an.

5.6.: (FR) Chinas Behörden verhindern mit großem Polizeiaufgebot ein öffentliches Erinnern an das Massaker auf dem Platz des Himmlischen Friedens. – (afp, FR) Rechtsradikale drohen in Erfurt, eine Ausstellung über die Beteiligung der Wehrmacht an NS-Verbrechen in Brand zu setzen.

7.6.: (FR) Die Bundesrepublik verweigert auf Druck Chinas einem Mitglied der tibetischen Exilregierung ein Visum und verhindert damit die Einreise. Der Tibeter sollte an der Berliner Hochschule der Künste eine Kampagne gegen die Unterdrückung Tibets starten. – (epd, FR) Der Hamburger Datenschutzbeauftragte kritisiert, daß Mitarbeiter von Hamburger Behörden fast unbegrenzten Zugriff auf Datenbanken aller Ämter haben und diese auch verändern könnten.

8.6.: (dpa, SZ, taz) Wissenschaftler entdecken im niedersächsischen Wattenmeer bis zu mehrere Quadratkilometer große „schwarze Flecken", in denen alle Flora und Fauna abstirbt. Ursache ist die Überdüngung der Nordsee. – (dpa, taz, SZ) Die Bundesländer befürworten auf einer Konferenz der Justizminister Pläne, nach denen Ausländer von einem deutschen Gericht verhängte Strafe auch gegen ihren Willen in ihrem Heimatland verbüßen sollen, und beauftragen das Bundesjustizministerium, entsprechende Abkommen mit den betroffenen Staaten zu treffen.

10.6.: (FR, taz) Die türkische Polizei löst mit großer Härte eine friedliche Demonstration in Istanbul auf. Über tausend Menschen werden festgenommen und Dutzende Teilnehmer durch Prügel und Tritte verletzt. – (ap, afp, FR, SZ) China zündet einen unterirdischen Atombombentest und löst damit weltweiten Protest aus.

11.6.: (rtr, FR, SZ) Rußland und die tschetschenischen Rebellen unterzeichnen einen Friedensvertrag, um den anderthalbjährigen Krieg zu beenden. Der Vertrag sieht den Abzug der russischen Truppen und die Entwaffnung der Aufständischen vor.

12.6.: (dpa, FR) China sagt einen geplanten Besuch von Mitgliedern des Bundestagsunterausschusses für Menschenrechte in China und Tibet ab. – (afp, FR) In Leipzig werden zwei schwarzafrikanische Asylbewerber in der Straßenbahn überfallen. Ein Opfer wird aus der fahrenden Straßenbahn gestoßen und dabei verletzt.

13.6.: (afp, rtr, FR, SZ) Die Bundesregierung beschließt eine Änderung des Arbeitsförderungsgesetzes, die vorsieht, daß Arbeitslose deutliche Kürzungen der Unterstützung in Kauf nehmen müssen, wenn sie sich nicht selbst um eine neue Arbeitsstelle bemühen, sondern sich auf die Vermittlung der Arbeitsämter verlassen. – (FR) Drei deutsche Friedensforschungsinstitute stellen ihr Jahresgutachten vor, das angesichts der nicht mehr existierenden militärischen Bedrohung Deutschlands eine drastische Verkleinerung der Bundeswehr und einen Verzicht auf die Osterweiterung der Nato fordert. – (SZ) Ein türkisches Gericht klagt 10 Polizisten wegen Folterung von 16 Jugendlichen an, die seit Monaten wegen angeblicher linker Aktivitäten inhaftiert sind.

14.6.: (dpa, SZ, taz) Das chinesische Außenministerium schließt aus Protest gegen eine in Bonn veranstaltete Tibet-Veranstaltung der FDP-nahen Friedrich-Naumann-Stiftung deren Büro in Peking. – (ap, SZ) Die bosnische Regierung überstellt zwei bosnische Muslime, die als mutmaßliche Kriegsverbrecher gelten, an das Internationale Tribunal in Den Haag. – (rtr, SZ) Ein Kommandant der Schweizer Armee läßt die ihm unterstellten Soldaten die „Niederschlagung einer Arbeitslosen-Kundgebung" üben.

15.6.: (FR, taz) Das Land Hessen verweigert aus Kostengründen den Polizeischutz für Castor-Transporte durch Hessen. – (ap, FR) Eine 19jährige Frau aus Togo, die aus Furcht vor Beschneidung ihrer Geschlechtsorgane aus ihrer Heimat geflohen ist, erhält in den USA politisches Asyl. Auch in Frankreich untersagt ein Gericht die Abschiebung einer Afrikanerin, weil ihren beiden Töchtern in Guinea die Beschneidung droht. – (ap, SZ) Unbekannte zerstören ein Versuchsfeld der Hoechst AG und schneiden gentechnisch veränderte Maispflanzen ab.

17.6.: (FR, SZ, taz) In Bonn demonstrieren 350.000 Menschen gegen die geplanten Kürzungen und den damit verbundenen Sozialabbau. – (taz, SZ) In Hamburg demonstrieren mehrere zehntausend KurdInnen friedlich für eine politische Lösung des Kurdistan-Konfliktes und gegen die Türkeipolitik der Bundesregierung.

18.6.: (FR) Die Staatsanwaltschaft Göttingen stellt die Strafverfahren gegen 109 Skinheads wegen Landfriedensbruch und Körperverletzung ein, da den einzelnen Personen keine konkrete Tatbeteiligung nachgewiesen werden könne. Die Skinheads hatten bei einem Treffen Feuerwehrleute und Polizeibeamte mit Flaschen, Steinen und Kanthölzern angegriffen und mit Granatenhülsen beworfen. – (dpa, SZ) Bei Auseinandersetzungen zwischen Polizei und Asylsuchenden aus Zentralafrika, die in der spanischen Enklave Melilla ihre Ausreise nach Spanien erreichen wollen, werden acht Menschen verletzt.

19.6.: (dpa, ap, FR) Das baden-württembergische Landeskabinett beschließt eine Änderung des Landespolizeigesetzes, wonach künftig auch ohne konkreten Verdacht Polizeikontrollen durchgeführt werden können. – (dpa, SZ, taz) China droht der Bundesrepublik mit einer Verschlechterung der Beziehungen, wenn im Bundestag ein geplanter Antrag, der die chinesische Tibet-Politik kritisiert, angenommen werden sollte.

20.6.: (epd, dpa, FR) Der Kurde Fariz Simsek, der mit seiner Familie 1995 acht Monate lang im Kirchenasyl in Augsburg gelebt hatte, scheitert mit einer Klage zur Anerkennung eines neuen Asylantrags vor dem Verwaltungsgericht Ansbach. – (rtr, SZ) Das Bundesparlament Rest-Jugoslawiens erläßt ein Amnestiegesetz für Kriegsdienstverweigerer und Deserteure des Balkankrieges, die nun nicht mehr mit Strafverfolgung rechnen müssen. – (afp, SZ) Das Parlament der Serbischen Republik in Bosnien beschließt, ein eigenes Kriegsverbrecher-Tribunal einzurichten, und verbindet damit die Weigerung, die Angeklagten an das Internationale Tribunal in Den Haag auszuliefern.

21.6.: (FR, SZ, taz) Der Bundestag verabschiedet mit großer Mehrheit einen interfraktionellen Antrag, in dem die Tibet-Politik Chinas verurteilt und die Bundesregierung aufgefordert wird, Peking zur Einhaltung der Menschenrechte zu bewegen. – (SZ) Das Oberlandesgericht München beurteilt den Münchener Polizeikessel von 1992 als weitgehend gerechtfertigt. Die Einkesselung von 500 Gegnern des Weltwirtschaftsgipfels durch die Polizei sei rechtmäßig gewesen.

22.6.: (dpa, FR, SZ, taz) Das Berliner Landgericht hebt nach 54 Jahren das NS-Urteil

499

gegen den früheren Berliner Dompropst Lichtenberg rechtzeitig zu seiner Seligsprechung durch den Papst auf. Lichtenberg war 1942 wegen seines Eintretens gegen die Judenverfolgung zu zwei Jahren Haft verurteilt worden und auf dem Transport ins KZ Dachau gestorben.

24.6.: (FR, SZ, taz) Als Reaktion auf die Tibet-Entschließung des Bundestages sagt China den geplanten Besuch von Außenminister Kinkel in Peking ab. – (dpa, SZ) Mehrere zehntausend Homosexuelle demonstrieren in verschiedenen französischen Städten für die rechtliche Anerkennung gleichgeschlechtlicher Beziehungen.

25.6.: (rtr, dpa, FR, SZ) In Banja Luka im serbischen Teil von Bosnien-Herzegowina mißhandeln und vertreiben Serben moslemische Einwohner. – (FR) Ein 1994 mit seiner Familie in die Türkei abgeschobener Kurde flüchtet ein zweites Mal in die Bundesrepublik, um politisches Asyl zu beantragen, weil er nach seiner Abschiebung in der Türkei Folter und Repressalien ausgesetzt war.

26.6.: (FR) Die Generalstaatsanwaltschaft weist die Bremer Staatsanwaltschaft an, im Fall von zwei bereits zu den Akten gelegten Strafanzeigen gegen Polizisten und einen Polizeiarzt wegen angeblicher Übergriffe bei der Verabreichung von Brechmitteln an mutmaßliche Drogenhändler weiter zu ermitteln, da der Mißhandlungsvorwurf nicht genügend aufgeklärt worden sei. – (FR) In Paris besetzen 32 illegale Einwanderinnen aus Afrika mit ihren 48 Kindern ein Rathaus, um ein Aufenthaltsrecht in Frankreich zu erzwingen.

27.6.: (rtr, FR) In China werden 1.725 Menschen, denen Drogenvergehen vorgeworfen werden, in Massenprozessen verurteilt und mehrere hundert Todesurteile sofort vollstreckt. – (ap, FR, SZ, taz) Das Hamburger Landgericht verurteilt zwei Polizisten wegen fahrlässiger Körperverletzung zu Geldstrafen. Die Polizisten hatten einen Journalisten am Rande einer Demonstration angegriffen und ihm einen Bänderriß zugefügt. – (dpa, SZ) In Gefängnissen im US-Bundesstaat New Mexico müssen die Gefangenen ab sofort Miete für ihre Zelle bezahlen.

28.6.: (ap, FR, SZ) Das Kriegsverbrechertribunal der Vereinten Nationen in Den Haag eröffnet in Abwesenheit der Angeklagten die öffentliche Beweisaufnahme gegen den bosnischen Serbenführer Karadzic und dessen Armeechef.

29.6.: (epd, FR) Das Amtsgericht Tiergarten verurteilt ein bulgarisches Ehepaar, das seit einem Jahr in Berlin im Kirchenasyl lebt, zu jeweils fünf Monaten Haft, weil sich die Eheleute trotz Kirchenasyl ohne Genehmigung in der Bundesrepublik aufgehalten und damit gegen das Ausländergesetz verstoßen hätten. – (dpa, SZ) Die Mütter der Plaza de Mayo in Argentinien demonstrieren zum 1.000. Mal für die Aufklärung des Schicksals ihrer während der Militärdikatur verschwundenen Angehörigen. Seit April 1977 treffen sie sich einmal wöchentlich vor dem Präsidentenpalast auf der Plaza de Mayo.

Erklärung der Abkürzungen

afp: Agence France Presse

ap: Associated Press

dpa: Deutsche Presseagentur

epd: Evangelischer Pressedienst

FR: Frankfurter Rundschau

kna: Katholische Nachrichtenagentur

OHZ: Odenwälder Heimatzeitung

rtr: Presseagentur Reuter

SZ: Süddeutsche Zeitung

taz: die tageszeitung

Die Autorinnen und Autoren:

Ulrich Albrecht, Jahrgang 1941, Politikwissenschaftler an der FU Berlin, lebt in Berlin (hier: Die menschenrechtlich minimalen aber essentiellen Leistungen sowie die Leistungsgrenzen der UNO).

Helmuth Bauer, Jahrgang 1943, Maschinenschlosser und Autor, freiberuflich tätig, arbeitet für die Mahn- und Gedenkstätte Ravensbrück (hier: Monatskalender September 1995 (gemeinsam mit Gerd Rathgeb und Wolf-Dieter Narr): Globalisierung von Daimler-Benz).

Volker Böge, Jahrgang 1952, Friedensforscher, Vorstandsmitglied des Komitees für Grundrechte und Demokratie, lebt in Hamburg (hier: Monatskalender Juni 1996: Das „Signal von Berlin“: NATO auf Interventionskurs).

Hans Branscheidt, Jahrgang 1944, studierte Psychologie und Soziologie in Frankfurt, Geschäftsführer bei Medico International, lebt in Frankfurt, (hier: Monatskalender März 1996: Für eine Beendigung des deutsch-kurdischen Trauerspiels).

Jeanette Breddemann, Jahrgang 1949, Sozialwissenschaftlerin, arbeitet in der Erwachsenenbildung, lebt in Frankfurt am Main (hier: Monatskalender Januar 1996: Der Prozeß gegen Monika Haas).

Andreas Buro, Jahrgang 1928, Politikwissenschaftler, Mitglied des Arbeitsausschusses des Komitees für Grundrechte und Demokratie und dessen „Außenminister“, lebt in Grävenwiesbach/Taunus (hier: Die Arbeit der Helsinki Citizens’ Assembly für Menschenrechte und Demokratisierung in Europa).

Bernhard Clasen, Jahrgang 1957, Übersetzer und Dolmetscher für Russisch, Sprecher der Arbeitsgruppe Osteuropa im BUND, lebt in Mönchengladbach, (hier: Monatskalender April 1996: Friedensberichterstattung aus der GUS).

Jürgen Heinrichs, Dr. phil., Jahrgang 1938, Mitglied des Vorstandes des Starnberger Instituts zur Erforschung globaler Strukturen, Entwicklungen und Krisen, lebt in München (hier: Export von Fertilitätsstörungen: Verletzung eines Menschenrechts).

Kurt Hübner, Jahrgang 1953, Hochschullehrer für Konjunktur und Beschäftigung an der Fachhochschule für Wirtschaft in Berlin, lebt in Berlin (hier: Monatskalender Februar 1996: „Bündnis für Arbeit“ – Politisierung von Beschäftigung im Zeichen ökonomischen Verzichtes).

Astrid Lipinsky, Jahrgang 1965, Chinawissenschaftlerin, Leiterin der Bonner Städtegruppe von Terre des Femmes, lebt in Bonn (hier: Monatskalender Juli 1995: Die chinesische Bevölkerungspolitik: Eine Verletzung der Menschenrechte).

Helmut Lorscheid, Jahrgang 1955, Journalist, Angestellter bei der Bundestagsfraktion Bündnis 90/Die Grünen, lebt in Bonn (hier: Monatskalender Dezember 1995 (gemeinsam mit Manfred Such): Der BND-Plutonium-Skandal).

Ingrid Lowin, Jahrgang 1940, Kauffrau, Atelier für Schmuckbearbeitung, Mitglied des Arbeitsausschusses des Komitees für Grundrechte und Demokratie, lebt in Düsseldorf (hier: Monatskalender Mai 1996: „ ... denn das Land gehört den Lebendigen").

Dieter Masberg, Jahrgang 1953, lehrt Sozialpolitik am Fachbereich Sozial- und Gesundheitswesen der Fachhochschule Magdeburg, lebt in Magdeburg (hier: Monatskalender Oktober 1995: „Zukunftsfähiges Deutschland" – Eine Vision?).

Norbert Mattes, Jahrgang 1943, Publizist und freier Journalist mit Schwerpunkt Naher Osten, lebt in Berlin (hier: Monatskalender November 1995: Rabins Ermordung und die national-religiöse Bewegung in Israel)

Wolf-Dieter Narr, Jahrgang 1937, Hochschullehrer, Politologe, Geschäftsführender Vorstand des Komitees für Grundrechte und Demokratie, Redaktionsmitglied des Komitee-Jahrbuchs, lebt in Berlin (hier: Monatskalender September 1995 (gemeinsam mit Gerd Rathgeb und Helmuth Bauer): Globalisierung von Daimler-Benz; Grundrechte, Rechtsstaat, Verfassungsgericht und Realpolitik. Am Exempel Grundrecht auf Asyl und seiner Todesbeurkundung durch das Bundesverfassungsgericht; Kosmopolis – Notwendigkeit und Gefahr, Wunschdenken und Utopie).

Gerd Rathgeb, Jahrgang 1944, Maschinenschlosser, Betriebsratsmitglied bei Mercedes-Benz (hier: Monatskalender September 1995 (gemeinsam mit Helmuth Bauer und Wolf-Dieter Narr): Globalisierung von Daimler-Benz).

Roland Roth, Jahrgang 1949, Hochschullehrer, Politologe, Geschäftsführender Vorstand des Komitees für Grundrechte und Demokratie, Redaktionsmitglied des Komitee-Jahrbuchs, lebt in Berlin (hier: Greenpeace – eine neue Form menschenrechtlich-demokratisch angemessenen globalen Populismus'?).

Manfred Such, Jahrgang 1942, Kriminalbeamter a.D., Mitglied der BAG Kritischer PolizistInnen, lebt in Werl (hier: Monatskalender Dezember 1995 (gemeinsam mit Helmut Lorscheid): Der BND-Plutonium-Skandal).

Barbara Unger, Jahrgang 1968, Dipl. Politologin, lebt in Berlin (hier: Menschenrechte von Flüchtlingsfrauen).

Hanne Vack, Jahrgang 1935, Sekretärin im Komitee für Grundrechte und Demokratie, lebt in Sensbachtal (hier: zusammen mit Sonja Vack: Ereigniskalender).

Sonja Vack, Jahrgang 1960, Rechtsanwältin, Gefangenenbeauftragte des Komitees für Grundrechte und Demokratie, lebt in Mannheim (hier: zusammen mit Hanne Vack: Ereigniskalender)

Klaus Vack, Jahrgang 1935, Mitglied des Arbeitsausschusses des Komitees für Grundrechte und Demokratie, Koordinator des Komitees für Hilfe in Ex-Jugoslawien, lebt in Sensbachtal (hier: Ein Sonnenstrahl im lange abgedunkelten Keller).

Rudolf Walther, Jahrgang 1944, freier Publizist, lebt in Frankfurt am Main (hier: Vom Regen in die Traufe und dann auf den Misthaufen oder von der „Zivilgesellschaft" über die „Zivilisation" zum „Weltethos").

Deniz Yücel, Jahrgang 1973, studiert Soziologie in Frankfurt am Main, Mitglied von „Izmir War Resisters' Association" (hier: Monatskalender August 1995: Gewaltfrei an allen Fronten).

Bildquellennachweis

Nachweis für die in diesem Jahrbuch abgedruckten Fotos, Bilder, Zeichnungen, Karikaturen usw., zum Teil mit Erläuterungen: ● Titelseite, aus: K. W. Kelley, Der Heimatplanet, Bild 51 ● Seite 17, I. Friedrich ● Seite 25, dpa, amnesty international erinnert 1996 an das Pekinger Massaker vom 4.6.89 in Frankfurt/M. ● Seite 29, aus: Schweigt nicht! Reportagen mit kurdischen Flüchtlingen ● Seite 33, oben: R. Friedrich, Türkische und kurdische Kriegsdienstverweigerer zerbrechen ihre Gewehre; unten: M. Singe, Kurdischer Protest an der Bannmeile des Deutschen Bundestages ● Seite 39, oben: aus: Kampagne aktuell (Idstein), Daimler-Minen stoppen!; unten: aus: Friedensforum 4/96 ● Seite 43, Bayles, Dollar ● Seite 49, aus: Gäbler u.a., Broiler, Bürger und Bananen ● Seite 55, aus: A. Paul Weber, Die Tatsachen sehen und nicht verzweifeln ● Seite 57, aus: A. Goldsworthy ● Seite 61, aus: G. Zint, Leichte Schläge ● Seite 63, H. Haitzinger ● Seite 69, dpa, Jüdische Siedler besetzen Häuser im Westjordanland, Juni 1995 ● Seite 73, oben: dpa, Mitglieder der israelischen Friedensbewegung demonstrieren gegen neue jüdische Siedlungen in Eschkolot/West Bank, 1991; unten: dpa, Orthodoxer Jude attackiert Kameramann, als dieser eine Demonstration religiöser Fanatiker filmen will, August 1996 ● Seite 77, aus: FAZ-Jahreschronik 1995, Araber trauert um Rabin ● Seite 85, aus: Stankowski, Fotografien ● Seite 89, aus: J. Boström, Dokument und Erfindung ● Seite 95, dpa, Monika Haas am 9.5.96 im OLG Frankfurt/M. ● Seite 97, Stankowski, Fotografien ● Seite 101, aus: Salgado, Arbeiter ● Seite 103, aus: Salgado, Arbeiter ● Seite 107, oben: dpa, Kurden feiern am 20.3.96 in Berlin Newroz; unten: dpa, Polizei löst am 27.7.95 in Frankfurt/M. eine Demonstration von Kurden auf ● Seite 109, dpa, Türkische Sicherheitskräfte überprüfen PKK-Rebellen, Februar 1995 ● Seite 113, aus: K. Kurt u.a., ... weil wir Türken sind ● Seite 117, oben: dpa, Russische Soldatenmütter demonstrieren vor der Duma in Moskau am 19.7.96; unten: FAZ-Jahreschronik 1995, Russische Mutter findet ihren Sohn in einem tschetschenischen Gefangenenlager ● Seite 121, oben: B. Gladysch, am 6.4.96 in Semovodsk; unten: B. Gladysch, Flüchtlingslager Sleptsovskaja ● Seite 129, I. Lowin, Protest im Wendland ● Seite 131, E. Steven, Protest im Wendland ● Seite 139, dpa, Mit einem Gartenzwerg-Gelöbnis wird in Berlin gegen das erste öffentliche Rekruten-Gelöbnis am 31.5.96 demonstriert ● Seite 143, oben: dpa, 1. öffentliches Soldaten-Gelöbnis in Berlin; unten: M. Singe, Demonstration gegen Zapfenstreich in Bonn, Oktober 1995 ● Seite 145, M. Singe, Demonstration gegen Zapfenstreich ● Seite 151, aus: Spiegel 49/95, Ken Saro-Wiwa ● Seite 155, oben: aus: ai-journal 4/96, Ogoni-Angehörige vor ihren zerstörten Häusern; unten: dpa, Protest in Nieuw-Vennep (NL) gegen die Shell-Präsenz in Nigeria ● Seite 159, aus: Publik-Forum, Durch Ölförderung zerstörtes Sumpfgebiet in Nigeria ● Seite 169, oben: aus: Spiegel 21/96, Liberianische Flüchtlinge; unten: aus: Innenpolitik. Informationen des BMI II/96, BGS nimmt Grenzgänger fest ● Seite 173, aus: R. Schme-ken, Geschlossene Gesellschaft, Photographien ● Seite 187, aus: Fosco Maraini, Der frühe Tag ● Seite 193, aus: W. Manchester, Zeitblende, Chris Steele-Perkins ● Seite 201, aus: U. Herold u.a., Zusammen-wachsen, Peter Muzeniek ● Seite 209, G. Zint, Leichte Schläge ● Seite 215, aus: UNHCR, Refugees III/95 ● Seite 219, aus: Blätter des iz3w Nr. 209, Okt./Nov. 1995 ● Seite 223, aus: E. Schews-ki-Rühling u.a., Menschenrechte ● Seite 225, aus: Ben Wargin, Wie ein Jahr ver-geht ● Seite 231, oben: aus: Stern 50/92; unten, aus: FR, 28.8.96 ● Seite 235, aus: Bd.90/Grüne, Demokratisierung der UN, Faltblatt Zur Sache ● Seite 243, aus: Salgado, Reporter ohne Grenzen, Die Würde des Menschen ● Seite 247, oben: aus: El Pais 237, 3.9.95, Salgado; unten: dpa, Guatemaltekische Flüchtlinge keh-ren aus ihrem Exil in Mexiko zurück ● Seite 251, aus: Salgado, Reporter ohne Grenzen. Die Würde des Menschen ● Seite 255, aus: UNHCR, Refugees III/95 ● Seite 261, Bayer-Anzeige in Guatemala, Anspielung auf den Sieg Deutschlands bei der Fußball-EM 1996 ● Seite 269, oben: aus: FAZ-Jahreschronik 1995; unten: aus: Das Greenpeace Buch ● Seite 275, aus: Das Greenpeace Buch ● Seite 283, aus: Das Greenpeace Buch ● Seite 289, aus: FAZ Jahreschronik 1995 ● Seite 297, dpa, Boykott-Protest gegen französische Atomtests in Hamburg am 29.6.95 ● Seite 305, aus: Das Greenpeace Buch ● Seite 311, HCA-Logo ● Seite 315, HCA, Where does Europe end? Report der 3. Versammlung in Ankara 1993 ● Seite 319, HCA, Report from Bratislava to Ankara, 1992-1993 ● Seite 327, dpa, Protest am 5.8.96 in Hiroshima gegen französische Atomtests ● Seite 331, S. Vack ● Seite 335, M. Singe ● Seite 339, aus: Spiegel 27/96, Nato-Bomben in Bosnien ● Seite 341, E. Sulzer-Kleinemeier, Hanne u. Klaus Vack am 6.1.89 vor dem Amtsgericht Pirmasens ● Seite 345, oben: B. Erkelenz, Protest gegen Abschiebe-haft am Kirchentag 1995 in Hamburg; unten, M. Singe, Demonstration gegen Abschiebehaft in Worms 1994 ● Seite 351, aus: G. Aly, Demontage ... ● Seite 357, M. Singe, Gefängnis in Hamburg ● Seite 365, M. Singe, Demonstration gegen Abschiebehaft, Worms 1994 ● Seite 369, oben: aus: FAZ Jahreschronik 1995, Punks in Hannover; unten: aus: Spiegel 28/96, Demonstration für eine bes-sere Schulpolitik ● Seite 375, privat, Jugendakademie Walberberg ● Seite 379, oben: W. Borrs/Kampagne gegen die Wehrpflicht, Besetzung eines Marine-Schif-fes in Berlin; unten: R. Walter/Kampagne gegen die Wehrpflicht, Blockade eines Rekruten-Zuges ● Seite 383, aus: Reporter ohne Grenzen, 100 Fotos für die Pres-sefreiheit 1994, Dobrinja/Bosnien ● Seite 393, M. Singe, Protest im Wendland gegen den 2. Castor-Transport ● Seite 401, oben: M. Singe, Demonstration von Kurden für Asylrecht in Bonn; unten: aus: Spiegel 31/96, Türkisches Gefängnis ● Seite 407, M. Singe, Mahnwache gegen die geplante Abschiebung von J. Emeka vor der Abschiebehaftanstalt Neuss ● Seite 411, M. Schürmans, Gefangener ● Seite 417, E. Steven, Polizeieinsatz aus Anlaß des 2. Castortransportes ● Seite 421, M. Singe, Polizeieinsatz aus Anlaß des 2. Castortransportes ● Seite 427, E. Steven, oben: Protest gegen den 2. Castortransport; unten: Polizeieinsatz aus Anlaß des 2. Castor-Transports ● Seite 433, aus: Wandmalgruppe Düsseldorf, Mit Vollgas in die Wende ● Seite 443, oben: Harald Manske, Am Meer – Baden, Kin-der der Gruppe Zupanja; unten: Thilo Vack, Am Meer – Bemalte Steine, Gruppe Zupanja ● Seite 445, oben: Thilo Vack, Inge knüpft Freundschaftsbändchen mit Kindern der Gruppe Vinkovci; unten: Thilo Vack, Hanne knüpft Freundschaftsbändchen, Kinder aus Slavonski Brod ● Seite 447, oben: Hanne Vack, Jungen aus Banja Luka knüpfen Freundschaftsbändchen; unten: Harald Manske, Kinder der Gruppe Osijek beim Tischtennisspielen ● Seite 451, oben: Harald Manske, Geburtstagstorte für einen Jungen aus Knin; unten: Thilo Vack, Ein Mädchen aus Vinkovci beim Malen ● Seite 453, oben: Thilo Vack, Ingrid tanzt mit Kindern aus Slavonski Brod; unten: Thilo Vack, Ingrid und Hubertus spielen mit Kindern aus Slavonski Brod mit dem Fallschirmtuch ● Seite 455, oben: Hanne Vack, Kinder aus Banja Luka schreiben und malen Briefe an Patinnen und Paten; unten: Harald Manske, Postkarte eines Kindes aus Osijek für eine Schulklasse in Müllheim ● Seite 457, Harald Manske, Bilderwand zum Lernen des Liedes „Es weht ein Wind …" ● Seite 459, oben: Harald Manske, Kinder der Gruppe Osijek/Knin beim Singen; unten: Harald Manske, Theaterspiel bei einem Abschiedsabend ● Seite 463, Thilo Vack, Ein Junge aus Vinkovci jongliert mit bunten Tüchern ● Seite 465, oben: Thilo Vack, Boris jongliert mit Feuer und fasziniert die Kinder; unten: Hanne Vack, Gruppenbild – die „Sternchen" aus Banja Luka.

Was will das Komitee für Grundrechte und Demokratie?

Das Komitee für Grundrechte und Demokratie hat sich 1980 gegründet. Die Initia-
• tive ging aus von Leuten, die aktiv beteiligt waren am Zustandekommen des Russell-
Tribunals über die Situation der Menschenrechte in der Bundesrepublik Deutschland
(1978/79). Die Ziele, die bei der Gründung des Komitees formuliert wurden, sind
nach wie vor seine Leitlinie, denn die „neue Weltlage" nach dem Zusammenbruch
des sogenannten real existierenden Sozialismus macht couragiertes und zivil unge-
horsames Engagement für ungeteilte Menschenrechte nicht überflüssig. Im Komi-
tee-Gründungsmanifest haben wir 1980 u.a. formuliert:

„Das Komitee begreift als seine Hauptaufgaben, einerseits aktuelle Verletzungen
von Menschenrechten kundzutun und sich für diejenigen einzusetzen, deren Rechte
verletzt worden sind (z.B. im Kontext sogenannter Demonstrationsdelikte,
Justizwillkür, Diskriminierung, Berufsverbote, Ausländerfeindlichkeit, Totalverwei-
gerung, Asyl- und Flüchtlingspolitik), andererseits aber auch Verletzungen aufzu-
spüren, die nicht unmittelbar zutage treten und in den gesellschaftlichen Strukturen
und Entwicklungen angelegt sind (struktureller Begriff der Menschenrechte). Die
Gefährdung der Grund- und Menschenrechte hat viele Dimensionen, vom Betrieb
bis zur Polizei, vom ‚Atomstaat' bis zur Friedensfrage, von der Umweltzerstörung bis
zu den Neuen Technologien, von der Meinungsfreiheit bis zum Demonstrationsrecht,
von der Arbeitslosigkeit bis zur sozialen Deklassierung, von den zahlreichen ‚Minderheiten' bis zur längst nicht verwirklichten Gleichberechtigung der Frau."

Wie der Name schon sagt, handelt es sich bei unserer Vereinigung um ein Komitee,
zwar in der Rechtsform eines eingetragenen Vereins, aber doch nicht in der Arbeits-
form einer Organisation mit lokalen Gruppen etc. Das Komitee versteht sich dennoch
nicht als eine Art Spitze, Vertretung oder Sprachrohr der sozialen außerparlamentarischen Bewegungen, sondern will vielmehr Hilfestellungen und Orientierungen für
Initiativen, Gruppen und bewegte einzelne geben, wobei in das, was das Komitee sagt
und tut, viele Erfahrungen eines langjährigen basispolitischen Engagements derjenigen einfließen, die das Komitee machen. Gewissermaßen ist das Komitee eine „Kopf-
Institution", weder von der Basis berufen noch ihr abgehobener Stellvertreter, sondern über die vielfältigen, außerhalb des organisatorischen Rahmens des Komitees
liegenden Aktivitäten seiner Mitglieder in Projekten, lokalen oder übergreifenden Initiativen auf indirekte Weise mit den sozialen Bewegungen vernetzt. Dabei kann das
Komitee bisher für sich in Anspruch nehmen, daß seine Initiativen und Impulse auf
weitgehend positive Resonanz in den verschiedenen lokalen Gruppen stoßen.

Organisatorisch besteht das Komitee aus einem kleinen Mitgliederkreis von etwa 100 engagierten Prominenten und Experten zu rechtlichen und spezifischen Fragen der Grund- und Menschenrechte. Darüber hinaus gibt es einen Förderkreis zur finanziellen Unterstützung des Komitees (zur Zeit etwa 1.100 FörderInnen mit einem monatlichen Mindestbeitrag von je 20,– DM). Mitglieder und FörderInnen erhalten alle Publikationen des Komitees sowie unregelmäßig herausgegebene Informationen über die Aktivitäten des Komitees etc. kostenlos zugesandt (oder, anders ausgedrückt, diese Materialien sind durch die Beiträge bezahlt). Weiterhin verfügt das Komitee über einen InteressentInnen- und SympathisantInnenkreis von etwa 10.000 Einzelpersonen, die in verschiedenen Zusammenhängen politisch tätig sind (in Bürgerinitiativen, Frauenbewegung, Friedensbewegung, Umweltschutz, in Parteien, Gewerkschaften, Kirchen usw.). An diese InteressentInnen gehen von Zeit zu Zeit Informationsblätter, wichtige Stellungnahmen und Orientierungspapiere o.ä. des Komitees. Die AdressatInnen dieser Informationssendungen zahlen keine Beiträge, sondern spenden gelegentlich und greifen auf die vom Komitee publizierten Materialien usw. zurück.

Das Komitee verfügt über einen Vorstand (gegenwärtig 9 Mitglieder) und einen Arbeitsausschuß (incl. Vorstand gegenwärtig 26 Mitglieder). Dieser wird koordiniert vom Geschäftsführenden Vorstand:
Wolf-Dieter Narr, Potsdamerstr. 41, 12205 Berlin
Roland Roth, Fronhoferstr. 3, 12165 Berlin

Zur Zeit arbeitet das Komitee mit zwei Büros. Dies begründet sich darin, daß sich das Komitee in einer Art Generationswechsel befindet. Das ursprüngliche Sekretariat, das seit der Gründung besteht und noch etwa bis Ende 1998 arbeiten soll, hat die Adresse: Komitee für Grundrechte und Demokratie e.V., An der Gasse 1, 64759 Sensbachtal, Telefon (0 60 68) 26 08, Telefax (0 60 68) 36 98. Zum 1. Januar 1993 wurde ein Zweigbüro eingerichtet, das längerfristig zum Hauptsekretariat werden soll. Adresse: Komitee für Grundrechte und Demokratie e.V., Bismarckstr. 40, 50672 Köln, Telefon (02 21) 52 30 56, Telefax (02 21) 52 05 59.

Das Komitee hält alle zwei Jahre eine Mitgliederversammlung ab, auf der die erforderlichen Regularien behandelt werden: Geschäfts- und Finanzbericht, Vorstandswahl o.ä. Stimmberechtigt sind die Mitglieder. Die FörderInnen werden eingeladen, können teilnehmen, mitdiskutieren, haben aber kein Stimmrecht.

Außerdem veranstaltet das Komitee – neben Aktionen und Seminaren in kleinerem Kreis – jährlich eine themenspezifische Tagung. Dabei handelt es sich um offene Veranstaltungen, zu denen jeder Zutritt hat, wobei sich die Beteiligung überwiegend aus dem Kreis der Mitglieder und FörderInnen sowie des Komitee-Umfeldes ergibt. So fand 1982 das Symposium „Menschenrechte" statt. 1983 befaßte sich eine Tagung mit dem Thema „Demonstrationsrecht und gewaltfreier Widerstand". Die Tagung 1984 behandelte das Thema „Technik, Mensch und Menschenrecht". 1985 gab es das Symposium „Ausländer sind Inländer". 1986 wurde das Thema „Ziviler Ungehorsam" behandelt. Eine Tagung 1987 hatte zum Thema „Menschenrechte als radikale Politik". Ebenfalls 1987 veranstaltete das Komitee den Kongreß „Sexuelle Gewalt". Die Jahrestagung 1988 mit dem Thema „Biotechnologische Verfügung und menschliche Integrität" mündete in den Entwurf eines Memorandums Biotechnologie. 1989 wurde das Thema „Frieden ohne Bedrohung in Europa und friedenspolitische Orientierung" behandelt. 1990 fand eine Tagung mit VertreterInnen der Bürgerrechtsbewegung der damaligen DDR statt. 1991 ging es um die Folgen des Golfkrieges unter dem Motto „Hatte die Friedensbewegung nicht doch recht?". 1992 konzentrierten wir uns auf „Ex-Jugoslawien", und 1993 veranstalteten wir eine öffentliche Anhörung über die „Lebenslange Freiheitsstrafe". 1994 fand eine zweite Anhörung statt, die sich grundsätzlich mit den Problemen von Freiheitsstrafen befaßte. 1995 fand in Chemnitz die Tagung „Menschenrechte und Demokratie in ost-westdeutscher Perspektive" statt. Im Herbst 1996 veranstaltete das Komitee eine Tagung unter dem Titel „Menschenrechte und Demokratie. Weltweites Projekt oder antiquiert? – Eine Ortsbestimmung." Aus allen Tagungen entstanden Protokolle, Memoranden, Reader o.ä., die allgemein zugänglich gemacht wurden.

Das Komitee ist insbesondere in rechtspolitischen Fragen, in der Gefangenenbetreuung im Strafvollzug, in Fällen von Berufsverbot, in Sachen Demonstrationsrecht sowie Asyl- und Flüchtlingspolitik und in der Friedens- und Umweltschutzbewegung, zur rechtlichen Situation der Frauen tätig gewesen. Es konzentriert sein Arbeits- und Aufmerksamkeitsfeld vor allem auf die Situation der Grund- und Menschenrechte in der Bundesrepublik Deutschland. In seinem Selbstverständnis hat das Komitee einen universellen – also auch die Grenzen der Bundesrepublik überschreitenden – Anspruch auf unverkürzte Verwirklichung von Menschenrechten, aber als kleine Institution mit verbindlicher Arbeitsweise wäre eine internationale Menschenrechtspolitik vom Komitee weder finanziell noch organisatorisch zu leisten.

Selbstverständlich gibt es Ausnahmen. Das friedenspolitische Engagement des Komitees war in besonderen Fällen auch grenzüberschreitend. Beim Zivilen Ungehorsam gegen die Raketenstationierung (Stichwort: Mutlangen) hat sich das Komitee weit über sein eigentliches Aufgabenfeld engagiert. Dies galt auch bei Aktionen gegen Giftgas in Rheinland-Pfalz und bei Aktionen für ein unverkürztes Asylrecht. Heute setzt sich das Komitee über sein eigentliches Aufgabenfeld hinaus ganz besonders im ehemaligen Jugoslawien ein. Dies geschieht durch Unterstützung der dortigen Antikriegsgruppen, durch Organisieren von Freiwilligen, die in den Flüchtlingslagern arbeiten, und durch humanitäre und medizinische Hilfe sowie Hilfe für Deserteure und Flüchtlinge, die in der Bundesrepublik Schwierigkeiten bekommen. (Insgesamt hat das Komitee seit September 1991 bis September 1996 in diesem Zusammenhang Hilfe im Wert von ca. 11,8 Millionen DM geleistet – freiwillige Spendengelder überwiegend aus der Menschenrechts- und der Friedensbewegung in der BRD.)

Gerade bei einer kleinen und zugleich vielfältig und intensiv arbeitenden Institution wie dem Komitee für Grundrechte und Demokratie liegt es auf der Hand, daß den Büros eine besondere Bedeutung zufällt, und zwar in zahllosen Einzelfällen von direkter Hilfe oder Unterstützung für von Repressionsmaßnahmen durch behördliche oder staatliche Instanzen Betroffene (das Komitee verfügt über einen eigenen Rechtshilfefonds). Vor allem die bereits erwähnte Gefangenenbetreuung ist extrem arbeitsintensiv. Wir standen im Jahresdurchschnitt 1995 mit etwa 1.340 Gefangenen in den bundesdeutschen Justizvollzugsanstalten in Verbindung. Umfangreiche Briefwechsel mit und Eingaben zur Verbesserung von Haftbedingungen bei den Behörden, aber auch zahlreiche Gefangenenbesuche fallen an. Außerdem schicken wir auf Anforderung von Gefangenen Literatur oder Zeitungsabonnements in die Justizvollzugsanstalten. Ein besonderer Schwerpunkt liegt gegenwärtig in der Auseinandersetzung mit der und in unserer Kritik an der lebenslangen Freiheitsstrafe und ihren repressiven Auswirkungen auf den sogenannten Normalvollzug.

Auf diese Arbeit sei besonders hingewiesen, weil es dem Selbstverständnis des Komitees entspricht, nicht lediglich „große Politik" in Sachen Menschenrechten zu machen, sondern auch einzelnen und Gruppen konkret zu helfen. So wirkt das Komitee einerseits als eine prinzipielle Orientierungsinstanz in der Menschenrechtsfrage, andererseits als eine Stelle, bei der Betroffene direkte Hilfe suchen und – wenn es irgendwie in unseren Möglichkeiten liegt – auch erwarten können.

Deshalb sind funktionstüchtige Sekretariate von großer Bedeutung und ist es wichtig, daß das Komitee finanziell so ausgestattet ist, daß es seinen Aufgaben und Anforderungen (die ständig zunehmen) gerecht werden kann. Dazu braucht das Komitee noch mehr FörderInnen, auch dann, wenn diese sich nicht an der Arbeit des Komitees beteiligen können, aber durch ihre Geldbeiträge und Spenden dem Komitee helfen, seinerseits Hilfe gewähren zu können.

Das Komitee für Grundrechte und Demokratie ist nicht die einzige Bürgerrechtsgruppierung in der Bundesrepublik Deutschland und arbeitet mit anderen Bürgerrechtsorganisationen und -gruppen eng zusammen. U.a. geben wir gemeinsam mit der Gustav-Heinemann-Initiative und der Humanistischen Union die vierteljährlich erscheinende Zeitschrift „vorgänge" heraus, eine Zeitschrift für Bürgerrechte und Gesellschaftspolitik.

Neben dem Komitee-Jahrbuch (erscheint seit 1983) publiziert das Komitee Bücher und Broschüren zu Themen, an denen es selbst in Form von Projektgruppen oder Tagungen etc. gearbeitet hat. Des weiteren gibt das Komitee in unregelmäßiger Folge BürgerInnen-Informationen zu aktuellen Themen heraus, die gleichsam, wie die Bezeichnung sagt, BürgerInnen in verständlicher Form mit aktuellen Problemen konfrontieren beziehungsweise informieren. Daß manche Schriften – die ja nicht kostenlos abgegeben, sondern verkauft werden – Auflagen bis zu 20.000 Exemplaren und manche BürgerInnen-Informationen Auflagen bis an eine Million erreichen, zeigt, daß das kleine Komitee für Grundrechte und Demokratie eine ganz erhebliche basispolitische Ausstrahlungskraft hat.

Spenden erbeten:
Volksbank Odenwald, 64743 Beerfelden
Konto 8 024 618, BLZ 508 635 13